国家社科基金项目成果

20世纪前半叶
中国城市化研究

涂文学 主编

生活·讀書·新知 三联书店

Copyright © 2022 by SDX Joint Publishing Company.
All Rights Reserved.

本作品版权由生活·读书·新知三联书店所有。
未经许可，不得翻印。

图书在版编目（CIP）数据

20世纪前半叶中国城市化研究／涂文学主编．—北京：
生活·读书·新知三联书店，2022.5
ISBN 978-7-108-07263-4

Ⅰ.① 2⋯　Ⅱ.①涂⋯　Ⅲ.①城市化-研究-中国-20世纪
Ⅳ.① F299.21

中国版本图书馆 CIP 数据核字（2021）第 178859 号

责任编辑	李学平
装帧设计	刘　洋
责任校对	陈　明
责任印制	宋　家
出版发行	生活·讀書·新知 三联书店
	（北京市东城区美术馆东街 22 号 100010）
网　　址	www.sdxjpc.com
经　　销	新华书店
印　　刷	河北松源印刷有限公司
版　　次	2022 年 5 月北京第 1 版
	2022 年 5 月北京第 1 次印刷
开　　本	720 毫米 × 1000 毫米　1/16　印张 35
字　　数	532 千字
定　　价	139.00 元

（印装查询：01064002715；邮购查询：01084010542）

目 录

导论·1

上编 20世纪前半叶中国城市化发展的动力机制

第一章 外力推引与内部回应：外源性次生型城市化·19
第一节 直接推力与间接推力：近代开埠开放对中国城市化的多重影响·19
第二节 "被城市化"：外力推引下近代中国城市化若干特征·37
第三节 刺激·引领·示范：城市化进程中外力与内力的双向互动·45

第二章 国家主导与民间参与：自上而下展开的城市化运动·58
第一节 "建国必先建市"：孙中山的战略构想与南京国民政府的政策举措·58
第二节 政府管控下的民间参与：中国近代城市化的"另类"模式与独特路径·89
第三节 体制惯性与官进民退：民间参与与城市化运动的历史局限·117

第三章 城市拉力与乡村推力：城乡二元结构下的畸形城市化·142
第一节 城市拉力：城市功能现代化与城市人口聚集·142
第二节 乡村推力：近代中国农村的衰败与农民离村潮·161
第三节 拉力不够与消极推力：城市化的困境·183

中编　20世纪前半叶中国的城市化进程

第四章　"都市中国"的雏形：晚清到民国前期（1900—1927）中国城市化概况·211

第一节　动荡中的发展：城市人口的增加·211

第二节　参差各异：不齐的城市规模等级·213

第三节　东西失衡：中国近代城市不平衡格局的开始形成·222

第五章　"都市中国"的成长：民国中期（1927—1937）的城市发展·226

第一节　平稳中的发展：城市人口和数量的进一步增加·226

第二节　进步与落后并存：城市规模等级的不对等·232

第三节　地域差距扩大：中国近代城市不平衡格局的完全形成·236

第六章　"都市中国"进程的重大挫折：抗战时期沦陷区城市的衰落·245

第一节　覆巢之下：中国东北、中东部城市的沦陷·245

第二节　"日满一体"：伪满时期的东北城市建设与"发展"（1931—1945）·247

第三节　殖民劫难：抗战时期中东部沦陷区城市的衰败（1937—1945）·272

第四节　"发展"殊途：抗战时期港澳台地区城市的变迁·324

第五节　"分治"下的殖民命运：抗战时期中东部沦陷区城市变迁的差异化·349

第七章　"都市中国"发展的承东继西：抗战时期大后方的城市发展·354

第一节　抗战建国：战时大后方城市发展的要素·354

第二节　城市化进程加快：战时西南地区城市的发展·376

第三节　由边而内：战时西北地区城市的发展·401

第八章　战乱后的衰退：抗战结束后（1946—1949）中国城市化概况·426

第一节　困顿与停滞：抗日战争后城市的衰退·426

第二节　雪上加霜：抗战结束后国民党的政治腐败和发动内战对于城市的破坏·432

第三节　地域差距的固化：城市格局的总体不平衡·437

下编 20世纪前半叶中国城市的现代化

第九章 "乡土中国"的嬗变：20世纪前半叶中国城市的现代转型 · 443
  第一节 城变：现代城市功能的发展 · 444
  第二节 老城之困：传统城市的发展与衰败 · 458
  第三节 痼疾难破：城市转型的缺陷 · 465

第十章 传统中的现代：20世纪中国城市社会转型与城市社会的现代化 · 477
  第一节 中国早期城市的功能与城市居民结构 · 477
  第二节 功能转型与近代中国城市社会结构的变化 · 499
  第三节 影响城市化与城市现代化进程的社会次群体 · 510
  第四节 社会生活变革的物质条件与精神要素 · 518

参考文献 · 529

后记 · 554

导 论

一、选题的缘起

20世纪前半叶是中国城市发展史上的一个重大时期。自晚清以来，中国城市在西方城市文明强行楔入的历史背景下开始了艰难的转型，中国现代城市化和城市现代化之路逐渐开启。由于中国区域发展的不平衡，中国现代城市化和城市现代化在发展进程中出现了显著的地区差异性和城市差异性。虽然学界对单体城市和区域城市的城市化与城市现代化进行了深入的研究和探讨，并试图从区域比较的视野管窥中国现代城市化与城市现代化发展状况，但仍不免囿于碎片化研究的嫌疑。因此对近代以来，尤其是20世纪前半叶中国现代城市化和城市现代化进行系统全面而深入的研究是非常必要的。

首先，通过探讨20世纪前半叶中国城市化和城市现代化的发展，有助于更加全面和深入地认识现代中国的城市化和城市现代化的发展变迁。20世纪前半叶是中国社会发展和变迁较为特殊的一个时期，呈现出显著的阶段性特征。这一时期既有20世纪初期从东南沿海向内陆扩展的城市化和城市现代化运动，促进了20世纪二三十年代中国城市化的快速发展，又有频繁的战乱以及席卷中国中东部大部分地区的抗日战争，改变了中国城市化和城市现代化的进程和发展重心，改变了中国城市化和城市现代化的轨迹。这个发展轨迹是近代以来中国城市化发展和现代化进程的艰难调适过程，这种调适尽管有很强的被动性，但对中国20世纪城市化与城市现代化影响深远，需要我们对之进行历史的、科学的考察。

其次，研究20世纪前半叶中国城市的发展能够更好地拓展学术研究领域。就城市史研究而言，对不同区域的城市做深入研究，是学科发展的趋势之一。但鉴于中国近现代国家经济社会发展水平总体不平衡和地区性变异幅度很大的客观现实，在将中国近现代按时空分解为若干个较小的研究单位，进而对其中各要素做微观或中观分析的基础上，开展宏观的、整体的、综合的城市史研究，则是本学科研究的一个必然结果，也是十分必要的。①因此，对20世纪前半叶中国城市化进行纵向梳理，探求其阶段性特点，同时对不同类型和区域的城市进行横向比较，客观评价该时期城市化总体水平，总结特点、定位，并寻求历史的启示，从而达到既深化20世纪前半叶中国城市化研究，又推动中国城市化史研究理论的本土化，找寻中国城市化的"本土经验"和"本土资源"的目的。这便赋予了20世纪前半叶中国城市化问题研究重要的学术价值。

再次，当前，城市化是我国最大的内需潜力所在，是我国经济结构与社会调整的关键，积极稳妥地推进城市化是我国事关长远的大战略。世界各国城市化道路迥异，既有成功经验，也有深刻教训。即便是成功的模式也不能照搬，中国的城市化在学习借鉴成功经验的同时，更要走自己的道路。研究20世纪前半叶中国城市化问题，对我们探寻我国现代城市化的源头，认识和把握我国城市化的内在规律，思考城市化与工业化、商业化之间的关系，解决城乡矛盾关系，以及如何在全球化进程中找到适合国情的城市化道路，减少城市化导致的负面影响等，具有积极意义。

二、20世纪前半叶中国城市化与城市现代化研究的回顾

早在20世纪初，中国的城市化与城市现代化问题已被关注，但深入研究者不多。至80年代中期，随着中国城市化进程加速，该问题研究渐成显学，20世纪前半叶中国城市化与城市现代化问题也日益受到关注。

"城市化"与"城市现代化"在具有多学科背景的城市史研究领域，其概念与外延有所不同。城市化作为一种重大的社会变迁现象，多用于人口学、社会学和经济学，最初主要是运用于对具有一定指标指向的城市发展水平的界定。城市现代化有狭义与广义的概念之分。狭义的城市现代化主要是指城市建设的现代化，强调城市现代化的"物质属性"。②而广义的城市现代化，是指涵盖城市人口、市政建设、经济、文化、教育及其生活方式和社会风尚等方面，由传统向现代社会全面演进发展的历史转

---

① 何一民《21世纪中国近代城市史研究展望》，《云南大学学报》（社会科学版）2002年第3期。
② 任吉东、雷家琼《中国城市现代化史研究综述》，《近代史学刊》第15辑，2016年。

变的过程，也是城市物质属性与精神属性不断融合、变革、提高的过程。①

虽然"城市化"与"城市现代化"的概念在中国近代出现较晚，其内涵与侧重点亦有所不同，但两者之间存在着相互联系和互补的关系。诚如美国学者埃里克·兰帕德所言："城市史研究应着重研究城市化过程，如果撇开城市化来谈近现代城市，城市史研究便失去了意义。"② 开创中国城市史研究的知名学者隗瀛涛教授也认为中国现代城市史研究有两条基本主线，即探讨城市现代化和现代城市化过程，两者的进程是紧密相连的。③ 故而研究现代中国城市就不能不涉及现代城市化进程和城市现代化问题。这些问题涉及中国现代城市化研究理论、城市化发展阶段与水平、城市化发展的动力机制、城市化进程中的城乡关系、城市化与城市现代化的关系等诸多问题。现将国内外相关研究综述如下：

（一）20世纪中国城市化研究的理论探讨

中国现代城市化与城市现代化研究受西方中国近现代史研究模式和城市发展理论影响较大，费正清（John King Fairbank）以西方为中心认为西方是中国近现代转型的推动者，中国的现代化模式是在西方冲击下中国为适应现代化进程而做出回应的"冲击—反应"模式。④ 吉尔伯特·罗兹曼（Gilbert Rozman）提出的"中国现代化理论"，从国际环境、政治结构、经济增长与经济结构、社会整合、知识与教育以及科技进步等维度出发，深入浅出地探讨了中国从晚清到十一届三中全会这一历史长时段内促进和阻碍现代化的因素，将中国历史上公认的两个分水岭年份——1840年和1949年连接起来，进行比较研究，同时又分别对两个时期做了总结。罗兹曼站在历史透视的高度，阐释了中国实现现代化的可能和曲折。⑤ 费正清的"冲击—反应"模式和罗兹曼的现代化理论等都曾经对中国城市化理论研究产生过重要影响。针对"西方中心史观"研究片面和局限

---

① 参见朱铁臻《城市现代化研究》，北京：红旗出版社，2002年，第18—19页；任银睦《现代化、城市化与近代城市现代化》，《东方论坛（青岛大学学报）》1999年第2期；田霖《城市化与城市现代化互动共促关系研究》，《平原大学学报》2002年第1期；邱国盛《1949年以来中国城市现代化与城市化关系探讨》，《当代中国史研究》2002年第5期；李锋《略论城市化与城市现代化的关系》，《开封大学学报》2004年第4期；邹农俭《城市化与城市现代化》，《城市问题》2007年第10期；罗翠芳《西方学者论20世纪上半期中国城市化与城市现代化》，《西南大学学报》（社会科学版）2011年第4期等。
② 姜芃《西方城市史学初探》，《史学理论研究》1996年第1期。
③ 何一民《20世纪后期中国近代城市史研究的理论探索》，《西南交通大学学报》（社会科学版）2000年第1期。
④ ［美］费正清, China's Response to the West: A Documentary Survey, 1839-1923, HUP, 1954; Research Guide for China's Response to the West: A Documentary Survey, 1839-1923, HUP, 1954;《美国与中国》，张理京译，北京：世界知识出版社，2000年。
⑤ ［美］吉尔伯特·罗兹曼《中国的现代化》，南京：江苏人民出版社，2003年。

问题，柯文（Paul A. Cohen）在《在中国发现历史》一书中系统批判了"冲击—反应"模式、"传统—近（现）代"模式以及"帝国主义"理论三种近年来对美国中国近现代史研究影响极大的"西方中心论"观点，并提出了著名的"中国中心取向"。柯文认为，首先西方是一个一直发展的社会，在与中国社会发生关系的近现代中，西方的面貌也有很大变化，因此用"西方"一词不能确指一种确切的西方面貌。其次，与中国近现代社会相接触的也只是西方社会的一部分，并且是各个部分的分别接触，因此"'作为整体的西方'从来没有对任何社会产生过任何冲击"。再次，中国人眼中的西方形象是经过中国人使用本土思想重新整合的西方形象，甚至学者与革命家的宣传在一定程度上也歪曲了"西方"，遑论语言的翻译导致对西方社会理念的误读。[①] 柯文进而提出了"传统—近（现）代"模式具有严重的理论缺陷。随后，西方学界"冲击—反应"模式和"中国中心史观"相继传入国内学界，并产生了很大的影响。[②] 国内学人在运用上述理论进行中国近现代城市史研究的同时，亦对其理论的合理性和偏向性进行了审慎的反思与批评，并结合自己的具体研究实践，对西方的冲击、中国本土因素和国家与社会的作用等问题都提出了一些有自己见地的看法，[③] 形成了中国城市化进程中"多元现代性"理论。他们运用"多元现代性"理论着重研究了近现代中国城市发展的"现代性"[④] 以及传统城市的现代化转型等问题。[⑤] 在此基础上，国内学界进一步提出了"城市空间""城市结构""城市形态"[⑥]"城市社区"[⑦]"都市化"[⑧]"逆都市化"[⑨] 等理论或观念，以进一步探讨中国近代以来城市化道路和当代城市发展的一些问题。

（二）20世纪前半叶中国城市化发展阶段与水平

关于20世纪前半叶中国城市化发展阶段和水平的研究，一批学者分别从20世纪

---

① [美]柯文《在中国发现历史》，林同奇译，北京：中华书局，2005年。
② 蒲海涛《新历史法学视野下清史研究的学术体系构建——读〈法律、资源与时空建构：1644—1945年的中国〉》，《史学月刊》2013年第3期。
③ 罗志田《近三十年中国近代史研究的变与不变——几点不系统的反思》，《社会科学研究》2008年第6期。
④ 巫仁恕、康豹、林美莉《从城市看中国的现代性》，台北："中央研究院"近代史研究所，2010年。
⑤ 隗瀛涛《近代重庆城市史》，成都：四川大学出版社，1991年；皮明庥《近代武汉城市史》，北京：中国社会科学出版社，1993年；罗澍伟《近代天津城市史》，北京：中国社会科学出版社，1993年；张仲礼《东南沿海城市与中国近代化》，上海人民出版社，1996年。
⑥ 武进《中国城市形态：结构、特征及其演变》，南京：江苏科学技术出版社，1990年。
⑦ 陈伟东《城市社区自治研究》，武汉：华中师范大学博士论文，2003年。
⑧ 周一星《中国城市工业产出水平与城市规模的关系》，《经济研究》1988年第5期。
⑨ 邱国盛《当代中国逆城市化研究（1949—1978）》，《社会科学辑刊》2006年第3期。

30、40年代中国城市数量与分布、人口数量、都市规模、等级结构、区域差异与不平衡性等角度进行了研究,沈汝生在《中国都市之分布》中具体分析了人口在5万人以上的城市193个,通过城市数量地区分布的差异,考察了当时中国城市发展的水平。①顾朝林全面系统地阐述了中国城市的起源、发展历程,中国城市化和城市体系的地域空间结构、等级规模与职能组合结构,分析了中国城市经济区划、中国大都市的分布及其影响、中国城市空间结构等中国城市化发展的基本内容,并以此为基础,论述了近现代以来的中国城市化进程和水平。②周一星具体分析了中国城市化的历史进程、城市规模分布与城市空间分布体系等中国近代以来中国城市化的发展水平。③张仲礼具体分析了1949年中国69个设市城市,2000个建制镇,综合统计出当时中国的城市人口为5765万人,得出了1949年前后中国人口城市化率10.64%的结论。刚刚达到世界城市化发展的起步水平,远低于当时世界城市化29%的平均水平,更滞后于当时北美64%、西欧60%、拉美41%的发展水平。④吴松弟以民国时期市的兴起为历史背景,回顾了民国时期中国"市"的出现和扩展的过程,具体分析了其间产生的151个市的空间分布格局,指出"市"的发展在经济、人口等因素的驱动下其发展水平普遍存在着区域发展不平衡性。⑤何一民则从民国时期城市数量、发展状况与水平,城市规模等级、城市的空间分布、城市类型以及城市建制的变化等层面,全面探讨了民国时期中国城市发展的阶段和发展水平。⑥此外,还有其他学者从不同角度论述了近代以来中国城市化的发展阶段和发展水平等问题。由于相关统计资料缺乏,统计口径不一且统计范围和对象差异较大,使得学术界对该问题的研究众说纷纭、莫衷一是。比如对城市化发展的阶段划分就存在两个阶段说、三个阶段说和四个阶段说等。对于20世纪前半期中国城市化的水平,《中华归主》在1918年统计中国50座城市人口约为1687万人;⑦侯杨方统计为3000万人,城市化率为7.29%;⑧沈汝生统计1930年代为

---

① 沈汝生《中国都市之分布》,《地理学报》1937年第4卷第1期。
② 顾朝林《中国城市地理》,北京:商务印书馆,1999年。
③ 周一星《城市地理学》,北京:商务印书馆,2003年。
④ 张仲礼《关于中国近代城市发展问题研究的回顾——在中国近代城市国际研讨会暨中国经济史学会年会上的发言》,载《中国近代城市发展与社会经济》,上海社会科学院出版社,1999年。
⑤ 吴松弟《市的兴起与近代中国区域经济的不均衡发展》,《云南大学学报》(社会科学版)2006年第5期。
⑥ 何一民《中国城市史》,武汉大学出版社,2012年。
⑦ 中华续行委办会调查特委会《中华归主——中国基督教事业统计(1901—1920)》,北京:中国社会科学出版社,1987年。
⑧ 侯杨方《中国人口史:第六卷(1910—1953年)》,上海:复旦大学出版社,2001年。

3200万和6.8%；①何一民认为抗战前大约为12.5%；②有学者认为20世纪20、30年代在28.1%—34%；③也有学者认为在16%—18%；④还有学者认为这些估计都偏高；⑤多数学者认为20世纪初期中国城市化率一般在10.6%左右。⑥这些差异性结论远远没能寻出这个问题的最终答案，对我们研判20世纪中国城市化水平带来了一定的困惑，该研究仍然是一个繁复棘手、却又十分重要并有极大深入研究空间的课题。

（三）20世纪前半期中国城市化发展的动力机制

中国现代城市化和城市现代化发展的动力是什么？海外学者最早以"冲击—反应"模式阐释中国近现代城市化进程。张仲礼、隗瀛涛等国内早期研究者也多持此观点，⑦稍后有何一民等学者提出"内外合力"论⑧。随着研究深入，更多学者将"多元动力机制"理论运用到中国近现代城市史相关研究之中。在此基础上，学者们考虑了推动、促进城市现代化发展的诸多因素，逐渐归纳出符合中国特色城市发展路径的动力机制。张利民从政府与社会的宏观角度分析了促进中国近现代城市发展的动力问题，认为中国近现代城市化的动力主要源于政府、市场与民间社会等形成的合力。⑨何一民在《从农业时代到工业时代：中国城市发展研究》中致力于探究中国近现代城市发展的内部机制与发展周期，认为："城市作为一个生命有机体，是各种因素相互作用的产物，工业发展的内在机制、资本和人口的聚集扩散、技术因素的参与、价值观念等都是影响城市生命周期的重要因素。"⑩涂文学则从国家与社会、内与外、天与人、城与乡四个层面探讨了20世纪前半期中国城市化的动力机制问题。⑪

---

① 沈汝生《中国都市之分布》，《地理学报》1937年第4卷第1期。
② 何一民《从农业时代到工业时代：中国城市发展研究》，成都：巴蜀书社，2004年。
③ 胡焕庸、张善余《中国人口地理》，上海：华东师大出版社，1985年。
④ 慈鸿飞《近代中国集镇发展的数量分析》，《中国社会科学》1996年第2期。
⑤ 曹树基《中国移民史》（第六卷），福州：福建人民出版社，1997年。
⑥ 李蓓蓓、徐峰《中国近代城市化率及分期研究》，《华东师范大学学报》（哲学社会科学版）2008年第3期。另参见高路《民国以来20世纪前半叶中国城市化水平研究回顾》，《江汉大学学报》（社会科学版）2014年第6期。
⑦ 张仲礼《城市进步、企业发展和中国现代化（1840—1949）》，上海社会科学院出版社，1994年；隗瀛涛《中国近代不同类型城市综合研究》，成都：四川大学出版社，1998年。
⑧ 何一民《近代中国城市早期现代化的特点与外力的影响》，《西南民族学院学报》（哲学社会科学版）2000年第1期。
⑨ 张利民《我国近代城市发展动力分析》，《人民日报》2014年4月13日，第5版。
⑩ 何一民《从农业时代到工业时代：中国城市发展研究》，成都：巴蜀书社，2004年。
⑪ 涂文学《城市早期现代化的黄金时代：1930年代汉口的市政改革》，北京：中国社会科学出版社，2008年；《在沿海与内地之间：武汉对外开放的非典型性》，《江汉大学学报》（社会科学版）2006年第1期。

熊月之、沈祖炜、谭玉秀、范立君、张晓辉、郑忠、林星、贾林东、向玉成等学者亦在其著述中详细阐述了"多元动力机制"理论，①认为中国近现代城市化是"多元因素"推动的必然结果。据此理论，研究者分别从人口流动、交通、开埠、商业化、工业化、都市计划、资源开发、市场体系等角度分析20世纪上半叶中国城市化的动力。②

（四）20世纪前半期中国城市化进程中的城乡关系

城乡关系是中国近现代城市化研究的重要内容之一。有学者认为城乡关系在加强联系的同时又加大了彼此间的差别和对立，乡村的贫困最终延缓城市化进程的健康发展。③有学者从内生与外压的角度比较了中西城乡分离的异同，④还有学者认为20世纪初期中国城乡关系发生了急剧的变化，呈现出由传统向现代化演进中所特有的"新

---

① 熊月之《中国近代城市发展与社会经济》，上海社会科学院出版社，1999年；沈祖炜《上海近代经济史》，上海人民出版社，1994年；林星《城市发展与社会变迁：福建城市现代化研究（1843—1949）》，天津古籍出版社，2009年；谭玉秀、范立君《从市场发育等角度对近代东北城市化的分析——以奉天东部为例》，《社会科学战线》2006年第2期；张晓辉《中国近代城市化的发展与动因研究——以镇集高度发达的广东为例》，《学术研究》2002年第3期；郑忠《近代非条约口岸城市化道路：工业化、本土化与企业家精神——以南通、无锡、常州为例》，《江海学刊》2008年第2期等。

② 行龙《略论中国近代的人口城市化问题》，《近代史研究》1989年1期；廖大伟《华界陆上公交的发展与上海城市现代化的演进（1927—1937）》，《档案与史学》2003年第3期；谭刚《抗战时期的西部交通建设与城市发展》，《天府新论》2004年第2期；张玉龙《抗日战争时期的西南交通建设与城市近代化》，《贵州社会科学》2002第2期；邱国盛《人力车与近代城市公共交通的演变》，《中国社会经济史研究》2004年第4期；江沛《華北における近代交通システムの初步的形成と都市化の進展：1881—1937》，[日]《現代中国研究》第18号（2006年3月）；党明德、林吉玲《济南百年城市发展史——开埠以来的济南》，济南：齐鲁书社，2004年；李卫华、颜凤《胶济铁路与近代淄博产业城市化》，《内蒙古农业大学学报》（社会科学版）2008年第1期；谢放《近代重庆企业家的商品意识与城市近代化》，载《重庆城市研究》，成都：四川大学出版社，1989年；方前移《浅析钱业与商品贸易互动关系——以芜湖中转市场为例》，《中国农史》2012年第3期；忻平《从上海发现历史——现代化进程中的上海人及其社会生活（1927—1937）》，上海人民出版社，2009年；孟晋《民国初年商业的发展与城市近代化》，《河南社会科学》2003年第1期；隗瀛涛《近代长江上游城乡关系研究》，北京：天地出版社，2003年；王中茂、卫铁林《外商经营房地产活动与上海城市的近代化》，《郑州航空工业管理学院学报》（社会科学版）2000年第3期；胡光明《晋商的兴盛与京津城市化的发展》，《晋中师范高等专科学校学报》2003年第3期；金阿勇《抗战时期迁湘工业研究》，长沙：湘潭大学硕士学位论文，2008年；薛圣坤《重庆城市公共汽车事业研究（1933—1949）》，重庆师范大学硕士学位论文，2012年等。

③ 隗瀛涛、田永秀《近代四川城乡关系析论》，《中华文化论坛》2003年第2期；田永秀《近代城市统治地位的确立——近代四川城乡关系析论（一）》，《学术动态》2004年第3期；田永秀《城市对农村的带动——近代四川城乡关系析论（二）》，《学术动态》2004年第4期；田永秀《农村滞后对城市发展的桎梏——近代四川城乡关系析论（三）》，《学术动态》2005年第1期；吴丰华《中国近代以来城乡关系变迁轨迹与变迁机理（1840—2012）》，西安：西北大学博士学位论文，2003年等。

④ 徐勇《非均衡的中国政治：城市与乡村比较》，北京：中国广播电视出版社，1992年。

老交替"现象的复杂过渡形态,具有前近代性、近现代性、半殖民地性和严重不平衡性的特征,城乡关系严重扭曲而畸形,城市数量少,经济辐射力和带动力弱,城乡经济联系隔绝阻碍了两者的共同发展。① 还有学者指出城乡分裂阻碍了中国城市现代化运动。何一民指出,在中国近现代社会特殊历史背景下,中国城乡关系联系性加强和对抗性加剧并存,不仅弱化了城乡关系联系性加强所产生的积极拉动作用,而且还直接导致了乡村的衰败和城市的畸形发展,两者差距的扩大,形成城与乡联系的恶性循环,阻滞了近现代中国早期现代化的发展。② 吴毅分析了晚清时期农村衰败对城市现代化发展受挫的巨大影响。指出:"晚清现代化从一开始便只能在城乡分裂的空间结构中展开,这种分裂的空间结构使农村被抛在现代化的进程之外,不但难以品尝现代化的初期成果,反而必须承载现代化启动的重负",最终形成了城乡关系"衰败与动荡的逆反应"。③ 滕建华、马慧琴、蔡云辉等学者亦对中国近现代形成的城乡二元结构及其对城市发展的影响有较深入的论述。④ 与大多数学者观点不同,高惠芳认为中国近现代城乡关系变化较小,即使现代城市功能在现代中国得到扩展,但中国社会依然处于"自然"的传统状态,城与乡的关系甚至一度还停留在一种模糊不清的状态之中。⑤

关于城乡依赖性问题的争论,有学者从"农村包围城市"的理论角度试图深化中国近现代城乡关系的认识,提出了一些新观念。宫玉松、聂济冬认为中国进入近现代后,中国社会经济结构受到了空前的冲击和改造,在城市体系中出现了一批近现代化工商业城市,在殖民经济体系下,这些城市在一定范围内和一定程度上带有领导和支配乡村的性质,但城与乡的关系在"近代性的变化"上却是相当有限的,城市与乡村在总体上仍然具有浓厚的半殖民地半封建色彩。城市发展依然要严重依赖广大乡村的粮食、原料、市场、资金、人力等资源;而乡村却基本上可以不需要城市的带动而独立存在,并在很大程度上制约了城市的发展。反之,城市却不能支配乡村,带动乡

---

① 宫玉松《中国近代城乡关系简论》,《文史哲》1994年第6期。
② 何一民《近代中国城市发展与社会变迁(1840—1949)》,北京:科学出版社,2004年。
③ 吴毅《农村衰败与晚清现代化的受挫》,《天津社会科学》1996年第3期。
④ 滕建华、刘美平《近代中国城乡经济结构失衡的历史原因》,《北方论丛》2003年第1期;马慧琴《二元结构遗患难消》,《生产力研究》2003年第4期;蔡云辉《论近代中国城乡关系与城市化发展的低速缓进》,《社会科学辑刊》2004年第2期;朱海龙《中国城市化过程中城乡关系问题探究》,《甘肃社会科学》2005年第3期;冯卫国《中国近代城乡关系嬗变的历史分析》,《乐山师范学院学报》2008年第1期;徐丽平《20世纪开初至30年代中国的城乡关系及其特点》,西安:西北大学硕士学位论文,2005年。
⑤ 高惠芳《"城乡关系问题"的思考》,《社科纵横》2008年第3期。

村的发展。① 杨懋春从社会、经济、文化等各个层面阐述了近现代农村与城市彼此需要的客观实际，大致勾勒出了近现代中国城乡关系的历史轮廓，认为中国近现代工商业城市发展有两个显著的特点：一是其界限时常向外拓展，尤其是经济、文化等辐射力不断延伸，使近现代中国的"城"与"乡"之间那种天然的界限不再泾渭分明，而是由淡而浓，或由浓而淡的"藕断丝连"；二是近现代城市对农村的支配与剥夺，尤其是近代以来，城市凭借其强大的经济、文化等支配力向其腹地乡村不断渗透，逐渐打破了广大乡村经济社会的"独立性"和传统的城乡平衡结构，使农村全面依赖于城市，中国近现代工商业城市的发展对乡村的唯一有利处仅表现为城市将其吸附的大量的乡村人口转化为其工商业产业工人。② 吴松弟则认为港口城市建设与发展是依赖于广大腹地农村。③ 此外，学界还对单体城市与其周边乡村间的关系进行了研究，如戴鞍钢、张剑等对上海、南京、天津、烟台、重庆等城市的发展与周围乡村的互动问题的探讨。④ 虽然学界对近现代中国城乡关系的研究着力甚多，但多以东部沿海大城市或开埠口岸城市为切入点，对于20世纪前半叶中国广大内陆城市和边疆城市的城乡关系问题的探讨仍很薄弱，仍是一个城市史研究的重要领域。

（五）城市化与城市现代化

研究现代中国城市化特征⑤和探析中国现代城市化内容的成果较多。认为现代城市化与城市现代化是城市发展中互相关联的两条线。⑥ 涂文学、李卫东认为城市现代化主要体现在市政建设的现代化，城市结构与功能的现代化，城市制度和组织的现代化、以警察为代表的社会控制的现代化，以及城市文化、市民心理和社会思维方式等各个层面的现代化，认为20世纪前半期中国的城市现代化与城市化处于双重畸形状

---

① 宫玉松、聂济冬《科学认识中国近代城乡关系与中国革命道路的正确选择》，《党史研究与教学》1992年第3期。
② 杨懋春《近代中国农村社会之演变》，台北：巨流图书公司，1980年。
③ 吴松弟《港口—腹地和中国现代化的空间进程》，《河北学刊》2004年第3期。
④ 隗瀛涛《近代重庆城市史》，成都：四川大学出版社，1991年；罗澍伟《近代天津城市史》，北京：中国社会科学出版社，1993年；戴鞍钢《近代上海与周围农村》，《史学月刊》1994年第2期；张剑《城市发展与城郊农作物结构变迁——以近代上海为例》，《学术月刊》2001年第1期；赵彬《近代烟台贸易与城乡关系变迁》，《山东师范大学学报》2002年第2期；唐文起、林刚《试论1927—1937年南京城市经济发展与农村腹地之关系》，《民国档案》1987年第2期等。
⑤ 行龙《近代中国城市化特征》，《清史研究》1999年第4期；何一民《从农业时代到工业时代：中国城市发展研究》，成都：巴蜀书社，2009年等。
⑥ 隗瀛涛《近代重庆城市史》，成都：四川大学出版社，1991年；皮明庥《近代武汉城市史》，北京：中国社会科学出版社，1993年等。

态。① 还有学者从城市现代化的角度解读中国早期现代化历程。② 王瑞成从理论层面对中国近世转型时期城市化关联的基本问题进行了澄清与阐释,指出现代中国城市化实际上包含了三个基本含义,即人口的城市化、产业(工业、商业)城市化,以及城市化所产生的现代性后果,即城市社会和城市系统的形成。③ 与上述研究不同,学界大多以单体城市和区域城市为范域探讨现代中国的城市化与城市现代化发展问题。戴一峰以福建社会经济近现代化为背景,通过构筑近代以来人口迁移与福建城市化的关系模式,分析了近现代福建人口在城乡间的迁移对八闽地区城市化的影响。④ 张晓辉则以广东为切入点,以近代以来广东集镇的发展为视角,研究了中国近现代城市化发展及其动因。⑤ 裴赞芬具体分析了近代以来河北城市发展的三种类型:一是原来基础较好,近代快速发展,如天津;二是因工(或商或路)而兴,如唐山、石家庄;三是城市化相对缓慢、落后,如承德。⑥ 曲晓范则对近现代东北城市化的情形与发展做了深度探究。⑦ 陈国灿以江南地区为中心,考察了中国早期城市化的发展,并具体研究了近代以来江南地区农村城市的转型问题。⑧ 但学界更多地以上海、北京、武汉、重庆、天津、广州、杭州、南京、石家庄、济南等单体城市为楔入点对现代中国城市化与城市现代化研究问题进行综合研究。⑨

此外,学界还以经济、人口、市政建设、城市卫生、文化等为窗口探究近代以来中国城市化和城市现代化的问题,试图诠释城市现代化的文明意涵。徐峰指出,近代

---

① 涂文学、李卫东《二十世纪中国城市化与城市现代化论略》,《江汉大学学报》(社会科学版)2011 年第 5 期。
② 史明正《走向近代化的北京城——城市建设与社会变革》,北京大学出版社,1995 年;[美]罗兹·墨菲《上海——现代中国的钥匙》,上海社会科学院历史研究所编译,上海人民出版社,1986 年。
③ 王瑞成《近世转型时期的城市化——中国城市史学基本问题初探》,《史学理论研究》1996 年第 4 期。
④ 戴一峰《近代福建的人口迁移与城市化》,《中国经济史研究》1989 年第 2 期。
⑤ 张晓辉《中国近代城市化的发展与动因研究——以镇集高度发达的广东为例》,《学术研究》2002 年第 3 期。
⑥ 裴赞芬《近代河北城市化试论》,《河北师范大学学报》(哲学社会科学版)1998 年第 4 期。
⑦ 曲晓范《近代东北城市的历史变迁》,长春:东北师范大学出版社,2001 年。
⑧ 陈国灿《中国早期城市化的历史透视——以江南地区为中心的考察》,载《城市化进程中的文化建设——湖南省城市文化研究会首届学术研讨会论文集》2004 年;陈国灿《江南农村城市化历史研究》,北京:中国社会科学出版社,2004 年。
⑨ 张仲礼《近代上海城市研究(1840—1949 年)》,上海人民出版社,2014 年;袁熹《北京城市发展史(近代卷)》,北京:燕山出版社,2008 年;皮明庥《近代武汉城市史》,北京:中国社会科学出版社,1993 年;隗瀛涛《近代重庆城市史》,成都:四川大学出版社,1991 年;罗澍伟《近代天津城市史》,北京:中国社会科学出版社,1993 年;陈代光《广州城市发展史》,广州:暨南大学出版社,1996 年;邹身城等《杭州城市发展史》,北京:新华出版社,2007 年;薛冰《南京城市史》,南京:东南大学出版社,2015 年;党明德、林吉玲《济南百年城市发展史——开埠以来的济南》,济南:齐鲁书社,2004 年;李惠民《近代石家庄城市化研究:1901—1949》,北京:中华书局,2010 年等。

以来的中国城市化最先是由资本主义性质的商业启动的,是中国城市被动地纳入世界市场体系中的结果①。王圣学、刘方健等学者亦在经济层面和市场格局的框架下对中国现代城市化进行了分析。②行龙、宫玉松、刘曙东等学者以人口流动为考察点探讨了中国现代城市化的进程。③市政建设也是中国现代城市化和城市现代化研究的重要组成部分。张利民则认为近代以来中国城市市政管理机制的出现及其现代化是因国家与社会、中央与地方在中国现代政治制度改革的过程中发生了错位而导致的结果。④涂文学亦认为市政问题作为近现代中国城市发展的核心问题之一,在考察近代以来中国城市现代化时,应以市政(制度的演变、市政的建设与管理)和城市现代化的关系为轴线,将市政置于近代以来中国城市现代化的总体进程中进行整体考察。⑤20世纪上半叶中国城市环境卫生及其管理的研究主要围绕上海、北京、天津、广州等城市展开。刘岸冰、苏智良等对上海城市环境卫生管理的变迁过程以及对城市管理现代化的推动作用做了深入探究。⑥杜丽红、辛圭焕、潘淑华、朱颖慧等人则分别对北京、广州和天津的城市卫生管理的现代化问题进行了个案研究。⑦张利民、涂文学等学者从文化发展的角度分析了近代以来中国城市文化"二元性特征"的形成以及对中国城市文化向现代化演进的推动作用。⑧

综上所述,自20世纪80年代以来,以城市化和城市现代化为视角的中国近现代城市史研究虽走过了短短的近四十个春秋,却成果斐然。⑨这主要体现在现代中国城市化与城市现代化研究运用多个学科的方法和视野,在综合研究与专题研究上,在理

---

① 徐峰《商业与近代中国城市化的启动(1840—1895)》,《北方论丛》2008年第2期。
② 王圣学《中国近代城市化的经济分析》,《现代城市研究》1994年第1期;刘方健《中国经济发展史简明教程》,成都:西南财经大学出版社,2001年。
③ 行龙《人口流动与近代中国城市化研究述评》,《清史研究》1998年第4期;宫玉松《中国近代人口城市化研究》,《中国人口科学》1989年第6期;刘曙东《近代入城流民对城市化进程的影响》,湖南省城市文化研究会第三届学术研讨会论文集,2007年等。
④ 张利民《艰难的起步:中国近代城市行政管理机制研究》,天津社会科学院出版社,2008年。
⑤ 涂文学《开展中国近代市政史研究的思考——以1930年代的汉口为中心》,《城市史研究》2010年第26辑。
⑥ 刘岸冰《近代上海城市环境卫生管理初探》,《史林》2006年第2期;苏智良、彭善民《公厕变迁与都市文明——以近代上海为例》,《史林》2006年第3期。
⑦ 杜丽红《1930年代的北平城市污物管理改革》,《近代史研究》2005年第5期;辛圭焕《20世纪30年代北平市政府的粪业官办构想与环境卫生的改革》,《中国社会历史评论》2007年第8卷;潘淑华《民国时期广州的粪秽处理与城市生活》,(台北)《近代史研究所集刊》2008年第59期;朱颖慧《民国时期天津环境卫生管理》,《江西财经大学学报》2007年第5期。
⑧ 涂文学《对立与共生:中国近代城市文化的二元结构》,《天津社会科学》1998年第1期;张利民《三重推力的融合——简论近代以来中国城市文化的演进》,《中原文化研究》2013年第5期。
⑨ 任吉东、雷家琼《中国城市现代化史研究综述》,《近代史学刊》第15辑,2016年。

论探讨和实证研究上，在单体城市和区域城市研究上，在城市社会、经济、文化、教育、市政、交通等各个层面上，都取得了很大的进展，但仍有较大的提升空间，值得我们去进一步探求。（1）要重视城市史研究的理论和研究方法的创新。如何科学地运用多学科的理论和方法进行研究，是深入开展中国现代城市史研究的一个先决条件和基础。虽然在数十年间国内学者在吸收西方城市史研究理论的基础上有了较大的创新，并提出了一些自己的理论和研究方法，很有说服力，但在现今城市史研究日新月异的时代背景下，还需要学界重视理论和研究方法的创新，并在此基础上将国内外相关的理论创新的成果转化吸收，进一步推进中国城市史研究的本土化和学科构建。（2）应重视宏观、中观和微观研究的结合。城市作为社会、经济、文化的人类文化集合体，是一个彼此相互联系的复杂的有机系统，系统内部的各种子系统和各类要素间存在着极为复杂的关系，深刻地影响着城市的发展。这需要在微观和中观的角度对城市的发展变迁进行解构研究。在此基础上对某个区域乃至全国城市进行整体研究，通过对各区域城市化发展路径的比较，总结出近代以来中国城市发展的基本脉络。（3）要重视资料与研究视角的更新。由于城市史研究具有多学科综合研究的特点，收集资料的范围应该扩大，要充分发掘近现代报刊、口述史和社会调查、档案等新的渠道，日（游）记、碑刻、契约、文书、家谱、器物、风俗等亦应当纳入研究者的视野之中，从而使城市史研究在广度和深度上获得一个全新的视域。此外，还要重视多层面的比较研究等。

三、研究思路、研究内容、研究重点和难点、研究方法与创新

（一）研究思路

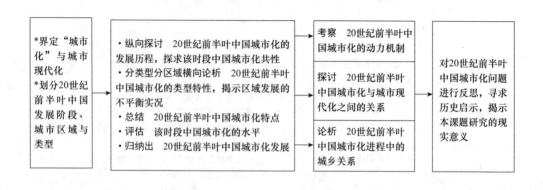

（二）研究内容

19世纪末、20世纪初是中国城市化和城市现代化运动开启之时，中国现代城市化与城市现代化在政治、经济、文化、教育、市政建设、城市管理等领域全面展开。面对日益发展的中国现代城市化与城市现代化，自民国以来近现代学者对城市化和城市现代化这一历史现象从不同的角度展开了较深入的思考与研究，但在总体上呈现出碎片化研究的特点。为进一步深化这一领域的研究，本研究拟从宏观综合的角度全面考察20世纪前半叶中国城市化与城市现代化发展的历史场景。

本研究除导论部分，共分上、中、下三编十章，从城市史研究的角度，具体考察了20世纪前半叶中国城市化与城市现代化间的联系与互动关系。

上编：20世纪前半叶中国城市化发展的动力机制。本编分为三章，分别对内力与外力、国家与社会、城市拉力与乡村推力等三组动力加以考察，探讨了这些动力机制是如何动态、复合地推动或制约20世纪前半叶中国城市化进程的。

第一章以外力推引与内部回应为视角，论述了直接推力与间接推力对近代开埠开放对中国城市的多重影响，分析了外力推引下中国城市化的"被城市化"的若干特征，进而探讨了20世纪前半叶中国城市化进程中外力与内力通过刺激、引领和示范的模式所产生的双向互动关系。

第二章主要论述了20世纪前半叶国家主导和民间参与的自上而下的城市化运动和中国现代城市化的另类模式和独特路径，即政府管控下的民间参与形式，并通过解构20世纪前半叶中国体制惯性对中国城市化的影响，分析了民间参与在官进民退的城市化背景下的历史局限性。

第三章主要探讨了城市与乡村在推动20世纪前半叶中国城市化进程中所起的作用和影响，即在20世纪前半叶中国城市化与城市现代化进程中，中国城市拉力不够、乡村消极推力过大，造成了城市畸形膨胀和乡村的残破衰败，也带来了城市社会两极分化、治安混乱、失业严重、产生贫民窟等社会问题，在一部分人心中，萌发出"反城市化"思潮。

中编：20世纪前半叶中国城市化进程。本编以时间为轴分为五章，具体考察了民国初年、民国中期、抗战时期（沦陷区、大后方）和民国后期中国城市化发展的具体进程，涵盖了城市数量与体系、城市人口数量、城市化发展阶段、城市经济、城市文化、城市规划与建设等城市化发展的基本内容。

第四章主要论述了晚清到北洋政府时期（1900—1927）中国城市化概况，具体分析了此时期中国城市人口的发展、城市规模等级的变迁以及城市分布格局的形成与演变。

第五章主要探讨了南京国民政府时期（1927—1937）中国城市化发展状况，具体分析了此时期中国城市的数量、城市人口总量及其演变，城市规模等级的发展与变迁，并探讨了1927—1937年间中国城市分布发展格局不平衡的形成、演变的过程及其影响。

第六章主要论述了全面抗战时期中国沦陷区城市发展的衰落情形，分区域分别探讨了东北、华北、华中、华南以及台湾、香港、澳门等地区的城市，在日本侵略者的铁蹄下备受摧残，使城市因日伪政权的经济统制、文化殖民等而失去了政治、经济、文化、科技等推力，直接导致沦陷区城市发展在总体上不断衰落，从而中断了20世纪前半叶的中国中东部沦陷区城市化进程，这给中国城市化发展带来了极大的负面影响。

第七章主要探讨了全面抗战时期中国西南、西北、陕甘宁边区等大后方地区的城市化状况。着重论述了中东部西迁运动及其给西南、西北、陕甘宁边区等大后方带来的城市发展动力因素与巨大影响，阐述了在抗战建国背景下西南、西北、陕甘宁边区城市、市镇的经济、文化、教育、市政建设、城市体系等发展变迁，并分析了这一时期大后方城市发展"暂时性"的特征及其在中国20世纪城市化进程中的地位和作用。

第八章主要阐述了抗战结束后（1946—1949）中国城市因南京国民政府腐朽的统治以及内战的影响所造成的巨大破坏作用，阻滞了此时期中国城市发展的经济、文化、教育、市政建设等方面的进步，造成了中国城市化发展的全局性的衰退，加剧了中国城市发展格局的总体不平衡性。

下编：20世纪前半叶中国城市现代化。本编分为二章，分别研究了20世纪前半叶中国城市发展过程中城市现代化和城市社会生活的变迁。

第九章主要论述了20世纪前半叶中国城市发展的现代化转型。本章以口岸城市、工商业城市、工矿业城市等为典型，分别探讨了新兴的工矿业城市、交通枢纽城市、工商业城市的现代化发展以及中国传统城市由传统走向现代的历史状况，同时论述了中国现代城市规划的探索问题，并总结分析了20世纪前半叶中国城市现代化转型的缺陷和不足之处。

第十章主要探讨了20世纪前半叶中国城市社会转型与城市现代化变迁的问题，具体考察了城市功能、城市居民职业、社会结构等，它们因近代以来中国城市化进程的发展而不断向现代演进，使中国城市社会现代性结构初步形成，但还存在着许多传统的因子。这为20世纪下半叶中国城市现代化的发展奠定了基础。

(三）研究重点和难点

本研究以20世纪前半叶中国现代城市化和城市现代化问题为主旨，从宏观上和整体上进行考察，由于涉及研究范域广而繁，且要求进行深入探讨，使本研究存在诸多重点和难点。

1. 研究重点。本研究几乎涵盖了20世纪前半叶中国现代城市化和城市现代化发展的各个层面，研究内容丰富，为彰显本研究的历史特色，突出城市史研究的范式，将在以下方面做重点探讨。

（1）关于20世纪前半叶中国现代城市化和城市现代化发展的动力机制的探讨。近代以来，推动中国现代城市化和城市现代化的动力因素很多，学界将之概括为"外力"和"内力"两大因素，但具体考察20世纪前半叶中国现代城市化和城市现代化发展问题时，仅简单地沿用这两大因素来探讨这一时期中国城市发展的问题，因中国地域广阔、各区域社会经济发展严重失衡而还存在很多无法探讨的领域，如何客观、真实、准确地对中国在20世纪前半叶各区域的现代城市化和城市现代化的推动力进行研究，找出其中的共性和差异，进而探究这一时期中国城市发展的不平衡，评估其发展水平，是为本研究的着重点。

（2）关于20世纪前半叶中国现代城市化和城市现代化发展基本过程的线索研究。这一时期中国城市因历史、地理环境以及国家政治变迁等因素的影响，各区域城市发展的现代化历程差异很大，既有以时间为轴线的，又有空间发展格局演变的，且还紧密地交织在一起。因此，考察探究这一时期中国现代城市化和城市现代化发展变迁的基本线索便成为本研究所涉及内容的重要基础和条件。

（3）关于如何评价中国现代城市化和城市现代化发展的水平问题。探讨城市化发展水平一直是城市史研究的一个重点。20世纪前半叶是中国现代城市化和城市现代化发展与变迁的一个重要时期，起着承上启下的作用。但受多种因素的制约，学界还未全面展开对这一时期中国城市化发展水平的科学评价。故如何根据这个阶段中国城市数量、城市人口、城市经济规模、市政建设、城市文化教育等发展程度进行综合考察，科学评估这个时期的中国城市化发展水平则是本研究的另一个重点。

2. 研究难点。由于本研究是一项综合研究，涉及地域和研究领域多，且有部分研究内容还因学界研究不够深入或未展开研究，需要做进一步深入探讨而存在研究难点。

首先是关于20世纪前半叶中国现代城市化和城市现代化发展，因史料记载不全或因时人对城市标准认识的不同，且当时国人普遍缺乏对国民经济与社会发展进行精确统计的科学精神，致使20世纪前半叶中国城市发展的数量、城市人口、城市经济等方面的统计资料没有连续性，且不精确，这为考察这一时期中国现代城市化和城市现代化发展的真实情形增加了很大的难度。

其次是因为时人对城市标准认识的不统一，使用的研究方法各异，使20世纪前半叶中国城市化发展的评估分歧很大，出现了当时中国的人口城市化率有6%、10%、15%等观点。因此如何根据这些缺乏精确性和不连续的各项有关20世纪上半叶中国城市发展的数据，进行科学考证、分析，以及进一步发掘新的统计资料，对这一时期中国现代城市化和城市现代化的发展情形做出科学的评价则是另一个研究的难点。

（四）研究方法

综合运用历史学、人口学、城市学、地理学、社会学、政治学、生态学、管理学等学科的知识和理论方法，以社会事实为研究范式，以史学实证研究和计量研究为主要方法，展开跨学科和比较研究。

（五）创新之处

1. 本研究的创新之处首先是以中国现代城市化发展的内在转型轨迹为线索，在叙述上虽以时间为轴，但却不是简单地以朝代和政权更迭为线索，较全面地综合研究了20世纪前半叶中国现代城市化与城市现代化的发展变迁情形，使本研究的整体叙事结构的创新较为突出。

2. 本研究的创新还体现在研究内容的创新上。对20世纪前半叶中国城市化的动力机制进行立体、动态的综合考察；研究和揭示中国城市化与城市现代化之间的互动关系；丰富学术研究成果，填补前期研究的不足；探究中国城市化的本土经验和资源。

3. 本研究在理论探讨上亦有所突破，观点有创新。（1）提出影响城市化的三组对应的六大要素如何动态、复合地影响20世纪前半叶中国城市化进程，为传统城市化动力机制研究增加了新思路和新理论。（2）从文明演进的高度看待中国的城市化，从质与量两个方面全面认识20世纪前半叶中国的城市化，认为广义的城市化涵盖了城市现代化的内容，其实质是乡村文明向城市文明的转变；城市化需要城市现代化转型；城市现代化主要是城市功能的现代化，从而超越了以往将城市化认定为主要是量的积累和过程演进、将城市现代化认定为主要是质的突破的认识层面。

尽管在研究过程中有所创新，但受诸多因素的影响，研究内容、研究方法等还存在若干不足和诸多问题，只好留待以后弥补，并敬请方家批评指正。

上编

20世纪前半叶中国城市化发展的动力机制

第一章　外力推引与内部回应：外源性次生型城市化

晚近以来，随着一批沿海、沿江、沿边城市被迫开埠开放，中国早期现代化在外力强行楔入下艰难起步，西力东侵成为沿海、沿江、沿边城市现代城市化和城市现代化的直接动力，近代中国现代城市化因此烙上"被城市化"的半殖民化鲜明印记。外力推引在开启近代中国城市化运动时也启发近代国人救亡意识、现代意识和城市意识，纷纷主动回应，积极应对，开始了依靠自身力量进行早期工业化和现代城市化的艰难探索。外源性推力与内源性动力通过刺激—回应、引领—示范的双向互动，共同开启20世纪中国现代城市化运动的滚滚大潮。

第一节　直接推力与间接推力：近代开埠开放对中国城市化的多重影响

一、"刺激"与"回应"：中国早期城市化运动的启动

长期以来，"西方中心论"史观影响甚至主宰世界历史研究，反映到中国近代史研究领域，典型者便是美国汉学家费正清等人提出的"冲击—反应"模式。就城市史而言，大部分西方学者认为，中国早期现代城市化也是在"刺激—回应"的模式下展开的。

（一）传统中国城乡合一，没有真正的"城市"。尽管城市数量众多，规模巨大，"但是城市周边的环境通常都是拥挤的乡村，没有什么本质的不同。中国的城市尽管

规模宏大,却只是形成了更大的农业环境的'质量密集'版而已"。①德国著名社会学家马克斯·韦伯甚至极而言之,称中国古代和中世纪根本就不存在城市。他认为西方城市具有较强的工商业性格,是一个"城市共同体"。"只有在西方,才出现大量的城市共同体(就此字之完全意义而言)。近东(叙利亚、腓尼基,或者还可加上美索不达米亚)同样也有,不过只是种短暂性的结构。其他地方有的只是雏形。"②韦伯以西方的"城市"标准来评判东方尤其是中国的传统城市,指出中国城市的一些所谓"非主流"特征:首先,城市功能的非商业性,"在中国,城市是个要塞及皇权代理人的治所"。③其次,中国城市没有独立的市制,不具备行政主体法人资格。"亚洲的城市也没有像西方那样的法人的性格。亚洲的城市,整体而言,的确也构成一个单独的行政区,就如同西方中古梅罗琳与卡罗琳王朝统治区域的城市一样。然而,与西方中古及古代形成强烈对比的是,在东方我们从未发现城市——即以工商业为主,且相对而言较大的聚落——的居民对当地行政事务的自主性及参与的程度,会超过乡村。"④第三,中国传统城市没有市民阶级或阶层。"亚洲的市镇居民并没有具备类似西方古代及中古'市民'的特殊身份",⑤"最重要的,城市的团体性格以及'市民'(burgher)的概念(相对于乡野人而言)从未存在于亚洲的城市,就算有,也只是些萌芽罢了。"⑥第四,中国传统城市"不存在有类似西方可以代表市民的共同体(例如市参政会)"。⑦"在中国,同样也没有'市民'与'城市共同体'的概念。"⑧

(二)传统中国城市化水平较低,城市淹没在乡村的汪洋大海之中。这与大多数中国学者的看法颇不相同。中国学者一般认为,中国古代城市化水平较高,甚至走在世界前列。如何一民就指出:"中国古代的城市化水平也远远居于世界前列。1800年,世界城市化水平只有3%,而中国在唐代时城市化水平即达10%,南宋时期,临安地区的城市人口比重更高达20%左右。此后中国的城市化水平才逐渐下降,直到19世纪初中国城市化才落后于世界。"⑨但国外尤其是欧美学者对此并不认同,施坚雅

---

① [美]乔尔·科特金《全球城市史》,王旭等译,北京:社会科学文献出版社,2006年,第83页。
② 《韦伯作品集》Ⅱ,桂林:广西师范大学出版社,2004年,第216页。
③ 同上书,第220页。
④ 同上书,第218页。
⑤ 同上。
⑥ 同上书,第217页。
⑦ 同上书,第219页。
⑧ 同上书,第220页。
⑨ 何一民《中国城市史》,武汉大学出版社,2012年,第38页。

（G. William Skinner）指出，传统农业社会中国的城市人口在全国总人口中的占比长期很小，一般都只有百分之几，特殊时期也未超过20%。① 乔尔·科特金亦认为：中国"尽管拥有到目前为止世界上最大的人口规模，可是按照居住在大城市的人口比例来衡量，中国还是不能达到同等程度的城市化水平；就此而言，中国城市化水平还不足西欧、地中海，或者日本公元一千纪以来的一半"。②

（三）近代中国处于边缘和半边缘社会。"关于世界体系的概念框架来源于伊曼努尔·沃勒斯坦。他将整个世界经济视为一个由具有等级性的区域经济体——核心、半边缘和边缘——组成的不断演化的市场体系。""值得一提的是，这种将世界划分为核心、半边缘以及边缘的方法不只是一种对世界各国的另外一种分类模式，它更是反映了一种对世界经济动力的特定理解，它能反映出由世界体系中不同国家进程和经济财富的变化而造成的不同响应。"③ 这种"世界经济动力"通过种种超常规的手段向所谓"边缘"和"半边缘"地区强行推进，将全球经济与社会纳入由西方主宰的新的秩序体系之中，后进之国家和地区，亦即半边缘和边缘国家、地区，在其冲击和裹挟下，蹒跚开启了城市化进程，"这一进程反映了一个更广泛、更长远的历史趋势，卡尔·马克思将其称之为'农村的城市化'。在他所处的时代，马克思指出，欧洲的资本主义发展产生的'社会革命'，摧毁了亚洲、南美和非洲古老的、以农村为主体的社会。目前，发展中国家的超大型城市的发展代表了这次革命的最终结果"。④ 半边缘和边缘国家及地区的早期现代城市化动力除了文明的冲击作用，更直接的因素是欧洲人的殖民、贸易甚至武力入侵。"欧洲人通过殖民和贸易的世界扩张影响了世界经济与社会。在欧洲人入侵之前，虽然各种边缘地区处于不同的城市化水平，殖民化和工业革命造成了人口在城市中的空前集聚，这些城市彼此依赖，遍布世界各地，并且形成有网络和等级的体系。"⑤

将欧美等发达国家和包括中国在内的广大亚非国家两分为"核心"——"边缘""半边缘"的看法，显然是西方史学家的一种傲慢与偏见。然而从世界近代社会发展的一般情形来看，亚非等发展中国家的早期现代化和城市化运动，确乎是在欧美影响和带动下开启的，至少在时间顺序上是西方而不是东方最先开始了工业化、城市

---

① [美] 施坚雅《中华帝国晚期的城市》，叶光庭等译，北京：中华书局，2000年，第29页。
② [美] 乔尔·科特金《全球城市史》，王旭等译，北京：社会科学文献出版社，2006年，第83页。
③ [美] 保罗·诺克斯、琳达·迈克卡西《城市化》，顾朝林等译，北京：科学出版社，2009年，第203—204页。
④ [美] 乔尔·科特金《全球城市史》，王旭等译，北京：社会科学文献出版社，2006年，第216页。
⑤ [美] 保罗·诺克斯、琳达·迈克卡西《城市化》，顾朝林等译，北京：科学出版社，2009年，第201页。

化、现代化进程。在中国，迟至19世纪中期，由于缺少城市化的某种动力机制，老迈的中华帝国只能在传统农业社会的故道上蹒跚而行，因为现代城市化与传统城市发展相比绝非简单的量的增长，现代城市化内在动力机制与传统城市增长机制具有本质性差异，现代城市化运动不仅使城市自身功能发生本质性改变，更带动城乡社会结构和文明形态的整体转型，亦即由传统乡村社会向城市社会、农业文明向现代工业文明的整体转型，而现代城市化带来的所有这些改变都源于一种前所未有的策动力——工业化运动。"夫工业化者，系指因机器之助，用雄厚之资本，完美之组织，以实行大规模生产之制造业是也。故工业化一词，实即所谓工业革命，或称之曰新工业。此等新工业，因种种原因，麇集于一定之都市，于是都市方面，乃日趋于工业化之一途焉。"[1]然而19世纪晚期，中国并不具备这种动力机制。开埠前，中国还是传统农业社会，工业化还没有起步。"工业化的特征有二：第一是生产方法的机械化，凡以前用人力的地方，现在都可以机械代替。第二，因为生产方法的改变，土地只需要少数人用机器来耕种便行，所以人口职业的分布，在农业中自然只占小部分，在别的实业中，如工业、商业、交通业、运输业等占大部分。根据这个标准，我们可以说世界上有些国家，是已经工业化的，如英美；又有一些国家，是还没有工业化的，如中国。"[2]开埠后，中国工业化程度相当长的时期内在低水平上徘徊。其机械化水平远远落后于欧美，"我们以为筋肉的生产方法，对于人民福利上的贡献，无论从哪一方面着眼，都不如机械的生产方法。在这一点上，美国与中国，正站在两个极端。美国平均每人可以驱使的生产力量，等于13.38马力，中国平均每人可以驱使的生产力量，只有0.45马力"。[3]从工业门类看，近代中国明显偏少，美国在1927年，全国的工业，共有335种，其中在纽约可以找到305种，在芝加哥可以找到275种。中国的新式工业，据实业部调查，共有98种，其中在天津只可找到39种。在汉口只可找到20种。[4]从工厂的数量上看，1904—1908年在农工商部注册的企业全国有227家，"毋须论证，这些统计数字并不表示发生了一次根本改变中国经济基础的'工业革命'"，"据已有的统计，1912年中国已有20749个'工厂'，这个'工厂'的概念是模糊的，但当我们注意到只有363家企业使用机器生产，其他所有剩下的20386家企

---

[1] 龚骏《中国都市工业化程度之统计分析》，北京：商务印书馆，1933年，第1页。
[2] 吴景超《第四种国家的出路》，北京：商务印书馆，2010年，第230页。
[3] 同上书，第109页。
[4] 同上书，第93页。

业只是依靠人力和畜力操作的时候,那么它的涵义也就清楚了"。① 现代城市化运动区别于传统城市化,其一,城市人口的增长不是依靠自然增加和政治、军事性移民,而是经济且主要是工商业拉动的结果;二是现代城市化绝非城市人口数量的机械增长和城市空间的简单扩张,而是传统乡村社会和农业文明向现代城市社会和工业文明的整体转型。现代城市是工业革命和资本主义市场经济发展的产物。"都市的发展是要靠几个条件——就是大规模的市场,便利的交通,雄厚的金融组织,各种的工业,专门的人才,以及一切新市政设备。凡此都是应用人工去发展都市。……中国有许多都市是由于政治原因,如帝王公侯首都食邑,造城凿池以永保其子女玉帛。其他还有因军事而起的都市。但是都市之演成,大多数是由于经济的原因,现今欧美的大都市皆属此类。"② 正是基于这两个本质属性,近代中国并不具备现代城市化的基本条件,于是,来自外部世界的力量充当了城市化运动兴起的主要推手,中国早期现代城市化和城市早期现代化在外力的推引下开始艰难地启动。

二、直接推动和间接推动:开埠城市的空间拓展与城市化

外力启动和推动中国早期城市化,体现在直接推动和间接推动两个方面。

外力推动中国早期城市化的首要表现是在一批通商口岸的开辟。

"吾国历代虽有与各国通商互市之事,然在满清道、咸以前,大都锁国独立,其经济之变迁,要皆限于国内。自五口通商以后,门户洞开,海陆商埠,逐年增辟,加以交通之进步,机械之勃兴,而吾国之经济遂息息与世界各国相通。昔之荒陬僻壤,可变为最重要之都市,昔之家给人足者,多变为不平均之发展。"③ 从1842年8月29日中英签订《南京条约》,中国被迫开放广州、福州、厦门、宁波、上海五个通商口岸,到1922年2月4日中日《解决山东悬案条约》将胶州德国旧租借地转租给日本,整整80年时间,除山西、河南、陕西、贵州等内陆省份没有开埠口岸外,绝大部分省区都门户洞开,"中外贸易之状况,年盛一年,凡商埠之订约开放及自行开放者,几

---

① [美] 费维恺《中国早期工业化——盛宣怀(1844—1916)和官督商办企业》,虞和平译,北京:中国社会科学出版社,1990年,第9、6—7页。
② 奚东曙《都市发展之社会学观》,见金慕陶编《都市与农村》(创刊号),1935年4月21日,青岛:都市与农村旬刊社出版。
③ 柳诒徵《中国文化史》(下),北京:中国大百科全书出版社,1988年,第845页。

遍通国。"①80年间，中国究竟开放了多少条约口岸，多家统计并不一致。1907年出版的《东方杂志》第11期发表的文章《中国商埠纪略》统计有68个（另有松花江、乌苏里江、黑龙江三条河流域整体开放给日本）；柳诒徵《中国文化史》统计通商口岸城市共有104个，其中约开商埠共75个。漆树芬《经济侵略下的中国》（光华书局1925年出版）统计为69个；1933年3月出版的《申报年鉴》第1期统计的全国约开商埠为76个；今人隗瀛涛先生主编《中国近代不同类型城市研究》（四川大学出版社1998年12月出版）的统计数字为85个，其中有6个为相同的口岸，实际口岸为79个。笔者通过查阅原始条约，踏勘比对后认为，实际口岸应为79个（见表1.1）。虽然总数与隗先生相同，但具体口岸有些微出入。

表1.1 近代约开商埠一览表

省区	商埠	条约
直隶	北京南苑	光绪二十九年 《中美通商行船续订条约》
	天津	咸丰十年 《中英中法续约》
	张家口	咸丰十年 《中俄北京条约》
山东	烟台（登州）	咸丰八年 《中英天津条约》
	青岛	光绪二十四年 《中德胶澳租界条约》
江苏	长海	道光二十二年 《中英南京条约》
	镇江	咸丰八年 《中英天津条约》
	南京	咸丰八年 《中法天津条约》
	苏州	光绪二十一年 《中日马关条约》
浙江	宁波	道光二十二年 《中英南京条约》
	温州	光绪二年 《中英烟台条约》
	杭州	光绪二十一年 《中日马关条约》
福建	福州	道光二十二年 《中英南京条约》
	厦门	道光二十二年 《中英南京条约》
广东	广州	道光二十二年 《中英南京条约》
	汕头	咸丰十年 《中英中法续约》
	琼州	咸丰十年 《中英中法续约》
	三水	光绪二十三年 《中英续议缅甸条约》
	九龙	光绪二十四年 《展拓香港界址专条》
	江门	光绪二十八年 《中英续议通商行船条约》
	惠州	光绪二十八年 《中英续议通商行船条约》

① 《中国商埠纪略》，《东方杂志》1907年第11期。

续表

省区	商埠	条约
广西	北海	光绪二年 《中英烟台条约》
	龙州	光绪十三年 《中法续议商务专条》
	梧州	光绪二十三年 《中英续议缅甸条约附款》
云南	蒙自	光绪十三年 《中法续议商务专条》
	思茅	光绪十三年 《中法续议商务专条》
	河口	光绪十三年 《中法续议商务专条》
	腾越	光绪二十三年 《中英续议缅甸条约附款》
	大理	光绪二年 《中英烟台条约》（只有柳说）
安徽	芜湖	光绪二年 《中英烟台条约》
	安庆	光绪二十八年 《中英改订条约》或说《中英续议通商行船条约》
江西	九江	咸丰八年 《中英天津条约》
湖北	汉口	咸丰八年 《中英天津条约》
	宜昌	光绪二年 《中英烟台条约》
	沙市	光绪二十一年 《中日马关条约》
湖南	长沙	光绪二十二年 《中日通商行船条约》
		光绪二十八年 《中英续议通商行船条约》
四川	重庆	光绪二年 《中英烟台条约》（漆说）
		光绪十六年 《中英烟台条约续增专条》（隗、柳）
		光绪二十一年 《中日马关条约》（隗、柳）
	万县	光绪二十八年 《中英续议通商行船条约》
甘肃	嘉峪关（肃州）	光绪七年 《中俄伊犁条约》
奉天	营口（牛庄）	咸丰八年 《中英天津条约》
	大连湾	光绪二十四年 《中俄条约》（隗、柳）
	奉天府（沈阳）	光绪二十九年 《中美通商行船续订条约》（《中日通商行船续订条约》）
奉天	安东（丹东）	光绪二十九年 《中美通商行船续订条约》
	大东沟	光绪二十九年 《中日通商行船续约》
	凤凰城（凤城）	光绪三十一年 《中日新订东三省条约》或《会议东三省事宜正约》
	辽阳	光绪三十一年 《中日新订东三省条约》或《会议东三省事宜正约》
	新民府	光绪三十一年 《中日新订东三省条约》或《会议东三省事宜正约》
	铁岭	光绪三十一年 《中日新订东三省条约》或《会议东三省事宜正约》
	辽江子（辽江口）	光绪三十一年 《中日新订东三省条约》或《会议东三省事宜正约》
	法库门（法库）	光绪三十一年 《中日新订东三省条约》或《会议东三省事宜正约》
吉林	吉林	光绪三十一年 《中日新订东三省条约》或《会议东三省事宜正约》
	长春（宽城子）	光绪三十一年 《中日新订东三省条约》或《会议东三省事宜正约》
	珲春	光绪三十一年 《中日新订东三省条约》或《会议东三省事宜正约》
	宁古塔	光绪三十一年 《中日新订东三省条约》或《会议东三省事宜正约》

续表

省区	商埠	条约
吉林	三姓	光绪三十一年 《中日新订东三省条约》或《会议东三省事宜正约》
	局子街	宣统元年 《中日图们江中韩界务条款》
	龙井村	宣统元年 《中日图们江中韩界务条款》
	头道沟	宣统元年 《中日图们江中韩界务条款》
	百草沟	宣统元年 《中日图们江中韩界务条款》
黑龙江	哈尔滨	光绪三十一年 《中日会议东三省事宜正约》
	齐齐哈尔	光绪三十一年 《中日会议东三省事宜正约》
	瑷珲	光绪三十一年 《中日会议东三省事宜正约》
	满洲里	光绪三十一年 《中日会议东三省事宜正约》
新疆	伊犁	咸丰元年 《中俄伊犁塔尔巴哈台通商章程》
	塔尔巴哈台（塔城）	咸丰元年 《中俄伊犁塔尔巴哈台通商章程》
	喀什噶尔（喀什）	咸丰十年 《中俄北京条约》
	乌鲁木齐	光绪七年 《中俄伊犁条约》
	哈密	光绪七年 《中俄伊犁条约》
	吐鲁番	光绪七年 《中俄伊犁条约》
	古城（今奇台）	光绪七年 《中俄伊犁条约》
蒙古	恰克图	咸丰十年 《中俄北京条约》
	库伦	咸丰十年 《中俄北京条约》
	乌里雅苏台	光绪七年 《中俄伊犁条约》
	科布多	光绪七年 《中俄伊犁条约》
西藏	亚东	光绪十六年 《中英藏印条约》
	江孜	光绪三十二年 《中英续订藏印条约》
	噶大克	光绪三十二年 《中英续订藏印条约》
台湾	台湾（台南）	咸丰八年 《中英天津条约》
	淡水（台北）	咸丰八年 《中法天津条约》

开埠推动中国早期现代城市化，首先是由于通商口岸城市的集聚效应，使人口向城市尤其是通商口岸城市迁移，近代中国出现了"有意义的城市化发展"。人口持续增长是城市化发展的最显著指标。如"上海在开埠时连郊区人口在内约50万，而到1880年仅城区人口就达100万人"。[①] 宁波在1820年有23.5467万人，到20世纪初为33.4872万人。厦门1832年有14.4893万人，到20世纪20年代，厦门已经拥有约30万人口。广州开埠后，迅速发展成为我国第四个拥有百万人口以上的大城市，据1932

---

① 何一民《中国城市史纲》，成都：四川大学出版社，1994年，第275页。

年的调查，全市人口共103.0255万人，市区人口就达95.0306万人。①1895年，天津人口58万，1931年122万，1937年140万。②1933年3月出版的《申报年鉴》第1期对106个10万以上城市人口进行统计，总计城市人口为3076万人。而同期另一份《十年来各通商口岸人口比较表》中，截至1931年，48个开埠口岸城市总计人口为1353.5万，占10万以上城市总人口的1/3以上。人口超过10万的城市大多集中在沿海地区。具体为，20世纪30年代中期，200万人口以上的特大城市只有上海；在4个人口100万至200万以上的大城市中，有3个是开埠口岸城市，即广州、天津和南京；5个人口50万至100万的城市全部为开埠城市，即香港、汉口、杭州、青岛和沈阳；在18个20万至50万人口的城市中，有10个为开埠城市，即大连、苏州、福州、重庆、宁波、镇江、温州、长沙、滨江、长春；在48个人口10万至20万的城市中，有14个是开埠城市，即澳门、芜湖、安庆、沙市、宜昌、万县、厦门、汕头、潮州、烟台、安东（今丹东）、营口、牛庄、张家口。③

外力推动中国早期现代城市化，最为直接者当是租界的开辟。

从1843年12月中英双方在上海划定租界界址，到1902年1月10日清朝政府与日、英、美、德、法、西、丹麦、荷兰及瑞典、挪威国领事、代理领事或副领事签订《厦门鼓浪屿公共地界章程》，将鼓浪屿辟为公共租界，60年间，"英、法、美、德、俄、日、比、意、奥等9国先后在上海、厦门、广州、天津、镇江、汉口、九江、苏州、杭州、重庆等10个通商口岸开辟了25个专管租界"。④

外人在华所辟之租界，一般都在旧城之外的郊野构筑新城，租界开辟的直接后果，便是加速了空间城市化步伐，昔日乡村田园景观仿佛一夜之间即变成繁华时尚的现代都市。上海租界初辟时，其地除了有少量农田可供耕作外，"余则卑湿之地，溪涧纵横，一至夏季，芦草丛生，田间丘墓累累"。⑤但是仅仅过了25年，租界面貌便大为改观，1865年，租界内已有马路大街13条，"取中华省会大镇之名，分识道里，街路甚宽广，可容三四马车并驰，地上用碎石铺平，虽久雨无泥淖之患"。⑥1880—1890年的《海关十年报告》记载："中国人有涌入上海租界的趋向。这里房租之贵和

---

① 根据巫澄志《解放前的广州人口——1932年广州人口调查评介》，《广州研究》1984年6月29日，第40页。
② 陈克《殖民地、城市化、现代化——近代天津城市经济功能的变化与城市发展》（打印稿），王方中《中国经济通史》第九卷，长沙：湖南人民出版社，2002年12月，第482页。
③ 申报年鉴社《申报年鉴全编》（第一册），北京：国家图书馆出版社，2010年，第6—9页。
④ 费成康《中国租界史》，上海社会科学院出版社，1991年，第53页。
⑤ ［美］卜舫济《上海租界略史》，岑德彰译，1928年上海版，第17页。
⑥ 黄懋材《沪游胜记》，清光绪二十二年（1896）复印本。

捐税之重超过中国的多数城市，但是由于人身和财产更为安全，生活较为舒适，有较多的娱乐设施，又处于交通运输的中心位置，许多退休和待职的官员现在在这里住家，还有许多富商也在这里。其结果是中国人占有了收入最好的地产……"①

与上海相类似，天津的租界开辟前亦为农田菜地，据1861年5月（咸丰十一年四月）来天津的英国牧师殷森德回忆："英租界地区是一片很长的菜园，在现今的中街稍西一点儿，是一片片破烂不堪的土房，从那儿到海大道，主要是一些高粱地、水坑和一些坟地。戈登用铅笔在这一带未开化地区画出河堤大道、马路，以及建筑用地块等。"②然而仅仅过去二十余年，这一地区就发生了令人惊奇的变化。1884年（光绪十年）出版的《津门杂记》如是描述："天津开设通商口岸，始于咸丰十年庚申之秋。准其西洋诸国永租地基，建屋贸易。自紫竹林前至东北沿河一带，为法国租界，房舍尚未盖齐。紫竹林南，自招商局码头以下，地名杏花村之处，为美国租界。居中之地为英国租界，东以河为至，西以海大道为至。街道宽平，洋房齐整，路旁树木，葱郁成林。行人蚁集蜂屯，货物如山堆垒，车驴轿马，彻夜不休。电线联成蛛网，路灯列若繁星，制甚得法，清雅可观，亦俨如一小沪渎焉。"③

汉口自1861年3月英国开设租界，到1898年7月日本设租界，30多年间，共有英、德、俄、法、日五个国家在汉口辟土建市，租界开辟之前，汉口城区主要在沿汉水附近扩张，是一片杂乱拥挤的商业城镇空间，江汉关以下滨江地区则是乡郊荒野之区。租界开辟后，汉口市区向长江边扩展延伸，汉口沿江地带出现了一大片新市区。据统计，从1861年到1949年，武汉著名的建筑工程300多项，其中100多项为外国人所建，且绝大部分建在租界内。《海关十年报告》曾以惊叹的笔触描述了这种巨变："在汉口，变化之大更是令人惊叹。……新近开辟了俄、法、德租界，几年前还是稻田与肮脏小屋杂处之地现在铺设了马路，竖起了高大的住宅。这些新租界与英国租界相连，使汉口有了长达两英里长的河街。"④

重庆在开埠前，城市区域主要在江北展开，而此时的江南地区，还只是士民登高游览之处，诚如宋代诗人余玠所云："木鱼敲罢起钟声，透出丛林万户惊。一百八声方始尽，六街三市有人行。"1891年（光绪十七年）重庆开埠后，1901年（光绪

---

① 徐雪筠等《上海近代社会经济发展概况（1882—1931）》，上海社会科学院出版社，1985年，第21页。
② ［英］雷穆森《天津租界史（插图本）》，许逸凡、赵地译，天津人民出版社，2009年，第35页。
③ 张焘《津门杂记》，天津古籍出版社，1986年标点本，第121—122页。
④ ［英］穆和德等《近代武汉经济与社会——海关十年报告·汉口江汉关（1882—1931）》，李策译，香港天马图书有限公司，1993年，第30页。

二十七年）日本在南岸王家沱设立专管租界，一批日资洋行、工厂陆续开办，南岸地区迅速崛起，一时店铺林立，机器轰鸣，20世纪30年代中期，这里已成为重庆一个喧闹繁华的新市区，人口已达1.2356万户，6.4512万人。①

外力推动中国早期现代城市化极端表现是外国侵略者的直接占领和殖民统治，包括葡萄牙占领的澳门，英国租借地香港，先后被德国和日本占据的青岛和先后被俄国与日本占据的大连等单体城市以及甲午战争后被日本占据的台湾和"九一八"后被日本侵占的东北地区等。

澳门在1553年（明嘉靖三十二年）被葡萄牙殖民者强租之初还是一片蛮荒之地，在殖民者的经营之下，慢慢演变成一个欧化色彩浓厚的海滨城市。19世纪40年代，英国传教士施美夫游历中国传教布道，在澳门便找到了回家的感觉。"在很多方面，澳门像英国一样，是个时尚的海滨胜地，物质生活舒适优雅，甚至媲美欧洲生活的奢侈。"关于澳门的景象，施美夫写道："澳门的风景，从海湾眺望，非常壮观。澳门是中国对外国人开放的人间乐土。两个世纪以来，澳门在葡萄牙人的管理下，呈现出欧洲城市的风貌，到处是教堂、塔楼和堡垒。"②

香港于1842年被迫割让给英国，19世纪40年代的香港，还是一个偏隅一角的小渔村，英国强租之后，修筑了所谓"维多利亚城"，但也只是一个被农舍和渔船包围的孤零零的城堡而已。当年英国传教士施美夫从澳门到香港传教，所到之处，满眼所见皆为海湾、舢板和农舍："我们……登上一艘小船，沿着港湾向东而行。……农居村落历历在目……这些零散村庄的居民，显然以务农或捕鱼为生。这些村落散落在两里半的路上，从维多利亚城可以眺望得到。"③但是仅仅过去不到50年，香港迅速城市化，20世纪初即成为广东仅次于广州的第二大城市，"本省中大城市较多，乡村中则市镇人口比较集中。人口在10万或10万以上之城市有十个：广州（150万至200万）、香港（约52.5万）、佛山（南海，45万）、潮州（25万）、新会（20万）、江门（16.8万）、小榄（14万）、韶州（曲江，12万）、石岐（10万）、潮阳（10万）"。④

台湾于1895年（光绪二十一年）甲午战争后被日本强占，日本侵略者看好高雄和基隆一南一北两个商业港口的商业价值和战略地位，着力在两地进行港口开发，台湾地区的城市格局发生重大调整。基隆取代淡水迅速崛起为全岛第一大城市，而高雄

---

① 参见隗瀛涛《近代重庆城市史》，成都：四川大学出版社，1991年，第466—467页。
② ［英］施美夫《五口通商城市游记》，温时幸译，北京图书馆出版社，2007年，第53—55页。
③ 同上书，第59、63页。
④ 《中华归主——中国基督教事业统计（1901—1920）》（上），北京：中国社会科学出版社，1987年，第334页。

也逐渐取代传统商港安平而成为台湾第二大城市。其他如台北盆地、台南平原的城市化也渐趋发展，从20世纪20年代直至1945年日本战败退出台湾，日本人在台湾地区先后设市11个，包括台北、台中、台南（1920年）、高雄、基隆（1924年）、新竹、嘉义（1930年）、彰化、屏东（1933年）、宜兰、花莲（1940年）等。可以这样认为，台湾现代城市分布格局正是在日据时期形成的。

从1898年德国强租青岛，到1922年青岛归还中国，青岛有长达24年的殖民地屈辱历史。开埠前，青岛还是一个偏僻的渔耕之乡，充其量也只是一个为周边农渔民服务的小集镇。光绪二十二年（1896）编纂的《海云堂随记》载："本口原有商铺四十九（家），今为六十五家。"民国时期的《胶澳志》载："民以农为务，士敦经术，俗多狷介，衣冠文物有古风。胶即接壤，风尚相类。"①德国租借青岛后，投入巨资进行港口建设，使青岛在很短的时间内迅速成为北方最重要的商业港口之一，并取代烟台成为山东最大的出口港。"……他港卒不能与之抗衡。而出于芝罘及天津之货物，渐以青岛为宣泄之尾闾。且天津港口，于冬期冻结，船舶不能出入时，出口的货物，又麇集于青岛，故将来天津之贸易，有逐渐移于青岛之势。芝罘之贩卖草帽辫商人，亦感于山东铁道之减少运费，而悉移住于青岛。"②开埠前，胶澳地区人口总数为8.3万人，分布在274个自然村落之中。1910年，青岛仅城市人口即达16.114万人，人口年增长率为52.36%。开埠前，青岛仅有可通骡马车和独轮车之街道10条，德国人租借后，按照西方城市模式进行规划和建设，城市景观由传统市镇一跃蜕变为具有浓厚欧陆风情的现代都市。"德租时期，青岛一切由德人经营，马路宽广，街衢清洁，与山东其他城市截然不同。"③1914年日本强占青岛后，除了继续加强港口建设外，把发展工业放在重要位置，青岛城市化进程明显加快。"日据时期在青岛殖民开发的主导精神支配下，日占当局将殖民地财税收入和官营企业丰厚利润中的1.26亿日元用于城市开发。这包括以大港为起点，在其周围建立的仓储、金融、商贸服务及居住的新商业区，以及加工工业和纺织工业为主的台东、四方、沧口新工业区。较之德占时期，整个市区的面积扩展了7倍多（德占时期欧人区为24万坪，华人区为20万坪，日据时期全市达350万坪）。修建扩建了能容纳大规模投资的水电、道路、通讯等市政设施，如青岛—佐世保海底通讯电缆等，这使青岛的城市功能由近代商贸运输口岸转向工商

---

① 袁荣叟《胶澳志》，台湾文海出版社影印版，1928年，第362页。
② 《德意志之山东经营》，《东方杂志》第10卷第11号。
③ 任银睦《青岛早期城市现代化研究》，北京：生活·读书·新知三联书店，2007年，第142页。

兼之、轻纺为主的近代工业城市。"①

近代，与青岛有类似遭遇的城市还有大连。1898年3月27日，中国被迫与俄国签订《旅大租地条约》，是日，沙俄军队占领旅顺。3月28日，占领大连湾。同年5月7日，中俄签订《旅大租地续约》。通过上述两个不平等条约，沙俄攫取了在辽东半岛开港、建市、筑路等特权，开始了其在大连长达7年的殖民统治。1900年10月27日，大连港（俄国人称达里尼商港）举行奠基仪式。新的城市完全按照欧美现代城市模式进行规划、设计和建设，城市规划分为市政区、欧洲人区和中国人区。经过数年建设，到1904年日俄战争爆发前夕，一座现代化城市已初具规模。"此时，达里尼的行政区已经基本建成，具有了欧式城市的模样，而欧洲人街区的建设用地已经基本整理就绪，莫斯科大街、基辅大街、彼得堡沿岸街等主干道之具形状，位于中央公园东边的第一批城建用地已拍卖。在数年前还仅仅是一个小村落的地方，到1903年1月，实际人口就已达4.1268万人，此地一跃就变成了一座繁华的大城市。"②1904年日俄战争爆发，日本获胜，从而取代俄罗斯获得在大连建立殖民地之特权。1905年1月27日日本辽东守备军发布命令："明治三十八年（1905）2月11日以后，'达里尼'改称'大连'。"③从1904年到1945年日本战败投降，"在长达40年的日本殖民统治时间里，侵略者不断膨胀的贪欲和野心加速了大连城市规模的一次次扩张。城市规划与建设大体经历了四个阶段：军政时期和民政时期，承袭俄治时期规划；1919年进行区域扩充规划与建设；20世纪30年代实施综合规划与建设；1941年推行关东州规划。到1945年日本战败投降，大连城市人口达到70万人，城市用地45.7平方公里，城市框架完全成型"。④

三、外国资本主义经济渗透对城市化的推引

外力推动中国近代城市兴起，除了强制性作用外，还有更深层的经济社会及文化影响力。民国学者顾敦鍒指出，传统中国虽然也有几个大城市，但在其基本的社会组织中，乡村是普遍的，而城市则是偶然的。"但自海通以还，吾国受了西洋的影响，情形就大大地不同了。所谓西洋的影响，实有三种。第一是交通频繁，商业逐渐

---

① 任银睦《青岛早期城市现代化研究》，北京：生活·读书·新知三联书店，2007年，第152—153页。
② 蒋耀辉《大连开埠建市》，大连出版社，2013年，第233页。
③ 同上书，第236页。
④ 同上书，第232页。

发达。第二是机器的输入，工厂创设。这二种原因，已使吾们的人口，逐渐地向城市集中。第三种原因，是最大的原因，那就是德谟克拉西的影响。清末，内政不修，外交失败，有识之士，咸知非取法西洋，革新政治，不足以图存。光绪帝韪之，乃于三十一年，派遣专使，分赴东西洋各国，考察一切政治。三十二年，各专使归国，即奏请宣布立宪宗旨。清室乃于是年七月十三日，下诏预备立宪。三十四年八月，又下九年预备立宪之诏。这再接再厉的新政运动，与市政有极大的关系。原来所谓西洋政治，就是立宪政治，立宪政治，就是民主政治，民主政治的初步，就是地方自治，而市政的推行，就是地方自治的一部分的工作。"① 西方影响首先表现为工业化带来城市化。中国近代工业完全是舶来品，机器、工厂这些洋玩意儿是外国人挟着洋枪洋炮一起进入中国的。外商投资企业主要集中于开埠城市，较大和较重要的通商口岸城市成为近代工业中心城市。"盖中国之所谓重要都市，仅限于通商口岸。此等通商口岸，其地位已属优秀，且按条约之关系，外人在中国设厂制造，亦以通商口岸为限。不论其工业之性质是否适合于此等都市，亦不论此等口岸是否可以发展工业，凡所投资，弥不以此为目标。益以国人醉心外力，以为租界等等，足以保障投资之安全，因之中国之通商都市，往往为各种工业发达之区。例如上海、天津、武汉等处，凡我国之所谓新工业者，无不有相当之发达。"② 不仅最早的新式工厂是洋人开办的，即使到了20世纪初，外商投资现代企业所占比例仍然很大。这些外资企业在城市社会里往往成为吸引工人就业的主导因素，据巫宝三和汪馥荪的材料统计，1933年外国在华开设工厂共有673家，工厂数量虽然不多，却有职工数23.5万人，占全部工人总数的30%。③以现代工业为代表的新的生产方式的引进，不仅冲击了传统的生产方式和生活方式，而且推动了传统农业文明、乡村社会向现代工业文明、城市社会的缓慢转变，尽管这种转变有些畸形甚至变态。"这些经过工业革命的国家，不但摧残了本国的旧式工业，使本国的人口都市化，他们的影响，还达到别的国家，使别的国家，也起重大的变化。新式的工业，既是大规模的工业，所以他的市场，并不限于本国，连别国也包括在内。他们用机器制造出来的货，送到别国的国境内，于是别国的土货，也经不起压迫而衰落了。中国土布的消沉便是一例。别种土货，只要是用旧法制造出来的，迟早都要遭遇同样的命运。旧式的制造品，既不能行销，于是靠此为生的人，非改行不

---

① 顾敦鍒《中国市制概观》，《东方杂志》第26卷第17号。
② 龚骏《中国都市工业化程度之统计分析》，上海：商务印书馆，1933年，第3页。
③ 陈真、姚洛《中国近代工业史资料》（第4辑），北京：生活·读书·新知三联书店，1961年，第5页。

可。乡间既无他们的机会，只有往都市去。所以美国、英国的工业革命，间接也促成中国的都市化，正如新大陆的农业革命，间接促成东欧各国的都市化一样。"①

近代外国资本对铁路投资和建设催生一批新兴交通枢纽城市亦是中国近代城市化的一个突出现象。"综合观察，我国铁路可分为二种：一为外国在我国直接投资铁路，二为间接投资铁路……各国在我国所有之直接投资铁路，大概归各国之政府所有，或由其政府所指定之公司所有，由我国政府于一定期间内，许与建筑、经营、收入、管理诸权。"② 列强投资铁路影响近代中国早期城市化，于胶济、滇越、中东、南满等铁路所在区域都有充分体现。

胶济铁路是 1899 年至 1904 年德国在山东修建的由青岛至济南的铁路。1899 年 9 月，胶济铁路在青岛开工建设，1901 年 4 月，胶济铁路由青岛修至胶州并通车，1904 年 6 月，胶济铁路全线建成并通车，同时竣工通车的还有博山支线。胶济铁路全长 395.2 公里，支线长 45.7 公里。沿线设有青岛、城阳、蓝村、胶州、高密、丈岭、峡山、黄旗堡、蛤蟆屯、潍县、昌乐、谭家坊子、青州、张店、周村、王村、明水、龙山、济南等车站。胶济铁路的修筑，大大推动了铁路沿线的经济转型，城市化运动突飞猛进。除青岛外，潍县是胶济铁路修建后的最大受益地区之一，"工商两业自昔称盛，自胶济通车后，尤有长足进步，商业控制之领域日广，生产有工业化之趋势。县城为经济中心，为青岛、济南间最大之市场，在本省各县中，工商各业实无出其右"。③ 至 1930 年代，潍县城区有大型街巷 200 余条。城市人口达 82781 人。廿里堡盛产烟叶，但铁路未修前由于交通不便，流通不畅，只能屈居乡野，与市场无缘。胶济铁路开通后，廿里堡"不仅名闻全山东全中国，但凡全世界与烟草业有关的人们都知道它"。④ 益都杨家庄，铁路未通前，为一偏僻小村，"固无商业可言"，胶济铁路建成后，商业勃兴，一下子兴起二十多家商号。⑤ 博山铁路未通前其经济只是周村的附庸而已，张博支线建成后，其煤炭产业迅速发展，并带动相关产业发展。"商品出入频繁，如料货（玻璃）、瓷器、布匹、杂粮、杂货进出贸易，日见发达，而尤以煤炭业为繁盛。"⑥ 博山因此脱离周村而成为地区工矿和商业中心。

---

① 吴景超《第四种国家的出路》，北京：商务印书馆，2010 年，第 84—85 页。
② 漆树芬《经济侵略下之中国》，上海：光华书局，1925 年，第 300 页。
③ 胶济铁路管理局《胶济铁路经济调查报告》（第 3 册），1934 年铅印本。
④ 张伽陀《鲁东种烟区三个月的观感》，《东方杂志》1936 年第 6 期。
⑤ 胶济铁路管理局车务处《胶济铁路经济调查报告》（第 4 册），《益都县》，第 15 页。
⑥ 何炳贤《中国实业志·山东省》，实业部国际贸易局，1934 年，第 175（丁）页。

滇越铁路为法国殖民者所投资兴建，滇越铁路中国云南段由昆明经呈贡、宜良、开远、蒙自、河口出境，故亦称昆河铁路。是路1903年动工兴建，1910年建成营运，是近代云南乃至整个西南地区第一条铁路，也是中国第一条国际铁路。滇越铁路打通了一向闭塞的云南与外部世界联系的通道，对于云南经济转型和城市化发展有着不可估量的作用和影响。滇越铁路所到之处，商业繁荣，人口聚集。河口，铁路未修前只是一个仅有四五户人家的停船码头，铁路通车后，不几年即发展成为近5000人的小城镇。1932年《马关县志》载，河口"商店资本有达国币数十万者"。蒙自，1910年，人口为6.0912万人，铁路通车后，取代大理而成为云南商业重镇，其商品流通总量占云南全省总量的40%以上。商业的繁荣引来大批外地人来此经商兴业，到1932年，蒙自人口飙升至13.1587万人，较铁路通车前增长一倍有余。"自前清辟为商埠，株守一隅之蒙自，一变而为商业竞争之蒙自。自滇越铁道告成，商业竞争之蒙自，再进而为国防重要之蒙自。"① 蒙自县内的个旧，是闻名遐迩的"锡都"，但铁路通车前因为交通的原因发展受限，宣统元年（1909）滇越铁路碧（色寨）河（口）段通车，给个旧插上了腾飞的翅膀。1910年，个旧人口为1.0682万人，1932年猛增至9.3586万人，成为仅次于昆明的云南省第二大城市。开远，旧称"阿迷"，"水利称便，民多务农，在昔铁路未兴，工商业均不发达。自滇越铁路交通后，路当冲要，一切舶来物品日新月异，工乃渐知改良，商则渐事远贩"。② 因为滇越铁路在此设立二等站，很快由名不见经传的小集镇一跃而成为滇南商业重镇。"自铁路交通而后，商业渐增繁盛，治城东北隅车站，外侨聚居，商旅盈集，货物充斥，俨然成一商埠。"③ 1910年开远人口为5.4602万人，1932年增加至9.6408万人。昆明，虽然为云南省会，但在传统社会，城市化水平并不高，光绪三十四年（1908）奏准开埠时仅4万余人，1910年滇越铁路通车时也只有8.5万人。铁路通车后，昆明城市地位和城市功能迅速提升，成为重要的交通中心和商贸中心，工商业得到长足发展，海内外商人蜂攒云集。"自清宣统二年火车开通以来，交通便利，商务繁盛。"④ 铁路通车带来昆明商业繁荣的同时，给昆明城市发展带来深刻影响，一是城市中心区向火车站位移，城市空间范围大大拓展，"民国昆明城行政区划为第一区、第二区、第三区、第四区及商埠一区、商埠二区，共计六区，商埠区以滇越铁路火车站和铁路线为起点和控制节点划定，并吸引邮

---

① 《蔡锷集》，北京：中国文史出版社，1982年，第200页。
② 杨成志《云南民族调查报告》，《国立中山大学语言历史学研究所周刊》1930年第11期。
③ 《觉报》1915年10月21日。
④ 云南通志馆征集云南省各县航空铁路汽车资料，1931年抄本。

政、医院、洋行、力行、仓储、零售、饮食等行业进入。于是，铁路车站及附近站场，成为新的商业中心"。① 昆明城市空间因此而不断拓展，附近乡村被城市所吸纳，成为新市区。"昆明县境，外围历少变迁。居中划出之市区，一再扩大其辖境。县境附郭之村落，由县转移于市府管辖者，大小四十余村，皆比较富庶之区域。户口数目，与耕地面积，约各减少十分之一。"② 二是人口不断向昆明集聚，城市人口显著增长。滇越铁路"大大提高了昆明作为中心城市的辐射功能，商业贸易范围扩展，经营商品种类增加，数额上升，店铺增多，各种贸易公司不断开业，昆明城区范围扩大，城市人口急增，全市人口由开埠前的4万人增至1910年时的13.7万余人，市区人口增至7万余人，到1922年增至11万余人，12年内增加了360%，其中尤以工商业人口增加为速，由1922年前的1.6577万人增至3.0037万人。1932年人口又迅速增加到14.37万人，1910年至1932年的人口增长率为69.1%，到1932年城市化率达到43.93%，为全省最高"。③

外国投资铁路带动城市化最为典型的是东北，其中包括俄国投资和管理的中东铁路和日俄战争后日本投资、管理的南满铁路。

1898年8月开工、1903年7月全线通车的中东铁路，推动和帮助人口向东北迁移，带来东北地区人口剧增，为城市化快速发展准备了充分的人口条件。据统计，1895年，东北地区人口69万余人，到1911年已达199万余人，15年间增长了2倍。一批新兴城市在铁路沿线兴起，并因此形成城市群和城市带。既有哈尔滨、长春、奉天、大连、齐齐哈尔等大城市，也有满洲里、牡丹江、绥芬河、公主岭、开原、铁岭、辽阳、大石桥、瓦房店、安东、本溪等中等城市。此外，一大批小城镇也如雨后春笋般涌现，据统计，中东铁路修筑前，东北地区1万至3万人口的小城镇只有20个，到20世纪30年代增加至53个。1902年，东北地区一般以小城镇为主，20万人口规模的城市只有2个。1930年城市化状况大为改观，20万人口以上的城市有3个，10万至20万人的城市2个，3万至10万人的城市17个，1万至3万人的城镇53个。最为典型者为哈尔滨，中东铁路修建时，哈尔滨还是一个小渔村，随着铁路的修筑，哈尔滨成为东北地区最大的水陆交通枢纽，城市街道由1900年的61条，增加至1931年的376条，城市面积近70平方公里。人口由1898年的2万人增加到1930年代的

---

① 车辚《滇越铁路与民国昆明城市形态变迁》，《广西师范学院学报》2013年7月第34卷第3期。
② 高自清《昆明县政概况》，1945年石印本。
③ 何云玲等《滇越铁路与云南近代主要城镇人口的变化》，《地域研究与开发》2010年6月第29卷第3期。

30万人。①

1905年日俄战争结束后，日本从沙俄手中攫取中东铁路长春至大连的控制权，为此，日本专门成立"南满洲铁道株式会社"（简称"满铁"）管理和经营此路。"满铁"一方面投资修筑了安东至奉天线（260.2公里）、旅顺支线（50.8公里）、营口支线（22.4公里）、辽中附近的烟台支线（15.6公里）、抚顺线（52.9公里）5条支线铁路，另一方面采取圈占、兼并、抢购、商租等多种手段"以所谓'满铁附属地'的名义在铁路沿线建立殖民地。满铁在南满、安奉铁路沿线占据了大量的所谓'满铁附属地'"。据统计，至1931年"九一八事变"前，"满铁附属地"总面积达到482.9平方公里，分布于铁路沿线长春、铁岭、奉天、辽阳、海城、大石、熊岳、盖平、瓦房店以及公主岭、四平街、开原、鞍山、抚顺、本溪等近20个城市。从1907年至1923年，"满铁"总共对"满铁附属地"140处进行了规划，"满铁附属地"规划以服务于铁路运输、建设高水准的殖民地城市为目标，围绕铁路和火车站展开。"满铁附属地"的建设，客观上推动了相关地区的城市化发展。"满铁附属地"初始居民人数只有2.6852万人，到1931年，骤增至36.8074万人，不到30年增长了近15倍。其城市空间范围也大大拓展。"由于'满铁附属地'的城市化，就使原属于东北中南部一些城市的外围农村地带演化为城市新区，城市的版图因此大大外延了，从而更加凸现出各自的近代城市形象。"②

最迟到19世纪晚期，东北地区的城市化进展缓慢，乏善可陈。施坚雅曾将传统中国分成九个大区，对其城市化状况进行逐一分析和评价，但谈到第九个大区——东北地区时，却不置一词："我的分析完全没有涉及满洲这个中国第九个农业区，在全书也找不到这方面的文章。其主要原因是汉族大规模到本地区定居也只是清朝最后十年的事情，因此在十九世纪九十年代前满洲几乎没有得到什么发展，而且它的城市体系还在萌芽阶段，至多是刚刚出现。真正使满洲发生迅速变化，并使它成为中国城市化最发达的地区，那全是二十世纪各方面的发展造成的；而且也只是在本世纪最初十年里中国才开始把正规的民政系统在满洲推行，因此，如果要按行政级别那样对到1893年为止的城市进行分类，这对于其他八个地区是可行的，但在满洲却行不

---

① 参见段光达《哈尔滨早期城市特点刍议》，《北方文物》1994年第2期；王杉《简析近代东北城市的兴起》，《辽宁大学学报》2001年7月第29卷第4期；荆蕙兰等《铁路交通视角下近代东北城市化特征及其影响》，《佳木斯大学社会科学学报》2014年4月第32卷第2期，李占才《铁路与近代中国城镇变迁》，《铁道师院学报》1996年10月第13卷第5期。
② 曲晓范《满铁附属地与近代东北城市空间及社会结构的演变》，《社会科学战线》2003年第1期。

通。"①20世纪初期,东北早期现代城市化运动的启动,当然有多种动力因素起着不同的作用,如政府的移民政策鼓励关内移民往东北迁移等,但外国列强的武力强占以及为本身利益需要而进行的城市规划和建设,如日俄之于大连,"九一八"之后日本对东北地区城市体系的整体布局和建设,通过工业、商业和交通主要是铁路投资促使东北经济转型,拉动城市规模扩大和城市人口增长,应该是20世纪初期东北地区城市化运动兴起的主要原因。

第二节 "被城市化":外力推引下近代中国城市化若干特征

所谓"被城市化",是外力植入性被动的城市化。"中国从前没有近代的都市,都市的建设是自五口通商始,是西洋人硬在中国建设的都市,和中国人的生活思想全不调和的缘故,所以像上海附近地带和上海租界相比较,两方相差,简直要使人感到相差百年之多。"②"中国都市之兴起与各国都市均不同,中国本来还徘徊于市镇经济之下,是被外国的兵舰大炮冲进来以后,凭借不平等条约才开辟了许多商埠——即现在的都市。一切工商业交通器具与金融组织,都被外国人垄断下来;虽然以后中国人努力直进,而受不平等条约束缚与根深蒂固的势力的压迫,直到现在,各大都市仍旧在外人势力支配之下,不过程度的深浅不同而已。"③胡适认为,外国人在中国开辟租界,既直接催生了一批大城市,同时也带来示范效应,开启了中国现代城市化运动。"大城市的市政大都是受了租界的影响而产生的。上海闸北与南市的市政历史便是明例。""现在中国的情形很像有从乡村生活变到城市生活的趋势了。上海、广州、汉口、天津等处的人口的骤增,各处商埠的渐渐发达,都是朝着这个方向走的。我们这个民族自从有历史以来,不曾有过这样人口繁多、生活复杂的大城市。大城市逼人而来了!"④

外力推动或启动的中国早期现代城市化,有三个主要特点。

其一,城市的殖民化特征明显。外力开启的近代中国的现代城市化,在种下现代

---

① [美]施坚雅《中华帝国晚期的城市》,叶光庭等译,北京:中华书局,2000年,第244页。
② 杨哲明《现代市政通论·徐蔚甫序》,上海:民智书局,1929年。
③ 奚东曙《都市发展之社会学观》,见金慕陶编《都市与农村》(创刊号),1935年4月21日。
④ 张慰慈《市政制度·胡适序》,上海:亚东图书馆,1925年。

城市文明种子的同时，也结下城市畸形与变态的恶果。"夫今日中国之都市，姑无论其发展程度未臻理想之境，纵有少数繁盛大埠，究其实际，可谓已非我有。盖自表面观之，设官施政，固属我主权管辖之下；然都市生命之所寄托之一切经济势力，已大部垄断于外人之手。彼等凭借不平等条约之护符，挟其雄厚之金融资本与产业资本，直接扼制我都市经济发展之咽喉，间接吮吸我农村之膏血，'借刀杀人'，我则兼蒙其祸。"[1]"只要稍加注意我国都市之发展情形，便知道很多畸形变态，例如近百十年来的都市，很多偏在沿海一带，且每一大都市，多以外国经济势力作中心，甚至被划定了许多租借区域，行使外国行政权，这种都市，无疑是适应外力侵入产生的，非由本身之自然生长，故于我们国家民族的利益，颇不相容。……"[2] 外国势力掌控之下的条约口岸和租界，首先成为帝国主义掠夺中国经济资源的桥头堡。"我国商埠的特质，如从形式上而论，第一是一部不平等条约之明文，第二是由条约上演绎而成历来见惯不惊的一种不法之习惯。如以其一贯之精神以观，即是始终不外外人在此商埠有特权之独占，务使我们长久处于经济被榨取的地位。换言之，即由此商埠之开放，我们的行政权，实受若干之限制，司法权实有若干之范围不能及，财务行政之征收权，亦屈不得伸，此就公经济之关系而言的。至私经济所吃亏的地方，亦不弱于前者，其最显明处，即自国之生产品，常受外来品之压制，私人企业，常受无形之打击。……呜呼！商埠为我国困民穷之源。"[3] 西方列强为了便利其商品倾销，较为注意于交通和商业流通方面的市政建设，造成城市功能畸形发展。"中国都市之发生，大半由于门户开放，自由通商而来。其最初之设备，无一不注重商业与交通，而不计及于新式工业之是否相合。故有毗连租界之都市，其建设愈久者，其危害于国者亦愈深，……各大都市之商业，分华商外商两种，外商之事业，不外（一）将其本国之奢侈品，运售于中国，而增长中国人之骄养习惯。（二）将其国之过剩生产，贱价出售，而阻止中国工业之发达。（三）藉保险、储蓄、银行以吸收中国现金，而为金融上之操纵。（四）借商业以安置侦探、浪人，为殖民之前驱，并收买游惰之国民，为破坏之活动。（五）将中国之原料，贱价购运，以供其国之制造，成高价之商品。（六）至于华商之经营，则不外乎为外商之买办代理店，销售洋货，使易于发展，或代洋商收买土货，以便于集中。（七）普通之洋货店、电料店、五金店，几居商人之重要部分，虽欲不为卖国

---

[1] 金慕陶《都市建设发凡》，《都市与农村》1935年第3期。
[2] 张笃伦《漫谈市政建设》，《市政评论》第10卷第3期。
[3] 漆树芬《经济侵略下之中国》，上海：光华书局，1925年，第107—108页。

之行为而不得。(八)无论何项都市,中国商人,除饭店、旅店、点心店、西药、戏园、电影、澡塘[堂]、妓馆而外,几无商业之可言,只有南纸、绸缎、中药、酱园等数类,为正当华商,其余均可谓之为附属或消费商业。(九)金银兑换,以及交易所之买空卖空,与洋行家勾结,而营陷人之事业。就上列各种事业观察之,如以国家经济,及国民生计,为前提,则都市之商人,无怪被称为汉奸,为洋奴,为地棍。盖中国无特产之制造,无炫人之商品,无法律之裁制,无官方之指导,商人之行为,虽欲不病国而不可得,商人之不幸,抑政学界之羞也。"① 在上海这个最主要的条约口岸城市,对外贸易的入超成为常态,"上海在对外和国内贸易上所占有的首要地位,至少到1865年已经稳固地确立了。……从1850年以来的大多数岁月,丝茶的出口以及鸦片和棉织品的进口,像全国一样,在上海对外贸易上占有压倒的优势。然而,尽管上海处于茶丝贸易的关键性地位,从1864年(江海关开始有完整的记录)到1936年为止,除两年外,上海从国外进口的货物,按价计算,超过向国外出口的货物。直到1925年为止,入超平均每年约达10%"。② 近代德日控制下的青岛,虽然市政建设有所成就,但城市经济发展却乏善可陈。"三十余年前一荒岛渔村,无人问津;今日竟成为繁盛之都市,考察与游历者接踵而至——青岛市发展之迅速,盖必有其由来。或以为青岛襟山带水,景物幽秀,兼以夏无酷暑,冬无严寒,其所以有今日之地位,盖亦如瑞士之为吸引游客之胜地。虽然,以风景气候而论,青岛固为东方之瑞士;唯尚有胜于瑞士者,即其兼为工商业之要埠也。盖青市为华北唯一之不冻良港,地居冲要,绾毂交通,港湾设备优良,地方治安巩固;其腹地山东,原料丰富,人民勤朴敦厚;胶济线西接津浦,更可与西北诸省通有无;凡此一切,皆使青市有成为理想的工商大埠之可能。当政权旁落外人之时期,种种设施大都以侵略及殖民为目标,虽有所谓善政,亦不过市政工程之举办,自不计及我国经济之发展。"③

城市经济的殖民性、依附性特点在东北表现得尤为突出。外国列强营建东北城市的经济目的一开始就十分明确,即将城市作为掠夺中国经济资源的桥头堡,无论是沙俄还是日本,早年投资铁路,并在铁路沿线规划和营建城市,目的都是为了方便攫取东北矿产和农副产品(如大豆),倾销本国商品。因此,东北城市一开始就作为日、俄经济的附庸而存在,有极强的依附性和依赖性。"九一八事变"前,东北城市经济

---

① 顾仁武《市政赘言》,《南昌市政半月刊》1934年第1卷第7期。
② [美]罗兹·墨菲《上海——现代中国的钥匙》,上海人民出版社,1986年,第139页。
③ 易天爵《青岛工商业之概况》,《都市与农村》1935年6月11日,第5、6期。

与日俄在中东和南满铁路上的竞争密切相关，如两路的运价竞争，其大豆运费政策就直接影响沿线城市的大豆加工产业，油坊及相关行业的营运深受其害。"九一八"后，东北沦为日本独占殖民地，东北城市成为日本战备品供应基地，工矿城市畸形发展，矿产资源被过度开发，钢铁工业成为日本钢铁工业的附庸，采掘、冶炼、加工相互脱节，重化工业以日本军事需要为最高原则，轻重工业比例严重失调，矿业城镇畸形发展，规划紊乱无序。反之，一些非铁路沿线、资源相对缺乏的城市得不到重视，任其自生自灭，逐渐衰落。

1895年签订《马关条约》容许外国在通商口岸直接开办工厂以后，外资在华工业投资大量增加，20世纪20年代初，日本《时事新报》曾对中国工厂中外投资状况做过统计，其结果表明外商投资所占比例在一半以上，较重要的工业门类，外商投资占绝对优势，如船舶制造全国有27家企业，外资企业22家，蒸汽机制造27家，外企22家，钢铁企业9家全部为外企。纺织工业，"中国之纱厂业，不全操于国人之手，以纺锤之数目论，国人所有者占全国总数57%，日人所有者39%，英人所有者4%，但以投资之数额论，则国人之棉纺织业投资，仅居投资总额28%，日人之投资为70%，比较言之，中国纱厂中每一纺锤仅有资本39两，在日本人所设之工厂中，每一纺锤，竟有资本137两，易词言之，日人所设纱厂之财力，较国人所设者大三倍有半"。①所以，漆树芬指出："总之，据上种种为大量的观察，我国固有之市场，已为外国割据一半，所以我国之工业发达能力，我国工场仅占其一半，外国人分去一半，一般工业如是特种之纺织工业亦如是，我国工业界，当然常呈受外国压迫之状态是必然的，非偶然的。"②

城市的殖民化特点还表现在那些设有租界的通商口岸城市市政的严重分割。作为一种外源性次生型的现代化模式，西方人将先进的城市规划、建设、管理理念和经验带给中国城市是通过租界而实行的，他们在中国的城市里划出特定区域，设立特殊的市政机构——"工部局"，按照他们自己的意愿规划城市、建设城市、管理城市，国中有国，城中有城，尤其是像上海、天津、汉口这些设有多国租界的城市，严重地破坏了国家的主权独立和城市的市政统一。因此，国人讥称为"畸形的上海市"和"畸形的汉口市"："惟是上海是一个市，而分辖于几个市政机关。说明白点吧：是分辖于吾国的市政机关和几个租界的市政机关。明明是一个市，好像变成几个市（有租界的地方也就同上海一样）。一切的市政，各不统属，不相联络。因此，各有各的特色，

---

① 何廉、方显廷《中国工业化之程度及其影响》，《工商半月刊》1930年第2卷第2期、第3期。
② 漆树芬《经济侵略下之中国》，上海：光华书局，1925年，第402页。

纳税亦有不同。""汉口市的情形，大抵相同。不过租界的地位，稍为偏于一方而已，但是租界之外，还有特别区……德俄租界的市政机关，现虽改为警署，但其待遇，也和其他不同。"①

像租界这种华洋分治，城中有城，国中有国的现象在殖民地化的山东半岛和东北地区表现得更加露骨。俄占时期的大连，市街布局分为中国区、欧洲区和行政区三大部分。欧洲区规划建设于环境优雅、风光绮丽的海滨，不仅城市管理权全操于俄人之手，而且铁路、钢铁、重要装备工业也都为沙俄所掌控。"南满铁路（长春至大连）沿线所有城镇，都有附属地和中国市街的截然划分。东北城镇经济的这种殖民地性和畸形性，在关内只是少数沿海大城市的特征，而在东北却比较普遍。"②满铁附属地的城市区域也被强行划分为"日人街"和"华人街"，如安东自1905年日本军政署强划民田320多万坪为其附属地位，安东街市就被分为日本区和中国区。抚顺千金寨的"日人街"和华人区无论规划标准和建筑质量都有天壤之别。"'日人街'……马路宽敞整齐，两侧洋楼建筑式样别致新颖。""千金寨中国人居住区……房屋建筑参差不齐，构筑简陋，街道弯曲，宽窄不一。矿工们居住的房舍，低矮潮湿，环境恶劣。"③

由外力开启且由外人长期控制的中国通商口岸城市，商场充斥着舶来商品，街市弥漫着异国情调，这种殖民化色彩即使在租界收回很长一段时间后，仍然挥之不去，其流韵余风已深深浸入到城市骨髓之中。20世纪30年代，就有一篇题为《三教街的透视》的文章描述其时汉口旧俄租界三教街"是汉口市最欧化的中心地带"，有汉口第一条柏油路，"有发售顶尖舶来品的百货商店——惠罗公司，立丰洋行，有供给正号摩登男女谈情说爱的咖啡馆——松柏厅，有专以中国骨头外国气味的男女做主顾的理发处——比得美容室。夏的来到，一年一度刷新的露天夜游园里，有舞厅，有球场，有餐室……"有琳琅满目的西洋商品，"通明透亮的玻璃窗柜里，陈列着花绒的锦毯，金色的铜床，西蒙子钢条弹簧床绷，异样的衣裳，异样的鞋帽，异样的化装［妆］物，异样的陈设品，异样的一切。供应汉口市各界仕绅的需求，那扇血口似的大门张开着吸吮我们次殖民地人民的脂膏血肉！"当然也有舞厅、赌场、妓院，有白俄舞女、烂醉如泥的美国大兵……"总之，这罪恶渊薮的三教街，从前是旧俄租界，现在还有俄国总会，一切穷奢极欲的玩意，大半是毛长三寸，有国归不得的白俄流氓经营的。旧俄的皇族政权就是

---

① 方逖生《市政与汉口市》，《道路月刊》第31卷第2期。
② 苏崇民《论近代东北城市经济的发展与帝国主义入侵的关系》，《东北城市经济论文集》，东北三省中国经济史学会编《吉林省内部资料》（准印证5095号），1985年，第5页。
③ 金辉《满铁与抚顺早期殖民化城市》，《兰台世界》2013年12月上旬。

这般猪仔断送的，处危急存亡之秋的中国同胞甘愿步他们的后尘吗？我们要知道，旧俄帝国的灭亡，不过是'楚人失之，楚人得之'，万一中国亡了，恐怕不是'楚人得之'吧？"①

其实，何止汉口，近代中国的很多都市在殖民化的畸形状态下莫不如此。如"外国人统治下的上海，在其持续期间，是一个五光十色、令人振奋的地方，那是旅游图所无法夸大的。例如，上海因名副其实地被当作世界上最邪恶的城市之一而闻名。我们看到1869年一位公爵为此而作出的证言。萨默塞特公爵（the Duke of Somerset）那年访问上海后，在上院把上海称作'罪恶的渊薮'"。②在上海，黄、赌、毒泛滥，黑社会势力极为猖獗。据罗兹·墨菲研究，上海的卖淫业走在全世界前列，在伦敦，960人中有一人当娼妓；在柏林，580人中有一个娼妓；在巴黎，481人中有一个娼妓；在芝加哥，430人中有一个娼妓；在东京，250人中有一人为娼；而在上海，130人中就有一个娼妓，其比例几近1%。"另一方面，鸦片窟和赌场不计其数"，"有组织的赌场也是一种巨大行业，大概上海的赌场比世界上任何其他城市，规模要大得多"。造成这种社会乱象的原因，与上海特殊的城市治理格局有关，华界、法租界、公共租界各管一段，各司其政，法律、道德乃至整个社会控制系统紊乱失序，于是社会矛盾凸显，社会问题丛生。"上海是两种文明会合，但是两者中间哪一种都不占优势的地方。对洋人来说，上海是化外之地，不受他们本国文化知识的影响和管辖。每个人各行其是，或者很快与当地的恶习同流合污，一点也不感到内疚。在上海，道德简直是毫不相干，或者毫无意义，这是连一个不速之客也都体会到的气氛。上海也是一个停靠港和海军驻地……海员往往占外国人口的大多数。对华人来说，上海同样是不受限制的。那些选定来此过新生活的人，例如商人，由于上项选择而与传统中国及其所行使的维护道德的约束断绝关系。另有一些在饥荒或内战期间漂泊到市区内，或者被从乡间拐骗出来充当私家奴仆的人，就此失去家庭联系，这种境遇在传统中国，便是衣食无靠，道德败坏。其中有不少人沦为娼妓，那是不足为奇的。"③

其二，城市空间布局由内陆向沿海、沿江和沿边转移。"由于中国传统城市的功能结构主要体现在军事防御和政治中心方面，因此古代城市体系表现为一种缺乏横向联系的垂直结构，城市与城市间主要是一种行政统属关系，其联系的纽带是行政指令而不是

---

① 寒徹《三教街的透视》，《平汉新生活》1934年第2期。
② [美]罗兹·墨菲《上海——现代中国的钥匙》，上海人民出版社，1986年，第8页。
③ 同上书，第10页。

经济的相互交往。……另外，作为一个内陆型的农业文明古国，中国历来偏重于在内地构筑其城市体系，沿海城市体系一直不发达，在传统城市结构体系中处于无足轻重的边缘性地位。"①这种状况由于开埠得到结构性改变，"例如近百十年来的都市，很多偏在沿海一带，且每一大都市，多以外国经济势力作中心"。②《东方杂志》1907年第11期文章《中国商埠纪略》对包括自开商埠在内的通商口岸城市进行分区统计，"其在南部者凡二十六……其在长江沿岸者凡十七处……其在北部者凡八处……其在满洲者凡二十四处，其在其他各地者凡十一处"。漆树芬亦指出："我国所开商埠总数，已达九十七处之多（含自开商埠——引者注）。从我国之二十二行省及数特别区而论，占有最多通商口岸之区域，首数奉天之十三商埠，吉林之十商埠，广东之九商埠，其最少之区域，则当数江西、河南、甘肃三省之各一商埠，然在各行省与特别区域，且连一个商埠也未开放者有数处，如贵州、陕西、青海等处即是其例。"③从城市的具体分布情形来看，"这一时期这类计城市仅沿海地带自北而南有：安东（今丹东）、大连、营口、秦皇岛、天津、龙口、烟台、威海（卫）、青岛、海州（今连云港）、上海、杭州、宁波、温州、福州、厦门、汕头、广州、赤坎、淡水等20个城市。沿江地带从东到西计有上海、苏州、镇江、南京、芜湖、安庆、九江、岳阳、汉口、沙市、宜昌、万县和重庆13个城市。形成了以上海为中心，南北沿海、东西沿江两条半殖民地半封建性贸易港口城市（镇）轴带。与此同时，在我国广大西南、西北的内陆边疆地区，半殖民地半封建性陆路商埠城市也得到了一定发展。这类城市在北方地区主要有张家口、库伦（今乌兰巴托）；在西北地区有甘肃的嘉峪关，新疆的喀什、伊犁、塔城；在西南地区有云南的河口、思茅、蒙自，广西的龙州，以及西藏的亚东、江孜、噶大克等，共13个城市（镇）。这些城市与上述沿海、沿江两条贸易港口城市（镇）轴带相结合，共同组成了与世界商品市场联系在一起的具有殖民地、半殖民地和半封建经济附庸性的贸易商埠城市体系"。④城市化的总体水平亦为沿海、沿江、沿边三大区域高于内陆地区。施坚雅指出："从19世纪40年代初到90年代初这半个世纪的时间，全新的海港城市兴起了，如香港和汕头，其他港市也有惊人的发展，最引人注目者为上海和天津。长江下游的城市体系得以重建，沿海三大区域的城市体系也得到一番富有深远影响的改造。"根据他的统计，1893年，

---

① 涂文学《中国近代城市化与城市近代化论略》，《涂文学自选集》，武汉：华中理工大学出版社，1999年，第210页。
② 张笃伦《漫谈市政建设》，《市政评论》第10卷第3期。
③ 漆树芬《经济侵略下之中国》，上海：光华书局，1925年，第117页。
④ 顾朝林《中国城镇体系——历史·现状·展望》，北京：商务印书馆，1992年，第133页。

2000人以上的城市人口，全国为2351万人，占总人口的6.0%。其中，长江下游地区的城市人口为475万人，占该地区总人口的10.6%；岭南地区的城市人口为286万，占该地区总人口的8.7%；东南沿海地区城市人口为166万，占该地区总人口的6.4%；西北地区城市人口为130万，占该地区总人口的5.4%；长江中游地区城市人口为390万，占该地区总人口的5.2%；华北地区城市人口为580万，占该地区总人口的4.8%；长江上游地区城市人口为250万，占该地区总人口的4.7%；云贵地区城市人口为71万，占该地区总人口的4.5%。八个大区中，只有长江下游、岭南、东南沿海三大区超过了全国平均水平。"总的看，1893年时，长江下游、岭南、东南沿海这三大区域城市化程度高于全国平均水平；西北区和长江中游略低于全国平均水平，……城市化程度最低的是华北、长江上游、云贵三个区域，在这三个区域中，华北城市化程度略高，其他两区域几无差别。"①

其三，城市功能结构由传统政治、军事中心向现代工商中心转型。中国城市尽管起源很早，规模颇大，数量不少，但其功能结构都较为单一，除了少量的商业性和手工业市镇如清初"四大镇"之外，大部分是军事重镇和行政中心。据美国学者罗兹曼等研究，"19世纪初，在大约拥有3000或3000以上人口的1400个城市中，至少有80%是县衙所在地，而在人数超过1万的城市中，大致有一半是府或省治的所在地。这些城市的巍峨城墙，虽然在大多数情况下已不完全将市场、商店或居民包括于其内，但却体现着政府权威的尊严"。②由于列强与中国签订不平等条约主要是出于商业目的，诚如漆树芬所云："列强一切之军事、外交、政治、经济诸设施，无不以投资地与市场为中心，而极其纵横捭阖之能事。盖其目的，端在攫得商埠与殖民地而已。"③这就使得被迫开放的条约口岸城市较多成为商业中心和出口加工中心。开埠影响中国近代城市功能结构转型主要体现在三个方面，一是在城市的功能结构要素中，经济因素逐步取代政治和防御功能而成为城市功能的主体。天津开埠后，很快由一个拱卫京师的军事重镇——天津卫和漕运枢纽、芦盐供应地一跃而成为摆脱京畿附属地位的华北地区经济中心。"1895年《马关条约》的签订可以看成为中国城市发展的一个转折点，因为它的有关条款刺激了通商口岸近代机械工业的兴起，并开启了一个铁路铺设时代。这样，19世纪90年代，在中国几个区域的城市系统中，出现了较有成

---

① [美]施坚雅《中国封建社会晚期城市研究——施坚雅模式》，王旭等译，吉林教育出版社，1991年，第72—74页。
② [美]吉尔伯特·罗兹曼《中国的现代化》，南京：江苏人民出版社，1988年，第209页。
③ 漆树芬《经济侵略下之中国》，上海：光华书局，1925年，第21页。

效的交通现代化变革。"① 二是一批前近代的商业市镇开始向工商复合型城市转型。上海不仅是近代中国最重要的商业、金融中心以及交通特别是航运中心，更是中国现代工业的发祥地之一。"1937 年前，对于中国工业在上海究竟集中到多少程度的估计，各不相同，但是显而易见，就全国按照西洋方式进行大规模工业生产而论，上海就占有其中的将近一半。刘大钧的数字表示：1932 年至 1933 年，全中国现代棉纺织厂共 136 家，其中 64 家在上海；烟草制品厂共 60 家，其中 46 家在上海；现代面粉厂共 83 家，其中 41 家在上海；全国各种现代工厂共 2435 家，其中 1200 家在上海。中国现代工业制造的产业工人，据他估计，其中有 43% 是上海各厂的工人；上海的工业产值占全国工业总产值的 51%。"② 三是由于城市空间布局和功能结构的转型，垂直的、相互分割而且偏于内陆的城市体系开始转型为网络的、"彼此发生联系"的城市体系，使"最初的地域局限性开始逐渐消失"，并向横向的经济中心城市缓慢转变。城市与区域之间也开始超越旧有的行政统属关系和地区管辖范围而建立起新的交往机制。如天津、南京等城市早在 19 世纪 80 年代就超越行政疆域界线，与山东、湖北、江苏、浙江等地城镇发生唇齿相依的经济联系。武汉（武昌、汉阳、汉口）作为两湖地区（湖广）的行政中心，由于其成为"采铁、炼钢、开煤"的工业重镇，也跨越传统行政管辖范围，把触角伸向江西萍乡等地，使这些地方成为其能源供应基地。更为重要的是，在初具雏形的近代城市体系中，传统政治性城市的中心地位逐渐失落，经济中心城市尤其是一批沿海沿江开放城市取而代之，成为城市网络的纽结点。例如，天津到清末迅速上升为华北城市网络体系的中心位置，上海不仅成为长江三角洲城市体系的中心，而且是联结南起广州、香港、澳门、福州，北到青岛、天津等沿海城市和上至宜昌、沙市、汉口，下至九江、芜湖、镇江等沿江城市的近代中国最大的经济中心城市。其他如广州、福州在华南、东南城市网，大连、青岛在华北、华东城市网中也具有举足轻重的中心地位。

第三节　刺激·引领·示范：城市化进程中外力与内力的双向互动

中国早期现代城市化受之于外力的开启和推动是一个不争的历史真实，这里需要

---

① ［美］施坚雅《中国封建社会晚期城市研究——施坚雅模式》，王旭等译，吉林教育出版社，1991 年，第 64 页。
② ［美］罗兹·墨菲《上海——现代中国的钥匙》，上海人民出版社，1986 年，第 200 页。

进一步探讨的是近代中国早期现代城市化进程中外力与内力的互动关系。

一、被动回应：洋务运动对城市化的推动

作为次生型后发性现代化、城市化国家，外力对中国早期城市化运动的推动作用主要体现在两大方面，一是刺激效应，二是引领和示范作用。而外力与内力的互动作用就表现为刺激与回应、示范与效仿。"刺激—回应"是为被动反应，而"示范—效仿"则逐渐从被动应对转向主动作为。

必须承认，西力侵入并开启现代中国城市化确乎给国人以强烈的刺激。这种刺激包括两个方面，一是西方的殖民掠夺使国家利权丧失、城市畸变所带来的丧权辱国之痛以及由此引起的一些救亡图存、发展民族工商业的思考。西力刺激的另一方面是通商口岸的繁华的都市文明，使国人眼界大开，深感自身已落伍于世界进步潮流，必须放下天朝上国的架子，以欧美为参照，效仿租界，急起直追，迎头赶上。光绪二年（1876），康有为"薄游香港"，"览西人宫室之瑰丽，道路之整洁，巡捕之严密，乃始知西人治国有法度，不得以古旧夷狄视之"。[①] 光绪五年（1879），又游上海，感叹"上海之繁盛"，"见西人殖民统治之完整，因思其所以致此本原，乃悉购江南制造局及西教会所译出各书尽读之，举一反三，就小知大，遂别开境界，以是尤知学贵实验"。[②]

晚清时期国人对西力东侵刺激的被动回应，客观上推进早期现代城市化进程，有两件重大举措，一是自开商埠，二是自强新政（亦即洋务运动）。

清朝政府自开商埠始于1898年对岳州、三都澳、秦皇岛的开放。1898年4月（光绪二十四年），总理各国事务衙门奏文云："泰西各国首重商务，不惜广开通国口岸，任令各国通商，设关权税，以收足国足民之效。中国自通商以来，关税逐渐加增，近年征至二千余万，京协各饷多半取给于此。惟是筹还洋款等项，支用愈繁，筹拨恒苦不继。臣等再四筹维，计惟添设通商口岸，藉裨饷源。"[③] 1898年8月10日，光绪下谕旨，同意总理衙门的上奏，宣布"广开口岸"："谕军机大臣等：欧洲通例，凡通商口岸，各国均不得侵占。现当海禁洞开，强邻环伺，欲图商务流通，隐杜觊觎，惟有广开口岸之一法。三月间，业经准如总理各国事务衙门王大臣奏，将湖南岳州、福建三

---

① 康有为《康南海自编年谱》，"光绪五年己卯条"，北京：中华书局，1992年，第9—10页。
② 王森然《近代二十家评传》，北京：书目文献出版社，1987年，第107页。
③ 光绪二十四年三月丙戌《总理各国事务衙门奏》，见朱寿朋《光绪朝东华录》（四），北京：中华书局，1958年，第4062页。

都澳、直隶秦王岛（即秦皇岛）开作口岸。嗣据该衙门议覆中允黄思永条陈，谓各省察看地方情形，广设口岸，现在尚无成议。着沿江沿边各将军督抚迅就各省地方悉心筹度，如有形势扼要商贾辐辏之区，可以推广口岸拓展商埠者，即行咨商总理衙门办理。惟须详定节目，不准划作租界，以均利益而保事权。该将军督抚等筹定办法，即着迅速具奏。"①1899年（光绪二十五年）4月28日，三都澳正式开埠，同年11月13日，岳州开埠，秦皇岛亦于两年后开埠。自此以后，各地竞相效仿，奏请开埠。晚清自开商埠数量几何？历来众说纷纭，莫衷一是。杨天宏通过详考后认为共36处，笔者对此难以苟同，其所列自开商埠一览表中，湖南长沙系据光绪二十二年（1896）《中日通商行船条约》和光绪二十八年（1902）《中英续议通商行船条约》于1904年7月1日开埠。东北地区包括奉天凤凰城、辽阳、新民、铁岭、通江子、法库门及吉林省宽城子（今长春）、吉林省城、哈尔滨、宁古塔、珲春、三姓和黑龙江齐齐哈尔、海拉尔、瑷珲、满洲里，共16处，系据光绪三十一年（1905）清廷与日本签订之《中日新订东三省条约》或称《会议东三省事宜正约》由中国政府"自行开埠通商"。包括长沙和东北16商埠，虽美其名曰由中国自行开埠，但却是在条约所逼之下被迫被动之举，显然与其他自开商埠具有完全不同的性质。因此，晚清完全自主开放的商埠实际数额应为19处。在这19处商埠中，按照杨天宏的分类，有沿江、内地、关外三大类型，剔除上述我们不敢苟同的17处，这19处自开商埠中，属于沿海型的有秦皇岛、海州、吴淞、三都澳、鼓浪屿、香山、公益埠、葫芦岛8处，属于沿江型的有武昌、岳州、浦口、天生港4处，属于内陆型的有济南、潍县、周村、湘潭、常德、昆明、南宁7处，黑龙江的海拉尔属"关外"型。若按商埠行政级别来划分，则属于省会城市的有武昌、济南、昆明、长沙诸城；属于府厅州县级的有岳州、湘潭、常德、南宁、潍县、海州、香山、海拉尔等；属于县以下村镇或居民聚居点的有秦皇岛、三都澳、周村、吴淞、浦口、天生港、鼓浪屿、公益埠、葫芦岛等②。随着商埠的开放，一些传统政治性城市和区域性集市型市镇开始了功能转换，其中较成功者当推济南、昆明等省会城市。

济南开埠前，其经济地位不仅远逊于青岛、烟台，甚至连潍县、周村都不如。美国学者鲍德威（David Buck）在其《中国的城市变迁：1890—1949年山东济南的政治与发展》一书中称这一时期的济南"只能算一个三流的商业城市"。但是开埠后，不

---

① 朱寿朋《光绪朝东华录》，北京：中华书局，1958年，第4158页。
② 参见杨天宏《口岸开放与社会变革：近代中国自开商埠研究》，北京：中华书局，2002年。

到10年的工夫,济南就发生了本质的蜕变。首先是近代企业如雨后春笋般涌现,"仅1904—1909年间,济南就相继出现了济南电灯公司、泺源造纸厂、金启泰铁工厂、小清河轮船公司、宏济阿胶厂、火柴厂、鲁丰纱厂等一大批近代化新式企业,涉及交通、纺织、机械、五金、建材、农林等众多行业。各企业以吸收国外技术、购进机器配合近现代化经营管理方式进行生产,在此背景下,济南脱离了单纯商业、手工业的经济模式,初步奠定了近代工业经济基础。到20年代末,市内有各种商店3554家,工业企业172家,家庭手工业1745家,形成了门类齐全、层次完善、结构合理的近代新式工商业发展格局,成为清末'自开商埠'经济发展的典范"。① 其次是城市面积的扩展和空间结构的改观。开埠前,济南与中国传统城市一样,是一个局限于城墙之内、街道布局呈棋盘方格状、城与市分区明显的旧式城市,城区面积狭小,宣统时有街巷30余条,城市功能以政治、军事和文化为主体,城墙内以官署为中心以及为其服务的商业区,城北为大明湖风景游憩区,南郊为军队驻扎地,手工业则主要在外城区。开埠后,十王殿以西、五里沟以东、津浦铁路车站以南、杆石桥以北被划为商埠区,"东西不足五里,南北约可二里,共地四千余亩"。② 以后又有两次大的拓展,1918年,将普利门外沿顺河街向西到纬一路的地段划入商埠区;1925年,又将清泉街(今并入顺河街)以西、馆驿街以南拓为商埠,这样就使新区与西关老商业区连为一体。济南商埠区历二十余年建设,面积由最初的四千余亩扩展到一万三千多亩,形成了以火车站为中心,以经二路为东西主线,以纬二路和纬四路为南北支架,具有贸易中心和现代制造业基地等现代经济功能的新城区。开埠还带动了济南城市的整体发展,老城区、津浦、胶济铁路沿线地段,亦逐渐兴起为市井繁盛之地,"西关向为商务繁盛之区,圩门以外如馆驿街、丁家崖,自昔居民甚众,近更毗连商埠,游民萃集,东自迎仙桥迤西至十王殿,南自杆石桥迤北至麟祥门,以及胶济、津浦两车站左近,商民时寻隙地,增建庐舍,星罗棋布,俨成市廛。现据警署调查,共有七千五百三十五户,男一万七千七百四十四名,女一万二千六百九十五口,其地既不隶于商埠,又难归诸乡区"。③ 城市人口也在开埠后出现较快增长,清末,济南人口计25万左右,其中城市人口14万;1914年,济南人口25.85万人,总人口增加并不算多,但城市人口16.57万人,较开埠前增加2万有余;1929年济南人口更增加至37.9

---

① 党明德、林吉玲《济南百年城市发展史——开埠以来的济南》,济南:齐鲁书社,2004年,第68页。
② 《直隶总督袁山东巡抚胡会奏济南城外自开商埠先拟开办章程折》(光绪三十一年四月二十五日),载《东方杂志》第2卷第7期(1905年8月25日出版)。
③ 《续修历城县志》卷四,《地域考三·户口》。

万人，以后人口不断向济南聚集，到 20 世纪三四十年代，济南成为一个有近 50 万人口的中等城市。① 济南作为山东"三流城市"的不良形象也因此而彻底改观，"济南遂不独为山东政治之中枢，更为山东工商业之要埠"。②

洋务新政也是外部势力刺激的产物。考外力对洋务新政的"刺激源"，主要来自两个方面，其一，面对西方武力入侵时，中国的长枪短刀不敌西方的坚船利炮所带来的丧权辱国之痛，"惟鸿章所深虑者，外国利器强兵百倍中国，内则狎处辇毂之下，外则布满江海之间，实能持我短长，无以扼其气焰。盱衡当时兵将，靖内患或有余，御外侮则不足，若不及早自强，变易兵制，讲求军实，仍循数百年绿营相沿旧规，厝火积薪，可危实甚！"③ "窃惟外洋各国皆以枪炮雄视一时，机智一开而不可复塞，殆亦天时人事之所趋，中国固未可置之于不讲。……今强敌各擅长技，中国独不屑蹈袭，以为墨守故常，不难角胜，且以为可以购求于外洋，此实自欺欺人之语，固必不可得之势也。"回应西力入侵，唯有"自强"，"窃臣深以为中国自强之术，于修明政事之外，首在精求武备，所谓弃我之短夺彼之长也"。④ 其二，惊羡欧美"轮船电报之速，瞬息千里，军器机事之精，工力百倍"，需要效法西洋，"购器设局，自行设局，以制洋产"，⑤ "保我自力权力"。⑥ 于是有洋务官吏倡办的矿业、钢铁、纺织等民用工业，由此开启中国早期工业化运动。"窃为通商以来，凡华民需用之物，外洋莫不仿造，穷极精巧，充塞土货。彼所需于中国者，向只丝、茶两种；近来外洋皆讲求种茶、养蚕之法，出洋丝、茶渐减，愈不足以相敌。土货日少，漏溢日多，贫弱之患，何所底止！近来各省虽间有制造等局，然所造皆系军火，于民间日用之物，尚属阙如。臣愚以为华民所需外洋之物，必应悉行仿造，虽不尽断来源，亦可渐开风气。洋布、洋米而外，洋铁最为大宗。在我多出一分之货，即少漏一分之财，积之日久，强弱之势必有转移于无形者；是以虽当竭蹶之时，亦不得不勉力筹办。至于开采铁矿，尤须机器西法，始能钩深致远，取精出旺。"⑦ 从 1862 年至 1911 年大约 60 年间，由洋务官吏倡

---

① 党明德、林吉玲《济南百年城市发展史——开埠以来的济南》，济南：齐鲁书社，2004 年，第 86—87 页。
② 《中国实业志·山东省》第四编第一章，《济南》，第 1（丁）页。
③ 李鸿章《复陈筱舫侍御》，见中国史学会主编《洋务运动》（三），上海人民出版社，1961 年，第 591 页。
④ 《光绪五年九月二十三日四川总督丁宝桢片》，见中国史学会主编《洋务运动》（四），上海人民出版社，1961 年，第 344—345 页。
⑤ 《李文忠公全书》，《译署函稿》卷二十《议制造火柴》。
⑥ 《李文忠公全书》，《电稿》卷十四《寄译署》。
⑦ 张之洞《筹设炼厂折》，见孙毓棠编《中国近代工业史资料》第一辑（下册），北京：科学出版社，1957 年，第 747—748 页。

导并主持的中国早期工业化运动，大致经历了四个阶段："（1）1862—1877 年的'军事工业'时期。在 1860 年英法联军占领北京，以及西式武器在反对太平天国中显示出作用以后，像曾国藩、李鸿章、左宗棠这样的领导者，开始设立兵工厂和船坞生产武器，支持他们的'自强'政策，以防备想象上的来自西方的威胁。（2）1878—1894 年的'官督商办'工业时期。这个时期的特点是，企业由官方主办，特别是棉纺织业和采矿业。尽管也采用了其他的组织形式，然而'官督商办'形式是最普遍的。（3）1895—1902 年的外国工业在通商口岸牢固建立的时期。这是以《马关条约》中授予日本——以及'最惠国'条约规定的其他列强——在通商口岸开办工厂的特权为基础的。为了应付外资的威胁，清政府也在口头上鼓励工业。另外它还鼓励投资于士大夫们开办的工商企业，从而在表面上清除其反对工业化运动的最后痕迹。（4）1903—1911 年的在华外国经济激烈竞争；清政府赞助新式工业，以及市民的大响应时期。随着商办企业的兴起，出现了一个必然的结果，在工业经营中官僚的作用减少了，并使得'官督商办'企业黯然失色。"[①]

"洋务新政"对于中国早期城市化的推动作用是显而易见的。大量的乡村人口在工业化运动的吸引下聚集到工矿企业和城市生产生活服务领域。据时人保守的估计，其时唐山、开平有工人及相关人员 5 万左右。湖北大冶铁矿及附近矿区有三千余。据统计，到 1894 年，包括洋务企业在内的近代工业中仅雇用工人就近 10 万人，其他附带的服务行业从业人员、工人家属当更多。与乡村人口城市化相伴随的，是一些传统村落被早期工业化浪潮所吞没，演变成新的工矿城镇和铁路、交通枢纽城市。光绪初年，一位外国记者游历开平，这样描述其沿途所见："几天以前我刚从开平一带探查煤矿回来。我们那天早晨从天津动身，当天晚上到达北塘河上的芦台，旅程计一百二十里。从天津到芦台，经过的地方是一片平原，十分荒凉；有些地方连一栋房舍一棵树都看不见，又有些地方只有几块地种着麦子和黍子；但大部分是野草和芦苇。""第二天早晨从芦台动身，当天晚上到达开平，旅程计一百二十里。翌日正逢集日，当地每五天一集；很多乡下来的人使得这地方看起来非常热闹，满城都成了集场。开平是个小地方，除了集日以外，没有任何重要性。从前它有城墙，有些地方还留有废城残迹，但颓毁已很久了。从芦台往开平的路上，最初五六十里地方很像从天津到芦台路上的情况；过了这一带，地渐有高低，看得到农田和树木了，愈近开平愈

[①] ［美］费维恺《中国早期工业化——盛宣怀（1844—1916）和官督商办企业》，虞和平译，北京：中国社会科学出版社，1990 年，第 11—12 页。

密，景色也美多了。"①但是到1895年（光绪二十一年），开平的自然人文景观已发生根本改观，徐润在这一年写给家乡父老的信件记述云："润于同治季年与唐景翁创办招商局，嗣办仁济和两保险及开平煤矿。是矿出煤向由旱道营运，颇为不便，于是唐山设铁道达胥各庄，由胥各庄开一河道直达芦台之河，于是始可运至塘沽、天津等处。是矿初设地名桥家屯，阖村烟户只十八家，现已千计；附近各庄亦随之增多。"②湖北大冶在大冶铁矿未建之先，仅有一条四户人家的所谓"谈心街"，不几年便"日跻富庶，人材蔚兴，屹然为扬子江流域一巨镇"。③江西萍乡安源也由人烟不稠的荒山僻野变为几万矿工和商民结集的"小南京"。

晚清洋务新政兴办的现代军事、民用工业设址多在通都大邑，如江南制造局之于上海，金陵机器局之于南京，福州船政局之于福州，湖北枪炮厂和汉阳铁厂之于汉阳，湖北丝麻四局之于武昌，天津机器局之于天津。据统计，1861—1894年，清政府兴办了19家大型军工企业，分布在上海、南京、苏州、福州、天津、西安、兰州、广州、济南、成都、吉林、北京、杭州、台北、汉阳等省、府、州城。这些现代企业的开办和营运，改善了城市的功能结构，聚集了大量的城市人口，拓展了城市的发展空间。如天津机器局，从1884年开办至1895年止，李鸿章在天津的投资约白银800万两，1870年前后常年的经费就达30万两，这个数目相当于以往天津县城一年开支的50—60倍。在李鸿章的悉心经营下，天津机器局规模宏大，蔚为大观。"机器局，即制造局，一在城南三里海光寺，工匠六七百人，以机器制造洋枪炮架等物，兼制小火轮船。每日卯正上工，酉初停息，由气机管放气为号，响声遥闻数里。一局在城东八里大直沽东北，人称东局，地广数百亩，屋宇机器全备，规模宏大，井井有条。工作者约二千人，日费不止千金，专制火药及各种军械。……水雷、水师、电报各学堂，并附于东机器局肄业，考究洋学。……水师学堂，设在机器东局之旁，堂室宏敞整齐，不下一百余椽，楼台掩蔽，花木参差，藏修游息之所，无一不备。另有观星台一座，以备学习天文者登高测望，可谓别开生面矣。"④这一集工厂、学校乃至游息场所为一体的大型企业联合体，俨然一功能齐全的小社会。"巨栋层庐，广场列厂，迤逦相属，

---

① 安特生《开平煤产纪略》，见孙毓棠《中国近代工业史资料》第一辑（下册），北京：科学出版社，1957年，第613—614页。
② 徐润《在建平金矿寄故乡父老信》，见孙毓棠《中国近代工业史资料》第一辑（下册），北京：科学出版社，1957年，第653页。
③ 《大冶铁矿盛公碑》，1924年刊刻。
④ 张焘《津门杂记》（卷中），见孙毓棠《中国近代工业史资料》第一辑（上册），北京：科学出版社，1957年，第361页。

参错相望。东则帆樯沓来,水栅启闭;西则轮车转运,铁辙纵横。……与天津郡城遥遥相峙,隐然海疆一重镇焉。"①"显然,近代大工业对天津城市发展的刺激是不容忽视的。天津机器局的建立,如同在天津传统城市之外,又出现了一个新的城市。"②

洋务新政对近代中国城市体系的构建功不可没。长江三角洲地区的近代城市群的崛起,除了该地区传统城市体系素来发达外,与以上海为中心的洋务活动有很大关系;华北地区因秦皇岛、唐山等城市的形成以及天津的崛起而形成秦皇岛至天津一线城市带与开平矿务局和天津机器局的兴办直接相关;东北地区从1881—1894年,先后兴建大批金矿、银矿和煤矿,推动了这一区域农村向城镇的转化;湖北地区洋务活动不仅使像汉口、汉阳、武昌这样的政治文教型、商业型城市向近代工商业新型城市转型,而且推动长江中游城市化进程,使类似大冶、萍乡的僻乡荒野迅速转化为工矿城镇。据统计,中国近代207个城市中,有1/4以上城市直接受惠于洋务新政,近代中国城市体系的格局大体奠定于清末,洋务新政和开埠通商在其间起了决定性作用。

尽管晚清自开商埠和洋务新政对于早期现代城市化有所推动,但毕竟是一种西力东侵刺激下的被动回应,其历史的局限十分明显,这种局限在自开商埠中表现得尤为突出。首先,自开商埠的城市级别偏低,除了像武昌、济南、昆明这样的少数省会城市外,其余城市皆为二三流城镇甚至小渔村和荒岛。杨天宏经过研究后,将清季自开商埠分为"区域性城市"如济南、武昌、昆明等,人口少于7.35万、多于2.55万的"中等城市"如南宁、岳州、常德等以及"地方级城市"或"集镇"如秦皇岛、鼓浪屿、三都澳等三大类型。这些开放城市既先天不足,其区域影响力又十分有限,因此,其对于现代城市化的影响和带动作用自然受到限制。

其次,许多自开商埠虽然宣布对外开放,有的还做了宏伟的开发规划,但实际运作却是雷声大雨点小,并无实际作为,武昌自开商埠即为典型例证。光绪二十六年(1900)十月十八日,湖广总督张之洞上奏"请自开武昌口岸":"窃臣近见各国预议条款有内地任便通商一条,势在必行。查武昌省城滨江距北门外六七里之江岸,即与汉口铁路马头相对。前年美国人勘粤汉铁路时,即拟定此处为粤汉铁路马头,将来商务必然繁盛。近年洋行托名华人私买地段甚多,各国洋人垂涎已久,此处必首先通商无疑。此处若设租界,距省太近,营垒不能设,法令不能行,有碍防守。查岳

---

① 重修《天津府志》卷二十四,《公廨·天津机器局记》。
② 罗澍伟《近代天津城市史》,北京:中国社会科学出版社,1993年,第223页。

州系自开口岸,名通商场,不名租界,自设巡捕,地方归我管辖,租价甚优,年年缴租,各口所无,一切章程甚好。前三年,奉旨令各省查明可开口岸地方奏办。窃拟趁此条款尚未宣布之时,即请旨,准将武昌城北十里外沿江地方,作为自开口岸,庶不失管理地方之权。此时先定为十里外,若临时洋人嫌远,再酌改为七八里。统俟体察情形办理,合并声明;奉旨在先,彼自不能侵越。事关地方权利,省城防卫,当因时势急迫,于光绪二十六年十月初一日先行电奏,旋于十月初八日由西安电传奉旨:张之洞语电悉,着即照议办理。"① 张之洞将武昌城北滨江地带开辟为商埠的目的,除了看到其"与汉口铁路马头相对","拟定此处为粤汉铁路马头,将来商务必然繁盛"的商机外,主要目的在于扼制洋人在内地任便通商的势头,维护国家利权,便利省城防卫等。得到朝廷批准后,张之洞于同月二十二日(12月13日)"札江汉关道知照各国领事,告以武昌城北十里外沿江地方作为自开口岸,择地开设通商场。附开办章程五条"。② 随即成立商场局,委湖北布政使瞿廷韶总办商场局事务,有关司道官员和武昌府知府、江夏县知县分头经办。先期进行基础设施建设,将武昌沿江大堤的徐家棚和青山延伸,费银53000两筑成"武丰堤"(今称武青堤),涸出土地3万余亩,将徐家棚一带民地收购为官有,并将其划分为甲、乙、丙、丁四等,延聘英国工程师斯美利帮助丈量地段,绘制《武昌开埠》地籍全图,全面翔实地记载了商业区的规模、方形基建地貌、道路地价等级区号、地产归属等。规定华人可以购地经营,而洋人只能租用。同时,绘制了道路规划工程详图,包括垂直于长江的马路26条,称通江马路,平行于长江的马路7条,称为横马路。张之洞"寄希望此地开发之后,地价上涨,售地后可偿还借款。张对此十分乐观,认为'武昌东西控长江上下之游,南北为铁路交会之所。商场既辟,商务日繁,地价之昂,可坐而待'。他预测'五年之后,铁路大通,北达欧洲,南穷香港,群商趋之若鹜,自然争先订租。今日一亩,异日百倍其值'。估计租地、卖地可收回2000多万两。不仅还清借款,而且大有盈余,可开办通商场,修驳岸,造马路,设中国人自营之巡捕房(警察局)、工部局(市政管理机构),设渡江轮船,以其成为与汉口相媲美的武昌大商场"。③ 然而张之洞的宏图巨制最终并未付诸实施,变为现实。该地不仅晚清、民国时期无所改观,甚至到20世纪80年代初,武昌徐家棚一带仍然是菜地环绕的铁路工人棚户区,现代化的工商大埠

---

① 张之洞《请自开武昌口岸折》(光绪二十六年十月十八日),见《张之洞全集》(第三册),武汉出版社,2005年,第577页。
② 吴剑杰《张之洞年谱长编》(下卷),上海交通大学出版社,2009年,第663页。
③ 皮明庥主编《武汉通史·晚清卷》(下),武汉出版社,2006年,第38页。

之梦终为幻影保存在历史档案的陈迹之中。究其原因，一是国势衰微，外患日亟，弱势的地方当局没有能力实施其宏大计划；二是张之洞不久调离湖北，人走政息；三是"具有关键意义的粤汉铁路筹划虽早，但因经费无着，迟迟不能起步，因此以粤汉码头为兴机的武昌自开商埠就无法形成，地价上涨、卖地还钱等设想只能成为空想"；四是对岸汉口的租界已经形成区域级乃至国际级贸易大埠，武昌冀图通过开放口岸、建设商场以分其势难矣。

第三，自开商埠虽然有像济南这样通过大规模投资和建设推动城市化发展的个别案例，但总体而言，大量自开商埠在开埠后城市人口并没有大量聚集，城市功能并无实质性改观。"秦皇岛在开埠前只是一个小鱼村，因开平矿务局运煤之需而兴建的秦皇岛港，也不过'栈房三两，代卸钱粮'，规模十分狭小。秦皇岛开埠之后，贡生程敏侯赋诗致贺，留下'荒岛继踵学开通，改良辟作春申浦'的诗句，其'荒岛'的称谓，应当不是纯粹的文学语言。从人口上看，开埠数年之后，秦皇岛亦仅有5000人，其属于'集镇'类商埠，应无争议。三都澳在开埠前'除了几间破旧农舍以外，看不到其他东西'，开埠之后，人口渐增，但直到民国初年，该埠亦不过八千人。天生港、公益埠、葫芦岛、鼓浪屿等埠的情形亦大率如此。"①

二、主动求变，知识精英对现代城市化的深刻体认

如果说，晚清社会对西方冲击的认识还较为表层，其回应的若干举措在不经意间推动了城市的发展，那么，进入20世纪三四十年代，不少社会精英人士对西方刺激的回应已直逼问题的本质，即通过工业化推动城市化，使中国从传统农业社会、乡村社会转型为现代工业社会和城市社会，从而缩小中国和西方的差距，改变中华民族落后挨打的被动困局。

首先，近代中国之所以挨打和被掠夺，一个重要原因就是落后——工商业落后和城市落后，只有变农业国为工业国，变乡村社会为城市社会，尽快实现工业化和城市化，才能复兴自强。"自工业革命以来，我国以工商业落后，影响所及，农业亦衰靡不振，以此国力日衰，远不可与欧美各工商国家相抗衡，于是加紧工业化之呼声，响彻全国。盖目前我国不求复兴则已，如欲求复兴，则必自工业化开始。但如前述，我国过去为一农业国家，因此欲求工业化，则过去'以农立国'为背景之思想与制度，

---

① 杨天宏《口岸开放与社会变革——近代中国自开商埠研究》，北京：中华书局，2002年，第122—123页。

必须予以改正。都市为发展工业之基点，应予重视，先自建设各工业基点起始，由点而控制线，由线而扩张至面，如此国家建设事业，始可逐步完成。"①正是由于近代中国没有能跟上世界现代社会转型和进步的步伐，"所以今日的问题不是如何去抵抗都市，而是如何充实都市，使它成为我们自己的都市，以抵抗外人的侵略，否则我们的经济不能得平均的发展。我们如能使都市发展与繁荣，方能有健全的农村，救济农村同时要充实都市，成为我们自己的经济活动中心，那末中国的发展必能于整个的国民经济及国家有益"。②"我们主张以城市为工业化的手段，即以中国工业化的第一期内，应列城市建设为首要工作。这不但是鉴于城市中有可资利导的人力资本与资源等等，以及城市确具工业的相当规模，尤其是研究过欧美各国工业化的历史，再熟审本国现状后，我们深信：惟有自此'开步走'，才能顺利地达到最后目的——中国的工业化。"③只有实现了工业化、城市化，国家才能摆脱积弱积贫的状态，自立于世界强盛民族之列。"中国要达到三民主义共和国的理想，中国要想以名实相符的强国来维护世界之和平与繁荣，甚至说要求自己民族不灭国家不亡，则中国所急切所需的是工业化，让我重述一次中国急切所需的是工业化！"

其次，不少知识精英对工业化、城市化与现代化之间关系开始有了明确的认识。近代文明是一种城市文明。"近代文明，系一种都会文明，系一种商工业——尤其是工业——文明。盖在农业文明时代，农村系生产的中心，也就是一国经济的中心，所以人口的大多数，多半是定居于农村里面。然而一到工业文明时代，因为工厂系设置在都会中的原故，所以都市就一变而为生产的中心，同时，都市也就成为一国经济的枢轴了。在农业文明时代，都市大抵为政治都市，或宗教都市，乃至军事都市，而于经济方面，那只不过是手工业的场所及农夫们的交易场所而已；但一到工业文明时代，都市就开始变为经济都市了。这时候，全国的人口，都向着各都市移动。并且现在还正在向着都市移动。"④城市文化代表近代文化，"城市为文化之母，文化为城市之花，凡一国无建设城市之能力者，其文化必难十分发达，无文化之国家不能生存于今日竞争时代也，欧美各国十九世纪以还，即重视市政，缘文化之表现，在城市也"。⑤

第三，中国要实现现代化，必须重视工业化和城市化，"现代文明，为产业革命

---

① 周维恭《宪法市制平议》，《市政评论》第10卷第4期。
② 奚东曙《都市发展之社会学观》，《都市与农村》创刊号，青岛《都市与农村》旬刊社，1935年4月21日。
③ 陈光道《从实业计划论工业化与建市之关系兼评宪法对于市自治之规定》，《市政评论》第10卷第4期。
④ 李鸣非《都市人口比例演进观》，《市政评论》第3卷第10期。
⑤ 王晋伯《举办市政之根本策略》，《市政评论》第2卷第11期。

的产物,产业革命又以城市为据点,所以,现代文明首先发源于城市,然后推广到农村。中国要现代化,虽不一定循西方的旧路,但也需把握据点,建立基地,以若干城市领导全面建设,否则数十万农村,如一盘散沙,一切建设,抓不住纲领,建国大业也就无从着手。所以,建设城市在整个建设事业中实居极重要地位"。① 以政治、军事言之,"近代都市,不特是国家军事的据点,同时也是行军的府库,和巷战的战场。所以我们一定要在边疆上交通要道上分别建设若干都市,使成国家军事据点,点与点连而成线,线与线结而成面,而面与面通而成体以构成一个'都市系统网',也就是'军事据点网'"。以发展现代工业而言,"没有都市,简直就没有工商业,这是从历史上直到现在都是如此。世界数十个大都市,几乎完全是工商业都市,不用说了;而一个国家,都市人口愈集中,工业也必愈发达。据杰佛生统计,英国10万人口以上的都市人口总和,占全国人口44.2%,美国则占29.6%,德国也占26.6%,我国则仅占6.4%,这是表示我国尚未工业化的象征,故最理想的市乡人口各占一半,而10万人口以上的都市,至少应占全国人口的25%,方足充工业化时劳力的源泉。所以今后二三十年,都是我国大量设市的时间。因为都市增多,工业方有所寄托!都市增多,方能发生据点领导农村的作用;都市增多,游资方会集中;都市增多,工业技术方能进步;都市增多,原料方易运来,成品方便运去。换言之,要发展工商业,农产品方有出路;要发展工商业,社会财富方能增加,要发展工商业,入超国方能变为出超国;要发展工商业,才能由半殖民地经济,变为独立自主的经济,所以说我国苟欲富强康乐,自非使农业社会转为工业社会不可;而工商业的建设,又非先建设都市为其基地不可"。就发展农业,救治农村言之,"我国农业如此落伍,实非赖都市工业技术予以扶助,势难使农业科学化近代化。譬如促进农业增产的大小农具工厂化学肥料工厂,及发展农田水利的'邦卜'工厂,都需要都市为之制造,而农产五谷蔬果,也以都市为其最大消费市场,集散运转市场,至于农产加工,农业合作,集体垦殖,农业货栈等等,莫不需要都市的技术和资金为之臂助的。所以,农业的高度发展,必以都市为其支援,方能使农业工业化、集体化。如此以农立国的我们,还不需要大量设市么?"就文化发展言之,"都市是文化的渊薮,古代已然于今为甚,希腊罗马春秋战国的文明,固然是'都市国家'的文明,而论理,宗教科学哲学,艺术等文化思想与制度,也是由都市滋长出来的。尤其近代都市的文化,其发展而集中的情形,远非乡村所可梦见。各级学校的开办,图书、博物科学等馆的设立,美术、音乐、艺术的

---

① 晏嗣平《论宪法及省县自治通则中"市"之规定》,《市政评论》第10卷第4期。

研究，直接有关文教不用说了。而慰安娱乐的设施，社教宗教的分布，医疗卫生的创置，交通水电的敷设，乃至社会福利，社会教化，安老慈幼等近代文明产物，几乎无例外地以都市为本位。我们为了将都市文化移植于乡村，使人类两大形态的社会，共存共荣，也必以乡村都市化，都市乡村化为对等设施，然后终能使人类的文化思想和制度，更进一步的"[1]。近代中国落后的原因何在？在于没有工业化和城市化，"无可讳言的是，中国所以不能现代化，即由于不能工业化所致，而不能工业化，又由于发生据点作用，领导农村的小都市太少的原故，所以现代化的程度，实以都市建设的多少为其指标。欧美近百年来人口渐向都市集中，即证明都市建设的积极性。中国之所以落后，即由于忽略了都市的建设，……现代的人，没有人会否认'欧美的文明是城市的产品'这句话吧！的确，一切现代化的东西，都从都市里带给人类的，我们要建国，必先要现代化，要现代化，必先建市！"[2]因此，加速工业化和城市化，使中国尽快跟上欧美现代化的步伐，便成为20世纪三四十年代知识界的一种共识。"中国目下的问题，概括地从根本处着眼，当然是如何'现代化'的问题。这似乎是没有人可以否认的吧。……在我们有一种武断的看法，认为要中国'现代化'的首要工作是'城市建设'。孟禄（Munro）教授说：'高等文化是都市的产物。'我们根据事实，应相信这句话的正确，果于此，便可证明中国现代化须先建设文化之产地的都市。"[3]

近代国人效法欧美，积极作为，主动推进城市化当然不止于认识层面。进入民国，尤其是20世纪二三十年代，一场由政府和国家主导，社会、企业、市民积极参与的城市化运动有声有色地展开，由此开启了中国自己的"城市时代"，"大城市扑面而来了！"

---

[1] 邱致中《我们对于宪法市制的具体意见》，《市政评论》第10卷第4期。
[2] 曾守汤《略论宪法市制与建设县辖市的重要性》，《市政评论》第10卷第4期。
[3] 姜春华《城市建设中的几个建议》，《市政评论》第2卷第10期。

第二章 国家主导与民间参与：自上而下展开的城市化运动

随着沿海、沿江、沿边城市被迫开埠和早期工业化运动的开展，中国现代城市化开始蹒跚起步。近代中国城市化显现出政府主导、自上而下的鲜明特色，国家和政府成为城市化运动的主要设计者、决策者和推动者。社会和民间也积极参与，成为推动近代中国城市发展的重要力量。但由于自古以来专制政治传统和"郡县城市"发展惯性使然，近代中国城市化运动并未形成国家与社会上下联动、协力共推的良性互动格局。政府对城市化运动认识的偏颇和对民间参与城市化运动的诸多限制以及民间组织的势微力弱，带来城市化运动政治和经济动力双双受限，制约和阻碍了20世纪前半叶中国城市化的健康发展。

第一节 "建国必先建市"：孙中山的战略构想与南京国民政府的政策举措

一、孙中山《实业计划》中的城市化构想

将城市建设与城市发展作为一项国家战略引起社会各界关注，应该是民国以后的事。孙中山先生不仅是近代中国民主革命的先行者，也是中国现代城市化运动最早的倡导者和设计师。"我们若果把中山主义的精神和都市建设对于现代及将来的要求与市政的真谛和市政对于'救国''建国'的相关点，便是市政和'三民'的出发点，过细研求一下，恐怕是任何人也知道'市政'这桩问题在三民主义下尤其是重要

基础，不可一日废弃或停止的……所以市政的目的，就可以说完全是民有、民治、民享，市政上的百端建设，直然是和三民主义完全是相系属的。"①

在《实业计划》中，孙中山提出了通过发展现代交通、现代工业来建设一大批交通枢纽城市和工矿城市以推进中国现代城市化的设想，并对上海、广州、武汉等国际性大城市的发展前景做出了富有预见性的描绘。所谓交通枢纽城市，包括港口城市、铁路枢纽城市、现代公路交通枢纽城市等。对于港口城市，孙中山又进一步细分出沿海港口城市和内河港口城市。沿海港口城市，包括三个大港，四个二等港，九个三等港，十五个渔业港，共计三十五个港。对于内陆城市建设，孙中山把着力点放在了长江中下游地区，而且对于长江中下游城市化发展寄予厚望并充满信心。"在扬子江此一部建设内河商埠，将为此发展计划中最有利之部分，因此部分在中国为农矿产最富之区，而居民又极稠密也。以整治长江工程完成之后，水路运送，所费极廉，则此水路通衢两旁，定成为实业荟萃之点，而又有此两岸之廉价劳工附翼之。则即将来沿江两岸，转瞬之间变为两行相连之市镇，东起海边，西达汉口者，非甚奇异之事也。"②关于铁路、公路枢纽城市："实业计划有六大铁路系统与一六〇万公里之公路计划，自建设路政之意义而言，铁路为干，公路为枝，两者相辅而行，共存共荣，除基于军事政治之需要外，经济之关系亦切重要，盖在平时铁路与公路均须负担调剂民生与繁荣地方面之使命，尤当达到'以路养路'的目的，所以，铁路与公路所经串联者，必为重要城市……要之，铁路与公路所经过者皆系重要商港和都市，旧有的尚待改建，而更多的新市则待吾人有计划的积极建设……吾人深信新的交通系统有赖于新的都市来促进，新的交通系统没有新的都市是不能生存的！"③

关于工业城市，孙中山从轻工业城市和重工业、矿业城市两个方面进行规划与设计："实业计划第五计划为食粮衣服居屋行动和印刷五种工业，后四种工业集中于城市间乃显而易见者，今仅就必须赖广大农村所生产的粮食工业而言，出产在农村，固矣，而加工以及售销必多赖城市，我国碾米工厂集中上海、汉口、无锡与芜湖四大米市者，占80%以上，可见必须在城市谋取粮食工业及销售之增加，而后才能诱发农村的增产。"④"最后讨论到第六计划之重工矿业，由于产地限制当不致集中于都市，但其运销亦必在若干都市进行。并且，由于产地分散，正宜实现田园都市之理想，以免都

---

① 蒋小秋《在三民主义下的市政问题》，见《市政全书》，上海：道路月刊社，1931年，第55、59页。
② 孙中山《建国方略》，北京：生活·读书·新知三联书店，2014年，第191—192页。
③ 陈光道《从实业计划论工业化与建市之关系兼评宪法对于市自治之规定》，《市政评论》第10卷第4期。
④ 同上。

市膨胀之流弊,使多数之田园式的工业都市集而为都市联结化(Conurbatirl),如英国之七个都市联结区,日本之京滨京阪等四个都市联结区,使都市达到联结化,则国家完成工业化。"①值得特别称道的是,孙中山先生对于工业化、交通现代化与现代城市发展具有整体性战略思维,即"筑港、建市街、起江河堤岸诸大工程同时并举"。孙中山预见到现代社会的发展,未来中国必然会有一个城市化高潮,因此必须发展钢铁和水泥工业,以应城市发展之必需。"钢铁与士敏土(即水泥)为现代建筑之基。且为今兹物质文明之最重要分子。在吾发展计划之种种设计,所需钢铁与士敏土不可胜计。""筑港、建市街、起江河堤岸诸大工程同时并举,士敏土市场既如斯巨大,则应投一二万万之资本,以供给此士敏土厂矣。而此业之进行,即与全盘其他计划相为关联,徐徐俱进,则以一规划奖进其他规划,各无忧于生产过剩与资本误投,而各计划俱能自致其为一有利事业矣。"②

孙中山关于中国现代城市化的诸多设想,不仅开启民国政、学两界城市发展战略思考之先声,而且直接影响南京国民政府的城市政策,可以视作国民党推进中国工业化、城市化的纲领性文件。"中国之都市建设计划纲领,总理既曾以极天才的考虑,而作上述简明之提出,使吾人对于都市建设获有向导。"③

二、"建国必先建市,建市必先建制":城市化运动的理论和思想准备

南京国民政府成立后,城市化与城市现代化发展在国家发展战略中开始占一席之地。"市政为国家政策之一,所以谋增进地方人民之幸福者也。"④"新中国的建设工作发轫了。市政的整理和设施,在新中国建设事业中,占了最重要的位置。"⑤国民党及南京国民政府对于城市化及都市现代化建设在国家发展中的先导作用有较明确认识:"市政的目的,就可以说完全是民有、民治、民享,市政上的百端建设,直然是和三民主义完全相系属的。故所以只要是一个都市里,把整个的崭新的市政实际上开发了,那么,但凡关于这都市的政治、教育、社会、风俗、经济、道德、生计等等,确实表现了充分的

---

① 陈光道《从实业计划论工业化与建市之关系兼评宪法对于市自治之规定》,《市政评论》第10卷第4期,"都市联结化"的英文拼写疑有误,似应为Conurbation。
② 孙中山《建国方略》,北京:生活·读书·新知三联书店,2014年,第206页。
③ 郑樑《实业计划的中国都市建设》,《新市政》第1卷第1期。
④ 陈良士《国民市政常识之培植》,见《市政全书》,上海:道路月刊社,1931年,第68页。
⑤ 杨哲明《现代市政通论》段襭原序,上海:民智书局,1929年。

福利,便是国民党党义上所希望的全民醒觉、全民组织、群众运动、文化建设、社会革新,一概能先由都市方面涵育而养成,一国的群众,从此自可以上了新轨道,实现了新生命,'救国''建国'上一切期待,在基础上严格的解释,确要从都市来作出发点咧。"①蒋介石亦曾表示重视市政:"吾人革命之目的,在排除障碍,建立新治,俾民众享受真正之幸福。故扫荡以后,急须建设,不容有一刻之游移。建设之事万端,唯市政为先务,诚以都市者,人民之所集中,文化于以胎息,政治效用,切近易睹,民生福利,非此无以筑其基。民权运用,非此无以植其始也。"②"建国必先建市",将建设城市、发展城市列为国家战略并开始上升到国家决策意志,民国朝野基于多重考量:

首先,发展城市关乎救国与建国,"对于'救国''建国'的相关点,便是市政和'三民'的出发点";③"要国家长治久安,必先以建市为其手段,作其桥梁,方能达成建国必成的理想"。④

其次,城市化与中国现代发展和文化传承进步密切相关。"中国目下的问题,概括的从根本处着眼,当然是如何'现代化'的问题。这似乎是没有人可以否认的吧……孟禄(M.B.Munro)教授说:'高等文化是都市的产物',我们根据事实,应相信这句话的正确,果如此,便可证明中国'现代化'须先建设文化之产地的都市,同时,在近二十年内,中国乡村的农民也有极大的数目自乡村奔赴城市,这吾人从近十余年来的各大市之人口统计就可得证明的……我国要现代化,对于这文化产地之都市必须'迎头赶上去',方有办法。"⑤"都市为文化之母,文化为都市之花。凡一国都市,不能积极建设者,其文化必无进步之可言;文化无进步之国家,不能存立于二十世纪之竞争世界也。我国民政府,定都南京后,首以创办市政建设都市为急务,亦所以促我国文化之进展。"⑥

再次,城市化是训政时期一项重要任务。"训政"是孙中山先生"革命秩序论"中推翻专制政府、建立现代民主社会的重要历史阶段。"训政"既是民主政治培育过程,即"训练清朝之遗民,而成为民国之主人翁,以行此直接民权也",⑦又是通过推行民生主义政策主张,促进传统农业社会向现代工业社会转型的过渡时期。南京国民

---

① 蒋小秋《在三民主义下的市政问题》,见《市政全书》,上海:道路月刊社,1931年,第59页。
② 转引自蒋小秋《在三民主义下的市政问题》,见《市政全书》,上海:道路月刊社,1931年,第56页。
③ 蒋小秋《在三民主义下的市政问题》,见《市政全书》,上海:道路月刊社,1931年,第55页。
④ 参见赵可《市政改革与城市发展》,北京:中国大百科全书出版社,2004年,第83页。
⑤ 姜春华《城市建设中的几个建议》,《市政评论》第2卷第10期。
⑥ 刘文岛《汉市之现在与将来》,《中国建设》第2卷第5期。
⑦ 《孙中山全集》(第5卷),北京:中华书局,1985年,第189页。

政府名义上统一中国后,1928年8月,国民党二届五中全会公布"训政"开始,1931年5月,召开国民会议通过《中华民国训政时期约法》,"国民政府本革命之三民主义五权宪法以建设中华民国既由军政时期入于训政时期,允宜公布约法共同遵守以期促成宪政,授政于民选之政府"。训政约法凡8章89条,要义一是通过以宪治国的体制机制建设和施行国民教育,培育"民国之主人翁",并"移官治为民治",为实现"主权在民"宪政打下基础。二是通过奖励工商、鼓励人民自由营业和自主择业,尽快实现国家工业化,以期有效改善国计民生。如何实现"训政"时期的上述任务,推动现代城市化当是重要途径之一。现代城市是民主政治产生的温床,现代都市文化对于涵养国民民主政治观念,提高国民参政议政水平有重要作用。"至于市政的真谛就是革新旧城市改造为新都市了,那民生主义的真精神,由此可以贯彻,国民政治的能力也由他可以容易养成的,所以近代学者,都认为都市市政这件事,是近世文明发酵的酵母,是20世纪的唯一鲜花,影响到国家或社会的前途是非常巨大。因为这样,所以一个国家的文化表征,都可以从都市方面的建设来测验,都市的盛衰,就是一国文化隆与替的关键哩。"现代都市工商繁盛,人口密集,不仅可以有效地解决经济发展、民生改善和社会进步等诸多问题,而且便于组织动员民众参与社会活动,改变乡村社会无组织之散漫状态,培育出有公共观念,有社会责任感的现代公民。"都市与健全之农村相对待,而支配一国之国运,形成一大社会之组织,俾多数国民得以安居,成一大经济组织,为一国国力之中坚,又为政治之中心、文化之魁首。由此可见,都市方面举办的效率,是达到什么样的程度了。而且,都市地方因为是群众萃处,容易从这共同生活上利害相调点,加以适切的训练,建国上政治运动极能普遍的,因其为商工业繁盛的地点。从劳动阶级聚集的关系上,建国上社会运动,也容易宣传的。况且市政机关全部工作概行是从民众立场上来谋公共间幸福和利益的,可知是完全为民众服务,和市内民众最为直接。但凡一切行政上事业上给予民众参预的机会非常多,阅历和熟练的效率自然是宏大。"[1]有鉴于此,有人干脆提出"训政时期中的地方行政就是市政","只要训政时期中把'市政'极端开发了,一旦达到了宪政的时期,那种种进步的完备的美善的策略,也自然容易做到全部成功了"。"我们对于这种种的关系加以研究,愈更知道'市政'这桩问题,不仅止是'三民主义'中认为必要的,而且是在一定时期以后,就是从训政到宪政,绝对认为最必要而不可缺乏的建设了。"[2]

---

[1] 蒋小秋《在三民主义下的市政问题》,见《市政全书》,上海:道路月刊社,1931年,第58—59页。

[2] 同上书,第59—60页。

正是因为城市发展在从传统农业国到工业国，从传统乡村社会到现代城市社会，从传统专制政治到现代民主政治转型过渡中的这种重要性，使得市政"为训政时期重要工作之一，各地之从事改革整理者，莫不争先恐后的一致进举，实是训政期中的一个良好现象"。①城市建设风靡全国，"近代市政之进步，可谓物质文明最著之征象。溯自国民政府成立以来，通都大邑，俱追逐于此潮流之中，皆有相当成绩。广州之焕然一新，首都之干路如砥，此其尤为彰彰在人耳目者。此外较为繁庶之县镇，凡财力所许，亦竞事建设"。②

抗战爆发，东南沿海及东中部城市发展繁荣区悉数沦陷，中国城市化和城市现代化进程受阻甚至断裂。抗战胜利后，百废待兴，城市发展问题又引起各界关注。国民政府中的一些有识之士在抗战后期即未雨绸缪，规划城市发展蓝图，意图通过城市化振兴区域乃至国家经济。有鉴于战后国家重建的紧迫性，加之中国工业化、城市化与欧美发达国家的巨大差距，抗战胜利后，不少知识精英就加快发展中国城市化纷纷建言立论，虽众说纷纭，莫衷一是，但概括起来，可归结成二句话，这就是"建国必先建市，建市必先建制"。

所谓"建国必先建市"，就是要在抗战胜利后建设一个民主、富裕的现代化国家，而中国目前的发展现状仍然是一个落后的农业国家和乡村社会，政府必须在发展战略和政策制定上充分考虑城市的建设与发展，通过工业化和城市化改变落后面貌，实现整个国家的现代化。

首先，中国的落后主要是工业化和城市化的落后。"查城市之所以有别于乡野，乃由人口、经济、交通、政治、军事、文化诸种因素交互影响之结果。城市文明愈形进展，则工商业愈形发达，而人口即愈由乡野集中于城市。……我国向为农业国家，工业既不发达，文化又形落后，故人口集中之大城市，所占国家总人口之数量，远不如欧美各国之众多，此实有待于国家作有计划之培养……盖城市实为现代国家文明之表征，文化之重心也。"③"无可讳言的是，中国所以不能现代化，即由于不能工业化所致，而不能工业化，又由于发挥据点作用，领导农村的小都市太少的原故，所以现代化的程度，实以都市建设的多少为其指标。欧美近百年来人口渐向都市集中，即证明都市建设的积极性。中国之所以落后，即由于忽略了都市的建设，在抗战时期，一般

---

① 刘郁樱《谈市政管理》，《道路月刊》第32卷第1号。
② 刘郁樱《都市建设不仅在筑路》文末所附《时事新报》社评《为筑路者进数解》，《道路月刊》第31卷第1号。
③ 刘础新《论宪法市自治问题》，《市政评论》第10卷第4期。

误解'抗战力量在农村,建国力量在农村'的话。以为只有农村才是抗战与建国力量的源泉。这是错误的,因为中国都市不发达,绝大多数的人口和物质,都集中于各乡村,力量当然靠乡村了!假如多建市的话,市可容纳大量的人口,如英美等现代化的国家便有百分之七八十以上的人口集中在都市,那么一切力量在都市无疑,试问农村的农业型的力量和都市工业化的力量,哪一种大呢?我们过去之所以吃尽苦头,以肉作弹,就是因为一切只有在乡村,而没有都市的力量。否则,抗战必不至于艰巨到那地步。今后的中国,自卫也好,建国也好,如果不能建立起都市的力量的话,现代化是不能实现的,将来的命运可能更不堪想象。"①

其次,只有"建市"才是医治中国社会落后的不二良方,变落后的农业社会为现代工业社会的有效途径。"今天的中国,刚好是一个人民政治意识薄弱,文化水准低落,国民经济匮乏,同时交通不发达,军事失依凭,农业也落后的时候。如此看来,这些病态,正是建市以后才能医治的,所以今天的中国,建市实为建国过程中的先决条件。"②由于城市在国家政治、军事、经济、文化现代发展中占有极其重要的地位,因此,战后国家首要的任务就是建设现代城市。"'建国必先建市,建市必先建制',已成颠扑不破的定理。因为都市是国家军事的堡垒,都市是国家政治的中心,都市是国家工业的据点,都市是国家文化的渊薮。所以要想国家长治久安,必先以建市为手段,作其桥梁,方能达到建国必成的理想。"③"建国必先建市",这是由中国作为一个落后的农业国必须向工业国快速转变的国情所决定的。"工业建设、文化建设,均必需以都市为基础,而与市政的建设息息相关。"④"现代文明,为产业革命的产物,产业革命又以城市为据点,所以,现代文明首先发源于城市,然后推广到乡村,中国要现代化,虽不一定循西方的旧路,但也需把握据点,建立基地,以若干城市领导全面建设;否则,数十万农村,如一盘散沙,一切建设,抓不住纲领,建国大业也就无从着手;所以,建设城市在整个建设事业中实居极重要地位。"⑤中国是一个农业国家,在当下的首要任务就是发展现代工业,建设现代城市,实现由传统农业社会向现代工业社会、传统乡村社会向现代城市社会的本质转变。"自工业革命以来,我国以工商业落后,影响所及,农业亦衰靡不振,以此国力日衰,远不可与欧美各工商国

---

① 曾守汤《略论宪法市制与建设县辖市的重要性》,《市政评论》第10卷第4期。
② 同上。
③ 邱致中《我们对于宪法市制的具体意见》,《市政评论》第10卷第4期。
④ 卫挺生《从市制说到县》,《市政评论》第10卷第4期。
⑤ 晏嗣平《论宪法及省县自治通则中"市"之规定》,《市政评论》第10卷第4期。

家相抗衡，于是加紧工业化之呼声，响彻全国。盖目前我国不求复兴则已，如欲求复兴，则必自工业化开始，但如前所述，我国过去为一农业国家，因此欲求工业化，则过去'以农立国'为背景之思想与制度，必须予以改正。都市为发展工业之基点，应予重视，先自建设各工业基点起始，由点而控制线，由线而扩张至面，如此国家建设事业，始可逐步完成。"①"我们的国家，如果要想翻身，迎头赶上举世的先进国家，无疑的需要我们全国的人民，上下齐心协力，通力合作，共同建设一个现代化工业化的国家。一个落伍的农业国家在现在电气化的世界中是绝对难以立足的。而建立一个现代化的国家，便应以都市为据点，然后向全国作放射性的全面性的扩展。换句话说，将来我国的全面建设，应以都市为中心，领导全国大小几千个城镇向工业化之途迈进，所以建国必先建市，实为一不容否认之步骤。"②推进现代城市化，是改变农村落后面貌，促进传统农业国向现代工业国转型的重要途径。"由于人类文化日进，工商业的发展，使都市在国家广大的地面上头角日益峥嵘，而在地理上都市又常居于形胜之处，故争城以战，由来久矣；复因人口的集中，都市一切人文条件，经济条件，交通条件，无一不优于散漫的农村。都市之在整个国家里的地位，实为国家军事、政治、经济、文化的重心。因其社会构造的特殊，而在行政上也就与省县乡镇，大相径庭。我国以农立国，所有八十多万个农村在现在经济和交通状况下，散涣落后，一切生产技术，毫无改良，要使农业科学化、工业化，必须都市化方能发挥其据点领导作用，以点控线，以线制面，进而使国家各项建设，在广大而繁荣的农村支持下，积极而有效地展开。明乎都市之特性与其在建国道理上的重要性，则建市之在今日，诚为刻不容缓的工作。"③

第三，"建国必先建市"就是要建城乡和谐共生之新城市，以担负起引领乡村经济、社会和文化现代化发展的历史重任，达到城市和农村共同发展，共同繁荣，最终实现整个国家的工业化、城市化和现代化。"都市的形成，本是社会经济发展的必然现象，人民依旧形式生活，如经济力永不发展则已，要是发展了，一旦达到相当程度，必然形成都市形态，而且以后的经济力，如更向前发展，必然要逐渐形成少数大规模的世界都市，在世界经济生活中尽巨大的作用。这种经济集中化和强力化的趋势，正代表社会的进步。在逐渐进步的国民经济体系中，都市和乡村，实有共

---

① 周维恭《宪法市制平议》，《市政评论》第10卷第4期。
② 涂光辉《宪法市自治条文之研究》，《市政评论》第10卷第4期。
③ 冯铁仁《宪法市制的检讨》，《市政评论》第10卷第4期。

同的生命,共同的血脉,离乡村而孤立的都市,或离都市而零落自存的乡村,不独无保存繁荣之理,而且也难以想象其可以永久存在。所以为使国民于此巨大的进化潮流中巩固其生活力量,固须维护乡村的生存尤须着重都市的发展。……基于上述观点,以言今日的建国工作,我认为必以建立几个重要的建国中心据点,也就是大都市,领导国民经济与国民文化为先务,同时也就必须期待由此中心散发出伟大力量,以深入各乡村,扶植人民生活。我又认为要使都市能充分担负领导乡村的责任,必须从事市政建设工作者打破那盲目地追逐某种力量任其携引作畸形发展的旧习,重新换上以全民生活为主的眼光,把都市导上有一定目的、有一定计划的道路,以便于领导广大区域的千万乡村的经济和文化。因此,市政工作者之使一市经济文化遵循合理的轨辙而发展,即是领导广大区域的千万乡村的经济文化共同遵循合理的轨辙而发展。当前中国只有一个光荣的建国工作,所谓都市建设和乡村建设,实在即是这一种工作的两面,并非截然二事。"① 但是,当时中国的城市化程度不仅十分有限,而且既有的城市又畸形发展,与农村隔膜而且相互冲突,中国的城市化必须是城乡和谐共生的城市化,因此必须纠偏补弊,使之步入健康正常的轨道。"一个理想的城市,其工商业应该配合其地区的农业,以使此地区成一经济单元,城市的工厂为当地农产品的加工制造,和供给农业以所需的机器肥料和其他必需品,商业则调剂城市与乡村和此地区与他地区的有无,以使此地区的必需品不感匮乏。中国今日的城市,自然没有负起这种任务,城市没有与农业配合的工业,更没有使一地区变成经济单元,从大城市到中小城市,都是商人投机渔利的场所;这是极不正常的发展,中国要现代化,要走上富强康乐的道路,首先便须纠正这种现象,使城市负起他所应负的使命。"②

所谓"建市必须建制",就是在传统农业社会向现代工业社会和传统乡村社会向现代城市社会转型的背景下,改变过去"重乡治而忽市政"的旧体制,在国家政治制度尤其是立法层面重视城市制度建设,建立建构有利于城市化发展的体制机制。"我国向为一农业国家,人民均习惯于农村散居之生活,其生活方式,乃自给自足,并不需要广大的人众聚居,只有极少一部分人因特殊原因而乃居于都市中。因有此种社会背景之存在,于是社会之繁荣衰替,均表现于农村,而不见于都市,社会之基本力量亦在农村而不在于都市,所以我国地方政制向以县为重心,此点适与西欧各国情形相

---

① 王友直《建国运动中之都市建设》,《市政评论》第9卷第4期。
② 晏嗣平《论宪法及自治通则中"市"的规定》,《市政评论》第10卷第4期。

反。"① "市"在中国古已有之,然传统之市非现代之市,"何谓市?市者,居民集中货物集散之场所也。我国古代所称的市,与近代所称的市,虽大小荣枯有别,而其意则一。我国向以农立国,初所谓市者,仅是农产品或简单的农业副产品之交换场所而已;及至手工业发达,交通进步,以地理、气候、人口、交通等环境的不同,货物集散之所,也就有大小荣枯之异;其后加以政治军事的关系,以其人口财富之多寡,工商贸易之情形,而设为省县镇。所以今日之院辖市省辖市县辖市,似亦可谓沿此而来。但是,以我国自来以农立国,故无近代市制产生"。② 中国古代只有省府州县等地方行政机构,市作为一级政府机构组织并不存在,现代城市工商业发展,人口高度集中于城市,加强城市建设和管理成为当务之急,需要建立起与之相适应的行政机构,使城市自治并有利于现代工商业发展。"夫市为地方之基本单位,其组织亦自必为国家组织之层次,其自治之性质,亦必与省县等地方单位无异,然市本身之性格,远迥异于省区区域。中山先生所倡地方自治学说,以为地方自治之范围与目的,在实行民权与民生两主义,换言之,地方自治之性质,兼有经济性与政治性。然县区域内,人民多数务农,智识水平较低,自治工作之推行,必较缓慢,而自治实施前,应本'平均地权''耕者有其田'及'改良农业技术''促进农业增产'等数大原则,将土地分配与土地利用问题一并解决,使大多数佃农和小自耕农获得经济地位之平等,故县之自治程序与目标,应以农业为主,处理行政为辅。反观市之性格,与自治工作之重心则不然,市之人口集中,人民大多数从事工商业,市之自治组织及设施,以引导工商业之发展及助成农业工业化为目标。"③

"建市必须先建制",关键是建什么样的"制"。"所谓'制'有两种意义:一是制度,一是法制。关于市政之制度又可以分为中央的和地方的,而法制则应该从上到下从甲地到乙地都共同遵守,乃是举国一致的律例。"④ "建制"的核心是在国家根本大法中确立"市"的法人地位,"建设都市,须有良好的制度,以为实际的规范,以助都市的发达所谓'建市必先建制'。故先进国家的宪法,无不重视市政,而予以重要的地位与适当的规定"。⑤ "建国必须建市,建市必须建制,都市为国家经济之重点,政治之中心,军事之堡垒,文化之渊薮。故建国必先建市已为颠扑不破之定理。然市府

---

① 周维恭《宪法市制平议》,《市政评论》第10卷第4期。
② 文学诚《论宪法之市制》,《市政评论》第10卷第4期。
③ 戚武斌《从宪法上市自治条文的规定论市自治通则产生的重要性》,《市政评论》第10卷第4期。
④ 邱致中《都市建制论》,《市政评论》第9卷第1期。
⑤ 李永福《关于宪法市自治条文的研究》,《市政评论》第10卷第4期。

制度之确立与夫法典之创造，尤为建市的先决条件；而宪法又是一切法制与制度的本源，我们为正本清源，对于市在宪法的规定，不能不周密；对于其条文，不能不审慎；然后方可据以起草市自治通则，各市复根据通则以草拟市自治法，方能达到建市的目的。"①

二、民国时期国家和地方政府城市化政策和举措

（一）改变"重乡治忽市制"的传统，建立起独立的城市市政管理体制，提高城市的政治地位，在法律上保证城市的独立自主的发展。

中国市制以法律的形成正式确立并真正付诸实施虽然在南京国民政府正式成立之后，但其端绪则可追溯到清末"新政"所推行的城镇乡自治。中国行政序列向来没有市的建制，"中国自周以降，虽亦有市政，但历代都市均在国家行政隶辖之下，无市自治之可言"。②光绪三十四年（1908）十二月二十七日清廷颁布《城镇乡地方自治章程》，对城、镇、乡以明确划定，并赋予了一些自治权利，"当时之所谓城，实即现在通称之市，为县属或直隶州、直隶厅属之自治团体，受各该管地方官监督"。③辛亥革命后，江苏率先暂行市乡制，北京政府颁布地方自治试行条例。1921年12月广州建市，同年7月北京政府颁布"市自治制"，改市为特别市与普通市两种。1925年5月北京政府又颁布"淞沪自治制"。南京国民政府成立后于1928年颁布《特别市组织法》和《市组织法》，1930年5月又颁布《市组织法》，"国内市制差告一统"。④

上述林林总总之市制，从赋予城市独立地位角度看来，确有不少亮点可圈可点：一是清廷颁布的《城镇乡地方自治章程》，第一次以政府的名义，明确了城市为一政治单位，规定府厅州治城厢为城，即今日之市；二是《江苏省暂行市乡制》，第一次确立"市"之名称，即"将城之名改易为市"；三是《广州市暂行条例》第一次将市的行政管辖权从省、县行政管辖范围分离出来，赋予城市独立的政治地位，"市之脱隶于县，要自此始"；⑤四是《市自治制》将市分为特别市和普通市，"中国特别市与

---

① 文学诚《论宪法之市制》，《市政评论》第10卷第4期。
② 钱端升《民国政制史》（下册），上海世纪出版集团，2008年，第683页。
③ 蒋慎武《近代中国市政》，北京：中华书局，1937年，第14页。
④ 钱端升《民国政制史》（下册），上海世纪出版集团，2008年，第684页。
⑤ 同上书，第690页。

普通市之分实始于此"。① 并第一次明确市为独立法人,"市自治制明定市为法人,截至民国十七年市组织法,市制中明定市为法人者,仅有市自治制";② 五是南京国民政府于民国十七年颁布的《特别市组织法》和《市组织法》,总结晚清以来市制建设的经验,不仅第一次将城市法律地位和组织架构以法律形式予以明确,并真正在全国范围内加以施行,是第一部真正推行于全国的城市组织法。这两部法律,以中央的名义正式将城市纳入国家行政序列,中国城市至此终于有了一个正式的名分。

20世纪20年代末30年代初兴起的"市政改革",是一场由知识界发起、官方主导的城市改革运动,其最主要的成果便是城市立法和城市自治。一些城市取得了和省、县一样的行政地位,这就从法律和制度上扫除了城市发展的体制障碍,有利于城市的建立和发展,全国各地纷纷谋求市政独立,建市热情一路高涨。早在北洋时期,不少城市就纷纷谋求建立现代自治市制,"南通、广州、吴淞、杭州、昆明、青岛等处皆先后实施市制,蓬蓬勃勃,状况良佳"。③1928年,《特别市组织法》和《市组织法》颁布后,建市热潮更加高涨。据统计,1927年至1936年,先后建立特别市(院辖市)7个,普通市(省辖市)18个,以市政筹备处等组织机构行使市职能的城市有8个。截至20世纪40年代初,"直隶于行政院之市,现有南京、上海、北平、天津、青岛、西安(市政府未成立)及重庆,威海卫行政区直属于行政院……隶属于省政府之市,有广州、汉口、杭州、汕头、济南、成都、贵阳、长沙、兰州、厦门、昆明、开封、桂林、衡阳、南昌、韶关及自贡;设市政筹备处者,有包头、武昌及连云;设市政委员会者,原有九江及郑州,现九江市政委员会已裁撤"。④

城市建制和城市治理的相对独立,对于城市化的推进意义重大。它改变了"城乡合治"的传统国家治理格局,由重乡治开始向重市政转变,并建立起适合城市特点和城市发展规律的组织管理体制机制。"我国自来以农立国,故无近代的市制产生。其有设市之举,乃是近数十年的事。在民国初年,我国现代的市政制度,已经萌芽。国民政府成立后,复有组织法的公布,五五宪草地方制度中,亦有市的规定;虽说其规定者,并不如人意,但这均可以证明:'欲使城市适应工商业社会,必须与农业社会有不同的政治组织不可。'"⑤"重市政"既是城市进化之因,也是城市繁盛之果。城市

---

① 张锐《中国政制史》,《中国建设》第2卷第5期。
② 钱端升《民国政制史》(下册),上海世纪出版集团,2008年,第695页。
③ 张锐《市制新论》,北京:商务印书馆,1926年,第1—2页。
④ 钱端升《民国政制史》(下册),上海世纪出版集团,2008年,第732页。
⑤ 文学诚《论宪法市制》,《市政评论》第10卷第4期。

政府按照城市自身的发展规律，更新城市治理理念，制定有别于传统"乡治"的城市治理方略，发展现代工商业以繁荣城市经济，大批乡民因此而涌入城市，从而带动城市化的快速发展。

早在民国建立之初，朱启钤以内务总长身份署理京都市政公所督办，对发展城市工商业与市民安居乐业的关系即有明确认识。当时，民国初建，革故鼎新，百废待兴，"失业者多，糊口维艰，坐以待毙，这种情形，政府是很知道的，要想救这个市面，实在没有法子，姑无论政府里亦是财政困难，即便财政不困难，亦万不能开几百个高等养济院，收留这无数的失业之人啊！所以从根本上着想，才想到改良市政一层，要把京都市面发达起来，金融界一活动，大家谋生亦就容易了"。① 发展城市工商业和金融业，不仅可以使城市失业者能就业，而且还可以吸引外地人到城市来居住置业，使市面得以活跃，城市得以繁荣。对此，朱启钤亦有难能可贵的认识："北京人民，客籍居多，真正住民，旗人实占多数。近来旗人生计，非常艰难。……所以要筹旗民生计，只有使北京事业增多一法，……我们总要想法子，把京都市政办得完善，使人人乐居于此，不但北京住民不肯离开北京，就是那本非北京住民的，也都想在北京置产业，都想在北京投资营业，争先恐后的来做北京住民，这是本督办所最期望的。"②

刘文岛1929年6月任汉口特别市市长后，"谨遵先总理大汉口市之计画，斟酌本市财力，权衡事业缓急，分别先后，顺序进行"。他认为所有城市建设事业中，发展工商业为第一要务，"工商业为发展都市之唯一要素，舍此其都市即无发展之可言。是以本府对于工商农业之提倡与振兴，特别重视"。只有振兴工商业，才能有效解决城市就业并吸引更多的投资者，为此，刘文岛采取多种措施吸引投资者："（1）招请华侨，到本市创设工厂、商店，以容纳本市之失业工人，并予华侨种种之便利，使华侨乐于到本市创办实业。（2）集合本市资本家，及在外埠避居之资本家，回汉创办实业，予以种种之便利，以便容纳本市之失业工人。"③

杭州市曾经一度只注意风景区建设而忽视工商产业的发展，对此一些有识之士进行深刻反思后提出建议："惟是从前杭州市之建设，似偏重于风景之整理，欲藉天赋艳丽之湖山，吸引游客，振兴市场，效欧洲瑞士之故技。此种种利用环境，以繁荣都

---

① 朱启钤《市政答问》，《市政通告》1914年第2号。
② 朱启钤《七月二十五日在织云公所会集北京商会诸君及士绅演说》，《市政通告》1914年第11号。
③ 刘文岛《汉市之现在与将来》，《中国建设》第2卷第5期。

市之政策，固极正当。然都市繁荣，若仅赖游客消费，其力量殊属有限；良以风景都市，如秾桃艳李，秀而不实，终难期有伟大之发展。故予以为杭市要政，一方面固应注意于整理风景，发挥其天赋优美之特长，而另一方面，似应扶植工商，发展产业，着手于生产都市之建设。"① 市政府采纳了上述意见，调整了城市产业发展思路，在优先发展旅游产业的同时，注意把工商业发展放在重要地位予以重视，市长周象贤指出："欲繁荣杭市，首当整理西湖，吸引游客，同时须注重生产建设，发展农工商业，增进富庶，使市民得安居乐业。"② 杭州的城市化和城市现代化因此而得到较好发展，不仅城市人口有较大增长，且城市经济繁荣，城市地位提升："近年来，不但居民日增，游人蚁集，即欧美各国人士，慕名而来的，每年达百万人以上。外人尝把它当作东方的日内瓦湖看待。因之，杭州的地位，更蒸蒸而日上。"③

南京国民政府推动城市化发展的一个重要举措，是城市政府重视市政建设，按照现代方式规划城市，扩展城市空间，使城市能够容纳更多的外来移民，为将要到来的城市化浪潮做准备。"都市计划问题，近数年来，其声浪之高，既达极点。……现吾国各大都市，处此变迁之际，求其立有一定之计划，作远大之眼光，为数寥寥，大抵皆在其自生自灭而已。但今日物质文明，日益进步，人口增加，年以倍计，若再任其自由发达，则社会之安宁不保，市民生命时危。"④

广州作为最先启动现代市政改革的城市，把修筑马路，拓展新市区作为市政建设的首要任务。"本市海岸交通，商务繁盛，人口亦日渐增加，自非展拓市区范围，不足以资容纳而维久远。"⑤ 规划对广州市区予以重新划定，将广州四周广大郊区划入城市范围，市区面积大大扩展。佛山市亦把拓展市区范围列入市政改革当务之急，"佛山市政厅以现在佛山之偏小区域，而容此多数户口，实有地狭人多之感。故展拓市区计划，纯为佛山市现状之急需。经由工务局长杨景真提出市政会议表决，将佛山市区域面积，扩充多九百二十六万五千三百一十五方米。计东西度约一十七里。……以上办法之达到施行期，据工务局杨景真谓如大局经济无阻，则半年内可以着手，五年内可以实现云"。⑥

---

① 程远帆《十年来杭州市之进展与今后之期望》，《市政评论》第 5 卷第 7 期。
② 《杭州市政府十周年纪念特刊·序》，杭州市政府秘书处编《杭州市政府十周年纪念特刊》，1937 年。
③ 陈曾植《十年来之工务》，杭州市政府秘书处编《杭州市政府十周年纪念特刊》，1937 年。
④ 《广州展拓市区》，见《市政全书》，上海：道路月刊社，1928 年，第 51—52 页。
⑤ 同上。
⑥ 《佛山市区展拓之计划》，见《市政全书》，上海：道路月刊社，1928 年，第 52—53 页。

西南虽为不发达地区，城市化水平远低于东中部发达省区，但不少城市市政当局敏锐地感觉到城市化发展大趋势不可避免，城市化发展也要未雨绸缪，规划前移，为未来城市发展留出足够的空间。梧州市以广西之门户，两广之枢纽的重要地位，城市市政当局认识到未来社会发展必将有更多的人到梧州来投资兴业，因此计划"开辟新市场，本市背山临河，地域有限，而市面日见发展，户口益增多，拓新市场，已成为极急之需要。阜民山麓之东学塘，包有瓮菜塘鱼池，东学塘及校前塘等各部，悉为低洼之地，其总面积约有八十一万余平方尺，占地颇广，且接近热闹市区，辟为市场，定能发达"。① 昆明自1922年成立昆明市政公所，即规划将其"改建为全省中心的新都市"，"市区的划分和市街的改造……就是把从前的旧都市，改造成新的、理想的、庄严灿烂的中心都市，预定的市区，是划全部面积五十方里，旧城市地方，仅占了三分之一"。扩展市区的目的是为应对城市的快速发展，对此，昆明市政当局的认识是十分明确的，"划定市区疆界，……近来都市事业，一天发达一天，也不能不亟待扩充，这是本市计划中最紧要而又亟待着手的一桩事"。② 四川军阀杨森经营重庆和成都，颇具战略眼光。杨森任重庆商埠督办期间，划定重庆市区范围，"权以重庆、江北两县城附近一带为所辖区域"。③ 重庆自开埠后，"贾客云集，廛市日兴，而城内囿于地势，无可发展，繁盛街衢，倍形湫隘"。④ 有鉴于此，杨森在江北拓展新市区，并成立新商埠工程局专司其事，筑路修堤，兴建码头，"原有旧城商店堆栈悉令他徙以整齐之，又特延外国技师，筹拨巨款，克期兴筑，规模极为宏伟"。⑤ 1925年前后，杨森主政四川，在成都大刀阔斧地推行"市政改革"，成立市政公所，进行城市规划和市政建设。杨森在重庆、成都的改革举措，不仅使这两个城市市容市貌大为改观，也为四川城市现代化做出了示范效应，带动了区域城市化的可喜进步。海关十年报告以赞扬的口吻评价说："过去几年间进步之速已堪庆幸，前途希望更是无穷。成都、重庆、万县以及其他比较重要的城市，只要有时间和资金，都将很快地具备现代景象而且成为优美的居住地区。"⑥

1929年武汉特别市成立后，市政当局分别在1929年、1930年和1936年有三次

---

① 《梧州市市政工程概况》，见《市政全书》，上海：道路月刊社，1928年，第28页。
② 昆明市政公所秘书处《昆明市政概况》，见《市政全书》，上海：道路月刊社，1928年，第9—20页。
③ 民国《巴县志》卷十八《市政》。
④ 民国《巴县志》卷十四《交通》。
⑤ 民国《巴县志》卷十八《市政》。
⑥ 《近代重庆经济与社会发展》(1876—1949)，转自赵可《市政改革与城市发展》，北京：中国大百科全书出版社，2004年，第179页。

武汉和汉口城市规划,这些规划均按城市发展的长远预期对市区范围进行重新划定。如1929年武汉特别市城市规划"以从事科学之建设,谋产业之发达,并预防无秩序的人口膨胀",对武汉城市人口规模、分区、交通、公园绿化、上水排水、街道之放宽及建筑之限制、修建全市各处江岸、建筑平民住宅和关于设计之各项基本调查及测量等方面提出了大胆的设想。"其所规划的武汉三镇行政区域范围,是依据孙中山《建国方略》论述的精神,结合三镇原来的天然界线以及预测60年间人口增加所需的城市建设空间和四周与中心之距离务求相等为原则,加以划定,面积共669600亩(446平方公里)万亩。其所规划人口数量,是按每年3%增加和按《都市设计通则》预测60年后城市人口规模,同时依据市区总面积除去江河、湖泊、山地和规划的公园绿化系统等面积后,每市民应占有50平方米推算,可容纳594万人。"①1936年的《汉口都市计划区》,对于汉口城市面积和人口规模做出较为详尽规划,该计划书指出:除江河所占面积约15平方公里外,陆地和湖塘约占119.14平方公里。人口规模:商业区人均30平方米,可容80万人;工业区人均50平方米,可容84万人;住宅区人均80平方米,可容67万人,共231万人,每年人口增加率平均按3%计,39年后即达饱和。

20世纪二三十年代都市扩展的潮流,既是现代城市化运动初兴的必然反映,更是南京国民政府顺应潮流的一种主动作为;它既为蜂拥而来的城市新移民准备了工作和生活空间,更直接将大片农舍田畴改造成楼宇烟囱,使大批乡民在须臾之间转化为城市居民。对此,社会学家吴景超给予了积极评价:"都市人口增加的第三个法子,便是扩充市区。譬如现在的上海,已经不是一百年前的上海了。从前的上海,不过占有现在城厢附近的一带。现在的上海市,不但把公共租界法租界包括在内,而且还有吞并吴淞、浦东以及附近各乡村的趋势。以前凡是吴淞的人,将来也许在统计上,都要变成上海人了。别的都市,也有并吞附近小镇小村的办法。譬如南京市,以前只在江南的,现在把江北的浦口,也算在南京市的范围之内,从前的浦口人,以后在统计上,也要变成南京人了。"②

20世纪二三十年代的"市政改革"对城市化的推力作用显著,城市数量和城市人口空前增长。南京"自改为首都以来,更为全国之重心,政治机关林立,居民人数激增,将来工商业之繁盛,更可预期"。③该市1912年中华民国成立之初为27万

---

① 武汉市地方志编纂委员会《武汉市志·城市建设志》(上卷),武汉大学出版社,1996年,第118页。
② 吴景超《都市社会学》,上海:世界书局,1929年,第31页。
③ 陆丹林编纂《市政全书》,上海:道路月刊社,1928年,第51、7页。

人，1937年增加至100万人。全国城市人口总量亦有较大增长，据《申报年鉴》的统计，1932年，全国10万以上人口的城市总计108个，城市总人口3076万人，较之1900—1911年间全国城市总人口1464万人，增加近2000万人。

（二）实施一系列鼓励工商业发展举措，促进城市功能转型，增强城市对农村人口的吸引力。

现代工业化与现代城市化互为因果，既相互促进，亦相互制约。辛亥革命爆发后，湖北军政府刚成立不久，就屡次下令保护实业、维持商业秩序；1911年10月28日至11月13日颁布的《鄂州临时约法草案》规定"人民自由保有财产""人民自由营业"。南京临时政府初创时即在中央设立了实业部，作为执掌实业要务的最高领导机关，实业部要求各省设立实业司，还要求各实业司将有关本省农工商矿诸要政，"凡已经创办者，或急须筹办者，或暂从缓办者，分别详细呈报本部，以便确定经济政策，统筹进行方法"。[①]这些措施、法令，从国家大法的层面肯定了发展工商业的必要性，保障了广大工商业者所应享有的根本权利，无疑大大有利于工商业的发展。

北洋政府对于发展工商业总体上持积极鼓励和支持的态度。袁世凯就比较重视发展实业，他强调："各省民政长有提倡工商之责，须知营业自由，载在国宪，尤应尊重。务望督饬所属，切实振兴，以裕国计。举凡路、矿、林、垦、蚕桑、畜牧，以及工艺场、厂，一切商办公司，其现办者，务须加以保护；即已停办及有应办而未办者，亦应设法维持，善为倡导。"[②]工商部和农商部相继颁布了《公司条例》《商人通例》等工商法规及奖励工商措施，政府对城市工商业的鼓励支持，使民国初年迎来了一个民族工业迅速发展的黄金时期。从新设企业数量看，1914年至1927年全国共新设工矿企业1820家，平均每年有130家企业开设；从资本额来看，1913年至1920年，中资企业资本规模由30386.2万元增长为70079.2万元；其中国营资本由14887.5万元增加至27091.8万元，私营资本由15498.7万元增加至42987.4万元，年增长率高达12.68%。1920年至1928年，民族工业新增投资额据统计达3亿元左右。[③]

南京国民政府时期，国民党秉承孙中山《实业计划》发展工业以振兴国家，改善民生之精神，大力发展国营工业，并对民营工业予以扶持与保护。蒋介石曾经指出：中国要在世界上独立生存，"第一重要的条件就是工业发达"，1935年5月，他在云南

---

① 中国科学院近代史研究所史料编译组编辑《辛亥革命资料》，北京：中华书局，1961年，第202页。
② 中国第二历史档案馆编《中华民国史档案资料汇编》（第3辑），南京：江苏古籍出版社，1991年，第15—16页。
③ 参见许涤新、吴承明《中国资本主义发展史》（第三卷），北京：人民出版社，1993年；吴承明《中国资本主义与国内市场》，北京：中国社会科学出版社，1985年。

省党部作题为《建设新云南与复兴民族》的演讲中,对于发展中国现代工业的重要意义做了较为明白的阐述:"大家要晓得,现在一个国家要在世界上独立生存,始能与各国并驾齐驱,获得自由平等的地位。第一重要的条件,就是要工业发达。所以我们中国要能和人家讲平等,争自由都无益处,因为农业国家做一天的工作,工业国家不到一小时就可以做好。农业国家多量的原料,只能换到工业国家极少的制造品。由于此种生产力与生产品价格的悬殊,农业国家在经济上总居于被剥削的地位,同时在政治上每每陷于被压迫者的地位。外国人常说我们中国是农业国家,表面虽没有什么轻侮的意思,而实际的含义,就是说我们农业国家,应当将所有的生产品和劳力,供给他们工业国。更明白的讲他们工业国,就是我们农业国的主人,我们农业国,就不能不做他们工业国的附庸。我们明白了这层道理,就可以知道今后我们要救国,要求得自由平等,必须赶紧使我们的国家由农业国进为工业国。"① 这里,蒋介石看到中国与西方先进国家存在的跨时代的巨大差距,只有通过发展现代工业,实现国家从传统农业社会向现代工业社会的全面转型,才能缩小这种差距,步入世界先进国家的行列。国民党四届六中全会通过的《努力生产建设以图自救案》,阐述孙中山现代工业化思想,秉承蒋介石变农业国为工业国之旨意,确立工业建设在国家经济建设中的主导地位。"总理在《建国方略》物质建设篇,主张先设农具等工厂,用意至周。又如苏联第一个五年计划,亦倾注全力从事机械工业之设置,而置轻工业于辅助地位,故能树立工业基础,生产因而猛进。我国轻工业,近来略具萌芽,惟所需机械,及金属原料,十九购自外国,产业失其独立,致受外人挟制,前途殊为可虑。故为工业发展计,对于重工业,应特别注意,一方面应择要由国家经营,一方面尤应奖励人民投资兴办。其现有民营具有成绩之重工业,应设法扶助扩充,庶五年十年之后,生产工具或可自给。"② 随后不久召开的国民党"五大"又进一步强调了上述工业发展指导思想及其原则:"振兴工业,凡一切与国利民富关系重大之事业,应以国营为原则,一切国有营业应以原有之整理与新兴之事业并重。同时对于一般工业,则应力除与民争利之弊害,并与之积极之扶助与保护,协调劳资关系而助其发展。"③ 1935年12月,国民党第五届中央执行委员会第一次全体会议上确定的国民经济建设实施计划大纲中对于工业如何布局有了新的设想。"基本工业由政府经营或监督之,并以适当之条件或'租营'

---

① 朱子爽《中国国民党工业政策》,国民图书出版社,民国三十二年,第37—38页。
② 同上书,第62页。
③ 同上书,第64页。

之办法，奖励国内外资本家之投资。""在可能范围内广设小规模工厂于各农业中心区域，便于农民参加制造工作。如是，则乡村不致因人口减少，而呈萧条之状态，城市不致因工厂过多，而人口拥挤，烟雾弥漫，有害于社会之卫生，及造成社会之恶劣之环境，而户口之分布，亦得以均衡，各地富源得以普遍开发，即遇暴力摧残，亦得不致全部被毁。"①1938年国民党临时全国代表大会通过的"宣言"中揭露日本侵华的经济目的，主张发展战时经济以增强抗战经济实力。"中国为农业国家，大多数人民皆为农民，故中国之经济基础在农村，抗战期间，首宜谋农村经济之维持，更进而加以奖进，以谋其生产力之发展。至于新兴工业，直接间接关系抗战至深且巨，必须合政府与人民之力，于最短期间谋其复兴，凡此增进战时农工生产，以奠立战后经济基础。"会议通过的《抗战建国纲领》，对于工业建设有许多具体意见，"开发矿产，树立重工业基础，鼓励轻工业的经营，并发展各地之手工业"。"值此抗战期间，工业用品，需要陡增，益以交通运输之困难，国外货物不易大量输入，因此工业用品，不免渐行缺乏，补救之道，厥唯极力提倡工业。"②国民党及南京国民政府既注重发展重工业，又兼顾轻工业；既重点发展国营工业，又鼓励民营资本投资工业；既发展都市工业，又支持乡镇工业的布局和发展。尤有甚者，国民党注意到传统中国以农立国，农民占全国人口85%以上的国情，提出通过发展都市工业和乡镇工业，使人民就业职业结构得以改善，走一条"户口之分布，亦得以均衡"的不同于欧美人口过于集中于城市的新的城市化道路。

南京国民政府在推动现代工业化，扶助国营及民营企业有不少政策举措，其一是法律保障，1931年5月公布的《中华民国训政时期约法》明确规定"国家应创办油、煤、金、铁矿业，并对于民营矿业予以奖励及保护"。从1929年起，国民政府先后颁布《公司法》《公司施行法》《矿业法》《工厂法》等一系列法律法规，鼓励、支持和规范工商企业经营活动，保证工业化运动健康有序地开展进行。其二是设立机构，1928年2月，成立工商部、农矿部以及中华民国建设委员会，1931年，工商部与农矿部合并组建成实业部，领导和指导国家工业建设。其三是制定奖励政策，先后制定出台《特种工业奖励法》《小工业及手工业奖励规则》及"细则"，《奖励工业技术暂行条例》《工业奖励法》《特种工业保息及补助条例》《奖励工业技术补充办法》《小工业贷款暂行办法》等。关于特种工业的奖励，民国十八年七月即公布《特种工业奖励

---

① 朱子爽《中国国民党工业政策》，国民图书出版社，民国三十二年，第68—69页。
② 同上书，第72—75页。

法》，十九年二月二十七日由行政院公布《奖励特种工业审查标准》，扶助和鼓励民营企业参与国家现代工业化运动。其四是对全国工厂进行统一登记并订立工业标准。从1931年2月起，国民政府公布实施"工厂登记规则"，规定凡本国境内有工人30名以上的工厂，均应依法登记，并每年报告厂务情形。截至1936年，全国核准登记工厂约260家左右。其五是推广国货，激励民族工业提高产品质量。其措施包括举办国货展览会，积极参加各国博览会，促进国货产销合作等。①

政府鼓励工商业发展的政策措施，使中国现代工业有了长足发展。1928年至1936年，工业增长率为8.4%。企业数有较大增加，1933年，全国企业总数3450家，1928年至1934年7年间，全国新设工矿企业984家，平均每年151家。1936年国统区民族工业资本总额约13.76亿元，其中民营资本总额约为11.7亿元，约占整个本额的85%。工业化程度亦有明显提高，1936年，现代工业产值33.19亿元，相当于当年工农业总产值的10.8%，如果考虑传统手工业产值则可占到工农业生产总产值的20.5%。②在铁路建设方面，1927年至1937年，全国（不含关外）共修建铁路3795公里，平均每年修建379.5公里。

现代工业化与现代城市化相辅相成，互为表里，相互促进。工业化结果是改变国家落后的面貌，变农业国为工业国，乡村社会为城市社会。直接推动城市化发展。"工业政策，虽为城市经济政策的主体，而是现阶段国家努力的目标，但若与其他城市经济政策和计划建市的政策不相配合，工业也是难于孤独发展的。……所以城市政策还要包含计划建市这一政策，才不会各市各自为政，致使工业相互脱节……"③

发展工商业，改善城市的功能结构，既是国家决策层面的主观意志，也是每一个个体城市当权者的主动行为。北平乃传统古都，工商业不甚发达，生之者寡食之者众的现象十分严重。30年代，北平产业工人不到7000人，商店亦仅占总户数的1/8，市民中95%都只能消费而不能生产，导致赤贫者达18万人以上，有人提出要竭力设法保护并奖励各种小工商业，政府贷款于市民，帮助市民发展生产，④并有人力图改变北平的经济结构，将其改为工业区，"香港、威海卫等地，数十年前，不过一荒村耳，今俱成为商业辐辏之区，岂有建筑伟大，市民云集之平市，反不能改为工业区者哉？"⑤

---

① 参见朱子爽《中国国民党工业政策》，国民图书出版社，民国三十二年，第113—117页。
② 参见吴承明《中国资本主义与国内市场》，北京：中国社会科学出版社，1985年，第127、132页。
③ 邱致中《城市政策的研究》，《市政建设》第1卷第3期。
④ 张又新《北平市之缺点及其救济》，《市政评论》第1卷1934年6月，第6—7页。
⑤ 黄子先《繁荣平市之我见》，《市政评论》第1卷1934年6月，第11页。

这些规划者对北平提出的改造方案，就是力图通过改造北平的传统经济结构将其由一个消费型传统城市变为一个奠基于现代工商业基础之上的生产城市。

城市工业化的一个直接后果，便是吸纳更多的乡村人口到城市就业。"今日工业化的推进已成为全国舆论一致的要求，则转移一部分农业人口为工业人口是当然之事。"[1] 关于这方面内容，我们将在本书第三章做详细介绍。

工业集中于都市，促进了城市功能的现代转型。工业都市化与都市工业化互为因果，使中国现代都市经济现代化、人口都市化乃至社会生活城市化快速推进。著名经济学家何廉、方显廷认为，工业化运动的发展对中国现代城市化产生了积极影响，催生了一批现代工业与商业中心，"上海、无锡、通崇、武汉、天津、唐山、青岛、济南、大连、辽宁、广州。近来均变为工商业中心城镇，……各城之工业，均渐行地方化。如上海、无锡、通崇、武汉、天津、青岛之为棉纺织业中心，上海、无锡、天津之为面粉业中心。缫丝业则分集中于上海、无锡与广州。大连则榨油业独盛。唐山为产煤要地，武汉则以钢铁著称。余如天津、北平之地毯，上海、天津之提花布，天津、北平、武汉、平湖等处之针织业，以及杭州、绍兴之锡箔，均成为该地方之重要工业。工业中心若在沿海或处陆地交通便利之地位，亦往往同时为商业之中心，如上海为中国工业中心，同时亦为中国商业中心，其余如天津、大连、广州、武汉等埠亦莫不然，各商业中心之重要，从各埠每年之贸易额及其与外国直接之贸易额可以见之"。由于工业化催生了一批工业和商业中心，带来人口向这些城市中心大量集聚，涌现出一批大城市或中等城市。"各工商业中心重要之比较，亦可从各埠人口之多寡见之。"根据作者列举的"中国20万人口以上之城镇"的统计，20世纪20年代末全国20万人口以上的城市已有15个，其中武汉150万，广州74万，苏州50万，福州31万，宁波28万，上海150万，重庆62万，杭州38万，青岛30万，大连22万，天津80万，长沙53万，南京36万，厦门30万，温州20万。人口的集聚，大城市数量的增加，尤其是城市经济功能的转型，使城市现代化有了实质性进展，"工业与商业中心之兴起，亦为经济蜕变中一重要现象。……中国人民之城市生活，因之亦日进千里，城市化已成为重要问题"。[2]

（三）变革传统户籍政策，鼓励人口自由流动，有利于乡村人口向城市集聚。

中国古代基于农业社会"安土重迁"观念，以"理民之道，地著为本"为历代户

---

[1] 马寅初《中国工业化与民主是不可分的》，《民主与科学》第1卷第1号。
[2] 何廉、方显廷《中国工业化之程度及其影响》，《工商半月刊》第2卷第2期。

籍管理的基本指导思想,"口系于户,户著于地",把居民牢牢束缚在土地和乡村中,不得自由迁徙。进入近代,随着传统社会的逐渐解体,农业社会向工业社会,乡村社会向城市社会的缓慢转型,人口自由迁徙和社会流动成为不可逆转的社会潮流,统治阶级不得不考虑变革传统的户籍政策,打破对居民迁徙自由的政策限制。正是在这样的背景下,户籍制度改革成为晚清新政的一个重要内容。"晚清政府在预备立宪过程中,认识到'宪政之进行无不以户籍为依据,而户籍法编定又必于民法与习俗而成',在参考日本和欧美等国户籍法规的基础上,于1911年初制定了第一部现代法律意义的《户籍法》。这是中国历史上第一次用世界通行的户口登记与管理方法来规范的户籍法律。该法将'人籍'与'户籍'分立。人籍记载出生、成婚、离婚、撤销嫡庶、认领私生子、立嗣、退继、招婿、监护、死亡、宣告死亡、宗祧、继承、分家、国籍之更易等有关人之身份的事项。户籍记载移籍、入籍、就籍、除籍等户口的变动事项。移籍和入籍自由,无需许可。并确定将户籍管理的执行机关委之地方自治者,以贴近民情;监督机关委之司法审判部门,以处理私权。虽然这部户籍法随着清政府的覆灭而搁浅,但其身份平等和保障私权的近代户籍管理理念却延续下来,对民国时期户籍法的制定影响重大。"[①] 中华民国成立后,1912年3月颁布的《中华民国临时约法》明文规定"人民有居住迁徙之自由",北洋政府时期基本上承袭了晚清《户籍法》和《临时约法》中允许居民自由迁徙的基本精神。南京国民政府成立后,"1931年12月12日,南京国民政府参照英、美、德、日等国的户籍法律制度,正式颁布了中国历史上第一部《户籍法》。1932年,制定《户口异动登记暂行办法》。1934年,国民政府对户籍法进行了第一次修订,并制定《户籍法实施细则》,于7月1日起在全国开始实施。1931年的《户籍法》重申了1911年《户籍法》所确立的户籍为私权保障、地方自治之依据的立法理念,仍奉行户籍迁徙自由的原则。删除了前法中具有宗法痕迹的事项,规定了详细的登记程序。从法律条文上具有明显的进步"[②]。除了改革户籍制度鼓励居民自由移动外,晚清至民国历代政府还推行移民实边政策,鼓励内地居民向东北、西部地区移民,这一点在清末民初东北的建设过程中体现得较为明显。20世纪初,东北百业待兴,整个地区都有着对于关内移民的庞大需求,吉林省当局热心招募移民,奖励垦殖,落户吉林省的移民成为东北地区之最。据《浙江移民问题》一书,1927年1—6月,到东三省的内地移民,共63万人。63万人中,到吉林省43.5万人,

---

① 王海光《中国户籍制度现代化演进路径的历史考察(1908—1949)》,《安徽史学》2011年第5期。
② 同上。

占69%。据统计，1907年吉林省人口总数为441.63万人，到1910年增至484.01万人，其中移民增加数为33.46万人。1911年，吉林省总人口已达572.2639万人，已耕地331.2145万垧，余荒地88.0830万垧。① 到1930年时吉林人口已达到885万。② 而且，在边疆危机的特定背景下，清末中央和地方政府实行的鼓励移民东北边疆的政策强有力地推动了关内民众移居东北。从1904年开始，清政府宣布开放东北全部土地，鼓励移民垦边。进入民国，北洋政府及东北地方政府仍采取鼓励和支持移民的政策，北洋时期负责东北移民的机构主要为两大部分：一是设于河北、河南、山东等移民来源地的移民局和垦民旅行社，二是设在东北各地的垦殖局、招垦局、难民救济所、收容所等组织机构。移民机构的活动主要有赈济受灾严重的移民，指导移民有计划、有目的性地徙居、召集和安排交通工具输送移民、在东北妥善安置移民的生活等诸多内容。在设置各种移民机构的同时，各级军阀政府还制定了许多移民章程、法令及具体施行办法。1925年4月，北洋政府交通部颁行的《京奉、京绥两路发售移民减价票规则》规："凡移民及其家属乘车，票价按规定章程减至十分之四五，至孩童年在十二岁以下者，及移民本身携带之农具、均予一律免收车费。"1929年6月，东北交通委员会制定的《运送垦荒难民暂行章程》更加优惠。"凡垦户难民持有免费凭单者，无论男女老幼概行免费；持有减价凭单者，按普通三等票价核收三成，小孩在十二岁以下者免费。"在难民所经之处"由地方官绅派人在车站或入境要路，遵照省令查询指导，予以前进之便利，并以极敏速方法报告所往地方官吏预筹安插，有遇贫者、无资者并须募款救济，若募款不足时，得由公款量为补助，务令存活"。对于移民"询问投往处所，告以路径，酌加保护，其无投靠者为之介绍刨青佣工处所在。施行拖垦办法县份，并告以抢垦办法"。③ 清政府、北洋政府及东北地方政府都把移民事业放在首位，积极推动鼓励和支持移民事业的进行，为移民大批进入东北边疆地区创造了有利的客观条件。而清末民初的关内移民在推动东北地区的城市化运动中起到了重要作用。"民国初期的移民不但在数量上有显著增多，而且呈现出新的特点。……1927年以前，政府虽然提倡移民垦荒，但并不强制，所以内地人民之移往东三省者，多充矿

---

① A. N. 鲍洛班《调查报告》，转见范立君《近代关内移民与中国东北社会变迁（1860—1931）》，北京：人民出版社，2007年，第70页。
② 曹明国《中国人口分册》（吉林分册），北京：中国财政经济出版社，1988年，第45页；范立君《近代关内移民与中国东北社会变迁（1860—1931）》，北京：人民出版社，2007年，第128—129页。
③ 根据曲晓范等《清末民初第三次关内移民浪潮与东北中、北部地区交通近代化和城市化》，《黑河学院学报》，2011年第2卷第4期。

工、铁路工人、伐木工人及码头脚夫之类，务农者很少。1927年以后在政府的强制下，移民职业结构渐变，务农者大增。"① 源源不断的移民，为东北城市发展提供了大量的廉价劳动力，提升了东北中北部地区城市人口总体素质和当地文化层次，而移居到农村的移民的垦殖工作也为当地工业化、城镇化奠定了坚实的基础，许多东北传统老镇都逐渐走向现代化，如扶余、呼兰、双城、佳木斯、汤原等即为典型。

四、"重乡治而忽市政"：城市化政策、举措的历史局限

尽管民国时期国家和政府在推进城市化方面有一些政策和举措并取得了一定成效，但是由于时代与认知的局限，国家层面对城市化的推力总体有限，最高领导人对城市化发展缺乏战略意识，国家决策层面并无此一方面的顶层设计，有关城市问题的法律、政策模糊不清，摇摆不定……所有这些都直接影响到20世纪前半叶中国城市化的平稳推进，因此广为时人所诟病。

孙中山对于发展中国现代工业、现代交通，建设新型工矿、交通枢纽城市有许多预见和设想，但是他对于城市制度和城市治理却并无系统设计与建构，甚至连"市"这一行政组织机构概念在他关于地方自治学说中也没有明确提出。孙中山对于城市发展和市政制度建设的这种模糊性，带来时人对城市建设和发展在国家发展战略和政权体系建设中的地位和作用发生误解，并直接影响国民党和国民政府的决策意志。曾经有学者质疑"为什么在中山先生的《建国大纲》中，完全没有提及过'市政'两个字？……"在国民党和国民政府初期政纲中，关于地方自治只有省和县，而无"市"之设计与规定。"国民革命的全部计划，从破坏到建设的完成时期，只对于一国中的均权主义，只有说中央和地方，对于地方行政区划单位，只说到'县'，没有提过都市。便是自治，也只有说县地方自治。可见'市'的这一阶级，将来或许是不必要的，或者是市政府归在官治统系……"② 关于国家建设，在孙中山《建国方略》和国民党相关文件所列事项中，亦并无市政之单列，即或有之，也是和其他事项混为一谈。民国学者蒋小秋曾著《在三民主义下的市政问题》专文为之辩解，但比较县制与市制，县治与市治，市政建设与城市治理等，在孙中山和国民党高层那里未能予以足够的重视则是不争的事实。如孙中山《建国方略》中所列涵盖国家经济、社会、文化

---

① 张艳芳《民国前期移民政策刍议》，《文史哲》2000年第6期。
② 蒋小秋《在三民主义下的市政问题》，见《市政全书》，上海：道路月刊社，1931年，第55页。

建设方方面面，但除警察、教育、道路、平均地价及整顿税务、企业等项与城市有关外，其他主要是农村与农业、农民事务，而且关于市政事务并无明确的系统的城市指向和城市导向。

重视农村，忽视城市，既是传统农业社会"以农立国""重本轻末"余韵流风对近代中国统治层治国理念方略的浸润和影响，同时也是20世纪二三十年代中国农业衰微、农村凋敝、农民破产严峻背景下，政府和社会的一种不得已应对之策。蒋介石1931年发表的《国民经济建设运动之意义及其实施》，论及国民经济建设运动之实施要项，立足点在振兴农业，所涉及五个方面内容，只有一条明确谈到工业问题，而且主要是以工业救济农业："促进工业对农村简易工业，及农产品加工制造之简单工业，提倡就农村或其附近，按合作系统经营之，对于一般工业，由政府分别保护并奖励之。"[1]但是救济乡村，发展农业，是回归"以农立国""重本轻末"的传统老路，还是通过工业化、城市化的现代发展方式振兴民族经济，民国政府和不少社会精英显然已误入歧途。"农村破产，在中国已经成为有目共睹的事实，社会上已有许多热心的人士，在那儿做救济农村工作，有的从政治入手，有的从教育入手，有的从自卫入手，还有许多走别的途径，去帮助农民的。可是在救济农村的潮流之下，很少有人从发展都市着眼去救济农村的。不但如此，社会上还有许多人，误认都市为农村的仇敌。他们以为都市对于农村，不但没有贡献，反可使农村的破产加深。"[2]为此，政府和社会精英阶层对发展城市化的态度暧昧，行为消极：一是没有"都市意识"，二是政策举施上重视农村建设而忽略城市发展。所谓"都市意识"，民国社会学家吴景超这样认为："中国的领袖，与别国的领袖一样，无疑都集中在都市里面。但中国的领袖，似乎缺少了一种'都市意识'。譬如天津工商业的领袖，有几个人知道天津的势力范围，包括一些什么地方？他们有几个人知道东南到什么地方，便侵入济南、南京，或上海势力范围，西南到什么地方，便侵入郑州，或汉口的势力范围，晓得那些地方，是他的都市的势力范围，因而出全力去经营这些地方，使这些地方与他的都市共存共荣，便是我们所谓的都市意识。假如每个都市中的领袖，都有这种都市意识，然后根据这种意识去努力，那么中国现在虽然经济萧条，农村破产，将来总有繁荣的一日。"[3]这里的"都市意识"就是一种以都市为中心通过城市化带动乡村的现代化发展，彻

---

[1] 蒋中正《国民经济建设运动之意义及其实施》，《汉口商业月刊》第2卷第11期。
[2] 吴景超《发展都市以救济农村》，《农村经济》第1卷第12期。
[3] 同上。

底改变乡村积弱积贫的落后状况。然则政府并没有超越传统"农本""乡治"思维定式，缺少跳出乡村看乡村，以发展工业化城市化带动乡村现代化发展全新的战略思维和施政方略。"现在全国的声浪，都仅着眼于农村复兴的问题，诚如吴先生说的'不但很少有人从发展都市着眼去救济农村，反而社会上还有许多人，误认为城市为农村的仇敌'，这种误解，已在事实上表现出来了，在中央方面，行政院设有全国农村复兴委员会，是一个专门从事农村调查设计的机构，国民政府之下，还有一个经济委员会，最重要的工作，也是供给物质去恢复农村建设的机关，可是对于全国城市的经营设计，还没有一个专门机关，也没有听见中央用财力，或人力去辅助任何城市从事市政建设的事。至于民间方面，也只听见复兴农村运动，和救济或研究农村的消息，可是研究市政的团体或发展城市的组织，除我们几位同志于去年冬成立一个市政问题研究会，此外全国也就没有一个较有成绩的会所。就是出版书报杂志，对于农村问题，真是汗牛充栋，可是市政文字，再也不易见到，难道城市真有不值得建设的地方吗？"①

正是囿于这种"以农立国""乡治为本"的传统治国理念，使得无论晚清、北洋还是南京国民政府在国家决策意志层面并没有把握和顺应现代化、城市化时代潮流，将城市发展确立为基本国策，对于城市治理亦缺乏顶层设计。何为城市发展和建设的顶层设计？民国市政学家邱致中曾在一篇文章中向当局如此建言："建国要先建市，建市要先建制，建制既需设立'市政部'，起草'都市法'，然后才能达到全世界第一理想的'计划都市'之出现，而都市建设趋向，方可以由过去的'点'，越过'线'，越过'面'飞跃而成'体'。这样，市政才不是装点门面的，真正造成军事上、经济上、政治上、文化上，有极大使用价值的东西了。"② 这就是说国家必须把城市建设（建市）放在建国之优先地位，而建市的保障是"建制"，要通过立法（《都市法》）来确立城市的地位，使城市发展与建设在法律许可和保障下有序进行；国家要建立专门的权力机构，推进和管理城市建设；城市发展的总体目标是由点到线，由线到面，最后建成现代城市社会（体），使国家成为军事政治经济文化上的现代化强国。反观南京国民政府的城市政策，至少有两方面严重缺陷，一是领导决策机构始终阙如，一是城市法制极不完善。"我国过去和现在，不惟市政制度不健全，尤其中央机构几等于零；而市政法规，也零落不完，市与市所定的单行办法，又彼此不同，甚至互相矛

---

① 殷体扬《我国都市化问题》，《市政评论》第2卷第11期。
② 邱致中《都市建制论》，《市政评论》第9卷第1期。

盾，所以严格地说来，法制也没有，'制'也没有。"法制几等于零，那么城市领导管理机构又是怎样的呢？答案同样不乐观。"惟独都市中央机构，则不但没有一个专管市政的部会，而且没有一个专管市政的司！寻来寻去，只见内政部民政司列有'地方自治'为其主管范围之一。但市县同为地方自治体，县多市少，所以在中央真正主管市政的，只有民政司内一个科，此外有关系的，也仅社会部一个劳动局，和内政部一个卫生署罢了。"①

说城市立法"几等于零"，显然是极而言之，并非事实。南京国民政府成立之后，即于1928年7月颁布了《特别市组织法》和《市组织法》两部城市法律，1930年5月3日，国民政府立法院第八十七次会议通过《市组织法》。此法"将特别市之名称取消，而统名之曰市，但分隶于行政院之市与省政府之市而已。此市组织法者，即现行之市制"。②《市组织法》规定人口达到20万方可设市（省辖市）。这一设市标准，使中国大量城市不能取得城市"许可证"，学者对此批评意见尤多。"东西洋各国，其政府为中央地方二级的，如英如日，其城市也分直辖县辖两种。其政府为三级的，如美如法，其城市也分直辖、州（省）辖、县辖三种。其政府为四级的如苏如德，其城市也分直辖、邦辖、省辖、县辖四种。独我国过去政府为中央、省、县三级，而市只有直辖、省辖两种，缺少世界各国皆有的'县辖市'一种，这何异一只鼎仅有两条腿，它还能站得稳么？所以过去我们除去设了12个直辖市（有四市不足百万人口），即10万到百万人口的104城，也只设了56个省辖市，还有很多应设的地方未曾设市，至1万到10万人口的4528个城镇，更没有谈到设市了。"③由于《市组织法》设市门槛过高，不少初具城市规模和城市属性的市镇因为不能取得城市身份而束缚其发展的手脚，更有甚者，广大中西部尤其是西部地区因为人烟稀疏，城市人口集聚较少，城市化发展在法规框框限制下裹足难行。对此，西北学者在表示出强烈不满情绪的同时提出建议，希望中央政府考虑西部边省的特殊情况给予城市发展之特殊政策："然因中央公布市组织法之限制，西北各省之省会，如甘肃、宁夏、青海、西康、绥远、察哈尔、热河、新疆八省，均以省会人口不能满20万之数，不得依法组织普通市之市政府，则八省省会之市政，即将责之于省会之县府负全责矣。夫以一省省会之大，市政纷繁，一县府之职权，与其力量，均难胜此重任而愉快，只有因循不举，听

---

① 邱致中《都市建制论》，《市政评论》第9卷第1期。
② 张振东《中国现行市制之分析》，《市政期刊》（创刊号），1934年。
③ 邱致中《城市政策的研究》，《市政建设》第1卷第3期。

其废弛之一法,于是西北边省之进化,因而大受影响,难期长足之进步矣。再西北各省省会,人口渐增进,实因旱灾、失业之农民,易谋糊口之工作,与百政施设之进展,雇用多数之劳力,工商各业,日见发达,故人民大有集中省会之势。又西北各省五族人民之交易,凡在省城及县城大埠者,每次交易,如同赛会一般,百物陈列,五族莅止,名之曰'会',会开与会闭,恒逾半月,少亦旬日。又在县城及乡镇者,又同日中为市,交易而退,名之曰'集',每五日一集,或三日一集,此西部交易,聚会虽非固定,久居之人口亦长久,莅止之会集,实因西北各省,地广人稀不易集居多数人于省会,而一省中多数人民一生之会集,与其开拓见闻,增长智识者,仍以省会为唯一教化培养地也。准此以观,西北各省省会之市政,虽依市组织法人口之规定,不能成立普通市之市政府,更应于此市组织法之外,另定一种西北八省省会办理市政之规章,方足以为促进西北地方之进化,而八省省会首善之区,不至无市政之可言也。"①

在西北八省苦于人口数额不够法定人数不能设市的时候,远在西南的云南省会昆明,亦因同样原因正遭遇撤市改县的危机。早在1922年即民国十一年八月,昆明就成立了市政公所,历经八载,至1930年,市政成绩斐然,云南地区城市化获得较大发展,昆明近郊不少村庄纷纷舍县趋市,要求划归省会城市管辖,引发县市矛盾。昆明县政府向云南省政府提出,按照新颁布的《市组织法》,昆明正式建市在人口、税收等方面并未达到法定标准,希望撤市归县。"查新颁市组织法第三条第二项规定,设市地方,一须人口在30万以上,二须人口在20万以上。所收营业税牌照费土地税每年合计占该地总收入1/2以上,职市现在管辖区域内,人民聚居情形,据此次清查户口结果,共有人口166700有奇,较第二项尚不足3万有余。至营业税牌照费土地税等,多尚未经举力办,昆明县认为尚无设市资格,洵属实在。"对此,昆明市政公所呈文云南省政府,据理力争,表达要求建市的强烈诉求:

> 当兹训政时,市政极关重要,新颁市组织法,且明定市与县同为自治单位,各省中凡属省会及繁盛商埠,多已改设为市,就中人口税收与市组织法第三条一二两款之规定相符者固多,不相符者亦不复不少。……职市自民国十一年八月一日,奉前云南省公署令发暂行条例,成立昆明市政公所以来,迄今阅时已逾八稔……几经嬗变,始有今日。而历任督会办市长,莫不苦心孤诣,惨淡经营,虽

---

① 魏鸿发《西北边省市政之商榷》,《道路月刊》第31卷第1号。

不能谓为建设完备,规模则已初具,凡中外人士之关心市政者,殆莫不知有昆明市,历史不可谓不久。省会为全滇首善之地,中外观瞻所系。自滇越路通,开辟商埠以后,不但为全省政治中心,抑且为全省经济中心。滇西接英缅,南连法越,东北两方,又与黔桂川湘比邻,将来西南铁道之粤滇线或湘滇线通,再进而达腾越英缅,省会一地,不但为西南交通中心,抑且为欧亚交通中心,地位不可谓不重。前之所以亟于设市理由,即基于此。过去之历程既如彼,将来之趋势又如此,废市归县,前功尽弃,固无足惜,而昔在军政时期,尚且汲汲于筹办,今值训政开始,反又废置不理,轻重倒置,遗讥大雅,则殊可虑。职市成立,已逾八稔,旧市组织法,亦经公布数年,职府并已遵照改组两年有余,虽经先后呈奉钧府核准,迄未蒙转呈中央立案,以致引起中央及各方责难怀疑。现奉饬查覆,人民聚居情形,及设市理由,似尚充分。贵阳之地位历史,皆较逊于职市,尚蒙核准设立。可否咨请内政部,姑念职市成立较早,地位特殊,实有设市必要。援照贵阳市成案变通,特准设立,纵有稍与市组织法不符之处,俟后再行设法补救,庶乎事实法理,兼顾不悖。①

经过一番据理力争,昆明市政会所总算保留下来,1935年3月,昆明正式被批准设市。但是南京国民政府有失偏颇的设市规定,不仅使中国城市化进程迟滞缓慢,而且使近代以来形成了城市布局东多西少的现象更为突出。抗战前批准的设市城市,八个直隶于行政院的城市,西部只有重庆和西安两个城市,且并没有成立市政府,18个省辖市,西部只有成都、贵阳、兰州、昆明、桂林五个城市,三个设市政筹备处的城市西部有包头一个城市。东中西部的差距因为工业化、城市化程度悬殊日益扩大,直至抗战爆发后因偶然因素才有所改观。

城市作为国家一个政治实体,其政治地位和权利保证,应该在国家根本大法——宪法层次上予以规定和体现。但是,南京国民政府颁布的数部宪法及宪法草案对于市的行政地位以及自治权限一直语焉不详,"稽诸史料,我国南宋即有点检司及对市令之吏制,专理市政。第市政科学之东渐及市政建设之经营,则为近二三十年事。较诸欧美,尚属草创。惜乎此一新兴大业未受国人重视!政府关于市政之立法,或草草制订,语焉不详;或定而不行,徒为其文。五五宪草曾将市县政制列为专章,规

---

① 《昆明市呈覆省政府划定市区设市理由与市府存废等问题及附近各村呈请划入市区情形》,《道路月刊》第32卷第1号。

定勉称简明。立院并于同年通过市自治法及其实施法规。内分市自治事项，市之设置，市公民，市民大会，市议会，市政府，市财政，市区及附则九章六十八条，大致可行，未可厚非。惟未几抗战军兴，全国集中力量，共赴国难。市政经营，未遑兼顾。胜利之后，继之以戡乱，百端待举，人心思治。政府遂于客岁召开国大，颁制新宪。其中的制度一章规定省为地方自治团体。即为高级地方自治单位，与为地方自治单位之县合为省县两级之地方自治制度。市仅有直辖与省辖两级，未列专章，分隶于省县即内而降为附庸矣！亦即市在国家根本大法中几失立足地位，其利弊得失不无商榷余地。"① 该文说的"新宪"，是指1947年国民政府颁布的所谓《中华民国宪法》，这部宪法关于市制和市政较之《中华民国临时约法》、1936年即民国二十五年五月五日颁布的《中华民国宪法草案》（即"五五宪草"）和1937年（民国二十六年）国民政府正式公布的《中华民国宪法草案》显示出全面倒退的趋势，即对市的法人地位和自治权限语焉不详，只在第118条和128条有模棱两可之含糊表述。第118条："直辖市之自治以法律定之。"第128条："市准用县之规定。""新宪"对城市法人地位的漠视，理所当然地引起学界不满，市政学者纷纷撰文抨击，《市政评论》出版专号，在收到的76篇文章中选载了19篇，"可见学术界对宪法市制的重视"。据该刊主编殷体扬卷首"编者的话"介绍，专号所载文章主要观点概括起来有五点："一、宪法第十章中央地方权限的划分，未予市以应得地位而与省县平行，使市的法人资格，不能确定，故大家主张增列由市立法并执行的自治事项一条，使成完整。二、宪法第十一章地方制度，基于上项缺陷，便将直辖市的自治视为例外，而规定与蒙古、西藏同样另以普通法律间接设立的办法；至省辖市更无独立地位可言，只制定了准用县之规定的办法。各学者专家，引经据典，全体认为应予修正，为市增列专节，俾成完备的地方制度，而为省市县平行的宪法。三、国际公有的'县辖市'，以其能发挥据点领导使用，以点控线，以线制面，促成全国农业工业化，故多主张吾国增设。四、宪法即为市制增设专节，亦不能将设市条件程序和市自治机关、自治方针、自治事业等项，详予规定，而过去政府亦知对同一性质之市，划定特别市组织法和市组织法两项法规之不等，今后如有三种市，更不能分制三种组织法。故专家们均主订定适于作各级市自治母法的市自治，以为各市订定市自治法的根据。其理由与同为农业社会之省县，虽面积人口悬殊，宪法亦规定其订一通则者正同。五、市为工商业性质，与省县为农业性质者根本不同，故其自治机关，不能适用省县一条鞭的形式，而咸主因地制宜并采

---

① 张福华《国际市制与我国宪法市制比较观》，《市政评论》第10卷第4期。

国际各项进步市制。"①

《中华民国宪法草案》延续"重乡治而忽市政"旧的体制传统，只有省县政制规定而无市制之单列，而且忽视城市社会的客观存在和城市治理的客观规律，对市自治仅以"准用县之规定"一带而过，用传统的行政体制统辖城市和乡村，典型而深刻地反映了民国领导人基于农业和乡村社会传统治国理念和法制思维。"如此省县制度，均有专节之规定，市则无之，显见市之地位已遭忽视，此点可知仍系受过去旧观念之支配，忽略市政建设之重要。"②民国宪法草案对市制及自治权利的忽略，势必严重阻碍城市化的有效推进和城市现代化的深入进行。这种阻碍既是民国主政者的主观意志，同时也是法律制度规定带来客观效果。关于前者，"过去的立法与行政，有两个严重的错误。（一）立法上限制地方的都市化，而使一地方人民非在十万二十万以上不得设市……（二）行政上不选用市政专家管理市政，而以市政首长为酬庸之地位"。③由于法律与政策对设市严加限制，致使设市城市数量极少，与省县行政单位相比，市当然是弱势群体。这种县多市少的格局给当局"重乡治忽市政"以口实，"或谓：'我国有35省，2016县，而直辖市不过12个，省辖市不过57个，是则省县占了压倒的多数，所以宪法上便只能视直辖市为与省同性质的例外地方自治团体，省辖市为与县同性质的地方自治团体，其与中央权限划分，固可包省县之内，而其自治亦可借用省县的规定了'。但是，我们知道市较省县数量为少，乃有设市资格的地方尚未设市的原故，据统计全国百万以上人口的地方有8个，10万到百万的104个，1万到10万的4528个。若照我们建议，分别设为甲乙丙三种市，其数量便达4640市之多，已超省县数一倍以上了。且照前面所举杰佛生统计，我国都市人口集中数，仅及英美六七分之一，就全设4640市，尚恐不能在一千余万平方公里的庞大面积上，发生据点领导作用，所以上述四千多地的设市，不是需要不需要的问题，而是执政者的态度和时间问题，宪法为国家根本大法，是领导中国进步的象征，对于地方自治基本单位的市，似不应扭于过去的错误事实，将错就错，而不予以省县同等的地位。"④只有在宪法这个根本大法中重视城市在国家现代发展中的重要甚至中心地位，承认市作为一级行政组织的法律地位并赋予高度的自治权利，迈向现代工业社会和城市社会，迎头赶上欧美先进国家。反之则只能永远在落后的农业、乡村社会的故道上踽踽独行。

---

① 体扬《编者的话》，《市政评论》第10卷第4期。
② 周维恭《宪法市制平议》，《市政评论》第10卷第4期。
③ 卫挺生《从市制说到县》，《市政评论》第10卷第4期。
④ 邱致中《我们对宪法市制的具体意见》，《市政评论》第10卷第4期。

第二节　政府管控下的民间参与：中国近代城市化的"另类"模式与独特路径

一、从体制内的"郡县城市"到体制外的工商业市镇，传统城市化的另一种类型

在探讨了国家、官僚以及政府的政策在中国近代城市化运动的主导作用之后，这里再讨论一下民间的社会力量在其中所扮演的角色。

中国传统城市主要是政治和军事性城市，"政治，而不是商业，决定着中国城市的命运"。① 胡如雷先生认为，传统中国的城市可以简称之为"郡县城市"。"中国封建城市的产生途径与西方不同，城市的政治、军事性质特别突出"，"在这里，城市的大小是按首都、省会、府、州、县等郡县等级而定的"。② "郡县城市"作为各级政权中心，由政府主导规划与建设并管理，是中国传统城市的主体。但是，一直以来，在主流城市之外，中国还有另外一类城市——一种自发的、由商人等民间力量自我建设、自我管理的工商业市镇："今之所谓都会者，则大之而为两京、江、浙、闽、广诸省，次之而苏、松、淮、扬诸府，临清、济宁诸州，仪真、芜湖诸县，瓜洲、景德诸镇。"③ 这里实际上概括了明代中后期两种不同的城市系统，一种是从两京到仪真、芜湖的首都、省城、府城、州城、县城的体制内的"郡县城市"系统，一种是如瓜州、景德镇等体制外的手工业、商业市镇系统。美国学者施坚雅将这两种城市系统分别冠之以"法定的"（官僚城市系统）和"自然的"（民间城市系统），并且认为，越是到中华帝国晚期，由国家和政府管理和控制的体制内的"都城"即我们上述"郡县城市"的数量就越少，体制外的经济性的市镇所占比例就越来越大。"中华帝国空间结构中城市之地位，在中心城市和联合的地方体系内存在两个等级结构，这是显而易见的。其一产生于从事帝国行政管理的官僚集团；另一个最初则是在经济贸易活动中形成的。前者体现了中国'法定的'官僚政治结构，由各级衙门和大小官吏构成，上下有序，等级森严。而后者反映了中国社会'自然的'结构，包括市场及贸易体系，民间政治活动，以及由退职官吏、乡绅、豪商所操纵的特殊社会群体。""这里首先要指

---

① ［美］乔尔·科特金《全球城市史》，王旭等译，北京：社会科学文献出版社，2006年，第84页。
② 胡如雷《中国封建社会形态研究》，北京：生活·读书·新知三联书店，1979年，第248、249页。
③ 万历《歙志》，《传》10《货殖》。

明的一点是,虽然行政首府对周边地区发挥了重要的经济功能,但这些首府只不过是许多具有经济中心作用的城市群体中的一部分而已。迄19世纪90年代,在中国划定的18个行省区域内,大约有39000个经济中心城镇,而其中仅有1546个为帝国各级政区的首府所在地。"①

市镇的产生,是一种自然的历史过程,在农村商品经济发展和区域商业繁荣的环境下应运而生。要因之,市镇不是因为政治和军事的需要,而是因商而生,因商而兴。"商贾所集谓之镇。"②"大曰都邑,小曰市镇,所以聚民而致货也。"③"货财之所聚曰市,守望之所统曰镇,人民之所萃曰村,三者备而成邑。"④"商贾贸易之所为市,远商兴贩所什集为水陆要冲,或设官将以禁防焉,或设官以征税焉,为镇。"⑤官修地方志对市、镇的上述定义正好说明市镇兴起的原因及其工商业功能。

体制外的"自然的"城镇大规模出现是宋代尤其是明清时期才有的现象。赵冈认为,"两宋以后,大中城市的发展完全停顿,城市化的新方向转到市镇"。⑥明清时期体制外"自然的"城镇尤以江南地区最为发达,据不完全统计,明清两代江南地区市镇数量多达1383个。其中,"人口满万户的市镇约20个,人口在万户以下、二千户以上的市镇至少有25个。换言之,如果以每户5人计算,江南地区至少有45个市镇的人口在万人以上"。⑦江苏的应天府、镇江府、常州府、苏州府、太仓州、松江府等市镇密布,如常熟县的支塘镇、梅李镇、老徐市、老吴市有"邑东四大镇"之誉;松江府的枫泾镇、朱泾镇是名闻海内的棉布加工、集散中心;无锡县城被誉为与汉口、镇江齐名的三大商业中心城市之一,徽人黄卬《锡金识小录》有谓:"汉口为船码头,镇江为银码头,无锡为布码头。"无锡是著名的棉布集散中心;吴江更是名镇林立,松陵、八坼、同里、盛泽、黎里、震泽、双杨、芦墟、严墓、坛丘、平望、梅堰等,大都为丝绸专业生产和交易中心。在浙江,杭州府及湖州府亦为市镇密集发达之区,不乏与江苏诸多名镇齐名的市镇。"至于市镇,如湖州归安之双林、菱湖、琏市,乌程之乌镇、南浔,所环人烟小者数千家,大者万家,即其所聚,当亦不下中州郡县之

---

① [美]施坚雅《中国封建社会晚期城市研究——施坚雅模式》,王旭等译,长春:吉林教育出版社,1991年,第144页。
② 正德《姑苏志》卷十八。
③ 正德《嘉善县志》卷一。
④ 康熙《吴县志》卷一。
⑤ 乾隆《乍浦志》。
⑥ 赵冈《论中国历史上的市镇》,《中国社会经济史研究》1992年第2期。
⑦ 王卫平《明清江南地区的城市化及其局限》,《学术月刊》1999年第12期。

饶者。"① 在上述诸多市镇中，街市规模之大，手工工厂之多，商品交易之繁盛者，莫过于吴江丝绸名镇盛泽镇。

盛泽镇早在明末已十分繁荣，冯梦龙的小说《醒世恒言》中《施润泽滩阙遇友》曾这样描绘其繁华盛景："说这苏州府吴江县离城七十里，有个乡镇，地名盛泽，镇上居民稠广，土俗淳朴，俱以蚕桑为业，男女勤谨，络纬机杼之声，通宵彻夜，那市上两岸绸丝牙行，约有千百余家，远近村坊织成绸匹，俱到此上市。四方商贾来收买的，蜂攒蚁集，挨挤不开，路途无驻足之隙。"② 清初，盛泽镇更有长足发展。康熙时，"富商大贾数千里辇万金而来，摩肩连袂，如一都会"，"蕃阜气象诸镇推为第一"。③乾隆年间，盛泽无论是街市规模，还是商业贸易，都达到繁盛的巅峰，"以镇跨河之南北，两岸为市，南属西肠圩，北属充宇圩，东南为东肠圩，各有街道为民廛所聚，直东逾白漾为大饱圩。地已寥廓，丞署在焉。故丞所辖者为五圩，地势亦不过二三里，而边隅甚广"。④ "迄今居民百倍于昔，绫绸之聚亦且百倍，四方大贾辇金至无虚日。每日中为市，舟楫塞港，街道肩摩。盖其繁阜喧盛实为邑中诸镇之第一。"⑤ 延于道光年间，盛泽更演进成为区域丝绸生产和交易中心："吴江县治南六十里曰盛泽镇，凡江浙两省之以蚕织为业者，俱萃于是，商贾辐辏，虽弹丸之地，而繁华过他郡。皖省徽州、宁国二郡之人，服贾于外者，所在多有，而盛泽镇尤汇集之处也。"⑥

尽管明清时期的盛泽镇十分繁华，颇有影响，但是，按照施坚雅对传统中国区域经济中心城镇的分类排序，盛泽充其量只是这一体系中的末端城镇——中间市镇或者中心市镇。从商业功能的角度观照明清之际的城市，真正称得上施坚雅所说的地方城市、大城市和地域城市的大概只有苏州、汉口。苏州"居货山积，行人水流，列肆招牌，灿若云锦，语其繁华，都门不逮"。⑦ 有诗云："繁而不华汉川口，华而不繁广陵阜。人间都会最繁华，除是京师吴下有。"⑧ 自诩其繁华程度超过了汉口和扬州。但是由于苏州是苏州府所在地，属于体制内"法定的"郡县城市一类。因此，真正具备体

---

① 《筹海图编》卷十二《筑城堡》。
② 见《醒世恒言》卷十八。
③ 康熙《吴江县志》卷一"市镇"。
④ 光绪《盛湖志》卷一"疆域"。
⑤ 乾隆《盛湖志》卷下"风俗"。
⑥ 苏州历史博物馆、江苏师范学院历史系、南京大学明清史研究室合编《明清苏州工商业碑刻集》，南京：江苏人民出版社，1981年，第356页。
⑦ 孙嘉淦《南游记》，卷一。
⑧ 郑若曾《江南经略》，卷二（上），《韵鹤轩杂著》。

制外"自然的"商业城市当以汉口较为典型。

与中国传统城市重视城市规划和整体布局不同，汉口是一座自然生长的城市。如果说前者是"自上而下"的规划和营建，那么后者则是"自下而上"地自发生长而成。明代成化年间，汉水改道，汉口渐成市镇。汉口一直是一座无城之市，完全倚赖水上交通与商品流通的便利沿河（汉水）、沿江（长江）自然发展而成。至清代中叶，汉口城市已具相当规模，上起硚口，下至堤口，绵延十余里，有正街、后街、黄陂街等主要街道二十余条，市区面积约11.2平方公里。清人叶调元于道光年间所作《汉口竹枝词》中，有不少描写汉口街道码头的诗作："汉河前贯大江环，后面平湖百里宽。白粉高墙千万垛，人家最好水中看。""廿里长街八码头，陆多车轿水多舟。若非江汉能容秽，渣滓倾来可断流。"① 由于汉口地处两江交汇之处，"适当五达之衢"，"不特为楚省咽喉，而云贵、四川、湖南、广西、陕西、河南、江西之货，皆于此焉转输"②，于是很快崛起为区域商业重镇。"往来要道，居民填溢，商贾辐辏，为楚中第一繁盛处"，"南北两京而外，无过于此"。③ 汉口通达的交通网络和较为发达的市场体系，吸引国内各地商人来此进行商贸活动，商业市场呈现出喧闹繁忙的景象。"居其货化之贾，比廛而居；转输搬运，肩相摩，踵相接"；"上至硚口，下至官厅计一十五里，五方之人杂居，灶突重沓，嘈杂喧呶之声，夜分未靖。其外滨江，舳舻相引，数十里帆樯林立，舟中为市，盖十府一州商贾所需于外部之物无不取给于汉镇，而外部所需于湖北者，如山峡需武昌之茶，苏州仰荆襄之米，桐油墨烟下资江浙，杉木烟叶远行北直，亦皆于此给焉。"④ 汉口不仅是湖北地区商业中心，而且俨然成为华中乃至全国部分商品集散地。18世纪中叶，汉口市场以盐、当、米、木、花布、药材六行最大，即所谓"汉口六大行"。至19世纪初，汉口市场进一步扩大，商业行帮始有"八大行"之说。叶调元《汉口竹枝词》里说："四坊为界市廛稠，生意都为获利谋。只为工商帮口异，强分上下八行头。""八行头"意指银钱、典当、铜铅、油脂、绸缎布匹、杂货、药材、纸张八大商业行帮。其时，汉口市场上流通交易的商品共有18大类，230多种，其中尤以淮盐、粮食和竹木为交易大宗。汉口是漕粮和淮盐的转运中心，四川、两湖的漕粮经此中转到江苏、上海等地，通过运河和海运运往天津和北京。两淮盐业集中到汉口后，再分销到两湖、西南、西北等省。汉口粮食贸易相当兴

---

① 叶调元《汉口竹枝词校注》，武汉：湖北人民出版社，1985年。
② 刘献廷《广阳杂记》。
③ 孙嘉淦《南游记》。
④ 章学诚《湖北通志检存稿·食货考》。

盛，乾隆十年（1745），晏斯盛称："楚北汉口一镇，日销谷米不下数千，所幸地当孔道，云贵川陕粤西湖南，处处相通，本省湖泊，帆樯相属，粮食之得，不舍昼夜。"汇聚汉口的米谷除一部分在汉口消耗外，大部分经长江运往江苏，供应江、浙、闽三省的粮食市场。故康熙年间已有"湖北运江之米，即系湖南运下之汉口之米"的说法。雍正初年，又出现"江浙之米历来仰给于湖广，湖广又仰给于四川"的记载。据估计，仅1734年这一年，由汉口运往江浙的粮食约计1000万担，可见粮食市场之盛。由此看来，仅作为粮食中转市场这一角色，汉口农副产品市场的辐射力和吸引力就波及整个长江流域。从区域市场到全国市场，汉口在传统中国的城市系统中鹤立鸡群，颇具另类风采。

体制内"法定的"郡县城市和体制外"自然的"经济性城镇在数量上"倒挂"，出现在宋元尤其是明清时期有其特殊原因。一方面，囿于传统农业社会经济发展程度和顾及行政管理成本等多方因素，自秦至清，中国国家版图虽然不断扩展，但设县数量不仅没有大幅增加，反而单位县域面积普遍增大。"从理论上看，中国的县属面积应该随时间的推移而逐步下降，但事实上却是稳步上升。因为在1730年全国被合并为1360个县级建制单位总的占地面积，比起一千年前1235个同样单位占地总面积要大得多。为什么理论上的看法与中国记载存在着差异呢？……因为中国历史表明，从唐中叶到中华帝国结束，政府有效性长期连续衰退，从一个朝代到下一个朝代基本行政管理的中心功能逐步减弱"。统计表明，两千多年中国设县数量并没有大幅增加，汉朝1180个，隋朝1255个，唐朝1235个，宋朝1230个，元朝1115个，明朝1385个，清朝1360个。原因何在？施坚雅对此有独到的分析："我的意见是说，涉及管理体制规模增长的不但是衙门的增殖，而且包括官僚队伍及其附属官僚人员的增加，这必将增加通讯设备方面的负担以至无法承受，并构成协调与控制的问题，超出农业国家的能力。再者行政人员队伍的扩大只能是以超法律形式强征以及农业税和商业税的形式提高提取率来加以支撑。跨行业的高比例提取不但会降低农民的生活水准，而且会减少地方乡绅和商人的收入，这样对地方不满情况的控制无疑将成为各级统治机构的祸根。通过这些考虑可以认识到这样一个事实，即在帝国最后一千年间向边境地区扩展的新县远没有达到理论上的预料数字。"与此相反，商品经济发展催生出中世纪"城市革命"，使"具有重要经济职能的大量中、小城镇出现"，对于经济性城镇的管控，国家和政府的表现是既"有为"又"无为"。所谓"有为"，即为了增加财政收入，开辟税源，开始有限度放弃"抑商"国策，而对商业性市镇网开一面，任其发展。"在我看来，所发生的正是可以被预料的，有了商业增长规模和按人口平均衡门数量的减少，管理贸易体系就变得更加艰难和高代价，难以运行。经过一个试验和失败的过程，即由周期性的加强控制所形成的长期趋势，政府基本上放弃了商业事务的过细管制……随着禁锢的取消，商品化的加速发展，中世纪城市革命的特征自然而然随之而来。"所谓"无为"，既是指国家和政府对市镇产生和发展"放任自流"，更是说对于新型城镇在管理和控制上的"无为而治"。对此施坚雅指出："我认为自唐代始，有一个长期发展的趋势，自那时起，官方涉足地方事务的程度——不仅在市场、商业方面，而且也在社会管理（如：解决争端）和行政当局本身——稳步下降，这种下降是因帝国版图的扩大而不得已的紧缩所致。"[①]

正是因为商品经济的发展和国家有意无意的"纵容"，使得体制外的"自然的"城镇在明清时期有了长足发展，并显现出与"法定的"郡县城市不同的发展路径和异样的城镇治理模式，这就是城市功能是经济性而非政治和军事，城市治理的官治弱化和有限的民间自治。与此相关，中国古代的城市化依两条不同的路径而平行展开——由国家和政府主导的有规划有组织自上而下的城市化和以民间为主的自发的自下而上的城市化。

与传统"郡县城市"相比，江南市镇从一开始就在城市功能、城市管理显现出"另类"特征。"通过时空比照可以发现，江南市镇的发展经历了明代嘉靖万历、清代乾隆及光绪时期三个高峰。与府、县城市不同，市镇不是政府行为的产物，而是适应江南地区农村商品经济发展的需要而产生的。换言之，江南市镇发展的动力机制，不是政府的政策等政治手段，而是发展中的农村商品经济。与此相应，大多数的市镇没有官府衙署。即便在有些市镇发展起来以后，派驻有府、县的副长官如同知、通判、县丞、主簿以及巡检司等官员或机构，但国家对江南市镇的控制比起府、县城来要宽松得多。在市镇管理方面起主要作用的是地方精英。他们出于自身的利益以及地域观念，一方面与国家政权合作，协助官府处理市镇事务，另一方面又对政府的横征暴敛和抑商政策持反对态度。他们的活动，在很大程度上维护了市镇社会的安定，促进了工商业的发展。总而言之，市镇是在封建社会后期发生的有别于传统城市的地方经济中心和文化中心，与政治中心没有必然联系。"[②]

明清时期江南市镇实行绅商自治有多重原因。一是江南市镇大量涌现，政府无力承担市镇公共管理事务。"明清的官僚组织体系建立在农业税收基础上的事实，决

---

① [美]施坚雅《中国封建社会晚期城市研究——施坚雅模式》，王旭等译，长春：吉林教育出版社，1991年，第40—48页。
② 王卫平《明清江南地区的城市化及其局限》，《学术月刊》1999年第12期。

定了政府不可能有足够的财力向县以下的基层社会派出更多的官员。政府向市镇派出巡检司或县、府佐官已属于传统官僚体制中的特例。在市镇经济与社会日益繁荣、人口逐渐增长的情形下，政府派驻在市镇的为数有限的官员能完成税收、治安等专项行政任务已属不易，根本就没有能力承担市镇的公共管理与服务。"①二是由于市镇产生的自发性，地方绅商和旅居商人集团从一开始就填补了政府权力管理的真空而主动承担起市政建设与公共管理和服务的职责。"吾浙之宁绍两府人民，夙富自治观念，举凡旅居地方，若公所，若会馆，类能自理一群之事，由来尚矣。"②最早参与其中的当是地方宗族绅耆，"东南多水区，故四乡市镇大要亦相等，其居民虽不若他郡之聚族而处，大抵每一市镇亦必有一二大姓世居以表率其乡间"。③市镇兴起后，随着商业繁荣，外籍商人纷至沓来，便以会馆、公所等组织形式参与到市镇管理中来。如徽商就于道光年间在盛泽镇建立了会馆："皖省徽州、宁国二郡之人，……始建会馆于镇之旋霞浜。……以皖人有迁居隶籍于吴，及侨居而遂家焉者，俾其子弟有所矜式，故谨祀焉。又以侔侣众多，或不幸溘逝，设积功堂，置殡舍，权依旅榇，俟其家携带以归。其年久无所归者，徽郡六邑、宁国旌邑，各置地为义冢，分为两所。每岁季冬埋葬，具有程式。于是徽宁之旅居于镇者，无不敦睦桑梓，声应气求，肫肫然忠厚恻怛之意，出于肺腑，诚善之善者也。"④明清江南市镇自治组织、机构大致包括三类：一类为前述旅居江南市镇外籍商人成立的会馆等同乡组织；一类为行业性组织——公所，据不完全统计，"江南各大市镇的公所组织多达50多所"⑤；一类为由慈善赈灾的粥厂演变而成的固定的自治机构"厂"：由赈灾粥厂演化而来的市镇慈善及自治机构。⑥江南市镇民间绅商自治包括商业经营活动的管理以及市政、治安、教育、慈善等公共管理与服务等种种内容。如制定商业行规，规范商业交易活动，本行业商品统一定价，统一确定度量衡器标准等；负责维护市镇治安，晚清江南大多数市镇都有民团和团练等自治武装，还有的市镇建立了"洗心局""迁善局"等机构，专司收监、改造乡镇不良分子；慈善救济"据不完全统计，在清代，南浔

---

① 参见武乾《官治夹缝中的自治：明清江南市镇的非正式政体》，《法学》2013年第12期。
② 《新盛泽报》，民国十四年（1925）十二月十一日。
③ 光绪《重修常昭合志》卷五"市镇"。
④ 苏州历史博物馆、江苏师范学院历史系、南京大学明清史研究室《明清苏州工商业碑刻集》，南京：江苏人民出版社，1981年，第357页。
⑤ 陈忠平《宋元明清时期江南市镇社会组织述论》，《中国社会经济史研究》1993年第1期。
⑥ 武乾《官治夹缝中的自治：明清江南市镇的非正式政体》，《法学》2013年第12期；另参见吴滔《清代江南市镇与农村关系的空间透视——以苏州地区为中心》，上海古籍出版社，2010年。

镇先后存在过 11 所慈善机构，乌青镇有 12 所，甪直镇 11 所，濮院与王店两镇分别为 8 所，最少的如张堰镇也有 2 所。江南市镇的慈善事业包括赈灾、接生、收养弃婴、施药、栖流、恤嫠、义仓、消防、养老、济贫、收葬无主尸体等项，一般以育婴和施棺代葬为主，由绅士主办"；①兴办义学、义塾，江南市镇绅商自主兴办的地方公益性教育，这些学校自筹经费，自聘师资，自主招生，自定教学内容，自行规定新生入学年龄，实行完全的自治管理。

汉口城市结构体系一开始就具有非政治化倾向，汉口长期以来没有成为地方行政中心，而只是一个附属于省府和县地方政权的商业性市镇。从明清之际到清末民初，汉口在四百余年的发展历史中，其城市建设和城市管理不乏政府和官僚的作用，如明崇祯八年（1635）汉阳府通判袁焻主持修筑的从硚口到今东堤街江边环绕镇北的半圆形的"袁公堤"；清同治三年（1864）汉阳知府钟谦钧、汉阳知县孙福海主持在后湖修筑的上起硚口、下至沙包（今一元路）、环列汉口西北的堡垣；清光绪三十年（1904）湖广总督张之洞主持修筑的上起硚口皇经堂汉江边、下至长江边牛湖广佛寺前（今堤角）、全长 13.5 公里的"张公堤"等三次大的堤防建设，对于汉口市区空间扩展具有重要意义。尤其是 1905 年张之洞主持修筑的芦汉铁路建成通车后，汉口城市化更得到飞跃发展，"猥自后湖筑堤，芦汉通轨，形势一年一变，环镇寸土寸金"，"后城马路，此路上起硚口，下迄歆生路，长约数里，创始于清光绪三十三年，从前为人迹罕到之处，近则轮轨交通、店铺林立，几令人不可思议矣"。②然而，由于汉口城市并非行政中心，政府一向疏于城市具体管理事务，这就给民间留下广阔空间，行会、会馆、商会等社会组织承担了大量的城市建设和管理工作。作为一个因商而兴的城市，汉口城市兴起有两个鲜明特点：一是没有经过严格的规划，城市建设随意性很大；二是由商人和居民自主建设，尤其是地域性商人集团投资对街区、码头、会馆、祠堂庙宇、学校的建设。这些街区著名者包括由安徽商人于康乾时期修建的新安街，河南怀帮药商于康熙时期修建的药帮一巷、二巷、三巷和药帮大巷。山、陕商人于道光年间修建的关帝街，湖南商人于嘉庆道光年间修建的宝庆正街及宝庆一街、宝庆二街、宝庆三街，江浙、安徽的盐商于康乾嘉道时期修建的淮盐巷，江苏吴县商人于雍正年间修建的金庭巷等等。汉口滨江临湖，地势低洼，十年九涝。民间组织积极投资修筑堤防，有效缓解城市水患。据《民国夏口县志》记载，汉口地方绅商筹资兴修堤

---

① 武乾《官治夹缝中的自治：明清江南市镇的非正式政体》，《法学》2013 年第 12 期。
② 《民国夏口县志校注》卷九《交通志》。

防主要有长丰堤、长乐院、长安院、中墩堤院、高姓古堤等。① 汉口开埠尤其是辛亥革命以后，汉口城市化的迅速发展，使商人看到了投资地产的巨大的利润空间，纷纷加入到城市建设的行列中，表现最为突出者是汉口本土商人刘歆生对汉口地产的投入和街市的兴建，被时人称之为汉口"地皮大王"。

汉口城市的"民间自治"从商业经营及市场规范化管理的经济层面看，主要包括以下几个方面的内容：一是制定规则以规范市场交易活动，"汉皋地方辽阔，商贩辐辏，各业皆有帮口，有会馆，既可以议规整条，复可以敦睦乡谊，两有裨益，故官宪亦不之禁"。② 如汉口米市公所就于1678年拟定章程，规范米市交易："吾等莅汉镇米市，以米牙为业。若无公同集会之所，则无以商定行规，必致众议相异，轻重不一，将违吾等之初愿，以米谷为民食所依之故也。若轻重且不一，何以明吾等为公之心，复何以卫吾行之诚信？故集同业之众于兹，以划一交易，且重申行规。"③ 他如"药帮"、茶叶公所等药材、茶叶交易也有严格的行业规范。二是管理商业经营活动和维持市场秩序，主要包括明确市场准入门槛，确定市场价格防止无序竞争，规范市场行为和维护商业道德等等。如"铜器公所一直坚持1879年制定的规章：在汉口，只有属于铜器公所并经过它授权的商店才能生产并出售铜制的管乐器；天平公所则规定其所属工匠不得在任何未经公所特别授权的地方经营衡器"。④ 三是协调商人和政府关系，调解和仲裁商业冲突。罗威廉（William T. Rowe）以木材和药材行业为例，论述19世纪后期汉口的行业组织在调解仲裁商业竞争和商业冲突中所发挥的建设性作用。⑤ 在社会救济、城市治安和消防方面，汉口商业组织更是发挥重要甚至主导性作用。进行社会救济的"慈善"活动，是汉口公所、会馆等商业组织的一项重要职能，是回报社会备受赞扬的"善举"。晚清汉口的善堂据说有100多家，《民国夏口县志》列表统计共45家。迄至清末，汉口各界联合筹组"汉口慈善会"，统一进行城市社会救济事宜。汉口街市房屋多为砖石木质结构，商旅云集，人烟稠密，时有火灾发生，给商家和市民带来巨大损失，因此救火成为城市治理一项重要事务。明清时期乃至民国时期，这项工作主要是由商人们承担的，有专门的救火机构"水龙局""笆斗会""公益

---

① 《民国夏口县志校注》（上册），武汉出版社，2010年，第103—104页。
② 《申报》，光绪五年（1879）十一月二十日。
③ ［日］根岸信《中国行会研究》（东京，1938），转引自罗威廉《汉口：一个中国城市的商业和社会（1796—1889）》，江溶、鲁西奇译，北京：中国人民大学出版社，2016年，第304页。
④ ［美］罗威廉《汉口：一个中国城市的商业和社会（1796—1889）》，江溶、鲁西奇译，北京：中国人民大学出版社，2016年，第333页。
⑤ 同上书，第311页。

救患会""汉口慈善会""商防义成社""堤口下段保安会""清真公益自治会"等组织。据《民国夏口县志》列表统计,此类救患会、慈善会、保安会、自治会等共有31家。宣统三年,汉口绅商联合上述机构共组"汉口各团联合会","汉口各团联合会,在下闸口。按：该会由各商团共同组织,于清宣统三年三月初十日成立,为研究消防、联络感情之总机关"。① 新成立的组织除了具有传统的救灾防火功能外,还担负城市社会治安、联络各界人士参与城市各项事务更广泛的自治职能,是初具现代政党雏形的社会组织。1911年秋,汉口又成立了官绅商三位一体的以警政为限的近代城市市政管理执行机构——"汉口市政会"。1917年2月,汉口总商会各帮商董积极倡导创办市政厅,并提出将其附设于商会内。1919年4月,又有"设立市政局之先声","业已订定章程呈请省公署转请农商部批准立案,允许成立市政局"。② 1922年3月,经湖北省政府批准,汉口市区自治筹备所更名为市政公所,其自治范围仍局限于警政方面。清末民初代表市民参与市政建设管理,反映市民诉求,体现市民意志的自治组织还有1911年成立的"汉口业主会",业主会作为一个商民自治组织,在汉口重建过程中充当政府与市民之间的协调者角色,当然,更多的是站在维护业主利益的角度与"汉口建筑筹办处""汉口马路工程局"等官方机构进行抗争,其结局大多以政府让步,业主会胜利而告终。

  体制外"自然的"城镇发展推动了明清时期传统城市化的较大发展。按照赵冈等学者的说法,两宋以前,中国传统城市化主要是依靠朝廷建立各级郡县城市而展开的,但是,"两宋以后,大中城市的发展完全停顿,城市化的新方向转到市镇"。"中国7100个小型城市包括不满万人的县城及州治,但大部分是市镇。清代有1700个府、州、厅、县治之城市,其中289个是超过万人者,大约有1300个是在2000至100000人之间;另有100个左右的边区县城,其人口可能在2000人以下,不包括此表中。于是7100个小城市中大约有5800个市镇。当然这不是清代市镇的总数。罗兹曼估计当时中国有三万多个市镇,其中有不满十个市镇是特大号的,有万人以上之居民,应列入大中型城市一类,其他24000多个市镇又太小,居民不满二千,也未列入此表。大中城市数目与小城市数目相比,在英国每一大中型城市分配到2.8个小城市;日本是7.8个小城市;中国清末则是每一大中型城市配合约25个小城市。实在是十分悬殊。如果按中国的行政分类,设有官署的府、州、县治,清时共

---

① 《民国夏口县志校注》卷五《建置志》,武汉出版社,2010年,第112页。
② 见《汉口中西报》,武汉图书馆藏缩微片,第539号。

有 1700 个左右城市，而县城以下的市镇则有三万多个，其比数也很接近 1 比 20。"①大批市镇的产生使得明清时期城市化出现三个特点：一是全国城市化总体水平有所提升，在 4.2 亿多总人口中，城市人口有 3200 万，占比约为 7.7%。二是乡村人口主要是向市镇集聚，"我们看到，与其他国家比较，中国的城市过程与众不同。像江南市镇这样，向散布农村的众多民户收购手工业产品，远销远方，在其他国家的历史上只能偶然看到几处，不是普遍现象。更重要的区别是，在其他国家中，城市人口比重愈来愈高，也愈来愈集中，小城市变大，大城市变得更大。但是在中国，宋代以后城市人口出现一种离心现象，集中的程度减弱，大中型城郡停止扩充，而市镇的数目大量增加，整个的城市人口愈来愈向农村靠拢"。②三是在市镇比较集中的江南地区城市化水平明显高于其他省区，如吴江县，乾隆年间城市人口占比达到 35%；常熟县，光绪年间城市人口占比达到 19.6%；乌程县，乾隆前期城市人口占比达到 10.24%；钱塘县，明末清初城市人口占比则达 23%；仁和县，雍正年间城市人口占比达到 15%；杭州府，清代雍正年间其城市化整个水平达到 10.38%。有研究者综合海内外学者研究成果后认为，清代中叶江南地区城市人口比重最高时的平均水平应该为 10%—15%，"而同时期全国的城市人口比率，据罗兹曼的估计仅为 6%—7%。江南沿岸地区的城市人口比重超出全国的一倍以上，足以说明江南地区是全国城市化水平最高的地区之一。"③

　　明清时期江南城市化走的是一条人口集聚于小城镇而非大城市的独特的城镇化道路，也就是说主要是通过小城市的自发性生长来吸纳乡村剩余人口。但这并不是说大城市在明清时期就完全终止了其扩张的步伐，如果真有所谓终止也只是体制内的郡县城市在数量和规模上的相对停滞。相反，像汉口这样的商业城市反而乘隙而生，大肆扩展，成为中国传统城市的"另类"。赵冈对此也未予否认，他指出，尽管宋代以后大中型城市停止扩充，但仍有一些城市"不断增长扩大"，"如像佛山镇及汉口镇，而佛山与汉口只是历史上的特例"。④汉口在明代万历四十年人口 8515 人，经过明末清初的发展，至清代中叶已发展成为"人烟数十里，行户数千家，典铺数十重，船舶数千万"的大城市。城市人口数量不断增加，"1721 年的人口普查说有 99381 人，1813 年的人口总数是 129182 人，1888 年为 180980 人。……据以上记载，我们发现：

---

① 赵冈《论中国历史上的市镇》，《中国社会经济史研究》1992 年第 2 期。
② 同上。
③ 王卫平《明清江南地区的城市化及其局限》，《学术月刊》1999 年第 12 期。
④ 赵冈《论中国历史上的市镇》，《中国社会经济史研究》1992 年第 2 期。

到 1813 年为止，在近一个世纪里，人口总数增长了大约 30%；而在随后的 75 年中，则增加了 40%。1813 年的人口普查还为我们提供了汉阳全县的人口登记数 428526 人。……那么，我们似乎就可以推测，经过 19 世纪的发展，汉口一镇的人口数已经接近或超过了汉阳全县人口总数的一半"。罗威廉认为，由于种种局限性，汉口上述人口数量被低估了，如大量的"船户"就没有被统计进来。"大部分当时的文献记载均表明：正是从 19 世纪初起，汉口开始进入人口发展最重要的时期。……汉口人口在 19 世纪初已接近 100 万，到 1850 年前后几乎增至 150 万；但在此后的十年中下降了一大半，到 1890 年左右又恢复到 100 万。作为一种比较，一个西方城市学家曾估计：1850 年前后世界上只有两个城市人口超过 100 万人口（伦敦有 200 多万，其次是巴黎）；直到 1900 年，也只有 11 个城市超过 100 万人口（包括东京、加尔各答），但没有中国城市。显然，即便是对汉口人口最保守的估计，也会两次把它列入这组城市之中去。"[①]

明清以降中国城市发展格局变迁和城市化路径的转向，原因当然是多方面的，既有政治的因素，城池扩张，朝廷力有不逮，市镇勃兴，政府鞭长莫及；亦有社会的原因，人口繁衍过快，带来乡村人口过剩，人民生计艰难，亟须向外转移等。但根本动因还在商品经济的发展，在经济发达的江南及长江流域产生了大批的手工业和商业性专业市镇。推动和维护这些市镇和城市产生、发展和运转的是新起的民间力量——地方士绅和商人团体。如果说，明清时期中国城市发展特点是由大城市转向小市镇，由体制内法定的"郡县城市"转向体制外自发生长的工商业专业市镇，是为传统中国晚期城市发展的一个独特现象，那么，其城市发展的动力机制和路径转向的力量来源由政治转向经济和由政府导向社会，倒是与西欧中世纪乃至近代城市发展道路渐渐趋同。也就是说，至早自明清开始，中国的城市化在"自上而下"的政府主导的总体格局下，出现了另一种与之对应，互补互动的城市化现象——由民间参与，政府管控的"自下而上"展开的城市化。

二、民族工商业发展与民国时期民间参与市政热情高涨

晚清以迄民国，社会变革的诸多因素使得民间投资实业，参与城市建设的愿望

[①] [美]罗威廉《汉口：一个中国城市的商业和社会（1796—1889）》，江溶、鲁西奇译，北京：中国人民大学出版社，2016 年，第 46—48 页。

得以伸张，通道大为拓展，自主自治意识亦大为提高。首先，新兴城市不断出现，如被迫开埠由外国人主导之条约口岸城市，由于铁路修筑、矿产开发而出现之新兴交通枢纽城市和工矿城市，更有由传统工商业市镇转型升级扩张而来的现代都市……近代城市的多样性，改变了传统"郡县城市"单一格局，为民间组织和个人参与城市建设与管理提供了广阔舞台。其次，源自清末的近代市政兴革使城市建设和管理开始由政府单一治理向政府与社会共同治理的缓慢转变，为民间组织和个人参与市政并逐渐自治提供了制度保障。"数千年来，我国不是没有城市生活，也不是没有关于城市任务的设施，所不同者，地方自治丝毫未办，一切城市任务不归中央政府直接办理，即归代表中央政府之下级行政机关办理，并没有归市自治团体自行办理的罢了。"[1]清廷颁布的《城镇乡地方自治章程》开宗明义："地方自治以专办地方公益事宜辅佐官治为主，按照定章，由地方公选合格绅民，受地方官监督办理。"（该章程第一章第一节第一条）虽然主旨仍在"官治"，但毕竟给城市"民治"开了政策口子。此后，各地城市自治机构乘隙而生，民间参与市政积极性空前高涨。第三，甲午战争以后，国家放松了对民间投资项目工业的限制，政府利用行政资源搭建多种投资平台，为民间资本进入工商实业尤其是城市基础设施建设和公用事业领域创造了条件，民间组织私人投资现代经济热情高涨。"直到1895年之后，清政府才真正下功夫去推动工业发展和经济现代化。1903年皇室成员载振周游世界返国，上奏皇帝请求建立商部。是年9月商部建立并授命促进新兴企业的活动。商部拟定了一套关于个体业主和合伙投资企业的法令。该部开始了经济研究并直接建立了一些企业。1906年建立了新的运输交通部。到1907年，邮件投递量在不到10年之内扩大了三倍。中国破天荒第一次具备了扶持各类现代企业的必要手段。"[2]辛亥革命以后，国家鼓励并保护民族工商业，《鄂州临时约法草案》规定"人民自由保有财产""人民自由营业"；南京临时政府成立伊始，即成立实业部，鼓励和统筹政府及民间投资实业；1927年南京国民政府成立后，在对于政府与私人经营的关系问题上，政府明确表态："推进经济建设之原则，必依个人企业与国家企业之性质而定其趋向。凡夫产业之可以委诸个人经营，或其较国家经营为适宜者，应由个人为之，政府当予以充分之鼓励及保护，使其获得健全发展之利益。"[3]为了保护民间经济的发展，政府表示要裁汰苛捐杂税、改善收税制度、统一货

---

[1] 臧启芳《市政和促进市政之方法》，《东方杂志》第22卷第11号。
[2] ［美］吉尔伯特·罗兹曼《中国的现代化》，南京：江苏人民出版社，1988年，第444页。
[3] 万仁元、方庆秋《中华民国史料长编》（第26册），南京大学出版社，1993年，第345页。

币、发展金融等。①《中华民国训政时期约法》明确规定"对于民营矿业予以奖励及保护","为发展国计民生,国家对于人民生产事业,应予以奖励保护",并颁布了《公司法》《工厂法》《公司施行法》等一系列法律,为发展民族工商业提供法律保障。自清朝末年起,不少城市就将城市公用事业的经营向私人资本开放,如汉口宁波商人宋炜臣就在湖广总督张之洞的支持下,举办了既济水电公司,包揽了汉口华界自来水和电力供应。南京国民政府时期,许多城市通过政府集中采购的方式向民间资本开放城市基础设施营建和城市公用事业的经营,民间资本投资现代经济部门,参与城市基础建设和公用事业经营活动的热情空前高涨。

政府对民族工商业的保护和鼓励,客观上促进了民间商人力量的壮大,各地商会发展为一支独立的民间社会力量。他们在创办地方实业,发展城市工商业方面起到了巨大作用。如苏州商会集款筹办苏州苏经丝厂、苏纶纱厂。从1900年到辛亥革命前,民间办厂已经超过400家,资本总额超过100万的有9家。②与此同时,地方民族商人也开始越来越多地承担起了城市现代化建设的重任。1900年,为抵制公共租界的扩张,上海闸北绅商祝承桂等奏准组织"闸北工程总局",在此修筑马路,建造楼房,开辟商场,实际是承担了官府无力担当的一部分地方管理和建设的职能。绅商对地方事务的参与,又反过来为民族资本主义发展提供了有利的条件。缫丝、布厂、碾米厂、制革厂、印刷厂、肥皂公司、面粉公司、风琴制造厂等纷纷在这里落户。③20世纪初,各城市先后出现商会、商团,工商业者有了保护自身利益的团体。他们开展地方自治运动,为维护自身利益而积极活动,都在客观上推动了城市现代化事业的进步。从1905年到1911年,上海地方士绅主持了声势浩大的地方自治运动,推动了租界之外的上海市区城市早期现代化建设。期间,他们共开辟、修筑了100多条道路,修理、拆建了60余座桥梁,新辟、改建了9座城门,建筑驳岸10个,修造码头6个,对于改变华界旧貌、缩小华界与租界差距、提高整个上海城市早期现代化水平,起到了重要作用。④

辛亥革命后,在联省自治浪潮中,城市自治是其中一个重要内容。随着商人地位的提高和力量的壮大,其主体意识和制衡官府的能力与清末相比,已经有了明显提升,这必然有利于城市自治的发展。在武汉,这一现象尤其突出,辛亥革命期间,维

---

① 万仁元、方庆秋《中华民国史料长编》(第26册),南京大学出版社,1993年,第346页。
② 根据陈真、姚洛《中国近代工业史资料》(第1辑),北京:生活·读书·新知三联书店,1957年,第41—52页。
③ 章开沅、马敏、朱英《中国近代民族资产阶级研究(1860—1919)》,武汉:华中师范大学出版社,2000年,第97页。
④ 张仲礼《近代上海城市研究》,上海人民出版社,1990年,第13—14页。

持地方秩序、筹措军费、发行货币、运粮等诸多事项皆要仰仗商民,军政府也解除了许多对商民限制的陋规,促使武汉商人集团的地位进一步提高,辛亥首义为武汉商界积累了参与重大城市事务的政治资本。以汉口各团联合会、各保安会为代表的基层自治性社团组织,在民国建立后很快恢复、重建、重组;汉口商会也很快恢复活动;在辛亥首义中协助民军起到重要作用的商会会董李紫云,当选为民国建立后汉口商会的第一任总理。这些都是汉口商人制衡政府力量壮大和自身主体意识提高的表现,也为民间资本主义势力自下而上地推动城市化运动创造了空间。

北洋政府时期对于民族资本主义发展的限制宽松,促使民间"实业救国"的热潮逐渐高涨,民族企业为解决城市失业问题,并将城市过剩人口转化为生产力起到了积极作用。1915年后,营口棉丝业"欧战期间,布价骤增,颇有赢利,销售东北及西伯利亚,俨然大宗出口货。……营埠棉织工厂,分为织布、织袜、织带、毛巾、针织线毯各种,依此为生者,几达万人"。① 地方商会在协助政府进行城市现代化建设的事业中也起到了越来越多的作用,如1919—1920年,天津商会成立维持市政会,街市退修研究会等组织,主动配合政府整修街道、挖河修堤、添设浮桥等,按照政府的规定,承担了诸如筹款、协调、拆迁等事务。②

南京国民政府时期,民族资本持续扩张。民间私人企业的发展,为容纳城市外来人口,发展城市工业做出了重要贡献。据天津社会局1929年调查,天津纺织业有3.4264万人,占全市工人数72%,工人人数4.7564万人,以河北最多,山东次之。③ 1931年中国经济统计研究所对上海调查了2001座厂,共有工人21.2822万人,据1929年社会局调查,工人以江浙人居大多数。④ 民间组织也常常主动承担和兴办当地的经济建设,推动城市化建设。如1936年5月华洋义赈会拨款35万元,修筑由兰州到西安间的汽车路,便利了城市之间的交通往来。民间企业的兴办,使有的地区甚至在抗战时期仍然出现了城市化运动的趋势,如1938年至1948年,江苏南汇县鲁家汇镇"近十年来,碾米、榨油、轧花等厂,以及各式商店,时有增设,市况渐盛"。⑤

---

① 翟文选等修,王树枏等纂《奉天通志》卷114《实业二·工业》,1934年铅印本,戴鞍钢、黄苇《中国地方志经济资料汇编》,上海:汉语大词典出版社,1999年,第467页。
② 天津市档案馆等编《天津商会档案汇编(1912—1928)》,天津人民出版社,1992年,第3349页。
③ 刘大钧《中国工业调查报告》(上册),李文海主编《民国时期社会调查丛编·近代工业卷》(上),福州:福建教育出版社,2004年,第116页。
④ 同上书,第104页。
⑤ 奉贤县文献委员会编《奉贤县志稿》,奉贤县志料拾撮,疆域,据民国37年稿本复制胶卷,戴鞍钢、黄苇《中国地方志经济资料汇编》,上海:汉语大词典出版社,1999年,第588页。

民间商人投资办厂，大兴农业，直接催生了一批工矿城镇。如上海、川沙，"文兴镇，……有张炳华、曹翔青等开设南北杂货、花米线，渐见发达。于是，各商闻风咸集，至光绪三十年间，异常兴盛。文兴镇，成为川沙各镇之冠"。①江苏嘉定"周家桥在法华西北四里许，本一小村落，民国五年，有无锡富商荣氏傍吴淞江购地数十亩，开筑申新纺织厂；八年，欧战发生，纱价大涨，富商购地设厂者接踵而至，地价骤贵，亩值千金，百工麇集，遂成市焉"。②类似的情形在清末民初江浙相当普遍。

三、自下而上的城市化：张謇与卢作孚的个案分析

20 世纪初地方精英推动当地城市化与城市现代化运动的典范，当属张謇和卢作孚分别在长江下游的江苏南通和长江上游的重庆北碚进行的城镇化试验。

19 世纪末 20 世纪初，南通还是一个名不见经传的偏僻小县：

> 南通古名通州，苏省一小县也。……论其繁华则不如沪，论其才富亦不如苏，论其土质物产均不足以齿于江南各县。以故二十年前，人民故步自封，不事改进，教育实业之事，均寂无所闻。满清末年，时方多难，需治孔殷，县绅张季直先生深系世事之艰，欲思而挽救，非实行自治不可。欲行自治，又非振兴实业不为功。至民国成立，入长农商，逮袁氏称帝，以道不合而退归乡里，急办自治。兴学校，置工厂，辟商场，拆城垣，建马路，惨淡经营，不遗余力。不数年间，而寂寞无闻之南通，一进而为实业教育发达之区，再进而得全国模范县（Model district 又所谓中国之地上堂 ParadiSe on earth in China 密勒氏评论报尝以此二语称南通）之名。自是而声振一日千里。举凡中外之教育家、实业家无不以一至其地，得先睹为快焉。③

张謇在南通的城镇化试验始于 20 世纪初年。1903 年，张謇东游日本，曾参观考察北海道札幌市政，其先进的市政设施和管理水平，给张謇留下深刻印象："札幌街衢，广率七八丈，纵横相当。官廨学校，宏敞整洁；工厂林立，廛市齐一。相见开拓

---

① 民国《川沙县志》。
② 《法华乡志》卷 1《沿革》，1922 年。
③ 南通县自治会编《二十三年来之南通》（上编），南通翰墨林印书局，1930 年，第 1—2 页。

人二十年之心力。"① 日本考察归来,张謇对于南通发展思路渐趋明晰,这就是关于地方自治之"村落主义":"窃謇抱村落主义,经营地方自治,如实业、教育、水利、交通、慈善、公益诸端。"② 其"村落主义"的地方自治路径是先实业,再教育,然后地方公益事业,"以为举事必先智,启民智必先由教育;而教育非空言所能达,乃先实业;实业、教育既相资有成,乃慈善,乃及公益"。③ 张謇的理想是经过一番努力,将南通由一个传统的乡村社会建设成为区域性现代化大都市:"史记舜耕历山,渔雷泽,陶河滨,作什器于寿丘,就时于负夏(原注:索隐,就时若乘时射利也)。又一年而所居成聚,二年成邑,三年成都。无论耕渔为农,陶与作器之为工,就时之为商,其确实者矣。舜若止是自了汉,作个人事业,人孰附之。……若非舜之实业发达,亦未必人人归附于此。"④ "由垦牧乡而通海地区,由通海地区而徐州建省,就是张謇所追求的成聚、成邑、成都之构想。"⑤

为了实行"村落主义"主张,张謇在南通大兴实业。自1895年在南通唐家闸创办大生纱厂,直到20世纪30年代后期,张謇在南通及周围共开办了30家企业。"南通工业,近十余年来,始臻发达气象。工厂均次第建设,而大生纺织公司于为其实业发达之母。该公司发达后,计设大生第二厂、第三厂及第八次厂,均拟民国十一年完全成立,后以天灾频仍,故今仅成立四厂。而广生油厂、复兴面厂、资生铁厂、阜生织布厂、大生织物厂、颐生酒厂、通明电厂、通燧火柴厂、通耀皂烛厂、开源纺织厂以及大达公电机碾米公司等,亦因大生纱厂发达之故相继而起。其关于工业上经济之转动机关,有银行五所,即中国、交通、江苏、上海及淮海实业银行等是也。区区一弹丸之县,工厂发达如斯且多,系一二人之手所创办,岂不令人钦仰哉。"⑥

在兴实业的同时,张謇还十分重视对教育的投入。他以通州师范为起点,创办多所学校,从普通教育、职业教育到特种教育,从初等教育、中等教育到高等教育,在当地形成了多层次、多性质的现代教育体系。"南通之教育,虽仅具雏形,未臻十分完善,学校之多,设备之完全,人民智识之增进,远非他处所能及。南通在中国千七百余县中,不过一极小县耳,而竟有高等教育三所,中等教育六所,小学校

---

① 张謇《东游日记》,转见章开沅《张謇传》,北京:中华工商联合出版社,2000年,第167页。
② 《呈报南通地方自治第二十五年报告会筹备处之成立文》,见张孝若《张季子九录·自治录》,北京:中华书局,1931年。
③ 《谢参观南通者之启事》,见张孝若《张季子九录·自治录》,北京:中华书局,1931年。
④ 《张季子九录·文录》。
⑤ 章开沅《张謇传》,北京:中华工商联合出版社,2000年,第207页。
⑥ 南通县自治会编《二十年来之南通》(下编),南通翰墨林印书局,1930年,第1页。

三百七十余所，特殊教育二，及职业教育四。他如通俗教育馆、幼稚子教育之设立，亦不在少数也。"①

张謇尤其对南通的城镇布局和市政建设倾注大量心血，其市政建设的思路是先规划再建设，"地方自治，则山林川泽丘陵坟衍原隰宜辨也。都鄙封洫宜辨也。墟落市镇道路庐舍宜辨也。旧时方志之图不足据，军用之图又不能容；然欲求自治，则必自有舆图始。欲有舆图，则必自测始"。②"建设之先须规划，规划之先须测绘，此其大较也"；"建设之规划求其当，规划之测绘求其详"。③为此，张謇在南通师范设测绘科培养测绘人才，专设通州测绘局。"1908—1911年张謇亲自领导对南通全境7435方里进行大测绘，测图791幅，制图865幅，其比例有1∶5000到1∶250000六种。"④他确立了南通一城三镇的城镇布局，即老城区为生活区，唐闸为工业区，天生港为港口区，狼山为风景区。1912年，南通市政机构——路工处成立，市政建设进入实施阶段，经过二十余年建设，至20世纪30年代初，一个现代化的南通城初具规模。"南通现在之市街，可分为五区，即城区、唐闸区、天生港区、芦泾港区及五山区是也。城区面积最多，凡城内及三城门外之直街，俱为改良之市街，纵横十余里，均系碎石砌成，宽丈余，每距十余丈有一电灯，铺檐高约八尺。每街口俱有警察，每日由巡警督率犯人洒扫一次。周围有城墙，现已拆毁，仅留城门，故出入甚便。新市场在城之西南，俱新式马路，马路长二十余里，宽二丈至五丈，两边为人行道，中行汽车、马车、人力车。人行路侧即两行杨柳，并杂植桃李之属，当春二三月之间，开花发叶，红绿可爱。所有南通之银行、大商店、公园、游戏场、俱乐部、书局、学校，俱萃聚于此。且溪濠综错，俨有西湖之概。十丈一街灯，二十丈一巡警，其守岗室特别新式，可蔽风雨，不啻警察之安乐窝也。其公共厕所亦异常清洁。桥梁渡口，到处俱是，几有扬州二十四桥之概。故人谓南通之新市场，美丽清洁，热闹繁华兼而有之，洵不诬也。唐家闸，工厂林立，盖犹中国之有汉阳也。其街道全为新式，朴素坚实，颇有德国式之风。居住者为大工厂、堆栈、运输所、工人居住所、发买商、原料供给商，盖完全为工商区也。天生港、芦泾港及任家港俱为沿江之码头，相距各五六里，有马路，分内港与外港。外港靠轮船，内港靠内河之民船。市街沿内外港俱是，新旧式皆有。天生港有大达轮船之码头，芦泾港有长江轮船公司之划船，任家港则有通扬

---

① 南通县自治会《二十年来之南通》（上编），南通翰墨林印书局，1930年，第26页。
② 《南通县测绘全景图序》，见张孝若《张季子九录·自治录》，北京：中华书局，1931年。
③ 曹从坡、杨桐编《张謇全集》（第一卷），南京：江苏古籍出版社，1994年，第481页。
④ 凌振荣《张謇与张之洞城市化实践之比较》，《南通大学学报》（社会科学版）2007年第23卷第4期。

等处之驳船。沿河风景俱有绿杨城郭之概。五山区在狼山麓有二里许之市场，傍山接水，盖供游人香客宿食休息之地也，颇饶逸趣。街道新旧俱有，上下驰驱与城区城隍庙之平坦有别。"① 在张謇的精心规划和大力经营之下，南通由一个老旧县城一变而为颇具欧陆风情的现代化都市。1912—1921年《海关十年报告》如是描述当时的南通："通州与中国内地城市不同，除了街道比较狭窄外，一切都象上海的公共租界。市内有各种商店，西式楼房到处可见。"

大批工厂开工和繁华的街市，吸引大量人口向南通集聚，20世纪初年，南通城市化有了长足发展。"南通城市人口1895年前约为30000人；1909年为52789人；连同唐闸镇等人口，南通城市人口为96169人；1920年，南通城市人口为166277人。"②

近代南通迅速崛起，走了一条独特的现代化发展之路。一是先工业化然后城市化，现代工业化与现代城市化相向而行，齐头并进；二是城市实行高度自治，张謇按照其"村落主义"的理想，在南通建立起"地方自治之坚固基础"；三是个人在工业化、城市化进程中发挥了重要乃至关键作用。这三点使其近代城市化形成了独树一帜、影响深远的"南通模式"。"南通模式"的实质是民间和个人主导的城市化模式，张謇的主观努力起了关键作用，对此，张謇自己是有深刻体认的："南通事业由其个人主持，较有系统，维持久较难，不若无锡之能人自为战，可以永兴不败。"③张謇个人作用主导南通城市化，表现在以下两个方面，一是主持开办大生纱厂等一大批企业，以工业化带动和支持城市化；二是主持制定南通城市规划并直接投资参与市政建设与管理，使南通由一个落后的小县城迅速崛起为现代化都会。大生纱厂创业初期，困难重重，一波三折，张謇力排众议，不畏艰难，砥砺前行，终致成功。"张謇的人生经历和社会地位，决定了他的办厂资金只能来自民间。张謇创办大生纱厂，碰到最大的困难是资金筹集。他采用股份制的形式，在通沪两地招商认股，筹集资金。1895年到1899年近五年时间里，张謇一直为资金筹措而奔波。招商款从60万，变为50万。后为减轻招商的压力，在江鄂督的关照下，张謇与盛宣怀将官机分领，张謇领官机为25万，招商股也变为25万。办厂的形式由商办，变为官商合办，最后到绅领商办。为筹集资金，张謇称自己是'忍侮蒙讥，伍生平不伍之人，道生平不道之事'。后张謇为铭记这段辛酸史，命人作讽刺画《儆图》四幅挂在大生纱厂公司厅。"④

---

① 南通县自治会《二十年来之南通》（下编），南通翰墨林印书局，1930年，第86—87页。
② 凌振荣《张謇与张之洞城市化实践之比较》，《南通大学学报》（社会科学版）2007年第23卷第4期。
③ 虞晓波《比较与审视——"南通模式"与"无锡模式"研究》，合肥：安徽教育出版社，2001年。
④ 凌振荣《张謇与张之洞城市化实践之比较》，《南通大学学报》（社会科学版）2007年第23卷第4期。

由于张謇特殊的社会地位和他在企业草创时期的独特贡献，使得其在南通资本集团拥有一言九鼎的决策权力。张謇的这种地位和权力为他在企业支持市政建设和城市自治时提供了极大便利。对此，历史学家章开沅先生在《张謇传》中做了精辟独到的解析：."正因为如此，不仅其他资本集团无从伸入通海地区，就是在大生资本集团内部，张謇也是唯我独尊，可以任意提取余利甚至公积金投资于其他各种企业。同时，张謇凭借其社会地位和声望，对于一些企业只要投入少量资金就能加以控制。再则南通、上海金融界极为重视张謇的权势地位和大生纱厂的优厚利润，纷纷争先提供贷款，造成大生集团畸形的信用膨胀，这些更使他得以加紧向各种企业扩张。以上说的是大生集团迅速发展的自身特殊原因。透过这些事实可以看出，张謇的'地方自治之坚固基础'，怎样帮助了他的企业发展；但同时也必须看到，这些企业的发展反过来又巩固和加强了他的'地方自治之坚固基础'。张謇正是在离开北京政府并失去依靠中央政权推动实业发展的希望之后，才重新标榜'村落主义'并抓紧推行他那一整套地方自治方案。"① 南通作为一个近代城市的崛起为多种因素所促成，但张謇的个人作用无疑是关键因素，从城市的最初测量和规划到一步一步具体建设，张謇付出了杰出的智慧和辛勤的汗水，南通深深烙上了张謇"个人作用"的印痕。"张謇经营南通，完全是靠自己的力量，根据自己及其助手的设计、规划，并结合着本地的实情而进行实践的。""一般来说，社会公益应由社会来办，而近代南通却主要是由张謇个人和其创办的企业来承担的。南通近代工业的起步是从大生纱厂的创办开始的。大生纱厂的创办又主要依靠了张謇个人的力量。当然，所谓的个人力量，并不是说全由张謇个人投资，事实上张謇个人的投资非常之少，特别是创业之初办大生纱厂时更是如此。这里的'个人力量'主要是指在办企业的过程中，张謇起到了极其关键的作用。可以说，没有张謇，就没有大生，也就没有近代南通的轰轰烈烈。南通的公益活动也基本是在张謇的倡导、投资下兴办起来的。南通的经济、文化、教育、社会公益、慈善等一切活动，其资金来源，主要依靠了大生集团的营利。这种个人和企业承担社会功能的做法，在中国近代史上亦是少有的。"② 不仅如此，张謇和他的家族还大量捐资，几乎将其所得红利全部捐出用于城市公益事业，"謇自用于地方，及他处教育慈善公益可记者，一百五十余万外，合叔兄所用已二百余万；謇单独负债，又八九十余万元"。③ 张

---

① 章开沅《张謇传》，北京：中华工商联合出版社，2000年，第299页。
② 王敦琴、蒋辉明《"中国近代第一城"诠释》，《南通大学学报》(社会科学版)2005年第21卷第4期。
③ 曹从坡、杨桐《张謇全集》(第三卷)，南京：江苏古籍出版社，1994年，第112页。

謇的辛勤开拓，使得南通在民国成为"模范县"，"中外人士之履南通者，无不谓南通市政之佳，为全国之冠"。①

与张謇以"村落主义"理念进行南通工业化、城市化并推行"地方自治"相同，著名实业家卢作孚秉持"乡村现代化"的先进理念，在四川北碚开展"乡村建设"实验，使北碚由一个穷乡僻壤一跃成为现代化的新城镇。

发生在20世纪二三十年代的"乡村建设"运动，是一场由知识界发起并广泛参与，旨在拯救衰败乡村、救济贫困农民的社会运动。当时全国乡村建设团体600多个，乡村建设实验区或实验点1000多处。影响较大者如梁漱溟的山东乡村建设研究院在山东邹平的实验区；晏阳初的中华平民教育促进会在河北定县的实验区；陶行知在南京举办的晓庄师范学校；黄炎培的中华职业教育会在江苏昆山的实验区等等。与上述"乡村建设"派以教育为手段，以恢复传统文化和复兴传统乡村为根本目的不同，卢作孚的"乡村建设"的理念是"乡村现代化"，即通过大力发展现代经济——工业化实现乡村城镇化，大力发展现代教育将传统乡民改造成过集团生活的现代市民。这个根本性差异无论是"乡村建设"代表人士还是卢作孚本人都有清醒的认识和清晰明白的表述。如卢作孚："四川嘉陵江三峡是在嘉陵江流域重庆与合川一段间，跨在江北、巴县、璧山、合川四县的境界。我们凭借了一个团务机关——江、巴、璧、合四县特组峡防团务局，凭借局里训练了几队士兵，先后训练了几队学生，在那里选择了几点：北碚、夏溪口以至于矿山北川铁路沿线，试作一种乡村运动。目的不只是乡村教育方面，如何去改善或推进这乡村里的教育事业；也不只是在救济方面，如何去救济这乡村里的穷困或灾变。中华民国根本的要求是要赶快将这一个国家现代化起来。所以我们的要求是要赶快将这一个乡村现代化起来。"②民国时期，几乎所有"乡村建设"运动的代表人物都到过北碚，这里繁荣的经济和繁华的街市给他们留下了深刻的印象，强烈感受到卢作孚在"乡村建设"上另辟蹊径，自成一体，独具特色。如陶行知："我在北碚参观了一周，看到了你们创办的经济事业、文化事业和社会事业，一派生机勃勃的奋发景象。……北碚的建设，……可谓将来如何建设新中国的缩影"③；如晏阳初："重庆的北碚有卢作孚先生所热心经营的乡村建设区。……我

---

① 南通县自治会《二十年来之南通》（下编），南通翰墨林印书局，1930年印行，第86页。
② 卢作孚《四川嘉陵江三峡的乡村运动》（1934年10月1日），见凌耀伦等编《卢作孚文集》，北京大学出版社，1999年，第278页。
③ 陶行知《在北碚实验区署纪念周大会上的讲演》，《陶行知全集》（第3卷），长沙：湖南教育出版社，1985年，第311页。

看那里的工矿经济建设，都很有成绩，将来希望本会能和那边合作，使他们的经济建设，与我们注重的教育政治工作，有一个联系"①；如梁漱溟："从清除匪患，整顿治安入手，进而发展工农业生产，建立北碚乡村建设实验区，终于将是一个匪盗猖獗，人民生命财产无保障，工农业落后的地区，改造成后来的生产发展，文教事业发达，环境优美的重庆市郊的重要城镇。"②

卢作孚以"乡村现代化"亦即乡村工业化、城市化的系统思维和整体目标来思考和推进北碚的乡村建设，其"乡村城市化"的方案是一个包括物质和精神层面涵盖政治（市民或乡民自治）、经济（工业化）、文化教育乃至乡民观念和生活方式的全面现代化：

> 因为纷乱的政治不可凭依，我们从社会上作第二个试验了，以嘉陵江三峡为范围，以巴县的北碚乡为中心。始则造起一个理想，是要想将嘉陵江三峡布置成为一个生产的区域，文化的区域，游览的区域。因为这里有丰富的煤产，可以由土法开采进化而机器开采；为了运煤可以建筑铁路；为了煤的用途可以产生炼焦厂；用低温蒸馏可以产生普通用焦，电厂用的瓦斯，各种油类及其他副产品；两个山脉的石灰岩石，山上山下的黄泥，加以低廉的煤炭，可以设立水泥厂；为了一个山脉产竹长亘百余里，可以设立造纸厂；为了许多矿业、工业、交通事业的需要，可以设立电厂；如果在那山间、水间有这许多生产事业，可以形成一个生产的区域。以职业的技能，新知识和群的兴趣的培育为中心，作民众教育的试验；以教生产方法和创造新的社会环境为中心，作新的学校教育的试验；以调查生物——地上的出产、调查地质——地下的出产，又从而分析试验，作科学应用的研究；并设博物馆、图书馆、植物园、动物园以供参考或游览。如果在那山间、水间有这许多文化事业，可以形成一个文化区域。凡有市场必有公园，凡有山水雄胜的地方必有公园，凡茂林修竹的地方必有公园，凡有温泉或飞瀑的地方必有公园，在那山间、水间有这许多自然的美，如果加以人为的布置，可以形成一个游览区域，这便是我们最初悬着的理想——一个社会的理想。③

---

① 晏阳初《四川建设的意义和计划》，《晏阳初全集》（第 2 卷），长沙：湖南教育出版社，1989 年，第 122 页。
② 梁漱溟《怀念卢作孚先生》，《名人传记》1987 年第 5 期。
③ 卢作孚《建设中国的困难及其必循的道路》（1934 年 8 月 2 日），凌耀伦等编《卢作孚文集》，北京大学出版社，1999 年，第 267 页。

循着把贫穷落后的乡村建设成为繁华美丽的城市这个不凡的"社会理想",卢作孚在北碚开展的"乡村建设"运动另辟蹊径,依照现代城市的标准再造乡村,实现乡村现代化和城市化。

首先,卢作孚要把北碚建设成为一个"生产的区域","第一是吸引新的经济事业",实现北碚经济由传统农业向现代工业的转型。除了将传统的小农生产改造为集团化、规模化经营的农场农业外,花大气力改土法开采为机器开采的现代工矿业,建立和引进一大批现代化的工业企业。卢作孚所说的"新的经济事业",就是现代工业、现代农业以及现代交通和现代金融等现代产业。他不仅身体力行,拟定了在三峡地区建设"大规模的经营工业",包括建染织厂、缫丝厂、修枪厂、建筑、修路的"新计划",主持经营了天府煤矿公司、三峡染织厂及三峡大明染织厂等。更注重在嘉陵江三峡地区营造开展现代工业化运动的软硬环境,使广大的乡民对工业化这一新经济事业产生广泛的认同,乐意转变传统生产方式而投身现代工业化运动。由于卢作孚的苦心经营和社会力量的广泛参与,北碚社会经济面貌和产业格局发生了重大变化,卢作孚亲自领导的煤炭和纺织企业成为该地区龙头企业,煤炭和纺织成为骨干产业。如抗战时期"煤炭工业成了北碚最大的工业门类。煤业员工 2 万多人(占北碚总人口的五分之一)。有大小煤矿 300 多座,煤码头 10 座,煤坪 132 座,年产煤 70 多万吨。供应大后方 4346 家大小工厂,保证了陪都的冶金、兵工、机械、化工、电力、航运系统 70% 的工业用煤,配合重庆 95 万人的民用燃煤"。三峡大明染织厂是西南地区最大的纺织企业之一,至 1949 年,全厂有自动化织布机 400 台,纺锭 6700 个,职工 100 多人。北碚地区工业化水平有了极大提升,初步实现了从传统观念农业经济向现代工业经济的转型。"1927 年至 1949 年这 22 年之中,北碚拥有了原煤、棉纺、化工、医药、印刷、建材、电力、玻陶、食品、畜产品、五金工具等十几个工业门类,拥有了中国西部地区最大的现代化采煤和棉纺织联合企业,由于工业经济的发展,促使北碚从一个'一曲清溪绕几家'的小乡场,迅速建成一座 10 万人口逐渐以工业经济为主体的具有现代风貌的中等城市。"①

其次,将北碚建设成为"游览的区域"——一个自然和社会环境"皆清洁,皆美丽,皆有秩序,皆可居住、游览"的新型城市社区。卢作孚就任嘉陵江三峡地区"峡防局"局长之前,北碚地区还是典型的穷乡僻壤,仅有的几条街道也是破烂不堪。1943 年卢作孚曾在《嘉陵江日报》上撰文,回忆其时北碚的脏、乱、差:"那时北碚

---

① 张太超《北碚工业史话》,见《北碚》1994 年第 4 期。

的街道很小很小，街道中间，还有一条阳沟，每边只容许两人侧身而过。记得自己曾骑一匹马，想到街里一游，却无法通过而退了回来。街顶黑暗不见天日，因避雨的关系，同时也就避去了阳光。街上非常之肮脏的阳沟堵塞着垃圾和腐水。现在顶好的一条南京路，就是当日有名的'九口缸'——九口大尿缸摆在街旁，任何人都得掩鼻而过。"① 卢作孚就任"峡防局"局长后，决心彻底改变成这种落后破乱的状况。北碚市政建设包括交通建设、市容整治、公园园林建设等几大方面。交通建设包括北碚交通建设和市区街道铺设和市内交通及通信等。从1928年起，卢作孚就开始计划并建设北碚地区大交通格局："一、航路：1.凿滩或淘滩，2.辅助航船进展；二、铁路：辅助北川铁路建筑；三、马路：1.由合川延长合僮马路，2.由北碚场修渝简路的支路直到江津尤溪"。市内交通及通信："一、培修全区内石板大路。二、筹筑由北碚到温泉，由温泉到夏溪口之马路，行驶脚踏车、人力车、马车、汽车。三、筹筑黄桷镇上下坝之马路。四、筹筑由青木关到北碚之马路。五、乡村添设邮务信柜，便利农家通信。六、重要乡村四月安置电话机。七、区内各经济事业安置电话机。八、促成立轮船公司设置小汽船，往来于观音峡与温泉峡之间。九、促成北川铁路建筑完成。"② 市容整治包括对北碚和辖区内乡下镇街市进行规划、建设和管理，开辟码头、整齐街道、规定各种市场、规定道路名称、开辟公共运动场等。卢作孚还学习青岛城市建设的经验，在北碚建起了街心花园，并在街道路两旁种上了他从上海带回的法国梧桐，使北碚城市面貌焕然一新，开始有了花园城市的雏形。在卢作孚的精心策划和苦心经营下，"仅仅十几年间，北碚发生了惊人的变化，1944年，一家外国报刊载文惊呼北碚是个'平地涌现出来的现代化市镇'。根据是'北碚现在有了博物馆和公园，有了公路和公共体育场，有了漂亮的图书馆和一些建设得很好的学校，还有一个非常现代化的城市市容'，称赞'北碚是迄今为止中国城市规划的最杰出的例子'。1948年，由中美两国专家组成的中国农村复兴委员会来到北碚考察，北碚的城市风貌使他们大为吃惊：'各委员发现北碚市容，如宽广的街道，各种公共建筑，市政中心，及其他事项，都远非普通中国城市所可望其项背'。北碚由一个偏僻乡场变成为一座中外知名的美丽城市"。③

第三，将北碚建成一个"文化的区域"——以城市文化为标杆而谋划与建设北

---

① 卢作孚《我们要"变"，要"不断地赶快变"》，《嘉陵江日报》1943年10月4日。
② 嘉陵江三峡乡村建设实验区署编《嘉陵江三峡乡村建设实验区计划》，《工作月刊》1936年9月1卷第1期。
③ 刘重来《论卢作孚"乡村现代化"建设模式》，《重庆社会科学》创刊号，2004年。

碚文化景观,培育与现代城市文明等量齐观的"文化的区域"。一方面,建立起现代化的学校、博物馆、图书馆、研究院和植物园等只有在城市里才会有的现代文化教育机构和设施。另一方面,通过教育和科学文化的熏陶,改变乡民传统落后的思想观念和行为方式,提升民众现代文明素养。"我们用文化事业和社会公共事业将这市场整个包围了。另外造成一种社会的环境,以促使人们的行动发生变化。"[1] 在这方面,卢作孚着力尤多,主要做了三方面的工作:一是致力于乡民传统生活方式的改造,变落后的乡村生活方式为现代的城市生活方式。卢作孚注重通过学校教育培养年轻一代从小养成良好的生活习惯和文明素养;通过社会教育和各种现代文化熏陶改良乡民生活方式,渐渐形成新的文明习性。他在北碚开展以破除迷信移风易俗、讲究卫生、传播普及现代生活常识、开展健康文体娱乐活动等为主要内容的"新生活运动",使传统乡村生活方式逐渐为现代城市生活方式所替代。二是致力于传统乡村社会结构的改造和现代社会关系的重构,变以血缘、地缘为基础的社会结构和以家庭、宗族为中心的社会生活为以业缘为基础的新型社会关系和以职业为纽带的现代集团生活。卢作孚认为,实现乡村社会的现代化,关键是人的现代化和社会组织、社会结构的现代化,重点是变地缘的、血缘的、家族的社会关系、社会结构为以业缘为纽带的广泛、复杂、多变的立体的新型社会关系,变老死不相往来的单一呆滞的家庭个体生活为彼此相互依赖合作但又充满竞争的现代"集团生活"。为此,卢作孚在北碚开展了有声有色的"集团生活"试验。三是致力于培养市民现代民主意识、公共服务意识和自治能力、管理水平,变封闭散漫的乡村社会为"皆有秩序"、自治开放、共有共享的现代城市社会。在卢作孚"乡村现代化"的总体目标和建设方案里,镇乡自治也就是城市自治不仅是其中重要内容,而且也是关键环节。卢作孚十分注重乡村社会转型进程中的"秩序建设",即按照现代方式并适应乡村社会向城市社会转型后建立全新的城市政治、经济、文化生活规范和生活秩序,通过秩序建设,不仅形成有规矩和有规律的政治生活、经济生活、社会生活和文化生活,而且借此改变乡民们自私、散漫、封闭的传统落后观念和生活习俗,逐渐养成现代公共意识、自治精神和民主观念。

20世纪20年代中期,北碚还只是一个约有200户人家,1000多人口的小山村。直至40年代末,"随着北碚城市化的进程,人口也在明显增加。1929年新春,卢作孚组织峡防局的全体职员进行一次北碚场的户口调查,其统计结果是住户3348家,

---

[1] 卢作孚《四川嘉陵江三峡的乡村运动》,见凌耀伦等编《卢作孚文集》,北京大学出版社,1999年,第279页。

总人数17007人。到了1936年，住户猛增到12671户，65284人。住户和人口增加了4倍。自1938年后，由于抗日战争的关系，北碚成了迁建区，战区人口大量涌入。1940年3月，嘉陵江三峡乡村建设实验区署与国民政府主计处统计局合作方进行的人口普查，住户达到19771户，人口达97349人，比1936年增长7100户，32065人，增长率为49.11%。"①从北碚人口的职业结构来看，从事工矿、商业等产业的人口已占相当比例。"据1940年统计，14岁以上的人口中，从事农业（含林、渔、牧）8218人，从事矿业8121人（其中煤业8058人），工业（含土木建筑）5941人，商业（含金融）4569人，交通运输业（含邮电）5363人，自由职业（含教育、医务）等1992人，公务（含党、政、警人员）3421人，侍从佣役2296人，共计39921人，占总人口的41%。"②

北碚是民国时期"乡村建设"运动中不走传统复古旧路而成功实现乡村工业化城市化的唯一实例，卢作孚主持嘉陵江三峡地区"乡村建设"是近代以来继张謇"南通模式"后民间与社会主导乡村城市化的又一经典案例。在北碚工业化、城市化、现代化实践中，卢作孚作为其中的主导者至少充当了三种角色：

一是设计师角色。卢作孚对"乡村建设"有系统的理论思考，分别于1930年和1934年发表了《乡村建设》和《四川嘉陵江三峡的乡村运动》的文章，系统阐述其乡村建设理论和实践主张，他以"乡村现代化"为"乡村建设"运动的主要目标以区别于其他以"复兴中华传统道德"为鹄的的"乡村建设"运动，并将之称之为"创造集团生活的第二个试验"，表明其乡村工业化、城市化、现代化已有一种理论自觉和历史自觉，一种通过乡村现代化而实现整个国家和民族现代崛起的使命意识。"试作一种乡村运动，目的不只在乡村教育方面，如何去改善或推进这乡村里的教育事业；也不只是在救济方面，如何去救济这乡村里的穷困和灾变。中华民国根本的要求是要赶快要将这一个国家现代化起来。所以我们的要求是要赶快将这一个乡村现代化起来。"并将乡村现代化具体化为工业化与城市化。对于北碚乡村建设，卢作孚不仅有理论阐述和目标设定，而且有对行动路径的系统化设计："第三是系统：我们必须将整个三峡的事业分为经济方面、文化方面、治安方面、游览方面，又必须进一步将经济事业分为矿业方面、农业方面、工业方面、商业方面、金融方面，将文化事业分为研究方面、教育方面，将治安事业分为军事方面、警察方面；这就是使我们当前的问题有个

---

① 刘重来《卢作孚与民国乡村建设研究》，北京：人民出版社，2007年，第275页。
② 重庆市北碚区地方志编委会编《重庆市北碚区志》，北京：科技文献出版社，1989年，第57页。

明白的系统,有个明白的分析。"① 卢作孚十分重视城市建设规划,在充分考察和实地调查的基础上,拟定了北碚产业发展、市政建设、城区规划、房屋建筑、街道修整等包括产业规划和市政规划等一系列城市发展规划,为各项事业建设和发展"做了有序的安排"。

二是领导人和参与者角色。卢作孚领导和参与北碚"乡村建设"始于1927年2月担任嘉陵江三峡地区峡防局长,从1927年到1931年,将近5年的时间卢作孚在峡防局长任上专注于北碚建设事业,1932年,其弟卢子英任北碚峡防局督练长,卢作孚请其代行局长职权。1936年2月,四川省政府将北碚峡防局改组为嘉陵江三峡乡村建设实验区,卢作孚任实验区乡村建设设计委员会副主席,继续参与和指导北碚乃至整个峡区乡村建设运动。作为被官方任命的北碚地方领导人,卢作孚是北碚乡村建设运动的当然领导人,是北碚工业化城市化的开拓者和奠基人,从理论构建到制度设计,从发展规划到组织实施,从企业营运到市政建设,卢作孚之子卢国纪说,父亲"始终是北碚一切事业的指导者,而四叔卢子英则是他指导下的具体执行者。北碚的建设和改革,完全是在他的直接指导下继续向前发展的"。② 作为北碚建设事业的领导人,卢作孚不仅善于宏观指挥,而且躬身下行,亲力亲为,尤其在乡村建设草创时期深入民间,做艰苦细致的宣传启蒙工作。"为了在思想上改变乡村人的观念,卢作孚要求北碚的工厂、学校、机关、博物馆等一年中安排几次对外开放,任人参观,甚至连'办公、上课、研究的地方以至于寝室、厨房、厕所,都让他们参观'。这年端午节,第一次向公众开放时,北碚周围几十里的人都来参观,一时北碚人山人海。各工厂、学校、机关热闹非凡,连90多岁的老人也从十余里外坐滑竿赶来参观,而平时很少出门的乡村妇女,来北碚参观的竟'比平时赶场时约增十倍'。特别是峡防局民众俱乐部举办的各种活动更是引人注目。卢作孚有时亲自来主持活动,如《嘉陵江报》8月27日记载,民众俱乐部为市民放映幻灯,卢作孚手持'传声筒',亲自向观众讲解幻灯中的内容,他的讲解有'不少传神处,故很能引人入胜',使市民们'洗耳静听'……"③

三是投资者角色。卢作孚既是官方委任的峡防局长,但更主要的身份还是民生公司的董事长,一身而二任,他不是化公为私,以权谋私,而是公而忘私,公私兼顾,

---

① 卢作孚《我们的要求和训练》,见凌耀伦等编《卢作孚文集》,北京大学出版社,1999年,第214页。
② 卢国纪《我的父亲卢作孚》,成都:四川人民出版社,2003年,第139页。
③ 刘重来《卢作孚与民国乡村建设研究》,北京:人民出版社,2007年,第22—23页。

以民生公司的资金投资于北碚的各项建设事业，甚至是无偿支持北碚的公益事业。据统计，民生公司投资于四川包括航运、煤矿、机械制造、轻纺、食品加工、贸易、金融业保险以及农业和教育等共60多个行业。"而对于以实现'乡村现代化'为宗旨的嘉陵江三峡乡村建设事业，当然更是民生公司要'帮助开发四川的各种生产事业'中的一项。民生公司从各方面都给予了大力支持。这种支持，从1927年春到1949年底的整个嘉陵江三峡乡村建设期间一直都没有间断过。"①这些投资包括：投资企业，投资10万元由卢作孚任董事长的"天府煤矿股份有限公司"，抗战开始后投资122.58万元，占公司股份27%，由卢作孚任董事长的"天府矿业股份有限公司"；投资13万元（全部资本30万元），由卢作孚任董事长的"大明染织股份有限公司"，以及对轻纺食品加工业等8个企业的投资20万元等。投资交通，"北川铁路股份有限公司"总资本20万元，民生公司牵头入股投资8万元；投资科教事业，卢作孚兴办"中国西部科学院"和"中国西部科学博物馆"，以其主持之民生公司、北川铁路股份有限公司、三峡染织厂出资15.1万元，投资教育，创办兼善实业股份有限公司，先后接管和创办了"合川私立瑞山小学""实用小学"和"兼善中学"等。卢作孚及其民生公司在嘉陵江三峡地区的大规模投资，有些项目产生了可观的经济效益，如煤矿和纺织业即是。但卢作孚志不在此，他更多考虑的是企业反哺社会，帮助北碚乃至整个四川尽快现代化起来。事实也的确如此，北川铁路开通，使北碚地由偏僻闭塞的乡场而与外部世界建立起快捷紧密的经济交往和联系；天府煤业公司成立后，现代化的采矿业带来北碚地区经济繁荣，人口大量集聚，仅煤矿工人即达万人左右；现代学校教育的兴办让儿童入学率在1949年达到了78.9%，民众夜校、职业学校、场期学校等社会教育，"多方面布置一种环境去包围那不识字的人们，促成他们识字"，有效地提升了北碚人的学习兴趣和文化水平，真正实现了企业与社会双赢，经济效益与社会效益双丰收的可喜局面。

卢作孚以一己之力并整合各方资源，联合社会力量致力于北碚工业化、城市化和现代化，在中国近代城市发展史上留下浓墨重彩的辉煌篇章。在卢作孚无私奉献的行为示范和人格魅力的感召下，不少有识之士或慷慨解囊，或入股投资，纷纷加入北碚地区"乡村建设"运动的行列，形成一股强大的社会合力，有力地推动了北碚的工业化、城市化、现代化进程。从1927年到1936年9年间，仅北温泉公园就收到捐款3.3万元，捐款人包括当时军政工商各界人士，不少人都是在卢作孚人品和精神感召

---

① 刘重来《卢作孚与民国乡村建设研究》，北京：人民出版社，2007年，第226页。

下慨然出资的。"又如天府煤矿之所以后来发展成为川东第一大矿，实现了机械化采煤，年产量曾占重庆地区全年煤产量的一半左右，是因为河南中福煤矿总经理，号称'煤油大王'的孙越崎，在抗战方兴，被迫内迁之时，被兼任天府煤矿董事长的卢作孚的热情、诚信所感动，二人谈合作，'不过五分钟，即一切决定'，中福煤矿先进的机器和技术的加入，使峡区煤业大发展，煤产量大增。"①

第三节　体制惯性与官进民退：民间参与与城市化运动的历史局限

尽管近代民间社会组织和个人在推动城市化过程中发挥了一定的作用，甚至涌现出上述张謇、卢作孚等以个人力量"一个人造一座城"的经典案例。但是，在"自上而下"城市化的总体格局下，民间与个人作用只能泛起一朵朵小小的浪花，其能量发挥极其有限，难以汇聚成"自下而上"的新型城市化大潮。

民间与个人在近代城市化运动中的"无为"，既有自身经济实力、眼界格局的因素，如私人资本主义一味追逐个体利益的短期行为而不顾及整体和长远利益的弊端，因此损害城市化运动的大局。但更主要的原因恐怕还是国家没有给民间和个人以施展拳脚足够的活动空间。概括起来，两大因素制约着民间主导的"自下而上"城市化发展，一是"体制内"法定城市的强大惯性挤压了新型城市的发展空间，二是国家和官僚力量过于强势导致民间力量难以成长，不能形成与之抗衡的独立势力。

一、"乡镇统于郡县"：传统行政体制和治理观念强大惰性对现代城市发展的制约

传统中国城市的主体无疑是政治军事性城市，亦即胡如雷先生所说的"郡县城市"。"郡县城市"作为各级政府的行政中心，是地方、区域乃至全国的"首善之区"，这类城市方正谨严，气势恢宏，鹤立鸡群，睥睨四方。与之相比，后起的、不具法定身份的、体制外的市镇，无论在形制、规模还是层级、气度都远逊于"郡县城市"。"郡县城市"与新兴市镇这种不对等状况，反映出"即令到资本主义萌芽已经孕育的

---

① 卢国纪、张守广《中国近代乡村建设不能忘记的人——〈卢作孚与民国乡村建设研究〉序》，见刘重来《卢作孚与民国乡村建设研究》，北京：人民出版社，2007年，第5—6页。

时期，就全国绝大多数城市而言，经济意义仍未超过政治、军事意义，郡县城市的特点仍占支配地位"。①

处于支配地位的"郡县城市"，总是有意无意地控制和影响着新兴市镇的发展，或者将传统城市的管理方式、手段移植于市镇，或者干脆将一些市镇变成郡县城市。胡如雷指出："在中国封建社会中，郡县城市林立全国，稀疏出现的市镇虽然独具风格，但亦不免在很多方面受前者的侵染，在一定程度上显示出一些郡县城市的色彩。"他认为这种侵染主要表现在三个方面，一是市集和市镇也直接受到封建政权的赋敛，"远方墟市之税，曩尝禁罢，州县仍令乡民买扑，其苛取反甚于州县"②；二是与郡县城市类似，市镇也受到封建政权的严密控制，而且有不少市镇最终转化为郡县治所，如乌镇绅商就多次主动要求升镇为县，"乌镇大市，地僻人稠，商贾四集，……比年以来，民风恶薄，盐徒出没，盗贼猖獗，……欲求宁谧，必须在镇创立县治，庶事权归一，民有依庇。又恐独见有碍，再三访诸有识耆老，晓事生儒及乡镇大小居民，俱各踊跃称便"。③"可见本镇居民中有势力者，不少人是作为封建势力的耆老、生儒等地主分子，他们不是争取市民的立法，而是争取郡县法制。该镇历次设县的申请，虽因桐乡、吴江等县不肯割地而未能实现，但却说明了市镇转化为郡县治所的必然趋势。……所谓'乡镇统于郡县'，更说明市镇已经编入郡县体制之中了"；三是官僚势力亦渗透于以手工业生产为主的市镇，这些市镇也存在相当数量的官府手工业，这种情形在西方中世纪城市中是很罕见的。④

"乡镇统于郡县"，挤压了传统中国城市自由发展的空间，导致宋明以来以经济功能为主体的城市发展受到限制，以商人为主体的民间力量在传统城市化进程中亦难以有应有的作为。"郡县城市"不仅是一种城市形态，更幻化为一种制度文化，一个民众留恋弥深的精神家园。其强大的惯性直接影响现代城市化的有序展开和城市摆脱国家政权的多重制约而独立自由的发展，这方面20世纪的汉口堪称典型。

如前所述，由于汉口城市"因商而兴，其城市结构体系一开始就具有非政治化倾向，长期以来没有成为地方行政中心，而只是一个附属于省、府、县地方政权的商业性的"镇"，地方史籍对其称谓是"汉口镇"而非"汉口城"即是明证。明代隶属于汉阳县，至明末，朝廷在汉口设巡司进行管理，仍隶汉阳县。清初，增设仁义、礼智

---

① 胡如雷《中国封建社会形态研究》，北京：生活·读书·新知三联书店，1979年，第254页。
② 《宋会要·食货》十八卷之二十七。
③ 乾隆《乌青镇志》卷三《建置》。
④ 胡如雷《中国封建社会形态研究》，北京：生活·读书·新知三联书店，1979年，第278—279页。

司于汉口,虽移汉阳府同知分驻汉口,但行政上的分属地位并没改变,汉口在地方政府较为松散的统辖下得以自由发展,成为蜚声海内的"四大名镇"之一。清末,有现代眼光的湖广总督张之洞于光绪二十五年(1899)奏准在汉口设立夏口厅,汉口与汉阳县从此分治。但张之洞设立的夏口厅,并非传统"郡县城市"体制的简单复制,而是张之洞基于对汉口作为工商大埠发展趋势需要获得独立的发展空间的深刻体认,建立的具有现代城市市制雏形的新型市政管理体制。在建立夏口厅的同时,张之洞还将汉阳县1000多平方公里面积划归夏口厅,使汉口的城市发展有了充足的发展空间,使这些乡村野地逐渐城市化。然而夏口厅毕竟还是一个介乎传统郡县和现代市制之间的过渡性管理机构,它既受制于传统官僚体制,又不具备现代城市政府治理城市的禀赋和权力,因此不能有效实施对于汉口城市的全面管理。它无法统筹全市政务、商务、外事和市政建设,包括汉口在内的武汉三镇所有军事、政治、财政、文教大事常常直接听命于张之洞,经江汉道而施行。如汉口各区警察署由省府派出而不隶属于夏口厅,包括修建后湖长堤(即张公堤)、成立后湖清丈局以及修建后城马路等市政建设尽皆如是。由是观之,决定汉口城市发展的仍然是传统的督府衙门,有着独立的、现代市政厅意味的夏口厅不过一个徒具形式的摆设而已。

武昌起义后,1912年"定各府厅州皆改并为县,是为今夏口县治之始"。[①]时代进化到了民主共和的民国,然而汉口反而蜕化为传统的"郡县城市"制度,被"统于郡县"了。如果说,明清时期江南一些市镇要求"升镇为县"有时代局限,那么,20世纪初年,像汉口这类经几百年独立发展的大型商业性城市也对传统行政体制情有独钟,热衷于向"郡县城市"回归,就不能不发人深思,深感传统专制政治的强大惰性。

即使到了20世纪20年代末,当汉口已经建市,需要撤销已经名存实亡的夏口县时,仍然遭遇部分城市头面人物及广大市民的激烈反对。1929年7月,湖北省政府考虑到汉口特别市政府成立后,夏口县区域与行政事务大部分划入市范围,县公署形同虚设,决定报请南京国民政府批准,撤销夏口县建制,将其管理区域分别划归汉口特别市政府及汉阳县政府(张公堤以外)。消息传开,舆论哗然。汉口各界成立"夏口县维持县治委员会"专事抗衡。以李介侯等19人为代表的汉口市民并以该委员会的名义上书南京国民政府,强烈要求保留夏口县建制:

---

① 武汉地方志办公室编《民国夏口县志校注·序言》(上册),武汉出版社,2010年,第5页。

南京国民政府主席、行政院长、内政部长钧鉴：

本月二十一日，湖北省政府召集第七次政务会议临时动议，内载方兼民政厅长提议裁撤夏口县案，决议咨内政部呈行政院请国民政府核准裁撤，遂听之下，惊骇莫名。窃思县治变更，政府自有权衡，而民意从违上宪不无疑虑。溯我夏口县沿革自清光绪二十五年鄂督张文襄奏为华洋杂处，交涉纷烦，有正印专官驻扎汉口，不足以应付交涉而资治理，遂将汉阳襄河北境划拨夏口管辖，此当日设置夏口之主因也，然自分设县治以来，夏口已成独立性质，若复裁撤归并，其失便利者实大且多，今略举之：夏口县备称冲繁疲难，今虽将汉口划归市府管辖；而上面水陆之趋集汉口者，尤以夏口境地为通衢，故夏口之繁难仍不减于汉口，倘非设立专官，势必难资镇慑，此不应裁撤者一；夏口县精华虽已划入汉口特别市范围，疆域狭小，几无设治之必要，不知领土虽小与行政毫无妨碍，南美之秘鲁、智利，国疆亦号弹丸，陕西之高陵县，广袤不过三十余里，汤以七十里，文王以百里，国小易治，古今所同认也。今当筹办模范县之时，若以夏口小县，首先试办，轻而易举，收效尤速，此不应裁撤者二；县之存废，本以地方财赋之能否独立为政，夏口县除划拨汉口特别市外，半据湖乡，似无独立之能力，不知地方财赋全恃整饬之如何耳。查夏口县境域，除划入特别市外，尚有千五百方里之广，其熟地约一万五千石之谱，年可获田赋洋五千数百元，其熟田约五千石之谱，年可获田赋洋七千数百元，两共每年征收已达一万三千元左右，其余税契牙贴屠宰等税尚不在内，又况堤院筑成（夏口县堤院业蒙湖北建设厅核准派队测量所有意见书附呈），则院内三千余万亩荒地转瞬变为膏腴，照亩升料，年可增田赋洋七万之谱，兼之堤面道路即可做长途汽车之用，交通便利，收入较丰，是夏口财力实有独立之可能，此不应裁撤者三；再查县组织法第四条，内载各县县政府按区域大小事务繁简，户口及财赋多寡分为三等，未闻有不及若干区不能成县之规定，第六条内载各县按户口及地方情形分为若干区，又各区应以二十至五十乡镇组成之等语，夏口除划拨市区外，照每区以二十乡镇计得划为十余区，是夏口号属小县，实备县组织之资格，此不应裁撤者四；又闻夏口裁撤有归并汉阳之说，据此说者，势必铸成大错。夫夏口与汉阳划分迄今三十余年，汉水阻隔，天然鸿沟，人民情感久同秦越，以素不相惬洽而遽强之合并，一切政事支配难免不起冲突，譬如山西之清源县，因裁撤而归并徐沟，人民不愿归并，至今称为清源乡。乐平县因裁撤而归并平定，人民不愿归并，至今称为乐平乡。然考地方行政事务，乡与县始终不相契合，在前清专制时代，对于该乡人民尚能曲从民意，今为民国,自宜专以民意为依归,此不应裁撤者五。综上数端,均系实在情形,总之,县之存废,均与地形、环境、人情、风俗习惯种种有绝大关系,审慎不厌周详。是以于本月二十一日骤阅报载湖北省政府会议后,当即公示全县等政商学各界及父老昆弟,假夏口闾邑公所开紧急会议,一时到会者已达千余人之众,地不能容,乃择定空坪改为露天会议,据全县民众一致声称,宁做夏邑饿殍之鬼,不愿做汉阳螟蠃之民。情词激昂,誓死力争,属会佥膺代表,对于官厅设施固不敢妄持异议,对于地方人民又未敢缄默不言,事机迫切,只得不揣冒昧,谨就管见及当日开会情形,除径呈湖北省政府暨民政厅外,理合据实电函总听,恭恳迅予知行湖北省政府,仍准旧治,以顺舆情,不甚悚惶,待命之至……①

此篇呈文洋洋近两千言,所列反对裁撤夏口县虽有五条理由,但其中"县之存废,均与地形、环境、人情、风俗习惯种种有绝大关系,审慎不厌周详"是点睛之笔。县制与县治在上——为国家最基本最核心的政治单元,自秦以来沿用两千余年的郡县制,用日本学者斯波义信的话说,县"成为领土帝国支柱"②,在下——乡土和专制社会的乡民和臣民看来,县不仅是一个行政社区,一个经济单元,更是一个植根于数千年农业—宗法社会融入人情风习的精神家园。因此,一旦面临裁撤,市民(实际上仍然是乡民)就难以接受,"情词激昂,誓死力争"。由此可见传统体制在市民—乡民心目中的足够分量。与此相反,而当湖北省政府要将汉口撤并归省时,汉口市民态度完全不同,不但没有人站出来反对,反而推波助澜,上书中央政府遥相呼应,极力附和。

1931年6月2日,湖北省政府主席何成濬致函南京国民政府,以武昌、汉口"密迩相聚甚近"以及省市财政经费短绌为由,要求取消汉口特别市,将汉口改为省辖普通市:

南京兼院长蒋钧鉴辰密:

窃自奉令改组省市政府,遵即着手进行诸事将次就绪,惟据汉口市长刘文岛面称,现因撤销特别市之命令未公布不便办理结束,拟恳俯赐鉴核即颁明令,俾有所遵循。又职在京时原拟改特别为普通市以符章制,归后征询武汉各界意见,

---

① 中国第二历史档案馆馆藏档案《湖北省裁撤夏口县划归汉口市汉阳县管辖》机关代号2目录号1案卷号1126。
② [日]斯波义信《中国都市史》,布和译,北京大学出版社,2013年,第15页。

金谓汉口无须设市政府,而商界主持尤为坚决。考其理由,则以武汉密迩相距甚近,市府既属于省府,诸凡要敕即由省府处理,则市府无异虚设徒耗经费,当兹财源枯竭,经费艰难之日,若仍省市分立,则整理计划,既难实行,而行政开支亦难减少,职为顺从民意,撙节约费计,拟暂不设市政府,只组织市政委员会隶属省府,专办汉口市政,一俟财政充裕,市政发达,再为设置。是否有当,伏乞电遵。①

何成濬电文中所说汉口各界皆不赞成设市,并非毫无根据的臆说,先是前年 12 月,汉口有商民刘炳勋等 17 人联名上书南京,要求撤销汉口市:

> 窃查国家设官分职,所以为民也,故与民有利者,国家多设一机关,而民不怨,与民无利者,国家少设一机关,而民不病。国家政治机关之设立与否,恒以环境之需要与民众之意者为转移,此古今中外民权发达之国家所必由之道也。自本党建都南京以后,中央鉴于国内各地市政之不发达,仿效欧西,试行市制,始则划分各地都市为特别市、普通市,继则划分为甲等市、乙等市,于是汉口遂由武汉市政委员会而改为武汉市政府,复由武汉市政府而改为汉口特别市政府(现为甲等市),在中央无非欲在汉口专设一管理市政之机关,藉以谋市民之幸福,意至善也。无如事实适得其反,自有市府之后,市民不徒未蒙其利,反觉有无穷之困苦,市政不徒未见改良,反日见腐败不堪,此其中症结之所在,实以汉口市区自民元以来,始则受北洋军阀十余年之压迫,继则受民十五、十六年武汉共产政府一度之摧残,终则因桂系军阀多方剥削,近则因叛乱迭起,故数年以来,市上商店先后倒闭者日有所闻,而折本之家将行倒闭者更不知凡几。以如此萧条之市场,政府当局应如何发展工商,应如何开辟财源,应如何减轻市民之负担,必合取之于市用之于市之原则,庶几使此疲惫不堪之市民或有复苏之望。今市府当局不此之务,只知扩大其内部之组织,广设骈枝机关,使市府每月办公经费及工作人员薪公之总额几达三十万元以上。如此大宗之款项,取之于市民用之于市官,故市府多存在一日,即民多一日之痛苦。试看近日汉口市之腐败与夫苛捐杂税之繁多,市政府之成绩可以概见,而中央设汉口市府之结果如何亦不待问而

---

① 《何成濬请早须撤销汉口特别市政府明令并陈武汉各界意见,拟暂不设市政府,组织市政委员会隶属省政府专办汉口市政以节经费》,中国第二历史档案馆藏,全宗号二(2),案卷号 18。

知矣。且夫南京市政府之设立以南京为首都所在地也。上海市政府之设立以上海为远东商务之重心，华洋杂处，人口众多，且亦与江苏省政府之距离较远也。广州市虽为繁盛之区，终因处于省府之所在地，故将市政交之于广东省政府。天津市虽为东北重要之商场，近因河北省政府迁津，亦有不再设市制之趋势。汉口市区既不可与首都相提并论，而商务萧条，更不可以远拟上海，且与湖北省政府一江之隔，如以广东、天津相比较，以汉口市政交之湖北省政府，在事实上既无若何隔阂难行之处，在经费上每年可以减少三百余万行政经费之支出，市民可免除无穷之困苦，市政亦于发达，均收其利，有何不可？市民等鉴于目前所受困苦之日深，当此中央完成减政励精图治之时，不得不将汉口设市府之害痛陈于钧院之前，尚乞俯察下情，将汉口市政府即日明令取消，以利市民而恤商艰，实为德便。①

综观何成濬给南京国民政府的呈文及汉口商民代表的陈情书，尽管要求撤市并省的理由多多，但其中心思想便是汉口市组织独立的市政府并无必要，由省政府直接管理汉口城市事务即可，也就是由省政府代行市政府之职。按照何成濬的意思，撤销汉口市政府，只需设置一个市政委员会的虚设机构即可。以刘炳勋为首所谓"市民代表"，更是直接提出"将汉口市政府明令取消，以利市民而恤商艰"，使汉口重归明清时期省、府、县代为管理的"郡县城市"之附庸。好在南京国民政府并没有完全采纳何成濬以及汉口市民代表的意见。只将汉口市由院辖市降格为省辖市，汉口市政府仍然得以保留，汉口现代市制才免遭夭折的厄运。

南京国民政府时期"撤市还县"，汉口并非个案。上节我们谈到的昆明士绅及官员要求撤市还县终因昆明市政当局力争而作罢即为一突出事例。相较汉口、昆明，浙江宁波和江苏苏州就没有那么幸运了，这个城市在民国时期就遭遇到建市又被撤销的厄运。据陈国灿研究："宁波市成立于1927年7月，其辖域起初仅限于鄞县城厢及郊区，1929年又将鄞县和镇海两县的部分乡镇划入，总面积扩大到45.6平方千米，人口超过21万。全市分为6个区，其中原鄞县城厢设第一、二、三、六区，江东和江北分别设第四、五区。1930年新修订的《市组织法》颁布后，宁波被认为未达到设市标准而于次年1月撤销，其辖区仍并入鄞县。苏州市的情况亦与此类似。1927年6月，

---

① 《汉口市民代表刘炳勋等呈为痛陈汉口设市商民困苦情形请俯察下情将汉口市政府即日明令取消》，中国第二历史档案馆馆藏档案，全宗号二（2），案卷号18。

江苏省政府决定筹建苏州市，并于次月成立苏州市政筹备处，1928年10月改组为苏州市政局，旋于11月正式成立苏州市政府，其辖区包括吴县城厢及郊区，共设7个区，下辖96个乡镇。由于吴县以经费困难为由表示反对，江苏省政府随即于1930年3月撤销苏州市，重新将其并入吴县。"①

　　近代西方的城市，一般都具有独立的法人地位，城市自治权力很大。20世纪二三十年代，中国开始旨在建立现代市制，谋求市政独立，城市高度自治以推进现代城市化和城市现代化的"市政改革"。总体情形是，城市虽然在形式上有了独立的行政身份和政治地位，法律上也赋予城市许多独立处理城市事务的权力，但中国城市既没有如西方城市那样取得所谓法人地位，城市自治权极其有限；也没有像西方那样在城市内部确立市民自治的民主市政体制及运作机制，城市无论是外部还是内部都受制于国民党一党专政的所谓"党义"和"党治"，终究摆脱不了专制政权的附庸地位。对此，时人一针见血地指出：虽然"市制之演变，乃由专制而逐渐民主，由政府统理而逐渐自治"，但是，"我国现行市制，略似美法之集权市长制，不过市长及官吏由上级政府委任而已，就其行政而言，纯为上级政府之代表机关，只对上级政府负责而已，十余年来，市政进步亦大，离达自治团体之资格尚远也"。② 城市缺少自治权，在汉口是以特别市降格为普通市（省辖市），省政府全面掌控和操纵汉口市政而集中反映出来的。首先是大规模地裁撤市政机构，如将公安局改隶省政府直接领导，财政局、税捐稽征处、公债基金保管委员会等由省财政厅接收；社会局和公务局降格为第二科和第三科。机构的裁撤使汉口市政府职权被大大削减，成为基本上无人指挥和无机构办事的空壳政府。其次是将本来属于市府的权力收归省府，如财政、公安、教育、卫生等，举凡汉口市财政开支、道路修筑、街道改造、房屋拆迁、警员薪饷、公共汽车购置、路灯管理等大小事项都得经湖北省政务委员会会议研究后才能办理，这与民国十九年（1930）版的《市组织法》精神大相违异，按照这个法律，城市政府受国家委托，可以行使支配城市地方财经，编制城市财政预算、决算，管理城市公安、公共卫生、教育及文化、司法、劳动、公益、慈善救贫等行政，并独立行使对城市农工商业之改良与保护，造林、垦牧、渔猎之保护与取缔、城市公用房屋、公园、公共体育场、公共公墓等建筑修理、市民建筑之指导、取缔，道路、桥梁、沟渠、堤岸及其他公共土木工程事项等等。汉口改为省辖市后，上述职权几乎被剥夺殆尽，举凡汉

---

① 陈国灿《江南城镇通史·民国卷》，上海人民出版社，2017年，第223—224页。
② 董赓材《我国现行市制之评论》（未刊手稿本），四川大学图书馆藏。

口市财经收支、道路修筑、街道改造、房屋拆迁、警员薪饷、公共汽车购置、路灯管理等大小事项都得经过湖北省政府委员会会议研究后才能办理。就是连维修一个厕所也得报省政府会议。据《湖北省政府公报》第176期记载，1931年12月31日上午省政府机关委员会第52次会议讨论事项中，有一项即为"汉口市政府机关呈为民生路及江汉路两公厕被水浸坏造具修理费预算请核拨款兴工案"，经讨论后"议决：照准"。三是牢牢控制汉口市财政大权，城市财政收入主要归省政府支配，市政府可独立支配的经费有限，由此对市政建设产生重大消极影响。刘文岛主政的特别市时期，1929年全年工务局经费（含事业费、工程及临时费用）总开支为1225949.226元，经费来源除市税外，主要靠发行建设公债，第一期市政公债150万元。因此，当时的汉口特别市政府有权有钱大规模开展市政建设，抗战前汉口的新修马路绝大多数都是在1928—1930年修筑的。而省辖市时期，由于市财经归省财政厅管理，建设费预算低微。如1934年度建设费（包括中山公园建设费）经常、临时费总计预算59.1万元，实际支出59.8141万元，略超7000元。而1935年度建设费（包括中山公园建设费）经常、临时费总计预算为141.26万元，实际支出62.0885万元，不及预算的一半，相差近80万元。两个年度建设费实际支出均不及特别市时期1929年度工程费支出的73万余元，分别相差13万元和11万元，更只有原工务局年度总事业费122万元的一半左右。此外，市政公债发行也由省财政统管，所筹措之经费并不能悉数用于城市建设。1934年，市政府拟发行第二期市政建设公债150万元，用于学校及市政工程建设，经呈准国民政府1935年4月17日批令公布。但因汉江水灾，未能按期发行。截至1935年度终了（即1936年6月30日），仅发各项工程拆迁费3万余元，根本不能满足市政建设工程需要。① 巧妇难做无米之炊，自1931年以后，由于经费短缺，城市道路基本上小修小补，城市生活建设很难成就大格局、大气象。城市经济和社会发展亦呈衰退之象。1935年10月8日，《申报》曾以《西行见闻》为题描写汉口诸多不景气状况：

> 汉口居长江和汉水的左岸，全市人口约有八十万左右，一向有"九省通衢"以及"东方的芝加哥"之雅号。其实，九省通衢差不多已成了过去的名词，因交通事业的发达，自西而东的货物输出，可由陇海路或长江直抵上海，南可经广州出口，并不像从前一样，西部、西北部以及西南部各省出口的物品，均须以汉口

---

① 涂文学《城市早期现代化的黄金时代》，北京：中国社会科学出版社，2009年，第105—106页。

为唯一之集散地。至于"东方的芝加哥",似乎也有些夸大。别的不说,即就武汉区仅有的工业纱厂业而论,全区四家中关门的已有三家,硕果仅存的一家,也奄奄一息了。汉市社会情形,据调查所得,无论商业、金融、人民生活,各方面均形困难之状。汉市银行计有二十余家,钱庄原有七八十家,最近只剩六十四家,尚在逐渐减退中。……素来以钱庄业为汉口金融组织基础的势力,已宣告瓦解。……

商业方面,商店的关门数目,固然不少,且无论哪一项营业,都有一年以内三易老板的现象,而以广货商号为尤甚。顶替做老板的,大半多是债权人或者资本较雄厚、计划较远大的店主。汉口市面有句最流行的话,就是"只见店员,不见顾客",然亦有许多商店,求关门而不得者。……事实既然如此,所以宣告关门的商店一天天的增多。依最近的总计,全市有二三十家广货店已贴上"店面生财招盘"的字样。全市南京帮杂货店二十家中,关门的已有十六家。沿中山路一带为汉口最热闹的市区,空店屋的亦颇不少。

……目前汉口有几种特殊现象,第一是商店越大,亏累越多;反之,小本经营倒可苟延残喘。第二,大菜馆如杏花楼等,均已关门,而经济菜馆反见增加,"经济"两字遂成为时髦口头禅。第三,劳动力很多过剩,无处可卖,尤以中下阶层市民为甚。汉口的地产事业,在民国二十年大水灾以前,还在鼎盛时代,银行营业,外商如义品银行,华商如上海银行等,差不多全致力于地产事业之经营,其赢利比放款胜过数倍。现在的情形则大大不然,地产事业疲敝已极,往往有一连几座的房子无人过问。一个三楼三底的二房东,须得自己付全部房租。在民二十年以前,二房东欠房主房租三个月,房主如向法院控告,法院例颁严令限期缴清,否则拘惩不贷。现则房租积欠,有的竟达二十八个月之多。地方法院关于呈请追缴房租的案件,已堆积有一千八百余件之数,法院殊苦无法处置,只得暂行束之高阁,从长计议。

本年大水灾以后社会情形,全省嗷嗷待哺的灾民达七百余万。武汉当局对灾民入市取缔綦严,故灾民无法居留武汉(民二十大水灾时,武汉三镇尚容留灾民三十万,近则一二千人而已),但若辈多麇集武汉近地,或过其结队逃荒生活,仍间接影响武汉的商业和治安,武汉当局因此颇怀忧虑。对于救济方面,也有杯水车薪无济于事之苦。不久以前,汉市曾举行赈济水灾募捐运动大会,但募集所得为数不到四万元;若与民二十年募捐的成绩四十余万元相比拟,足见社会经济之日益支绌了。①

20世纪30年代中期汉口的中衰，当然有多方面的原因，交通格局变迁带来商业市场的萎缩，频繁的内战使武汉城市功能蜕变成军事指挥中心（鄂豫皖三省"剿总"所在地），1931年和1935年两次大水使城市遭受重创等等。但城市大权被国家政权操控，缺乏独立自治，应是极为重要的因素。《申报》上述报道多次将1931年、1935年两次大水进行对比，可以看出，1931年是汉口由盛转衰的重要时间节点，正是从这一年开始，汉口由特别市变成普通市（省辖市），城市治理大权被中央和省府牢牢掌控，城市的经济功能大大弱化，有限的税收被中央和省府收缴，以一市之有限财力供养湖北全省甚至中央政府的"剿共"军事开支。档案资料显示，汉口财税大权收归省府，实际上听命于最高统治者的旨意，"总司令蒋电令汉市经费仍归省府统支等因，当往分令遵照在卷"，②汉口因自治权力被剥夺，不仅失去了独立自由发展的大好机会，而且连城市基本的运转也难乎为继。同样是水灾，而且1931年的大水比1935年要严重得多，但无论是接纳灾民的能力，还是市政府救灾实力乃至赈灾募捐数，1935年都远逊于1931年。省府掏空了汉口的财力使得抗灾赈灾无以为济，市政基础设施建设亦因经费短绌而欠账太多，难以有效地抵御洪涝灾害。汉口，这个曾经的"驾乎津门，直逼沪上"的城市之星就此陨落了。

二、城市治理"官进民退"对现代城市化与城市现代化产生的负面效应

20世纪30年代汉口的遭际，充分证明以一统官治为核心的传统郡县体制及"城乡合治""重乡治而忽市政"等国家治理理念的强大惯性。20世纪前半叶，尽管现代城市制度已初步建立，但城市仍然受制于国家强权政治，没有也不可能实现真正的市政独立和城市自治，而且随着国民党一党专政的不断强化，一些有着悠久绅商自治传统的市镇亦面临着"官进民退"、自治消弭的厄运。

清末新政期间，朝廷颁发《城镇乡地方自治章程》，各地城镇纷纷响应，城镇自治经历了一个短暂的黄金期。民国初年，城市自治和市政独立有明显进展，像上海这

---

① 《申报》1935年10月8日。
② 《湖北省政府、省财政厅、汉口市政府关于拟请省市财政划分办法的训令、提案、呈文》（1932年），湖北省档案馆藏档案LSl—5—16。

类沐浴欧美民主文明之风的城市,仿照欧美市政体制,成立了颇具民主色彩的具有现代城市政府雏形的自治公所、议事会、参事会乃至市政厅之类的市政组织,地方绅商参与甚至主导城市事务的热情空前高涨。然后好景不长,袁世凯主政北京政府时期,地方自治运动受到压制,城市自治为官治所取代,如1914年2月,上海市政厅被迫解散,上海县接管了上海城市市政事务。南京国民政府成立后,虽然颁布了《市组织法》《市参议会组织法》《市自治法》等法令法规,并批准组建了一批特别市和普通市。法律规定赋予城市市民"出席居民大会、坊民大会及行使选举、罢免、创制、复决之权",① 也规定市参议会为"全市人民代表机关",由市民选举产生,对市政府有监督、审议和咨询权。但实际情况是,这份法规从一开始就没有真正实行过,如南京直到抗战爆发一直就没有成立过参议会,上海虽然成立了参议会,但一直没有完成民选,于是改称临时参议会。与上海相似,汉口特别市也只有未经民选产生的临时参议会,该会于1929年8月1日成立,市长兼任参议会议长,并规定临时参议会附属于特别市政府,其职权有如下四项:(一)建议本特别市兴革事宜;(二)讨论市长咨询事件;(三)讨论市长交议市民请愿事件;(四)审查本特别市行政之成绩。简言之,只有对市政"指导和咨询"两种职能,与《市组织法》规定的监督、审议、裁决甚至罢免市长的职能有本质的违异。对此,汉口特别市市长刘文岛有过解释:

> 本来从原则上讲,地方自治机关,是应由选举产生的,市府之有市参议会,犹如中央政府之有国会,所以市参议会,是全市的最高机关。中央因为在军事时期之后,举国的秩序,没有恢复;人口调查,没有精密计划,所以市参议会由地方选举的实行,规定在一年以后,就是说:正式参议会,须在地方政府成立一年后,方能成立。然而政府最需要的,是要使民众能了解,民众能信任,主政的,应当将现状和将来的计划——尤其是财政,公开向民众剖视,所以兄弟想到一种通融的办法,就是成立临时参议会,来指导和监督汉口的市政,虽然名分上不能算作正式市参议会,性质究竟是相同的,因为都是以指导和监督为终点的。②

刘文岛承诺一年后成立民选的正式的市参议会并没有兑现。作为一个留法的法学博士,他对西方"三权分立"的民主政制不仅十分熟悉,而且曾经十分推崇,著有

---

① 《市组织法》第6条,《国民政府公报》第39册第474号,1930年5月。
② 《刘市长在参议会成立典礼时演词》,《汉口特别市市政公报》1929年第1卷第3期。

《政党政治论》等数部研究近代政党和议会制度的著作。然其演讲中说临时参议会与参议会"性质究竟是相同的",无疑是自欺欺人之语。因此,在其亲自兼任议长下的汉口特别市临时参议会,既不能按相关程序依法选举产生,成为有广泛民意基础的自治民主组织,也不能在立法和监督两方面履行职能而成为"全市的最高机关",最终只能是一个"以指导和监督为终点"的官办咨议机构而已。

总体而言,民国时期城市自治和市政独立状况是"有其形而遗其神",即引入了西方城市市政体制的外在形式,而排斥过滤掉城市独立和市民自治的民主精髓。在国民党一党专制体制下,国家建立现代市制的主要目的并不在推动以市民自治为依归的现代民主市政体制,而是旨在将其纳入党国统治体制内以强化对城市政治、经济、社会的全面控制。20世纪20年代末30年代初,城市政府建立后,城市建设和城市管理成为城市政府的主要职能,市政事务完全由官方主导。在政府主导下的市政体制格局中,民间,确切地说是商人逐渐并最终完全丧失了对城市事务的参与甚至话语权。民间或者商人在城市事务中由主要参与者到逐渐边缘化的演化过程,在清末民初至20世纪30年代得以充分展现。

清末清廷宣布实行地方自治,汉口商界闻风而动先后成立各种自治组织30多个,这些自治组织多以消防、公安、商警、卫生、道路、慈善等为己任,均为所在辖区居民选举产生,俨然近代城市基层政权。1911年秋,汉口成立了官商共商市政场所——汉口市政会,为官绅商三位一体的以警政为限的近代市政管理机构。辛亥革命后,汉口市政机构几经流变,政府意欲强化对汉口城市事务的管控,但因政局动荡等多种因素影响未能如愿。综观20世纪初叶汉口市政状况,虽然有汉口建筑筹办处、马路工程局、工巡处和建筑汉口商场督办处之类的官方机构和市政会这样的官商共商的市政机构,但政府对城市建设规范化管理和指导的权威并没有完全确立,加上时局混乱,因此,政府在城市市政事务方面发挥的作用极为有限。民间组织如汉口地方保安会和业主会仍然在城市公共事务中扮演着重要角色,尤其是1907年汉口总商会成立后,汉口商界对城市建设与管理等市政事务的参与更具自觉意识和理性色彩,由商会主导或官商共同参加的市政组织,作为沟通市民与官府之间的纽带和桥梁,在清末民初汉口市政事务中发挥着举足轻重的作用。如民初汉口重建便是在汉口商界的主导下进行并完成的。1913年,汉口马路工程局规定汉口街巷修筑办法,街分三级,巷分五等,由于街巷宽窄不一,修筑改造街巷时,沿线业主在报请勘丈时屡起争端,官方在不得已的情况下做出妥协,由汉口业主会重新修改街巷等级,汉口商埠警察厅贴出告示晓谕各业主,争端才予平息。1918年,湖北省政府拟在"汉口张美之巷建筑横马路一案,已经各团体屡议屡搁,总难进行"。究其原因,一来政府"款项支绌",二来在早已规划的马路线内,房主"造屋者日多",业主们群起反对,政府筑路计划付之东流。直到1929年武汉建市后,汉口市政府才在是处修筑了民生路(即原张美之巷)、三民路、民族路、民权路等柏油路面的横马路。"业主会在民初与官府的抗衡中屡屡获胜,说明其势力之大。这里,我们对其姑且不作所谓现代化进程中的公域与私域冲突的价值评判,列举这个例证,只是说明它反映了民初汉口城市公共事务仍然由商人集团所主宰这样一个基本的社会现实。"①

汉口商界主导市政的格局是从什么时候开始改变的呢?其实,端倪在清末即已初现,清末汉口商界拟在后湖开辟商场,由于湖广总督瑞澂强势介入而夭折,不仅极大地挫伤了商界办市政的热情,更直露地表现出官商之间难以弥合的矛盾以及商对官的依赖。②20世纪20年代初,政府主导市政的态势开始显现,汉口商场建筑督办处理接管汉口建设后,其工程计划基本撇开了商会和其他民间组织的参与,而以官府为主导,向外商借款。1923年,武阳夏商埠建筑处委托工程师编制《建筑汉口商场计划书》,汉口地亩清查专局督办孙武主持编制《汉口市政建筑计划书》,都是官府行为,民间组织已失去了在城市规划中的话语权。只是由于政局的动荡和武人专权,汉口官方没有办法按计划实施城市现代化改造,而民间依自己的有限力量各自建设,汉口城市的现代化重建在官与商既对抗又合作——所谓官商互动下艰难地前行。

30年代,南京国民政府成立,彻底结束了商人参与乃至主导城市市政的历史时代。

南京国民政府时期的城市建市,其意义在于使城市成为独立的政治单元,纳入国家行政序列以强化对其管控,"都市为国家的代理人"。③都市既然成为中国行政序列中的政治单位,除了继续保持其商业——经济中心的功能外,还负载了相应的政治——社会责任,加速实现城市现代化尤其是市政建设与管理的现代化不仅是国家对城市政府的重要要求,也是城市政府的主要职责。城市建市后,按照蒋介石"建设之事端,唯市政最为先务"之要求,"市政"成为城市政府的主要任务。1930年颁布的《市组织法》在给市规定的24项"市职务"中,便有10项涉及市政。20世纪20年代末,有学者曾著文对城市中"政府工作"与"非政府工作"之间的关系进行专门论述,关于政府工作,作者认为:"都市之政府的工作,是都市在某种境况下为国家

---

① 参见涂文学《城市早期现代化的黄金时代——1930年代汉口的市政改革》,北京:中国社会科学出版社,2009年,第381页。
② 同上书,第376—379页。
③ 叶秋原《市政与国家》,见陆丹林编《市政全书》,上海:道路月刊社,1929年,第62页。

的代理人（acts as the agat of the state）……是一种为大众的工作。其所享有的权利或所担负的义务，不仅是专属于市民的。"所谓"非政府工作"，文章定义为"都市之非政府的工作，是都市之一种地方的工作，其目的在适应其市民之需求"。作者认为，无论是"政府工作"还是"非政府工作"，都必须由城市政府主导，尤其是过去由私人和企业进行的城市道路修筑、住宅建设、自来水及居民用电、公共交通等公用事业都必须转归公办。政府延揽过去由民间组织和私人主导和参与的市政事务，主要理由有三点：其一，公用事业"市民觉得这是一种全市的工作，不宜将全权置于一二私人之下"；其二，都市是政治的实体，不是什么商业的组合，城市公用事业完全商业化与城市政治实体的性质和城市政府的职能不符；其三，城市公用事业商业化有可能造成少数人的垄断，不能为广大市民谋福利。"为什么都市不许私人办理电车、自来水、电气等？要知道都市这一种组合，是要谋全市的福利与安宁，假若私人办电车或是自来水，则私人公司虽有权增加价额，市民却没有积极抵抗的办法，除非消极的不用自来水和不坐电车，或可用以抵制。假若这些都是市办的，市民就有选举权，由市长或市政局交议，究竟是否加价的必要，全市多数的人民如果不赞成这加价案，便否决了。如市长不将这样的加价案付给市民表决，则市民有三分之一的市民联署，可以直接用创制权来使市长举行全市表决，假如否决了，都市是无论如何不能施行这样的加价案的。都市欲举办这项企业，必须先是免除少数人的垄断，更有过者，私人这样的事业，其目的是在谋利，而都市举办这项企业，却不是谋利，不过是应市民的需求罢了。"这里谈论的公用事业究竟是公办还是民办，涉及的问题十分复杂，而且作者是以美国为实例来讨论的，故而所谓市民在公用事业建设和使用权利方面有"创制权"和"知情权""否决权"，显然不适合中国国情，显得过于理想化和书生气。但作者表达出来的主题思想与我们要讨论的问题的关联度则颇为密切，即现代城市作为国家的一种政治组合（即政治实体），必须掌控城市市政，这既是一种经济需要，但首先是一种政治上的要求。关于此，作者在该文的结尾一语破的："关于市政组合，我们前面已经说过了。都市虽然不是商业组合，却含有些半政治的性质，因为那些非政府的工作，在政治原理上看来是无以立足的。"①

城市在成为独立的政治单元而不是其他政治单元（如郡县）的附属物，成为政治经济中心而非单一的商业市镇后，开始具备独立的行政法人地位，行使独立的行政职能，城市政府成为城市事务的领导者和主导者。过去那种城市本身"无政府"社会状

---

① 叶秋原《市政与国家》，见陆丹林编《市政全书》，上海：道路月刊社，1929 年，第 62—68 页。

态下由商人主导的城市公共事务的历史从此一去不复返,民间(主要是商人集团)在市政和城市生活其他公共事务中的角色于是发生了质的改变:由市政主导者退居为政府主导下的市政参与者和协作者,由官商互动的合作者蜕变成对立面和批评者,由官商、官民冲突中的胜利者逆转为失败者。

我们还是以汉口为例,剖析南京国民政府成立后民间在城市市政事务中上述三种角色的转化和蜕变。

1927年武汉(汉口)建市后,城市的规划与建设完全由市政府工务局来进行,为市政府的一项专业职能。民间建房也要依照市政府制定、公布的建筑管理规则并报工务局审批。公共建筑和城市基础工程建设,由市工务局招标方或自属工程队修建,由工务局验收;汉口改为省辖市后,则由省府建设、财政二厅派员验收核算。尽管如此,民间在汉口建市早期对于城市规划和建设还是有一些发言权,当然,这个权利主要是政府赋予并主导的,与明清时期商人自发组织并自主进行市政建设是完全不同的。1927年武汉市政府时期,武汉一些社会组织和团体如工会商民协会、商民协会、业主会等与市政府共同组成"汉口市开辟马路委员会",参与讨论马路规划和建设问题。在城市建设的具体操作层面上,政府往往需要借助民间力量来完成建设项目,如建设资金就需要商界支持,包括发行和认购公债,向私人借款和鼓励私人捐助等。如1929年汉口市政府奉行政院令批准发行市政公债,其市公债基金保管委员会13人委员中,除市长委派1人,市党部派2人外,其余10人都是民间商会和业主会人士,公债认购,至1930年底,汉口商会、业立会共认购34万余元,汉阳商会、业主会共认购9000余元,他如汉口银行公会、纱厂联合会、既济水电公司亦有认购,总计约80余万元。民间和商界除了认购市政公债支持和参与市政建设外,商界还采取捐款的方式支持城市建设,如1937年,市政府整理交易街、景福路、韩家巷工程,该处保安会募集街邻助款以补经费之不足。

一般而言,作为参与者角色的商界和其他民间组织,在参与城市事务过程中,皆能以积极分子的姿态配合政府的工作,官民、官商间的合作虽然不无龃龉,但双方大体上还能顾全大局,在城市现代化的总体目标上求同存异,互惠互利,共谋发展。但是,由于集权式的市政体制对市民自治的本能地排斥,由于汉口商人因为深厚的自治传统所引起的对集权市制的不适与不满,由于城市现代化进程中公域与私域的矛盾冲突等等,决定了汉口以商人为主体的市民社会必然要以另一种角色——反对者和批评者的角色参与到汉口城市现代化进程中来,但在强势的专制政治面前,处于弱势的汉口市民社会每每以失败而告终。

20世纪30年代中期,汉口的市政建设尤其是马路拓宽翻修工程项目较多,直接触及沿线商家利益,引起官商之间的冲突。前述民初类似事件,汉口业主会与之抗争,最终以官方让步而了结争端。但这一次冲突的结局又如何呢?1933年,汉口旧市区内正街被焚,汉口市临时参议会议决,旧市区灾后重建房屋半退让半具结,汉口市政府亦向湖北省政府呈文请示,"在当时不过使市民修建房屋时照路线退让,免有重拆重让之虞,以期逐渐扩展,促进市政繁荣"。表达政府"乃于法理之中兼寓体恤之意"。但是汉口市临时参议会和市政府的意见遭到省政府的否决,引起广大商民强烈反弹。汉口业主会办事处理事长胡治初亦上书省政府,希望政府机关体恤民情,不要大拆大修,以顾及沿线商户利益。"本市各业主来处声称,市政计划案内,新定马路暨整理街道尚未兴工之区,业主等因让地太多,旧屋空地不能建筑,损失甚巨,生计困难。"闻省政府未准市参议会的变通办法"殊为骇异"。他认为:"新定马路整理街道,工多款巨,分期进行,兴工甚缓,不但业主废时失业,损失租金,而且典卖维艰,债务纠纷,年年拖累……既就公家而论,房捐铺捐契税牺牲不少,无法增加,亦有因噎废食之嫌。且陈旧之屋,焚毁现场,荒凉满目,有碍观瞻,整齐划一,遥遥无期,市政繁荣久难实现,公私均感不便。"市参议会和市政府"半退半让议案不过暂为之计,实与市政设施整个计划无碍"。接到呈文后,7月,省政府一方面"为重视民意起见姑转咨"内政部,一方面令汉口市政府转汉口市业主会办事处"在内政部未核准转咨以前,新建房屋仍应照原案办理"。8月,内政部以土字417号咨文,否决了汉口市参议会临时参议会和市政府的变通办法,明确指出,"查汉口街面宽度既经分别规定,《建筑规则》复早颁布施行",汉口市临时参议会的变通退让办法"核与市政建设计划显有抵触,且分期退让,重叠拆迁,财力物力均不经济",要求省政府"仍照规定街面宽度,严饬一体遵守,以利建设"。湖北省政府遂令汉口市政府"遵照办理,并严饬该业主会办事处遵照"。①

汉口业主会自民初成立近20年,为了维护商民自身权益,在与官府的多次冲突博弈中屡屡获胜,但这回却第一次吃了败仗。尽管以吴国桢为市长的汉口市政府从多征市税角度考虑过给业主会让步,但却遭到南京国民政府内政部和湖北省政府的拒绝。这实际上透露出这样的信息:一个欲建立起强势专制集权的国民党中央政府,是不允许任何体制外的利益集团与之抗衡的,汉口业主会不识时务,仍然翻着老皇历,

---

① 湖北省档案馆藏档案,档案号:LSI-5-5376。

拿着鸡蛋往石头上碰，结果遭到惨败，被政府要求"严饬一体遵守"。①

三、合作与抗衡：城市化进程中政府与商人的利益博弈——以张謇、卢作孚、刘歆生为样本的考察

国家和政府强势介入城市市政，对于近代城市化和城市现代化带来多方面的影响，一方面是民间社会对国家和政府的高度依赖，国家和政府对民间主要是对绅商参与和主持的市政事业给予一定的支持，官商之间形成一种互利互惠的合作关系，从而一定程度上推动工业化、城市化的进步和发展，这方面以张謇和卢作孚较为典型。另一方面，国家与社会、政府与民间确切地说是官商关系则有更为复杂的一面，既有强势政客对弱势商人的肆意掠夺，又有随着城市社会经济逐步规范化、法制化后对商人自由发展空间的限制。如前述汉口业主会与湖北省政府关于街道和马路是按城市法规重新修筑还是在原有基础上"半退让半具结"，就属此类情形。但更多的还是官对商的巧取豪夺，这方面的例子以晚清、北洋政府、南京国民政府三代官府对汉口富商刘歆生地产的强占侵夺最为典型。

张謇和卢作孚能够在近代城市化运动中有所作为，将南通和北碚建设成为现代化城市，除了前述个人之功外，与他们有着深厚的官绅背景尤其是官方支持扶助相关涉。张謇于光绪二十年（1894）中一甲第一名赐进士及第，高中状元，民国成立后，从1913年10月至1915年11月，出任北京政府农商总长，是典型的绅商合一、官商兼具的两栖人物。卢作孚民国初年曾受四川军阀杨森之邀出任泸州永宁公署教育科科长，1929年至1932年兼任嘉陵江三峡地区防务局局长，其间于1929年应四川善后督办刘湘之邀出任川江航务管理处处长，1935年任四川省建设厅厅长，1938年被国民政府任命为交通部常务次长，主管战时水陆运输任务，直至1943年辞去该职，1940年被国民政府任命为全国粮食管理局局长，负责军需民食的粮食问题。张、卢二人的官员身份，使得他们与政界有着天然的亲缘关系和千丝万缕的联系，从而在政商之间左右逢源，纵横捭阖，国家和政府成为其办企业、兴市政的有力奥援。

光绪二十二年（1896），张謇以状元身份奉署两江总督兼南洋大臣张之洞之命兴办大生纱厂，办厂之始即得张之洞、刘坤一等朝廷封疆大吏的大力支持。按照张

---

① 涂文学《城市早期现代化的黄金时代——1930年代汉口的市政改革》，北京：中国社会科学出版社，2009年，第370—397页。

謇的最初愿望,大生纱厂筹集商股,纯粹商办,怎奈商界财力有限,筹助资金久无着落,遂转而向张之洞、刘坤一求助,张、刘将原湖北南纱局购买的"官机"40800枚折价作为股金给大生纱厂,这样,大生纱厂便由商办企业转为官商合办。正是由于张謇的特殊身份以及由官府支持的"官商合办"的独特体制,使得张謇兴办现代企业不仅能顺利创办,而且获得良好发展的内外环境。历史学家章开沅先生对此有精辟分析:

> 当然,大生纱厂早期确实与封建主义联系甚多,或者说具有浓厚的落后性,这至少可以从三个方面来考察:
> 第一,大生纱厂是由奉旨总理通海一带商务的张謇一手创办而且大权独揽的。他在企业内部的主宰地位,不是由于投资数额而是由传统社会身份所决定的。他正是利用这种身份,在资金、设备、专利、减税等方面,不断向张之洞、刘坤一等封疆大吏寻求支持和帮助。也正是由于这个缘故,大生纱厂初期根本没有董事会,一切由总理独断独行。
> 第二,大生纱厂最初的资金多数来自地方官绅。在实收资金445100两中,"官机"折价作为官股250000两,占资金总额的56.17%;而在所谓"商股"195000两中,封建性地方公款为40900两;在可以查明股东身份的真正商股109700两中,官僚及其部属投资69400两,占59.16%,商号(大多为旧式的钱典业)投资25400两,占23.5%,另外还有地方以土地作价投资3300两。资本结构具有的封建性,决定了利润分配也带有若干封建性。当时在厂内掌握实权的绅董投资总共有4100两,仅占实收资金总额的1%,可是却分得全部利润的16%。同时,股金每年"官利"利息高达8厘以上,无论开工与否及盈亏如何,到期必须如数付给,实际上带有某种程度高利贷性质。这些都表明,企业内部的早期分配还没完全按利润率办事。加以张謇对利润可以自行支配,有时甚至提取大批资金举办与企业并无直接关系的非生产事业(如教育、慈善等),这除了是取决于传统等级特权以外,很难用其他理由来解释。①

章开沅先生以阶级分析的视角,解剖大生纱厂的内部机构以及落后陈旧的运行机制,我们从中却看到中国早期工业化、城市化历史的另一个侧面,即民间在自身力量

---

① 章开沅《张謇传》,北京:中华工商联合出版社,2000年,第90—91页。

弱小的情况下不得不委曲求全，依赖官府和地方士绅，既有时代和国家政府的原因，同时也是商人自身身份和观念的局限使然。

进入民国，张謇的事业如日中天，在20年代达到鼎盛。究其原因，仍然由于官绅支持，官商之间形成良性互动。一是张謇曾任北京政府农商总长，在民国上层有深厚的人脉关系，这些重要的人脉关系在他的事业中曾发挥过重要帮助作用，如华成盐垦公司主要依靠冯国璋的支持，江苏省长韩国钧、通海镇守使管云程等都为张謇的企业提供过不少帮助；二是张謇之兄张詧长期在通州为官，被时人称之为"通州土皇帝"，张謇在南通办实业获批土地就全赖其兄帮忙。所以，即便张謇后来辞官返梓，以民间绅商身份办实业，兴市政，其状元身份、为官经历和深厚人脉，仍然如影随形，发挥着巨大作用。"要之，张謇对于现在中国之政界，表面上虽无何等之关系，然以张公在经济上、地方自治上有坚固之基础，不仅大总统及现任内阁，即地方政府亦无如之何也。张公虽持重自下，然在中国政界之潜势力可谓不薄。"①

卢作孚虽然没有张謇显赫的状元身份和位高权重的官职，但由于他长期跻身四川官场，在地方亦积累了丰厚的人脉资源，因此，无论是最初创办民生轮船公司，还是后来在北碚兴办企业和市政，都得到政界和地方绅商的不少扶助。如其民生公司就是在合川地方官吏的鼎力扶持下得以成立营运的："卢作孚办民生公司是白手起家的，由于当时的华轮航运公司受到帝国主义垄断势力的打击和本身管理的不善，无不经营困难，连年亏损，因此有钱的绅商多不愿投资航运事业。卢作孚认为'航业为各业之母'，决心从航业着手振兴实业。民生公司最先集资2万元，实收股金仅0.8万元。卢筹借路费600元到上海，在合兴造船厂订造了一只70.6吨的浅水铁壳小轮，造价3.5万元，最后由合川县教育局局长陈伯遵挪用县教育经费和前任合川县县长郑东琴等的借款支持，才将船款凑足。小船命名为'民生'，1926年7月驶回合川，民生公司开始正式营业。"②卢作孚在北碚进行的城市化试验，得到四川军阀杨森和嘉陵江三峡地区地方士绅的大力支持，"如在创办中国西部科学院过程中，就有对卢作孚特别器重的地方军阀杨森出资建造了惠宇大楼，有地方士绅、峡防局副局长熊明甫捐赠了地皮。在建造北温泉公园时，就有地方军阀陈书农捐款建造两栋别墅"。③

---

① 驹井德三《中国江苏省南通州张謇有关事业调查报告书》，参见章开沅《张謇传》，北京：中华工商联合出版社，2000年，第298页。
② 凌耀伦、熊甫《卢作孚文集·前言》，北京大学出版社，1999年，第8页。
③ 卢国纪、张守广《中国近代乡村建设不能忘记的人——〈卢作孚与民国乡村建设研究〉序》，见刘重来《卢作孚与民国乡村建设研究》，北京：人民出版社，2007年，第5—6页。

从张謇和卢作孚兴办实业和市政得到官方支持的经历我们可以看到，这种官商合作和互动主要基于两大因素，一是商人的身份地位与个人人脉，二是以利益为纽带的互利互惠合作。国家和政府对于民间社会办实业、兴市政的支持，很大程度上或只是权宜之计，或完全出于官员个人私利，并非出于为实现国家工业化、城市化、现代化的整体目标，培育出一支实力强大的民间力量参与其间，国家主导，社会参与，上下联动，共襄大举。而且，中国数千年轻商贱商的传统，也使国家和政府缺乏对商人的真正信任，双方难以成为真正平等的合作伙伴。张之洞、刘坤一当年支持给张謇的"官机"，是原湖北南纱局堆放在上海杨树浦整整三年无人问津的"旧货"，从某种意义上说，是张謇帮助张之洞、刘坤一解了困，救了急，但两江总督却以此为契机控制了大生纱厂，从企业获取高额利润。而且，政府对民族资本的扶助只是锦上添花，不能雪中送炭，一旦企业有难需要政府帮助解决时，政府的态度又是怎样的呢？章开沅在《张謇传》中曾经详细记述大生纱厂开办之初的窘态和地方大员见死不救的卑劣行径：

> "绅领商办"作为"官商合办"之间的中介形态，虽然为当时当地的一般商人所乐于接受，但实际能够筹集到手的资金仍然极为有限。这时，潘华茂和郭勋也辞去董事责任，集资重担全落在张謇身上。光绪二十三年十二月开始建造厂基，经常雇用职员、工役五六百人，加上材料、运输等各项费用，开支很大。张謇手头6万多两现金很快就花得一干二净，曾经分别向桂嵩庆、盛宣怀、刘坤一、张之洞等再次求援，但这些官员把四万锭破烂"官机"推卸出去以后便撒手不管了。桂嵩庆（时任上海商务局道台——引者注）答应"助集五六万"只是一句空话，盛宣怀的诺言也毫无兑现的诚意。张謇曾经拉着桂嵩庆到两江总督衙门对质，但刘坤一也没有认真督责桂嵩庆履行前约。纱厂经费窘迫到极点，连张謇到上海集资的旅费都是靠卖字筹措的。
>
> 光绪二十四年（1898年），"造厂运机，造工匠房，修闸砌岸建坝，筑路造桥，一切工程，先后并举，岁终粗毕"。其间，张謇还曾一度循例到北京翰林院销假，幸亏有沈燮君等得力助手艰辛维持，建厂工程才没有中途夭折。及至"官机"运到，又使张謇叫苦不迭，原来这批机器"自二十一年运湖北，折江宁，回上海，苦栈于浦滩者三载。上雨旁风，板腐厢裂，机件断烂者十之三四。官既无款购补，商本又绌，先后由商续渐添配凑补。故六月之久，机车不能全开，垫款已有七万有奇"。好不容易挣扎到冬天，厂屋即将建成，机器装置过半，并且已经开始收购棉花，眼看就可以开工出纱了，但又为资金短绌所苦，因为连日常开

支都无法应付,怎么谈得上正式开工。张謇象到处化缘的和尚似的,求刘坤一,求张之洞,求盛宣怀,求江苏、安徽、江西各地的官员,但是应者仍然寥寥,到手的钱还不够几天收购棉花的价款。张謇走投无路,一度曾想求助于外国资本,甚至多次以辞职向刘坤一表示抗议,威胁说:"设皆不行,止有请派他人接办;又不行,则请招洋股。日本已有内地制造土货之约,本不系乎通商口岸与否,但必须南洋(指南洋通商大臣)明白允许。设不允,又不筹款,则径写折历诉前事,请南洋代奏。事至今日,谦逊无益,止有宁我逼人,毋人逼我之法"。张謇已成困兽犹斗之势,言语间倔犟之态可掬。办纱厂本来是为了抵制日本侵略,可是还没开工就已经准备向对手退让,可见民族近代工业的处境是多么艰难。①

如果说,有着深厚官绅背景的张謇在与政府的合作中尚且处处受到掣肘,只能在夹缝中左冲右突,艰难生存,那么,那些布衣商人在腐败且强势的官僚政治体制下遭遇到的悲惨境况就可想而知。如前所述,汉口富商刘歆生靠囤积地皮起家,到辛亥革命前夕,其资产已达1000余万。②1924年《湖北实业月刊》刊载《汉口房地产地皮之近状》一文说:"汉口自辛亥革命以还,旧式房屋立被于火者,皆逐渐建筑新式,而后城马路之进化,大有一日千里之势,如新辟之新马路一带,即由偏僻之区进而为繁华之域,比租界有过之而无不及,于是此处不动产,亦变为汉口绝好之产业,从前囤有此处地皮和或水淌者,皆利市百信焉。汉口地皮最多者,大抵为刘歆生,市房最多者,大抵为周五常,盖其地产房屋皆站汉口之特别地位,成注意之焦点也。"③刘歆生庞大的资产,自然引起地方官府的觊觎。由于刘歆生对地产投资过于狂热,各项经营开支过大,借贷的流动资金转为不动产,加之地方当局作梗,至1911年,其积欠华洋银行、钱庄和各界款项达500余万两,没有现金偿还债务。于是湖北省官衙趁火打劫,经湖广总督瑞澂奏准,以湖北官商名义合借洋例银500万两,订立合同分20年筹还,将刘的部分地皮及建筑物划归湖北官钱局充作公产陆续变卖还欠款。这样,刘歆生所有坐落在歆生路南边的一连9幢铺屋以及生成里全部房屋的产权,都移归湖北官钱局了。1910年5月21日《申报》曾以《富商刘人祥将入法籍》为题,报道刘歆生即刘人祥与官府的地产纠葛。"汉口富商刘人祥由立兴洋行买办囤积地皮起家,现

---

① 章开沅《张謇传》,北京:中华工商联合出版社,2000年,第82—83页。
② 《申报》1910年5月21日。
③ 《湖北实业月刊》,1924年第1卷第7号。

有资产一千余万。惟其地皮之在后湖者颇有纠葛，刘因此时托名洋商以资抵抗。"而当有名任鲍氏者，向湖广总督瑞澂呈送禀文，控告刘歆生侵占其地，请求官府下令拆让。瑞澂不问青红皂白，批示用"充公"两字解决刘歆生后湖地产纠纷："查此案前据江汉关道两次具禀，该氏控争之地，业经断令充公，则此地已与该氏无涉。至刘人祥串挂洋旗，捏契图占，早已讯供确凿，是其心术险诈，直一地方无赖之尤，免于究办以属格外从宽。若如来禀所称，尚敢霸踞不让，尤属胆大妄为。仰江汉关道严饬夏口厅押迅令速拆让，立界充公，限五日内禀复。如敢挺抗，即照会法领事签字提讯，禀请从严惩办。"于是有刘人祥见此批后极为惶恐，"允其入籍，将所有产业概行过户洋商，以资保护"的传闻。

辛亥革命后，北洋政府尤其是"首义新贵"将军团垂涎刘歆生的房地产，1923年，湖北当局成立了由义威将军、首义人士孙武任督办的汉口地亩清查专局，清算矛头直指地皮大王刘歆生和房产大亨周五常。据《汉口中西报》1923年4月29日报道："鄂督困于需索，当局罗雀掘鼠。近竟查得后城马路外刘歆生、周五常管有价值二百余万之地皮一大段，谓系官产，已于本月二十五日由夏口县署处分，凡地皮及建筑物一律无偿收归官有。""夏口县宣告处分书后，并不取业主同意，径行着人栽立界碑。"①"孙督武带兵士流氓二百余人，身着军服，携带枪械，任意于歆生后湖一带地产上栽立碑石，强夺至三余万方之多；勒逼各租户过租。"②孙武强取刘歆生地产，显然得到湖北省政府的支持，当刘歆生向湖北督军控告孙武并主张维护其合法权益时，湖北省公署批示："刘歆生称管业各产均执有红契、粮单，如果证据确凿，在官厅何至遽行收归公有？仰候令行官钱局转行夏口县知事会同汉口商会详确查明，秉公办理，具报察夺。"③强势的官府肆意侵夺弱势商人资产，虽然官府强词夺理，但公道自在人心，社会上亦不乏公论。如本埠报纸《汉口中西报》，一直关注刘歆生的地产之争，对官府与地方劣绅沆瀣一气，欺压商民的腐败卑劣行径，给予无情鞭笞："刘歆生抄契十张，周五常抄契二纸，虽未见原契，而中经诉讼及官厅之验印，绝难认为纯系伪造。当时官厅既弃置不顾，领有之主权数经移转，刘、周契买而来，依法当然营业，官厅何所信据，竟能断定其纯系侵占，敢于全数没收？……刘歆生，资本家也，向来有'地皮大王'之雅号。以社会上贫富之不均而论，吾人良不愿为富人张目，且国中握有权

---

① 《汉口中西报》，1923年4月29日。
② 《刘歆生呈督军公署文》，《汉口大陆报》1926年3月2日。
③ 《照录刘歆生于十三年十二月十三日呈湖北省长公署文》，《国民新报》1926年5月14日。

力及财力者,方日竭智尽能以压迫国中之弱者贫者。今地方政府没收富者之巨额财产,吾人但视为大虎之噬小虎,无所用其顾恤。独是虎食未足,又将残人。当局之爪牙若政务厅,若夏口厅,方能日布网罗,为虎作伥,凡属业主,亦当有兔死狐悲之觉悟。……夏口县此次出力不少,论功行赏,当列前茅,名为侯小汀氏贺。虽然侯君,当局所信任者也。烟雾迷天之汉口,市政腐败,街市秽浊;烟赌之毒,遍于寰区;无告之民,乞丐市上,是亦侯君所宜向也。"①

1926年汉口建市后,无论是武汉国民政府还是南京国民政府时期的湖北省和武汉(汉口)市当局,对于刘歆生地产仍取剥夺侵占之策。1926年,汉口因袭北京政府湖北地方当局决定,仍将刘氏地产处分归公,交财政委员会管理。次年,刘歆生禀恳湖北省政府批准,令饬民政、财政、农工、司法四厅,在汉口特一区管理湖北官钱局产业委员会,于1927年11月先后四次调验契据及争地地图,随即因西征军到汉而停顿。1928年,"湖北公产处,竟乘此时期,遽以一纸布告,强将民前任平政院批准停止执行,又夏口地审厅判决,对于民收取租金之请求权,准予存在之汉口三新街、辛壬里、壬冬里一带房屋地皮,执行管理,并将从未发生纠葛契管之汉口小华清街东歆里房屋,改钉湖北公产处号牌,更以武装队士,压迫住户过租,绝不顾平政院命令、夏口地审厅判决"。②刘歆生又多次上书湖北省政府,请求组织审查委员会审查他管业契据,发还被没收地产并停止收租。但湖北省政府并没有支持刘歆生的请求,1933年1月,省民政、财政、建设三厅呈湖北省政府文称,刘歆生关于轮流抽换陆续呈验地契的请求交由审查刘歆生产业委员会第六次会议讨论决议照准。但省政府秘书处的呈文则认为,刘歆生是在"巧取"。并认为原汉口地亩清查专局于1923年至1924年间没收的地产已交官钱局逆转公产处接管,而刘歆生主张拥有的汉口后湖一带地产及华清街东歆里基地,以及刘歆生与卢鹤琴争讼多年、经夏口县署于1923年没收充公,督、省两署布告拍卖,1927年至1928年由湖北公产处呈准收管,而刘歆生主张拥有的汉口三新街、辛壬里、壬冬里一带房屋地皮,即羊子洲基地,"均属公有,毫无疑义"。并认为,因武昌起义,汉口兵燹,清末汉口商场后湖清丈局制成的张公堤内土地鱼鳞图册以及空白板契,"遂致散流民间,莫可究诘。狡黠之徒,按图填契冒占,或伪造契约投税。刘歆生其最著者"。提出应令饬刘"将全部契约及权原老契一并呈缴,详加查验,辨别真伪,附具意见,连同全部新旧契约呈府提会核定,似未便遽允

---

① 《汉口中西报》1923年4月29日。
② 《刘歆生呈湖北省政府禀文》(1931年11月15日),湖北省档案馆藏,档案号:Lsl-5-4598。

该民所请,向押主轮流抽换契约陆续呈验,以杜取巧,而重介产"。省政府委员会第66次会议决议支持了秘书处的意见,否决了刘歆生的请求,令财政、民政、建设三厅遵照。①

刘歆生先知先觉,当汉口后湖还是一片汪洋之际,花费巨资购下大片湖地,张公堤修筑后,其抢抓机遇,填湖造地,不数年,昔日荒芜旷野变为繁华街市,汉口城市空间大大扩展,不仅后湖乡民演变成城市居民,而且吸引大批商人到此投资兴业,成为汉口重要的商业区和居民聚居区。当是时,张之洞主政湖北,积极支持商界参与市政,官商之间尚能保持和谐良好的互动关系,政府和民间共同努力,遂使汉口城市化得以正常推进。另一方面,清末民初,汉口近代城市化刚刚起步,刘歆生所购地产还是一片尚未开发的处女地,其商业价值并不为人们所认识,地方政府对于这些荒湖野地亦缺乏兴趣。但是,随着城市化的快速发展,随着地价不断攀升带来的可观的商业价值,随着城市政府的建立需要牢牢掌控包括土地开发在内市政主导权,政府要下山摘桃子了,向拥有大量地产的商人开刀,削弱商人势力而建立国家和政府的权威。民国时期的政府处理土地问题,并不是以协商、赎买等法治方式进行,而是动用权力甚至军队、警察等国家机器强制占有,表现了强势的国家和政府对弱势的民间社会的轻慢与不屑,显示出专制政治轻商贱商传统的强大惯性和惰性。由于国家和政府对商人的无情打压,商人经济实力大大削弱,有实力的商人更是凤毛麟角,形成不了一个与国家既抗衡又合作的民间社会。更重要的后果还在于,强势政府在处理商人私有财产上的随心所欲、恣意妄为,造成营商环境空前糟糕,商人们人人自危,普遍缺少安全感,无论经营商工还是市政参与,行者裹足,畏缩不前。

事实表明,一个只有国家主导,缺乏民间社会积极参与的城市化,注定是残缺、畸形的城市化,更何况民国时期的国家和政府并非有强大经济实力和丰富行政资源的真正的"强势政府"。20世纪前半叶,中国城市化运动的发展受限,城市化水平过低,原因当然很多,但民间力量弱小,社会环境欠佳,政府鼓励和扶持其参与国家工业化、城市化力度有限,且二者之间不能和谐共生,良性互动,不能不说是重要原因。

---

① 湖北省档案馆藏,档案号:LS1-5-4598。

第三章 城市拉力与乡村推力：城乡二元结构下的畸形城市化

　　城市化是社会的经济关系、人口、生活方式等由农村型向城市型转化的过程。城市拉力与乡村推力双向互动，将众多的乡村人口吸引到城市，由乡民转化为市民，并将广大乡村地带囊括进城市势力范围，促进了都市意识向乡村的渗透。通过一系列社会、经济、文化活动，把现代都市的价值观念、消费意识、经济经营意识、城市管理理念和现代文化思潮等传播到了都市社会深层和辽阔的乡村社会，带动了城乡生活方式的现代化。然而，由于近代中国城市工业化发展不充分和农业商品化程度低下，带来城市拉力疲弱而乡村消极推力过大，不仅阻碍着乡村人口向城市正常流动，而且造成城市畸形膨胀和乡村的残破衰败，滋生社会两极分化、失业严重、道德沦丧、治安混乱等严重"城市病"并萌发出"反城市化"思潮。

第一节　城市拉力：城市功能现代化与城市人口聚集

一、现代工业化提供就业岗位，吸引大量乡村人口向城市迁移，带来乡村人口向城市聚集

　　"城市"自古有之，历史上只要出现大批人员集中迁徙至某个地区，并在当地定居，该地区就会逐渐发展为城市。但是，我们现在所研究的"城市化"却是在西方工业革命后引发的城市数量的增加与城市功能的日益现代化，即是奠基于农业文明时代

的传统城市开始向源自工业文明的近代都市的转变。"在工业革命以前,整个城市经济处于自然经济状态。加之绝大多数城市以政治职能为主,因而城市发展很缓慢,没有条件实现城市化。"① 由于工业革命产生出近代机器大工业,出现了工厂这种新型组织形式。机器、厂房的规模与数量不断扩大,形成了烟囱林立、机器轰鸣的现代城市景观形态。一批新的城市随着工业化的兴起而迅速建立,大批人员和大量的资金、技术向城市大规模流动,有力地推动了城市化的进程。工业化启动了近代城市化和城市现代化,城市化又给工业化注入强大动力,二者互为因果,互相作用,良性循环,同步发展。反之,城市化与工业化若是不同步,无论是城市化超前于工业化,还是滞后于工业化,都会对工业化的发展带来一些不利的影响,从而也会延缓城市化的进展。

近代中国最早的工业化运动是晚清的洋务运动,这一以军事工业为旨趣并推及民用工业现代化的早期工业化运动,直接推动了中国近代史上第一次真正的城市化浪潮。与传统城市之兴起出于政治与军事需要的外在动因不同,近代城市化运动是在工业化内力作用下通过经济杠杆变传统乡村社会为近代城市社会的独特历史过程。自洋务运动以来,中国的近代工业发展总体上呈上升趋势,特别是上海、天津、汉口、广州、厦门、宁波等工商业城市。据统计,1933年上海的工业总产值已达11亿元以上,超过了当时中国工业总产值的一半。② 工业化的发展使得大量乡村人口聚集到工矿企业和城市生产生活服务行业领域。对此,当年主持其事的洋务大吏们似乎早有清醒的预料。李鸿章、张之洞等人曾经不止一次地谈到矿业和铁路的兴建将会带来人口的聚集和市面的繁荣。"铁路之市易既繁,夫车亦因之增众。至若火车盛行,则有驾驶之人,有修路之工,有巡瞭之丁,有上下货物、伺候旅客之杂役,月赋工糈,皆足以仰事俯畜,其稍饶于财者,则可以增设旅店,广买股分,坐权子母,故有铁路一二千里,而民之依以谋生者当不下数十万人。"③ "大抵挖煤机器不外抽水、起重两种,皆是协助人力之事。能用机器则出煤愈多,用人愈众。挑挖民夫、转运船户从前用百人者,今必加增至四五百人;从前用船千余号者,今必增加至四五千号。"④ 事态的发展确乎证明李鸿章、张之洞所言不虚。其时乡村人口向城市的聚集是从两个方面体现出

---

① 朱铁臻《城市发展研究》,北京:中国统计出版社,1996年,第25—26页。
② 张仲礼《近代上海城市研究》,上海人民出版社,1990年,第315页。
③ 《光绪六年十二月初一日直隶总督李鸿章奏》,见中国史学会编《洋务运动》(六),上海人民出版社,1961年,第145页。
④ 张之洞《委员筹办开采转用湘煤》,转自孙毓棠《中国近代工业史资料》第1辑(下),北京:科学出版社,1957年,第764页。

来的，一是在一批新起的工矿企业和铁路电信部门，结集了一大批产业工人和商业服务人员。如唐山，据保守估计就有 5 万余人，大冶及附近矿区有 3000 余人。山东淄川铅矿开工后，数年间聚集大批外乡人，当局恐"日久生事"，以至不得不采取办法加以限制，"现拟挖矿人夫即令附近二十七村庄居民愿入厂工作者造具名册，轮班雇用"。① 据统计，到 1894 年，包括洋务企业在内的近代工业中仅雇用工人就近 10 万人。其他附带的服务行业从业人员、工人家属当更多。二是由于洋务运动几乎在所有的省城都设有机器局，尤其在上海、天津、武汉等地大规模投资，使这些城市获得新的发展契机，吸引大批乡村人口向这些城市聚集。上海在 1843 年只有 23 万人，至 1880 年突破 100 万人；天津 1840 年前后城区人口 19 万人，到 1900 年已达 32 万人左右；武汉 1840 年前后约 20 万人，到清末已达 80 万人。据初步估计，1893 年，全国城镇人口已达 2350 万人，而 1843 年是 2070 万人，正如美国学者施坚雅指出的，1843 年的区域总人口比 1893 年还要多，1893 年的城市人口要比 1843 年大约多 300 万。②

晚清洋务运动开启的中国现代工业化，民国时期有了进一步发展。吴松弟教授等认为，五口通商以来，先进生产力首先在沿海沿江口岸城市形成，这些城市率先得到发展并成为中国现代化的样板和基地。沿海沿江口岸城市不仅是中国商业和交通最发达的地带，也是近代工业最集中的地带。1933 年，在我国除东北、台湾以外的工业最发达的 11 个城市中，沿海和沿江的口岸城市，占了工人总数和生产净值的绝大多数。工业化的发展推动了城市的发展，同时由于城市的现代化，使城市聚集效益的产生成为可能，从而吸引更多的工业及相关产业到此落户，进一步推动了城市工业的发展和城市的繁荣，如此循环往复，最终造就了上海这样的国际性大都市，沿海沿江口岸也成为我国城市成长最快、城市化水平最高的地区。③ 民国学者龚骏曾描述道："工业与都市，在今日已有不可分离之趋势。因都市之工业化，工业即因之而都市化，又工业之都市化，都市往往亦随之工业化焉。故凡重要之工业，殆无不集中于都市，而重要都市，亦即工业发展之中心也。例如上海、天津、武汉、青岛、无锡、大连、济南、广州、哈尔滨等处，为工业发达之地，中国今日之重要工业，亦以此等都市为集中点

---

① 《光绪十三年闰四月十六日山东巡抚张曜奏》，见中国史学会编《洋务运动》（七），上海人民出版社，1961 年，第 380 页。
② 施坚雅《十九世纪中国的区域城市化》，《中国封建社会晚期城市研究——施坚雅模式》，长春：吉林教育出版社，1991 年，第 73 页。本节内容参见涂文学《洋务运动与晚清城市社会近代化》，《涂文学自选集》，武汉：华中理工大学出版社，1999 年，第 255—257 页。
③ 吴松弟《通商口岸与近代的城市和区域发展——从港口—腹地的角度》，《郑州大学学报》（哲学社会科学版）2006 年第 6 期。

也。"①他从工厂、资本、工人、机械等四个方面对此做了详细介绍：

工厂："我国各大都市之新式工厂，究竟占全国多少之百分比，一业与一业不同。大概言之，仅就其制造中心而论，即至少占有全国百分之五十以上，最多百分之八九十。若以次要之都市包括在内，则百分比数，自更将提高若干也。""第一，纺纱工业。其分布区域，极为广袤。然集中之地，不外上海、青岛、天津、武汉、通崇海、无锡六处。此六大中心所有之纱厂，占全国百分之七十以上。其间上海一埠，即占百分之四十八。青岛占百分之八，天津等处，则各占百分之四至五不等。此外济南、大连、沈阳等处各均有纱厂一所至两所，若并合之，则去百分之八十不远矣。""第二，缫丝工业。散布于长江流域及广东。以上海、无锡、重庆、顺德、南海为五大制造中心。据十八年之统计，则四大中心之缫丝厂数，已占全国百分之八十九。若合之重庆、武汉、杭州、广州、三水等处，则至少亦能超过百分之九十也。""第三，面粉为我饮食品之最大工业。分布于东三省及长江流域。北方亦有相当发达。大都集中于上海、天津、武汉、无锡、哈尔滨、济南等处，重庆、南通、南京、大连、青岛、北平亦有之。据前经济讨论处之统计，则民国十七年，全国一百九十三所中，上海、天津、武汉、无锡、济南、哈尔滨六大中心，共有一百〇三厂，约占总数百分之五十三。若合之南通等处之面粉厂，则约占百分之六十左右也。""第四，榨油工业。分布区域，与面粉业约略相同。其制造之中心都市，亦均仿佛。惟榨油除济南外，尚有青岛、大连、营口三处，以为之中心耳。据民国十七年前济南讨论处统计，此几处油厂，占全国百分之六十七又五。""综上以观可见我国都市工业，在工厂方面，约占全国百分之五十三至八十九也。"

资本："工厂既已集中于都市，则都市工业资本，所占全国之地位，自亦非常优越。且都市为金融活动之渊薮，工厂规模以及资本等等，均较内地为巨大。故资本所占百分比，应较厂数为多。惟此项统计，较为难得，据华商纱厂联合会之报告，则民国十九年全国纱厂之资本总额，计华商纱厂三八八八〇〇〇〇元，又七九七五〇〇〇〇两，英厂五四〇〇〇〇〇元，日厂一六〇〇〇〇〇〇两，又日金二三一八八〇〇〇〇圆。其间之六大纱厂中心，上海华厂资本计一七二〇〇〇〇元，又一五六四六〇〇〇两，日厂二六〇〇〇〇〇两，又日金一〇一四〇〇〇〇圆，英厂五四〇〇〇〇两。天津计二二六二一九〇〇元。武汉华厂计五〇〇〇〇〇〇元，又二七八〇〇〇〇两，又日厂一所，计日金五〇〇〇〇〇〇圆。青岛日厂计一〇〇〇〇〇〇两，又日

---

① 龚骏《中国都市工业化程度之统计分析》，上海：商务印书馆，1933年，第3—4页。

金七七八八〇〇〇〇圆；华厂一所，计二七〇〇〇〇〇元。通崇海计九六〇〇〇〇元，又六九一六三九〇两。无锡计七七三五〇〇〇元。为便利起见，以每两及每圆均合国币一元折算，则此六大中心之纱厂资本，约占全国资本总额百分之八十二又八。较之纱厂所占者，计多百分之九也。"

工人："都市工厂工人所占全国之百分比，亦较厂数所占者为高。据民国十九年统计纺纱业之六大中心，其厂数占全国百分之七十四，工人则占至百分之八十又三。其他各业，虽无统计可考，然都市之工厂资本，既已比较的巨大，则其雇用之工人，自亦较多，以此度之，大概情形亦多仿佛也。"

机械："近代新式工厂之范围，日趋扩大，机械之运用亦日著。都市为大规模工厂麇集之地，并以原动力供给之便利关系，其机械化之程度较之资本工人等等，尤为显著。据民国十九年华商纱厂联合会之统计，是年六大纱厂中心之纱锭，占全国总数百分之八十二又五；线锭则几全数集中于六大中心，布机所占之百分比，亦达百分之九十三以上。此种现象，不特纺纱业为然，其他各业，亦莫不如是。例如缫丝工业，据民国十八年之统计，则上海、无锡、顺德、南海四处所有之丝车，计占全国总数百分之八十九以上。又如火柴工业，其厂数之分布，比较平均，然内地各火柴厂，其制造多沿用旧法，若以机械计之，恐上海、广州、青岛、天津、重庆几处，仍占绝大之百分比。又如博山之玻璃工厂，以厂数言之，较上海为多，然机械则上海恐且超过博山几倍也。"

"综上以观，可见我国都市之工业，在全国已占极重要之地位。无论以厂数，资本，工人，抑或机械观察之，至少超过全国总额百分之六十，甚至有全数集中于都市者。虽前述各项，仅限于纺纱、缫丝等几种工业，难免有偏废不及之处。惟都市工业地位之重要，亦为不可掩之事实，吾人更不难由此推测工业都市化之究至若何之程度。不过无论何项工业，均以上海占绝大之势力，似有过分畸形之发展耳。"[1]

正是由于工业化与城市这种密不可分的联系，使得人口的集聚模式发生根本改变，"工业发展的前两个阶段的特征是人口的定居。小工业者仍是农民，被土地束缚在自己的乡村。手工工场中的工匠，通常仍是束缚在工场手工业造成的不大的闭塞的工业区域"。[2] 工业化和城市化的发展，打破了乡村人口的生活方式的闭塞格局，增强了城乡之间的流动性。龚骏曾描述过20世纪20年代末30年代初期江苏、浙江、安

---

[1] 龚骏《中国都市工业化程度之统计分析》，上海：商务印书馆，1933年，第16—28页。
[2] 《列宁全集》第3卷，北京：人民出版社，1958年，第500—501页。

徽、山东、湖北等地农民因上海、青岛、汉口等城市因为都市工业发达所发生的离村现象。"都市工业化后,其影响于农村,亦极重大。盖都市工厂之增加,势必吸收一部分农民,充作劳工。结果农民逐渐向都市移动,使农村陷于空虚状态。益以近年之天灾人祸,农民离村率更增加其速度。在江苏方面,仪征农民之离村率,每年为百分之一又四四,江阴为百分之二又三四,吴江为百分之四又八八,金坛(王母观村)为百分之八。浙江方面,萧山为百分之七又五八,关山(三七七村)为十八又五。安徽宿县为百分之三又〇二。山东沾化为百分之八又七。河北方面,邯郸为百分之一又二八,遵化为二又六五,唐县四又五五,定县(大王耨村)五又六六,盐山八又七二。湖北武昌之南湖濠沟,则为百分之二十。可知各地之离村率,最多竟有达百分之二十。此足以表显农村若何之不安!若从都市人口增加,以及东北及海外移民之数字观察之,更足以证明农民离村数量之巨大。惟近年各国排斥华侨,极为严厉,东方自'九一八'以来,移居者亦失其凭依。故现在离村之农民,不得不以国内都市,为唯一尾闾矣。"[1]

近代以前乡村人口自给自足、安土重迁、流动性极低。近代以后,城市较多的就业机会和较高的收入水平吸引了大量季节性和常年性城市移民。如上海杨树浦附近的一些小村落,在二三十年代由于上海工厂范围的波及,越来越多的村民背井离乡,前往工厂打工。据当时人回忆:

> 工厂初设到附近地方的时候,经理派人下乡找工人,就有人抛开农事跑进工厂;但也有人因为不习惯和不喜欢机器劳动,不久又跑回来了。许多青年人跑进城去,弄熟了,便离开工厂,加入商界。最后,工厂需要女工,在这里找了些去,于是只剩我们一般习于田事的老年人,在家耕田。因为许多人搬进城中住,村庄便见缩小了。[2]

而且,工厂对于青壮年男女尤其具有吸引力:"工厂对于少年人,尤其是对于女子,给予种种赚钱机会,为返回农村中所不能得的。"[3]"较聪明能干的人,多离开村庄

---

[1] 龚骏《中国都市工业化程度之统计分析》,上海:商务印书馆,1933,第13—14页。
[2] 何学尼译《工业化对于农村生活之影响(五)——上海杨树浦附近四村五十农家之调查》,《社会半月刊》第1卷第5期,1934年,第57—58页。
[3] 同上书,第59页。

寻城市工作，在这种工作之中，最能干最聪明的人便可成功。"①

乡村人民热衷于到城里打工，上海绝非个案。例如，唐山在近代工矿企业和交通事业的发展中，城镇空间格局发生了很大变动和拓展，其人口也增加很快。同治年间，唐山附近的乔头屯只是一个默默无闻的小村落。开平矿务局创办前夕，仅有居民数十家。开平煤矿创办后，来自广东的技术人员和来自河北、山东等地的矿工不断增加。铁路通至天津后，开平矿务局使役的工人，从2500人立即增为3500人。与铁路使役的工人合在一起，约为1万人。附近的百姓因此而得生路，这不能不说是交通机构发达所带来的福利。②1912年，开平、滦州两矿合组后，矿工在万人以上。1920年，开滦矿区工人增至1.9万余人，其中30%为里工，多来自周边乡村。70%为外工，主要来自山东、直隶南部，亦有来自河南省者。③1935年底，唐山城区中外居民达7.7864万人，其中在开滦煤矿劳动者约5万人，占全市人口的大半。④唐山近代工矿业的发展，吸引着周边地区及山东、河南等地人口持续向唐山流动与集中，于此可见一斑。⑤

城市化的过程首先是生产要素的集聚过程，是经济行为者谋求最大的利益而寻找最有利的区位的过程，城市在人口和资源的集中过程中不断形成、壮大。而城市的规模扩张必然会带来人口向城市的进一步集中并伴随着企业的迁移、产业的集中，因为企业作为生产活动的主体，为了生产利润的最大化，会有选择在某个地方进行集聚生产，这些企业的雇员为了减少工作成本和时间也会在附近生活。这样便会在城市里形成企业地带。城市规模与集聚是互相联系互相影响的，产业的空间集聚是城市化形成和发展的动力，而产业集聚是工业化过程中的普遍现象。

在民国时期的城市化过程中，已经出现了这种现象。20世纪二三十年代，上海杨树浦附近的农村地区，由于受到城市工厂的吸引，乡村男女纷纷前往邻近都市的区域居住，使住宅与工作单位接近。当时的调查显示："在上海市的东端，越出公共租界数里，沿着趋吴淞的引翔港路两侧，散处着许多小村落。数十年前这些村落中的农

---

① 何学尼译《工业化对于农村生活之影响（五）——上海杨树浦附近四村五十农家之调查》，《社会半月刊》第1卷第5期，1934年，第62页。
② ［日］中国驻屯军司令部编《二十世纪初的天津概况》，侯振彤译，天津市地方志编修委员会总编辑室，1986年，第52页。
③ 唐山市地方志编纂委员会编《唐山市志》，第789页；开滦矿务局史志办公室编《开滦煤矿志（1878—1988）》（第2卷），北京：新华出版社，1995年，第137—138页。
④ 北宁铁路管理局《北宁铁路沿线经济调查报告书》，第1247页；［日］宫本通治编《北支事情综览》，满铁总务处资料课，1936年，第23页。
⑤ 根据江沛、李海滨《京奉（北宁）铁路与资源型城镇唐山的近代变动》，《历史教学》2015年第10期，第6页。

民，与中国其他地方无数农家一般，完全处于耕种的状态中。但在最近一二十年内，上海市的工厂范围已扩展至杨树浦区域，于是这些村落，距离工厂很近了，现在每日朝夕，成群的工人——其中以女工占多数，每个人的手中携着一个盛饭的竹篮，终岁不断地到工厂内工作。"①1917年，留学美国的蒋梦麟回到其家乡浙江余姚蒋村，看到"许多人已经到上海谋生去了，上海自工商业发展以后，已经可以容纳不少人"。村里的老人告诉他："很多男孩子跑到上海工厂或机械公司当学徒，他们就了新行业，赚钱比以前多，现在村子里种田的人很缺乏。"②劳动力总是趋向于向可提供充足就业机会和较高报酬的地方流动，企业也总是在劳动力丰富和专业化水平高的地方进行生产，当时的老人描述："工厂中的男工，很少住在乡村中的，因为他们要搬出去，找邻近做事的地方居住。……大多数邻近乡村的工厂，似乎多为极需要女工的纺织厂。有些女工，不论在什么天时，都要花费两小时或更多的时间跑路穿陌。"③这样，许多村庄都从较远的地方集中到了杨树浦工业中心区域，居住十分拥挤，"从崇明地方搬到我们各村之家族，每每一部分或者全体搬进城去"。④此外，民国《宝山县续志》载："境内工厂，邑人所创办者，大都为棉织类，盖一因妇女素谙纺织，改习极易；一因土布价落，设厂雇工兼足维持地方生活也。淞口以南接近沪埠，水陆交通尤适宜于工厂，故十年之间江湾南境客商之投资建厂者视为集中之地，而大势所趋，复日移而北。"⑤

工业地带的形成是劳动力和企业两方要求得以实现的最佳地域，是社会劳动地域分工的宏观空间表现形式之一，在优越的自然条件与地理位置以及雄厚的经济基础上经过长期开发建设而形成。地带内工业部门较为齐全，生产技术及管理水平先进，工业及城镇人口密集，公用基础设施较完备，并与非工业地带及其他地区有广泛的经济联系。工业地带的地域范围跨度大，工业地域组织系统发育较完善，工业的空间组合类型多种多样，它们在生产、管理、技术和经济上存在着密切和广泛的相互联系，使工业地带成为一个整体；同时，这些组成部分又保持各自的发展特征，在地带内起着不同的职能和作用。近代企业与人口的集中吸引了更多相关产业在此集聚，推动工业带规模的进一步扩大。不仅如此，工业带或工业区的建立，带动了市政建设的进步，

---

① 何学尼译《工业化对于农村生活之影响（一）——上海杨树浦附近四村五十农家之调查》，《社会半月刊》创刊号，第115—116页。
② 蒋梦麟《西潮与新潮》，北京：东方出版社，2006年，第123、125页。
③ 何学尼译《工业化对于农村生活之影响（五）——上海杨树浦附近四村五十农家之调查》，《社会半月刊》第1卷第5期，1934年，第59页。
④ 同上。
⑤ 民国《宝山县续志》卷六《实业志》之"工业"。

城市逐步现代化。如民国时期的上海华界由于工业发展，工厂增多，而带来道路修筑、街区建设的长足发展。"上海工厂在华界者远多于租界，因华界地价、房租等皆贱于租界，且易得较大而合用之厂地故也。二十二年大厂增多，同时华界工厂亦增，正可见新设者多为较大之厂。华界新建筑统计亦显示在二十三年工业停止发展，与吾人在工业方面研究所得之结果相同。此虽似与社会局二十三年工厂统计相抵触，然该项统计包含小厂极多，不能与吾人所得之数字比较，而谓该年中工业继续发展也。道路之修筑为都市建设中重要之工作，上海都市之发展得力于此不少。盖我国旧式城市本无宽阔之马路，近年各地方政府部门虽稍稍从事于此，然国内各都市对道路之建筑及培养最为注意者，仍推上海一市。除华界道路本少，地域广阔，正修之路自属甚多外，其公共租界与法租界则因面积有限制，且已修之道路较多，故增加较难，然亦逐年稍有进展。上海工厂多在华界，华界道路之兴筑于工业发展殊多利益，中山、中兴、国货、中华等路工厂甚多，可见二者之系联。"①

近代城市对乡村人口的吸引，原因当然是多方面的，但总体看来，工业现代化带来城市功能的本质转变，成为现代城市化的主要推动力。对此，民国著名经济学家刘大钧先生曾以上海为例做过精辟论述：

> 工业化决非为一种单纯之过程，而为整个地方生产方式之改变，故其影响必及于整个地方上各方面之生活。吾人若欲于其中分析何者为工业化之影响，何者与其无关，实非易事。而上海一埠之所以成为重要都市，在早期虽可说完全由于商业之关系，但其后所受工业化之影响，非常重要。唯工业化与商业化亦极不易分别。若彻底言之，工业化与商业化，彼此实有密切之关系，就其影响于社会之形态上观之，若干方面亦无从划分。故吾人欲确知上海工业化及于社会之影响，实甚困难。然社会状态纯由工业化所演成者，恐不多见。故本章所述及之诸多社会事实，大体均与工业化有关，然亦不能即谓其均为工业化之结果。
>
> 上海人口据今年八月份社会局报告为3540072人，在中国为首屈一指之大都会。其增长速率，在中国固罕有其匹，即在世界，亦属鲜见。
>
> 此种高速度之增加，原因自甚复杂，但其由于新工业之勃兴，工厂之扩大，致工人数量之需要日增，于是远近之过剩人口，因交通路线之增加而云集，实为重要原因之一。据1927年本所调查所得，仅就工厂工人而论，人数已达214152

---

① 刘大钧《上海工业化研究》，北京：商务印书馆，2015年，第105—106页。

人，至 1933 年，又增至 214736 人。此种人口中虽颇多独身来沪者，然挈眷携属之人亦不为少。有眷属同时入工厂从事生产者，亦有仅家主一人做工，全家依之为生者。平均计算，如一工人供养亲属二人，则劳工及其家属人口，几达六七十万人。为供养此六七十万人所需之衣食住行以及其他各方面之生活，直接间接至少又可吸引十余万人集中于上海。由此观之，工业化确为扩大上海人口数量之重要原因。①

就全国总体情形看来，工业化运动的发展亦是城市人口高速增长的主要原因。王先明教授的研究充分说明了这一鲜明的历史特点："从 1912 年至 1920 年，中国现代工业的增长率达到 13.8%（这样迅速的增长，只是在 1953 年至 1957 年的第一个五年计划时期才再度遇到）。近代工业在工农业总产值中所占比重也大幅变动，由 1920 年的 4.9% 提高到 1936 年的 10.8%。正是在'中国民族工商业的"黄金时代"方才到来'的同时，'随着经济繁荣而来的是加速的都市化。城市人口的年增长率，大大超过了人口的总增长率。'这体现着一种时代性的发展，在 19 世纪期间，城市人口总数以极缓慢的速度增长，其增长率和中国总人口的人口增长率大体相当。而在 1900 年至 1938 年之间，城市人口的增长显然加快，其增长率几乎是总人口增长率的两倍。尤其'在中国 6 个最大的城市——上海、北京、天津、广州、南京、汉口'，'在 30 年代，每年以 2%—7% 的人口增长率在发展'。30 年代后期，人口 100 万至 200 万的城市增长 33%，人口 10 万至 50 万的城市增长 61%，人口 5 万至 10 万的城市增长 35%。"②

二、现代商业革命与商业发展吸引乡村人到城市经商创业

商业革命原本指新航路开辟后西欧商业经济领域产生的一次重大变革，表现为世界市场开始形成，流通商品种类增多，新的商业经营方式出现，商路贸易中心由地中海沿岸转移到大西洋沿岸，商业强国的崛起和价格革命。中国历史上大体上也出现过三次商业革命，第一次是宋代，表现为坊和市的界限被打破，经营时间不再受限制，早市、夜市、草市兴盛，商业活动不受官府的监管，出现了世界上最早的纸币。第二次是明清时期，主要表现为江南地区兴起一大批工商业市镇。第三次是近代商业革

---

① 刘大钧《上海工业化研究》，北京：商务印书馆，2015 年，第 121—122 页。
② 王先明《现代化进程与近代中国的乡村危机述略》，《福建论坛·人文社会科学版》2013 年第 9 期。

命，表现为列强入侵冲击造就出一批以通商口岸为中心的、摆脱了传统中国城市模式的新兴城市，这批城市带来了新的生产技术和管理方法，成为中国资本主义私营现代企业的产生前提。

"在19世纪中国，具有头等意义的是商业，而不是工业。"[①] 早在18世纪后期，新的经济力量已经在中国沿海出现，到19世纪20年代，商业革命的势头开始高涨，表现在企业组织和交易方法出现了一系列改变，"'港脚'贸易飞跃发展；旧的商业机构（广州制度和英国东印度公司）解体；代理商行崛起而居于显著地位，货币存量激增，商业信贷进入崭新的时代；鸦片贸易呈现出它在全世界的重要性"。[②] 商业贸易在中国的经济结构中一直占据重要地位，而随着鸦片战争强行打开国门，在外受帝国主义的商业掠夺和排挤，内受封建势力的勒索和束缚的严峻的形势下，中国原有的封建性的传统商业开始向资本主义性质的近代商业转化。在这个转型过程中，中国民族商业呈现兼收并蓄、多元发展的特点，许多民族商业企业为了能在帝国主义、封建主义双重压迫的缝隙中求得生存与发展，一面大胆借鉴、多方学习，一面自主探索、力求创新，形成了一整套独特的商业思想和经营技巧，并逐步完成了民族商业的近代转型。

首先，在西方商业文化的影响和冲击下，传统的营销方式和经营理念逐步发生转换。许多企业都增强了契约观念，洋行、批发商、坐庄、客商以及行栈之间的交易用抵押和合同等形式来约束对方，保持经营的稳定性。在经营上既有传统的以货易货，也有代销代购、包销包运、赊款经销、贷款预购等多种方式。其次，随着中国资本主义经济的发展和市场机制的运行，西方资本主义国家的各种商业组织形式，也被逐步移植到近代市场体制中来。许多有规模的商店独资或合伙为有限公司，使经营权与所有权有所分离。中国传统商业的企业模式也经历了从家族式到股份制，从不自觉到自觉的演变过程。一些大型百货公司均设有董事会，经理在董事会之下具体管理企业。经理下设营业部，负责商品经营业务。营业部之下又设立若干商品部，直接经营商品销售业务。经营中药材的广州敬修堂就是采取了股份制的企业模式，为了避免子孙辈因争权夺利而搞坏整个企业，敬修堂的创始人钱树田从一开始就严格规定子孙不能直接参与药厂的经营。它实行了类似股份制的经营方式，只聘经理、司库各一人，从事药厂的经营管理。这些人多半是从上海、江浙一带聘来的，而不能是钱家三代以内的

---

① 郝延平《中国近代商业革命》，上海人民出版社，1991年，第4页。
② 同上书，第377页。

直属亲戚。① 再如1926年在天津兴建的中原股份有限公司就是一家大型百货商场。这种以大型百货公司为代表的资本主义管理制度的全面引进，促进了商业的资本主义化，这种新式商业资本集团通过公开招股的方式筹集资本，设立董事会作为最高决策机构，并建立了一套完整的公司规章制度。② 从家族式到股份式企业模式的转变使得产权明晰化，这是历史的必然。"正是在中国人的首创精神下，若干新的制度和做法得以发端，并且有了发展，它们包括拆票、钱庄汇票和庄票、由各种私人机构发出的私票、中国投资人购买外国企业股票的活动（附股）、内地收购制度、合同制下购买丝茶的新方法、轮运经营中的运价战等。这些起领先作用的巨大的商业变化，正是通过中国商人的日常活动而逐渐形成。"③

随着商业贸易形式和内涵的转型，中国的民族商业也由内贸型商业向外贸型或内外贸易复合型转型，日益被纳入国际市场体系中。

中国近代市场是"由传统经济向近代经济转化，在生产力的因素之外，最根本的特征是自然经济转变为市场经济。这种转变在中国像在大多数后发展国家一样，不是自发地在传统市场的基础上成长起来的，而是在外来因素的作用下被迫产生和进行的"。④ 鸦片战争后，外国侵略者凭借不平等条约所取得的种种特权，对中国展开了以商品输出为中心的侵略活动，客观上加速了中国自然经济的瓦解和商品经济的发展，进而促使了中国口岸中心市场体系新格局的形成。因此，近代的中国市场体系的形成、发展是和世界市场兴衰交替密切关联的。

商品结构是市场体系特点的重要表征，我国开埠通商后，商品结构也发生了很大变化。鸦片战争以前，传统市场流通的商品主要为农副产品和手工业品，如盐、米、木材、棉花、土布、丝绸、茶、药等。据吴承明先生的估计，鸦片战争前中国市场上的主要商品全部为农副产品和手工业产品。其中，占首位的是粮食，占39.71%，其次是土布，占27.04%，再次是食盐，占15.31%，其余依次为茶、丝及其织品和棉花，合计占17.84%。⑤ 开埠通商以后，市场商品种类大增，布匹、棉纱、煤油、五金制品、糖和火柴等大批洋货和机制品充斥着各级市场，成为进出口商品为主导、土货洋货并

---

① 王世勇、孙文剑《近代中国传统商业转型时期经营思想的嬗变》，《河南商业高等专科学校学报》2001年第14卷第1期。
② 李云《中国近代商品市场的演变及特点》，《玉溪师范学院学报》2005年第11期。
③ 郝延平《中国近代商业革命》，上海人民出版社，1991年，第393页。
④ 刘佛丁、王玉茹《中国近代的市场发育与经济增长》，北京：高等教育出版社，1996年，第20页。
⑤ 吴承明《中国资本主义与近代市场》，北京：中国社会科学出版社，1985年，第253页。

存、生产原料和消费品并重的商品结构。市场商品结构的变化反映出中国所处的市场体系的深刻变化。如华北在传统时期商品市场是内贸型市场模式，商品种类与价格、运销方式与流通量以及商业资本的构成等都是为自然经济服务的。近代以后，自然经济开始解体，商品经济有所发展，市场也随之演变。开埠前，市场上商品结构简单，以生活必需品为主，粮食、布和盐是支撑传统华北市场的主要商品，其他手工业品等种类少。开埠通商后一方面大批洋货和机制品通过沿海城市倾销城乡集镇各个市场。主要有布匹、棉纱、煤油、糖、火柴。另一方面大批农副土特产品如花生、皮毛、棉花、猪鬃、药材、蛋类，以及地毯等手工艺品进入各个市场，出口外埠或国外。这反映了华北商品结构和市场结构的变化。

商品流通量也大幅增加。鸦片战争以前，据吴承明先生的估计，中国市场上的主要商品的流通总额为34962.6万两银子。①鸦片战争以后，随着商品经济的发展，流通商品的数量也逐渐增加，1913年是597.2百万两海关银，1920年是904.3百万两海关银，1925年达1383.9百万两海关银，1930年达1581.7百万两海关银。②仅从1913年到1930年的17年中，流通商品的数量增长了1.5倍以上，再从1936年的实际贸易数量来看，海关统计的商品总值为11.8亿多元。因此，实际的埠际商品贸易额约达47.3亿元左右，比鸦片战争的长距离贸易额增长40倍以上。③这些都说明中国的商品贸易越来越多地被卷入了国际贸易体系之中。

近代工业振兴、交通运输变革、市场经济的逐渐兴盛和国际贸易的席卷，在一定程度上改变了中国商品市场性质，初步形成了近代意义的市场体系。如汉口开埠后，商业贸易格局出现重大变迁：一方面继续保持传统时代之土货总汇中心，另一方面，新晋为洋货分散之处及土货转口贸易中心。时人回顾汉口开埠数十年间之走势，指出："近年来输入外洋土货，多有先运上海，再由上海运出外洋者，汉口乃又变为转口贸易之重要商埠矣。"④其商业腹地也出现若干变化。中英《天津条约》规定，湖北境内之武穴、沙市、陆溪口作为轮船停泊码头对外开放。江汉关包括2关3卡：大关设立于汉口英租界花楼外滨江处，以总汇税务；南关设立于汉阳县南岸嘴滨河处，以稽查船只；北卡设立于汉口租界18段之下沙包滨江处；子口卡设立于汉口襄河上游桥口滨河处；武穴总卡设立于广济县武穴镇滨江处。这是近代汉口贸易网络最初的

---

① 吴承明《中国资本主义与近代市场》，北京：中国社会科学出版社，1985年，第253页。
② 彭泽益《中国近代手工业史资料》（第三卷），北京：中华书局，1962年，第63页。
③ 李云《中国近代商品市场的演变及特点》，《玉溪师范学院学报》2005年第11期。
④ 陈绍博《汉口市二十三年国内国外贸易概况》，《汉口商业月刊》1935年第10期。

几个联结点。十余年后宜昌辟为通商口岸,并成为江汉关分关,使得湖北境内形成汉口—宜昌—沙市三角形之核心经济区,汉口之商业腹地出现变更。稍后,重庆、岳阳、长沙相继开埠,进一步加深了汉口与四川、湖南之经济来往,形成新型的口岸—口岸关系、口岸—腹地关系。① 日本驻汉口总领事水野幸吉1907年刊行《汉口:中央支那事情》,该书第1章《地理》开篇之语高度评价晚清汉口的商业地位,说:"与武昌、汉阳鼎立之汉口者,贸易年额一亿三千万两,夙超天津,近凌广东,今也位于清国要港之二,将近而摩上海之垒,使视察者艳称为东方芝加哥。"汉口成为近代中国仅次于上海的商业大都市。在时人眼中,"长江沿岸之商场,除上海以外,其交易总额无一能凌驾汉口者"。② 又称"(汉口)自咸丰八年立约与外人开埠通商后,乃由国内贸易市场,一跃而为国际贸易商埠"。③

在近代市场开始形成的过程中,中国的商业资本转化为工业投资,近代的机器大工业开始形成和发展,从而开始了民族资本主义经济发展的历程,也促成近代市场商业网络的形成。近代中国已经形成了一个不同于传统市场,主要是工业品由沿海城市流向内地、农产品和矿业等加工产品则返此道流向沿海城市,建立了一个以商埠都市为中心到内地和农村的商业网络,民族商业资本自觉或不自觉地被卷入国际市场,被纳入以外国洋行和买办资本为主导的从通商都市到内地和偏远地区的商业网络中,对中国国内市场的形成和经济的近代化客观上起到了推动的作用。

但是,中国与世界市场的联系,在东南沿海和长江下游地区远比内地更为密切。近代的中心市场网络主要在沿海和发达地区,全国的工业和进出口贸易总额的50%以上都集中于上海,从而成为世界性的重要商业中心之一。而内地城乡市场十分落后,市场经济向内地的推进相对而言还是非常缓慢的。因此,广大内地农村集市贸易的交换内容和交易方式,仍是以小生产者之间的劳动交换为主要内容,在市场上活动主体大多是小商小贩,旧有的集镇市场变化不大。西南和西北边疆地区的少数民族,很少与市场联系。据英国外交部报告中的估计,20世纪早期,35%—50%的进口商品是被通商口岸居民所消费。④ 可见中国近代市场的网络越到内地和边远地区,其资本主义化和商品化的程度越低。总的说来,中国近代的市场体系东部地区较为发达完善,内地和西部地区则相对落后。有人甚至断言,沿海的中国在世界经济体系中的地位,大

---

① 根据任放《近代两湖地区的市场体系》,《安徽史学》2014年第2期。
② 民国《汉口小志》,《商业志》。
③ 陈绍博《汉口市二十三年国内外贸易概况》,《汉口商业月刊》1935年第10期。
④ 张仲礼、沈祖炜《近代上海市场发育的若干特点》,《上海社会科学院学术季刊》1994年,第2页。

约处于西方核心国家为一方与华北、长江上游、西南部为另一方之间。

而且,由于中国近代市场的产生与发展是在被迫纳入资本主义生产方式的大背景下逐渐发育起来的,这一方面促使了近代市场体系和运行制度逐步和国际市场发生了广泛的经济联系;另一方面,在中外产业资本的比重中,外国资本1894年占60.7%,1936年占78.4%,而本国的资本只占39.3%和21.6%,外国资本占据了绝对优势。①商业资本构成的变化既反映了中国市场的开放程度有所提高、与国际市场联为一体的事实,也反映出近代中国市场的半殖民地特性。因此,中国的对外贸易是在不平等条约下的不等价交换,各级市场的商品交易和商品流通也受到外国商人的控制。市场上重要商品的经营被外国洋行所控制。1936年,外国在中国建立的贸易商行达2280家,资本总额达3.977亿美元(不包括日本占领下的东北)。②外国商行通过中国买办控制了中国的商品市场经营,中国的进出口贸易也几乎全部由外国商行经营和垄断。这些表明了中国近代市场发育还不成熟,近代市场附属于世界市场体系的需要。

借助于新式交通运输工具,城市工业产品大量流向乡村,城乡联系由单向流动发展为双向对流。如西安的交通状况因陇海铁路的通车得到极大的改善,加速了人流、物流、信息流的流通,《西京民报》一篇短评所言:"陇海铁路的车头,已将陕西的生产方式,突然冲破。以前的生产方式,只是农作,今后却要加入些工业的成分,必将随时间的进展而愈趋浓厚,农村里面的人,自然会渐渐走进都市来。加以外省人民联袂而上,而西安市人口的突飞猛进,自为必须结果。"③无锡直到清代,"沪宁铁路未通车以前,(无锡)礼社镇经济组织尚逗留于自足经济中,开明地主每年亦仅入城一次,农民更墨守乡土,终身未尝一觌都市文明者十之八九,其在沪、宁、平、津各处者,更如凤毛麟角,全镇仅二三人而已。"④鸦片战争以后,由于"大机器工业必然造成人口的流动性,各个区域间的商业交往大大地扩展了,铁路使人们的往来更方便了"。⑤从而推动了乡村人口向城市流动。据1935年的调查,农民全家离村前往城市者占离村总数的59.1%,青年入城者占总数的65.5%。⑥无锡礼社镇1931年户口清

---

① 吴承明《中国资本主义与近代市场》,北京:中国社会科学出版社,1985年,第253页。
② 吴承明《帝国主义在旧中国的投资》,北京:人民出版社,1956年,第42页。
③ 短评《贫民住房问题》,《西京民报》1936年8月2日。
④ 《新创造》1932年第2卷第1—2期,第175页。
⑤ 《列宁全集》(第3卷),北京:人民出版社,1958年,第501页。
⑥ 国民党中央农业实验所编《农情报告》第4卷第7期,第177页。

册发现，向外移徙人口755人，以去上海、苏州、本县城区人数最多，"若与二十年前老死不相往来比较，实使人惊奇万分。"①到20世纪初，一个从通商口岸到穷乡僻壤的商业网逐渐形成。"1910年以前，货物（主要是粮食）离开农村进入城市，但是除了富裕的土地占有者外，却很少有东西从那些城市中拿回来。可是到了20世纪中叶，有越来越多的农民将他们的商品输送给现代工厂，在那里加工并且其中也有部分回到农村"。②如上海人力车夫都是春去秋来，视农村收获而定。无锡梅村镇农民每届农隙，就成群结队跑到上海做小贩，农忙时则回乡。③当时，迁居城市的也包括许多农村有产者。伴随着近代城市经济的发展，一些"乡居地主"也向"城居地主"转化，离乡地主携带着从土地上积累起来的财富进入城市，把土地资本转化为工商业资本。这是因为与工商业利润相比较，出租土地所获得的地租收益大为逊色。据1923年的调查，上海地区各县土地占有超过50亩者人数不多，而且越靠近上海市区其人数则越少。其原因在于，上海发达的工商业与可观的利润，刺激着地主把资金投入了工商业。④中心城市丰富的产业部门、广阔的活动空间和各种机会，吸引着源源不断而来的乡村农民和地主。

在近代中国城市现代化进程中，工业化对城市功能转型当然起过重要作用，上海、武汉、天津这样的城市尤其如此。如上海，"1935年，上海华界共有在业人员1298305人，占总人口2032399人的63.88%。其中，工业和商业领域在业人员分别有448880人和185912人，两业合计占了各业总人数的近一半"。⑤显然工业从业人员占绝大多数，几占商业从业人员的3倍。但是在更多的城市里，商业的现代化发展对于城市化和城市现代化的推动仍然起着重要乃至主导作用。对此，我们可以从城市商店数量和人口职业结构的商业从业人员占比得到直观印象。以素来商业发达的江南地区城市为例，民国时期商店数量和商业从业人员呈大量增加态势，据陈国灿的研究，上海民国初年，仅经营洋杂货、五金煤铁、煤油、颜料等业的店号就有600家。20世纪30年代初，从事批发业务的米行有120家，从事零售业的米店更有1000余家，1936年统计，全市"甲种商业"和"乙种商业"共有44954家。到1948年，上海零售商业企业增至78375家，另有个体商业摊贩20余万户，从业人员30余万人。杭州1912

---

① 《新创造》1932年第2卷第1—2期，第176页。
② ［美］珀金斯《中国农业的发展》，上海译文出版社，1984年，第147页。
③ 章有义《中国近代农业史资料》（第三辑），北京：生活·读书·新知三联书店，1957年，第480页。
④ 樊树志《江南市镇：传统的变革》，上海：复旦大学出版社，2005年，第31—33页。
⑤ 陈国灿《江南城镇通史·民国卷》，上海人民出版社，2017年，第191页。

年至1927年，城区陆续开办的商店多达4379家，相当于1912年商店数的4倍多。南京民国时期商业也有很大发展，尤其是国民政府定都南京后，商店数量激增，据1936年的统计，全市共有各类商店13000多家，店员8万余人。苏州仅观前街1927年即有各类店铺120多家。无锡1936年有商店4850家，1948年，城区仅坐商就有9870户。由于商业在江南地区城市中所占的重要地位，故商业从业人员在城市人口职业结构占比中居优势地位。"杭州、苏州的城市规模和工商业发展水平自然不能与上海相比，但在就业人口中，工商从业人员同样占据主导地位。1930年，隶属于吴县的苏州城区共有在业人口150115人，其中工人、矿工、劳工、商人、负贩等工商业人员合计为91918人，占在业总人数的61.23%。由于商业发展明显领先于工业，反映在行业人口规模上，包括商人和负贩的商业人员有54533人，是工人、矿工和劳工总数的近1.5倍。杭州也一样，1947年，工业和商业领域在业人员合计有122793人，占全市职业人口总数的一半以上，其中商业从业人员58784人，相当于工业从业人员40516人的近1.5倍。"①汉口和南京、杭州、苏州等江南城市一样，商业从业人员占据城市有职业人口的多数。据《汉口小志》1912年的统计，其时汉口城市总人口为19.805万人，其中政军学界人数为3750人，商界人数为3.099万人，商界与政军学界的比例几近10∶1，商界人员占城市总人口的比例为1/6。1916年，汉口警察厅编制的《中华民国五年湖北汉口警务一览表》记载表明，商业从业人员为10.9059万人，远远高于工业1.9782万人，公吏和官员750人，生徒1.1684万人及医生、律师、记者、教师等自由职业737人的比例。

  江南城市和汉口的上述事例，表明了这样一个历史真相：在近代中国工业化发展不充分的前提下，商业发展成为近代城市化运动的主要动力。南京、杭州、苏州、汉口是这种畸形城市化的一个缩影。在近代中国，是商人而不是工业企业家，是小商小贩、店员而不是产业工人，占据着城市的舞台，成为城市社会的主流群体。对此，美国知名汉学家费正清亦有论述：1912年，农商部编列了一个商会表，列有主要和次要商会794个，会员总计19.6636万人。由于商会会员不仅包括个人，而且也包括为数众多的团体、行会或董事所代表的公司，所以商会中的商人数目——无论是作为个体，还是通过他们指定的代表——显然比官方的统计所列的要大得多。如果考虑到亲属这个因素，商人阶级中最富裕且最受尊重的阶层估计为150万至200万人，约占中国总人口的0.5%。这似乎是一个微不足道的比例数，但是，与统治阶级中的其他集团

---

① 陈国灿《江南城镇通史·民国卷》，上海人民出版社，2017年，第141—143、191页。

相比，商人的人数大大超过了军官（1.7万人）、学生（3万人）、归国的留学生（3.5万人）、政府官员（5万人），甚至超过上流社会的绅士（2万人）。794个商会的存在，表明商人社团已经遍布全国。① 考察民国中期商业人口和工业人口的对比状况，可以证明费正清所言不虚。据估计，1933年全国商业人员约1171万人，是当时工厂职工人数的24倍。②

三、城市空间扩张使乡村人口转变为城市居民

近代中国城市空间扩展有几种情形，一是开埠和租界建立使一批沿海、沿江、沿边城市周边地区从荒野之地变为繁华市区；二是近代工业化和城市化过程中市政兴革使原有的城市市区扩大，城市空间大大增加；三是近代交通和工业发展，产生一批新型交通枢纽城市和工矿城市。传统城市空间扩张、新型交通枢纽和工矿城市出现，使越来越多城市周边郊区的乡民转化为市民，并吸纳了更多的乡民移居城市。有关这几个方面的情况，我们在前面两章中，多有述论，兹不重述，这里仅就近代以来西安和长春的城市空间扩张与人口集聚略作介绍。

西安的城市空间因陇海铁路的通车得到极大的拓展。铁路为西安与周边省区的联系提供了更为便捷的条件，西安火车站的选址对新城区的开发、商贸重心的转移、城市人口迅猛增长都产生了重要影响。特别是，陇海铁路通车后，市政建设加快，新市区的建设随之兴起。从1933年到1949年，在新市区陆续开辟多条纵横有序的干道。从北新街到东城墙由西向东依次称作尚平路、尚智路、尚仁路、尚俭路、尚勤路、尚爱路；东西方向街道从火车站到中山大街由北向南依次为崇孝路、崇悌路、崇信路、崇礼路、崇义路、崇廉路和崇耻路八条东西向交通干道。③ 陇海铁路通至西安后，火车站附近开始成为城市新的经济增长点，"本市商业中心，在火车未通以前，以南院门及东大街，为精华荟萃之区，至铁路通达后，为新市区及大差市一带，因其接近车站之故"。④ 城市经济空间的演变带动了城市商业发展，吸引了更多周边人员前往当地工作、定居，据《西京》的描述："通车以后，货物接踵而来，外埠的政务工作人员以及商人们也都随着到西京去，许多新的习尚，被这班外乡人带了进去，渐渐地西京

---

① 费正清主编《剑桥中华民国史》（第一部），上海人民出版社，1991年，第807页。
② 张寿彭《试论中国近代资本主义商业的产生与特点》，《贵州大学学报》1986年第3期。
③ 朱士光、吴宏岐《古都西安·西安的历史变迁与发展》，西安出版社，2003年，第512页。
④ 西安市档案局编《陕西经济十年（1931—1941）》，第186页。

市内一般人也普遍同化了。"① 特别是抗战爆发后，东南部沦陷区部分工厂、企业、学校内迁，加之黄泛区难民西逃，西安一时涌入大量人口定居，使得城市人口迅猛增长。据统计，1935年，西安为15.15万人，1937年达到19.7257万人。1937年抗战全面爆发后，从华北、华东等沦陷区迁出的人口不少于1000万。因陕西受战争影响相对较小，又是连接沦陷区和西南、西北的要道，因此，经陇海线入陕的移民络绎不绝，主要分布在以西安为代表的关中地区的铁路沿线城市，从而再次形成西安人口增长的高潮。到1945年前后，西安城郊人口几近50万。在短短的十年里，大量战争移民的迁入，扩大了西安人口总量，西安人口增加了2倍多。新增人口主要集中在新市区一带，相应地改变了近代西安人口的分布格局，铁路通车以前，关中一带人口分布较为分散，移民借由铁路的迁入迅速形成了人口的集聚效应，促进了城市的繁荣。②

长春于清光绪十五年（1889）春，由准长春厅改为长春府，领辖农安县。设府之初，有人口10万余人。清宣统三年（1911），"长春府辖6个镇、14个乡，即德安镇（卡伦）、永清镇（东站）、绥恩镇（鲍家沟）、来远镇（万宝山）、太和镇（小合隆）、恒平镇（烧锅店），安仁乡、抚顺乡、抚靖乡、裕生乡、裕民乡、裕国乡、裕信乡、裕忠乡、裕顺乡、恒清乡、恒庆乡、恒升乡、恒富乡、恒丰乡。"③ 到民国初年长春府更名为长春县为止，长春府辖区人口迅速发展。1912年，长春府的官吏称谓长春知府改称长春府知事。1913年，中国全境的府、厅、州一律改为县，3月长春府正式更名为长春县，长春府衙署更名为长春县公署。根据统辖区域的大小和辖区内人口的多寡，县分三等，长春县作为一等县，1913年下辖5个区、80个乡、1573个自然屯。长春县行政区域，"东西长280里，南北宽250里，大致范围：北以两仪门与农安县为界130里，东北以刁家油坊与德惠县分界180里，东以饮马河与吉林县分界100里；南以柳条边壕与双阳县分界50里，西南以伊通边门与伊通县分界50里，西以大岭与怀德县分界75里，西北以弓棚子与长岭县分界180里。在这个区域内，划设5个区，区之下设80个乡。1929年改设10个区，即一区（卡伦）、二区（稗子沟）、三区（万宝）、四区（鲍家）、五区（合隆）、六区（四间房）、七区（双城堡）、八区（龙王）、九区（双龙台）、十区（长春堡）。区之下分3个镇，86个乡，总计有1665个自然屯。

---

① 倪锡英《西京》，上海中华书局，1936年，第131页。
② 根据胡勇、琚婕《论陇海铁路对西安城市发展的影响（1934—1949）》，《史学月刊》2013年第5期。
③ 王海梁《长春古今政区》，长春：吉林人民出版社，1995年，第9页。

在县城里有 21 条街、27 条胡同；在商埠地内有 18 条路、5 条街、27 条胡同；在铁路附属地内有 18 条通、24 条町"。① 1913 年，吉林国税厅记载：长春县人口为 51.4 万人，同年，吉林民政厅记载：长春县人口为 54.7343 万人，1916 年，《满蒙产业志》记载为 169.9754 万人，《北满洲》记载为 194.6523 万人。② 这些统计尽管各不相同，但都可证明长春变成县后，随着区域扩大，相比清末，其人口有了很大增加。1930 年 5 月，中华民国政府颁布《市政组织法》，对省辖市应具备的条件做了相关的规定，其中包括所辖人口 30 万以上。除附属地，长春县辖域商埠地、东站、旧城人口合计已超过 50 万，完全具备省辖市的规定条件。只不过，由于日本帝国主义势力的侵入，长春立市工作就此中断。

第二节　乡村推力：近代中国农村的衰败与农民离村潮

一、正常的或常态化的城市化是农业商品化发展和乡村繁荣给城市化提供工业原料和剩余的高素质的劳动力

人口城镇化，主要是指随着中国近代工商业的发展，大批农民离开农村，进入城镇从事工业、商业、服务业及其他行业并定居城镇成为城镇人口的过程。商业兴盛和近代加工工业的集中促使人口向市镇聚集和转化。费孝通先生指出，近代中国乡村和都市的关系有相成和相克的两面性。其中相成关系，应该就是乡村商品经济发展带来城市化发展的城乡良性互动的关系模式。"从理论上说，乡村和都市本是相关的一体。乡村是农产品的生产基地，它所出产的并不能全部自消，剩余下来的若堆积在已没有需要的乡下也就失去了经济价值。都市则和乡村不同。住在都市里的人并不从事农业，所以他们所需要的粮食必须靠乡村的供给，因之，都市成了粮食的大市场。市场愈大，粮食的价值也愈高，乡村里人得利也愈多。都市是工业的中心，工业需要原料，工业原料有一部分是农产品，大豆、桐油、棉花、烟草，就是很好的例子。这些工业原料比粮食有时经济利益较大，所以被称作经济作物。都市里工业发达

---

① 田志和《长春读本》，长春出版社，2000 年，第 38—39 页。
② 翁有利《长春人口发展与城市变迁研究（1800—1945）》，吉林大学博士学位论文，2012 年 12 月，第 47 页。

可以使乡村能因地制宜,发展这类经济作物。另一方面,都市里的工业制造品除了供给市民外,很大的一部分是输入乡村的。都市就用工业制造品去换取乡村里的粮食和工业原料。乡市之间的商业愈繁荣,双方居民的生活程度也愈高"。[①] 这一城乡相生的良性互动模式,在商品经济和早期工业化较早兴起的江南和东南沿海地区表现得比较突出。美国加州学派的重要学者彭慕兰在《大分流:欧洲,中国及现代世界经济的发展》一书中提出"十八世纪以前的中国江南农业与欧洲英格兰基本相似,江南甚至不少地方领先,只是约1800年以后才出现了根本性的分岔"。明清以来,在人口、土地、赋税的压力下,江南地区发展了以经济作物和手工业为主导的商品经济。洪武间采取鼓励棉花种植的措施,规定可以用棉花、布折纳税粮,促进了江南棉业的兴起,以松江府、太仓州最为繁盛。明代中期以后,在非产棉区也普遍发展起棉织业。如松江西部,"惟西乡土性不宜,而女工自针黹外,以布为恒业。金泽无论贫富妇女,无不纺织,……布成持以易花,或即以棉纱易,辗转相乘,储其余为一家御寒具,兼佐米盐"。芦墟镇"妇女俱治木棉花为布,以衣被远方。其精细者,不让华亭、常熟之所产也",盘龙镇"俗务纺织,里妪抱布入市,易木棉以归,明日复然",海盐"地产木棉花甚少,而纺之为纱,织之为布者,家户习为衡业",最典型的为无锡县:"常郡五邑,惟吾邑不种草棉,而棉布之利独利于吾邑,为他邑所莫及","一岁交易不下数十百万"。[②] 棉花种植和棉织业的专业化分工已经相当明显,具有明显的商品经济特征,形成了江南棉布"衣被天下"的局面。明清以来江南地区人口增长带来了压力,造成了粮食和其他一些生活物资的短缺,需要从其他地区进口。棉布的出口,可以抵偿从区外进口物资的费用。于是江南地区逐渐形成了出卖棉布,换回粮食等生活物资的商路网络。棉布的生产,需要大量专业或业余的农民和城市手工业工人,这就为大量乡村人口向市镇聚集提供了可能。此外,明朝中期以后,政府还大力推广蚕桑及丝绸业,明代江南地区已经成为全国的蚕桑中心,明代中期以后丝织业逐渐由城市向市镇、农村扩散,不仅城市丝织业继续发展,同时也出现了盛泽、濮院、王江泾、双林、王店、临平、塘栖等以丝绸业为主的市镇。此外,其他经济作物的种植,如席草、茶叶、染料等,也对促进江南商品经济的发展产生了重要作用。再加当时实行实物地租货币化,几乎所有农产品和手工业产品都不同程度地开始商品化,农业也已经出现了地域分工。

[①] 费孝通《乡村·市镇·都会》,见费孝通著《乡土中国·生育制度·乡土重建》,北京:商务印书馆,2017年,第353—354页。
[②] 根据陆希刚《明清江南城镇——基于空间观点的整体研究》,同济大学博士学位论文,2006年,第51页。

在这种情况下，市镇作为"介于县城与乡村之间的具有相对独立性的商业实体"[①]，于是，出现了我们在上一章所论述的宋明以来中国另一种城镇化现象——江南地区专业性手工业、商业性市镇的大规模发展。在中国近代城市化进程中，江南地区的市镇发展不仅是中国城镇化的一种重要类型，而且也是近代中国唯一一个因为乡村商品化经济发展而助推城市化发展，城乡良性互动的区域案例。明代嘉靖到万历年间，江南市镇发展形成第一个高峰，数量约三百个，而到了清代乾隆年间形成第二个高峰，达到五百多个。其中以苏州、松江、杭州、嘉兴等府最为明显。[②]江南的经济作物和手工业生产是面向外部市场的商品生产，且在国民经济中的比重已经超过农业，出现了早期工业化的现象，对江南地区的整个社会经济产生了深远的影响。而自19世纪以来，江南地区的农村经济又开始受到近代工业文明的影响。从19世纪中后期起，外国资本、国内官僚资本和民族资本集中在上海、无锡等地的轻纺工业中，进一步地刺激了江南地区的农业专门化。

专业经济的兴衰和工业都市的吸引力，对江南市镇人口聚集或整体农转非的过程起了决定性作用。近代交通进入江南地区后，带来了城市里的各种新奇光鲜的工业产品和消费产品，冲击了其消费市场，同时还给乡村带来了近代都市的繁华生活气息，勾起乡民对都市生活的无限向往，吸引着乡民们奔向都市，去寻找新的生活出路，"耕夫织妇弃其本业，而趋工场，必然之势也"。[③]特别是作为近代中国工业中心的上海的辐射，在江南地区掀起了以棉纺织业、丝业和面粉业为支柱的现代化工业浪潮。同时，上海的工业注意通过苏、锡、杭、嘉、湖渗入到江南地区的广大市镇，进而通过市镇影响到农村地区。民国《上海县续志》载："商市展拓所及，建筑盛则农田少，耕夫织妇弃其本业而趋工场，必然之势也"，"近年东北各乡机厂林立，女工大半入厂工作"。民国《川沙县志》称："女工本事纺织，今则洋纱洋布盛行，土布因之减销，多有迁至沪地入洋纱厂、洋布局为女工者。"该县北乡，原先"男事耕耘，女勤纺织，近来壮强男子多往沪地习商，或习手艺，或从役于外国人家，故秧田耘草，妇女日多，竟有纤弱者不惮勤劳者，此则今昔之不同也"。在嘉定黄渡农村，"许多男子都去上海谋生，每一家普遍总有一二人离开家乡奔入都市，因此剩余在农村的农力

[①] 任放《学术规范与中国经济史研究——目前长江中游市镇经济研究为例》，《人文论丛》（2003年卷），武汉大学出版社，2003年。
[②] 范金民《明清地域商人与江南市镇经济》，《中国社会经济史研究》2003年第4期。
[③] 彭泽益《中国近代手工业史资料》第2卷，北京：生活·读书·新知三联书店1957年，第233页。

是妇女儿童和少数男子"。①民国《宝山县续志》载:"境内工厂,邑人所创办者,大都为棉织类,盖一因妇女素诸纺织,改习极易;一因土布价落,设厂雇工兼足维持地方生活也。淞口以南接近沪埠,水陆交通尤宜于工厂,故十年之间江湾南境客商之投资建厂者视为集中之地,而大势所趋,复日移而北。"当时,"郭乐在上海吴淞口建造永安第二纱厂的时候,就想到上海的郊区农村有大量的廉价劳动力"。②据1929年对在沪游民的一份抽样调查,在被调查者中,"以江苏人为多,占51%;浙江次之,占22%。然以籍贯言,除不明者外,固18省皆有也。大致以与上海交通联络便利者,其在沪流落之人数亦愈多,故苏为冠而浙次之,鲁有80余人,皖有60余人,鄂有50余人,河南、河北各30余人,湘、粤、赣各20余人。此外如黑、甘、滇、新以距沪较远,于此1471人中竟无一人"。③据民国时期的外国人调查估计:"在上海纺织工厂之中,现有十二万工人,利用机器,生产二千五百万至三千万农民在家庭纺织车旁所生产的纱布数量;所以十二万农民变为工人,是表示有千百万农民失掉了家庭的工作。"④如嘉定县的江湾镇兴办机器纺织业,四乡农民纷纷进厂谋生,市镇人口由此大量集聚。据宣统二年(1910)调查统计,江湾镇共有5692户,2.8562万人。到了民国五年(1916)时,江湾镇有9721户,6.5549万人,人口比1910年增加了将近130%。之后,镇上的户口进一步增加到2.2748万户,人口达到10.0468万人。⑤产业工人的增加,加速了市镇的人口城市化。明清江南地区的农业商品化和工业的发展,为它们进入近代以后开始现代化和城市化进程奠定了良好的基础,这是它们能够吸引大批农民离乡背井,前往都市成为市民的一个重要原因。

二、农业破产、农村衰败引发农民离村潮

但是,近代以来,促使农村人口前往都市的动力主要不是由于城市工业化的强大吸引力所致。因为近代中国资本极其贫乏,机械化程度非常之低,这是近代中国与西方工业国家城市化背景的一个最大区别。民国学者吴至信在经过对农村情况的调查后认为:"中国农村崩溃之原动力,大都即是农民离村之主因。"⑥导致近代中国

---

① 徐洛《黄渡农村》,《中国农村经济研究会会报》1933年第1期。
② 徐鼎新等《永安企业口述史料》,《上海档案史料研究》2007年第3期。
③ 李文海等《民国时期社会调查丛编·人口卷》,福州:福建教育出版社,2004年,第302页。
④ 薛暮桥《旧中国的农村经济》,北京:农业出版社,1980年,第91页。
⑤ 孙海泉《上海辐射与苏南市镇城镇化的动因简析》,《徐州师范大学学报》1999年第4期。
⑥ 吴至信《中国农民离村问题》,《民族杂志》第5卷第7期。

农村破产的原因是多方面的。鸦片战争后，外国资本主义以其过剩商品摧毁了农村的手工业，同时又以低价收购中国的农产品，导致了农村经济的破产。"中国农村问题的严重，不自今日始。自鸦片战争以来，西欧先进的资本主义国家，挟其廉价的商品击破中国经济自给自足的万里长城后，中国的农村便开始其崩溃的过程。帝国主义者为要推销它机制的商品，获得它廉价的原料与输出它过剩的资本起见，它不仅要掌握着半殖民地经济的命脉，垄断中国的财政和金融；而且还不得不在某种程度内维持中国残余的封建势力，利用封建残余以维持中国的落后，以划分他们特殊的利益范围。资本主义商品的侵入，打击了中国农民的副业，切断了中国农业和手工业的联系，而且扩大了豪绅地主欲望的范围，消费品之量和质的增进，刺激着地主对农民的剥削。同时，因国内的连年混战与庞大的军费支出，不但把城市弄得百业萧条，把生产机关破坏得不堪，且必然地要把农村蹂躏，把中国的农民击落到破产的深渊中去。本来中国农民的破产过程与西欧资本主义国家，并不相同。当西欧资本主义抬头时，产业革命固然摧毁了封建制度下农村中间的生产平衡，中小地主的没落与广大农民群众的破产固然使农村中充满着悲惨的气象；但因都市工业的发展，开始吸收了这批离开了土地而流浪于街头巷口的农民；同时，又因都市资本主义向着农村中的伸张，使落后的农业也跑上了资本主义的道路，于是农村又开始其新的发展。农业劳动者是在农业资本家雇用之下，改良土壤，使用新式劳动工具，来进行其农业生产。所以在剥削关系上，固然是农民的剩余价值被农业资本家所剥削；然在劳动生产力上，它却比封建经济时代进入一个更高的阶段。但殖民地和半殖民地所走的道路却与此不同。旧的农业是受资本主义的洗礼而破产了，但新的生产力并没有在农村建立起来，都市中的民族工业又因帝国主义与封建势力交互的压制而不得迅速发展，于是没落的地主，就只能加紧其对农民的榨取，增加田租，应用大斛，利用高利贷，吸吮农民最后的一滴血，以苟延残喘；成千成万被迫离开土地的农民，若要不在饥饿线上垂垂待毙，便只有流为盗匪，或出外从军，形成国内军阀连年混战时所消耗的血肉工具。且因手工业生产的破产，农业生产的破产，农民的失业问题更加严重，这样使残留在农村中的农民更不得不忍受豪绅地主无限制的剥削。中国农村的破产与农民的穷困本是一个铁一般不容否认的事实……"[①] 民国时期另一位学者董汝舟亦认为，"中国本以农业立国，虽三尺童子，犹能言之，至其历史之悠久，地土之肥沃，更非世界各国所可比拟。而中国亦以老大之农业国自许，以几千年的经

---

① 千家驹《救济农村偏枯与都市膨胀问题》，见千家驹等著《农村与都市》，上海中华书局，1935年，第3—5页。

验,几万万农民的努力,而享此得天独厚之疆域,宜其足以称雄全球,而为欧美各国所称羡。然而事至今日,农村破产,日益剧烈,农民痛苦,日益深刻,各乡村普遍了一种杌陧不安的现象。农民莫不纷纷离村,徙居都市,富者仍然享其舒适的生活,贫者改为工厂工人,农村组织,因之破坏,国家基础,逐渐动摇"。董汝舟认为造成大批农民离村潮的原因主要有三个方面,一是"资本帝国主义者对农村经济的破坏";二是"军阀土豪劣绅对农民的榨取";三是"天灾人祸对农民加紧压迫"。关于军阀和土豪劣绅对农民的榨取,他从田赋和附加税、地租、高利贷等三方面予以阐述。国内的地主、官僚、商人、高利贷者通过苛捐杂税巧取豪夺,更有军阀强占土地。如江苏江浦县田赋达 30 种之多,其中 26 种皆为附加税。多地的附加税常常超过正税数倍,如河南超过 1 倍到 8 倍,湖南超过 10 倍到 30 倍,四川温江一县,甚至预征了农民 30 年的田赋。① 据相关统计资料统计,民国时期甘宁青地区农村交纳的实物地租远高于全国其他区域,其中甘宁青地区农民所受正租剥削的程度,尤其是占统治形式的实物地租的租率平均占 76.3%。该区域农民除遭受沉重的实物地租剥削之外,还要忍受货币地租、劳役地租的剥削。②"农闲时,佃户须各尽所能,为田主服役,能扛轿者扛轿,能拉车者拉车,能做饭者做饭。田主视佃农为雇农,佃农为保其佃种权,亦不得不俯首帖耳也。"③"青海共和县"蒙番佃户若向地主租田耕种时,应先送茶、斜布、哈达或牛羊等礼物,……每年地主之一切杂差如千百户王公等之出差费,本部与他部的交涉赔款,及省里派来的各项差徭,均须收租户担任"。④ 民国另一位学者杨哲明指出,"全中国的农民,尤其是其中最贫苦的一层,是直接深陷于高利贷的虎口,这是谁都知道的"。他以江西为例,对农民的田租税赋进行分析,其中田租最低者为 50%,最高者达到 80%。"江西各县的田租,通常都当全收获量的百分之五十以上。在百分之五十以下的不过六分之一的光景,在百分之六十以上的竟占六分之二强。其中有到百分之八十的。大多数的佃农在这样重的田租掠取之下,如何可以不在收获后不久,重新陷入于高利贷借贷的虎口中而不能自拔呢?"佃农因高田租和高利贷借贷而陷入极度的贫困之中,自耕农、半自耕农也好不到哪里去,他们同样深陷于沉重的税赋之中,杨哲明比较从光绪二十八年以来三十年间农民田赋负担,指

---

① 董汝舟《中国农民离村问题之检讨》,《新中华》1933 年第 1 卷第 9 期,第 70—71 页。
② 卜标标《甘宁青农民离村问题与乡村社会——以 20 世纪 20—30 年代为例》,宁夏大学硕士学位论文,2016 年,第 17 页。
③ 章有义《中国近代农业史资料》第三辑,北京:生活·读书·新知三联书店,1957 年,第 249 页。
④ 冯和法《中国农村经济资料续编》,上海:黎明书局,1938 年,第 366 页。

出:"前后不过三十年光景,各省的田赋增加至三四倍乃至六七倍。自耕农在这样的政繁赋重的情形下,自难生存。但我们在这里必须知道,除了正贡之外,还有加倍的附加,据《新创造·农村经济专号》上的调查,湖南的汝城、桂东,单只团练费一项的附加,按正贡一两计,竟附加到八元之多。此外,每年三番五次的预征,在四川各县,一般均预征至二十年以上。四川农民在'供不应求'的威迫下,再加以这样预征下去,恐怕再过几年将要征至民国'幺年'(按即最末了一年的意义)为呻吟的呼号。除重租、重赋而外,还有层出不穷的苛捐杂税,还有花样繁多的兵差征派,还有接连不断的天灾匪祸。总之,所有这些,都是驱逐全国农民走入高利贷虎口的鹰犬。因此,当着二三月间青黄不接的时候,当着种种耕耘的需要种子和肥料的时候,当着病丧祸不单行的时候,当着过年过节的时候,农村中高利贷的作威作福乃非城市中人所能想象得到的。例如湖南的'孤老钱'是每月按照算术级数而倍增其利息;临湘更有借银一元,每日还利一角,十日合并以复利计算,因此本息一元在一个月以后,便可得本息约八元。又如广东省的'借谷债',青黄不接时借银一元,到收获时偿还白米四斗至五斗(约合银三元);海丰的'圈仔利',借银一元,在一年之内,除按十日一结加利一成必须偿还所有本利之外,每十元更要命的是迫缴白米一石。全国各省类似的情形很多,不胜枚举。这里,我们进一层要问,为什么各省农村中饮鸩止渴的高利贷会一天比一天迈进呢?一般的答复,不成问题的是归结于重利、重赋与苛捐杂税的'水涨船高',因此,要了解高利贷的迈进,便首先应当懂得所谓'封建剥削'如何发展的这一政治经济的特殊问题。"[1]

  沉重税赋负担使广大农民收入微薄,甚至入不敷出。据中国银行1932年度的调查显示,以一个三口之家、耕种40亩田的农户为例,一年辛勤劳动的结果,其收入仅为314元。而各项支出费用却需330元,尚欠16元,一年之胼手胝足所得,尚不能以敷饥饱。[2]广大贫苦农民为了缴纳各种苛捐杂税,不得不出卖自己或抵押其生产工具以及土地,用以维持入不敷出的生活现状。政局稍稳时,广大农民为了恢复生产,转而借贷赎回抵押的农具和土地,进而农民和高利贷纠缠在一起。"在捐款繁重之苦况中,农民无法应付,只有逃亡之一途。而已逃者所应负担之款项,又加之于未逃者之肩上,于是益使未逃农民加速逃亡。"[3]据1935年的调查,全家背井离乡者中,

---

[1] 哲明《中国农村经济中的借贷问题》,见千家驹等著:《农村与都市》,上海中华书局,1935年,第29—33页。
[2] 中国银行1932年度营业报告,引自张庆军《民国时期都市人口结构分析》,《民国档案》1992年第1期。
[3] 陈赓雅《西北视察记》,兰州:甘肃人民出版社,2002年,第188页。

到城市的占总数的59.1%,其中青壮年离村入城者占总数的65.5%。① 由于农村经济的日益衰败,广大农民和手工业者日益贫困化破产,被从传统生产部门中抛离了出来,沦为农村的过剩人口,被迫向城市流亡以寻找出路,且主要是以出卖劳动力为主要生活手段的青壮年男性。

土地兼并也是农民离村率不断提升的原因,离村农民中,70%以上都是无地或少地者。② 如1922—1936年间,江苏省的人口离村率处于上升状态。按时间段来划分,1922年时仪征、江阴、吴县三县的平均离村率为2.89%,1923—1924年时为4.06%,1928—1929年为4.91%,1933—1934年时为6.15%,1936年时无锡的人口离村率更是高达10.77%,因此,从总的趋势来看,20世纪20—30年代,农民的离村率不断上升。③

帝国主义的经济侵略也是造成近代中国农村破产、农业衰败的重要原因之一。"正如一切殖民地半殖民地所遭遇的一样,中国在国际帝国主义的掠夺与榨取之下,首先受到震荡与破坏的,就是国民经济中主要部门的农村经济。在不断被殖民化的过程中,中国的农村受着国际帝国主义浪涛的冲击,正走向惊人的崩溃与蜕变途中,广大的农民人口发生了悲惨的啼饥号寒声,宛如挣扎于贫困的高压之下。特别是在世界经济恐慌加剧以后,随着农产物国际市场的愈益狭隘化,更加深了中国农村破产的危机。这种可怕的农村经济的支离破碎,就强化了中国社会政治的动荡与不安。"④ 民国学者章子建从五个方面分析了帝国主义的侵略掠夺对中国农村经济的破坏。一是破坏了中国农村自给自足的小农经济结构,"中国农村经济主要的一个特点,就是小农经济占绝对的优势,而此种小农经济又是建筑于自给自足的基础上,因此帝国主义在中国首先就是破坏小农经济的原有结构。国际资本从中国农村吸取了巨额的原料,而将机械工业制造品输进中国农村,这样就割断了农业与手工业间的联系,即是破坏了小农的自给自足基础。这种情况固然在别的殖民地半殖民地亦曾出现过——例如英国统治下的印度及以前帝俄统治下的中亚细亚——然而在中国农村经济的破坏中,小农的生产机构之被侵蚀,是比任何殖民地与半殖民地更具有决定的意义。因为中国小农经济的崩溃,即是意味着整个农村经济的坍毁,自然亦就意味着全国国民经济的破落"。

---

① 《农情报告》第4卷第10期,第177—178页,引自张庆军《民国时期都市人口结构分析》,《民国档案》1992年第1期。
② 池子华《流民问题与社会控制》,南宁:广西人民出版社,2001年,第20—21页。
③ 刘芳《20世纪20—30年代江苏农民离村原因探析》,《史林》2004年第3期。
④ 章子建《国际帝国主义与中国农村经济》,见千家驹等著《农村与都市》,上海中华书局,1935年,第49页。

二是帝国主义经济侵略使中国农村经济纳入国际经济大循环，国际资本以十分低廉的价格获取中国农产品，中国农村贫困化现象因此而日益加剧。"中国的小农经济随着帝国主义侵略的深入，不仅逐渐扬弃了它的自给性，而且日益卷入于商品的生产中。帝国主义在中国各城市中的企业投资与购买中国的农产物，就使中国的小农生产一变为外国资本所需要的农产物——商品。这样一来，中国农产物的价格就要受着国际市场的决定，而因为种种特殊的原因，中国农产物总是以极低廉的价格为国际资本吸收，这就是说，中国农民生产者不但不能从农产物的生产中获取利润，甚至连应得的工资——生活资料亦捞不回来。这种情形在世界经济恐慌以后，更加恶化。近年以来，表现得再明显不过的，就是中国农民生产出来的大宗农产物价格狂跌，甚至完全不能插足于国际市场中。因此，中国农村的贫困化程度，在最近三四年来是愈益增高了。"三是近代以来中国农业技术进步迟缓，严重影响了农业增收，"国际帝国主义给予中国农村经济的第三种影响，就是阻碍了农地与农业技术的改良，破坏了原有的农作物的种植物。帝国主义输入中国的改良农业技术的工具，极其微少，而且农民亦不能建立这些改良农业科技的新技术体系。这样，在低度的资本有机构成下，中国的农业技术只有日益衰颓，耕地的膏腴性亦只有逐渐减退，无法恢复。跟着一般农产物的跌价与捐税勒索的加重，大量的土地或是听其荒废，或是种植鸦片。于是中国农民稀薄的血液亦惟有日益枯竭了"。四是帝国主义支配和主宰中国金融市场，使中国农村本来就十分严重的高利贷借贷现象更加严重。"国际帝国主义不仅在工商业上破坏了中国农村经济的机构，并且因为列强在中国各大城市的金融支配势力之日益强化，更通过高利贷与中国紊乱的币制，敲剥农民的血肉。中国农村的高利贷资本，虽然在国际资本主义侵入以前就已出现，可是在国际金融资本主义宰割中国的国民经济以后，它在农村中更呈异常活跃的形势。这种高利贷资本的主要来源，就是国际的金融资本，后者经过了各种的系统，而以利息的形态吸收了农民的血髓，这是常为人们所最易忽略的"。五是帝国主义为了攫取利益而鼓励和挑起中国的内部动乱，加剧了中国农村的破产和农民的贫困化。"帝国主义鼓励中国的内乱，乘机攫取种种的利权，这亦足以毁坏中国的农业生产，并扩大农民人口的贫困化。同时，帝国主义对中国的放债贷款及勒索巨额的赔款，所有的利息与赔款的负担，都是要转嫁到农民身上的。这样，便将农民大众紧缚于此饥饿线上，由于饥饿线的伸展，就常爆发农民的叛乱。"[1]

帝国主义侵略导致农村衰败破产的最直接的方式，就是通过贸易逆差赚取大额

---

[1] 章子建《国际帝国主义与中国农村经济》，见千家驹等《农村与都市》，上海中华书局，1935年，第51—53页。

利润，掠夺和榨取农民财富。千家驹通过考察，指出这一过程是以上海这个中国最大外贸口岸城市为中介来进行的。"我们知道中国的对外贸易向来是入超，而尤以近年来的入超数为最巨，……上海是入超最巨的埠头，上海一埠入超之数，约占全国百分之八十，但上海对国际固为入超，而上海对于内地则为出超。内地不仅由上海输入洋货、洋布、煤油等日用品，且因近年来中国农村的破产，甚至米、麦、面粉、杂粮亦须由外国输入。内地以什么方法来抵补上海的输入呢？那就全靠丝、茶、土货与信用。中国的金融本有一种所谓季节上的流通，每年在四月、五月、六月，丝、茶、小麦上市，九月、十月、十一月秋收上市，在这六个月中，现金照例由金融中心的上海流到内地去，由农产品的购买到了农民的手中；农民拿着他们的农产品的代价购买一些洋货和日用品，这样在其余的六个月中，农村的资金又重回到通商大埠来，这中间的调剂，却全靠信用。但是这几年来的情形怎么样呢？中国农村因加深破产的程度，兼受世界经济恐慌的影响，不但农作歉收，丝、茶贸易亦完全失败。……说到茶叶，全国产茶之区如浙江、安徽、江西等省因受匪患（对共产党领导的中国工农红军的诬称——引者注）及时局的影响，复加以外茶的排挤，亦一落千丈。浙、皖的绿茶虽略有销路，市价则跌落到二分之一；至两湖及江西的红茶，甚至价值低落到只及制造的成本，也无人过问。中国丝茶的出口完全失败；而在另一方面，年来食粮反要由外国大量输入。……不仅是洋货，既连农产品都要由外国输入；而同时丝、茶出口则完全失败，内地的现金自然只有向通商大埠流出了。"农村大量资金流入通商口岸城市，在都市虚假繁华的背后隐藏着广大农村的衰败和破产的真相。这其中幕后的推手正是国际帝国主义，而且最终受益者并非上海、汉口等通商城市，而是始作俑者——西方资本主义国家。"综上所述，都足以证明都市的膨胀是由于农村破产的深刻化；至于银行之不能放信用于农村，却不过是内地破产必然的结果。由于丝、茶土产的失败，所以内地无法抵偿对于上海的入超，只有运送现金到上海来；但上海对内地固然出超，对国际则为入超。所以由乡村流入的现金，大部分还是关到外国银行的保险柜中去了。而且内地对上海的入超乃是上海对国际的入超所造成的，这又可证明了帝国主义商品在华侵略的深入与扩大，另一方面，因内地的不安而促资金的逃亡，又促银行、钱庄不得不收缩内地的信用。内地愈偏枯而都市愈膨胀，都市的繁华正成了农村破产表现的新姿态。"[①]

农村破产和衰败不仅是资金流入城市造成"都市膨胀"，还使大量破产的农民离

[①] 千家驹《救济农村偏枯与都市膨胀问题》，见千家驹等著《农村与都市》，上海中华书局，1935年，第22—25页。

开乡村到城里谋生。吴至信指出，民国时期农民离村后一般有四条去路，"（一）谋生海外，（二）移垦边区，（三）寄迹都市，（四）流为兵匪。此四者因各地农民之地理环境而异，大抵华北诸省如山东河北河南等省之农民，离村以后，大都以'走关东'为出路，而东南沿海省份如福建广东等省之农民，因距海最近，故颇多到南洋各地谋生之机会。至于靠近工业都市或政治中心之地，农民离村后每视到城市求业为一生路，至如内部尤其是西北西南诸省，则当兵作匪几为农民最要之出路。倘综合观之，到都市与做兵匪又几乎为全国各地农民离村后之共有现象，而移垦与出洋则似限于华北与东南数省之民众。吾人所应注意者，即此等出路之社会价值及其今后之可能性为如何是也"。关于农民移居城市，吴至信说："农民离村之第三出路，即到都市谋生活。以农民之智识技术在都市中必难谋较好之地位，即欲做工厂工人，亦因中国工业化过于迟滞不能吸收大量劳力，再因厂工大都自有组织，贫苦来奔之农民，亦不易插足。于是离村农民到都市中最可能之出路，莫若充作苦力。但因交通之进步，运输工具之发展，苦力在社会上之地位，日渐淘汰。即以人力车夫而论，在各都市几莫不有过剩而难于生活之苦。则是农民到都市来几乎只有求乞一条路。国际劳工局中国分局最近估计中国之失业人数，发现有集中都市之现象，即因此故。以前，金陵大学曾研究1932年淮扬水灾后灾民离村之职业，其获得工作者为数不过三分之一，已知求乞度日者，占五分之一，其余均系无业或不明。此等流浪都市之离村农民，为生活所迫，男盗女娼，殆所难免。此于社会治安，殊有绝大之影响，同时有此一批劳动后备军，足使城市之劳动市场更大失其供求平衡，而予城市工人以绝大之压迫，殊无疑义。近年来都市各业工资有下降之趋势，此未必非一要因也。是以若都市经济在中国不能迅速发展，以开失业者之生路，则农民之源源离村，其结果或反将促进都市经济之恶化。"①

农民离村以后城市为重要的谋生出路，使得20世纪20年代末到30年代初期都市人口大大增加。南京在1929年全市人口为52.17万人，到1931年10月增加到63.3452万人，1932年11月又增至64.5285万人；上海1932年5月全市人口共272.0386万人，11月就增至64.7285万人，6个月之间居然增加了35.7959万人。"这许多都市的人口，当然包括一小部分的外侨，而大部分却是从崩溃的农村中逃出来的难民，因此，都市人口就逐渐增加，几乎到了饱和的程度。"②邹依仁在其《旧上海人

---

① 吴至信《中国农民离村问题》，《民族杂志》1937年第5卷第7期。
② 董汝舟《中国农民离村问题之检讨》，《新中华》1933年第1卷第9期。

口变迁的研究》一书中所指出的："上海地区人口的快速增加决不是仅仅由于辖区的扩大以及人口的自然增加，而主要是由于人口从广大内地迁入的缘故……广大内地的人民，尤其是破了产的农民经常地流入上海，这是上海市区，特别是租界地区百余年来人口不断增加的主要因素。"① 据统计，1929 年上海全市的 28.5 万多名工业职工中，纺织业有近 20 万人，其中大多数纺织女工是来自外地的农村妇女。此外，在交通运输业中，又有近 3 万名码头装卸工人和 8 万多名人力车夫，他们几乎都是来自外地的破产农民。在商业方面，全市约有 7.2858 万家商业企业，共雇用了 24 万多名职工，其中也是以外地籍居多。综合以上各业及其家属，总数不下数十万人之多。至抗日战争爆发前夕，上海的工厂职工已增至近 50 万人，加上商业职工、手工业工人、码头工人、人力车夫等，全市从事工商业及相关行业的人口已有 128 万多人。他们中的大部分人是外来移民，连同其家属在内，成为总人口达数百万的上海城市人口的主干。② 1927 年 2 月 14 日《时报》载："上海近年以来人口日增，所需佣工亦日多，苏、松、常、镇、扬各地乡妇赴沪就佣者，岁不知几千百人。"江苏常熟的贫苦农民，"唯有向城市另谋生活之道，内地城市，工业尚未发达，无法容纳，大都转趋大城市，男子入工厂充劳役，女子多做人家的奴仆"。③

因此，在西方国家，都市人口的增加表现着工商业发达和文明的进步，在近代中国，都市人口的增加却是农村经济破产的结果，表现着国家政治——经济的病态结构。"综上所述，中国农村经济所以破产的根本原因，第一是由于帝国主义经济的统治，它要从殖民地农村中榨取多量的原料，同时又输进农村日用品，经济容量过小的农民抵敌不住这猛烈的打击，自不得不趋于完全屈服。另一方面，国际金融资本通过了银行、钱庄、商人、地主而对农民作高利贷的剥削，这样使破产的农民更陷入贫穷。第二是由于残余的封建势力的剥削，这种剥削经济的与超经济的。高率租佃是使农民破产的一个原因，军阀官僚的榨取是使农民破产的又一个原因。中国的租佃率，虽因地而殊，但据各种材料证明，通常总在百分之五十以上，所谓'四六分'（即田主得六佃户得四）'五五均分''三七分'，便是现在中国最通行的租率。更因近年来资本主义商品的流入，刺激了地主对农民的剥削欲；军阀官僚苛捐杂税的征敛，又使他们不得不把负担转嫁到农民身上。至于中国的军阀制度，那本是建筑在中国特殊的

---

① 邹依仁《旧上海人口变迁的研究》，上海人民出版社，1980 年，第 13、14 页。
② 张仲礼等《长江沿江城市与中国近代化》，上海人民出版社，2002 年，第 384 页。
③ 殷云台《常熟农村土地生产关系及农民生活》，《乡村建设》1935 年第 5 期。

封建经济上的,他们所争夺的是地盘,有了地盘便有这生产工具,即可以对农民无限制的剥削。苛捐杂税,预征田粮,勒种鸦片,兵差负担,都是他们剥削时所取的主要手段。不过,在这里,我们绝不把帝国主义者的经济统治与封建势力在农村中的剥削完全对立起来的,实际上,他们是'二位一体'在这中间存在着有机的联系,帝国主义者维持中国的封建势力,中国的封建势力则凭借帝国主义而尽了它的代理人的作用。"①

三、天灾带来的流民潮

民国学者吴至信在对江苏、河北、河南、广东等省的农村进行调查后,认为:"中国的离村现象,除极少数靠近工业城市之区域与工业化有关,而十九由于天灾兵祸之驱迫而成,是被动的而不是自动的,是病态的而不是常态的。"②据陈达的研究,自汉高祖元年至1933年的2300多年间,发生了旱灾1057次,水灾1030次,平均每百年内有旱灾49次,水灾48次。而自民国以来。则年年均有天灾,灾民人数常在数千万以上。"从1912年到1948年37年间,全国各地(不包括今新疆、西藏、内蒙古自治区)总共有16698县次(旗、设治局)发生一种或数种灾害,年均451县次,按民国时期县级行政区划的最高数(1920年北京政府时期有2108个,1947年国民政府时期为2246个)计算,即每年约有1/4的国土笼罩在各种自然灾害的阴霾之下,而其极值年份如1928年、1929年,竟高达1029或1051县,几占全国县数之半,其打击面不可谓不大。"③1931年的大水灾,波及16个省区,死亡人数逾百万。"近数十年来,中国所发生的几次大水灾,死亡总数,无可统计,但1931年的大水灾,灾民人数,达七千余万人,死亡人民,至少约一百四十万人,农产损失之总价值,达45669万元,此乃有统计可考者,至于无可统计之损失,当非少数。还有关中的大旱灾,演进不已。气候异常干燥,麦苗多半枯死,至武功、扶风一带,则并不见麦苗,村落萧条,行人稀少,鸡犬之声,渺然无闻。盩厔县于去冬(即1932年——引者注)立有人市,卖儿鬻女,惨不忍睹。"④1932年全国多地又发生水灾和瘟疫,几乎达到无省不灾的程度。据千家驹《救济农村偏枯与都市膨胀问题》透露:

---

① 千家驹《救济农村偏枯与都市膨胀问题》,见千家驹等著《农村与都市》,上海中华书局,1935年,第16—17页。
② 吴至信《中国农民离村问题》,《民族杂志》1937年第5卷第7期。
③ 夏明方《民国时期自然灾害与乡村社会》,北京:中华书局,2000年,第35页。
④ 董汝舟《中国农民离村问题之检讨》,《新中华》第1卷第9期。

前年（即 1931 年——引者注）泛滥十六省区的大水灾，损失之骇人听闻，我们且不去说他。去年江、河、淮、汉、湘、珠各流，又生水患，八月间，北运河在河北辛庄决口，大清河等亦泛滥，被灾四十五县，淹没的村庄有一千三百余。山东入夏大雨连绵，淄河、徒骇河、小清河浸溢，广饶、禹城、高唐各县皆成泽国，武城运河决口，恩县亦受祸。黄河之水，亦涨至前年最高水位，沿岸大起恐慌。山西汾河、沙河于八月七日同时决口，据山西省政府发表的时候统计，被灾区域四十五县，淹没田亩七十一万亩，死人口六百余，毁房屋一万二千一百五十余间，灾民达七万七千八百余人。浙江去夏淫雨，山洪暴发，钱江沿岸各县，桐庐、龙泉、余姚、杭县、萧山、海宁各处之田亩庐舍，多被淹没。湖南之长沙、湘潭、常德、益阳等二十余县亦泛滥。江西因久雨，西河大水，赣州、吉安以下皆成灾。广东三江潦水暴涨，江北最危急，清远、英德一带田亩，多被淹没。东江的志隆、惠阳、东莞、石龙、博罗，西江的肇庆、封川、三水、顺德，亦被水患。东三省松花江泛滥，伊兰地方，家屋之上，可以行舟，据八月九日电通社电，溺死一千一百余名，大豆浸坏四千货车，约二百万元，盐被浸亦值七十万元。苇河县浸掳房屋七千五百间，损失在三百余万元，哈尔滨更罹惨劫，据路透社九月二十二日电，该处损失二千一百四十万元，倒房屋一千一百四十九幢，淹死者八百九十人。黑省省垣毁房屋六百七十九间，灾民二百五十九户，其他通和、青冈、鸦鲁纳河、呼兰亦被水灾。

水灾而外，又有虎疫，山西被祸者十六县，猗氏一县，死于疫者八百余人，蒲州境内，死者计二千五百余人，患疫者一百六十村。陕西虎疫蔓延四十余县，截至八月十五日止，死者已达二万二千余名。河南之临汝、中牟、西平、原武、商丘等县亦发生虎疫，原武县虎疫盛时，每日死亡达五六十人。安徽蚌埠，死于疫者将近一千，以贫民与小孩为最多。其他如阜阳、霍邱、宿县、蒙城、寿县、凤台、怀远、凤阳、五河、盱眙一带，蔓延亦广，死亡相继。山东利津一带，截至八月十三日止，死者达千人。水灾虎疫之外，又有旱灾，如湖北之天门、京山、钟祥，江苏之常州、南通，安徽之北部。四川则自二月起，绝无点雨，亢旱灾象已成，禾苗枯槁，收成绝望，陕西旱、匪、霜、雹，遍九十二县，灾民达一千万人。

这些"天灾"绝不是偶然的，因频年的战乱而使沟渠长年失修，河工的疏于防范，因农村的凋敝与衰败而使水利与植林事业无人注意，这些都是发生水旱重要的条件。其次，更因农民过度的穷困与饥饿，平时既不能讲求卫生，病时更无力延医服药；加以饥饿致毙的人，弃尸遍野，烽火兵灾之余，暴骨平原，这些都是发生疫疠的重要原因。水旱和疾疫决不是不可以人力来预防的"天灾"，这都是社会条件所造成的"人祸"。①

历年各种天灾导致的灾民人数，据国民政府赈务委员会调查，1928年为4046.6598万人，1929年为3877.6975万人，1930年为4650.0348万人，1931年为121.2465万人，1933年6517万人，1934年仅浙皖鄂赣晋五省灾民人数已达3000万之多。1935年水灾遍及17省，旱灾达21省，仅水灾灾民数已达1900余万人。②从姜涛《中国近代人口史》提供的1912—1953年全国人口分布的变动一表中可以发现，陕西省人口数1928年为1180.2万人，至1936年减至998.6万人，直到1947年也仅是1047.1万人，尚未复原；同期的山西省人口则由1222.8万人降至1160.1万人，热河由437.2万人降至218.5万人，绥远则由212.4万人降至208.4万人。在这里，发生于1928年至1930年的西北大饥荒无疑是一个最重要的因素。据灾后不完全统计，陕西省凤翔等56个县的人口三年之中竟减少100余万。凤翔县有5个村子，1928年共有农户633户，到了1933年因"死绝"或"离村"，只剩下268户，仅相当于灾前的42%强。③

天灾导致大批农民离开家乡前往县城和都市谋生。如浙江20世纪初农业歉收，"省城骤添数万人"。④1920年，流入奉天的灾民达十数万人，1929年秋季约3个月内，从山东临沂、郯城和河南扶沟、通许、巩县流亡到上海的难民，至少有1882人。1930年春，河南无县不灾，豫西灾民群集开封、洛阳、郑州等地，计数十万。1932年，江苏、安徽、陕西、山西、河南等19省市灾民2705.9129万人，灾户446.0926万家，其中，迁移者75.4031万户，合计457.6968万人。⑤1931年江淮地区灾区平均离村率达40%，⑥1935年调查，离村后前往城市的占59.1%。⑦1939年华北大水灾，灾

---

① 千家驹《救济农村偏枯与都市膨胀问题》，见千家驹等著《农村与都市》，上海中华书局，1935年，第5—7页。
② 吴至信《中国农民离村问题》，《民族杂志》1937年第5卷第7号。
③ 夏明方《民国时期自然灾害与乡村社会》，北京：中华书局，2000年，第82页。
④ 《大公报》1902年6月20日。
⑤ 夏明方《民国时期自然灾害与乡村社会》，北京：中华书局，2000年，第89—90页。
⑥ 《中华民国二十年水灾区域之经济调查》，1932年，第32页。见章有义《中国近代农业史资料》（第3辑），北京：生活·读书·新知三联书店，1957年，第889页。
⑦ 章有义《中国近代农业史资料》（第3辑），北京：生活·读书·新知三联书店，1957年，第893页。

民达 300 万，冀中一带乡民"纷纷逃亡北平及其附近城镇避难"。①1942 年中原大旱，仅流亡洛阳的灾民每日就有两三千人。②但是这一切，绝不意味着灾荒可以促进城市的发展，灾荒对于城市无疑是消极性的影响。30 年代沿江城市逐渐走向衰落就和天灾的影响有关，1931 年汉口大水，"水深平楼檐，附近各房屋，低者仅露屋脊，高者亦水及楼窗，家具、什物，漂流遍处，溺毙人口牲畜，不可数计。……难民善水者，或伏屋顶，任其漂流，或攀电杆，疾呼救命，……而路梗上之灾民，则仍旧万千成集坐卧于水深火热之中，无衣无食，哭声播野，诚空前未有之浩劫也！"③"此次水灾难民甚众，以武汉近郊而论，据调查报告，滨江两岸、铁路内外，上而武庆闸、下至丹水池，满谷满坑，鸿嗷待哺。若不即予设法安辑，必致羁栖失所，益成漂离"。④据金陵大学的水灾调查显示，1931 年水灾发生后到当年 11 月初被灾区域的非正常死亡人口中，淹死的比例仅占 24%，而病死饿死高达 71%，其中病死的 70%，且大都死于热病、腹泻等传染病。这一年，湖北省会水灾赈济会在武昌曾设有 7 处收容所，共收容灾民 1.8184 万人，但 9 月份秋风起后，由于疫病无法控制，每天死亡的人由十数名、数十名迅速增加到百数十名，武昌通湘门外铁路旁，有不少尸骸无人殓埋，"眼见猪拖狗嚼，飞鸟啄食，令人不忍卒睹"。至次年 4 月 10 日，该赈济会成立的殓埋队在各收容所及粥厂附近共收殓灾民尸体 12718 具，占收容人数的 70%。⑤

河南是灾荒频发之地，每到大灾之年，省会开封就是灾民聚集的地方。1922 年的开封城内"难民在坑满坑，在谷满谷，目所见者，皆难民穷饿褴褛之形象，耳所闻者，皆难民乞丐讨饭之声音"。⑥1932 年春，河南"因去岁水灾过重，外县灾民，值此青黄不接时期，难以维生，其逃来省垣，向省赈会要求加入粥厂就食者，不知凡几"。⑦1936 年，开封的人力车夫陡增，是由于"年来灾患频仍，农村破产，一般农民，感于谋生之不易，咸向都市寻觅出路"。⑧当然，不少灾民也前往外省城市谋生，1920 年 10 月 6 日《大公报》记载：河南灾民中"往山西者已数万人"，"入湖南、湖北者亦以万计"，还有不少向南京、上海谋生。1938 年国民党政府为阻止日军，炸毁郑州

---

① 《新华日报》1940 年 4 月 28 日。
② 《新华日报》1940 年 12 月 14 日。
③ 《一九三一年汉口大水记》，上海：现代书局，1931 年，第 41 页。
④ 涂文学主编《武汉老新闻》，武汉出版社，2002 年，第 330 页。
⑤ 夏明方《民国时期自然灾害与乡村社会》，北京：中华书局，2000 年，第 77 页。
⑥ 《开封难民充斥之现象》，《大公报》1922 年 12 月 31 日。
⑦ 《本省民政要闻》，《河南民政月刊》1932 年 5 月第 2 卷第 4、5 期合刊。
⑧ 《开封人力车夫概况》，《河南统计月报》1936 年第 2 卷第 7 期。

花园口黄河大堤，人为造成了特大水灾，黄淮平原尽成泽国，"澎湃动地，呼号震天，其惊骇惨痛之状，实有未忍溯想。间多攀树登屋，浮木乘舟，以侥幸未死，因而仅保余生，大都缺衣乏食，魄荡魂惊。其辗转外徙者，又以饥馁煎迫，疾病侵寻，不为溺鬼，尽成流民"。①这场特大水灾，造成豫皖苏三省44县受灾，死亡89万人，391万人流离失所。②1942年河南灾荒尤其严重，"因灾情过于严重，灾民逃亡者过多，前后遭陕安置及灾民自行赴陕谋生共一百三十余万人"。③河南难民入陕后，主要分布在西安、宝鸡、咸阳、汉中等大中城市和铁路、公路沿线城镇、村庄，还有相当一部分分布在以延安为中心的陕北地区。④

山东地区向东三省的移民，便主要是战争和灾荒的原因，"近年以来，国内战争频仍，饥荒荐臻，山东一省，尤当其冲。一般人民，虽不愿离乡背井者，为天灾人祸所煎迫，亦不得不出关就食矣"。1927年以来，移民增多之主要原因，即由于此。兹再就山东近年水旱之灾，举例言之，华北各省，于1919年、1920年至1921年、1926年、1927年及1928年发生数次饥馑，以山东省受害为最甚。"1927年之饥荒，延及该省56县之多，受灾人民达20861000人，约占山东全省人口的60%。"⑤1920年至1921年从关内迁往东北的流民突破30万大关。1931年大水后，流离人口占灾区总人口40%，约1/3以上从事工作，1/5沦为乞丐，其余为无业或职业不明。⑥根据日本满铁的调查，东三省自1908—1928年的20年中，人口增加了1000万，显然是为大量移民所致。⑦研究者从这些移民的去向中发现了一个问题，东三省中辽宁工业最为发达，但辽宁人口增加幅度在这20年内是比较小的，不如工业较为落后的吉林，而工业几等于无的黑龙江却是人口增加幅度最高的地区，甚至还有大批从辽宁迁徙到吉林与黑龙江的人口。⑧这是一个极其耐人寻味的现象，它说明了中国近代人口迁徙，尤

---

① 《中央日报》1938年6月11日。
② 刘胜《浅析民国时期流民与城市化关系》，《武汉职业技术学院学报》2009年第8卷第5期。
③ 《河南省赈济会三十一年五月至三十二年十二月赈灾报告》，引自郑发展《民国时期河南省人口研究》，北京：人民出版社，2013年，第255页。
④ 郑发展《民国时期河南省人口研究》，北京：人民出版社，2013年，第256页。
⑤ 何廉《东三省之内地移民研究》，《经济统计季刊》，1932年第1卷第2期。李文海主编《民国时期社会调查丛编·人口卷》，福州：福建教育出版社，2004年，第340页。
⑥ 吴文晖《灾荒与中国人口问题》，《中国实业》（第1卷）1935年第10期，第1870页，章有义《中国近代农业史资料》（第3辑），北京：生活·读书·新知三联书店，1957年，第895页。
⑦ 徐雍舜《东三省之移民与犯罪》，引自李文海主编《民国时期社会调查丛编·人口卷》，福州：福建教育出版社，2004年，第314页。
⑧ 同上。

其是从乡村前往城市的动力往往不是由于现代工业的发展。"被天灾人祸逼着,不得不离开本乡,一群一群投奔他处去谋生的人们,普通称为难民。"①

民国时期的各种自然灾害连续发生,交叉发生,由此形成灾荒,对农业、农村社会造成严重的破坏,以至于农民流离失所,饿殍遍野。丧失生存希望的农民,不得不投亲靠友,或外出谋生,或走上逃亡之路,最佳的谋生去处自然是城市。一部分城市在天灾打击下,陷于倒退、崩溃,另外一部分没有遭受天灾的城市因为城市人口的增加可能暂时能够获得劳动力和资金,刺激城市工商业的发展,但是这种发展毕竟是短暂的。天灾是一种以非正常形式实现城市和整个乡村社会劳动力、资金、人才转移的机制,一部分城市的发展奠基于另一部分城市的衰落基础之上,从全国整体城市化进程来看,真实的城市化水平并没有上升。

四、战争匪祸与乡民移居城市避难

在近代中国,当社会组织能力下降,"天灾"体现的往往是背后的"人祸","人祸"发展到极点的结果就是战争和匪患。进入20世纪以后,革命、战争迭相交替,中原陆沉,神州板荡,辛亥革命、北洋时期的军阀混战、北伐战争、十年内战、国民党新军阀的混战、八年抗战、解放战争。"据不完全统计,从1912年到1930年,平均每年有9个省份遭遇战争,足见战乱之频繁。民国之际,仅国内战争造成的人口死亡(按造成万人以上人员伤亡的重大战争所做的不完全统计)就达600余万人。"②社会的震荡使这个时期的大多数城市的发展停滞缓慢甚至倒退。但在另一方面,战争产生了大量的流民涌入部分城市,导致这些城市人口猛增,一时形成了当地城市化进程迅速发展之表象。

北京政府统治时期,军阀割据,战乱频仍,农民饱受战乱之苦。陈翰笙曾经描述过广东此一时期的情形:"劳动力在广东这样的低廉。这样的不值钱;可是,全省可耕而未耕的土地,还要占陆地面积的百分之十五。兵灾匪灾之后,已耕的田地也有很多被荒弃而还不曾种植的;如徐文,如合浦,如海丰,如惠阳,都有这样的情形。海丰第四区的梅陇和鲘门一带,荒田至少有千余亩。惠阳经过了民五、民九、民十一等

---

① 陈翰笙等《难民的东北流亡》,中央研究院社会科学研究所专刊,1930年,引自李文海主编《民国时期社会调查丛编·人口卷》,福州:福建教育出版社,2004年,第325页。
② 岳宗福:《民国时期农民离村的社会致因与社会救济》,《百色学院学报》2007年第20卷第2期。

战役，全县荒田占到农田总数的百分之二十。由稔山、平山以至惠阳县城，沿途都可以看到许多荒田。"①安徽江苏一带匪患猖獗，驻军以剿匪为由，骚扰乡民，乡民不堪其苦。"淮北自改国以来，土匪蜂起，……大农备匪，于室隅作枪楼，……小农无力作枪楼，夕则枕枪卧于外，……匪既如此猖獗矣……军队必下乡剿匪，所经之处，农家刑牲供餐，尽力供应，……前驻淮某师，每出剿匪，除要民供应外，入室搜索，稍有值钱之物，即怀之而去。匪所经处，则目为匪巢，鞭挞其家人，燔其庐舍，罗其器物，捆载而归……故有'匪到如梳，兵到如篦'之谣……不宁惟是；民国以来，内战迭起，军队调动，则拉夫充输卒，小农佃农，罹其中者，实繁有徒：一去不还者比比然也。"②山东"军队号称20万人，连年战争，除饷糈多半出自农民外，到处之骚扰、拉夫、拉车，更为人民所难堪。至于作战区域（津浦线）十室九空，其苟全性命者，亦无法生活，纷纷抛弃田地家宅，而赴东三省求生"。③再如包头，"包头人口，从前不过六七千人。自民国十一年冬铁路抵包，内地人来此者日众，骤增至万余人。近因土匪滋扰，乡民多来城避乱，竟添至十四万人"。④

战争之祸，对农村和农民的伤害是多方面的，税赋、徭役使农民不堪重负，战火纷飞，更使农民生命财产损失惨重，对此，吴至信指出：

> 兵祸之伤害农村生活，有多方面：在平时，土匪骚扰，军阀横征苛敛以筹措军费，已使农民不得安居农村；战时之炮火摧残村庄与耕地，拉夫封马之苛扰不堪，莫一不使农民有不得不离村逃亡之苦。
>
> …………
>
> 军阀之为害农村，正亦不亚于土匪。最足使农民不堪者，莫如田赋之苛征。盖在军阀政治之下，财政制度无法统一。军阀欲维持其庞大之军费，及其私囊之充满，只有增加税捐一途。过去之甘陕当西北军盘踞之时。捐项多至四五十种；四川过去在几个军阀分割统治之下，田赋之预征，如在昔刘存厚防区内竟预征至六十一年，少者亦数年以至十数年。他如田赋附加之繁重，更不必言。立法院统计处曾有一度调查国内各省市之田赋，如江苏之江浦，多至三十种，河北之徐水有二十三种，湖北之随县亦有二十三种，浙江之义乌有十五种，云南之元谋有

---

① 陈翰笙《广东农村生产关系与生产力》，转见吴至信《中国农民离村问题》，《民族杂志》1937年第5卷第7期。
② 张介侯《淮北农民之生活状况》，《东方杂志》第24卷第16号。
③ 章有义《中国近代农业史资料》第2辑，北京：生活·读书·新知三联书店，1957年，第158页。
④ 《包头之经济状况》，《中外经济周刊》1926年第160号。

十九种。附加税超过正税五倍以上者优先如湖南之临武,超过六倍以上者如河南之商城,超过七倍以上者,如四川之奉节与山东之齐东,此不过例示一般而已。至如内战时之征粮,一年即征几年之粮,立时即使农民陷于饥馑之境,更为过去各地常有之事。倘所求不遂,则拘捕虐辱随之,足以宁可放弃土地另谋生路者,习见不鲜。例如张宗昌时代之山东,每亩田赋每年平均至少须缴大洋八元以上,以土地使用权肥沃之区域如鲁东之昌邑,经人研究每亩耕作之净利尚不及四元。则是所付田赋已超过其农田净利一倍以上,而其他苛捐尚未计及;是以土地之农民,反为土地所累。流亡逃散,铤而走险者颇多,……他如战争时之"拉夫""封马",以及各种"军差",无一莫非强迫农民远离其土地;在战争区域内之危险,迫使逃难,更勿论矣。①

不堪忍受战争摧残的农民,为了避祸,只得逃离故土,远走他乡。不少人选择向城市流动,贫者或者打工谋生,或沦为流民。一些富有经济实力的地主也常常因此而向城市转移,如1926年的湖南农民运动中,湖南农村的地主土豪,"头等的跑到上海,二等的跑到汉口,三等的跑到长沙,四等的跑到县城"。② 抗战期间,民国政府部门人员就揭示了战争带来的人员流动对城市发展的影响:"此次抗战中对人口数量影响较大者,与其为绝对数量之减少,无宁为人口之移动,即人口分布变动。自抗战以来沿海沿江逐渐沦为战区,而战区都市尤为敌人肆掠之目标。故即发生三种移动情形:一为战区人口普遍向后方移动,尤以沿江海人口素密之平原地带,移入西南西北等高原区域及四川盆地者,为数实极多;二为沦陷区与战区都市人口,向偏僻乡村移动,因敌人侵略之目标及据点既在都市,则向在都市中之人口,除老衰及无力或不及逃避者,皆四散逃避,但此种逃避之人口或因交通工具之缺乏,或因在彼乡谋生不易,有一大部分皆必逃归乡里,于是沦陷区都市人口乃大为减少;三为后方都市人口之集中。因流入后方之人口,在后方农村中多无生活根据,同时后方农村亦多不易容纳新来者,故几全集聚于都市,如昆明人口原仅数万人,战即骤至十余万人,重庆则在民国二十六年底时,全市人口仅四十七万,至三十二年底即已增至九十三余万人。至若其他较小都市及县城,凡属有新创事业或为交通通道之处,人口莫不数倍增加,同时因战时后方工商业之发达,农村人口征调之频繁,

---

① 吴至信《中国农民离村问题》,《民族杂志》1937年第5卷第7期。
② 《毛泽东选集》(合订本),北京:人民出版社,1964年,第14页。

即后方人口亦大量向都市集中。"①

匪患也是导致城市化进程不能获得正常发展,乃至衰退的重要原因。每当发生自然灾害时,或者政局动荡不安之时,匪祸便会出现。据估算,民国时期全国土匪总数可达 2000 万。②如 1922 年河南 30 多个县遭到了兵匪的骚扰,豫西南三个重镇:宝丰、鲁山、扶沟变成一片废墟。"在被抢劫的城市中,鲁山受损失最为严重。衙门里的官宦,不论是法官、狱吏、文书和衙役,还是其他官僚一律都被土匪枪毙。所有的外国传教士也被掳掠而去。……大约二千三百名城内的居民,包括男女老少被杀害,七十辆大车的赃物被带走。土匪们放火烧了衙门,打开了监狱,释放了囚犯,整个城里无一家能幸免。"③学者何西亚指出,要精确统计民国时期的土匪活动状况和分布情况是十分困难的,因为土匪不像驻扎在固定地点的军队,他们总是行踪不定。菲尔·比林斯利对 20 年代的主要之匪股进行过一个统计,可见表 3.1:

表 3.1 20 年代各省匪股人数和规模情况 ④

省	匪股数目	土匪总人数	最大匪股规模	统计资料来源	备注
吉林	24	7900	1000	何西亚 1925 年统计(1924)	仅仅是主要匪股
	17	4290	600	朱新繁 1930 年统计(1924)	剿匪司令部报告
	37	21355	3500	长野郎 1938 年统计(1925)	
	48	24270	—	同上	
内蒙古	14	10700	2000	何西亚 1925 年统计(1924)	
山西	24	19500	2000	朱新繁 1930 年统计(1924)	只包括一些确切的边界匪股
	30	24800	3000	长野郎 1938 年统计(1923)	只包括边界地区

---

① 刘鸿万《工业化与中国人口问题》,上海:商务印书馆,1942 年,第 24—25 页。
② 岳宗福《民国时期农民离村的社会致因与社会救济》,《百色学院学报》2007 年第 2 期。
③ 引自[美]菲尔·比林斯利《民国时期的土匪》,北京:中国青年出版社,1991 年,第 359 页。
④ 同上书,第 61—63 页。

续表

省	匪股数目	土匪总人数	最大匪股规模	统计资料来源	备注
山东	47	18400	1000	何西亚1925年统计（1924）	只包括一些出名的匪股
	47	25760	3000	朱新繁1930年统计（1924）	
	54	39170	5000	长野郎1938年统计（1924）	
河南	52	51100	6000	何西亚1925年统计（1924）	
	40	21850	3000	朱新繁1930年统计（1924）	全部数目的四分之一
	42	25280	3000	长野郎1938年统计（1923—1924）	
安徽	8	6500	3000	何西亚1925年统计（1924）	只包括皖北地区
	13	4310	1240	朱新繁1930年统计（1924）	只包括皖北地区
	15	8060	5000	长野郎1938年统计（1923—1924）	
湖北	5	4500	2000	何西亚1925年统计（1924）	
江苏	15	4080	800	同上	只包括苏州地区
湖南	6	1300	300	同上	只包括湘西各县
四川	8	4300	1000	同上	只包括小范围
	18	55200	10000	朱新繁1930年统计（1924）	只包括川西南各县
	26	77350	10000	长野郎1938年统计（1923）	只包括川西南各县和主要的匪股
广东	6	2000	800	何西亚1925年统计（1924）	不包括海盗
	85	102340	10000	涉谷刚1928年统计（1927）	
	54	4343	400	长野郎1938年统计（1926）	军队调查综览
	—	26100	3500	同上	只包括主要匪股
	10	6700	1300	同上	省保安处调查

匪祸是近代中国的一个严重的社会问题，对乡村经济社会产生了极大的影响。土匪所过之处，房屋尽毁，钱粮不剩，鸡犬不留。社会政局的不稳导致了土匪的横行，而土匪的横行进一步促进了社会局势的动荡，吴至信曾描述道：

> 土匪在中国各地之猖獗，乃民国以来所最令人痛心之现象。例如河南之豫西、临汝伊阳宜阳一带，凡是土匪盘踞之处，农田往往荒芜，是即农民被迫离村之象征。凡有土匪之区域，几莫不如是。江苏北部所谓江北各县，在三年前亦为各种盗匪猖獗之地，是时江南都市中各种工人与苦力之充斥，大部均是此种江北人。查江北占全省面积四分之三，人口只及全省总数三分之一，今反有源源自江北而来江南谋生者，其以不堪匪扰为主因，固不待言。又如著者家乡九士畈（湖北蒲圻县之一村）久为吴姓所聚居，十年前计有数十户……土匪出没无常，纵有粮米等农产物亦无法运出销售。于是较富庶者纷纷外迁，弃其田地而不顾，贫而好斗者则纷与匪为伍，为乡里害。迄于现在，全村户口尚不及昔日五分之一。①

农村社会在苛捐杂税、土地兼并、战争、匪祸的重创下沉沦破败。大量农业人口被游离出农业部门，逃亡到了县城和都市中，由此形成城市人口畸形的膨胀与农村的偏枯残破。这种矛盾现象一直困扰着整个民国时期。

第三节 拉力不够与消极推力：城市化的困境

一、拉力不够与消极推力：城市化动力不足

由于我国属于后发性次生型现代化国家，其城市化具有不同原发型现代化国家的特点，即发展历程不是从工业化开始，而主要是从以对外商贸为主的变化开始，并且在近代产业结构中，商业资本大大强于工业资本。据估计，1933 年全国商业资本约为工业资本的 10 倍。② 这种经济结构决定了工业化对其他经济部门的影响不如商业

---

① 吴至信《中国农民离村问题》，《东方杂志》第 34 卷第 15 号。
② 张寿彭《试论中国近代民族资本主义商业的产生与特点》，《兰州大学学报》1986 年第 3 期。

资本那样直接，也导致中国城市经济的功能还是多以商业贸易为主。这是近代城市化水平长期较为低下的原因。因为"只有建立在自身工业基础上的城市经济，才能带来城市稳定、持续的发展；单纯建立在商业基础上的城市经济，必然是不稳定的、暂时的"。① 民国著名经济学家何廉指出，中国工业发展还存在着两大根本缺陷，一为畸形发展，二为全是殖民地的工业。② 畸形发展是指工业发展的不平衡，首先是地理空间上的不平衡，即东西不平衡的问题。

与东部沿海、沿江相比，中国西部地区（西北、长江上游、云贵）由于地处内陆，交通不便，所受西方近代文明影响较少，再加上自身落后的自然条件与一些历史原因，长期经济发展困难，城市发展动力不足，许多地方甚至还停留在手工业生产阶段，越往西部就越落后。四川是西部发展相对较好的地区，也因长期战乱、关卡林立、交通不便等因素的制约，而导致近代工业起步较晚。直到20世纪初，四川才开始建立近代工业，甚至到了20世纪30年代，四川基本上仍是一个农业社会。四川尚且如此，西部其他地区经济落后程度就可想而知了。若云贵地区，"湘滇线之云贵段附近各县工业，较之沿线各县，尤为幼稚。机械工业，除宣威外，余均为手工业"。③ 若陕北地区本来工业原料极为丰富，由于交通不便，与现代文明隔绝，工业也停留在传统手工业阶段，"'现代工业'则更谈不到，所有工业，十之九仍系古老的工业的方法，与旧式的工业生产品而已"。④ 西部城市化水平也低于全国的平均水平。城市化水平的滞后在很大程度上归因于西部工商业发展的落后，反过来，落后的城市化水平又延缓了城市工商业经济的发展，两者在更低水平上的互动作用导致了内陆地区的落后。据1933—1936年近代中国城镇人口统计，沿海区城市数147个；中部区39个；内陆区7个。到1949年中华人民共和国成立时，全国工业70%集中在占陆地国土面积不到12%的东部沿海狭长地带；占国土面积68%左右的西部地区，工业产值仅占全国9%。西北西南地区工矿企业共有300多家，大部分是以手工劳动为主、设备简陋、条件低下的小型工厂与修配厂。工业发展的不充分决定了城市发展的不足，1949年，中国有设市城市136个，而西部地区仅有17个，占12.6%。⑤ 费孝通先生在考察

---

① 隗瀛涛《中国近代不同类型城市综合研究》，成都：四川大学出版社，1998年，第461页。
② 何廉《中国的经济力量在哪里》，《工商杂志》1935年第7卷第2期。
③ 殷梦霞、李强选编《民国铁路沿线经济调查报告》（第14册），北京：国家图书馆出版社，2009年，第499页。
④ 《陕甘调查记》，第118页，见《近代中国西北五省经济史料汇编》（第8册），北京：国家图书馆文献缩微复制中心，2006年，第122页。
⑤ 顾朝林《中国城镇体系——历史、现状、展望》，北京：商务印书馆，1996年，第159、167页。

江南市镇和农村后,认为即便在商品经济和市镇较为发达的江南地区,大多数市镇因为"并非生产基地",难以大量吸收乡村剩余劳动力:

> 中国人口的繁殖,使乡间的劳力过剩。过剩的劳力在只有农业和小规模的家庭手工业的传统经济中并不能离开乡村,他们尽力地以降低生活程度为手段向别人争取工作机会。劳力成本的降落,使一部分稍有一些土地的人付出很低的代价就可以得到脱离劳作的机会。他们出租了土地,自己就离乡住入较为安全的城里去。在乡间做个小小富翁并不是件太安心的事,那是我们中国人的普遍经验,用不着我来举例作证的。那些地主在他们住宅里筑个高墙自保。他们有资本可以开典当铺,可以在谷贱时收谷,谷贵时卖谷,可以放高利贷,可以等乡间的自耕农来押田借谷,过一个时候贱价收买。托尼(R.H.Tawney)教授曾说:那些离地地主和佃户的关系其实是金融性质的。我想我们很可以说,这类市镇所具的金融性质确在商业性质之上,至于工业实在说不上。在这类市镇中,固然有兼做大户人家门房的裁缝铺,有满储红漆嫁奁的木匠铺,有卖膏丸补药的药材铺,有技术精良专做首饰的银匠铺——这些只是附靠着地主们的艺匠,与欧洲中古封主堡垒里那些艺匠的性质相同。
>
> 这些市镇并不是生产基地,他们并没有多少出产可以去和乡村里的生产者交换贸易。他们需要粮食,需要劳役,可是他们并不必以出产去交换,他们有地租、利息等可以征收。乡村对于这些市镇实在说不上什么经济上的互助,只是一项担负而已。[①]

这就是说,中国的城镇并没有完成现代功能转型,大部分还停留在传统的农业—手工业—商业性城镇形态,与乡村经济—社会保持着某种同一性,既不能改造乡村传统的自然经济,同时也就缺少对乡村人口的吸引力,这类城镇正如乔尔·科特金所说,"只是形成了更大的农业环境的'质量密集'版而已"。[②]

因此,西方国家是依靠发达的机器大工业把越来越多的人吸引到都市里来,中国则是农村经济衰微与灾害、战乱等因素,出现了大量的过剩人口和难民,被推到了城市中去,"西方是城市的拉力强于农村的推力,中国则是农村的推力强于城市的拉力"。[③]而且,这些农村人口流向城市不仅不是城市工商业过于发达的缘故,甚至也不是农业经济发达和乡村经济现代化的结果,而是由于农村经济自身的衰败所致,这种条件下出现的城市化就是一种畸形城市化。正如千家驹所说,中国都市的膨胀是由于

---

① 费孝通《乡村·市镇·都会》,见费孝通《乡土中国·生育制度·乡土重建》,北京:商务印书馆,2017年,第355—356页。
② [美]乔尔·科特金著《全球城市史》,王旭等译,北京:社会科学文献出版社,2006年,第83页。
③ 行龙《近代中国城市化特征》,《清史研究》1999年第4期。

农村破产的深刻化。①

城市拉力不够和乡村消极推力，反映了近代中国城市化动力严重不足，城乡之间未能建立良性互动联系，城市发展缺乏良好的经济生态和社会生态。因为，从城乡关系的视角看，城乡关系与城市化是一种相互影响的正向关系。亚当·斯密曾说："乡村居民须先维持自己，才以剩余产物维持都市的居民。所以，要先增加农村产物的剩余，才谈得上增设都市。"② 近代中国这种对抗性冲突如此严峻的城乡关系，由于农民的极端贫困，购买力低下，难以消化城市工业品，无形中限制了城市工业品市场的扩大，进而使城市发展缺乏必要的动力。

只有剩余农产品的数量或农业劳动生产率得到充分的保证，城市化水平才能得到顺利的开展。我国近代出现了不少百万人口以上的大城市，所需粮食都要取自农村。如湖南米谷，"不独津沪赖其灌输，武汉尤视其为生命"，"武汉若无湘米接济，立招变乱"。③ 此外，城市工商业还有着对于农村原材料和市场的深深依赖。由于近代中国没有向外拓展海外市场的条件，只能依赖于国内市场，农村的发展与稳定就和城市化密切相连。可是，农村的日渐残破，农民消费水平的低下，必然导致农村市场的日益萎缩，因而大大影响了城市化的发展。20 世纪 30 年代由于农村经济凋敝和农民购买力极度萎缩，曾经引发了城市的"市场危机"，出现工业品大量积压、许多行业生产下降、开工不足以至亏损倒闭的现象。为什么会出现这种情形呢？费孝通认为这是由近代中国城市功能的非生产性和城乡之间"相克"而非"相成"的关系格局所决定的。"都会工商业的基础并不直接建筑在乡村生产者的购买力上，现代货物的市场是都市里的居民。这些人的购买力很大部分倚赖于乡村的供奉。乡村的脱离都市最先是威胁了直接靠供奉的市镇里的地主们，接下去影响了整个都市的畸形经济。为了都市经济的持续，不能不利用一切可能的力量去打开乡村的封锁了。愈打，累积下来乡市矛盾暴露得更清楚，合拢机会也更少。"近代化的城市需要农村广阔的市场，需要乡村社会提供的原料、劳动力等多方面的支持，如何解决这个问题？费孝通指出，根本途径还是要在城市功能转型和繁荣乡村经济的"治本"上下功夫。"中国的经济决不能长久停在都市破产、乡村原始化的状态中；尤其是在这正在复兴中的世界上，我们的向后转，可能在很短时间里造成经济的陷落，沉没在痛苦的海底。怎样能使乡市

---

① 千家驹《救济农村偏枯与都市膨胀问题》，见千家驹等著《农村与都市》，上海：中华书局，1935 年，第 25 页。
② ［英］亚当·斯密《国民财富的性质和原因的研究》（上卷），北京：商务印书馆，1972 年，第 346 页。
③ 《近代史资料》1955 年第 4 期，引自宫玉松《中国近代城乡关系简论》，《文史哲》1994 年第 11 期。

合拢呢？方向是很清楚的，那就是做到我在本文开始时所说的一段理论，乡村和都市在统一生产的机构中分工合作。要达到这目标，在都市方面的问题是怎样能成为一个生产基地，不必继续不断地向乡村吸血。在乡村方面的问题，是怎样能逐渐放弃手工业的需要，而由农业的路线上谋取繁荣的经济。这些问题固然是相关的，但是如果要分缓急先后，在我看来，应该是从都市下手。在都市方面，最急的也许是怎样把传统的市镇变质，从消费集团成为生产社区，使市镇的居民能在地租和利息之外找到更合理、更稳定的收入。这样才容易使他们放弃那些传统的收入，这些市民应当觉悟，世界已经改变，依赖特权的收入终究是不可靠的，等人家来逼你放弃，还不如先找到其他合理的收入，自动放弃来得便宜。中国是否可以像英国一般不必革命而得到社会进步，主要的决定因素就在这种人有没有决心。乡村和都市应当是相成的，但是我们的历史不幸走上了使两者相克的道路，最后竟至表现了分裂。这是历史的悲剧。我们决不能让这悲剧再演下去。这是一切经济建设首先要解决的前提。"[1] 这里，费孝通先生用了"乡市合拢"和乡村、都市"相成"两个概念来说明，通过城乡经济的现代转型，建立起相生相成、统一和谐的新型的城乡关系。城市发展必须有一个城乡良性互动的生态链，离开乡村对城市的支持，城市发展是无源之水、无根之木，即便有所谓"繁荣"，也是虚假的畸形的繁荣，最终只能昙花一现，难以持久。

二、城市化发展质量和发展水平的低下

正是在这样一种城市工商业发展不足、农村残破不堪的"畸形城市化"的情形下，出现了大量前往城市的人员因为无法谋生而又迁回农村的现象。大量农村人口进入城市，主要原因是迫于战乱、灾荒和农村经济的凋敝，而城市所能提供的就业机会远不及实际需求，如时人所揭示的："中国在旧工业（指乡村手工业）中失了位置的人，虽然跑到都市中去，但是都市中的新兴工业还在幼稚时期，不能收纳乡村中投往都市的人口。因此造成中国今日，乡村与都市的普遍失业现象。"[2] 上海《商业月报》1937年第7期的调查载："绝大多数丝厂工人都来自农村，还有农村亲属可以依靠，值此丝业萧条之际，许多人回到其家乡，那些无依无靠者只好另寻出路。"当时

---

[1] 费孝通《乡村·市镇·都会》，见费孝通著：《乡土中国·生育制度·乡土重建》，北京：商务印书馆，2017年，第358—359页。

[2] 吴景超《第四种国家的出路》，北京：商务印书馆，2010年，第85页。

对居住在黄浦江区域的崇明人进行的调查中，有一位少女，到上海来本是为了进工厂做事，但是学习了技术以后，还是没有事可做，只好又回去为村民缝衣服为生。①30年代，广东丝织业衰落，"据说有20万以上女工从工厂回到农村去"；浙江"城市工人大批的回乡"；江苏无锡"前赴都市工作者，今大都重返田间"；河南汜水、山西灵丘、江苏江都由于农民重新返乡，而有"实感农工太多"之叹。② 当时从乡村迁往城市，再回迁乡村的具体详情可参看表3.2：

表3.2 1929—1933年各地区的城乡迁移率（%）③

区域	人口	迁移率		
		乡村迁至农场	农场迁至城市	城市迁至乡村
全国	206274	1.9	0.9	0.5
华北	99518	1.9	0.9	0.6
第六区	88193	1.7	0.8	0.6
第七区	11325	3.3	1.3	0.8
华南	106756	1.9	0.9	0.4
第一区	11208	1.3	0.3	0.2
第二区	7984	2.0	2.7	0.5
第三区	9471	1.4	0.2	0.2
第四区	14302	1.2	0.7	0.8
第五区	59126	2.3	0.9	0.4
第九区	4615	2.4	0.4	0.3

大量农民前往城市，在推动城市工业发展方面，所起到的作用也十分有限。根据湖北省在1946年的统计结果，农民人数锐减，占全省人口比率降到了64.52%，但工人人数却未增加，"考诸欧美先进国家产业发展过程，当人民脱离农村，即向都市大量集中，充当产业后备军，故农民减少，则工人增加，实与由农业国转化为新兴工业国相伴随。我国情形则正相反，农民不断减少，工人并不增加，显见农村破产，工业落后"。④ 即使在近代城市经济最为发达的上海，劳动者失业的情况也很严重。据1934

---

① 兰姆森（H. D. Lamson）《工业化对于农村生活之影响——上海杨树浦附近四村五十农家之调查》，何学尼译，《社会半月刊》1934年第1卷第1—5期；李文海主编《民国时期社会调查丛编·人口卷》，福州：福建教育出版社，2004年，第255页。
② 章有义《中国近代农业史资料》（第三辑），北京：生活·读书·新知三联书店，1957年，第480—481页。
③ 乔启明《中国农村社会经济学》，第144—145页，侯杨方《中国人口史》第6卷《民国卷》，上海：复旦大学出版社，2001年，第492—493页。
④ 湖北省政府民政厅编印《湖北人口（民国三十五年各季户口总覆查实施纪要）》，1937年10月，第104页。

年5月上海市社会局的统计,仅华界内的无业游民就有29万人之多。①

由于大量人口集中于城市,可城市工商业的发展程度还难于吸纳如此庞大的人口,这些过剩人口遂沦为城市游民,"现在工商业发达之情况,不足适应都市之人口集中。故来城之农民,不能得到相当之职业,对于社会毫无生产可言,致成为都市之寄生"。②1929年上海特别市社会局在1929年对1400余名本市游民进行了一个调查,发现大多数人前来上海的动机都是以为上海"为最富华之区,有似银钱铺地,俯拾即是之想象,并以为工商业发达,谋事甚为容易,遂不惜掷挡资斧、梯山航海而来;亦有以亲友在沪做事,而不量亲友之能力,亦是自顾不顾计及一身之辈,有留恋繁华,逗留不去;亦有欲谋工作,希图立足,而结果竟一无可事者。因此沪市遂增加不少游民,为社会之隐忧"。③根据他们的调查,游民中有退伍兵169名,只有31人找到了短时工作,最后还是失业了。④其余大多数人几乎都难觅合适工作。由于在城市里无所事事,许多人逐渐堕落,染上不良习气。根据他们的调查,这1471人中,吸鸦片者有191人,嗜赌者有91人,嗜嫖者有40人,酗酒者有138人。时人总结原因:"我国因为内乱外侮,生产落后,农村破产的情形之下,内地不易谋生,一般人民,纷纷来沪,图谋职业。不知上海亦普遍不景气,工商业凋敝,随处觉着人浮于事,当然不易达到目的。因无业可谋而流落,本市游民的数量遂日渐增加。"⑤工商业发达的上海如此,其他城市失业与难民更多。时人形容:"上海、武汉、南京、天津、广州各大城市之人口一天天的增多,其最重要的原因,便是农民离村他适之结果。然而在民族工业枯萎的境况下,原来的工人,已经一批一批的被抛弃于十字街头,离村的农民,自然不容易找到工作的,结局只有拉黄包车充当牛马,只有踯躅街头过着乞丐的生活。群集沪上的贫民白天吃的是包饭作的残肴剩饭,晚上则缩于垃圾箱旁、屋檐下、房角处或弄堂口,以报纸铺地,以牛皮纸及广告盖身。"⑥

沦为难民和流民的城市无业者,不少人因生活无着,铤而走险,走上犯罪道路。

---

① 阮清华《上海游民改造研究》,上海辞书出版社,2009年,第29页。
② 杜素民《中国农民经济之衰落及其救济》,第114页,乔元良等编《中国农村问题·总论》,见《民国史料丛刊》第672册,郑州:大象出版社,2009年2月,第120页。
③ 上海特别市社会局《一千四百余游民问话的结果》,《社会月刊》1929年第1卷第4期,引自李文海主编《民国时期社会调查丛编·人口卷》,福州:福建教育出版社,2004年,第303页。
④ 同上。
⑤ 陈冷僧《上海的游民问题》,《社会半月刊》1934年第1卷第4期。李文海主编《民国时期社会调查丛编·人口卷》,福州:福建教育出版社,2004年,第306页。
⑥ 许涤新《农村破产中的农民生计问题》,《东方杂志》1935年第32卷第1号,第52页。

第三章 城市拉力与乡村推力:城乡二元结构下的畸形城市化 189

如前往东三省的移民,"皆谓家乡人多地少,生计维艰,闻归客谈东省人少物丰,易于致富,遂从而至焉。其离乡也,或变产、或借贷,以筹旅费,以作营业资本。未来之前,奢望无极,至则人生地疏,境与愿违。初也囊中半满,卑下之苦工不就,继而床头金尽,失意与悲愤交加,呼吁莫之应,故旧莫之怜,斯时也,欲返故乡,既乏于川资,复报于无颜见家乡父老,不得已堕入下流,铤而走险矣"。① 当时人对于犯罪人数进行了一个统计,得出结论:从事工商业和自由职业者,比从事农业者犯罪率要大。全国以农为业者占85%,但就全国犯罪者之职业比较看来,从事农业的人犯罪率要远远低于其他职业者。1928年统计,全国农业生产者犯罪只有5000人,仅占全国罪犯的17%。② 而东北移民从事其他职业者远远超过农业,而这些职业又多在城市,可见城市犯罪成为全国犯罪问题的主要内容。1931年曾有人在辽吉各监狱调查了156名囚犯的出生地、长成地、犯罪一年前的居住地及犯罪地等,发现在乡村长大的人共130人,但在乡村犯罪者仅80人,在城市长大的人只有26人,但在城市犯罪的却达到了76人。③

很显然,游民聚集城市,难以被社会吸纳消化,成为被边缘化的阶层,引发了一系列棘手的社会问题。"中国目前之都市状况而言,失业问题、治安问题、娼妓问题等等,莫不有关于都市人口集中之现象。因为农民纷纷离村,产业预备军就日渐扩张,工资虽低,而大部分农民,仍然无工可做,被迫失业,踯躅街头,或流为盗匪乞丐,扰乱社会治安。首都所在,枪案暗杀案,层见迭出;上海绑票案,日有数起,谋财害命,民受其祸。至于娼妓问题,在民生凋敝之今日,尤难解决。为娼妓者多属穷而无告的乡村女子,她们到了都市以后,或入工厂做工,或即投身于人肉市场;而在工厂做工的一部分女工,往往不堪工头的欺凌,最后也就陷于人肉市场的漩涡,不顾廉耻,但求生存,社会道德,沦亡殆尽。"④

都市人口的集中,使各种卫生问题也难于解决,各种传染病盛行,再加经济条件欠佳,造成了人均寿命过短,婴儿死亡率过高。20世纪二三十年代,成都工人大都居住于御河、后子门一带垃圾堆边的棚户区,卫生条件极其恶劣,瘟疫时有发生。如1932年8月10日上午6时至9时,仅3小时,因死于霍乱的出丧户即达34起,多

---

① 徐雍舜《东三省之移民与犯罪》,引自李文海主编《民国时期社会调查丛编·人口卷》,福州:福建教育出版社,2004年,第325页。
② 同上书,第327—328页。
③ 同上书,第330页。
④ 董汝舟《中国农民离村问题之检讨》,《新中华》1933年第1卷第9期。

为穷苦之人。① 工作劳累，生活贫困，缺医少药，精神压力大，也使得广大的工人群体极易受到疾病的侵扰。从对141名成都市牙刷业工人的调查中可以看到，其中仅有60.99%的工人身体堪称健康，其余则或有病痛或有残疾。②

因此，大批破产的农民涌入城市，形成了一个极其庞大的、数量不断增长的流民阶层，中国的新兴城市和现代产业部门的低水平发展，远不能吸纳转化这一阶层成为促进城市化的正面因素，"这一阶层不仅是1840—1949年间中国黑社会势力发展的温床，而且也是社会长期动荡、变乱的主要原因"。③ 农民大量离开农村前往城市，只是造成城市卫生、交通、治安、就业、居住等各种问题的错综复杂、积重难返。也加剧了城市里失业、无业、性比例失调问题，并且使得城市劳动者工资长期维持在一个较低水平，不能享有较高的生活水平。而农村也因为青壮年劳动力大量流失，导致土地荒芜，生产停滞。城市、农村都没有能够得到合理的发展。时人曾深刻指出：

> 穷困农民，因乡村中无法维持其生活，故不能不向都市中寻求新的出路，其结果促进都市人口集中，而惹起都市中居住卫生治安交通等社会问题。因农民之趋赴都市，对于都市中劳动失业之增加，为无可避免之事实。供过于求，工资之公平标准，无可维持，其结果既阻碍工资合理之上涨，而在乡村方面，因乡村之人日多，而离村者又以壮年劳动者为多，土地上缺乏适当之人工，土地生产力亦为之大减。因劳动者之缺乏，农业工资，遂为异常之腾贵，遂至加重农业生产之成本，且农村人口，男女之比，老壮之比，均不免发生畸形。故农民之逾量离村，对于都市及农村均发生极不良之影响，而固有社会之安全，遂不得不遭破坏矣。④

三、畸形城市化与城乡二元结构

大量乡民涌入城市成为城市贫民和难民，带来城市社会严重的两极分化，形成了很大的贫富差距。城市资产阶级、官僚买办阶层穿洋服、住洋房、乘汽车，装扮时

---

① 《成都快报》1932年8月10日。
② 《成都市牙刷工业与工人生活概况调查》，《成都市政府周报》1939年，第23页。
③ 何一民《近代中国衰落城市研究》，成都：巴蜀书社，2007年，第143页。
④ 杜素民《中国农民经济之衰落及其救济》，第99页，见乔元良等编《中国农村问题·总论》，《民国史料丛刊》第672册，郑州：大象出版社，2009年，第105页。

髦，家居舒适，有很强的优越感；城市贫民大都生活在城市边缘地带，衣食堪忧，生活质量低下，他们大部分生活用品都是自己制造或是使用最廉价的物品。这种不断加强的贫富和权力的两极分化，必将深刻地影响城市的空间形式，不断形成判若天壤的贫富社区。城市社会结构的两极化带来城市空间的贫富分区，似乎是现代城市化早期世界各国共通现象，"恩格斯于19世纪中期生活在英国，并于1844年写了《英国工人阶级状况》一书。……按照恩格斯的观点，工业化和资本主义的罪恶被城市空间强化"。①

流民集中涌向城市，大多成为触目皆是的城市贫民，首先给城市居住造成了很大的压力。他们或勉强糊口，或依旧衣食无着、流落街头，没有居住之地，很多人只得在城市的边缘地带搭建成片的临时性的窝棚栖身，形成一个个棚户区。这些棚户区环境恶劣，"极端的贫困，无穷的痛苦和灾难，大量的芦席草棚和破旧小船伴随着垃圾、污水和蚊蝇、蛆虫，许多居民饥寒交迫、贫病死亡"。②棚户区的扩散，是城市化低度发展和农村人口（特别是流民）过快集中造成的一种社会病态，是多种城市病的一种表现。

1949年的上海棚户区分布图显示，"上海城市建成区几乎完全被棚户区所包围，这时的棚户区人口超过100万，占城市总人口的四分之一，棚户区充当了城区与外围乡村区域的连接带"。③在上海、天津等大城市里，高楼大厦、洋房别墅与贫民栖身的里弄棚户、茅草破屋形成两重世界。20年代末，有人对北京贫民的"居住"情况，进行了如是描述：

> 至于没有一定住址的人们，大多也住在天桥附近。冷天的时候他们无家可归，就每天设法花铜元六枚，挤在二三十人男女混杂的小店里，围着半熄的煤气触鼻的小煤球炉，或在凹字形炕上，以免沿街冻死。到夏天他们即省了店钱，到处便为家的露宿了。朝阳门外是北京穷陋无比的地方，只要能形容得出的龌龊、污浊，那里即能见着嗅到，住在那里的都是北京最下层的人民，如洋车夫、乞丐、小偷，以及失业的工人们。④

---

① ［美］马克·戈特迪纳、雷·哈奇森《新城市社会学》（第三版），黄怡译，上海译文出版社，2011年，第45页。
② 上海社会科学院经济研究所城市经济组《上海棚户区的变迁》，上海人民出版社，1962年，第9页。
③ 吴俊范《河道、风水、移民：近代上海城周聚落的解体与棚户区的产生》，《史林》2009年第5期。
④ 严景耀《北京犯罪之社会分析》，《社会学界》1933年第7卷。

城市边缘地带成片的棚户区，也见于其他口岸城市。如有学者所指出的："这在有大量来自华北乡村移民的天津，表现得非常明显。你很难将租界内住洋楼、穿西装、吃西餐者与住在城市边缘的窝铺里，过着与乡村农民相差无几生活的新移民相提并论。"①据1921年的调查，在杭州"当地有不少被叫作江北佬的人，他们是从长江以北移居而来的从事零工、杂役业的下层人民。其收入仅仅只能糊口。这些人多是贫穷的，有的在陆上租房，有的就居住在随他们而来的系在运河边上的破旧的小船上。傍晚时分，从其附近经过，发现蓬头垢面的妻子、子女在河边淘米，敝衣褴褛的幼儿在一边又哭又闹，其情景真让人觉得可怜。他们生活在杭州城外的湖墅附近，这样的家庭约有1000户之多"。②

作为首都的南京，虽在中央政府直接管辖之下，也无法避免这种不断分化的两重空间。据1934年的调查："南京自奠都（指1927年——引者）以来，户口日增，而棚户之增加尤速……有人说奠都以前仅有棚户4000余户，此说果确，则奠都至今，棚户增加了9倍左右，因为现在棚户已有38000户以上了"；"总之，南京棚户自奠都以来，有飞跃的增加，至今仍增加不已。究其原因，实甚复杂，言其大端，则一因南京渐成现代的大都市，吸引人口之力增加，二因农村经济破产，农民被迫离村趋市"。③

人口聚集城市，可以为城市提供必要的劳动力和服务人员，提高城市生活的质量，但是，近代中国城市的这种人口膨胀，却严重地影响了城市发展的质量。流民大量涌进城市，对城市劳动力市场产生了重大的负面影响，造成劳动力的供给严重失衡，供过于求，对资本主义雇佣关系发生关键的影响。大量廉价劳动力的剩余，使得资本家压低工人工资，残酷剥削工人。劳动力市场上待业流民的严重堆积，使得工人不得不忍受这种剥削，生活状况不断恶化，加速了工人阶级的贫困化。"农民离村的职业，既多半是劳动者，都市里增加若干的产业预备军，供过于求，工资下落，工人购买力遂无形减缩，商品销路因之停滞。"④无论是由农村来的破产农民，还是原来的城市居民，广大的工人群体为了生存，不得不接受低廉的工资待遇而从事各种繁重的工作，以求温饱，并随时面临着失业的危机。在成都，工人的工作时间长达10小时，甚而长至12小时，其平均工作时间为10小时30分，其劳动时间之长，工作之艰辛

---

① 刘海岩《空间与社会：近代天津城市的演变》，天津社会科学院出版社，2003年，前言第4页。
② 丁贤勇等《1921年浙江社会经济调查》，北京图书馆出版社，2008年，第31页。
③ 李文海等《民国时期社会调查丛编·底边社会卷》，福州：福建教育出版社，2004年，第745、746页。
④ 董汝舟《中国农民离村问题之检讨》，《新中华》1933年第1卷第9期。

可见一斑。而工人如此辛勤地工作所换来的工资待遇却是十分低下的，工人的平均工资尚不及8元。而1931年成都市食米的平均价格维持在每石30元左右，由此可见工人工资水平之低微。① 人们还要面临着失业的威胁。如据成都《新新新闻》1935年的记载，当年入春以来，成都商业极其疲滞，手工业多紧缩范围减少雇工，工人失业者甚多。棉织与丝织两业失业工人已达五千人以上，缝纫业失业亦不下四五百人，其他如染房街、东御街之工人，亦多无工作可做，铁路公司三倒拐鞋铺，全街铺户一百余家除学徒外，雇用工人不及十人，由此可见一斑。② 同时大量廉价产业后备军的经常存在，对近代中国资本主义机器工业化也产生一定的消极影响。劳动力价格低廉，使资本家感到不必采用新机器也能获得大量的剩余价值，极大地影响了资本家改善生产经营条件、提高技术有机构成的积极性，造成城市工业化的缓慢发展，成为资本主义进一步发展的障碍。

"都市的发展，其反面就是农村的崩溃。使农村加速崩溃的种种事实，同时就是使都市发展的事实。"③ 周谷城先生认为近代中国呈现出一种"城乡背离化"模式，"城乡背离化"即"农村破坏，都市发展，两者背道而驰，这是现代中国社会变化的方式"。④ 这种非互动关系表现为二者发展处于严重不平衡状态，一方的发展是以牺牲另一方为代价的，二者呈现对立关系，社会资源在二者之间向某一方倾斜的方式配置。⑤ 这一时期城市成为人口、资本、基础设施及各种生产要素的主要聚集之地，城市人口和规模都获得了很大发展，而农村一方面沦为工业发展的原料来源地，另一方面又成为工业产品的倾销地。廉价农产品和昂贵的工业品形成了巨大的"剪刀差"，剥削着农业的生产剩余。美国学者卜凯1922年估计经营土地的报酬率只有2.5%，而商业和放债的报酬率高达10%—20%以上。⑥ 显然，城市一方面延续并强化了地租、赋税、商业高利贷等传统手段，另一方面利用工农产品剪刀差剥削广大农民，形成了城市掠夺农村的局面，导致农业自身积累和发展水平很低，长期处于发展停滞的局面。同时基础设施、教育、医疗等资源也大都在城市集聚，农村的公共产品供给十分滞后，仍停留在自给自足的状态，政府对农村资源配置不足。农村的落后的生产力和贫困导致

---

① 吴虞《日记中物价摘录（1912—1947）》《近代史资料》1986年总60号。
② 《新新新闻》1935年3月31日。
③ 周谷城《中国社会之变化》，《民国丛书》第一编，上海书店，1989年，第181页。
④ 同上书，第314页。
⑤ 赵勇《城乡良性互动战略》，北京：商务印书馆，2004年，第4页。
⑥ 珀金斯《中国农业的发展》，上海译文出版社，1984年，第129页。

的较小的市场购买力，使得城市和农村互动性不够。所以，王先明教授认为："乡村危机实际上并不是乡村本身的危机，它是近代以来城乡背离化发展态势下所造成的乡村经济、社会、文化全面衰退危机。"①

利用工农产品"剪刀差"剥削广大农民是近代城市剥削乡村的最典型方式。近代之前，市场上主要是小生产者之间以获取使用价值为目的的交换，交易地点主要在一些传统市镇里进行，交易性质属于一些非常简单直接的商品交易，交易双方大都了解商品生产过程，基本上属于等价交换。开埠通商后，交易的性质越来越复杂，具有了现代性质，但却涂上了浓厚的不平等色彩。吴承明先生曾对近代中国工农产品在国内贸易中的价格决定方式进行过专门研究，他总结道：工业品的价格水平是在通商都市决定的，要经过批发、中转、零售等许多环节销往内地和农村，每个环节都要加上商业利润、利息、捐税等。所以它们是逐级加价的。"农产品是由农村和内地流往通商都市，它们往往要比工业品经过更多的中间环节。但是，它们的价格水平（基准价）也是由通商都市这一头决定的，因而在流通中，它们是按已定的价格水平逐级压价，以充商业利润、利息、捐税的。在逐级加价和压价中，进一步扩大了工农业产品价格差，加重了对农民的剥削。"②据统计，1895年至1905年间工农产品的价格变动长期是不利于农产品的，1905年至1912年短期有利于农产品；1913年至1920年间工业品价格上升远快于农产品价格上升，差距扩大了1/3；1921年至1925年短期内这个差距缩小，农村得以稍苏。但1926年，工业品的价格上升又远快于农产品，到1931年两者差距又达约1/3。1931年秋转入物价下跌，而农产品价格下跌远快于工业品价格下跌，差距继续扩大。③工农产品"剪刀差"的扩大恶化了农民的生活质量，在不等价交换下，农村被迫力求自给。

而且，这种城市剥削农村的格局又是和外国资本主义势力的介入联系在一起的，"帝国主义列强从中国的通商都市直至穷乡僻壤，造成了一个买办的和商业高利贷的剥削网……以便利其剥削广大的中国农民和其他人民大众"。④依靠这个剥削网，城市里的外国资本主义和中国买办阶级以及各级商人共同构建了一个以通商口岸城市为基地，向内地各城镇延伸渐及广大农村进行不等价交换半殖民地半封建性质的剥削体

---

① 王先明《试论城乡背离化进程中的乡村危机——关于20世纪30年代中国乡村危机问题的辨析》，《近代史研究》2013年第3期。
② 吴承明《中国资本主义与国内市场》，北京：中国社会科学出版社，1985年，第280页。
③ 严中平等《中国近代经济史统计资料选辑》，北京：科学出版社，1955年，第337页。
④ 毛泽东《毛泽东选集》第二卷，北京：人民出版社，1969年，第592页。

系。由于城市外国资本主义以及为之服务的买办、商人操纵并垄断了各级市场农产品销售，致使广大农民在继续遭受原有封建剥削的同时又面临了外国资本主义的残酷压榨。在农产品收购中，他们凭借手中雄厚资本和政治经济特权通过操纵市场价格盘剥农民。如英美烟草公司控制的产烟区，公司收购便常用低估品级、扣减重量、支付贬值辅币等手段压低烟农实际所得。1919 年至 1934 年，山东潍县烟农实收价格只及名义价格的 45% 至 71%；河南襄城 1929 年至 1934 年烟农实际所得仅及名义的 12% 至 58%。[①] 城市在与农村进行商品交换中始终处于价格上的主导地位，农民仅是价格被动的接受者，两者在市场竞争中存在着一种极不平等的关系。外国资本主义、买办阶级、商人和城市上层市民，共同构成了"城市"的主体，他们主要通过抬高工业品销售价格、压低农产品收购价格、扩大工农产品价格"剪刀差"的方式来实现剥削。由于市场完全由买方垄断，资金贫弱而分散孤立的农民无法与城市资本主义雄厚的中外资本家抗衡，从而形成近代城乡工农产品比价格变动，长期不利于农产品的局面。这就进一步强化了不平等的城乡关系，城乡矛盾更加突出，城乡对立日益加深。

由于城乡工农产品不等价交换造成了农村贸易严重入超，致使农村资金大量流入城市。而且，日益繁重的地租、赋税也越来越以货币形式集中到城市，这就又造成了近代以来农村资金不断向城市尤其是大城市的集中。到本世纪二三十年代达到高潮。不但工厂多集中在东南沿海沿江城市，就是金融机关也主要集中在这些地区，银行、钱庄等金融机构几乎主要集中于城市尤其是通商都市。外国在华银行无不设于通商口岸，本国银行总行设在通商口岸的占行数的 85%，资本总额的 96%。[②] 上海、天津、青岛、广州、南京、汉口六大都市的银行占全国 70% 以上，而这六大都市的人口却只占全国 2%。江浙两省人口只有全国的 15%，而银行占了全国 20%。[③] 农业发展最需要的是资金，但在中国近代却形成资金都市膨胀与农村偏枯的畸形状态。资金不断向城市集中，为农村高利贷的横行提供了社会土壤，据国民政府行政院实业部中央农业实验所调查统计，1935 年全国农民平均 56% 以上有金融债务，48% 有粮食债务。[④] 城市金融机构是城市剥削农民的重要工具，对农民实行重利盘剥，利率越高，流向城市的资金就越多。

[①] 陈翰笙《帝国主义工业资本与中国农民》，上海：复旦大学出版社，1984 年，第 51—52 页。
[②] 宫玉松《中国近代城乡关系简论》，《文史哲》1994 年第 6 期。
[③] 同上。
[④] 实业部中央农业实验所《农情报告》(第二卷)，1933 年，第 153 页。

资金都市化造成农村金融枯竭,农业再生产条件恶化、农村高利贷猖獗、农村购买力低落等严重后果。而大城市游资充斥,投机事业盛行,潜伏着重大危机。因为农村经济破产、农村社会动荡使握有资金的地主富农纷纷携资入城,可是这批人的入城并未对城市工业的发展带来多少积极影响。"这般有产者,因为农村不安,就向城市移住,他们把所有的银币,存入银行;又因产业不振、市况萧条的关系,不敢投资于产业,永久的变为坐收利息的银行存款,于是演成一方面存金过剩,一方面银根吃紧的畸形现象。"① 正如千家驹指出的:"此种畸形之发展,前途实至堪忧虑。盖金钱者血,沪市如头脑,内地如四肢,四肢之血尽入头脑,则四肢僵矣,至头脑中则亦将因血过多而患脑充血。"②

面对这种局面,民国政府并未依靠政治手段进行有效干预,缩小城乡差距。尽管在近代中国半殖民地半封建社会的特殊国情下,工业化几乎就是现代化的核心,是国家建设的重中之重。政府进行现代化建设,必然要把有限的资金投向城市工业。但是,如果没有一个稳定的农村作为后方、发达的农业作为支撑,必然要影响到工业化和城市化的发展。城市新式工商业因其较高的投资回报率一直是中外资产阶级和商人的主要投资方向,农村由于农业贷款周期长、风险大,银行资金很少投向农村。民国政府虽然进行了零星的农业改良,但受资金技术力量限制,对农村影响微乎其微。其后果是当城市化逐步推进,城市里遍布霓虹广告、影院赌场、摩登美女之时,农村要不停地为工业化和城市老爷们的消费提供资金来源而遭到深重掠夺并不断衰败。

金融资源的不对等还不是主要方面,生产技术才是问题的关键。近代作为先进生产力代表的机器大生产主要集中在城市,而农业经营却因风险大、耗资多、周期长,少有问津,生产技术长期停滞不前,大多数地区仍然主要以畜力、人力和简单的工具为劳动手段。如1912年至1921年间海关十年报告称,汉口周边农村"农具是非常简陋的:一个铁锄,几个竹耙或者是做得很粗糙的铁耙"。③ 在近代化程度较高的上海周边农村,据1930年对上海郊区140户农户调查表明:"上海市场出售之农具,式样虽多,但皆旧式,故百四十农家,所用为耕种收获之农具,皆属历代相传之旧物,即一锄一铲,亦绝无新式产品。"④ 上海、汉口这样发达的都市,其对周边农村的影响力尚且如此之弱小,广大内地乡村之情形就更加落后。且近代城市工业因其与西方国家来

---

① 董汝舟《中国农民离村问题之检讨》,《新中华》1933年第1卷第9期。
② 千家驹《中国农村经济论文集》,北京:中华书局,1936年,第107页。
③ 章有义《中国近代农业史资料》(第二辑),北京:生活·读书·新知三联书店,1957年,第396页。
④ 冯和法《中国农村经济资料》,上海:黎明书局,1935年,第266页。

往更多，得以迅速接近世界先进技术，不断更新设备从而提高劳动生产率，乡村农业却因资金匮乏，技术长期停滞不前，不得不继续通过人力劳动来勉强维持生存，却又因为城市对乡村的压榨导致大量人力离开乡村，陷入了一个技术落后、需要人力、人口流失、更加落后的恶性循环之中。这样城乡之间的差距必然是愈拉愈大。

由于农村地区现代化发展水平的低下，使得城市化运动得不到农业部门的有力支持，也导致了自身发展的缓慢。据胡焕庸先生统计，从1893—1949年的56年间，城镇人口的比重只增加4.6个百分点，[①]直到1949年，中国仍然是一个农业中国，与城市化进程缺乏城乡之间的合理互动，不无关系。

四、反城市化思潮的涌现

自工业社会以来，世界经历了迅速的大规模的城市化过程。然而，从城市化的初始就有"反城市化"思想。近现代社会以来，城市的发展和工业化进程是分不开的。西方社会走在了工业革命的前列，因此，它们的城市发展和城市化进程也走在前列。城市化和"反城市化"是矛盾的统一体，换句话说，有城市化就有"反城市化"思潮。回顾世界城市发展史，关于城市文明与乡村文明的争论早已有之，欧洲18世纪就出现过"城市是一切罪恶的中心"论点，法国哲学家卢梭等人也高喊过"回归自然"的调子。美国有句谚语："上帝创造乡国，人类建设城市。"意指城市是道德败坏的人类聚集之地，乡村才是上帝创造的人间伊甸园。而在工业化和城市化发展的初期，西方社会的"反城市化"思潮表现得更加明确，这主要是由于工业化中出现的"城市病"所致。18世纪中后期，工业革命导致西方国家的劳动力迅速从农业向第二、第三产业转移，突如其来的大量流动人口涌入城市使各国城市住房短缺严重，加之种种因素的共同作用，贫民窟在城市迅速蔓延。在19世纪前后的城市化进程中，西方的贫民窟发展迅猛，贫穷问题、卫生问题、污染问题、安全问题等随着贫民窟的蔓延接踵不断。在那个工业化的时代，机器和工厂把整座城市变得浓烟滚滚，噪音喧天，传统乡村牧歌式的田园风光和往昔城市安逸宁静景象一去不复返。如20世纪初年的日本，随着工业化和城市化的发展，"人们还是普遍感觉到，传统观念和高尚生活方式现在受到了非人性化和危险的外来力量的冲击。19世纪60年代发行的地图曾标示风景名胜和历史古迹；新时代的铁路地图索性摒弃这些文化和审美的因素，纯粹是计

---

① 胡焕庸《中国人口地理》，上海：华东师范大学出版社，1984年，第261页。

量距离而已。作家夏目漱石1916年时曾在其著述中抨击这个'钢铁大鳄'肢解乡村、威胁个性的存在的'暴力方式'。这个'钢铁大鳄'似乎要用烟尘蔽日的工厂和灰暗的水泥建筑取代传统日本城市生活中欢快而丰富多彩的古代中心性标志,如城墙、庙宇和大型中心市场"。① 夏目漱石对工业化的反感,对钢筋水泥森林的严重不适,表达了现代人对城市生活方式的某种否定和对乡村生活方式的向往。

中国是一个历史悠久、人口众多的农业大国。现代化运动的过程中,中国社会很容易产生一种留恋农村和否定城市的"反城市化"思潮。近代随着工业化和城市化的发展,国内也出现了要求重新回归传统,反思欧美文明病的思潮,如梁启超、戴季陶等人。尤其是在一个城市畸形膨胀与乡村偏枯残破的情形下,"反城市化"思潮就更加容易生长蔓延开来。20世纪20年代到30年代,国内思想界发生了"以工立国"和"以农立国"的大讨论,一部分知识分子发出了"以农立国""回到田园去"的呼声,代表人物有章士钊、梁漱溟等人。这部分人在批判工业文明的同时,也对都市文明进行了激烈抨击,对中国应该以都市为本、还是以农村为本的重大问题进行了富有意义的思考和探索。

这股思潮普遍认为城市是罪恶的渊薮。市政学家董修甲阐述过这种思潮"以城市为万恶之薮,其生活极其苦病。城市制度,不独大失其望,实为文化之障"。② 由于在近代中国,城市成为经济政治中心,人们多倾向于前往大都市里谋生路,而当时城市工业的发展还远不足以解决如此庞大人口的就业问题,于是大量过剩人口集中于城市,一面是多人为工作而不择手段竞争,一面是无业者聚集城市形成种种城市治安问题,结果社会形成了一种趋炎附势、蝇营狗苟的恶习,城市道德风尚也明显败坏。许多人由是认为,城市容易滋生罪恶,如果大家都安于乡村务农,便能保持勤劳朴实之美德。杨昌济认为:"近日人心浮动,有舍本逐末之趋势。乡人多弃其本业而争趋城市,余甚悯之。居乡务农者,虽勤劳而寡获,然安而可久;入城市谋生者,虽间能多获,然飘泊无常,且易染恶习,或至丧其人格而不可恢复。"③

与宁静的、淳朴的乡村文明比起来,城市这种"恶"就愈发凸显。许多知识分子出于对城市社会的病态社会现象的失望,产生了对传统乡村社会的向往。在他们的视野里,城市成为罪恶、欲望的象征,乡村则是一片朴素、和谐的净土。有学者直

---

① [美] 乔尔·科特金著《全球城市史》,王旭等译,北京:社会科学文献出版社,2006年,第160—161页。
② 董修甲《市政问题讨论大纲》,上海青年协会书局,1929年,第12页。
③ 杨昌济《治生篇》,《东方杂志》第2卷第4号。

言，国人之所以爱乡村而厌都市，"还有一种哲理的原因，即因中国人爱和平，和平是中国人的特性"。① 他们认为，农业文明是一种讲究道德、和平、典雅的文明。"乡村生活是和平的代表，住在乡村的人，只有诚实、笃信和悦而谦恭，勤俭而知足，人类一切美德差不多都可在乡间求之。"② 农业国内部以均平原则分配财富，是故没有太大的贫富悬隔和阶级分化，同时也无须向外掠夺，自然就不会产生随工业文明而来的社会矛盾和殖民掠夺。"凡国家以其土宜之所出人工之所就，即人口全部，谋所配置之，取义在均，使有余不足之差，不甚相远，而不攫国外之利益以资挹注者，谓之农国。"③ 而工业国家的城市文明却崇尚奢侈、繁华浪费、欺诈丛生、争夺不已。"自十八世纪以还，欧洲机械渐兴，工业日茂……都市生活，为之盛涨……增造富族，豪侈无伦……其在国内，贫富两阶，相去太殊。"④ 世界之所以充满殖民战争，乃是这种文明的必然结果，"以工业立国者，则事事皆积极进行，故恒至生产过剩，竞争市场，推广殖民地，因此血战，前后相继"。⑤ 尤其在第一次世界大战之后，在批判西方工业文明、宣传中国传统文化拯救世界这一思潮兴起的背景下，讴歌农业文明、鄙夷城市文明的倾向进一步发展。章士钊认为，西方世界的社会问题是工业文明本身发展的产物，无法依靠工业文明自身来克服，"此乃工业本身之痼疾也。即本身而求医也焉，如以水济水将万无幸"。⑥ 要解决西方世界的城市社会问题和它们带来的世界问题，只有依靠工业文明的对立面——农业文明来消除它的弊端。西方城市文明的弊端不仅造成了西方城市社会自身的种种病态，而且还影响了中国社会，破坏了中国的传统美德。戴季陶形容都市人"其性质则狡猾也，其行为则诈欺也，其风俗则淫逸也，其生活则放荡也，所求者虚荣，所争者强权，以视陇亩野人之熙熙雍雍者，其道德程度之低下为何如耶？"⑦ 还有人说："都市生活是罪恶的代表，在城市中钻来钻去的人，只有相互的欺诈、诱骗、奸险百出，一个个鬼头鬼脑，所有人类的一切缺德，无不兼备。这种缺德的总体和，便是近代文明的全体。"⑧

---

① 易家钺《中国都市问题》，《民铎杂志》1923 年第 4 卷第 5 期。
② 同上。
③ 章士钊《农国辨》，《章士钊全集》（第 4 卷），上海：文汇出版社，2000 年，第 267 页。
④ 同上书，第 269 页。
⑤ 章士钊《在上海暨南大学商科演讲欧游之感想》，《章士钊全集》（第 4 卷），上海：文汇出版社，2000 年，第 159 页。
⑥ 参见罗荣渠主编《从西化到现代化》，合肥：黄山出版社，2005 年，第 732 页。
⑦ 戴季陶《都市罪恶论》，唐文权、桑兵《戴季陶文集（1909—1920）》，武汉：华中师范大学出版社，1990 年 7 月，第 416 页。
⑧ 易家钺《中国都市问题》，《民铎杂志》1923 年第 4 卷第 5 期，第 2 页。

文人雅士更是怀恋着传统优雅的生活方式和审美情趣，为它遭到都市工商业文明的破坏而痛心不已。巴金在作品中描写道：

> 乡下真好，一切都是平和的，亲切的，美丽的，比在都市里吸尘好过十倍！……在这里没有都市里的喧嚣，没有车辆，没有灰尘，没有汽油味，没有淫荡恶俗的音乐，没有奸猾诡笑的面孔。在这里只有朴素的、和平的、亲切的大自然的美。①

对现代都市的不适与疏离、依恋田园牧歌般的乡村世界，萧乾的《篱下集》企图以乡下人衬托大都市生活，"虽然你是地道的都市产物，我明白你的梦，你的理想却都寄托在乡下"。② 他的小说几乎站在儿童立场上，表达对都市污浊的嫌恶和对人性的赞美之情。其他如废名对乡村小镇的诗意描写，师陀"有意把这小城写成中国一切小城的代表，它在我心目中有生命，有性格，有思想，有见解，有情感，有寿命，像一个活的人"。③ 林徽因的代表作品《九十九度》，描写现代都市人人性的虚伪。老舍以认同的笔触描写了旧北京那种四世同堂、封闭自足，虽然城居但与乡村没有多大差别的生活，他不喜欢都市的闹与动以及不可捉摸性，而欣赏沉醉于乡村那种恬静与安适及可感悟性。其他如陈源赞赏南京的野趣，俞平伯欣赏杭州的闲散，曹聚仁喜爱福州的"静的美"，都无一例外地表达了对传统乡村文明的爱恋与归依。这种情感是对近代都市生活和文化的不适、反感紧紧连在一起的，"例如在沈从文的作品里，一种对乡村风景的思念之情，被作者对都市生活产生的那种难忍的不适和疏离之感所勾起"。④

要挽救中国经济，必须从复兴农村入手，这是当时反城市化思潮的另一种看法。持此观点的主要是20年代的"乡村派"，代表人物有章士钊、梁漱溟、晏阳初、郑林庄、董时进等。他们要求以农业文明和乡村世界为国家本位，维护农业文明才是解决社会问题、摆脱外来危机的出路。但是这股思潮内部又包含着两种不同倾向。一种倾向是彻底反对工业化道路，主张回归农业经济。代表人物为章士钊，他不仅反对工业国的都市道德，也反对工业经济本身。他号召："凡所抄袭于工国浮滥不切之诸

---

① 巴金《巴金全集》第6卷，北京：人民文学出版社，1988年，第20页。
② 萧乾《给自己的信》，《水星》1935年第1卷第4期。
③ 师陀《果园城记》，上海出版公司，1946年，第5页。
④ ［美］费正清主编《剑桥中华民国史》（第二部），上海人民出版社，1992年，第494—495页。

法，不论有形无形，姑且放弃，返求诸农，先安国本。"①这种观点包含着反对现代文明的倒退思想，不过他们对于中国国情又有许多深刻的看法。他们认为，中国社会如此扰攘，根本问题还是经济贫困落后所致。由于经济衰败，导致人民生计凋零，于是才有道德败坏、乱象纷呈。而经济之所以如此贫弱不堪，就是因为当国者和一批知识精英不从中国是一农业国这一最大国情出发去振兴农业，反而照搬西方城市文明下的许多制度来建设国家，"这些制度都是工业社会的产物，若勉强搬到农业社会的中国来，好像将欧洲数层的高大房屋，移植于中国茅房草舍之上，终究要倾倒的"。②由是就发生了"饭碗问题"，"欧洲各国是以工业立国的，他们的代议士，简直是资本家的代表，所以下了野还有饭吃；他们的政治活动，是有了饱饭吃才干出的。中国的代议士是来找饭吃的，下了野便没有饭吃，哪得不捣起乱来？"③因此民国建立后才会祸乱频仍。

另一种以梁漱溟为代表的"乡村派"倾向则有所不同，虽然其中有不少人在道德伦理上也是对传统的乡村文明不无留恋，但在经济层面上，却提出了不少予人深刻启迪的见解。乡村建设派的思想主要体现在梁漱溟的《乡村建设理论》一书中，概括起来，其对于都市文明和乡村文明的看法主要是，通过"促兴农业以引发工业"，乡村为本，都市为末。

梁漱溟在面对"工业派"的指责时就明确宣称，自己并不反对工业化，反而认为中华民族能否复兴再起，中国社会能否繁荣进步，必定取决于中国能否工业化，这不仅"至为必要"，亦"无法否认拒绝"。但与"工业派"发展都市工业的看法不同的是，乡村建设方为"中国工业化唯一可能的路"。农村经济衰败，农民购买力低下，都市工商业则不可能顺利发展，"如果不顾这点，而讲发达工业，繁荣都市，只是闭着眼睛说瞎话！"④"我们并不反对工业，但我们反对时下一般爱谈工业自以为看重工业的人。他们对于明摆出的方针不能认取，其所说工业实不外商业的工业……他们盲目向商业的工业路上走，结果走不通而回来倒是小事；最不好的是妨碍了中国社会关系的增进与调整；次则减杀全国一致猛向农业迈进的精神，不得赶快开出新局面。"⑤

梁漱溟认为，中国仍以乡村为根本，大多国人依旧生活于乡村，唯有建设乡村才

---

① 章士钊《农国辨》，《章士钊全集》（第4卷），上海：文汇出版社，2000年，第272页。
② 章士钊《记章行严先生演词》，《章士钊全集》（第4卷），上海：文汇出版社，2000年，第157页。
③ 章士钊《农村自治——在学术研究会讲演》，《章士钊全集》（第4卷），上海：文汇出版社，2000年，第148页。
④ 梁漱溟《往都市去还是到乡村来》，《乡村建设旬刊》1935年第28期。
⑤ 梁漱溟《乡村建设理论》，北京：商务印书馆，2015年，第386页。

能获致"平均的"和"普遍的"发展与进步,或者说,"乡村的发展而后都市跟着发展……农村与都市相通",则能避免城乡之间难以调和的矛盾。① 他认为,中国想学习西方走都市文明和工业文明的道路,但并不成功,工业没有发展起来,结果农业文明又被破坏了,于是导致了国家严重的生计问题,"假令中国也像日本一样,成功了近代的工业国家,走上了一条新路,则乡村虽毁也不成大问题。无如新路未曾走通,而所靠唯一吃饭的道儿——乡村农业——又毁,问题就大了!"② 他极力地提醒社会,中国一直是"以乡村为本,以农业为主;国民所寄托,还是寄托在农业,寄托在乡村;全国人靠什么活着? 不就是靠农业靠乡村吗?"③ "中国自受西洋的影响不免处处商业化,社会关系日恶;虽阶级分化未成,而偏颇集中之势已见;贫者益贫,富者益富,人才钱财充于都市,而乡村衰敝无人问。唯有大家转向农业也就转向乡村,才得转向均平而挽回乖离之势。若向一般人所说的工业(商业的工业)走去,是不是将破坏此方针使社会关系更难调整? 很显明,如果我们尽力农业,可使多数人有饭吃。而像所谓工业呢,能养活几个人? 如照我们所说,从农业生产力抬头而开出的购买力,其所需要一定是大量的生活必需品,其应于此需要而起来的工业,也就是国民经济上所必需的工业。"④

梁漱溟反复强调,中国是一"大的农业社会","根干在乡村",都市甚少,"乡村起来,都市自然繁荣",倘若奉行都市主义,"不但于乡村无好处,于都市亦无好处"。⑤ 因此,他将乡村视为"新文化萌芽"和"新社会再造"之基点,不赞成将都市与乡村看作截然二分的两个极端,更反对以都市为本、乡村为末的主张。他认为城市问题的大量滋生,病源恰恰在于将社会重心集中于都市,而未能将重心与中心分开,都市只是政治经济文化的中心,而社会重心则普放于都市以外的乡村就对了。梁漱溟强调,乡村建设乃是文化再造与民族复兴之路。换言之,"从农业引发工业,农业工业为适当的结合,以乡村为本而繁荣都市,乡村都市为自然均实的发展。……这是在中国今后一定的路线,自然而然要走上去的"。⑥ 而且,梁漱溟认为,一个国家实行何种制度、何种文化,都要有其社会基础的支撑,而中国是一个以农业为主体、乡

---

① 梁漱溟《乡村建设运动》,《广播周报》1937年第143期。
② 梁漱溟《乡村建设理论》,《梁漱溟全集》(第二卷),济南:山东人民出版社,1992年,第152、153页。
③ 梁漱溟《乡村建设大意》,《梁漱溟全集》(第一卷),济南:山东人民出版社,1992年,第608页。
④ 梁漱溟《乡村建设理论》,北京:商务印书馆,2015年,第387页。
⑤ 梁漱溟《往都市去还是到乡村来》,《乡村建设旬刊》1935年第28期。
⑥ 梁漱溟《梁漱溟全集》(第五卷),济南:山东人民出版社,1992年,第579页。

村为本位的国家。农业有基础,而工业没有;农业生产所需要的条件——土地是现成的,工业所需要的条件——资本却是中国所缺乏的,所以从农业入手更加容易推进现代化进程一些。"在农业技术前进的过程中,工业自相缘相引而俱来","中国图兴产业于世界产业技术大进之后,自己手工业农业破坏之余,外无市场,内无资本,舍从其社会自身辗转为生产力、购买力之递增外,更有何道?是即所谓必由复兴农村入手者已"。① 可是许多政治家、改革家和实业家却没有对此基础进行合理的建设修复,而是绕开它直接在城市里移植工业文明国家的制度和文化,必然是要失败的,"如教育、如法律,从工业社会产生出来,于都市文明中有其位置与作用。搬到中国来,既安插不上,又失其意义,乃大生其反作用。其他种种罔不如是"。"无论为都市文明之景仰或都市文明之反动,总皆离开乡村说话,不从乡村起手,其结果不破坏乡村不止。"②

所以,梁漱溟针对当时的城乡矛盾和工农业问题,给出了自己的方案:以农业引发工业,"尽力于农业,其结果正是引发工业,并且我敢断定,中国工业的兴起只有这一条道"。③ "我们所走的路,就显然与西洋近代国家所走的路不同了!西洋近代是从商业到工业,我们是从农业到工业;西洋是自由竞争,我们是合作图存。其实,也不必这样分开说,重要关键全从一个地方分:工业是随着商业起来呢,还是随着农业?"④

同时,要将以乡村为发展工业的主要基地,以乡村工业引发都市工业。"工业向乡村分散,农业工业相结合,都市乡村化,乡村都市化,这许多本是世界的新风气新理想。其中实含有人类自然的要求。可惜他们工业先进国已走入歧途,返回头来很难。……在他们原初为向海外取原料,向海外争市场,自然集中在海口水路交通便利的地方,或者产煤的地方。我们则原料在内地,劳力在内地,消费需要在内地,同时复可利用现在工业界所发明高压电使电流远送到数千里的各地(周围五百英里以内)以为动力,自然不会集中的。"⑤

而且,梁漱溟的以乡村为本的理念并不只是处于经济上的考虑,还有其更宏观的文化考虑。"我们固然不是工业资本的立场,也并不是站在乡村的立场,而是为中国社会建立根本大计。"⑥ 因为乡村是中国社会与文化的基础,所以立足乡村文化的复兴,

---

① 梁漱溟《乡村建设理论》,北京:商务印书馆,2015 年,第 21 页。
② 梁漱溟《乡村建设理论》,《梁漱溟全集》(第 2 卷),济南:山东人民出版社,1992 年,第 151 页。
③ 梁漱溟《乡村建设理论》,北京:商务印书馆,2015 年,第 381 页。
④ 同上书,第 386 页。
⑤ 同上书,第 385 页。
⑥ 同上书,第 387—388 页。

就能实现中华文化的再造与复兴。"中国社会是以乡村为基础的,并以乡村为主体的;所有文化,多半是从乡村而来,又为乡村而设——法制、礼俗、工商业等莫不如是。"[①] 这也是乡村建设派的共识,即中国社会主要是个农业社会,即使有些城市也很难算得上现代化的都市,而遍布境内的无非是星罗棋布的农村。因此不能照搬西方文化的模式来构建未来的中国社会,即以现代的都市文明改造中国的传统乡村社会。要复兴中国文化,就要从还保留有中国传统文化的乡村去着手,复兴农业、引发工业,实现国家的独立和富强。

因此,对于城乡关系,梁漱溟认为:"新社会是先农而后工,农业工业结合为均宜的发展。……新社会是乡村为本,都市为末,乡村与都市不相矛盾,而相沟通,相调和。"[②] "工业在前,农业在后,两下分家;都市为本,乡村为末,两下矛盾冲突;人做不得主而受支配于物;翻来覆去落于个人本位、社会本位之两极端;政治经济教育三者相离而不相合;武力高过理性,教育处于被役使地位;凡此就是不自然不合理,就非正常。反过来,农业工业依乎顺序适宜配合;乡村为本,都市为末,二者调和沟通;人为主体来支配物;不落于个人社会两极端,而是伦理本位合作组织;政治经济教育三者合一不分;理性替代武力,教育居于最高领导地位:这便是正常的了。"[③]

回顾中国 20 世纪初的这场乡村文明与城市文明之争的历程。我们不难发现,其中有着世界历史的共性,但又必须看到它还包含着中国当时特殊的历史内涵。

梁漱溟等人主张由乡村工业引发都市工业的理想有其历史的合理性,不可简单视之为保守落后。首先,乡村运动者的立足点是准确的。近代中国绝大多数人口集中在农村,农村经济发展和农民生存问题突出;尤其是在 20 世纪农业生产方式逐步落伍,缺乏现代化的动力;加之帝国主义的经济侵略、封建统治者的掠夺、连年的军阀混战和不断的水旱灾害,乡村经济出现了严重的衰落局面。20 世纪乡村建设派在此时把目光转向农村,在农村积极寻找救国富民的道路是一种不无积极意义的尝试。

而且,他们对于"城市病"的揭露和批判无疑是深刻的,和孙中山先生以及诸多学者当时对欧美资本主义弊端的反思一脉相承。这些批判思想既是人类对资本主义文明反思的一部分,也是人类对城市文明进行自我反思的重要精神遗产。对于当下防止、医治"城市病"仍然有着重要的启示。其次,他们对乡村文明的留恋、赞美,客

---

① 《梁漱溟全集》(第二卷),济南:山东人民出版社,1980 年,第 150 页。
② 梁漱溟《乡村建设理论》,北京:商务印书馆,2015 年,第 432、433 页。
③ 同上书,第 442—443 页。

观上启迪了人们如何从文化层面上汲取乡村文明中有益的因素来补充城市文明。如"都市乡村化"的市政理念:"调和都市生活与农村生活。于都市则改良龌龊之市井状况,使有农村清新之佳味,与工厂切实之布置。"①这些理念力图构造一种更为合理的城市文明。如何让市民能够诗意地栖居于城市之中,怎样能够在喧闹的城市生活中给予市民一分宁静的空间,恐怕最终还要依靠对城乡文明的融合。

同时,近代中国的城市化运动的发展动力机制先天不足。它不是传统农业社会的自然提升,而是由于近代开埠通商的引发,以及租界内部西方城市文明的辐射而起步。在城乡发展的道路上如何避免形成城乡二元对立结构,反对依靠掠夺乡村来发展城市,以及实现城市对乡村的反哺等问题上,梁漱溟等人"反城市化"思潮也对今天有着重要借鉴意义。城乡的协调发展才是健康的城市化道路。以梁启超、梁漱溟为代表的学者力图通过其"文化本位"立场,来寻找一条不同于欧美城市文明的新型道路。当他们看到了欧美城市文明是通过对内阶级压迫和对外殖民掠夺来为自己的发展开拓道路之时,希望通过对崇尚和谐、宁静的传统中国农业文明的继承来进行城市文化的创新。其思想里包含着寻找一种新型的非掠夺型城市化道路的文化追求与终极关怀,这种探索在人类文化史上无疑具有较高价值。在此,特别需要对梁漱溟为代表的"乡村派"思想进行一个合理客观的评价。

但是,梁漱溟对中国现代化道路的探索毕竟凤毛麟角,空谷足音,其"反城市化"思想中蕴含着不少闪光的合理内核。20世纪二三十年代其他反城市化者对城市与农村及城乡关系的认知水平则充斥着保守落后成分——与城市现代化潮流背道而驰而彻底回归乡村文明的倾向。就如董修甲批评他们:"彼等常梦想工业革命前之农夫……所以极力主张恢复乡村制度,高唱田园之调。"②显然是开历史的倒车。马克思曾精辟地论述过:"从纯粹的人的感情上来说,亲眼看到这无数勤劳的宗法制的和平的社会组织崩溃、瓦解、被投入苦海,亲眼看到它们的成员既丧失自己的古老形式的文明又丧失祖传的谋生手段,是会感到悲伤的;但是我们不应该忘记:这些田园风味的农村公社不管初看起来怎样无害于人,却始终是东方专制制度的牢固基础;它们使人的头脑局限在极小的范围内,成为迷信的驯服工具,成为传统规则的奴隶,表现不出任何伟大和任何历史首创精神。"③这个评价也适用于近代中国要求彻底回归乡村的

---

① 《社会问题、都市问题及其解决途径》,朱亦松、宋希庠编《社会问题》,江苏省区长训练所印行,第10页。
② 董修甲《市政问题讨论大纲》,上海青年协会书局,1929年,第12页。
③ 马克思《不列颠在印度的统治》,《马克思恩格斯选集》(第2卷),北京:人民出版社,1975年,第67页。

思潮。他们力图维护正在衰败中的宗法社会,对待外来文明的心态是封闭保守的。所以,这种彻底回归农村文明的思潮出现,从根本上反映了作为"乡土中国"的强大惯性和旧式农业社会对新兴城市文明的抵制。有人如是阐述"反城市化"思潮出现的原因:"中国人为什么这样厌弃都市呢?唯一的原因就因为中国是农业国。……中国工商业向来不发达,所以都市也不发达。中国农业素称发达,所以一般人民都爱乡村生活而厌弃都市生活。"①

历史的车轮已经驶过了约一个世纪,当我们今天再回头去审视那些上世纪初的文字时,必须承认,这股"反城市化"思潮不仅在当时的出现确实有其历史必然性,并且对于我们今天的城市化运动还有着诸多现实意义。

当工业革命以后,城市化发展突飞猛进,诸多城市病暴露无遗,社会上对乡村文明的怀旧之情也自然与日俱增。这原本也是人类文化心理的共同特点。人们一方面涌向城市,另一方面又埋怨城市、指责城市,甚至要远离城市,即奉行"反城市化"的生活方式,对于这样一个普遍矛盾现象,英国社会主义思想家、20世纪中叶英语世界最重要的马克思主义文化批评家雷蒙·威廉斯曾如是论述道:

> 对于乡村,人们形成了这样的观念,认为那是一种自然的生活方式:宁静、纯洁、纯真的美德。对于城市,人们认为那是代表成就的中心:智力、交流、知识。强烈的负面联想也产生了:说起城市,则认为那是吵闹、俗气而又充满野心家的地方;说起乡村,就认为那是落后、愚昧且处处受到限制的地方。将乡村和城市作为两种基本的生活方式,并加以对立起来的观念,其源头可追溯至古典时期。②

然而,时代的发展并不以人的意志为转移。20世纪以来,无论人们怎样批评城市,有怎样的"反城市情绪",城市还是爆炸式地发展起来。今天,大多数人已经意识到城市化的进程不可改变,然而"反城市化"浪潮并没有消失,这种现象已经很难再用农业社会的惯性力量和对宗法社会的维护来解释了,因为在美国、英国这种资本主义现代化高度发达的国家,封建传统早就微乎其微了,尤其是美国本来就是一个封建传统包袱很少的国家,可是在这些国家里,"反城市化"思潮仍然占有很大市场,可以说,"反城市化"浪潮已经是一种文化、一种心理、一种逃离和躲避城市的趋势。所以,今天的"反

---

① 易家钺《中国都市问题》,《民铎杂志》1923年第4卷第5期。
② 雷蒙·威廉斯:《乡村与城市》,北京:商务印书馆,2013年,第1页。

城市化"思潮实际上是一种"现代化的问题",而不再是一个简单反对现代文明的问题了。现代人面对着城市提供给他们的生存悖论,一方面城市给了他们诸多的利益和便利,为了就业和生活,他们留恋城市,大部分人还是在城市里工作,居住在城里。另一方面由于今天大量人口的城市聚居,各种相关的社会问题丛生,诸如住房紧张、交通拥挤、环境污染、犯罪现象大量增加、流动人口问题以及贫富差别问题,等等,使得人们惧怕城市,亟欲逃离城市。他们厌烦和讨厌城市的拥挤、嘈杂、肮脏和诸多的城市问题,向往清新、恬静、美丽的乡村,希望有农村田园般的生活。在对新的生活方式的追求中,出现了一种新的"反城市化"思潮。这种思潮实际上表达着人们希望寻找到更加健康、美好的生活方式的追求,它是对于城市畸形发展的一种警示,也是对于盲目追求城市扩张行为的一种矫正。面对当今世界迅速发展的城市化进程,需要研究和讨论的问题不是要不要城市化,而是城市应该以一种怎样更加健康的方式发展。可以认为,只要这一矛盾没有解决,"反城市化"思潮就会一直存在下去。

今天,世界和中国的城市都患上了不可轻视的城市病。甚至在很多方面,中国的城市病还超过了西方。许多人宣称21世纪是中国的世纪,而中国正处于大步迈向城市化的时期,中国的城镇人口已经过半,还有相当多的农村人口正在源源不断地涌向城市。各级各类城市建设甚至新农村建设也存在很多问题,我们的城市因为过度开发和无限制扩张,已经越来越不适宜人居。中国城镇化道路应该怎么走?这个严峻而现实的问题已经不容回避地摆在我们面前。2010年上海世博会发表的《上海宣言》里提醒着人们:

> 今天,50%以上的人已经居住在城市,我们的星球进入了城市时代。城市化和工业化在带给人类丰富现代文明成果的同时,也伴随着前所未有的挑战。人口膨胀、交通拥挤、环境污染、资源紧缺、城市贫困、文化冲突,正在成为全球性的问题。由于历史和现实的原因,这些现象在发展中国家尤为突出。……城市应兼顾与乡村的协调发展,推动区域结构的调整和优化;特别注重推动欠发达地区的发展,加强城市功能向农村的辐射,努力缩小城乡差距,关注弱势群体利益;积极引导城乡对话,实现城乡和谐互动。

城市要发展,必须兼顾城乡和谐,必须以乡村的现代化作为支撑,同时引入乡村文明的清新、朴素来医治现代城市病,这正是近代中国"反城市化"思潮留给当代城市建设者的有益启示。

中编

20世纪前半叶中国的城市化进程

第四章 "都市中国"的雏形：晚清到民国前期（1900—1927）中国城市化概况

20世纪以来，中国城市化进程相对于19世纪有了新的发展，城市人口和数量有了明显增加，到1927年国民政府建立以前，中国已经形成了一批极具代表性的大城市，将自己的影响辐射到其他地区，"都市中国"的雏形正在形成。但是，这种发展又是不平衡的。

第一节 动荡中的发展：城市人口的增加

现代化是从传统的农业社会向现代的工业社会的转变过程，城市化的发展是现代化的重要内容和主要特征。农业时代，直至明清大部分时期，中国的城市一直沿着农业时代自己独特的发展道路行进着，即在"城乡合一"的模式下作为农业文明的附庸而发展。自1840年起，中国被卷入了资本主义世界体系，随着口岸城市的出现，中国具有现代意义的城市化进程开始起步，不过直到1949年中华人民共和国成立，其整体水平仍然很低。但是，这个时期毕竟是中国城市化运动的起步阶段，相对于19世纪而言，20世纪中国城市的规模有了显著的提高，城市功能由传统政治军事中心向现代工商文教的复合型都市的转型也已经展开，在这个时期，出现了上海、广州、汉口这样具有国际声誉的大都市，因此，1900—1949年，仍然是一个值得当代研究者关注的时期。

1900—1927年，这段时期政局极其动荡不安，战争革命交织，城市化运动缺乏一个稳定的政治经济环境。但是，这段时期也发生了一系列影响中国现代化进程的改革、革命，对城市化运动和现代工商业发展客观上起到了推动作用，其中晚清新政颁布了一系列发展工商业与现代文教的政策，辛亥革命建立民国后颁布更多政策，放宽了对工商业发展和民间社会力量的限制，北洋政府时期也在政策上推行了不少改革措施，而且北洋时期虽然政局分裂，却由于政府对于地方控制力量的削弱，客观上给某些地区的独立发展创造了一定空间。而且，在这个阶段，曾经由于第一次世界大战的爆发，西方帝国主义国家忙于欧战，暂时放松了对中国的压迫，给许多城市的民族工业发展带来了一个良好的机会。这些都促进了中国城市的早期现代化和城市化运动的发展。

基于现代工商业发展而兴起的"城市化"与传统农业时代的"城市化"不同，城市化水平的程度主要不是通过城市面积的增减来衡量的，而主要通过城市人口和城市数量的增长来衡量其水平。关于清末的城市人口和数量，当时由于技术条件、国内环境和人们观念的限制，几无专人进行过统计，关于19世纪末的城市发展状况，根据当代美国学者施坚雅的研究，1893年中国2000人以上的城市人口2351万人，城市人口比重6%。[1] 台湾地区经济史学家赵冈认为，2000人以上的城市人口共有3266.2万人，占7.7%。[2] 大陆学者行龙估计1820年城市人口比重为6.3%，1840年为6.5%，1893年为7.9%。[3] 这与赵冈的估计很接近，而且两者估数中反映出的近代中国城市化率的上升变化趋势也是一致的。也就是说，到19世纪末，2000人以上的城镇人口比率约为6%—7%。在19世纪中国城市数量的原始材料稀缺的情况下，我们可以几位学者的统计为准。

对于城市数量和城市人口的统计大约是外国人从民国初年开始启动了这项研究。来自美国的穆德于1913年在上海设立了中国基督教中心机构"中华续行委员会"。1918年秋由"中华续行委员会"下属的"特别调查委员会"开始进行全国性的大规模基督教传教活动调查，1922年，出版了调查报告《中华归主》。根据《中华归主》附录七的调查与统计，1918年全国2.5万人以上的城市人口占7.29%。其中5万人以上的城市共有人口25360537人，占全国人口6%。[4] 从这个统计中我们发现，仅2.5万人

---

[1] ［美］施坚雅《中华帝国晚期的城市》，北京：中华书局，2000年，第257页。
[2] 赵冈《中国城市发展史论集》，北京：新星出版社，2006年，第158页。
[3] 行龙《也论中国近代的城市化》，杨念群、黄兴涛、毛丹主编《新史学：多学科对话的图景》（下），北京：中国人民大学出版社，2003年，第541页。
[4] 根据中华续行委员会《中华归主》附录七统计而得。

以上的城市便与清末2000人以上的城市人口比重相当，20世纪初城市化水平与19世纪末相比应该是会有较大提高的，因为由于沿海沿江城市的带动，国内市场的扩大，城镇数量会出现增加，但是否增加得如此迅猛，我们还需要参考其他学者的研究。

20世纪前20年，由于国内政局扰攘，许多工作并未走上轨道，城市人口和数量的统计较少。较有代表性的有民国著名学者许仕廉的统计，根据他的估计，住在规模2500—1万人的市镇里的人口大约1亿多一点，占全国人口22%；住在规模1万—5万人的小城市里面的约2300万人，占全国人口6%，住在规模5万人以上的大城市里面的，约2200万人，占总人口6%。[①] 根据许仕廉的这个估计，在20年代末的中国，2500人以上的城市人口占全国人口的34%，这个数值比本文前述的施坚雅等几位当代学者的统计高很多，我们结合基督教的统计，认为此数据当可反映当时2000—2500人以上的城镇化水平相比19世纪末确实提高得非常明显，由6%—7%提高到了20%以上。他统计的5万人以上的城市人口比重与基督教统计结果一样为6%，这说明20世纪初中国的大城市也有了显著发展。

不过，从近代直到中华人民共和国成立后的相当长一段时期内，中国并没有严格的"城市"与"乡村"的标准界定，特别是晚清到民国初年这段时期的原始统计更是稀少，因此后世学者对城市人口的统计数据常常是建立在估量的基础上，不同的学者其估量出来的结果也往往有很大不同，但是从这些数字中我们还是可以看出其反映的共同变化趋势，我们可以借此大致确定，当时发展最快的应该是那些几千人的小城镇，2.5万至5万人及以上的大城市所占的人口比率还较小，此时中国的"城市化"发展更主要是以"城镇化"的形式表现出来的。

第二节　参差各异：不齐的城市规模等级

一、不同等级的城市数量

城市在发展中形成了不同的规模等级，中国在近代城市化进程是具有现代工商业文明内涵的"都市化"和仍然属于传统产业发展层次的"城镇化"并行，基本上形成

[①] 许仕廉《中国人口问题》，上海：商务印书馆，1930年，第45页。

了一个都市、城市、城镇到乡村的城乡体系。民国有学者专门就城市乡镇的定义进行过明确的区分，2500 至 1 万人口为集市，不满 2500 人为乡，1 万至 5 万人为镇，5 万至 30 万人为城市，30 万至 100 万人为都市，100 万人口以上为大都市。① 笔者以为，这个区分大概符合当时中国城镇乡村的实际情况，若按照这个标准，2000 到 1 万人以上的城市发展大致可以反映出中国的"城镇化"水平，5 万人以上的城市发展当可反映出"城市化"或"都市化"水平，10 万人以上的城市发展状况当可反映出当时大城市的发展水平。根据施坚雅的研究，1893 年中国 2000 人以上的城市共 1779 个。② 赵冈认为，如果按人口估量的话，清末 1 万人以上的城市有 289 个，1 万人以下的城市 7100 个，2000 至 1 万人之间的约 1300 个。③ 从数据中我们不难发现，无论是施坚雅还是赵冈，他们的调查结果里其实都是包括了集镇在内的"城镇"，甚至聚落，因此统计出来的数值非常庞大，这并不能反映出我们今天要考察的近代中国"都市化"的真实水平，不过却可以反映出城镇化的状况。19 世纪中国人几无现代的"都市"概念，因此从当时的资料中很难统计出现代的"都市"数量，今天人们只能通过对于 20 世纪的城市数量研究去估计 19 世纪的城市数量。

20 世纪初对于城市数量的考察仍然是外国走在前面。近代日本东亚同文书院及其前身汉口乐知堂和上海日清贸易研究所采取旅行调查的方式，长期对中国进行连续性调查，一共进行了长达四十余年的调查活动，编纂了《支那经济全书》《支那省别全志》《新修支那省别全志》《支那经济地理志》等著作。不可否认，其研究是为日本侵略中国的战略目的服务的，但其所做的调查研究仍然是十分细致全面的。据其出版的《最近支那经济地图》一书统计，1915 年中国 10 万人以上的城市大约 43 个，其中 100 万人以上的城市共 2 个，50 万—100 万人口以上的城市 12 个，20 万—50 万人之间的城市 11 个，10 万—20 万人口的城市 18 个。④

而据 1919 年基督教《中华归主》统计，5 万人以上的 140 个，其中 10 万人以上的 50 个，50 万人以上的 9 个，100 万人以上的 2 个，5 万人以下的 192 个。一共 332 个城市。⑤ 这个统计是比较全面的。同时，根据该书附录七的调查与估计，1918 年中

---

① 袁相尧《今后我国市政工程发展之途径》，《市政评论》1947 年第 9 卷第 2、3 期。
② [美]施坚雅《中华帝国晚期的城市》，北京：中华书局，2000 年，第 257 页。
③ 赵冈《中国城市发展史论集》，北京：新星出版社，2006 年，第 158 页。
④ [日]《最近中国支那经济》，第 360—361 页，引自何一民《从农业时代到工业时代：中国城市发展研究》，成都：巴蜀书社，2009 年，第 189—190 页。
⑤ 中华续行委员会《中华归主——中国基督教事业统计（1901—1920）》下，北京：中国社会科学出版社，1987 年，第 1186—1189 页。

国 2.5 万人以上的城市共有 338 个，其中 5 万人以上的城市 171 个，10 万人以上的城市共 50 个，2.5 万至 5 万人之间的城市 167 个。① 不过，在《中华归主》另一处所列的《各省城市人口统计表》中，数据却不太一样，在这个表中显示，5 万人以上的城市有 176 个，其中规模 10 万人以上的城市 69 个，规模 2 万至 5 万人之间的城市 182 个，规模 2 万人以上的城市共 358 个。89% 的人居住在规模 1 万人左右的城镇及乡村，②数值更高。基督教的统计数值明显要高于东亚同文会的统计结果，尽管都是基于估计，其精确度难以断定，但有当代人口学者认为中华续行委员会的这一统计"是有关 20 世纪上半期中国城市人口统计的最全面，可能也是最好的统计之一"。笔者以为这个论断应该是成立的，东亚同文会和中华续行委员会虽然都对当时中国城市的状况进行了精细的考察，但东亚同文会在很多地区只考察了某些较有代表性的城镇，有时只考察了当地县城，这是因为东亚同文会考察的目的不在于研究中国城市发展数量，而在于研究一些主要地区的风土人情，而中华续行委员会为了深入中国内地传教，需要对于全国城镇状况有一个把握，其对于整体宏观的城市状况的考察便要略胜于东亚同文会。且中华续行委员会在多地都设有教会，各地教士都在当地进行过城镇人口的统计，委员会依靠各地呈递的数据进行统合，这种工作毕竟在当时已经是非常全面细致的了。所以，笔者倾向于以基督教会的统计为准，按照其统计，5 万人以上的城市为 140—176 个。

民国时期特别是进入 20 年代以后，国内对于城市数量的调查工作开始频繁了一些。据 1921 年海关的统计，人口在 100 万人以上的城市有 3 个，50 万—100 万人的城市有 5 个，25 万—50 万人的城市有 11 个，15 万—25 万人的城市有 15 个，人口在 10 万—15 万人的城市有 14 个，人口在 5 万—10 万人的城市有 82 个，那么，根据这个调查，可以估算出 20 世纪 20 年代初，规模在 5 万人以上的城市共有 130 个。③ 这个结果比基督教的统计结果略低。根据《中国年鉴》统计数据，1923 年人口在 100 万人以上的城市有 3 个，人口在 50 万至 100 万人之间的城市有 6 个，人口在 25 万到 50 万人之间的城市有 11 个，人口在 15 万到 25 万人之间的城市有 15 个，人口在 10 万到 15 万人之间的城市有 15 个，人口在 5 万到 10 万人之间的城市有 83 个，人口在

---

① 根据中华续行委员会《中华归主》附录七统计而得。
② 中华续行委员会《中华归主——中国基督教事业统计（1901—1920）》上，北京：中国社会科学出版社，1987 年，第 31 页。
③ 根据易家钺《中国都市问题》，《民铎杂志》1923 年第 4 卷第 5 号。

25000 至 5 万人之间的城市有 193 个。[①] 根据这个统计可知 2.5 万人以上的城市共 326 个,其中 5 万人以上的 133 个,与海关的统计结果几乎一模一样。有民国学者认为到 20 年代末 10 万至 50 万人的城市达到 178 个,[②] 此数值过大,且 20 年代战乱不断,城市发展不至增长如此迅猛,故不取此说,笔者姑且取海关与《中国年鉴》统计结果。

由是,笔者综合国内外前人的统计,以人口为等级,可以整理出一个 1927 年以前的中国城市等级的概况(见表 4.1):

表 4.1 1927 年以前所做城市等级情形表

	1918 年	1921 年	1923 年
5 万—10 万人	105	82	83
10 万—50 万人	29（1915 年）	40	41
50 万—100 万人	12	5	6
100 万人以上	2	3	3

根据这个估算,再结合前文我们对城镇人口变化的分析,我们看到,在 20 世纪前 20 多年里,5 万人以上的城市里,数目增加最大的是 10 万到 50 万人口之间的大中等城市,5 万—10 万人和 50 万—100 万人的城市数量有所下降,100 万人以上的城市几乎无变化。尽管各方统计结果不同,但我们可以综合估计,到 20 年代末 5 万人口以上的城市在 130 个以上,25000 人以上的城市当有 300 多个,相比施坚雅统计的清末 1 万人以上的 289 个城市,已经大大超过了。由是我们可以大致描述出 20 世纪前 20 年的中国城市发展状况:城市化水平相比世纪初大大发展,城市数量和人口都有显著提升,其中 10 万人以上的大城市发展显著,50 万和 100 万人以上的特大城市发展较为缓慢,同时,2000—2500 人以上的城镇发展大大超过了 19 世纪末。一般来说,只要城市存在着规模上的扩大或者数量上的增加,就表明城市化的进程在进行之中。因此,可以断定,在 20 世纪初中国的城市化和城镇化都获得了显著的发展,并且相较 19 世纪已经进入了一个新的阶段。

二、"逼人而来"的大城市

在这些不同等级的城市发展中,较为引人注目的是这时候兴起的一批新兴的大都

---

① 《中国年鉴》1923 年,第 55 页。
② 启译《中国都市人口之研究》,《钱业月报》1930 年第 10 卷第 6 期。

市，对于深濡于传统农业文明的国人而言，这是一批具有异质文化色彩的庞然大物。早在辛亥革命前夕，中国就已有口岸和商埠107处，这些地方成为中国城市化运动的领头羊。沿海地区有上海、杭州、宁波、温州、三都澳、福州、厦门、淡水、台南、潮州（今汕头）、惠州、广州、湛江、琼州、北海、青岛、威海、登州（今烟台）、天津、秦皇岛、旅大、牛庄（今营口）、大东沟（今辽宁东沟县）。沿江（主要是长江和珠江流域的东西江）地带有南京、苏州、镇江、芜湖、安庆、九江、汉口、武昌、沙市、宜昌、万县、重庆、梧州、三水、江门。边境地带有喀什、伊犁、塔城、满洲里、海拉尔、瑷珲（今黑河）、龙井（今延吉）、安东（今丹东）、河口、蒙自、思茅、腾越（今腾冲）、昆明、南宁、江孜、亚东、噶大克、乌鲁木齐、呼和浩特。内陆和东北地区有长沙、岳阳、郑州、济南、周村、潍县、徐州、奉天（今沈阳）、辽阳、凤凰城（今凤城）、新民屯（今新民）、铁岭、通江子（今通江口镇）、法库门（今铁法）、长春、吉林、哈尔滨、齐齐哈尔。[①] 这些开埠城市向全国四面八方传播着不同于传统城市的现代工业文明和都市文化，直接或间接带动了一大批新兴城市的出现和发展，由此在20世纪初形成了一股为许多人察觉到的不同于传统"城镇化"的"都市化"波潮。

据珀金斯考察，20世纪前10年，10万人以上的城市，如果不包括香港在内，人口约为1685.1万人，到1920年约为1673.6万人。[②] 根据宣统年间民政部的户口统计，当时全国人口为368403710人，[③] 我们可据此测算出在20世纪前10年和前20年，10万人以上的大城市人口比例约为4%。民国时期的著名学者陈达在20年代也曾估计，1926年住在10万人的市镇人口比例4.5%。[④] 所以，4%左右这个数值，基本可以反映出当时10万人以上大城市人口在全国的比重。该比重当然是极低的，但是如果和19世纪末相比，按施坚雅的考察，以居民点规模2000人为线，城镇人口比重在1893年也只有6.0%，20年代10万人以上大城市人口能达到4%的比重，相比较而言必须承认是一个明显的进步。

而且，这些城市成为中国城市化运动的先驱，其所表现出的对于经济、政治、文化和社会生活的影响力，已是传统城市所不能比拟的，也已经为相当多的人所察觉。胡适当时感叹："现在中国的情形很像有从乡村生活变到城市生活的趋势了。上海、

[①] 赵永革、王亚男《百年城市变迁》，北京：中国经济出版社，2000年，第20—21页。
[②] ［美］德·希·珀金斯《中国农业的发展（1368—1968）》，上海译文出版社，1984年，第388—392页。
[③] 实业部中国经济年鉴编纂委员会《中国经济年鉴》第1—3章，上海：商务印书馆，1934年。
[④] 陈达《人口问题》，上海：商务印书馆，1935年，第408页。

广州、汉口、天津等处的人口的骤增，多处商埠的渐渐发达，都是朝着这个方向走的。我们这个民族自从有历史以来，不曾有过这样人口繁多、生活复杂的大城市。大城市逼人而来了！"① 前文已经统计过，在20世纪前20多年里，数目增加最大的是10万到50万人口之间的大中等城市，胡适的感受和统计数字所表现的城市发展状况是大体相符的。所以，在这段时期，在人口整体比例很低的城市化水平中，大城市发展显著，成为一道耀眼的风景。那么我们就来看看当时10万人以上的那些大城市发展的具体情况。最具代表性的无疑是有"远东第一都市"之称的上海。它在开埠前人口只有20万，自1843年被辟为商埠后，帝国主义在此设立租界，从此上海取代广州成为全国最大的贸易进出港口城市。此后由于对外贸易、工商业、金融业的发展，成为我国最大的城市。20世纪初，东亚同文会就估计其已经达到100万人左右。② 据胡焕庸和张善余介绍，1910年其市区人口就已达130.4万人。③ 到了1919年，中华续行委员会调查，认为达到了150万人。④ 后来据上海邮政局调查，1924年已经达555.21万人。⑤ 1927年也有说达337万人。⑥ 1928年世界年报调查为270万人。⑦ 虽然统计的数字都有不同，但是可以肯定，一进入20世纪，上海就已是百万人口以上的大城市，1910年以后已经在200万人左右，20年代后已在300万人左右，堪称当时中国的一特大都市。

　　长期作为中国政治文化中心的北平也有所发展。1910年北京地区271万人，与乾隆四十六年比增加了64万人，年平均增长率仅2.1%。⑧ 1911年清帝国崩溃前夕，京城人口达110万人，内外城人口76万余人。⑨ 1911年为284万人。⑩ 1912年市区人口112.9万人。⑪ 据北京市公安局1956年《人口统计资料表》中《本市历年户口统计》，1912年城区112.9162万人，全市估算153.3189万人；1927年131.7734万人。⑫ 我们基本可以断定，自民国建立后到20年代，北京城已超过百万人口。

---

① 胡适《〈市政制度〉序》，《胡适全集》第3册，北京大学出版社，1998年，第844页。
② 东亚同文会《支那省别全志》第15卷《江苏省》，1920年8月25日。
③ 胡焕庸、张善余《中国人口地理》下册，上海：华东师范大学出版社，1986年，第103页。
④ 中华续行委员会《中华归主——中国基督教事业统计（1901—1920）》附录七，北京：中国社会科学出版社，1987年。
⑤ 《今年吾国人口之调查》，《国货月报（上海1924）》1924年第1卷第9期。
⑥ 矇《世界各大城市的人口》，《新生命》1928年第1卷第6号。
⑦ 刘永耀《城市发达之趋势及建设武汉财政问题》，《汉市市政公报》1929年第1卷第1期。
⑧ 李慕真《中国人口：北京分册》，北京：中国财经出版社，1987年，第45页。
⑨ 同上。
⑩ 胡焕庸《中国人口地理简编》，重庆出版社，1986年，第57页。
⑪ 同上。
⑫ 李慕真《中国人口：北京分册》，北京：中国财经出版社，1987年，第51页。

天津。有民国学者介绍，1901年已达70万人，1911年80万人。① 根据巡警局和日本领事馆的统计，1914年总人口55.1950万人以上。② 民国建立后，日本统计中国人和租界外国人共为71.9896万人，其中中国人60.0746万人。③ 中华续行委员会统计，1919年达到90万人。④ 1924年中国铁路现势地形调查为80万人。1928年世界年报调查为75万人。⑤ 也是一个接近百万人口的大都市。

广州。1909年警察署统计为59.0847万人，1912年税关报告为90万人。⑥ 中华续行委员会统计，1919年达160万人。⑦ 1924年中国铁路现势地形调查为88万人。1928年世界年报调查为90万人。⑧ 广州人口到20世纪20年代，至少也是接近百万人口。

南京。有民国学者介绍，1901年达22.5万人，1911年26.7万人。⑨ 1901年金陵税务司调查为27万人，1911年南京巡警局调查为26.6974万人。⑩ 民国建立后日本估计有25万人左右。⑪ 1912年有统计为26.9万人，⑫ 与南京巡警局的结果基本一致。中华续行委员会统计，1919年达40万人。⑬ 有民国学者认为1921年达到了38万人。⑭ 南京也是一个20万人以上的大城市。

汉口。民国学者认为，1901年85万人，1911年82.6万人。⑮ 20世纪初（1919年前）日本人估计约80万人。⑯ 据苏云峰的统计，1906年52万人，1911年市区人口59

---

① 《中国农村经济研究》，第42页，引自张森《中国都市与农村地价涨落之动向》，《地政月刊》1934年第2卷第2期。
② 根据东亚同文会《支那省别全志》第18卷《直隶省》，1920年9月30日统计而得。
③ 东亚同文会《支那省别全志》第18卷《直隶省》，1920年9月30日，第41页。
④ 中华续行委员会《中华归主——中国基督教事业统计（1901—1920）》附录七，北京：中国社会科学出版社，1987年。
⑤ 刘永耀《城市发达之趋势及建设武汉财政问题》，《汉市市政公报》1929年第1卷第1期。
⑥ 东亚同文会《支那省别全志》第1卷《广东省》，1918年1月21日，第22页。
⑦ 中华续行委员会《中华归主——中国基督教事业统计（1901—1920）》附录七，北京：中国社会科学出版社，1987年。
⑧ 刘永耀《城市发达之趋势及建设武汉财政问题》，《汉市市政公报》1929年第1卷第1期。
⑨ 《中国农村经济研究》，第42页，引自张森《中国都市与农村地价涨落之动向》，《地政月刊》1934年第2卷第2期。
⑩ 东亚同文会《支那省别全志》第15卷《江苏省》，1920年8月25日，第74页。
⑪ 同上。
⑫ 《首都人口增加统计》，《河南统计月报》1936年第2卷第11期。
⑬ 中华续行委员会《中华归主：中国基督教事业统计：1901—1920》附录七，北京：中国社会科学出版社，1987年。
⑭ 《中国农村经济研究》，第42页，引自张森《中国都市与农村地价涨落之动向》，《地政月刊》1934年第2卷第2期。
⑮ 同上。
⑯ 东亚同文会《支那省别全志》第9卷《湖北省》，1918年6月27日，第26页。

万。1912年市区人口20万人，1917年70万余人。① 汉口的人口数字在不同阶段变化比较大，很大原因是经历了辛亥革命时期冯国璋汉口纵火之兵燹，之后不少人逃到了外省。到武汉三镇合并前夕，当在80万人以上。②

杭州。民国学者认为，1911年35万人，1921年达到了89.2万人。③ 中华续行委员会统计，1919年有65万人。④ 属于超过50万人口的特大城市。

青岛原本是一荒僻渔村，19世纪末为德国强占时都还只是一闭塞村镇。德国占领后将其不断扩展，1902年时全市1.5593万人。⑤1913年已达5.3312万人。⑥1914年，华籍人口便达16万余人。⑦ 不过，1916年日本人调查胶州湾被占领后的青岛只有6876人，加上四方乡镇共7711人。⑧ 胶州湾约20万人。⑨ 但日本占领青岛后人口增加到1.2577万人，加上四边乡镇共1.4188万人。⑩ 至1922年，我国接收后做第一次调查，已有28.9万余人。⑪ 青岛是一个由渔村迅速发展为大城市的典型。

成都。1910年城区人口32.4万人。加上长期驻防兵员和外来常住人口，近40万人。⑫ 清末统计成都府有18.4268万户，若按一户5人计算，约有92.1340万人。⑬1926年据《中国年鉴》介绍有70万人。⑭ 接近百万人口。

重庆。1901年30万，1911年59.8万人。⑮1915年51.752万人。⑯1919年52.5万

---

① 苏云峰《中国现代化的区域研究：湖北省，1860—1916》，台北"中央研究院"近代史研究所，1981年，第522页。
② 根据皮明庥《近代武汉城市史》，中国社会科学出版社，1993年，第660页。
③ 《中国农村经济研究》，第42页，引自张森：《中国都市与农村地价涨落之动向》，《地政月刊》1934年第2卷第2期。
④ 中华续行委员会《中华归主——中国基督教事业统计（1901—1920）》附录七，北京：中国社会科学出版社，1987年。
⑤ 曹洪涛、刘金声《中国近代城市的发展》，北京：中国城市出版社，1998年，第145页。
⑥ 同上书，第146页。
⑦ 李宗黄《考察江宁、邹平、青岛、定县纪实》，第110页，张研、孙燕京《民国史料丛刊》第748卷，郑州：大象出版社，2009年，第150页。
⑧ 东亚同文会《支那省别全志》第4卷《山东省》，1917年9月30日，第175页。
⑨ 同上书，第176页。
⑩ 同上书，第177页。
⑪ 李宗黄《考察江宁、邹平、青岛、定县纪实》，第110页，张研、孙燕京《民国史料丛刊》第748卷，郑州：大象出版社，2009年，第150页。
⑫ 曹洪涛、刘金声《中国近代城市的发展》，北京：中国城市出版社，1998年，第245页。
⑬ 东亚同文会《支那省别全志》第5卷《四川省》，1918年1月21日，第20页。
⑭ 上海日报社《中国年鉴》，1933年，引自何一民《中国城市史》，武汉大学出版社，2012年，第619页。
⑮ 《中国农村经济研究》，第42页，引自张森《中国都市与农村地价涨落之动向》，《地政月刊》1934年第2卷第2期。
⑯ 何一民《中国城市史》，武汉大学出版社，2012年，第619页。

人。①1921 年 49.7 万人。②

宁波。1915 年 46.5 万人。③1919 年 45 万人。④

东北地区在此时期发展较快。根据1919年基督教的统计，在东北的大城市中，10 万人以上的有 2 个，5 万至 10 万人的城市有 10 个，人口在 2 万至 5 万之间的城市有 14 个。⑤

总体上看，根据东亚同文会在《最近支那经济》一书统计，到 1915 年，中国 10 万人以上的开埠城市已有 24 个，我们以为，这个统计基本可以反映出 20 世纪初中国大城市的发展概况。其具体人口状况如表 4.2⑥。

表 4.2　20 世纪初中国主要大城市人口数量一览表

上海	1000000	广州	900000
汉口	821280	天津	800000
北京	700000	福州	624000
杭州	594000	重庆	517000
苏州	500000	武昌	500000
宁波	465000	昆明	450000
南京	368800	湘潭	300000
长沙	250000	奉天	174047
镇江	128030	厦门	114000
沙市	105280	济南	100000
吉林	100000	贵阳	100000
潍县	100000	温州	100000

不可否认，在当时的大城市里，有部分城市的人口数字统计差别很大。如南昌府城（南昌县）20 世纪初当地人称 40 万或 50 万人，日本人统计只有 9 万多人。⑦不

---

① 中华续行委员会《中华归主——中国基督教事业统计（1901—1920）》附录七，北京：中国社会科学出版社，1987 年。
② 《中国农村经济研究》，第 42 页，引自张森《中国都市与农村地价涨落之动向》，《地政月刊》1934 年第 2 卷第 2 期。
③ 何一民《中国城市史》，武汉大学出版社，2012 年，第 620 页。
④ 中华续行委员会《中华归主——中国基督教事业统计（1901—1920）》附录七，北京：中国社会科学出版社，1987 年。
⑤ 中华续行委员会《中华归主——中国基督教事业统计（1901—1920）》（上），北京：中国社会科学出版社，1987 年，第 504 页。
⑥ 《最近支那经济》，第 360—361 页，引自何一民《试析近代中国大城市崛起的主要条件》，《西南民族学院学报》（哲学社会科学版）1998 年第 3 期。
⑦ 东亚同文会《支那省别全志》第 11 卷《江西省》，1918 年 12 月 30 日，第 59 页。

过基督教在 1919 年统计仍有 48 万人。①镇江 20 世纪初当地人称 30 万或十七八万人，官厅称十五六万人，当地的日本人称有十二三万人，东亚同文会估计只有 7 万人左右。②基督教在 1919 年统计还是有 26 万人。③如前文所述，笔者以为基督教的统计相对准确一些。从以上大城市的人口统计也不难发现一个现象，外国方面特别是中华续行委员会对该城市的人口估计多要大大高于中方的统计结果（中华续行委员会在调查中，也曾感到中方警察局的统计数比较保守）。众所周知，中方的统计受当时条件所限常不尽准确，中华续行委员会的统计结果相对来说较接近该城市人口真实水平。也就是说，中国这些大城市对于自身人口增长的信心要小于人口的真实增长幅度。当一个城市的真实人口增长程度高于官方的预期时，这说明该城市相对于以往处于较快的发展之中。所以，这些大城市人口尽管在全国看来仍然占据极小的比率，但相对于自身以往的水平，确是正处于比较迅速的发展道路上，这是 20 世纪初中国的一个重要社会现象。

第三节　东西失衡：中国近代城市不平衡格局的开始形成

中国幅员辽阔，区域发展极不平衡，这种地理特点影响到中国长期未能形成统一的全国性城市体系，且城市发展也极不平衡。鸦片战争以后，外国资本主义势力由海路侵入，促进了中国封建经济的解体，客观上为中国城乡商品经济的发展创造了条件，一部分通商口岸城市在帝国主义控制下畸形繁荣起来，此外就是国都省会发达较速。而交通困难的内陆市镇，则发展缓慢。还有一批长期在封建社会或由于地理位置优越或由于政治中心地位，或由于商业和手工业发达而兴盛的城市，进入近代以后，却逐步被新兴的资本主义工商业城市所取代，走向衰落。如大运河沿线的一批城镇临清、德州、济宁、淮阴、扬州、淮安等地都曾是车马辐辏、人烟聚集的历史名城，近代以来，随着漕运的衰退、海运的兴起、交通线路的改变，引起商业的萧条，最终导

---

① 中华续行委员会《中华归主——中国基督教事业统计（1901—1920）》附录七，北京：中国社会科学出版社，1987 年。
② 东亚同文会《支那省别全志》第 15 卷《江苏省》，1920 年 8 月 25 日，第 97 页。
③ 中华续行委员会《中华归主——中国基督教事业统计（1901—1920）》附录七，北京：中国社会科学出版社，1987 年。

致这些城市也相对衰落。从 19 世纪末开始，主要的工商业大都市多在沿海沿江地区，中国本土已经形成了沿海与内地截然分明的格局，它们之间的差别更是现代与传统的差别，也由是影响着城市化格局的形成。

城市发展的不平衡非常直观地反映在地理区位上。东南城市成立得较晚，却发展迅速，建设较快。据统计，20 世纪上半叶全国共有商埠 107 处。[①] 开埠城市中，又以东南沿海、沿江和铁路沿线城市发展最为显著。在沿海、沿江、铁路沿线等建立了近代大型企业的地区，城市迅速发展，尤其是沿海的通商口岸，一批以上海、天津等大城市为代表的沿海城市成为中国发展最快、经济功能最为强大的城市化领头羊。民国前期，长江下游城市体系共有 17 个 10 万人以上的城市，15 个 5 万—10 万人的城市，38 个 2.5 万—5 万人的城市。长江中游在 1919 年有 8 个 10 万人以上的城市，9 个 5 万—10 万人的城市，32 个 2.5 万—5 万人的城市。长江上游在 1919 年有 4 个 10 万—15 万人的城市，10 个 5 万—10 万人的城市，10 个 2.5 万—5 万人的城市。[②]

东北地区也由于其沿海的地理优势获得了外国列强的垂青，一度发展较快。19 世纪末 20 世纪初，随着移民开发和俄、日两国在东北的扩张与经营，使得东北地区城市发展非常迅速。1902 年以前，20 万人口的城市有 2 个，东清铁路修建后，到 1915 年，10 万—20 万人口的城市发展到了 3 个，5 万—10 万人口的城市 3 个，3 万—5 万人口的城市 10 个，1 万—3 万人口的城市 34 个。[③] 到了 1919 年，5 万—10 万人口的城市发展到了 10 个。[④]

西北西南地区城市却发展缓慢。这些地区政治经济文化本来就长期较为落后，城市发展水平较低，它们的城市地处内陆，开埠城市对它们的影响比其他地区为小，但在近代，南宁、昆明、乌鲁木齐、包头、呼和浩特等城市为帝国主义所侵入，帝国主义为了经济侵略的需要，推动了这些地区交通运输和商业贸易的发展，四川、云南，即使是内陆更为封闭的贵州的近代工业也都开始缓慢地起步。当地某些实权人物的经营，客观上也促进了这些城市的发展。若南宁城 1910 年达到 60064 人，有"天南第一大都会"之称。[⑤] 昆明在清末人口还不到 10 万人，1919 年达到了 10 万人。[⑥] 但是这

---

① 《中国近现代史大典》上册，北京：中共党史出版社，1992 年，第 276 页。
② 根据何一民《中国城市史纲》，成都：四川大学出版社，1994 年，第 341—343 页统计。
③ 宓汝成《帝国主义与中国铁路》，上海人民出版社，1980 年，第 601—602 页。
④ 何一民《中国城市史纲》，成都：四川大学出版社，1994 年，第 343 页。
⑤ 曹洪涛、刘金声《中国近代城市的发展》，北京：中国城市出版社，1998 年，第 310 页。
⑥ 中华续行委员会《中华归主——中国基督教事业统计（1901—1920）》附录七，北京：中国社会科学出版社，1987 年。

些地区的城市发展始终是充满各种干扰因素的,时常中断,辛亥革命以后不久,西南地区就陷入军阀混战,战乱频繁,刚刚起步的近代工业受到沉重打击。

东西部地区城市商业发展差距反映在各区域城市进出口贸易价值上所占比重则更为突出。以1901年至1903年中国各区域城市进出口贸易价值上所占比例为例:华中地区城市进口占59.3%,出口占51.2%;华南地区城市进口占29.8%,出口占40.9%;华北地区城市进口12.4%,出口占3.5%;东北地区城市进口1.67%,出口占4.4%;西北地区则无进出口贸易。1929—1931年中国各区域城市进出口贸易价值所占比重为:华中地区城市进口57.4%,出口37.1%;华南地区城市进口15.5%,出口14.6%;华北地区城市进口12.4%,出口15%;东北地区城市进口14.7%,出口33.3%,而广大西北地区城市进出口贸易继续为零。① 在号称西北商业枢纽的陕西西安,其百货业在1914年仅仅只有坐商30家,摊商30家,从业人员190人,资本2万两。② 大多数城镇仍然是依靠农业作为当地主要的经济支撑。1910年,美国社会学家罗斯在中国西部旅行后写道:"城镇居民与农业总有割不断的联系,农忙季节,许多居民帮忙收割麦子,兰州的贸易就被迫停止三天。"③

根据《中华归主》在20世纪前20年的统计,可将当时5万人以上的城市数量分布列表如下(表4.3):

表4.3　20世纪前20年中国在5万人口以上的城市地区分布情况

1900—1920年	华东	华中	华南	华北	华西	蒙古新疆西藏	合计
10万人以上	24	11	13	12	8	1	69
5万—10万人	26	13	17	31	15	5	107

从上表可以看出,在城市分布上,中国城市的发展呈东西明显不平衡,特别是10万人以上的城市,都主要集中在了东南沿海一带。5万人以上的城市则在华北地区多一些,西南西北地区是最少的。东南沿海和沿江城市的发展主要是依靠开埠通商后一批口岸城市的带动,体现的是现代化因素的发展,华北城市则主要是依靠当地传统城镇的基础和一批商埠城市。20世纪以后,政府为与外洋竞争,同时促进沿海与内地的经济联系,自行又开辟了很多商埠,多在边境和内地,到20世纪初期华北地区有11

---

① 严中平《中国近代经济史统计资料选辑》,北京:科学出版社,1955年,第67—68页。
② 西安市工商局《西安市私营百货业社会主义改造历史资料(1959)》,参见许涤新等《中国资本主义发展史》第3卷,北京:人民出版社,1993年,第251页。
③ [美]罗斯《罗斯眼中的中国》,重庆出版社,2004年,第193页。

个城市开辟了商埠。

珀金斯对 10 万人以上的大城市人口进行过一个调查，其地区分布状况如表 4.4：

表 4.4 全国各地 10 万人以上城市发展状况[①]

年代	东北、上海、河北		华北其他地区		长江流域东南沿海		西南		合计
	千人	%	千人	%	千人	%	千人	%	
1900—1910	3230	22	1350	9	9960	68	100	1	14640

从这个统计中我们也可以清楚地看到，东南沿海和沿江的城市人口比重还是最高的，其次是华北和东北地区，西南地区城市发展仍然是最为缓慢的，和《中华归主》的统计基本一致。从晚清到民国初期，中国城市分布基本形成了 95% 以上城市都在东经 102 度以东地区、越往西城市越少的格局。主要大城市都集中在东部沿海地区、华北地区、东北地区和长江流域、黄河流域地区。东西部地区差距越来越大。从晚清到北洋军阀时期，是国内战乱、分裂交织的时期，城市化运动在这样一个特殊时期展开，它就无法获得有计划、有组织的均衡发展，由于各地区政治经济发展的不平衡，也开始形成了城市分布不平衡的格局。

---

① ［美］珀金斯著《中国农业的发展》，宋海文等译，上海译文出版社，1984 年，第 203 页。

第五章 "都市中国"的成长：民国中期（1927—1937）的城市发展

1927年到抗日战争全面爆发以前，是中国城市发展比较顺利的一段时期。沿海和沿江地区成为城市现代化转型的中心地带，带动着全国的城市化、城镇化进程。但是，西部内陆地区与广大乡村社会与这些中心城市地带的差距却在日益扩大。

第一节 平稳中的发展：城市人口和数量的进一步增加

1927—1937年，由于南京国民政府的建立，国家实现形式上的统一，此时城市里的民族资产阶级和士绅集团逐渐趋向国家主义、统制主义，谋求与国家的合作来发展资本主义。于是，在这段时期，国民党统治的中心区域地带政局比较稳定，国民党政权在此局面下进行了十年经济建设，城市经济相比以前有了较为迅速的发展。据罗斯基（Thomas G. Rawski）估算，在1912—1934年，中国的工业年平均增长率是9.4%，超过了日本（6.6%）、英国（4.4%）、俄国（苏联）（7.9%）。[1]1927年南京国民政府建立后，颁布实施了一系列发展工商业的政策，客观上促进了工商业的发展。据统计，1928年至1936年间，中国现代的工业平均增长率为8.4%。[2] 经济建设的成就也同时

---

[1] 托马斯·罗斯基《战前中国经济增长》（*Economic growth in Prewar China*），伯克利：加利福尼亚大学出版社，1989年。转引自［日］城山智子著《大萧条时期的中国：市场、国家与世界经济》，孟凡礼、尚国敏译，南京：江苏人民出版社，2010年，第38页。
[2] ［美］小科布尔《上海资本家与国民政府》，杨希孟、武莲珍译，北京：中国社会科学出版社，1986年，第9页。

推动了城市化运动的进展。这段时期成为1949年以前城市化运动最为顺利平稳的一个时期。

在这个时期，对于城市数量和城市人口的调查统计工作相对多了一些。英国牧师戴德生于1865年创办了超宗派、跨国家的基督教差会组织——中国内地会，据这个组织的调查，1928年5万人以上的中国城市有133个。很明显，中国内地会的调查很大程度借鉴了1921年海关的统计数字，二者的结果几乎相同。当然，这可能也是由于20年代末与20世纪初城市化水平变化不大的缘故。

国内官方机构与学者的统计研究工作也在20世纪30年代逐渐起步。由于不同调查者在调查研究中，对于"城市"的界定存在标准不一甚至混乱的现象，导致了各种统计结果相差太大的情况。民国著名地理学家邹豹君也在20世纪30年代统计过当时的城市数量，其统计结果是，全国当时共1985个城市。① 这个结果明显是城镇的数量，城镇是农业社会的空间结晶，都市是工业社会的空间结晶，因此邹氏的统计不足以反映真正工业化浪潮中的"都市化"水平。1936年《兴华周刊》介绍，我国都市共计200处左右。② 这个结果比中国内地会的数值大一点，30年代初中国政局相对稳定，经济发展态势强于20年代，且其间出现过一个设市的高潮，城市数量应该增加不少。

民国地理学家沈汝生在1937年发表了《中国都市之分布》，这是一篇重要的近代城市研究文章。根据他的统计，20世纪30年代，5万人以上的城市有193个。③ 这个结果至今被众多城市史的研究者所广泛引用。但是笔者以为这个统计也并不是完全准确，比如哈尔滨就没有在他的统计之列，还有如齐齐哈尔这样的城市，在20世纪30年代已经达到了7.8万人，也没有被统计在内，这说明真实的城市数量可能比沈氏的统计还要多一些。

如果我们再借鉴一下当代研究者的一些具有代表性的研究结果，会发现基本和上述民国时期的几种统计结果接近。比如胡焕庸等人认为，1936年，中国5万人以上的城市达191个，比1919年多出了51个，其中，百万人口以上的特大城市有5个，比1919年增加了3个，而上海以370多万人口成为中国第一个200万人口以上的超大城市。④ 据顾朝林的统计，若以5万—10万人作为城市人口的标准，19世纪末的全国城

---

① 邹豹君《中国都市分布与地形》，《师大月刊》1934年第15期。
② 《全国城市人口统计》，《兴华周刊》1936年第33卷第18期。
③ 沈汝生《中国都市之分布》，《地理学报》1937年第4卷第1期。
④ 胡焕庸、张善余《中国人口地理》（上册），上海：华东师范大学出版社，1984年，第260页。

市大约有88个，城镇数有1779个，20世纪30年代以后有城市160个。①何一民综合《中华归主》和沈汝生的统计结果，认为1936年5万人以上的140个。其中50万人以上的9个，100万人以上的2个，10万到50万人之间的41个，5万到10万人之间的90个。②因此，从民国到当代的各种调查统计综合看来，大致存在两种结果：一种是到了30年代，中国5万人口以上的城市在200个以上，甚至接近300个；一种是5万人口的100多个，最多的如沈汝生统计达193个。10万人口的城市一种统计结果是70多个，一种结果是100个以上。笔者以为，真正能够反映中国当时"都市化"水平的，是一批具有代表性的大城市，如上海、天津、北平、汉口等等，再加上东北等地区的一些新兴城市，真正具有都市内涵的5万人口以上的城市应该就在100个左右。不管各种数值存在多么大的差异，各位学者的统计结果都显示出30年代中国的城市数量正在明显增长。

城市人口的统计工作这段时期也取得了较大进展。不过，在统计中，也存在由于各人对于"城市"的界定不同而导致结果偏高或偏低的情况。根据内地会的调查，5万人以上的城市人口约占全国人口的6%，1万到5万人之间的城市人口约占全国人口的6%，所余的88%居住在1万人以下的城市或乡村之中。③如果以5万人作为城市的标准，则20年代末的全国城市人口率便是6%，与20年代初大致相当。

民国时期著名的社会学家孙本文先生认为，如果以2500人以上的城镇作为城市化的标准，则1936年前后，中国城镇人口的比重约为28%。④1934年出版的《中国农村经济资料》统计，农村人口达3亿，占总人口的67%，居住在2500—5万人小城市的人口为2300万人，5万人以上的大中城市人口为2300万人，全国城镇人口比重为34%。⑤这个结果和基督教的统计基本一致，基本可以反映出中国城镇人口的状况，根据这个结果，我们也可以得知5万人以上的大城市人口比率约为7%。

1930年4月，托客什夫（Boris P. Torgashef）在《中国评论周报》上发表了《中国市镇人口》一文，以为中国居民在10万人以上的城市人口总数约为3088.04万人，

————————

① 顾朝林《中国城市地理》，北京：商务印书馆，1999年，第82页。
② 据《中华基督教事业统计1901—1920》和沈汝生《中国都市之分布》，《地理学报》第4卷第1期整理，引自何一民《中国城市史》，武汉大学出版社，2012年，第618页。
③ 许仕廉《中国人口问题》，上海：商务印书馆，1930年，第45页。
④ 何一民《从农业时代到工业时代：中国城市发展研究》，成都：巴蜀书社，2009年，第202页。
⑤ 胡焕庸、张善余《中国人口地理》，上海：华东师范大学出版社，1984年，第267页。

居民在 5 万—10 万人的城市人口总数约为 1135.64 万人，居民在 2.5 万—5 万人的城市人口总数约为 860.47 万人。按他估计，2.5 万人以上的中国城市人口至少有 1 亿，占全国人口 20%。① 根据他的统计结果可知，5 万人以上的城市人口为 4223.68 万人，如果采用 1928 年至 1930 年内政部统计司估计的全国 47478.7386 万人口② 来测算，可知按这个结果，5 万人以上的城市人口率约为 8%。沈汝生的统计也和托客什夫相近，据他统计 1937 年间 5 万人以上的都市总人口为 3192.565 万人，我们若是根据国民政府统计局统计的 1933 年全国人口总数 44449 万人来推算，③ 得出中国 5 万人以上城市的人口总数占全国人口总数的 7%。沈的统计是根据政府有关部门调查而来，许多研究者认为相对准确，常常采用。可知，根据沈汝生和托客什夫的研究，5 万人以上的城市人口率在 7%—8% 左右。对照前述的 20 年代的 6% 的城市人口比率来看，这个数值基本能够真实反映当时中国城市人口的发展状况。且前文说过，沈氏的考察还遗漏了部分人口已经超过 5 万人的大城市，因此，笔者以为真实数值可能还应高一些。2.5 万人以上的城市人口 20% 比率应该也基本可靠。

据《上海日报》社 1933 年所编的《中国年鉴》统计，到 20 世纪 30 年代，我国 10 万人口以上的城市达到了 106 个，总人口为 2900 万以上。④ 我们还是根据国民政府统计局统计的 1933 年全国人口总数 44449 万人来推算，30 年代我国 10 万人以上的城市人口比率约为 6%。吴景超和民国市政学者殷体扬、张又新介绍，到 30 年代，中国虽有 120 个 10 万人以上的都市，其全部人口也不过占全国人口的 6.4%。珀金斯统计，1938 年的 10 万人以上的城市人口，如果不包括香港在内，约为 2732.3 万人，⑤ 据他估计，按照 1958 年中国 10 万人以上规模的 118 个城市的合计人口在 1938 年已达到约 2833 万人。⑥ 如果我们加上香港 1932 年的 41.0921 万人，九龙 26.4975 万人，⑦ 再根据国民政府统计局统计的 1933 年全国人口总数 44449 万人来推算，可知 30 年代末 10 万人以上的城市人口比率约为 6%。结果基本和《中国年鉴》、吴景超、殷体扬以及张

---

① 欧阳德修《中国都市人口和乡村人口问题及比较》，《南风》1936 年第 1 卷第 5—6 期。
② 《彭昭贤序》，内政部统计司《各省市户口调查统计报告（1928 年）》，第 2 页，张研、孙燕京《民国史料丛刊》第 763 卷，郑州：大象出版社，2009 年，第 22 页。
③ 《统计提要》，国民政府统计局 1935 年。
④ 上海日报社《中国年鉴》，1933 年，引自何一民：《从农业时代到工业时代：中国城市发展研究》，成都：巴蜀书社，2009 年，第 190 页。
⑤ ［美］德·希·珀金斯《中国农业的发展（1368—1968）》，上海译文出版社，1984 年，第 388—392 页。
⑥ 同上书，第 386—395 页。
⑦ 《一月来之内政、各地人口之调查》，《时事月报》1932 年第 6 卷第 2 期。

又新的结果一样,所以,6%左右的10万人以上城市人口比率,这个数值在研究中应该说是比较一致的,我们可以采信。

当代研究者普遍认为这段时期中国城市化水平在提高。李蓓蓓、徐峰认为,甲午战后到抗战前的近四十年时间,城市化率提升了3个百分点。① 何一民估计,抗战前中国非农业人口约为2300万人,若加上5万人以上的城市人口,城市化水平约为12.5%,较19世纪末城市化水平提高了一倍左右。② 这个城市化比率是现在学术界比较公认的一个数字。言心哲先生曾在20世纪30年代对中国的25省乡村人口进行过一个统计,笔者根据这个统计结果,结合当时各省人口数据,重新进行了一个城市人口统计,结果如下表(表5.1):

表5.1 20世纪30年代25省城市人数表 ③

省名	城市人数
黑龙江	774589
吉林	2464904
辽宁	4394306
热河	281054
察哈尔	953499
绥远	659806
宁夏	104788
新疆	685139
甘肃	1264394
陕西	3019284
山西	1259392
河北	6450285
山东	4386167
江苏	4358731
安徽	7593840
河南	4833578

① 李蓓蓓、徐峰《中国近代城市化率及分期研究》,《华东师范大学学报》(哲学社会科学版)2008年第3期。
② 何一民《从农业时代到工业时代:中国城市发展研究》,成都:巴蜀书社,2009年,第208页。
③ 根据言心哲《中国乡村人口问题之分析》《邮政统计》《云南民政季刊》《广东省政府秘书处统计汇刊》《广西年鉴》《东北年鉴》《开发西北》《内政消息》《新青海》《中国经济周刊》《内政部二十四年[1935]报告》《内政调查统计表》《统计月报》《安徽省民政公报》《经济旬刊》《内政统计季刊》《中国实业志·山东省》《河南省政府二二年(1933)年刊》等整理而成。

续表

省名	城市人数
湖北	4775139
四川	25185107
云南	4183904
贵州	4727077
湖南	8788403
江西	832295
浙江	3138928
福建	5388332
广东	14326263

根据该表，笔者得出了30年代城市人口共11482.9204万人的数值，这个结果和托客什夫关于2.5万人以上的城市人口统计结果颇为接近，城市化比率当也在20%以上。由是，我们综合各位前人的统计可以大致推断，从南京国民政府成立之后到抗战爆发以前这段时期，若是将2500人以上的城镇都包含在"城市"的范围内，那么中国"城镇化"水平可达到20%以上，有时可达30%以上；若以2.5万人作为城市标准，城市化水平可达到20%左右；若以5万人作为城市标准，城市化水平只在7%—8%左右甚至更低；若10万人的城市化水平则更低，约在6%—7%。如果我们和20世纪前20年的状况进行一个比较，不难发现，城镇化水平此时保持在20%以上的水准，城市化水平增长最为显著的是2.5万人这一城市层级，由刚刚进入20世纪的7%上升到20%左右，联系当时国内的政治经济环境，笔者以为这个数值基本是可信的。而且，即使仅看7%—8%的5万人口以上的城市人口率，也比20世纪初的6%左右提高了一个百分点左右。所以这段时期，中国城市化总体进步还是比较明显的。

不过，尽管近代中国城市化运动在20世纪30年代有了明显进步，却仍然是一个农业中国，而不是都市中国，中国的城市化道路仍然处于刚刚起步阶段。中国即使只考察"城镇化"状况，城镇人口也从未超过全国人口的一半。美国的城市人口，早在1890年就已经占全国人口的27.6%，英国同年达到了61.73%，法国约25.9%，日本约13.1%，[①]都远远高于中国。而且，笔者以为衡量城市的标准不能仅仅看人口数量，中国本是人口大国，几万人、十几万人的城镇乡村随处皆是，若仅以国外的一些2000人、2500人或者5000人的标准衡量，中国近代城市化水平估计已经能达到世界中等水平了。但是，

---

① 董修甲《城市之发达》，《市政全书》第一编，上海中华全国道路建设协会，1928年，第20页。

现代城市的标准定位首先是要看其工商业发展程度，当时中国大多数地区的工商业发展水平很低，支撑整个城市的根基仍然是传统经济因素，大多数城市其实都还是传统城镇，而中小城镇其实是农业经济的产物，中小城镇的工商业经济也是农业社会的重要组成部分，其并不构成农业社会的瓦解力量。所以当时中国真正达到现代城市水平的不多，大多数统计数值都偏高了一些。之所以出现这种偏高的情形，一是时人对于"城市"标准的定位差别，二是调查者多是城市化运动的积极主张者，希望通过自己的研究来突出中国城市发展之迅猛，以期引起世人尤其是政府的关注。而且当时许多城市上层阶级希望发展市政事业，提高自己的生活条件和消费水平，只有将城市化水平尽量拔高，才能将市政建设提到重要的高度。于是，其统计的对象里往往是既有"都市"又有"市镇"，数值就不免偏高。但即使这样，城市人口的总体比率仍然相对现代化的要求来说很低。城市化运动中真正具有实质进步意义的部分主要是靠局部地区和部分大城市来带动的，因此，这些城市的发展才构成了这时城市化运动的最值得关注的内容。可即便如此，这种城市人口仍然还是有点超越一个传统农业中国的承受限度。据经济史家的估算，以小农生产为主体的社会所能养活的城市人口的极限也就是全社会人口的25%左右，超过了这个极限就容易发生社会动乱。中国一面是前往城市的人口在不断增加，另一面却是工业经济的基础并未真正确立，农业经济遭到破坏。民国政府对于人口大量涌向城市，农村却日益破败的情形始终未有采取有效的调整政策，基本上是放任自流，于是民国政府也就始终平息不了此起彼伏的战乱、灾患和革命，直到自身在大陆的覆亡。而这也是1949年后新政权采取了户籍制度、限制人员自由流动等政策的合理性所在，中国的城市当时无力承担自由的城市化运动，需要政府介入采取某种类似"反城市化"的政策来规范这场运动，这样更有利于一个现代中国的形成。

第二节 进步与落后并存：城市规模等级的不对等

大城市首先是从通商口岸发展而来，30年代初，中国海关对1931年44个通商口岸进行估计，认为其人口总数达到1353余万，比1921年增加了40余万。[①] 如果我们根据托客什夫估算的城市人口至少有1亿来计算，便知这些通商口岸人口占总城市人口数

---

① 申报年鉴社编印《申报年鉴·国内人口》，1933年，第6—7页。

的13%左右。此外，许多具有代表性的大都市此时发展迅猛，将其他传统城镇远远甩在后面。华北地区和上海的城市人口从1900—1910年的460万上升到了1938年的1300万，增长了将近两倍。①从1912年到1937年，南京市人口由不足27万人增加到了100万人，上海市由100万人左右增加到了300万人以上，北京市由80万人左右增加到了160万人，天津市由75万人增加到了110万人，广州市由80万人增加到了100余万人。②据皮明庥的统计，武汉三镇于1927年行政建制上合并后，到1930年已突破100万人大关，1935年约为129.0280万人，达到历史上最高。③1900—1938年间，城市人口增长率加快，尤其是中国最大的6个城市——上海、北京、天津、广州、南京、汉口，"在30年代，每年以2%—7%的人口增长率在发展。"④据民国时期的统计，从1928年至1935年，7年间我国七大都市人口增加非常迅速，南京增加速度最快，平均每年增加6万至7万人，7年来共增加了46万多人。其次为上海，平均每年增加6.5万人以上，共增加45万多人。⑤30年代后期，100万至200万人口的城市增长了33%，10万至50万人口的城市增长了61%，5万至10万人口的城市增长了35%。⑥30年代，百万人以上的有上海、北平、天津、武汉、广州5个，10万人以上的到1938年有63个。⑦

《上海日报》社1933年所编的《中国年鉴》统计，到20世纪30年代，中国50万人口以上的城市共有10个，如表5.2⑧。

表5.2 20世纪30年代中国50万人口以上的城市具体情形表

城市	人口总数	资料年份	城市	人口总数	资料年份
北京	1369400	1929	无锡	900000	1930
天津	1391722	1929	成都	700000	1926
上海	2818866	1930	重庆	624000	1928
南京	521700	1929	武汉	1573900	1927
广州	829500	1929	长沙	535800	1928

---

① [美]德·希·珀金斯《中国农业的发展》，上海译文出版社，1984年，第202页。
② 邓云特《中国救荒史》，北京：商务印书馆，1937年。
③ 皮明庥《近代武汉城市史》，北京：中国社会科学出版社，1993年，第660页。
④ [美]费正清编《剑桥中华民国史（1912—1949）》上卷，北京：中国社会科学出版社，2006年，第36页。
⑤ 《五大城市之人口》，《进化周刊》1937年第3期。
⑥ 王先明《中国近代史（1840—1949）》，北京：中国人民大学出版社，2011年，第532页。
⑦ 罗荣渠《现代化新论》，北京大学出版社，1993年，第329页。
⑧ 上海日报社《中国年鉴》，1933年，引自何一民《从农业时代到工业时代：中国城市发展研究》，成都：巴蜀书社，2009年，第190页。

关于这些城市的具体人口数字，不同调查者必然有所差别，但都肯定了这些城市的发展水平。从上表看出，这些50万人以上的大城市多是东南沿海沿江城市，这批城市是当时中国具有代表性的一批现代都市，也都成为民国重点建设的城市。

东北地区从甲午战后到1937年，铁路修筑最快，使得当地城市化进程大大加速，许多荒僻的村落，以铁路车站为中心发展成为现代都市。据统计，东北沈阳、长春、哈尔滨、大连、本溪、抚顺六城市在20世纪30年代初人口合计达到230余万，比1895年增长了1倍。[①] 到1937年日本侵华战争全面发动时，5万人以上的城镇就有18个，其中50万人以上的1个，20万—50万人的2个，10万—20万人的8个，5万—10万人的7个。[②]

据中国内地会的调查，1928年100万人以上的都市有3个，50万到100万人口的有6个，25万到50万人口之间的有11个，15万到25万人口之间的有15个，人口10万到15万人口之间的有15个，5万到10万人口之间的有83个，2.5万到5万人口之间的有193个。据1933年《申报年鉴》统计，10万人以上的城市有108个。[③] 据上海日报社1933年所编的《中国年鉴》统计，20世纪30年代初，10万人口以上的城市达106个，其中50万人以上的城市有10座。[④] 这与《申报年鉴》的统计结果接近。另据1936年《兴华周刊》记载，人口350万以上的城市只有上海一处，100万人以上的城市有南京、北平、天津三处，50万—100万人的城市有广州、汉口、杭州三处，25万—50万之间的城市有17处，10万—25万之间的城市四五十处。[⑤] 按照这个统计，10万人以上的城市当有70多个。这个结果比内地会的数值大一点，但和《申报年鉴》和《中国年鉴》相比又少了许多。根据上一章的统计，在20年代，10万人以上的城市只在40到50个之间。《兴华周刊》《申报年鉴》和《中国年鉴》对于这个层次的城市统计的数量都是增加的，但《兴华周刊》偏低一点，《申报年鉴》和《中国年鉴》的统计都超过了100个。沈汝生在《中国都市之分布》统计，20世纪30年代，5万人以上的城市达193个。其中，100万人口以上城市的有5个，50万至100万人口的城市有5个，20万至50万人口的城市有19个，10万到20万人口的城市有

---

① 胡焕庸、张善余《中国人口地理》上册，上海：华东师大出版社，1985年，第260页。
② 宁越敏、张务栋、钱今昔《中国城市发展史》，合肥：安徽科学技术出版社，1994年，第451页。
③ 申报年鉴社《人口十万以上各城市表》，《申报年鉴》1933年，第D9—D10页。
④ 上海日报社《中国年鉴、1933》，引自何一民《中国城市史》，武汉大学出版社，2012年，第619页。
⑤ 《全国城市人口统计》，《兴华周刊》1936年第33卷第18期。

48 个，5 万到 10 万人口的城市达 116 个。① 从这个结果里我们能发现，其 10 万人的城市数和《兴华周刊》的介绍较为接近，低于《申报年鉴》和《中国年鉴》的统计。笔者在前文里认为若是仅算人口数量，真实的城市数量应该比沈氏的统计要多一些。因此，笔者以为《申报年鉴》和《中国年鉴》的统计结果相对较接近真实数量。

还有学者在 20 世纪 30 年代统计的结果是，10 万人以上的城市有 112 个，共 3088.04 万人，5 万至 10 万之间的城市共 178 个，共 1135.64 万人。② 结合这些数字可以得出，到了 20 世纪 30 年代，中国 5 万人口以上的城市达到了 290 个。这个数值非常之高。另有比这个结果更高的统计，以为 20 世纪 20 年代末 30 年代初我国大城市在 20 万以上人口的已有 15 个，10 万以上的有 120 个，5 万至 10 万的有 178 个，2.5 万至 5 万的计达 177 个。③ 这些数值都要高出《申报年鉴》和《中国年鉴》不少。

顾朝林统计，1933—1936 年，人口 5—20 万的城市人口占全国城市总人口的 45.9%。在这类城市中，又根据其规模的大小可分为两个亚级：5 万—10 万和 10 万—20 万。5 万—10 万人口的城市人口占城市总人口的 25%；10 万—20 万的小城市人口占全国的 1/5。④ 大于 50 万人口以上的城市人口数已占全国城市总人口的 35.5%。作为地方区域中心城市的中等城市数量偏少，其人口仅占全国城市总人口的 18.6%。⑤ 在城市数量上，1933—1936 年，人口 5 万—20 万的城市占城市总数的 85.2%。在这类城市中，也根据其规模的大小可分为两个亚级，即 5 万—10 万人和 10 万—20 万人。这一时期，5 万—10 万人的城市达 113 个，占城市总数近 60%；10 万—20 万人的城市也有 48 个，其数量占全国的 1/4。⑥ 大于 50 万人口以上的城市共 10 个，其中除上海以外，100 万—200 万人的城市有 4 个（北京、广州、天津、南京），50 万—100 万人有 5 个（汉口、香港、杭州、青岛、沈阳）。作为地方区域中心城市的中等城市数量偏少，全国仅 18 个。⑦ 在顾朝林的统计里，50 万人口以下的都属于小城市，笔者认为此下限高了一点，毕竟当时 50 万人口以上的城市并不是很多，所以认为 20 万以上的在当时都可视为大城市。笔者综合一些统计数据，将 20 世纪 30 年代初到抗战前夕的一些主要大城市人口状况变化情形整理出来，如表 5.3：

---

① 沈汝生《中国都市之分布》，《地理学报》1937 年第 4 卷第 1 期。
② 启译《中国都市人口之研究》，《钱业月报》1930 年第 10 卷第 6 期。
③ 陈天表《人口问题研究》，上海：黎明书局，1930 年，第 127 页。
④ 顾朝林《中国城镇体系——历史、现状、展望》，北京：商务印书馆，1992 年，第 150—151 页。
⑤ 同上书，第 153 页。
⑥ 同上书，第 150—151 页。
⑦ 同上书，第 153 页。

表 5.3　20 世纪 30 年代中国各大城市人口状况[①]

城市		
上海	1616723（1930 年）	2122493（1937 年）
北平	1369132（1930 年）	1532033（1937 年）
天津	1339388（1930 年）	1080365（1937 年）
广州	861024（1930 年）	880398（1937 年）
重庆	624000（1928 年）	473904（1937 年）
汉口	620531（1930 年）	695396（1937 年）
哈尔滨	613450（1928 年）	465779（1937 年）
长沙	535800（1928 年）	474293（1937 年）
南京	533352（1930 年）	1015116（1937 年）
杭州	479502（1930 年）	592731（1937 年）
福州	478697（1928 年）	339538（1937 年）
济南	407934（1932 年）	442225（1936 年）
青岛	317800（1928 年）	572709（1937 年）
大连	316971（1928 年）	590857（1940 年）
厦门	300000（1928 年）	196084（1936 年）
南昌	264758（1932 年）	300951（1936 年）
西安	141910（1932 年）	208298（1936 年）
镇江	171195（1932 年）	213688（1936 年）
开封	230623（1927 年）	302147（1936 年）

从上表可以看出，这些大城市的人口在 30 年代大多都在呈上升趋势，但也有不少地方出现了人口减少，比如西南地区的重庆、长沙。

局部地区和部分大城市的发展虽然构成了近代城市化运动中的一个亮点，但难以改变中国城市化整体水平仍然较低的状况，它们和大多数城市化水平较低的地区形成了一个鲜明的对比，中国整体城市布局呈现出明显的不平衡结构。

第三节　地域差距扩大：中国近代城市不平衡格局的完全形成

在南京国民政府统治的这十年里，国内的政治经济环境相对稳定，国民政府运

[①] 根据《中国各大城市人口比较》，《新广州月刊》1932 年；《各大城市按月户口变动统计》，《统计月报》1937 年、1938 年；《东北各都市人口统计》，《国外情报选编》1937 年第 172 期；狄超白主编：《中国经济年鉴》，太平洋经济研究社，1947 年 4 月；《各大城市人口一览》，《申报年鉴》1936 年；《河南统计月报》1935 年第 1 卷第 6 期等整理而成。

用政府力量进行了有计划的城市建设和经济建设,其间还曾经出现过一个"设市"高潮。在此背景下,一些大城市出现畸形发展,沿海沿江的开埠城市规模显著扩大。从1843年五口通商以降,至1930年广东中山港设埠,中国共有104个开放商埠,4个租借地,外加香港、澳门两个殖民地。顾朝林对于20世纪30年代中国沿海城市的分布格局做过一个统计如下(见表5.4):

表5.4 中国近代沿海区城市分布状况表(1933—1936)①

区域	面积(平方公里)	(%)	城市数(个)	(%)	城市规模分布 100万以上	50万—100万	20万—50万	10万—20万	5万—10万	城市网密度 个/10万平方公里
沿海区	2963429	26.5	147	76.2	5	5	16	39	82	4.96
中部区	2569330	23.0	39	20.2	0	0	3	8	28	1.52
内陆区	5640799	50.5	7	3.6	0	0	0	1	6	0.12
合计	11173558	100	193	100.0	5	5	19	48	116	1.73

根据该表可以看出,1933—1936年,全国有10个人口超过50万的城市,全部集中在沿海地区;人口在20万—50万的有19个城市,其中16个分布于沿海地区;全国共193个城市,其中147个分布于东南沿海地区,占城市总数的76.2%。东南沿海地区城市网密度为中部地区的3.3倍,为内陆地区的41.3倍。②沿海口岸城市是中国近代城市成长最快、城市化水平最高的地带。

如果说沿海口岸城市是中国城市化运动开启的大门,沿江城市就是城市文明向内陆输送的长廊,沿此长廊的周边地区得享近水楼台先得月之利,城市化运动行进得风生水起、如火如荼。据统计,在这一时期,长江沿江城市网的密度高于沿海地区,从数量上看占全国城市总数的40%,而且全国人口在50万以上的大城市有2/5分布在这一线,成为当时我国城市发展最密集的地带。③至30年代初,上海人口达350万,南京为75万,汉口为85万,加上武昌、汉阳共计百万人以上。此外,无锡、南通、重庆等城市也发展非常迅速,还有一些内河轮船港口城市如镇江、安庆、宜昌、沙市、宜宾、万县等地也有相当程度的发展。如沙市,20世纪初日本人估计约3万人。④1936

---

① 根据沈汝生《中国都市之分布》表1、表2整理,《地理学报》1937年第4卷第1期,另参见顾朝林《中国城镇体系——历史、现状、展望》,北京:商务印书馆,1992年,第159页。
② 顾朝林《中国城镇体系——历史、现状、展望》,北京:商务印书馆,1992年,第159—160页。
③ 齐大芝《近代中国长江沿线城市商业面貌的发展变化》,载胡平主编《近代市场与沿江发展战略》,北京:中国财政经济出版社,1996年,第207页。
④ 东亚同文会《支那省别全志》第9卷《湖北省》,1918年6月27日,第59页。

年已达88489人。①1937—1938年，在业人口占总人口54.87%，其中，工业人口4248人，占4.76%，商业人口30072人，占33.69%，②农业人口只有1610人。③其城市化水平有显著提高。宜昌到1937年人口一直在11万左右。④1936年从事商业的占30%。⑤商业人口的比例是比较大的。老河口镇20世纪初5万人，⑥1936年已达19.84万人。⑦无锡1919年只有15万人，⑧1936年包括无锡市和无锡县在内人口94.1375万人，其中市区便达到了20万人以上。⑨镇江20世纪初东亚同文会估计只有7万人左右。⑩1935年6月调查已达19.5150万人。⑪根据顾朝林对沿江城市分布的研究，大致情形如下（见表5.5）：

表5.5 我国近代沿江区域城市分布状况（1933—1936）⑫

区域	面积		城市数		城市规模分布					城市网密度
	平方公里	%	个	%	100万以上	50万—100万	20万—50万	10万—20万	5万—10万	城市数/10万平方公里
沿江地区	1316390	11.78	80	41.45	2	2	8	22	46	6.08
全国	11173558	100	193	100	5	5	19	48	116	1.73

据统计，这一时期，我国沿江城市约占全国城市总数的2/5以上（41.5%），城市网密度高于沿海地区，约为全国的4倍，而且集聚了2/5的大城市（人口50万以上）和近1/2的中、小城市，成为我国当时城市发展最密集的城市轴。⑬所以当时实际上已经形成以上海—南京、武汉和重庆为核心的三大城市群地带。沿海沿江地区是中国城市最集中、城市化程度最高、工业最发达、商贸最繁荣的区域。

北方城市此时也发展较快。华北已有12个通商口岸、2个外国租借地，它集中

---

① 沙市市地方志编纂委员会《沙市市志》（第一卷），北京：中国经济出版社，1992年，第175页。
② 同上书，第182页。
③ 同上书，第183页。
④ 宜昌市地方志编纂委员会《宜昌市志》（上卷），合肥：黄山书社，1999年，第132页。
⑤ 同上书，第139页。
⑥ 东亚同文会《支那省别全志》第9卷《湖北省》，1918年6月27日，第144页。
⑦ 湖北省老河口市地方志编纂委员会《老河口市志》，北京：新华出版社，1992年，第70页。
⑧ 中华续行委员会《中华归主——中国基督教事业统计（1901—1920）》附录七，北京：中国社会科学出版社，1987年。
⑨ 杜闻贞《中国人口：江苏分册》，北京：中国财经出版社，1987年，第57页。
⑩ 东亚同文会《支那省别全志》第15卷《江苏省》，1920年8月25日，第97页。
⑪《各大城市人口一览》，《申报年鉴》1936年，第176页。
⑫ 顾朝林《中国城镇体系——历史、现状、展望》，北京：商务印书馆，1992年，第161页。
⑬ 同上书，第160页。

在山东、河北、内蒙古、山西和河南。该地区的大城市发展较快。北平据第一次综合性人口普查，1930年高达130万人，比1911年翻一番。[1] 天津1928年138.8747万人（按原行政区划算），330.6735万人（按现在区划算）。[2] 1928—1933年按原行政区划计算，人口基本维持在130多万人左右。[3] 济南1904年只有约10万人，[4] 1935年6月调查已达43.5136万人。[5] 这时又出现了许多城镇，城镇人口也迅速增长。与此同时，京奉、胶济、京汉、正太、津浦、京包等铁路干线和支线陆续建成通车，形成了以铁路为主的近代华北交通运输网络。它不仅促进各地的商品化生产、商品流通、人口流动和华北经济布局的重新组合，也带动了铁路中转站和终点站迅速成长为大小不等的城镇。石家庄20世纪初只有6000人左右，[6] 成为铁路枢纽和粮棉集散中心后，1928年有6万余人。[7] 张家口20世纪初日本认为有5万人，[8] 1909年京张铁路通车后成为较大的内陆商埠，1931年市区已达8万人。[9] 一些以某种商品为主的专业集散市场如德州、张店、周村、泺口、大汶口、沙河、安阳、周口、道口、榆次、邢台、宣化、辛集、胜芳、独流等也逐渐发展为一定规模的城镇。不过有的传统城市也衰败得很明显，根据胡焕庸的统计，古都西安只有1843年的40%。

东北城市此时继续发展，在日伪时期，日本侵略者将其作为一个殖民据点进行经营，城市数量有所增加。1935年《黑白》记载，东北地区1万人以上的城市112个，其中10万人以上的5个，5万人以上10万人以下的10个。[10] 据伪满统计，1937年东北有299个城市，其中10万人以上的8个。[11] 城市人口1937年648万，占东北总人口比重为17.5%。[12] 这个城市人口比率在全国看来应该属于较高的，也超过了当时全国城市化比率的水平。

---

[1] 史明正《走向近代化的北京城——城市建设与社会变革》，北京大学出版社，1995年，第18页。
[2] 李竞能主编《中国人口：天津分册》，北京：中国财经出版社，1987年，第50页。
[3] 同上书，第51页。
[4] 曹洪涛、刘金声《中国近代城市的发展》，北京：中国城市出版社，1998年，第214页。
[5] 《各大城市人口一览》，《申报年鉴》1936年，第176页。
[6] 东亚同文会《支那省别全志》第18卷《直隶省》，1920年9月30日，第267页。
[7] 徐振安《石家庄之人口》，《石家庄文史资料》第2辑，1984年8月。
[8] 东亚同文会《支那省别全志》第18卷《直隶省》，1920年9月30日，第80页。
[9] 张利民《近代华北城市人口发展及其不平衡性》，《近代史研究》1998年第1期。
[10] 《东北主要城市人口调查：一万以上之都市达百余处》，《黑白》1935年第3卷第5、6期。
[11] 何一民《中国城市史》，武汉大学出版社，2012年，第586页。
[12] 同上。

西部地区则成为城市化水平比较落后的地区，诸如贵州、陕西、青海、宁夏、新疆、西藏等地，城市数量很少，且发展十分缓慢，有的甚至停滞倒退。20世纪以后，尤其是从"一战"期间到二三十年代，中国近代工业大都集中在上海、天津、青岛、武汉等沿海沿江的通商开埠城市。这些城市的城市化运动一路突进，西北地区却还是人烟稀少的穷乡僻壤。张继形容："中国之发展，非平均的发展，而为畸形的发展……沿海沿江各处甚发达，内地各处则日渐衰微，尤以西北为甚。"① 根据胡焕庸的统计，太原、兰州、成都、贵阳人口都只相当于或略高于1843年的水平。西康省31个县城，人口在千人以下的县城就占了20个，人口在300人以下的县城更多达15个，最小的县城人口仅50人。② 澳大利亚人菲茨杰拉尔德当时在中国旅行，他写道："1931年1月，贵阳还是一座没有任何变化的明代城市。城区四周是坚固的城墙，除了电报线以外，没有一点点二十世纪的色彩。"③

顾朝林以1933—1936年间统计为例，如果将城市人口在10万—50万人之间的城市称为中等城市，全国共有66个中等城市。④ 其中只有9个分布在西部内陆地区，如果再加上长江上游的重庆、万县、自贡3个城市在内，西部内陆地区也才有12个中等城市，仅占总数的19.8%；至于广大中小城市的分布，全国共有5万—10万人口规模的小城市113个。⑤ 其中约30个分布在内陆地区，沿海沿江地区有80个以上，占总数的62%。⑥ 从比例上看，西部内陆地区中小城市数量较中等城市有较大增长，说明其城市发展主要以中小城市为主，与东部地区相比仍然差距很大。

从全国区位对中国城市的宏观格局进行整体考察的调查在民国已经出现。沈汝生在1937年对100多个5万人以上的城市从地理区位上进行过一个分类统计（见表5.6）：

---

① 张继《开发西北问题——二十一年十二月十八日在中央大学致知堂开发西北协会讲演》，《中央周报》1933年第244期。
② 梅心如《西康》，南京：正中书局，1934年，引自慈鸿飞《近代中国镇、集发展的数量分析》，《中国社会科学》1996年第2期。
③ ［澳］C. P. 菲茨杰拉尔德《为什么去中国：1923—1950年在中国的回忆》，济南：山东画报出版社，2004年，第137页。.
④ 顾朝林《中国城镇体系——历史、现状、展望》，北京：商务印书馆，1996年，第151—152页。
⑤ 同上。
⑥ 陈炜、李映涛《略论近代中国区域城市发展的不平衡》，《重庆师范大学学报》（哲学社会科学版）2005年第3期。

表 5.6 城市地区分布（30 年代）[1]

	100万人口以上都市数	50万至100万	20万至50万	10万至20万	5万至10万	合计
东北区	0	1	3	8	7	19
黄河下游区	2	1	4	7	28	42
长江下游区	2	1	6	16	30	55
东南沿海区	0	1	3	6	12	22
珠江下游区	1	1	0	2	7	11
西南区	0	0	3	3	14	20
黄河上游区	0	0	0	5	12	17
西北边陲区	0	0	0	1	6	7
合计	5	5	19	48	116	193

根据上表，城市数量最为密集的地区为长江下游区，其次为黄河下游区，东南沿海和西南区再次之，东北和黄河上游区再次之，西北区城市数量最为稀薄。但是这种格局和城市人口的发展水平排名并不完全一致，同样根据沈汝生的统计，我国1937年城市人口水平以东北区最高，达10.6%；长江中下游地区次之，达8.7%，再次为东南沿海区7.1%，黄河中上游、西北和西南为主的中西部地区最低，分别为4.8%、3.4%和3.0%。从沈汝生的这两份数据中我们需要注意两点：东北地区城市数量在全国范围比较看来不算特别多，但是其城市人口水平却是最高的，这说明其在这段时期城市化水平整体上虽然仍逊于长江下游和东南沿海地区，但其城市化发展速度之快却超过了后述两大区域。也因为这段时期东北地区有如此的发展，才为其日后成为中国工业老基地奠定了一定的基础。还需注意的是，西部地区的不少城市仍是旧的传统城镇，所以其真实城市化水平可能更低。

在当代，珀金斯也统计了1938年10万人以上的城市发展状况，结果和沈汝生比较相近（见表5.7）：

表 5.7 全国各地 10 万人以上城市发展状况[2]

年代	东北、上海、河北		华北其他地区		长江流域东南沿海		西南		合计
	千人	%	千人	%	千人	%	千人	%	
1938	10460	43	2570	10	10890	44	640	3	24560

① 沈汝生《中国都市之分布》，《地理学报》1937年第4卷第1期。
② ［美］珀金斯《中国农业的发展》，上海译文出版社，1984年，第203页。

从上表可以看到，比率较高的仍然是东北和沿海沿江地区，西南最低，而东北加上了上海和河北地区其比率仍然稍低于沿江沿海地区。这和沈汝生的统计结果有所不同，不过，由于珀金斯统计的是 10 万人以上的大城市状况，出现这种差别也是正常的。所以我们综合沈汝生和珀金斯的统计，可以得出这样一个认识：到 1938 年，城市化发展速度以东北最为显著，但 10 万人以上的大城市，却不及东南沿海和长江中下游地区发展迅速。这反映出东北在 1931 年"九一八事变"后由于日本侵略者将其作为殖民据点进行经营，一度发展较快，城市数量、城市人口增长迅猛，但论城市化的质量，尤其是大城市的规模，仍然还是不及根基雄厚、发展已久的沿海沿江城市。这种城市化格局反映出，在和外国资本主义接触较为频繁、所受影响最深的东南沿海和长江中下游地区是城市化发展最突出的地区，其次是为日本殖民势力所影响的东北地区，中西部地区城市化水平最低，尤其是与外界联系最少、最为闭塞的西南地区城市发展最为缓慢。这种不平衡的城市化格局明显是与帝国主义的经济侵略联系在一起的，在这种经济联系中崛起的城市事实上成为向广大中原腹地和内陆城市的吸血站，只能加剧城市发展的不平衡。有学者指出："中国近代市场发育呈现出明显的不平衡性，沿海经济发达地区与内地偏远地区判若两个世界。这种情况到 20 世纪 30 年代在不发达地区还很普遍，他们靠地方小市场生活而与全国市场乃至世界市场联系不多或全无联系。"①

城市发展的不平衡不仅只通过城市在地理空间的分布上表现出来，还通过现代产业部门在各地的分布表现出来。因为现代城市是奠基于现代工商业基础之上的，有不少城市虽然规模庞大，人口众多，但却不是通过现代工商业的发展而推动的，这种城市的膨胀并不能真正反映出"城市化"的水平。有人指出："中国民族工业都发展在都市上，而中国内地的生产事业尚停滞于封建形态的手工业制度以内。"② 抗战前中国的沿海都市，以上海为代表，半殖民地性要强于它的半封建性，内地大后方则是半封建性强于半殖民地性。内地的半封建性表现在现代性产业的极端缺乏、交通闭塞与人民生活以及智识水准的低落，当然更重要的是它表现在前资本主义性的生产关系还始终占优势地统治着农村中的农业与手工业，以及其他一切的经济部门，包括许多城镇。

沿海口岸城市不仅是中国进出口贸易最为发达的区域，也是中国近代工业最为集中的地带。据严中平先生的统计，1933 年，在内地工业最发达的 12 个城市里，上海、

---

① 王玉茹《增长、发展与变迁——中国近代经济发展研究》，北京：中国物资出版社，2004 年，第 278 页。
② 高矜细《都市工业迁乡之趋势及乡村工业合作社之组织》，《浙江省建设月刊》1934 年第 8 卷第 5 期。

天津、青岛、广州、福州、汕头这 6 个沿海城市，工厂就占了总数的 67%，工人占了总数的 72%，资本总额约占 86%，生产净值约占 85%，其他 6 个城市只占很小份额，而这 6 个城市里，又只有汉口、重庆、西安才算得上内地城市，北京、南京、无锡靠近沿海地带，它们的工业规模大大超过了前三个内地城市。① 而沿江的南京、汉口、重庆等 3 个城市，工厂约占总数的 16%，工人约占总数的 10%，资本总额约占 7%，生产净值约占 5%。沿江口岸是沿海口岸城市和无锡、北平之外的主要工业区。② 学者马德斌估算，1933 年，长江下游（江苏省、浙江省）的人口占全国总人口的 12%，农业产值占全国的 15%，手工业产值占 32%，工业产量占 57%。该地区还拥有占全国 65% 的金融服务业和包括水、电、天然气在内的 57% 的现代公共服务业。③ 1935 年左右，全国大工业几乎全集中于东南六省：江苏、广东、河北、辽宁、山东、湖北。不是沿海就是沿江，这六省的面积不过只有全国面积的 10%，六省的人口只有 1/3，可是它们的对外贸易占了全国的 92%，纱厂占全国的 93%，煤铁占全国的 60% 以上，银行也集中于这六省。上海、天津、青岛、广州、南京、汉口这六大都会，它们的所有银行占了全国的 70% 以上，但这 6 个都会人口只有全国人口的 2%。④ 当时真正存在于西南、西北地区的，不过 300 多家而已。工业完全集中于一处，对于全国经济的整体发展是极为不利的。

  工业布局的不平衡与外国在华投资的不平衡是联系在一起的。据 1930 年的统计，在英国的直接投资中，上海占了投资总额的 76.6%，香港约占 9.3%。到 1936 年，英商银行资产的 80%、贸易的 70%、工业的 64% 大都集中在了上海。总计上海约占 71%，香港约占 12%。另据更详细的统计，1931 年英国在华直接投资的 1.979618 亿英镑中，上海占了 1.3 亿英镑，约占总数的 66%；香港占了 0.35 亿英镑，约占总数的 18%；国内其他地区仅有 0.3 亿英镑，约占总数的 15%。1937 年，英国在华商业投资的 2 亿英镑中，有 1.8 亿的英镑投在了上海，约占总数的 90%。⑤

---

① 严中平《中国近代经济史统计资料选辑》，北京：科学出版社，1955 年，第 106 页。
② 根据严中平《中国近代经济史统计资料选辑》，表 8《上海等 12 个城市的工业》，北京：科学出版社，1955 年，第 106 页。
③ 马德斌《长江地区现代经济的增长：数量与历史视角》，"历史视角下的汇聚与分流：现代世界财富和贫穷延续的根源"主题会议论文，加利福尼亚大学尔湾分校 2002 年 11 月，第 13—14 页。转引自［日］城山智子《大萧条时期的中国：市场、国家与世界经济》，孟凡礼、尚国敏译，南京：江苏人民出版社 2010 年，第 39 页。
④ 何廉《中国的经济力量在哪里》，《工商学志》1935 年第 7 卷第 2 期。
⑤ 陈谦平等《近代英国在华直接投资评析》，载吴景平等主编《近代中国的经济与社会》，上海古籍出版社，2002 年。

大都市借外国资本主义经济侵略的需要搭顺风车为己牟利，使资金进一步由内地流到大都市。仅以1932年为例，内地银元共经过汉口、南京、天津、九江、杭州、芜湖、温州、广州及东三省各口岸而一起输入上海。这些城市几乎涵盖了全国从南到北、从东到西的所有大埠，它们都在向上海输送银元，而这些银元当然不是出自本地，而是这些地区的附近乡镇从内地输送而出。由是形成内地—市镇—商埠—上海的一条资金输送路线，而上海汇集了全国的资金，在1932年汇集各地银元8950万，除熔毁一部分以外，输出了3400万，余存5400万，又收进了各地银两2000万没有输出。[①] 上海将全国各地汇集的资金既未输往国外，也未输往各地，而是让自身成为一个蓄水池。不过，由于国际债务的存在，上海将各地资金自行截留的局面不能永远持续下去，最终还是必须输出海外。这座蓄水池究其实质还是代外国人暂时储蓄而已，这种关系犹如内地小乡村通过城市将资金输送入上海一样，中国城市之受西方都市剥削也犹如乡村之受城市剥削。正是资本主义和殖民主义的发展方式造成了城市发展的不平衡。

　　沿海和沿江地区因缘际会，成为最早由传统农业市镇向现代工商业城市转型的地带，既是近代中国城市化运动的领头羊，也是近代工业化最早起步的前驱地带。而广大的边远地区，地理封闭，交通不便，资源不能得到合理有效的开发利用，其城镇的发展必然大大迟缓于沿海沿江地区。近代中国城市化存在的沿海内地地区城市化、工业化水平差距过大、城市与乡村发展差距不断扩大的不平衡问题，反映着中国城市整体结构极不合理的特点，正体现着中国社会半殖民地性质。只要社会性质不能得到改变，这些不平衡现象就不会得以消除。这样形成的一种城市化水平极不平衡的格局，导致中国仅有的少数重工业、工厂、企业、银行多集中于上海等东南沿海城市，这种分布格局不仅不利于城市化与工业化的健康发展，因为沿海与内陆、城市与乡村的联系十分脆弱，随时可能因为一点内乱或外患而断裂。随着抗日战争的逼近，这个格局给国防安全带来了极大的威胁。

---

① 谷春帆《中国都市金融的现状》，《中学生杂志》1934年第41号。

第六章 "都市中国"进程的重大挫折：抗战时期沦陷区城市的衰落

1931—1945年是中国近代城市化发展的重要阶段。在这一阶段，因日本帝国主义大肆侵占中国领土、掠夺中国财富与资源、进行野蛮的殖民统治，造成中国战火蔓延不断，社会持续动乱，经济凋敝，城市遭到破坏，城市人口不断减少，从而直接导致了中国沦陷区城市化发展的停滞和衰退。

第一节 覆巢之下：中国东北、中东部城市的沦陷

近代以来，日本帝国主义制定了臭名昭著的"大陆政策"，将其侵略扩张目标对准了中国，并发动了一系列侵略战争，不断蚕食中国领土。自1931年至1945年，日寇先后侵占了东北、华北、华东、华中、华南部分地区及西南腾冲等地，使数量众多的东中部城市沦入敌手，成为日本军事占领，进行全面控制，并掠夺中国财富和资源的战略据点。从1931年始，东中部城市的沦陷主要经历了三个阶段：

第一阶段：东北城市的沦陷（1931.9.18—1932.12）。1931年9月18日，日本侵略者悍然发动了"九一八事变"，因东北军绝大部分官兵服从了"不准抵抗"的命令，东北中心城市沈阳首先沦陷。随后，日军沿南满铁路展开全面攻势，先后攻占了南满、安奉两铁路沿线的重要城镇：19日有营口、田台庄、盖平、复县、大石桥、海城、辽阳、鞍山、铁岭、开原、昌图、四平街、公主岭、安东、凤凰城、本溪、抚顺、沟帮子、长春等城市沦陷；21日吉林沦陷；22日通辽、郑家屯失守；23日敦化、

蛟河陷落；24日巨流河、新民被占；25日洮南陷落；1931年11月至1932年2月齐齐哈尔、嫩江、大兴、江桥、哈尔滨、双城、锦州、辽西、宾县、海伦等城市落入日军之手。至此，"九一八事变"后，经过4个月零18天，东北全境城市均被日本侵略者所控制。①

第二阶段：长城沿线城市陷落（1933.1—1933.5）。1932年初，日军占领锦州、辽西后并判断："包括山海关在内的长城一线，事实上已置于关东军的统治之下。"② 这样，长城沿线城市便成为此时日军首要攻击的战略目标。山海关因地连华北、东北，战略地位极为重要，便首先遭到了攻击。1933年1月1日，日军进攻山海关，中国守军"因兵力薄弱，武器悬殊，伤亡过重，捉襟见肘，无险可守"，被迫突围，③ 山海关及临榆县城（设于山海关内）遂沦入敌手。随后，日军继续沿长城沿线攻击，2月，开鲁、赤峰、北票、朝阳等城镇陷落；3月，热河平泉、承德、围场等全部城镇沦陷；4—5月，喜峰口、遵化、玉田、蓟县、秦皇岛、北戴河、抚宁、卢龙、滦县、昌黎、唐山、乐亭、古北口、密云等平津以东地区22座城市被日军占领。④

第三阶段：全面抗战时期（1937.7.7—1945.8.25）。1937年7月7日，日本发动"卢沟桥事变"，抗日战争全面爆发。日本侵略者迅速在平津地区发起全面进攻，7月29日、30日，北平、天津先后沦陷。同年8月13日，日本海军陆战队向驻守上海的中国守军发起进攻，虽然中国军队奋勇抵抗，但因实力差距，上海于11月12日沦陷。之后，日军继续向西侵占了南京、扬州、六合、来安、滁县等长江下游城市。不久，日军在华北进一步扩大侵略，先后攻占了河北张家口、南口、阳高、沧县、南皮、保定、石家庄、涿县、元氏、高邑、临城、内邱、邢台、邯郸、井陉，内蒙古包头、集宁，山东德县、陵县、临邑、恩县、高唐、禹城，河南安阳、大邑，山西大同、阳原、蔚县、广灵、繁峙、代县、朔县、崞县、忻县、灵丘、太原、阳泉、寿阳、榆次、阳曲等城市。经过徐州会战，山东济南、潍县、台儿庄、莱芜、泰安、肥城、青岛、烟台、掖县、济阳、兖州、济宁、巨野、曲阜、蒙阴、曹县、临城、韩庄、滕县、宁阳等大部分城市，江苏徐州，安徽蚌埠、凤阳、怀远、定远、三河集、庐州等城市。1938年武汉会战后，江西九江、上饶、瑞昌，湖北阳新、大冶、武汉、黄梅、武穴、黄冈、麻城，安徽霍山、合肥、六安，河南固始、商城等数十座城市沦

---

① 张宪文《中国抗日战争史（1931—1945）》，南京大学出版社，2001年，第70—81页。
② ［日］关宽治、岛田俊彦《满洲事变》，上海译文出版社，1983年，第359页。
③ 国史馆史料处《长城战役》，台北国史馆史料处，1980年，第48页。
④ 张宪文《中国抗日战争史（1931—1945）》，南京大学出版社，2001年，第130—145页。

入敌手；同年广州会战后，广州、惠州、增城、佛山、从化、花县、虎门、东江等粤北及珠江三角洲城市陷落；1938 年南昌会战后，南昌、高安、修水、武宁、瑞昌、大城、吴城等江西城市陷落；1939 年 5 月随枣会战爆发，包括沔阳、天门、潜江、汉川、应山、钟祥等江汉平原与鄂北城市以及豫北唐河被日军攻占；1939 年桂南会战中，广西南宁、广东钦县、防城等城市失陷；1941 年 3 月中条山战役后，垣曲、济源、孟县、平陆、温县、沁阳、博爱、董封、新乡、焦作、高平、长子、陵川等晋南、豫北城市陷落；1941 年 4 月福州战役，福州、连江、长门、长乐、福清等福建城市渐次落入敌手；虽然中国军队都曾做过殊死抵抗，但多因实力不济，使上海、北平、天津、广州、武汉、福州、厦门、安庆、南昌、郑州、开封、宜昌等中国东中部的大部分沦陷，甚至地处抗战大后方的云南腾冲、贵州独山等城市也被日寇所侵占。① 这样，在抗战时期，中国东中部地区的东北全部城市，江苏、浙江、安徽、江西、湖北、广东、福建、河南、山东、河北、山西、绥远等省的大部分城市，以及湖南、广西、云南、贵州等省共计 1001 个城市沦入敌手，② 成为日寇在沦陷区进行殖民统治和继续向大后方进行侵略的基地。

中国东中部城市的渐次沦陷，使中国现代城市文明成果大量毁灭于战火，对中国城市化与城市现代化产生了极其严重的破坏。

第二节 "日满一体"：伪满时期的东北城市建设与"发展"（1931—1945）

东北自晚清以来，因清政府废除二百余年的"柳条边墙"封禁政策，吸引了关内汉族人口大量迁入而得到广泛开发，一改过去"渐次兴筑"的传统城市发展模式，③ 向近代化转型。在近代交通、工矿业发展的推动下，东北城市人口与城市数量迅速增加，城市近代化迅速起步。但在这一进程中因沙俄、日本等帝国主义的殖民侵略而呈现出畸形的殖民地特征，特别是在 1931 年至 1945 年这一阶段。

---

① 张宪文《中国抗日战争史（1931—1945）》，南京大学出版社，2001 年，第 392—664 页。
② 《抗战沦陷区地图》，载 http://tieba.baidu.com/p/2015121450。
③ 东省铁路经济调查局《北满与东省铁路》，1927 年，第 5 页。

一、伪满时期的东北城市发展（1931—1945）

在 1931 年以前，东北因口岸开放、经济发展迅速，城市数量不断增加、城市人口不断增长，逐渐由传统走向现代，城市近代化程度不断加深，开始形成相对独立的城市体系。到 1931—1945 年日占时期，日本侵略者为了"尽可能使东北成一作战根据地，军需与必要粮食之供应地"，①极力强化东北的经济开发与社会控制，东北城市便因矿山的开发、工厂的兴建、铁路的修筑、航运的拓展等推动，城市数量不断增加、规模不断扩大、殖民城市体系逐渐成形，使东北城市出现了畸形的繁荣与发展。

（一）工矿业城市发展

在东北各类资源中，"最重要的资源，却是矿产"，②铁、煤、油页岩、硫黄、石棉、重晶石、金等矿产储量极为丰富。这为东北矿业发展和工矿业城市的兴起、发展提供了良好的条件。

1931 年以前，东北工矿业就已有初步的发展。日、俄等国殖民者在抚顺、阜新、鹤岗、北票等城市先后创办了豆饼厂、榨油厂、棉纱厂、羊毛厂等轻工业和鞍山、本溪湖等煤炭、钢铁企业。

1931 年东北沦陷后，日本为了补充其国内原材料和打造全面侵略中国和进攻苏联的跳板，"在满洲建设硫铔，流体燃料，轻金属及食盐等基本工业"。③并根据东北矿产资源分布情况，积极开发矿产资源以服务侵略战争。据 1940 年伪满洲国经济部工务司统计，东北地区工人数在 5 人以上的工厂数共计 1.2769 万家。④随着这些工矿企业的建立、发展，沈阳、哈尔滨、鞍山、本溪湖、抚顺等东北工矿业城市也得到了迅速发展。例如，哈尔滨地居松花江右岸，昔为渔村，自长春铁路修通后，又益以拉滨、滨黑二路，商业更臻繁盛，工业日渐发展。⑤日本完全占领了东北后，为打造进攻苏联的跳板，在哈尔滨大兴土木，兴建工厂，使"日人之工业猛然兴起，反奴为主"。⑥仅在 1933—1934 年间就设（筹）立了 11 家工矿企业（见表 6.1）。

---

① 维真《九一八后东北与日本》，贞社 1935 年刊行，"序"，第 2 页。
② 宋家泰《东北九省》，北京：中华书局，1948 年，第 68 页。
③ 维真《九一八后东北与日本》，贞社 1935 年刊行，第 56 页。
④ 陈真《中国近代工业史料》第二辑（一），北京：生活·读书·新知三联书店，1953 年，第 951 页。
⑤ 李耀东《东北九省地理》，武汉：和昌印书馆，1947 年，第 21 页。
⑥ 《东省事变后哈尔滨日人势力之跃进》，《外交部公报》1935 年第 8 卷第 2 期。

表 6.1　1933—1934 年哈尔滨日资设（筹）立工厂一览表

工矿企业名称	组织形式	资本额	设立时间
梅田工场（造船所）	私人	10 万日元	1933 年 2 月
大同酒精股份有限公司	日伪合办	伪满币 167 万元	1933 年 12 月
兴国制粉株式会社	股份公司	25 万日元	1933 年 12 月
日"满"酿造株式会社	股份公司	3.5 万日元	1933 年 12 月
东洋卑瓦公司	私人	伪满币 10 万元	1933 年 12 月
北满制糖株式会社	日伪合办	200 万日元	1934 年 3 月
大华公司化学工业部	私人	3 万元日元	1934 年 4 月
哈尔滨洋灰股份有限公司	股份公司	500 万日元	1934 年 6 月
大满洲木ホッフヒル株式会社	股份公司	1000 万日元	1934 年 7 月
日"满"制粉株式会社	日伪合办	伪满币 1000 万元	1934 年 7 月
满洲制糖株式会社	日伪合办	伪满币 1000 万元	正筹备设立

（资料来源：《东省事变后哈尔滨日人势力之跃进》，《外交部公报》1935 年第 8 卷第 2 期）

1937 年又根据《满洲产业开发五年计划》，极力扩充钢铁、电力的生产，建立飞机、汽车、武器等军需工业，工矿企业数增加迅速。日资在哈尔滨设立的工矿企业从 1935 年的 200 家，增加到 1938 年的 258 家，1944 年又增至 300 家。[①]

同时，哈尔滨殖民性商业贸易活动因日本侵略者掠夺得到了迅速发展。在沦陷初期，日本殖民者便组建了大仓商事出张所、成合洋行、满蒙毛织出张所、东亚商行公司等 20 家，"哈埠日人输入贸易日形强化"。[②]哈尔滨的城市建设也因殖民性近代经济的发展，"其发之迅速"。[③]其城市人口迅速增加，由 1931 年的 33.1019 万人，增加到 69.2157 万人[④]。市区面积亦从 1931 年的 44.5 平方公里增至 90 余平方公里[⑤]。

鞍山位于辽宁省中部，地理位置优越，铁矿等资源极为丰富，是东北的"矿产宝库"。为掠夺鞍山铁矿，1906—1916 年间，日本成立了"南满洲铁道株式会社""鞍山铁矿振兴公司"等公司。[⑥]尤其是"自沈阳事变之后，日本内地重工业资本家，即一齐向东北之鞍山工业地，大量投资，创立会社暨建设工厂，从事制造军需工业，以推进其所谓非常时期之军备，又其大半，在前即以昭和制钢所之铣铁为原料，开始制

---

① 哈尔滨市地方志编纂委员会《哈尔滨市志·总述》，哈尔滨：黑龙江人民出版社，1995 年，第 212—213 页。
② 《东省事变后哈尔滨日人势力之跃进》，《外交部公报》1935 年第 8 卷第 2 期。
③ 同上。
④ 哈尔滨市地方志编纂委员会《哈尔滨市志·城市规划》，哈尔滨：黑龙江人民出版社，1998 年，第 58 页。
⑤ 同上书，第 61—62 页。
⑥ 鞍山市人民政府地方志办公室《鞍山市志·综合》，沈阳出版社，1990 年，第 2 页。

造贩卖，而考察鞍山重工业普罗克之内容，该中心为昭和制钢所，现下集中之构成分子，资本金一千万元以下至十万元之程度，其数有十余社之多"。① 其中1935年建成的昭和制钢所的产能即高达"四十六万二千九百吨，实为东亚第二制铁会社"。② 其"产量岁有增加，直到设有炼铁炉九座，年产生铁一百九十五万吨的产量"。③ 此外，日资还组建了鞍山钢材株式会社等一批与钢铁制造密切相关的工矿企业（见表6.2）。到1945年鞍山拥有各类大型厂矿33家。④

表6.2　1931—1937年鞍山主要日资企业情形表

工矿企业名	资本额	主要经营范围	生产能力
满洲住友钢管株式会社	1000万元，已缴付250万元	热管化上钢管、瓦斯管	每年3.5万吨
株式会社满洲罗尔制作所	200万元	各种罗尔高级特种铸物、普通铸物、机械类制作	每年5万吨
鞍山钢材株式会社	500万元，已缴付175万元	轻便轨条、中型钢材、制造贩卖	每年3.5万吨
株式会社满洲铸钢所	500万元，已缴付225万元	铸铁铸钢品机械十五类等	
日满钢管株式会社	500万元，已缴付125万元	熔接瓦斯管	
满洲久保田铸铁管株式会社	100万元		
满洲亚铅镀株式会社	100万元		
小野田洋灰株式会社	500万元		

（资料来源：《日本在我东北推进钢铁工业现状》，《国货月刊》1937年第48期）

随着工矿业的发展，鞍山的城市形态也发生了巨大改变。此前，鞍山仅是一个规模不大的乡村市镇。随着1905年东清铁路南满支线的通车，本区域经济中心转移到了"满铁附属地"的鞍山火车站一带。后随鞍山制铁所办公楼及所属工厂在"附属地"的发展，逐渐形成了以鞍山驿为中心，沿长大铁路东西两侧拓展，使"附属地"范围由7.5平方公里扩至1919年的21.59平方公里，人口也增至1.0685万人。东北沦陷后，随着大批日资工矿企业的建立、规模扩大，鞍山的城市规模迅速扩大，形成了铁东、铁西两个商业区，人口到1937年增至8.35万人。1937年鞍山设市后，将原属辽阳县13个村屯划入鞍山市建制，城市面积扩大为41.9平方公里，人口近10万，初具中小城市规模。1939年9月鞍山市区面积扩大到123.2平方公里，人口19.5万。

---

① 《日本在我东北推进钢铁工业现状》，《国货月刊》1937年第48期。
② 《被日攫夺之东北宝藏总调查》，《东北消息汇刊》1934年第2期。
③ 资源委员会鞍山钢铁有限公司《资源委员会鞍山钢铁有限公司概况》，1947年鞍钢特刊号，第5页。
④ 同上书，第17页。

1940年城市面积增加到150.8平方公里,人口20.7万。① 可见,在沦陷时期,鞍山因日本侵略者掠夺境内的钢铁资源而得到了快速、畸形的发展,使之成为东北沦陷区一座典型的殖民工矿业城市。

本溪湖地处辽宁东部偏南山区,位于太子河上游,煤铁等矿产资源丰富,其矿藏开发历史悠久②。近代以后,本溪丰富的矿产资源为俄、日、英等殖民者所觊觎,1899年英国福公司在本溪湖采取与中国合作的方式控制了本溪湖煤矿的开发。1911年日本新建本溪湖制铁厂开采庙儿沟铁矿。③ 随着本溪湖工矿业的发展,本溪商业、服务业也逐渐发展起来。据统计,1912年本溪湖各类商号仅有74家,到1935年增加到192家。④ 1931年日本占领本溪后,全面控制了本溪煤铁公司,将其改组为本溪湖煤铁股份有限公司。后又先后成立"满洲制铁株式会社"、本溪湖洋灰株式会社、本溪碱炭矿株式会社、本溪湖特殊钢株式会社、本溪湖白云石工业株式会社等工矿企业,并修筑了溪田铁路、溪辽铁路,使本溪湖城区逐渐向宫原地区拓展,城市人口不断增加,规模进一步扩大,具备了设立城市的基本条件。⑤ 1939年10月,日伪当局为进一步控制本溪社会经济,将本溪湖及宫原一带由本溪县划出,成立了本溪湖市,与县平行,人口69187人。⑥ 本溪遂因矿业开发而成为近代东北典型殖民性的矿业城市。

此外,东北还有许多城市因日本侵略者的战略需要而发展成为重要的工矿业城市(见表6.3)。

表6.3 沦陷时期东北主要工矿业城市及主要工矿产业

城市	工业发展重点
沈阳	以机械、化工、军需工业为主,是东北最重要的工业中心之一
鞍山	东北钢铁工业为中心
抚顺	煤炭采掘业,兼发展钢铁、人造石油、火药工业和窑业
锦州	造纸工业、纺织工业
本溪	煤炭采掘业、钢铁,附设织布、机械工业

---

① 鞍山市人民政府地方志办公室《鞍山市志·综合》,沈阳出版社,1990年,第21—36页。
② 《辽宁本溪满族自治县概况》,北京:民族出版社,2009年,第1、6页。
③ 政协本溪市委员会《煤篇铁章:本溪老工业基地煤铁业史资料汇编》,2007年,第2页。
④ 沈玉成《本溪城市史》,北京:社会科学文献出版社,1995年,第21—22页。
⑤ 同上书,第24页。
⑥ 《辽宁本溪满族自治县概况》,北京:民族出版社,2009年,第59页。

续表

城市	工业发展重点
辽阳	纺织工业、造纸工业
营口	制镁、造纸等轻工业和滑石开采工业
开原	煤矿、铁矿开采业
北丰	煤矿、铁矿开采业
吉林	木材加工业、麻织业、洋灰制造业、人造石油工业
安东	造纸工业、纺织工业、制铝工业
哈尔滨	制粉、榨油、酿造、造纸等工业

（资料来源：何一民：《从农业时代到工业时代：中国城市发展研究》，巴蜀书社，2009年，第505页）

总体而言，上述东北工矿业城市发端于清末民初，诸如本溪湖、鞍山、抚顺、鹤岗、扎赉诺尔、阜新、北票等地的钢铁、煤矿采掘业，几乎都是在这一时期创办起来的。1931年东北沦陷后，为满足侵略战争的需要，日本侵略者通过武力侵占或以武力为背景的资本控制，对这些工矿业加以扩充、掠夺矿产资源，使工矿业人口迅速增加，工矿业城市规模不断扩大。随着工矿业城市数量和规模的增加，沦陷时期东北城市布局也因此发生了改变。

（二）军事战略城市的经营

东北沦陷后，日本为侵略、防范苏联，沿乌苏里江、黑龙江我国一侧和大兴安岭一带修筑了由东向西的珲春、东宁（属牡丹江）、鹿鸣台、绥芬河、观月台、半截河、庙岭、虎头（牡丹江辖）、富锦、凤翔、霍尔莫津、瑷珲、黑河、法别拉、乌奴耳、海拉尔、阿尔山等17座军事要塞。① 这些要塞大多因军事的需要而发展成为军镇型城市。同时，日本侵略者在牡丹江、佳木斯、图们等具有重要战略地位的城市大量驻军、修建军事设施等，使其发展成为以军事功能为导向的城市。

牡丹江位于黑龙江省东南部，相较东北南部地区，其城市发展历史较短。17世纪中叶因沙俄不断入侵，清政府才在牡丹江地区驻军，归宁古塔将军管辖，人口不断增加，乜河（今市郊）成为当时活动中心。1903年中东铁路通车，在牡丹江火车站一带因人口流动频繁、商贸集聚，各类房屋建筑和街市不断增多，牡丹江城区雏形开始形成。② "九一八事变"后，日本侵略军松木守备队于1932年5月7日强占牡丹

---

① 车霁虹《东北边境日本关东军要塞的历史与现状考察》，《北方文物》2008年第3期。
② 牡丹江市志编审委员会《牡丹江市志》，哈尔滨：黑龙江人民出版社，1993年，第113页。

江火车站。为建立殖民地化城市和对抗苏联,因其"邻接俄边诸县",为便于"集中人力财力,用和平之开发,作战争之准备,以期增进其国防效率焉",①日本占领者加紧了牡丹江的军事化建设。1935年日伪当局制定了《牡丹江都邑计划》,将城市定位为军事及交通要地,北满东部的工业和商业中心,农产品及木材、矿产资源的集散地。规划牡丹江以新东站为中心,划分为旧市区、第一市区、第二市区、形成矩形加放射环状式道路网,城市用地规模31.6平方公里,人口达25万人,最终建成"东满军事重镇"。并派驻了大量军警,其中关东军司令部在牡丹江设立第一方面军第三军,军司令部驻牡丹江,下辖第九师团驻掖河、第十二师团驻东宁、第一国境守备队驻虎头;第一方面军第二十军军部驻虎林,其辖第八师团驻虎头、第二国境守备队驻东宁。②经过沦陷时期日本军事化建设,牡丹江获得了快速发展。市区人口从1931年"九一八事变"前的3511人,增加到1937年建市时的9.8384万人,比1931年增长了26.7倍,其中日本人由11人增加到1.3073万人,增长1187.5倍,到1942年人口则增至20.8459万人。1931—1942年人口年平均增长率44.8%。1945年抗战胜利前全市人口已达23.7万人,其中日本人约占25.3%。③牡丹江因此成为沦陷时期东北典型的军事化殖民城市。

海拉尔(呼伦),"呼伦城在海拉尔河左岸,土名即称海拉尔,又名呼伦县尔",④"为国防边疆重地"。⑤海拉尔城市发展很晚,直至"1734年围以土墙,其始创建南北二门"。因"入蒙车马往来均于此通过之,蒙人之交易者,咸集于此",城市日渐发展,"市房小铺甚多"。⑥至1929年,全市城区人口增长到一万四千余人。⑦1932年12月海拉尔沦陷后,作为苏蒙方向的战略要地,日本关东军将第六方面军司令部及其所辖第二十三机械化师团、第八国境守备队布防于海拉尔各战略要地。⑧将海拉尔打造成为攻击或防御苏蒙的前沿要塞城市,为"日人视为'满洲国'国防第二线,业经伪组织指为兴安北分省都市,从事建设及布置防御工事,日人称为国境西部特别

---

① 《日伪变制下东北十省会沿革调查》,《东北消息汇刊》1934年第2期。
② 伪满史料丛书《伪满军事》,长春:吉林人民出版社,1993年,第27页。
③ 牡丹江市志编审委员会《牡丹江市志》,哈尔滨:黑龙江人民出版社,1993年,第149页。
④ 王惠民《新东北指南》,北京:商务印书馆,1946年,第67页。
⑤ 《呼伦贝尔志略》,"方舆沿革",第25页。
⑥ 东省铁路经济调查局《呼伦贝尔》,1929年,第71页。
⑦ 同上。
⑧ 伪满史料丛书《伪满军事》,长春:吉林人民出版社,1993年,第28页。

区"①。在城市军事功能导引下，海拉尔城市面貌全面军事化。有人记录："在城市内，每一步都遇到穿制服的军人……使我进城很困难……几队炮队隆隆而响地经过我的身边。在炮队后面尾随着一辆笨重的救护车……三年来，在有神秘的信号的地方，已满建起了日本兵营和储藏所，兵营全都用有刺铁丝保护着。"②

此外，还有佳木斯、图们等城市因沦陷时期日军的军事活动而得到了重点建设和快速畸形的发展。这些军事城市的发展虽然促进了东北城市地域分布的平衡，但却打下了极深的殖民地烙印。

（三）现代交通拓展与东北城市发展

以轮船、铁路为代表的近代交通在东北发端于大连等港口城市的开埠和甲午战后俄国修筑中东铁路。对东北城市而言，铁路交通的发展对城市影响远比现代航运重要。中东铁路及其支线修筑后，为挽回路权，中国人以沈阳为中心修筑了京奉等数条铁路。至1931年"九一八事变"以前，东北铁路日臻发达，全境铁路总长已达6522公里。东北沦陷后，日伪为经济掠夺和扩大侵略战争，大力兴筑铁路，至抗战胜利前夕，东北铁路总长已达1.1万公里。③随着现代交通的日益拓展，那些地处交通节点的城镇不断增加，规模不断扩大，"荒烟蔓草之域一变而为闹市名都"，④形成了众多的交通枢纽城市。

沈阳位于东北平原南部，"浑河北岸，居辽河平原中心，握本省（辽宁）长春、北宁、沈海、沈安各铁路之枢纽"⑤。沈阳沦陷后，日伪以铁路为中轴投资办厂，到1939年基本建成了（含在建、计划建设）涵盖纺织、冶金、机械、食品、化工、陶瓷、机器等门类的工厂191家、面积约5平方公里的铁西工业区。⑥在1931—1945年间，沈阳城市人口迅速增加，由沦陷前的20余万增加至1934年的46万余人，1935年增加至52万余人，1939年增至100万人，到1941年更增至143万余人。⑦城区面积急剧扩大。城

---

① 《海拉尔人口统计》，《东北通讯》1935年第2期。
② 斯尔《蒙边的一重镇：海拉尔印象记》，《星华》1936年第1卷第28期。
③ 宋家泰《东北九省》，北京：中华书局，1948年，第104页。
④ 东省铁路经济调查局编《北满与东省铁路》，"序"，1927年。
⑤ 李耀东《东北九省地理》，武汉：和昌印书馆，1947年，第6页。
⑥ 琼斯《1931年以后的中国东北》，胡继瑷译，北京：商务印书馆，1959年，第206页。
⑦ 王肇磊《抗战时期东北城市数量、规模、布局与体系的变迁》，《大连海事大学学报》（社会科学版）2015年第6期。

市建成区和在建区也由 1931 年的 32 平方公里迅速增加至 1938 年的 262 平方公里。① 经过沦陷时期的殖民建设，沈阳无论是在人口数量、城区面积，还是产业和城市功能等方面，都有了显著的"发展"，成为东北的政治、经济、文化和交通中心。

大连"在辽东半岛南岸，滨临黄海，包有大连港湾及港口大小三山岛，南至大鹏嘴、老虎滩，包东西大连岛，西至周水子、西山屯、南沙河口、星浦等处，湾内分为五港……各港以青泥洼为繁盛，即大连市所在"②。随着长春至大连铁路的修通，大连发展获得了极为广阔的腹地，逐步取代营口成为东北的贸易中心。它在全国对外贸易总值比重不断上升。1909—1911 年为 4.9%，1929—1931 年则增至 15%。③ 港口货物吞吐量不断提高。1934—1939 年年平均进出口货物为 9500 万吨。④ 成为中国仅次于上海的对外贸易的第二大港口城市，⑤ "在东三省已居第一"。⑥ 城市因港口贸易迅速成长为东北最重要的城市之一。大连市区面积到 1930 年已发展为 415.96 平方公里，城市人口亦由 1930 年的 36 万增加至 1942 年的近 75 万。并按城市功能划分为军事区、日本人居住区和中国人居住区以及工商业、文化教育、居住生活区，⑦ 建成了较为完整的城市街道体系。为体现日本占领特质，日伪还对大连原有的街、路，按照日本政治、文化需要改成"町""通""台"的新名称。而具有中国文化内涵的街名仅有 27 个，占大连所有地名的 1/8。城市被赋予了浓厚的殖民地色彩。⑧

长春位于"长春支路（中东路）吉长、长洮、四长各路会点，居东北地方之中央，扼南北交通之要冲"。⑨ 四达铁路网的兴筑，给城市的配置及其职能与迅速发展以重大影响。在 20 世纪初期二十余年时间内，其发展大大超过了 19 世纪 20 年代设置筑城以来 80 多年的速度。1930 年代起，长春成为日伪政权的政治巢穴后，人口增长尤剧，从 20 世纪初的约 10 万人，增加至 1941 年的 59 万人，是 1930 年的 6 倍，城区每平方公里人数高达 1268 人。⑩ 成为东部中部重要的交通枢纽，"大豆、高粱、小米、木材、皮毛等，均以此为集散中心，输入品以棉布、砂糖、煤油、食盐、杂货为

---

① 《奉天市政概况》，《盛京时报》1938 年 9 月 6 日。
② 李耀东《东北九省地理》，武汉：和昌印书馆，1947 年，第 5 页。
③ 严中平《中国近代经济史统计资料选辑》，北京：科学出版社，1955 年，第 69 页。
④ 刘连岗《大连港口纪事》，大连海运学院出版社，1988 年，第 114 页。
⑤ [苏] 阿瓦林《帝国主义在满洲》，北京：商务印书馆，1980 年，第 17 页。
⑥ 吴景超《都市社会学》，上海：世界书局，1929 年，第 19 页。
⑦ 华文贵、王珍仁《大连近代城市发展史研究（1880—1945）》，沈阳：辽宁民族出版社，2010 年，第 161—169 页。
⑧ 大连城市建设档案馆、大连市地名办公室《解读大连市区道路名称》，大连出版社，2004 年，第 14 页。
⑨ 李耀东《东北九省地理》，武汉：和昌印书馆，1947 年，第 17 页。
⑩ 曲晓范《近代东北城市的历史变迁》，长春：东北师范大学出版社，2001 年，第 396 页。

大宗";建立起了机械制造、食品、卷烟等现代工业,为吉林省第一大都市。①

此外,在铁路节点上,还兴起了哈尔滨、海拉尔、牡丹江、绥芬河、佳木斯、绥化、北安、白城、通辽、四平、吉林、延吉、图们、梅河口、瓦房店、锦州等众多中小城市。在沿海地区营口、大东口、旅顺等城市亦因现代航运业而得到了较快的发展。

东北近代公路首先出现在民初奉天省。后修筑了奉天—梨树、长春至农安、长岭、新城等道路,到1929年新修专用公路140公里、整修公路2319.5公里。②虽然相对于铁路、轮船而言,近代公路对东北城市的影响相对较小,但在公路沿线城市也得到了一定的发展。农安,"商业颇呈荫盛",城市人口增加至1930年2万余人。③扶余由一个不见经传的小县城发展成为5万人的中等城市,城市面貌迅速得到了改观。④大赉(今大安)因长春—扶余、长春—白城公路开通后,城市面貌有了较大改观,县城人口有8000人。⑤

以铁路、轮船、近代公路为代表的现代交通的发展,在东北城市布局、城市功能的演变、城市规模的变化等方面都产生了重要的影响,均在不同程度上推进了东北地区城市化的发展。

二、伪满时期东北城市数量、规模、布局与体系

城市的创建、发展离不开特定的历史地理环境。如果"没有地理基础,创造历史的人,就像有些山水画中的人物,好像在半空中走路。地域不能只视为演戏的舞台。地理在各方面影响历史,例如气候、粮食等。人们与国土,就像鸟与鸟巢的关系"。⑥东北城市亦遵循了这一城市发展规律。东北位于东经115°—135°,北纬40°—53°之间,东抵长白山系,北拥黑龙江,西至大兴安岭山脉,南濒黄海、渤海,呈顶宽底狭的四边形。地形以平原、丘陵和山地为主,属温带季风气候区,农业生产条件好,石油、铁矿、煤矿等矿产资源极为丰富,这为人类提供了良好的生存条件。在这块相对封闭而广袤的黑土地上,抗战时期分属黑龙江、吉林、辽宁和热河四省。其历

---

① 李耀东《东北九省地理》,武汉:和昌印书馆,1947年,第17页。
② 曲晓范《近代东北城市的历史变迁》,长春:东北师范大学出版社,2001年,第219页。
③ 《京(长)白线及阿白沿线(二)——农安及前郭旗》,《盛京时报》1938年5月3日。
④ 曲晓范《近代东北城市的历史变迁》,长春:东北师范大学出版社,2001年,第222页。
⑤ 《京(长)白线及阿白沿线(二)——大赉城及白城子》,《盛京时报》1938年5月4日。
⑥ 见 Jules Michelet,*Histoire de France*,1869年版序言,转引自 H. C. 达比著《论地理与历史的关系》,《历史地理》第13辑,姜道章译,上海人民出版社,1996年。

史极为悠久，自古以来便是中国各民族繁衍生息的地方。

（一）伪满时期东北的城市数量

东北城市发展历史较为悠久。但在传统时期，东北城市发展极为缓慢，到1850年，东北才仅有50座城镇[①]。19世纪末至20世纪20年代末随着东北近代城市化的起步，城市数量迅速增加。1907年东北政区调整，共设9道、27府、22直隶厅、9州、58县，[②]仅县城就比1875年增加了51座。1913年经北京国民政府对东北地区行政改制，东北三省（除热河外）共辖121个县，[③]县城数量比1907年增加了63座。1930年东三省县城数量则增加至144座[④]，比1913年增加了23座。到1930年东北20万人以上的城市由1902年的1座增加至3座，10万—20万人的城市有2座，1万—10万人的城市则由以前的20座增至70座[⑤]。

"九一八事变"后，日本帝国主义出于殖民统治的需要，加强了东北城市的经营与建设，使东北城市数量不断增加。据1934年日伪当局的统计，人口在1万人及以上的"都邑"有80座，5000—10000人的城市54座，合计134座。其中万人及以上城市比1930年增加了5座[⑥]。1937年则增加至299座城市，1941年为312座城市（见表6.4）。

表6.4 日据时期东北地区城市分布及增长情形一览表

省份		兴安东省	兴安南省	兴安西省	兴安北省	锦州省	奉天省	热河省	四平省	通化省	安东省	滨江省	牡丹江省	三江省	间岛省	东安省	北安省	黑河省	龙江省	吉林省	长春市	合计
城市数	1934	\multicolumn{20}{c}{1万人及以上城市80座，5000—10000人城市54座}																	134
	1935	\multicolumn{20}{c}{1万人以上的城市112座，其中10万人以上的5座，5万人以上10万人以下的10座}																	
	1937	4	11	8	8	20	27	16	18	13	10	36	10	19	9			8	23	30	1	299
	1941	5	11	8	8	20	29	17	18	15	10	37	10	20	11	11	19	8	23	31	1	312

（资料来源：何一民、易善连：《近代东北区域城市发展述论》，《史学集刊》，2002年第3期；《伪国规定东北都邑等级》，《东北消息汇刊》1934年第1期；《东北主要城市人口调查：一万以上之都市达百余处》，《黑白》第3卷第5、6期，1935年，第40页）

---

① 曲晓范《近代东北城市的历史变迁》，长春：东北师范大学出版社，2001年，第4页。
② 刘子扬《清代地方官制考》，北京：紫禁城出版社，1988年，第330—339页。
③ 李鸿文、张本政《东北大事记（1840—1949）》（上），长春：吉林文史出版社，1987年，第432页。
④ 东北文化社年鉴编印处《东北年鉴》，长春：东北文化社，1931年，第161—169页。
⑤ 戴均良《中国城市发展史》，哈尔滨：黑龙江人民出版社，1992年，第314页。
⑥ 《伪国规定东北都邑等级》，《东北消息汇刊》1934年第1期。

(二)伪满时期东北的城市规模、等级结构

"九一八事变"后,日本出于战略需要,将东北作为侵略中国、发动太平洋战争和反苏的大后方,加大了对东北的开发,兴建了大批工矿企业。仅在沈阳"自东北事变后,日人即就沈阳城垣铁路西一带原有工业区,积极发展工业,在昭和八年已完成四大工厂,在本年度(1934)开始出品。又向土地公司租借土地,本年即行建筑者二十一厂。此外尚有二十五厂在计划中"[1]。同时,还积极投资控制掠夺东北华资厂矿、商业机构、运输企业。控制了复州、八道壕、孙家湾、北票、西安、鹤岗、鞍山、本溪等大批厂矿。[2] 这带有殖民性质的现代厂矿的建设,吸引了大批东北农村人口、日本人、朝鲜人迁居东北各大小城市。"自傀儡登台以来,长春市内日(本)(朝)鲜人口大增。直成日鲜人之世界。截止今年七月末至,日人已曾至三千余名。"哈尔滨"在事变以前仅三千余人,事变后骤增。兹据日本领事馆警察署调查,哈侨日人在本年六月份总三千二百七十四户,人口计一万一千二百四十八名"[3]。同时,在暴日的残酷统治下,通过征用劳工、武装移民等方式,将东北农民从土地上驱赶至城市,沦为苦力和劳工。[4] 于是,东北各大中城市出现了一大批劳工、苦力群体。1940年2月,沈阳人口从1939年1月的80万增加到120万人。在常住人口100万中,苦力、劳工20万人,占沈阳常住人口的五分之一。长春仅市内就有"勤劳俸壮"者3万人[5]。大量人口流入城市,致使城市人口规模出现了畸形的迅速扩大(见表6.5)。

表6.5 沦陷时期东北主要城市人口增长一览表(单位:万人)

城市	1930年	1932年	1934年	1935年	1936年	1937年	1938年	1939年	1940年	1941年	1942年
大连	36		45	36.2808		50	51		58	69.4555	74.7914
长春		14.95		31.1521	26.8644		36.1978		55.4202	59	
沈阳			46.2152	52.7241		70.1	73.99	100	120	143.70	
哈尔滨				45.83					66.198		
安东			17.095	16.176							
吉林				12.508							

---

[1]《日在辽宁工业区积极建筑工厂》,《东北消息汇刊》1934年第1期。
[2] 杨乃坤、曹延涵《近代东北经济问题研究(1916—1945)》,辽宁大学出版社,2005年,第132—133页。
[3]《东北人口调查》,《东北消息汇刊》1934年第2期。
[4] 伪满史料丛书《经济掠夺》,长春:吉林人民出版社,1993年,第741—786页。
[5] 曲晓范《近代东北城市的历史变迁》,长春:东北师范大学出版社,2001年,第395、396页。

续表

城市	1930年	1932年	1934年	1935年	1936年	1937年	1938年	1939年	1940年	1941年	1942年
旅顺				2.9737			3.8			3.9	
营口				12.848			15			18	
鞍山				1.9383						21	
抚顺				3.9211					25		
本溪				1.5619						11.210	

（资料来源：曲晓范：《近代东北城市的历史变迁》，东北师范大学出版社，2001年，第389—397页；《东北主要城市人口调查：一万以上之都市达百余处》，《黑白》第3卷第5、6期，1935年，第40页）

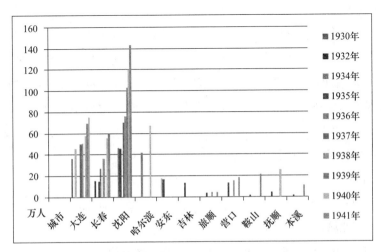

沦陷时期东北主要城市人口增长图

沦陷时期随着人口日益向城市集中，东北城市人口规模急速扩大。在1930年，东北20万人以上的城市只有3个，10万—20万人的城市2个，1万—10万人的城市70个[①]。但经过沦陷时期的畸形发展，到1935年沈阳城市人口达到52.7万人，哈尔滨人口超过45万，大连、长春分别增长至36.2808万人和31.1521万人。[②]到20世纪40年代，100万人口的城市1座（沈阳）、70万人口的城市1座（大连）、60万人口的城市1座（哈尔滨）、50万人口的城市1座（长春）、30万人口的城市1座，超过10万人口的城市共计16个，比1930年多11座。[③]1万—10万人以上的城镇181座，

---

① 戴均良《中国城市发展史》，哈尔滨：黑龙江人民出版社，1992年，第314页。
② 琼斯《1931年以后的中国东北》，北京：商务印书馆，1959年，第202页。
③ 何一民、易善连《近代东北区域城市发展述论》，《史学集刊》2002年第3期。

比 1931 年增加了 111 座。①东北城市化人口比例也迅速增长。从人口数量来看，1937年，城市总人口为 648 万，1941 年增加到 309 万，增长率为 47.8%。是同期东北总人口增长率 16.9% 的 2.83 倍。从城市人口比重看，1937 年东北城市人口占人口比重为17.5%，1941 年增加至 22.2%，五年间城市人口比重增加了近 4.7 个百分点。可见东北人口"已有渐向都市集中之趋势"。②

随着沦陷时期城市人口的不断集聚、交通的发展、厂矿的兴建，东北城市用地规模也日益扩大。从 1932 年起，为实现统治东北的战略目标，日伪当局投入 19.171 亿日元，开始了为期十年的东北城市建设，③ 直至 1941 年末太平洋战争爆发为止。经过建设，沈阳、大连、长春、哈尔滨、鞍山、本溪、抚顺等各大中城市的用地规模都不断扩大。长春在两期新区建设中，④ 新建了中央大同街、兴安大路、顺天大街、安民大街等街道 83 条，儿玉、大同等公园 10 余处，广场 10 座，修建楼房 4.3143 万栋及数千家工厂。⑤ 城市面积由 1931 年的 21 平方公里⑥增长到 1944 年的 444 平方公里。⑦沈阳从 1934 年开始，按照伪满"产业立市"的规划原则，对以小西边门为中心的行政区及商业区、铁西工业区与太原街、北陵附近等四大区域进行了大规模建设。城市建成区和在建区由 1931 年的 32 平方公里⑧增加到 1938 年的 262 平方公里。⑨哈尔滨城区面积则从 1931 年的 44.5 平方公里增至 90 余平方公里。⑩吉林市区面积由 1931 年的 12.31 平方公里扩大至 1938 年的 30 平方公里左右。另据研究，沦陷时期列入重点建设的 50 多座东北城市用地规模普遍增长了 1—5 倍⑪。

总之，随着沦陷时期东北城市人口的增加和城区面积的扩大，其城市等级结构亦发生了巨大变化。出于掠夺、控制的需要，日伪当局根据其战略需要，对东北城市等级进行了规定。1932—1934 年日伪统一整理了东北都市等级，"将都市分为二类。其

---

① 伪满警察总局编《主要都市、市街地人口统计表》，长春 1942 年。本表未统计大连地区人口情况：1942 年大连 79 万人、旅顺 4 万人、普兰店 3 万人、耗子窝 1.5 万人。
② 东北物资调节委员会《东北经济小丛书人文地理》，1948 年，第 31—32 页。
③ 《满洲事变后之日本对满投资》，《盛京时报》1935 年第 9534 号。
④ 日伪时期长春新区规划建设分为两期：第一期从 1932 年 3 月至 1937 年 12 月，第二期从 1938 年到 1941 年。
⑤ 曲晓范《近代东北城市的历史变迁》，长春：东北师范大学出版社，2001 年，第 294—299 页。
⑥ 伪满国都建设局《国都建设纪念式典志》第一章，1938 年，第 9 页。
⑦ 曲晓范《近代东北城市的历史变迁》，长春：东北师范大学出版社，2001 年，第 299 页。
⑧ 《大奉天之构成》，《盛京时报》1936 年 10 月 26 日。
⑨ 《奉天市政概况》，《盛京时报》1938 年 9 月 6 日。
⑩ 哈尔滨市地方志编纂委员会《哈尔滨市志·城市规划》，哈尔滨：黑龙江人民出版社，1998 年，第 61—62 页。
⑪ 曲晓范《近代东北城市的历史变迁》，长春：东北师范大学出版社，2001 年，第 315 页。

人口在一万以上者，为第一类都邑；其人口在万以下，五千以上者为第二类都邑",其结果如下：

表 6.6　20 世纪 30 年代初东北都邑等级情形

等级类别	辽宁	吉林	黑龙江	热河	合计
第一类	48	15	10	7	80
第二类	23	12	13	6	54
合计	71	27	23	13	134

（资料来源：《伪国规定东北都邑等级》，《东北消息汇刊》1934 年第 1 期）

日本帝国主义全面占领东北后，极力开发矿藏、修筑铁路、兴办工厂，使东北城市数量迅速增长，规模急剧扩大。其城市等级结构因城市地位、发展程度不同，到 20 世纪 40 年代初发生了较大的变化，城市等级日益复杂（见表 6.7）。

表 6.7　1942 年东北城市规模等级情形一览表

城市规模	城市名称	数量
100 万人及以上	沈阳（1302687 人）	1
70 万—80 万	大连	1
50 万—60 万	长春、哈尔滨	2
30 万—40 万	安东	1
20 万—30 万	吉林、牡丹江、抚顺、鞍山	4
10 万—20 万	阜新、锦州、营口、本溪、佳木斯、齐齐哈尔、辽阳	7
1 万—10 万	白城、敦化、肇东、东安、旅顺、铁岭、海城等	181

（资料来源：伪满警察总局编：《主要都市、市街地人口统计表》，长春，1942 年）

（三）伪满时期东北的城市行政体系构架变迁

东北全境沦陷后，日伪为强化东北城市的控制和殖民统治，实现分化东北地方实力的目的，将原三省的行政制度改制为九省制，城市行政体系也由"省会—县城（自治局）"（见表 6.8）演变为"省会—县城（一等县城、二等县城、三等县城和自治局、新设县城）"。最终形成了具有日伪强化控制的东北城市行政体系（见表 6.9）。

表 6.8 沦陷前东北城市行政体系一览表

省别	辽宁	吉林	黑龙江
省会	沈阳	吉林	齐齐哈尔
县城与自治局治所	铁岭、开原、清原、东丰、西丰、西安、营口、辽阳、台安、辽中、盖平、海城、锦县、新民、彰武、黑山、盘山、北镇、义县、兴城、绥中、锦西、安东、新宾、通化、凤城、宽甸、桓仁、临江、辑安、长白、安图、抚松、抚顺、本溪、海龙、辉南、柳河、金县、复县、岫岩、庄河、金川、洮南、辽源、昌图、康平、开通、洮安、梨树、安广、怀德、突泉、镇东、法库、双山、瞻榆、通辽	永吉、长春、伊通、濛江、农安、长岭、舒兰、桦甸、磐石、双阳、德惠、滨江、扶余、双城、宾县、五常、榆树、延寿、阿城、珠河、苇河、延吉、宁安、珲春、东宁、敦化、额穆、汪清、和龙、依兰、同江、密山、虎林、抚远、桦川、富锦、饶河、方正、穆棱、宝清、勃利、乾安	嫩江、大赉、肇州、肇东、拜泉、讷河、青冈、安达、克山、泰来、林甸、景星、庆城、兰西、木兰、龙镇、绥棱、望奎、汤原、通河、通北、布西、索伦山、明水、依安、甘南、雅鲁、泰康、绥化、呼兰、海伦、巴彦、铁骊、东兴、瑷珲、萝北、漠河、呼玛、乌云、绥滨、佛山、呼伦、胪滨、室韦、奇乾、逊河、克东、德都、奇克、鸥浦、凤山、富裕

（资料来源：傅林祥、郑宝恒：《中国行政区划通史》（中华民国卷），复旦大学出版社，2007年，第451—485页）

表 6.9 1945年东北县城城市行政等级一览表

省别	省会	一等县	二等县	三等县	自治局、新设县
辽宁省	沈阳	新民、锦县、海城、铁岭、盖平、营口、惠县、金县、辽阳	法库、义县、黑山、本溪、绥中、兴城、抚顺、新宾	锦西、康平、盘山、彰武、辽中、合安、清源	
安东省	安东		长白、凤城、庄河、宽甸	通化、抚松、辉南、金川、柳河、辑安、临江、岫岩、桓仁、蒙江	
辽北省	四平街	海龙、昌图	辽源、梨树、开原、西安、西丰、东营	通辽、长岭	
吉林省	长春	桓仁、永吉、延吉、扶余	安图、榆树、盘石、德惠、白山	汪清、和龙、农安、舒兰、桦甸、伊通、蛟河	局：干安（吉林省，今改县）；县：大台、孙化
松江省	哈尔滨	铁城、宁安、呼兰、巴彦、兰西	宾县、延寿、木兰、青冈、安远、肇州、肇东	东宁、穆棱、阿城、五常、珠河、巩河	局：东兴；县：绥阳、肇源
合江省	佳木斯	萝北	依兰	饶河、虎峰、宝清、勃利、密山、桦川、方正、同江、抚远、富锦、通河、汤原、绥滨	县：东安、林口、鹤立
黑龙江省	北安	漠河、绥化、海伦、拜泉、瑷珲、呼玛	庆城、望奎	鸥浦、奇克、佛山、绥棱、依安、明水、乌云	局：逊河、铁力、克东、德都；县：孙吴、克安、嫩江
嫩江省	齐齐哈尔	姚南、突泉、安广、镇东、开通、瞻榆、白城、龙江	泰来、讷河、大赉	林甸、景星	县：泰康、甘南、富裕
兴安省	海拉尔	奇干、室韦、呼伦、胪滨		鸦鲁	局：布西、索伦
合计	9	39	36	55	21

（资料来源：王惠民：《新东北指南》，商务印书馆，1946年，第5—7页）

（四）伪满时期东北城市地理格局的变迁

城市数量的增加、规模的扩大与城市等级结构的复杂化，促进了伪满时期东北城市地理的演化。

近代以前，因清政府在东北长期执行"封禁政策"，东北城市发展严重滞后，只有盛京、瑷珲、墨尔根、伯都讷、齐齐哈尔、海拉尔、呼兰、宁古塔等约50座城镇，[1] 寥若晨星地散布于广袤的黑土地辽河、松花江、黑龙江、图们江等大江大河之滨。开埠后，东北城市早期现代化的启动，辽河、黑龙江等现代航运业日益发达，沿岸重要的商业市镇：营口、通江口、三江口、辽阳、马蓬沟、昌图、梨树、铁岭等，因商业繁荣、工矿业建设而不断发展，到20世纪初逐渐形成规模较大的城市。[2] 初步形成了以辽河为中心的城镇体系。同时，松花江流域也逐渐兴起了哈尔滨、吉林、佳木斯、三岔口、扶余、依兰、富锦等城镇[3]。虽然流域内城市数量和城市规模不及辽河流域，但亦自成体系。这两大流域城镇经过19世纪末20世纪初铁路的兴建而联系日益密切。

东北交通，"以铁路最为重要"。"'九一八'以前，东北铁道总长已达6222公里"，[4] 主要干支线有沙俄修筑的中东铁路和中东铁路南线，以及国人为挽利权修筑的大通线、北宁线、安沈线、大营线、沈海线、四沈线、大通线、锦承线、沟营线、连葫线等线路。[5] "'九一八'以后，日伪为经济及军略二重目的，积极增筑"，"截至抗战胜利前夕，东北铁道全长已达一万一千余里"。[6] 随着铁路的修筑，沿线城市不断发展。"迨自东路告成，来人既多，旷土渐开，荒烟蔓草之域一变而为闹市名都矣"。[7] 在铁路节点处，兴起了满洲里、哈尔滨、佳木斯、牡丹江、白城、图们、四平、通化等一大批新的城市。辽宁的"都市十分之九位于铁道线上，计沿中长线者有铁岭、沈阳市、辽阳、鞍山、海城、盖平、复县、金县、大连市及旅顺；沈榆线者有新民、锦州、兴城及绥中；沈安县有本溪，沈吉线有抚顺，大郑线有黑山，沟营线有盘山及营口，新义线有北镇及义县，其余在辽河平原上者有台安及辽中；黄海沿岸者有庄河，

---

[1] 施坚雅《中国封建社会晚期城市研究——施坚雅模式》，王旭等译，长春：吉林教育出版社，1991年，第74页。
[2] 侯峻、曲晓璠《近代辽河航运与沿岸城镇的兴起》，《社会科学战线》1998年第6期。
[3] 王惠民《新东北指南》，北京：商务印书馆，1946年，第51—67页。
[4] 宋家泰《东北九省》，北京：中华书局，1948年，第104页。
[5] 李耀东《东北九省地理》，武汉：和昌印书馆，1947年，第3—4页。
[6] 宋家泰《东北九省》，北京：中华书局，1948年，第104页。
[7] 东省铁路经济调查局《北满与东省铁路》，序，1927年。

辽东丘陵有岫岩，热东丘陵有锦西"。① 这样，东北城市便因铁路兴筑而由沿辽河、松花江流域分布格局最终被沿铁路分布发展的格局所取代，即沿"纵三横三大干线"分布（见表6.10）。这一城市沿铁路分布的格局随着沦陷时期沈阳、大连、长春和哈尔滨等大城市的畸形发展而形成了以其为中心，连同抚顺、鞍山、本溪、牡丹江等城市，以铁路中纵干线为轴线，通过其它铁路干线或支线联通众多中小城市的联系，形成了一个庞大的工业——城市集群，在此城市集群的城市之间不存在规模上的巨大差异，其结构以铁路网为构架而呈网络状，即核心城市不很突出，却彼此之间形成了较明确的分工，具有较强的功能互补作用的联系紧密的城市体系。这以工业——铁路——城市体系为特征的城市体系在近代中国是极为少见的。②

表6.10　沦陷时期东北铁路干线沿线主要城镇一览表

铁路名称	沿线城市
东纵干线	佳木斯、牡丹江、图们、鹤立、兴山镇
中纵干线	黑河、北安、海伦、哈尔滨、长春、沈阳、大连、旅顺
西纵干线	霍龙门、嫩江、龙江、昂昂溪、洮南、郑家屯、通辽、彰武、黑山、锦县、临榆
北横干线	胪滨、绥芬河、昂昂溪、哈尔滨、牡丹江
中横干线	温泉、洮安、大赉、长春、永吉、图们、洮杜、长白、长图
南横干线	通辽、辽源、四平市、北丰、梅河口、通化市、辑安

　　注：东纵干线北起佳木斯，南至图们；中纵干线北起黑河，南至旅顺；西纵干线北起霍龙门，南至临榆；北横干线即中长路东西段；中横干线西起温泉，东至图们；南横干线西起通辽，东至辑安。

（资料来源：宋家泰：《东北九省》，中华书局，1948年，第105—107页）

　　在东北沦陷时期，因日本侵略者战略要求，东北城市获得了具有殖民性的畸形发展，城市数量的增加、规模的扩大与城市等级结构的复杂化，东北城市体系亦日益向殖民化趋向演化。这一城市体系是在日本帝国主义及其沙俄殖民势力的强力楔入下，因日、俄侵略者在各个时期战略侧重点不同和东北地域资源条件的差异而形成，致使其城市空间分布不平衡：平原地区稠密，丘陵山区稀疏；南部地区较多，北部较少；东边较多，西边尤其是西北部较少。这种城市布局与体系发展趋向，既是东北自然地理条件和经济状况的反映，也是侵略者出于经济掠夺和战略考虑的安排，而非区域经济发展与城市合理的组合，深刻地影响并制约了东北城市的发展。③

---

① 宋家泰《东北九省》，北京：中华书局，1948年，第168—169页。
② 何一民《近代中国城市发展与社会变迁（1840—1949）》，北京：科学出版社，2004年，第240页。
③ 何一民《从农业时代到工业时代：中国城市发展研究》，成都：巴蜀书社，2009年，第480页。

总之，抗战时期东北城市化是在日本帝国主义强力楔入、殖民掠夺下形成畸形发展，并随着殖民程度的加深，东北城市数量增多、规模扩大，形成了以铁路为轴线和以沈阳、大连、长春、哈尔滨为核心的城市体系。这些变化是东北由半殖民地城市沦为殖民地城市这一特定历史背景下形成的。从表面上看，日本帝国主义的殖民开发促进了抗战时期东北城市化的发展；实际上，这些城市化成果是用中国人民的血汗建成的，是日本侵略者用掠夺中国财富得来的资本来扩大其掠夺东北的事业的结果，使抗战时期东北城市化发展带有明显的殖民化特征，是畸形的发展。

三、伪满时期东北城市病的畸形发展

在沦陷时期，日本侵略者出于经济掠夺、将东北打造成为日本本土原材料的供应地和进行侵略战争的后方基地的目的，在东北实施了武装移民、经济统制等极为严密的殖民政策，致使东北城市畸形发展日趋严重，城市病不断恶化。

（一）城市经济畸形发展

在东北沦陷的十余年时间里，因日本侵略者的经济掠夺和经济统制，使东北各大小城市经济发展迅速畸形化，其表现为：一方面是日资工矿企业急剧增加，大肆掠夺与控制东北城市经济财富，另一方面是华资工商企业大量倒闭破产。

1. 日资工矿企业急剧增加，大肆掠夺与控制东北城市经济财富。1931年"九一八事变"之后，东北地区近150个市（县）尽被日军攻陷。为支撑对中国的侵略战争，便于掠夺东北资源，日本侵略者对凡属有关军需部门和重要的经济部门，都实行统制，"国防上重要产业，公共公益事业和一般产业的基础产业，即交通、通讯、钢铁、轻金属、金、煤炭、石油、汽车、硫铵、碱、采木等产业"，由"国营或特殊公司经营"。[①] 投资额从1931年的5.5亿美元激增至1944年的52.7亿美元。[②] 到1941年开办了各类工矿企业1896家，垄断了钢铁、煤炭、石油、电力、轻金属、电气、化学、食品、纺织、交通等轻重工业部门。

日本侵略者依托这些殖民工矿企业，大肆掠夺东北丰富的经济资源和财富。例如煤炭，日本先后成立了"满洲煤炭股份公司""炭业统制委员会"，大肆掠夺东北煤

---

① ［日］满洲国史纂刊行会《满洲国史·总论》，东京潇光社，1970年，第385页。
② 吴承明《帝国主义在旧中国的投资》，北京：人民出版社，1955年，第162页。

炭：1932年703万多吨，1933年885万余吨，1934年1055万多吨，1935年1127万余吨，1936年1214万多吨，1937年达1266万余吨。[①]

因侵略的需要，日本着重发展东北的重工业和军事工业，使东北"产业开发"畸重畸轻的状况十分明显：1940年东北轻重工业资本额比为24.6∶75.4，1941年为21.5∶78.5，1942年则为20.8∶79.2。工业发展的轻重比例严重失调，产业结构极不合理，加深了对日本经济的依赖，加重了东北城市经济畸形病态的发展。

2. 华资工商企业大量倒闭破产。沦陷时期，日伪当局在经济上广泛实施"统制政策"，"侵占东北的中国企业，乃是日本在强占东北后的主要步骤之一"。在"九一八事变"之前，东北华资"各类轻重工厂或作坊共计一千五百三十四所"。其"大部分因时局的变迁及日伪的压迫，而陷于停业或极度困顿的状态之中"，余下企业也多为所谓"收归国有"的公开掠夺的方法和"日满合办"的方式加以侵占了。[②]

哈尔滨，"自暴日侵占东北后，东北市场日货充斥，而华方因捐税繁重，百业凋敝，及哈埠之工商业更是一落千丈"。[③] "从此于一月间倒闭百甘家、二月间百十八家、三月间百五十六家、四月间二百廿一家、五月间百四十九家、六月间百八十六家、七月间百六十五家，合计一千一百十五家。倒闭之惨状，实属空前未见，虽充实之老铺亦大受动摇。"

大连帮商"本年（1934）一月至最近，密运商品为日伪没收者约三千万元。现在各方面破产虽不如北满之多，但一般情形是在不振状态"。[④] "华商日趋衰落"。[⑤]

华资工商企业大量破产倒闭，加之日伪暴征苛捐杂税，使大量城市居民失去了基本生活来源，处于极端困苦之中。"暴日在热河一带先强迫征收各项捐税……东北居民在其淫威之下，敢怒不敢言。近日日人又复标示新题目，强迫征收所谓航空捐及人、牛、马、鸡、狗等捐。每鸡一只月捐二分，狗每只月捐三角……牛马每头月捐八角，每人年纳捐四元六角，种植鸦片，取收烟膏一律由伪官方收买，不准私贩"。[⑥] 致使"东北人民如在水深火热之中……同胞生计愈促，求生不能"。[⑦] 多伦为伪察哈尔省首府城市，失陷后因"与张家口杜绝贸易，现在每年输出蒙盐、马牛皮张、畜毛等

---

① 姜念东等《伪满洲国史》，长春：吉林人民出版社，1981年，第301、305页。
② 维真《九一八后东北与日本》，贞社1935年刊行，第104—105页。
③ 《暴日操纵下哈尔滨工商业凋敝》，《东北消息汇刊》1934年第2期。
④ 《日人统治下东北商业崩溃之调查》，《东北消息汇刊》1934年第2期。
⑤ 《日伪暴政下黑省农商矿业之调查》，《东北消息汇刊》1934年第2期。
⑥ 《日寇在热河横征暴敛》，《东北消息汇刊》1934年第2期。
⑦ 《日伪暴政下辽省已失治安效能》，《东北消息汇刊》1934年第2期。

达六百万元，输入棉布、杂货（日货）年达五百万元。住民经济奇窘，多赖与蒙人交易，以物交换"。①一般民众每月只有很少一点杂粮或麦麸之类，长期以豆饼、橡子面充抵粮食，致使城市广大普通居民长期在死亡线上挣扎。这与日本侵略者、伪满政府官员和汉奸奢华的生活形成了极为鲜明的对照，从而使东北城市病态发展更加严重。

（二）社会生活全面毒化

为弱化东北民众体质和抵抗精神，日伪当局极力实施毒化政策，其主要手段为开设烟馆、赌场；②再加上遍设妓馆，即"所谓王道治下之三毒政策"，③使东北城市普遍染毒，损害了城市健康发展。

1. 鸦片烟馆遍布

自鸦片输入中国以来，各帝国主义为掠夺中国财富，无不将鸦片贸易作为其主要手段，力图"消灭我民族意识于万劫不复之悲境"。④"每年由日本输入中国之吗啡，姑以最小之额计，亦有18吨之巨"，⑤其中又以东北为重点区域。

在"'九一八'前，毒品传布仅限于租借地及铁路用地之内。事变后，乃随其军事所达之区域而进展。不到三年间，举凡日本占有地域几无一处不受其毒"。其后伪满洲国于1937年实行鸦片专卖制度，致使罂粟种植遍及东北，毒品贸易极为兴盛，⑥以至于"现东北各省市县到处均有鸦片零卖所。其规模较大者，有男女招待，且在五六十人以上。一班无耻官商多借此作为消遣应酬之唯一场所。至新近移来之鲜民及日浪人，均从事贩卖鸦片、海洛因等为副业。是以东北无知青年染受其毒者为数甚多。据伪民政部调查，最近东北患芙蓉癖者已达九百万人，其中十五岁以上吸烟者占百分之十，十九岁以上吸烟者占百分之十三，廿五岁以上吸烟者占百分之二十三，三十岁以上吸烟者占百分之三十三。东北三千万同胞中已经占有三分之一染受此毒。……全年共吸烟耗五亿一千八百四十余万元之多"。⑦

在安东，"九一八事变"以前该地极少有吸毒者。事变后，随日军太阳旗，鸦片烟馆、吗啡与海洛因毒品店就像雨后毒蘑菇一样冒出地面。县前街、兴隆街、财神庙

---

① 《日伪攫夺下多伦近况》，《东北消息汇刊》1934年第2期。
② 《暴日以美女胭粉计迷醉东北青年》，《东北消息汇刊》1934年第2期。
③ 《所谓王道乐土治下之三毒政策》，《东北消息汇刊》1934年第2期。
④ 同上。
⑤ 《亟应立刻断然禁止的日本在中国贩卖鸦片丑事》，《字林西报》1918年12月17日。
⑥ 王宏斌《鸦片——日本侵华毒品政策五十年（1895—1945）》，石家庄：河北人民出版社，2005年，第44—45页。
⑦ 《所谓王道乐土治下之三毒政策》，《东北消息汇刊》1934年第2期。

街、中富街、聚宝街等城区各大小街巷，都有鸦片烟馆。据不完全统计，仅1933年获得特许经营证的鸦片零售所与公开贩卖海洛因、吗啡的药店约有860家。1935年安东的鸦片烟馆增至1800多家，尚不包括日本租界。①

奉天亦到处都是日本人、朝鲜人开设的鸦片零卖所，总数不下600余家。吉林城区至少有900家供应毒品的场所，齐齐哈尔有500家以上，营口至少有400至500家，承德城内也随处可见吸食毒品的场所。据伪满总务厅的报告书说，在东北181座城市中1936年领有执照的鸦片烟馆有3840家，毒品场所8400处。②

日本实施的毒化政策不仅掠夺了巨额东北财富，而且还将数百万东北人制造为鹑衣鹄面的残废人——"瘾君子"，使"整个东北已成烟毒化世界"。③

2. 赌场林立，赌风盛行

为有效地控制东北，"日伪以东北民众体质强干，素尚驰乘竞赛。日伪不但不提倡原有尚武之良好习惯，反借此驰乘竞赛之本能，诱人赌博一途，敌人之用心叵测，可见一斑。其'国营'大赛马，首先在辽宁北陵等处举行，然后则在吉、黑各地举办，务期此赌场普设东北。此亦日寇榨取我民众之一种毒辣政策"。④

"'九一八事变'后，东北各省县镇到处均有日鲜浪人勾结汉奸公开赌博，如设宝局、会局，其数之多可与烟馆并驾齐驱。此种诱惑性最大而流毒亦最深。市民因赌钱而发生纠纷和暗杀情事尤不胜枚举。东北各地宝局尤以沈阳、哈尔滨两地为最多。沈阳日鲜浪人设立宝局，已密如蛛网，其中以冈村、福记、森田等规模为最大。冈村每月纳捐五万日金。福记每月纳捐三万日金。森田每月纳日金在二万以上。该项赌场非备有千元以上不能入场。哈尔滨宝局场所都仿效数年前白俄所组织之向例。每一俱乐部资本金有二千元者、五千元者，有一万元者，特区一地大小俱乐部每月缴纳税捐已超过一万元以上，比普通税务机关有过之而无不及。然所谓会局者，日前东北各省市镇均有普遍之设立，无论男女老幼，押会之风颇极一时之盛。凡有会局地方，无不人山人海。一经迷惑虽败家荡产亦所不惜。其因押会失败而至失节，甚至自杀者亦多。据大连市所调查之最赌场约举如下：（1）喜乐园俱乐部。每日出入赌徒有五六千人之多，获利之巨，在六千元以上；（2）远东俱乐部。每日获利达一千五百元左右，每日出入赌徒亦不下四五千人以上；（3）双喜俱乐部。出入赌徒有一千五百余名，每日获

---

① 王宏斌《鸦片——日本侵华毒品政策五十年（1895—1945）》，石家庄：河北人民出版社，2005年，第46—47页。
② 《伪满洲国总务厅概况报告书》（1937年3月）上卷，伪满洲国总务厅统计处，1943年，第39页。
③ 《中宣政治两部就厉行烟禁以摧毁敌人的毒化政策告国人书》，《新华日报》1938年第6月3日。
④ 《日伪创设国营大赛马赌场》，《东北消息汇刊》1934年第1期。

利约达二千余元。（4）大同俱乐部。每日来往赌徒在一千以上，获利一千三四百元；（5）天官俱乐部。每日出入赌徒五千余人，获利约达二千五百元。此外，日人在沈阳、长春等处，更建设大赛马场，吸收我东北同胞脂膏。"① 据统计，当时"伪满"各大中城市，共开设了鞍山、抚顺、吉林、营口、大连、新京、哈尔滨、锦州、奉天九处赛马场。② 饶河各种赌局、宝局、牌九局、骰局，则是通宵达旦，喧闹异常。③ 赌场在东北各城镇遍地开花，严重毒化了东北社会风气。

3. 妓馆遍设

嫖娼也是沦陷时期东北城市社会一种极为普遍的病态生活方式。日伪当局为弱化东北民众的抵抗精神，大肆宣扬、提倡"秦楼楚馆，为四民趋走之场，舞榭歌台，百艺杂陈之地，故通商埠于此地，特加提倡……如能将各妓馆迁移其间，则商埠发达指日可待"的所谓"振兴商埠之计"，④ 致使东北城市妓馆遍设，严重地污化了社会生活。

"'九一八事变'前，日、鲜人在东北各地为娼妓者数已甚多，然均在日本附属境内。及事变后，即将此种勾当扩大。除积极奖励中国式娼寮外，并普设日本、朝鲜娼寮，且无论如何妓馆，均完全免纳营业捐税，以示鼓励。对于设置地点，亦不限制，以期梅毒普遍于社会。此风既长，廉耻丧尽。一班生活困难之中国妇女自然多从事于卖淫生涯。凡人口比较稠密之乡镇，已多设妓馆。又沈阳一处从'九一八'至今，日本妓女已增加至千余人，且今后仍有增加之趋势。"⑤

在长春，"商埠地及城内全境娼妓业计有一百二十三家。其中三等一百一十二家，四等十一家。就地区别计新市场六十六家，三马路平康里四十六家，塘子胡同六家，靰鞡把胡同五家。妓女人数共计九百二十五人，其中新市场为三百七十三人，平康里为三百七十八人，塘子胡同为一百十八人，靰鞡把胡同为六十六人。从事执役者为一百四十五人。依次统计赖娼妓生活者达一千二百零三人。较诸事变前增加一倍之多"。⑥

"哈尔滨在事变以前，仅有日本舞场六处，妓馆二十八户。最近舞场增至四十二

---

① 《所谓王道乐土治下之三毒政策》，《东北消息汇刊》1934 年第 2 期。
② 伪满史料丛书《伪满社会》，长春：吉林人民出版社，1993 年，第 529 页。
③ 同上书，第 426 页。
④ 同上书，第 464 页。
⑤ 《所谓王道乐土治下之三毒政策》，《东北消息汇刊》1934 年第 2 期。
⑥ 《王道乐土口号下伪都娼业较前倍盛》，《东北消息汇刊》1934 年第 1 期。

处，妓馆一百四十六户。"①

牡丹江的妓馆也不少。在吉安里，各种"堂""楼"名称的妓馆60多家，妓女100余人；永春里妓女达200余人；安福里和秦楼书馆等处妓女近百人。日本人和朝鲜人在七星街、昌德街、园民街一带也经营了许多"妓楼"和"料理楼"，有日本、朝鲜妓女200余人。②

甚至在广大的镇市也有一定数量的妓馆。例如，饶河团山子这座小镇也有七八十家妓院，每天傍晚明灯高悬，打扮花枝招展的妓女，做出妖艳姿态招揽嫖客，而被人们笑称为"小哈尔滨"。③

日本侵略者在东北实施的"三毒政策"，严重地侵蚀了城市健康的肌体，毒化了社会风气，恶毒地加重了东北城市病的病情，造成了东北城市畸形的繁荣。

此外，因伪满政权的殖民奴化政策，使东北民众社会普遍爱国的心态逐渐丧失，奴化思想日趋严重。在日本帝国主义制定的"必须着眼于启发满洲国民自觉认识该国同帝国密不可分之关系，培养确保东亚和平之特殊的自尊心和民族共和之思想"的指导下，④伪满政府在其发表的所谓"满洲国建国宣言"宣称实行日本王道主义，并以其为"正鹄"，极力向东北广大民众灌输"亲仁善邻"思想，这在很大程度上混乱了社会心态，使"顺民"的社会奴化心态更趋严重。⑤这一变化使一些国人自鸦片战争以来所产生的恐外、崇外、媚外的民族自卑感因"九一八事变"更趋强化，并逐渐丧失了抗日信心。许多民众认为："日本经济发达、势力强大，中国根本不是日本的对手，打是打不过的。"⑥塞北名城张家口竟成为"汉奸世界"。⑦

（三）城市空间布局、市政建设、管理体制的殖民化色彩浓厚

东北沦陷后，日本占领者成立了都市规划委员会，根据殖民统治的城建理论对大连、长春、沈阳、哈尔滨、吉林、图们、佳木斯、鞍山、四平、齐齐哈尔等东北城市进行了规划。日寇占领大连后，出于经济掠夺的需要，以港口为中心，修建了专业码头、铁路车辆制造厂、修船厂、榨油厂，城市逐渐向西拓展，将码头区、工业区、商

---

① 《驻哈日军放纵堕落》，《东北消息汇刊》1934年第2期。
② 伪满史料丛书《伪满社会》，长春：吉林人民出版社，1993年，第492页。
③ 同上书，第426页。
④ [日]关宽治、岛田俊彦《满洲事变》，上海译文出版社，1983年，第249页。
⑤ 武强《东北沦陷十四年教育史料》（1），长春：吉林教育出版社，1989年，第19页。
⑥ 付启元《抗战时期汉奸形成原因探析》，《民国档案》2002年第4期。
⑦ 《危险的张家口》，《今日评论》1937年第1卷第9期。

业区、居住区连接在一起，城市功能分区明显，城市街区呈现棋盘式格局。①

"九一八事变"后，日本侵略者将长春定为"伪满洲国首都"，改名新京。1932年成立伪"满洲国国都建设局"，并按照功能分区的原则制定了规划大纲，规划城市面积200平方公里，以大同广场（今人民广场）为中心，以大同大街（今人民大街）、兴安大街（今西安大路）为纵横轴线，向西及西南部扩展。在市区东北部规划为重工业区、北部为轻工业区、东南部为文教区及运动场所，机场、无线电台等军事机构布置于城市外围，以环形干道联系。

日本帝国主义在对东北沦陷城市进行殖民规划建设时，其殖民色彩贯彻始终。为反映日寇殖民侵略意识，宣扬所谓的"伪满洲国是日本入侵满洲的产物"和"五族（日、满、汉、蒙、鲜）的'民族协和'"，在各类城市建筑和街道、广场等命名上，"将东亚的民族性以某种形式表现出来"。②体现日本对"满洲国的指导地位的政治意图"。③如城市建筑、街巷的命名大都冠以体现伪满"建国精神"之词，如"建国""大同""和顺""顺天""协和""和乐""至圣"等。例如，长春有大同广场、大同大街、兴安大路、安民广场等。④大连的大连神社、沙河口神社、西本愿社、逢坂町、大和旅馆、"支那"游廓等。经过日寇按照日本政治、文化需要，将大连原有的街、路，予以日式的"町""通""台"等新名称。而具有中国文化内涵的街名仅有27个，占大连所有地名的八分之一。同时，为了保证日本殖民者和少数伪满统治者高质量的生活服务，日满当局将大量中国人强行迁至城市外围，制造了大量贫民窟。⑤城市也因此被赋予了浓厚的殖民地城市色彩。⑥沈阳、哈尔滨、鞍山等广大东北城市亦是如此。

在城市管理上，日本侵略者对东北城市实行了严酷的殖民管治。东北沦陷后，日本侵略者为有效维护和巩固其殖民统治，对城市和社会实行有效控制，设立了伪满警察。1932年，根据伪满建国原则，成立了日本人执掌权柄的警察系统，中央警察机关为警务司，下辖总务科、特务科、保安科、侦缉室等科室。各省设立警务厅、县设警务局，在县域内设数个警察署。从而形成了严密控制东北城市社会的警察网。在此基础上，日伪当局还根据殖民统治的需要，特设了经济警察、特务警察、海上警察、国境警察、铁路警察、治安警察、游动警察等名目繁多的社会暴力控制组织，全方位地

---

① 庄林德、张京祥《中国城市发展与建设史》，南京：东南大学出版社，2002年，第205页。
② ［日］越泽明《伪满洲国首都规划》，欧硕译，北京：社会科学文献出版社，2011年，第178页。
③ 沈海涛《东亚近代文化与城市空间——伪满国都建设及其历史评价》，《社会科学战线》2010年第5期。
④ 庄林德、张京祥《中国城市发展与建设史》，南京：东南大学出版社，2002年，第207页。
⑤ 当代长春城市建设编辑部《当代长春城市建设》，1988年内部版，第34页。
⑥ 大连城市建设档案馆、大连市地名办公室《解读大连市区道路名称》，大连出版社，2004年，第14页。

控制东北沦陷区城市的人民的思想、言论、出版、集会、宗教信仰，劫掠东北财富、强征劳工，对社会进行全面侦查，并参与日寇镇压反满抗日的"大讨伐"。① 此外，日伪当局还在各城市成立地方维持会。如由土肥原唆使大汉奸袁金凯等拼凑的"辽宁地方维持会"、坂垣等人策动汉奸张景惠在哈尔滨组建的"东省特别区治安维持会"以及在齐齐哈尔以汉奸吉德纯为首的"黑龙江省地方维持会"等。② 从而进一步严密了东北城市社会控制网络，加重了东北城市社会演变的殖民地色彩。

总之，在十余年的日伪殖民统治期间，虽然东北城市数量不断增多，城市类型增加，城市规模不断扩大，城市人口数量与其所占人口比例也迅速增加，并逐渐形成了依托铁路线路的完整体系，但是这都是以日本帝国主义为将东北建设为其侵略中国、苏联，进行太平洋战争的前沿与后方基地和掠夺各种资源和财富为最终出发点的，使沦陷时期东北城市发展从一开始便患上了严重的"城市病"，最终出现了一种病态的畸形快速发展模式，并因此赋予了东北城市发展的殖民性特征。

第三节　殖民劫难：抗战时期中东部沦陷区城市的衰败（1937—1945）

近代以来，以上海、广州、天津、青岛、汉口、厦门、南京为代表的东中部城市因最早遭受西方列强的侵略，在租借地城市化示范下，这些城市的近代化发展迅速，近代工业逐渐兴办、市政建设与城市功能不断完善、城市规模扩大、城市现代文教事业不断发展。在这些中心城市的带动辐射下，其腹地各类中小城市的近代化也获得了较大进展，中国城市发展也因此迅速从传统向现代迈进。但这一发展势头却被日本帝国主义发动的全面侵华战争打断了，使东中部沦陷区的城市发展陷入了全面衰落之中。

一、东中部城市人口、资源的部分转移

面对日寇侵略危险的加剧，南京国民政府自1931年开始，有计划地将东中部城

---

① 周敏《东北沦陷时期的伪满警察》，《北方文物》2015年第2期。
② 刘庭华《日本帝国主义在我国东北设置殖民统治伪政权机构简况》，《历史教学》1983年第10期。

市的各类资源向西部地区转移,这些西迁资源主要包括工厂、文教事业和包括专业人才在内的人力资源。

(一)工业西迁

1931年,南京国民政府出于抗战的需要,提出了"基本工业之创办,重大工程之建筑均须择国防后方之安全地带而设置之"的方针。[①] 在"一·二八事变"之后,便将在上海的兵工厂迁至杭州,而后又决定将上海、华阴、开封、德州、大沽兵工厂的机器分运金陵、巩县、济南和汉阳兵工厂。原拟于江苏无锡设立的化学工厂也为防敌人袭击改建在巩县。1935年后,南京国民政府又决定兵工厂向川黔转移。是年6月5日,蒋介石指示:"凡各兵工厂尚未装成之机器,应暂停止,尽量设法改运于川黔两厂,并须秘密陆续运输,不露形迹。"[②]

"七七事变"后,资源委员会奉国民政府军事委员会密令,"迅速迁移机器及化学工厂,以应兵工需要,并派员先行接洽",[③] 由其牵头组织工厂内迁。[④] 在国民政府主导和各沿海厂矿的密切合作下,抗战初期的工厂西迁运动拉开了历史性的一幕。到1940年底内迁才大体宣告结束。据统计,内迁民营工厂639家,其中经国民政府工矿调整处协助内迁的448家,闽浙两省自行内迁的191家;其中内迁至四川有245家,复工的为184家;迁入湖南的121家,复工的86家;迁入广西的23家,复工14家;迁入陕西27家,复工17家;迁入其他地区23家,复工7家(见表6.11)。闽浙两省自行内迁的191家,拆迁机器12万吨。[⑤] 同时,还有其他国家机关组织的一批内迁的国营工矿和兵工企业,例如兵工署先后内迁兵工厂14家,资源委员会内迁厂矿18家。[⑥]

---

① 中国国民党中央执行委员会训练委员会,《中国国民党历次会议宣言决议案汇编》第2分册,1941年,第247页。
② 秦孝仪《中华民国重要史料初编——对日抗战时期·续编(三)》,国民党中央委员会党史会,1981年,第338页。
③ 张小雁、朱琪《抗战时期工厂内迁史料选辑》(1),《民国档案》1987年第2期,第36页。
④ 《工厂内迁监督委员会第一次会议记录》,载中国第二历史档案馆编《中华民国史档案资料汇编》第五辑第二编"财政经济"(六),南京:江苏古籍出版社,1997年,第382页。
⑤ 诸葛达《抗日战争时期工厂内迁及其对大后方工业的影响》,《复旦学报》(社会科学版)2001年第4期。
⑥ 《经济部的战时工业建设、统计汇编》,《资源委员会公报》卷1,第1、2合期,1941年6月8日。

表 6.11　1937—1939 年内迁工厂统计表

工厂类	家数	复工数	器材（吨）	工厂类	家数	复工数	器材（吨）
钢铁厂	1	1	152	采矿厂	8	2	377
机械厂	181	55	13554	纺织厂	97	58	30803
电器厂	29	11	5300	教育用品厂	37	24	1666
食品厂	22	11	3213	其他	17	10	659
化工厂	56	36	8357	合计	448	308	71000

（资料来源：《工矿调查处 1939 年 11 月 10 日向经济部报告》，中国第二历史档案馆）

工业内迁，对东部沦陷区城市来说是一场灾难。"青岛在事变前，共有纱厂十余家"，事变后仅"华商工厂一家存留"。"以致事变前一万七千三百五十四名女工及其关系之家族，共计四万余人，生活无着，而纷纷散居胶东即墨各县"。[①] 松江也因产业迁徙，"商店关闭大门，大都逃亡四乡去。一个热闹的城市，顷刻间变成了凄凉的死城"。[②] 这样，因为工业西迁，使青岛、松江等大中小城市发展失去了产业支撑而陷于停滞衰落之中。

（二）文教事业西迁

抗战前，全国高等院校（包括专科以上学校）108 所，大多分布在东南沿海沿江城市。为打击中国抗日信念与意志，早在 1932 年"一·二八事变"中，日本侵略者"以其为教育机关而毁坏之，且毁坏之使其不能复兴"的目的，[③] 将在沪高校等文教机构加以破坏和摧毁，仅同济大学等十余所高校所遭受的损失就高达 743.8187 万元。[④] 面对日本帝国主义的疯狂侵略和大肆破坏，为保存中国文化教育事业文脉和抗战时期民族教育的根本，国民政府便积极着手进行文教事业内迁工作。在国民政府和各高校的组织下，在华北、华东、华中以及华南地区的 160 余所高校辗转迁向大后方。[⑤]

此外，国民政府所属的一流科研学术单位，如国民政府国史馆、中央工业试验所、中央农业实验所、国立中央研究院物理所、动物研究所、心理研究所、气象研究所、地理研究所、兵工署弹道研究所、中国地质研究所、永利化工研究所等百余个科研学术单位也纷纷迁至重庆、成都、昆明、贵阳等大后方城市。文教事业的西迁不仅

---

① 《青岛市各纱厂已相继开工》，《华北棉产汇报》1939 年第 2 期。
② 徐雨昌《忆松江》，《新中国》1938 年第 1 期。
③ 王春南《侵华日军蓄意摧毁中国的教育》，《人民论坛》2005 年第 6 期。
④ 唐正芒《抗战时期的高校西迁述论》，《云梦学刊》2002 年第 5 期。
⑤ 同上。

保存了中国民族的文化国脉,不至于毁于日寇之手,而且还促进了大后方城市文化教育事业的空前繁荣和大发展,为坚持抗战及战后国家建设培养了大批人才。[1]但对东中部城市来说,则是一场巨大的文教危机。例如武汉,经过高校西迁后,仅有由日军经理部直接办理的湖北省立农业职业学校和伪铁道部管理的铁道学院两所高校。[2]以至于在校学生人数和入学率都大幅度下降,基本处于停滞状态。[3]南京、上海、北平、天津、青岛、广州等城市亦因高校和部分中小学西迁后方城市和日本侵略者的破坏,其学生入学人数和入学率比战前均有大幅度的下降,其城市文化教育的发展程度亦因此大幅度降低,人才培养停滞,从而加速了东中部沦陷城市的衰落程度。

(三)包括专业人才在内的人力资源西迁

抗日战争爆发后,西南、西北诸省因地处安全的大后方,而成为沦陷区的政府机关、军队、学校、工矿企业以及大批居民内迁之地。抗战时期究竟有多少人口流入西部大后方,至今找不到确切可靠的统计数据。过去不少学者对此都有过不同的估计(见表6.12)。但据1943年《国民政府年鉴》记载:从1937年10月至1941年,后方各省共收容难民1028.6642万人。另据赈济委员会统计,从1938年至1942年,后方各省共收纳难民2128万人。[4]由于上述数据相差太大,因而很难确定哪一种统计是准确的。[5]但无论哪一种统计,都表明抗战期间东中部沦陷区西迁大后方的人口规模是巨大的。

表6.12 抗战时期难民人数估计

名称	数字(单位:人)	时间	出处
刘南溟	3000万以上	1938年5月	《新民族》周刊
弗利特·厄特利	3000万—6000万	1938年	《蒙难的中国》
桂林大公报	8000万	1944年	《大公报》
中华年鉴	4000万	1946年	《中华年鉴》

如此规模巨大的人口移居大后方,对于大后方城市和社会经济的发展无疑是有着极为重要的影响。但是众多的东中部城市因技术工人、企业管理者、工矿主、城市管

---

[1] 何一民《中国城市史》,武汉大学出版社,2012年,第261页。
[2] 湖北省地方志编纂委员会《湖北省志·教育》,武汉:湖北人民出版社,1993年,第142页。
[3] 徐旭阳《湖北国统区和沦陷区社会研究》,北京:社会科学文献出版社,2007年,第494页。
[4] 陈彩章《中国历史人口变迁之研究》,北京:商务印书馆,1946年,第26—28页。
[5] 《新民族》(重庆),1939年第1卷第11期。

理者的离去，使城市因人口锐减而陷入生产停顿、社会秩序紊乱，沦陷区城市因此而陷于停滞衰落状态。例如，武汉三镇人口由战前的120余万人骤减至40余万人。① 城市经济、社会发展呈一派肃杀萧索的衰落景象。

二、日本对沦陷区城市资源的破坏与掠夺

造成抗战时期沦陷区城市全面衰落的原因除战争的破坏、工矿企业、学校、文化事业单位和人口与城市管理人员大量西迁外，日本侵略者对东中部城市的各类资源的控制与掠夺确是最主要最根本的原因。在1931年以前，日本侵略者在中国城市进行的掠夺主要侧重于金融、矿产、路政等方面。如在金融上，日本通过兴业银行、朝鲜银行、正金银行及东洋拓殖等金融机构以及"西原"等政治贷款，不断强化其对中国东中部城市的金融剥削；在矿产资源则主要通过控制汉冶萍公司的权力，掠夺湖北大冶等地的矿产资源，日本八幡制铁所的矿石来自大冶的高达80%。在路政上，在东北通过组建的"南满铁路公司"，控制了中国东北大部分铁路权益，并获得了铁路沿线的煤矿，如抚顺的煤炭和煤油、鞍山的钢铁、机械工厂、铁路附属地，控制了南满电气公司、大连汽船公司、大连窑业，甚至把侵略触角伸至山东，掠夺山东矿业，从而使中国东北经济几乎"呼吸在满铁公司的地盘之内"。② 这些疯狂的掠夺行动，随着日寇侵略的扩大而不断深入。

1937年7月中国全面抗战爆发后至抗战结束，中国东中部沦陷区城市因遭日军侵占、窜扰和日机空袭损失极大。沦陷后又因日伪政权的强取豪夺，城市社会经济日渐凋敝，城市发展日益衰落。据国民党政府《中国对日要求赔偿的说帖》记载："溯自一九三一年九月十八日，日本在中国东北发动有计划侵略，以迄日本投降日止，中国为维护主权与领土之完整，并为保障世界正义与安全，艰苦抗战历十五年之久。中国之作战期间，实远较任何同盟国为长久。在此期间，中国被侵占地区之广大，占全亚洲沦陷地区百分之四十五。拥有全国人口百分之八十地区，均遭日军破坏蹂躏。"③ 当时各大城市如北平、天津、青岛、济南、上海、南京、杭州、厦门、广州、芜湖、徐州、蚌埠、武汉等，几乎全数陷敌。抗战时期整个中国境内沦陷或曾经战祸之市

---

① 《武汉最后一瞥》，《半月文摘》1939年第2期。
② 《九一八前日本在华经济侵略之回顾》，《汉口商业月刊》1934年第1期。
③ 卞修跃《日本侵华战争破坏了多少中国城市》，《新华澳报》（澳门）2005年7月6日。

（县）数至少达 1246 个。① 日军每占领一座城市，就首先抢占银行、银号，掠夺金条、银元与现款。据统计，1937 年 7 月至 1941 年 12 月，沦陷区中国银行、中央银行、中国农民银行等 53 家公私银行损失共计 4124.9 万元。当日本占领军在沦陷区建立殖民统治秩序后，即推行"以战养战""以华制华"的政策，发行军用券、伪币，对中国工矿企业、金融机构加以征收、没收、军管，对沦陷区城市进行抽血式的经济盘剥。同时以暴力为后盾对以城市为中心的各沦陷区的矿产资源、农牧业、林业和人力资源等进行野蛮的掠夺。华北、华中、华南等地区重要城市残存的民族工业遂完全失去了自主发展的可能性，只能仰人鼻息，被迫成为日本侵略殖民机器的附属品和物质生产加工地，使沦陷区城市成为日军进行侵略战争和掠夺中国财富的基地。在日本侵略者残暴殖民统治下，中东部沦陷区的城市，如上海、武汉、天津、广州、南京、长沙等大中小城市经济都处于不同程度的停滞倒退状态。

（一）对华北城市的破坏与掠夺

1937 年卢沟桥事变后，华北各省主要城市迅速沦陷，造成大量工矿企业和设备损毁。其中，北平受损企业 97 家，损失 1594.1509 万元；天津损毁工厂 53 家，2050.2093 万元；青岛 137 家，1061.8980 万元；山东 243 家，1349.2212 万元；河北 27 家，2348.7712 万元；河南 87 家，1323.2287 万元；山西 71 家，1515.7746 万元。② 即便在战火浩劫中幸存下来的华资工矿企业也遭到了日寇的强占和掠夺。

1. 北平。日寇强行霸占了华商电灯公司、石景山炼铁厂、长辛店机车修理厂、南口机车车辆厂、清河制呢厂等企业。日伪当局接管，并对门头沟煤矿进行毁灭性的开发。为全面控制北平经济命脉，日伪当局还成立了华北开发公司、华北电信电话公司、华北盐业公司、华北电业公司、中华航空公司、中日实业公司、华北房产公司、华北矾土公司等以经济掠夺为目的的开发公司，加强对北平及华北城市的经济掠夺；同时，日本侵略者发行军票以打击、控制在北平的民族金融业，使民族金融业由战前的 170 余家锐减至战后不到 70 家。③

2. 天津。天津沦陷后，日本占领军便将在津民族资本加以军管，大肆掠夺战略物资。例如，战前天津有十余家橡胶厂。天津沦陷后，日本当局把生胶、棉纱、汽油

---

① 除东北、东中部日寇铁蹄侵占的 1001 座城市外，大后方重庆、成都、昆明、贵阳、西安、恩施、桂林等城市都曾遭受日本侵略者飞机的轰炸，造成城市基础设施重大损毁和人员伤亡。
② 陈真《中国近代工业史资料》第 1 辑，北京：科学出版社，1957 年，第 86 页。
③ 《抗战时期的北京经济史》，《北京现代商报》2005 年 9 月 2 日。

等原材料、初级产品等都列为统制物资，使得中国民族橡胶厂无法维持生产而陷入停产或半停产状态。在军管与统制打击下，天津在战前的四五十家炼油厂最后仅剩下三家，其余均被迫倒闭。①

3. 山西。抗战时期山西以（太原）西北实业公司为基干的工矿业体系遭到毁灭性打击。该公司下属各机械厂战前拥有各类工作机器4561台，待日军侵入后则十之有九为敌运走，到1945年光复时仅存894台（含迁移后方510台）。② 这些被劫设备均为日军山西派遣军拆卸并于1938年8月底全部运走，计大阪1707部、小仓1300部、东北263部、东京397部。③ 此外，西北实业公司下属化学、印刷、修造、氧气、机车、育才机器、洋灰、电化等8厂完全毁于日军炮火，原厂址则变成日军仓库或小型铁路修理厂。④ 山西其他城市的工业企业也损失巨大。据战后统计，除太原、大同、阳泉、榆次等中心城市外，交城、灵石、沁县、河津、洪洞、繁峙、五台、祁县、代县、清源、介休、汾阳、平遥、霍县、武乡、平定、平陆、临汾、汾城、寿阳、宁武、定襄、垣曲、晋城、沁水、高平、阳城、襄陵、翼城、陵川、长子、长治、应县、沁源、太谷、浮山、徐沟、大宁38个县级城市，总计损失价值约15342244.212万元（法币）资产或设备。⑤

4. 河北。1937年日军侵占河北石家庄后不久便以武力强占了大兴纱厂、正太铁路总机厂、井陉煤矿及其焦化厂等在石家庄中国民族工矿企业。并在全省范围内大肆破坏中国民族工业。例如，在战争期间，为弥补侵略战争对钢铁供给的不足，日寇在河北极力推行"献铁运动"，将中方工厂的机械设备砸毁，甚至规定纺织厂要砸毁三分之一的机器设备。大兴纱厂原有3万锭纺纱机，被强行砸毁1万锭。⑥ 日伪政权还将唐山开滦煤矿、机械工厂等现代工业均加以军管或统制，接管启新电厂，改名为"冀东电力股份有限公司"，并劫收了通县电气有限公司、秦皇岛秦榆电灯公司、山海关电灯公司、昌黎昌明电灯公司及芦台芦汉电气公司，使之隶属日寇全面控制的"冀

---

① 罗澍伟《近代天津城市史》，北京：中国社会科学出版社，1993年，第641页。
② 另据相关资料记载，西北实业公司下属各机械厂战前实有各种工作机器4900余台，至抗战胜利接收时仅存300余台。见《山西全省公营事业概述》，山西省档案馆藏，山西旧政权档案，卷宗号：B30-1-7-1。
③ 《日军搬出西北实业公司机械报告》，山西旧政权档案，卷宗号：B31-2-347；《（西北实业公司）电长官阎将致行政院请通知日政府派员认领机器之电文录呈的电报》，山西旧政权档案，卷宗号：B31-2-342。
④ 《山西全省公营事业概述》，山西省档案馆藏，山西旧政权档案，卷宗号：B30-1-7-1。
⑤ 《山西省克复地区内损失实情清查审报表》（1946），山西旧政权档案，卷宗号：B13-1-75。
⑥ 徐纯性《河北城市发展史》，石家庄：河北教育出版社，1991年，第55页。

东电力股份有限公司"。① 此外，河北邯郸、保定、承德、张家口、邢台、沧州、廊坊等沦陷区城市均在战争期间遭受到了严重的破坏，河北丰富的矿产、农业资源也遭到了日寇的大肆掠夺，河北城市因失去了强有力的经济和社会支撑而全面衰退。

5. 山东。富饶且具有重要战略地位的山东省也是日本帝国主义侵略的重点地区，在战争中，包括青岛、济南、莱芜、枣庄、台儿庄等在内的城镇在战争中均遭到了很大的破坏。例如莱芜，据不完全统计，人民群众遭残杀5350人、死于炮火3978人，民房被烧毁57368间，财物及矿产资源被掠夺不计其数。②

6. 河南。在战争中，郑州"平汉、陇海两铁路铁轨及站台附近，炸毁多处，至郑埠商业区域之大同路，落弹尤多。华安饭店、五洲旅馆等处，系成灰烬"。③ 驻马店，民众死伤1500余人，房屋被毁3000多间。④ 信阳城厢内外，被日机"投掷轻重炸弹及燃烧弹约数百枚，致城内多处起火，民房大部被毁，东南西关及车站附近受损尤重，断墟残垣，在在皆是，信阳城已大半成为瓦砾"。⑤ 开封、安阳、内黄、顿丘、高陵等河南其他沦陷城市亦毁于战火，各类市政设施损毁极为严重，人口大量减少。城市也因此失去了战前发展的活力，迅速衰落下去了。

在沦陷时期，日寇还对察哈尔与绥远等地区的经济资源大加掠夺。⑥

在对华北城市工矿企业进行劫掠的过程中，日寇针对华北丰富的战略资源——煤铁矿，做了专门部署和安排，加以掠夺。日本中国驻屯军司令部会同满铁经济调查会制定了"华北经济工作"计划草案，明确了以煤炭为核心开发项目及其他资源开发顺序。⑦ 抗战爆发后，于1935年12月由满铁出资设立的兴中公司，作为以"结成日满华经济势力圈及促进日华经济提携为目的"的一种"国策机关"，⑧便不断随日军侵略的深入而扩大掠夺范围，劫夺了井陉、正丰、阳泉、寿阳、六河沟、中兴、华丰、华宝、西山、焦作、凭心、磁县、下花园、大同、洪洞、孝义、富家滩等河北、山

---

① 徐纯性《河北城市发展史》，石家庄：河北教育出版社，1991年，第111页。
② 莱芜市地方史志编纂委员会《莱芜市志》，"日伪军罪行"，济南：山东人民出版社，1991年。
③ 《敌机轰炸郑州，死伤贫民五百余人》，《新华日报》1938年2月15日。
④ 驻马店市地方史志编纂委员会编《驻马店地区志》，郑州：中州古籍出版社，2001年，第100、600页。
⑤ 《信阳迭遭狂炸县城多成瓦砾》，《新华日报》1938年10月1日。
⑥ 庄建平等《抗日战争》第6卷，成都：四川大学出版社，1997年，第548—551页。
⑦ ［日］浅田乔二《1937—1945年日本在中国沦陷区的经济掠夺》，袁愈佺译，上海：复旦大学出版社，1997年，第110—113页。
⑧ 华北开发公司《华北开发公司及关系公司概要》(1940年)。引自［日］依田熹家《日中战争史资料（占领区支配）》，山川出版社，1975年，第414页。

西、山东、河南等省的煤矿。①华北开发公司则以龙烟煤矿公司、大同煤矿公司、蒙疆矿产贩卖公司、中兴煤矿矿业所、石景山铁厂矿业所等10家矿业公司为基地，大肆掠夺华北矿产资源。②如煤炭，日本侵略者于1936年从华北各矿掠夺了1700万吨，1939年为1340.4万吨、1940年1589.7万吨、1941年增加至2272.7万吨。③在1939—1942年间，日寇控制的烟筒山、庞家堡、利国、金岑镇、定襄、东山等华北矿山向日满输出铁矿石共计142.8万吨。④据研究统计，日本侵华期间，从华北开采和掠走煤炭12000万吨、铁矿石450万吨左右、海盐1000余万吨、棉花2000多万担、铝矾土矿300万吨和大量的金、云母、石英等矿产资源，并劫掠了数以百万计的劳工和伴随家属。⑤

（二）对华东城市的破坏与掠夺

随着日寇铁蹄踏进上海、江苏、浙江等经济发达的省市，这些地区城市经济便遭到了战火的巨大破坏。

1. 上海。上海是中国工业重镇，也是日寇重点破坏和掠夺的城市。仅在"八一三"淞沪会战期间，上海工业直接损失就高达8亿元。⑥另据上海公共租界工部局统计，淞沪会战期间，上海全部被毁工厂905家；上海市社会局的调查，被毁工厂则高达近2000家，而据日人估算，上海被毁工厂则有2270家。⑦除战火摧毁大批工厂企业外，日寇还对幸存下来的厂矿大肆劫掠，如纵火焚烧厂房、物资，毁坏或运走机器设备，清扫、劫掠物资，强占工厂、仓库以充军用等，并通过"军事管理"手段对上海82家工矿企业加以劫收。⑧同时，侵略者还有组织地对上海租界内的中国资产，尤其是银行资产进行暴力劫夺，劫掠了中国巨额的金融资本，仅在太平洋战争爆发后，日寇通过定性为"敌性银行"的方式而冻结、查封、劫收中英美等方面的银行资金即

---

① 日本东亚研究所《日本对华投资》（上），原书房，1974年，第198—200页。
② ［日］浅田乔二《1937—1945年日本在中国沦陷区的经济掠夺》，袁愈佺译，上海：复旦大学出版社，1997年，第121—122页。
③ 日本东亚研究所《中国占领地经济的发展》，1944年，第194页。
④ ［日］浅田乔二《1937—1945年日本在中国沦陷区的经济掠夺》，袁愈佺译，上海：复旦大学出版社，1997年，第140页。
⑤《天津历史档案：揭露日本在华北沦陷区经济掠夺内幕》，《人民日报》1995年8月16日。
⑥ 日本东亚研究所《中国占领地经济的发展》，资料乙第86号A，1944年，第1页。
⑦ 朱斯煌《民国经济史》，银行周报社，1948年，第244页。
⑧ 魏永理《中国近代经济史纲》（下），兰州：甘肃人民出版社，1990年，第436页。

达 11.2 亿元，其中 4.76 亿元为中英等国合组的法币价值稳定资金委员会所有资金。[①] 上海便因战争浩劫、日寇的劫收失去了城市发展的活力，城市也日益衰败，尽管汪伪政权采取了许多措施，但上海在沦陷时期也远未恢复到战前的城市发展水平。

2. 江苏。江苏是近代中国城市发展程度较高的省份。但在抗战时期，江苏城市也遭到了很大的破坏，其中南京被毁工厂 91 家，损失财物 1594.1509 万元，江苏以外其他城市损毁工业 372 家，损失额高达 6119.1250 万元。[②]1937 年 11 月 19 日，苏州沦陷。日军入城后大肆抢劫、纵火，江南名城内外处处瓦砾尸堆。阊门石路一带商业区被日机投掷燃烧弹烧毁，被毁商店、旅社、茶馆、戏院等二三百家，民宅六七百户，平民死亡不计其数，石路一带遂成焦土。[③] 日军侵占无锡后，申新三厂和庆丰纱厂等工厂被焚毁。西门外的工业区内的业勤、广勤、豫康三家纺织厂全被炸毁。日军占领无锡后，又纵火焚烧十昼夜，所有工厂尽付一炬，烧毁厂房 1.8537 万间，商店 5.4268 万间。其中棉纺织业被直接破坏的纱锭数高达 16.6614 万锭，布机 3304 台，占全部设备的 70%；大型丝厂在战前共有 42 家，其中全部被毁者 9 家，部分被毁者 26 家，残存的几家也处于半停产状态，茂新二厂被劫掠一空后，厂房被充作日军的病马院，之后又被日商华友制粉公司强行代管，改名为大丰面粉厂；九丰面粉厂也被日军强行占有，改属为大丰面粉厂，充作日军的军需工厂。三厂实际生产能力的 80% 被破坏和被控制，损失在 250 万元以上。粮米业除在三里桥的米市中心被焚毁外，粮食堆栈中尚存的 130 万石米粮也被劫掠一空，碾米厂均被迫停顿。榨油业最大的恒德油厂，部分机器也被毁坏。其他如丝织厂、毛纺织厂、印染厂等，均因遭受严重破坏而停产。纺织机械工业的设备，除战前一部分转为军用拆运重庆，未及拆迁的重型设备，都被日军查封盗走。对棉纺、面粉、榨油等行业残存工厂，则采取委托经营、租赁等办法加以统制经营管理。这样，无锡历 40 年苦心经营的近代工业，绝大部分被日本侵略者损毁了。1938 年 3 月被日军占领南通，南通著名的大生企业集团所属各工厂停产达两个月之久，后被迫与日本钟渊纺织株式会社"合作"。1943 年才由日汪政权发还，但生产能力大为下降。华东军事重镇徐州沦陷后，很快就建立起了汪伪统治机构"苏北行政专员公署"和"徐州市公署"，以加紧对徐州地区的铁、煤等矿产和其他物资的掠夺。

---

① 日本中国派遣军总司令部《原法币价值稳定基金特别使用办法》，昭和 17 年（1942）3 月 20 日，上海档案馆藏。
② 陈真《中国近代工业史资料》第 1 辑，北京：科学出版社，1957 年，第 86 页。
③ 卞修跃《日本侵华战争破坏了多少中国城市》，《新华澳报》（澳门）2005 年 7 月 6 日。

3. 浙江。浙江杭州、嘉兴、湖州等工商业发达的城市在战火中亦遭到了巨大的破坏，仅直接工业损失就达 392 亿元（法币）。战前，浙江所有 110 余家电力工业大部分毁于战火，如嘉兴永明电气公司事务所的房屋被焚毁，杭州电气公司在国民党军队退出杭城时曾主动将闸口新发电厂内的主要机器设备破坏了一部分，以防资敌。杭、嘉、湖地区沦陷后，华丰、民丰等大型造纸厂被日军强行霸占，耗资 10 万元筹建的温溪纸厂无法经营，一些勉强开工的纸厂也由于原料昂贵相继歇业。浙江的机械工业也同样损失巨大，到 1945 年，浙江的机械工业厂家只剩下了 22 家。丝绸业被破坏的情形更为严重。浙江全省在战前共有大小私人蚕桑种植场达 105 家，在战争中 90% 被摧毁，如杭州的西湖、萃盛、西溪、凤亭等种植场，嘉兴的明明种植场，都是规模较大的蚕桑种植基地，均被战火毁坏。整个战争期间，浙江的桑园面积损失 170 万亩，改良种产量损失 95 万张，产茧量损失 77 万担，丝车损失 4474 台，茧行损失 150 家，丝绸成品损失高达 250 万匹。①

4. 福建。1937 年 9 月，福建厦门遭到日军炮击，1938 年 5 月，金、厦沦陷，不久，日寇攻陷福州、海澄、漳浦、云霄、漳州、宁德、长乐、福清、闽侯等城市，并对国统区城市进行狂轰滥炸，给福建城市造成了重大损失。据不完全统计，抗战时期，日帝对福建 24 个县市进行了 642 次空袭，造成 6430 人死亡，毁坏房屋 2.3105 万间，财产损失 9769.9933 万元。② 其中以福州、厦门等中心城市损失最大。福州两次沦陷，房屋破损 2745 间，马尾船厂大部分焚于炮火，日军勒捐 1080 万元，掠夺粮食 2.4 万余担，谷 5500 余担，面粉 108 担等。③ 国民政府海军驻厦门各机关、要港司令部、造船所、无线电台、医院、航空处等均被炸毁，市区烧灰巷、南市场、龙眼营及上坂中山公园一带损毁严重，到处残壁断垣，满目疮痍。④ 厦门，在战前还有制肥皂、修船等工厂 21 家，经过抗战，仅存 3 家，5 家被日军收买或强占或改为制造军需用品，因战事延及，机器材料损失估计 500 余万元。战前原有商铺 5202 家，因战事停闭 1500 家，损失 60 万元。⑤ 永安、建瓯、长汀、龙岩等城市亦损失严重。据报道："福州为东南沿海城市，敌军入侵后，即积极进行物资之榨取，散布闽江之木材及集中福州候运之茶叶，均被劫掠净尽，敌人为加紧榨取计，敌财阀'三井''三菱'经派员

---

① 袁成毅《抗战时期浙江经济损失初探》，《杭州研究》2008 年第 1 期。
② 福建省赈济委员会秘书室《福建赈济》，1944 年 5 月。
③ http://www.fjsen.com/zhuanti/2015-04/20/content_15973693_all.htm.
④ 洪卜仁《抗战时期的厦门》，厦门：鹭江出版社，1995 年，第 95—97 页。
⑤ 《厦门等 7 市县沦陷损失调查》，福建省档案馆藏：11.10.7355。

抵榕，勘测地址，筹设分行，敌人经济侵略随军事侵略以俱来。"① 经过抗战时期，日寇的破坏、掠夺，使战前数十年福建人民经千辛万苦集聚起来的城市现代市政设施、经济基础等城市精华毁于一旦，而陷入衰退之中。

（三）对华中城市的破坏与掠夺

1. 湖北。近代湖北城市较为发达，尤其是武汉在近代成为长江中游重要的工业中心和商业航运中心，素有"东方芝加哥"之雅称。抗战初期，一度成为国家政治、经济、文化中心，也是东部沿海工业西迁的主要目的地，但随着战火延烧，使原迁至武汉的东部沿海工业和武汉本地工业不得不再一次踏上西迁之路。1938年5月武汉会战爆发，武汉工矿企业、居民区便成为日军攻击、轰炸的首要目标之一，这给武汉造成了不可估量的损失。例如，1937年9月24日，日寇以硚口机场为袭击目标，轮番轰炸，致使武胜路一带房屋几乎全部被毁。② 据统计，从1937年秋至1938年10月25日，日机共投掷炸弹4590余枚，炸死居民3389人，炸伤约5230人，毁坏建筑物4900多栋。③ 汉口在抗战期间，"人口伤亡12120人，房屋损失7515栋，各项损失总金额共计法币42344亿元，其中房屋损失总价为3076亿元，公用建设及事业损失1345亿元，金融业损失678亿元，工商业损失8203亿元，学校损失1248亿元，卫生设备损失110亿元，工业企业减少75%"。④ 经此战火浩劫，武汉原有工业的57%内迁至川渝黔陕湘等地区，被日军轰炸损毁的企业共计12%，加上来不及拆迁而被主动破坏的部分企业，使得武汉集七八十年历经艰辛创办发展起来的民族工业在短短的数月之内便损失了70%以上，且尽囊武汉近代工业之精华。⑤ 大冶铁矿，在武汉会战中因"机件内迁，原矿稍有破坏，损失较重"。⑥ 1938年10月大冶铁矿落入敌手，日军将矿山库存的6万多吨矿石洗劫一空，运往日本。⑦ 在日据时期的7年间，日本侵略者从大冶铁矿掠夺的铁矿石高达500万吨。⑧ 1938年10月，日军占领应城后，对应城

---

① 《闽东日报》（宁德版）1941年9月3日。
② 胡楚孙《三镇房地丛谈之三》，《武汉春秋》1983年第5期。
③ 黄永华《日军侵占武汉罪行一斑》，《武汉春秋》1982年第5期。
④ 《武汉市在抗战时各种损失简表》1945年12月。
⑤ 皮明庥《近代武汉城市史》，北京：中国社会科学出版社，1993年，第497页。
⑥ 陈真《中国近代工业史资料》第1辑，北京：科学出版社，1957年，第79页。
⑦ 湖北省地方志编纂委员会《湖北省志·经济综述》，武汉：湖北人民出版社，1992年，第86页。
⑧ 华中钢铁公司《华中钢铁公司关于日人劫夺大冶铁矿铁砂数量的调查》，湖北省档案馆《汉冶萍公司档案史料选编》（下），北京：中国社会科学出版社，1994年。

盐矿实行严厉的统制管理，颁布了《处理应城石膏公司办法》，勒令应城石膏公司停业，由日伪应城膏盐股份有限公司接管，实行官商合办，所产食盐由日伪当局统制销售。① 此外，日寇还极力掠夺湖北诸如金融、粮食、金属制品等各类战略物资，从而达到其所谓的"增产物资与供应物资"以"充实保卫东亚的力量"的罪恶目的。②

2. 安徽。安徽城市作为武汉会战的主战场和日寇在华中进行殖民统治的重要据点，在抗战时期遭到战火的重创。据统计，从1937年11月，日军侵入安徽广德开始，到1938年2月22日止，县城周围20余里的大小集镇全被烧光，烧毁民房1万余间。号称全国四大米市之一的芜湖商业中心十里长街，以及国货路、吉和街、陡门巷等主要街道，被夷为瓦砾废墟。③ 寿县城厢死伤军民近5000人，房屋被毁数百间。④ 徽城被烧毁房屋56家。⑤ 安徽主要城市沦陷后，日寇便立即开展了对沦陷城市的经济劫掠。其主要手段为：公开抢掠、滥发纸币、开设洋行、商业垄断、掠夺矿产资源等。例如，日军占领滁县县城后，将滁县大成面粉厂存在中国银行南桥仓库的24万担小麦，全部没收充作军粮。⑥ 日军占领蚌埠后，首先把粮食抢劫一空。仅银行仓库一处被抢的粮食、食品就有：5.8370万包小麦、8444包大米、3649包稻子、5335包黄豆、4577包红粮、1.5361万公斤麻油、19712包食盐，以及其他杂粮、油料、茶叶、食糖等，仅此就损失170.5292万元（账面值）。⑦ 日军在盘踞马鞍山不足8年间，共掠夺运走了铁矿约有537万吨。⑧ 从1938年6月至1945年9月，总计被日军掠夺淮南等煤矿的煤炭共计428.4823万吨，毁弃而不能复采的煤矿间接损失煤炭约600万吨。⑨ 安徽公路交通因日军入侵损毁严重，通车里程由战前的1937年5731公里锐减至418公里。⑩ 上述统计数据是国民政府在抗战胜利后不久对抗战中人口伤亡和财产损失进行统计的，极不全面。但作为日寇侵略的主要省份之一，安徽在抗战时期所遭受的损

---

① 徐旭阳《抗日战争时期日本对湖北沦陷区经济掠夺述论》，《湖北第二师范学院学报》2010年第7期。
② 同上。
③ 徐则浩主编《安徽抗日战争史》，合肥：安徽人民出版社，2005年，第74—75页。
④ 当涂县志编纂委员会编《当涂县志》，北京：中华书局，1996年，第455页。
⑤ 政协歙县委员会编《歙县文史资料集萃》，2007年，第84页。
⑥ 政协滁州市委员会办公室编《滁州史话》第3辑，1986年，第36页。
⑦ 《蚌支行及所属战事损失报告表》，1946年6月30日，中国第二历史档案馆馆藏档案，档案号：2宗397目551卷。
⑧ 中共安徽省委党史工作委员会编《安徽现代革命史资料长编》第三卷，合肥：安徽人民出版社，1995年，第338页。
⑨ 《发展中之淮南煤矿》，淮南市档案馆馆藏档案，档案号：100宗1目50卷；《日本侵略淮南煤矿节略》，淮南市档案馆馆藏档案，档案号：100宗1目89卷。
⑩ 安徽省政府秘书处编《安徽政治》，1940年第4卷第10期，第74页。

失无疑是巨大的。

3. 江西。江西在抗战时期，由于日军的轰炸、焚烧，全省较大城镇的房屋被毁达 50% 以上，其中有 18 个城镇被毁房屋超过 90%。高安、奉新等县城几乎被夷为平地，以致"战后复归之难民惟有以树叶搭棚，暂时容身"。省会南昌，"昔日繁华街衢，率多成为废墟。战后义民复归，什九栖身无所，房荒问题严重达于极点"。① 根据 1946 年统计，全省战前原有房屋 217.0847 万栋，抗战期间日军放火烧毁房屋多达 39.1874 万栋，占战前原有房屋的 18.1%。其中南昌战时遭受损失 3.5205 万栋，占原有房屋 4.5214 万栋的 77.9%。② 赣州因日机轰炸，市区的阳明路、中山路、华兴街等主要街道，被炸成一片瓦砾，处处断壁残垣，昔日繁华的街区顿时变成废墟。③ 被视为战时"江西安全区"的战时省会泰和与吉安、遂川、赣州、大余、赣县等赣南、赣西南等县市境内，集中了南迁和适应战争建立起来的江西炼铁厂、江西机器厂、江西硫酸厂、江西车船厂、水电厂、电厂等工矿企业，关系到江西乃至西南大后方抗战军需民用的供应问题，极为重要。但在 1944 年 4 月侵华日军"一号作战"中，悉被摧毁殆尽，"受创均极惨重"，损失高达 10.1 亿元（法币）。④ 为"以战养战"，日军还在江西大肆进行经济掠夺。据统计，在日军铁蹄的践踏下，江西全省抗战时期财产损失据不完全统计总计为 10072.023 亿元（法币），合战前（1937 年上半年，下同）11.5 亿元（见表 6.13）。

表 6.13 抗战期间江西省财产损失总表　　单位：千元（法币）

品类	价值	品类		价值
总计	1007202334	原料		3203023
直接损失	671988572	材料		285686
建筑物	279039658	货品	制成品	1728516
			存货	147461437
矿产品	209376		生金银	645313
畜产品	408565		保管品	85567
			抵押品	1080692
			有价证券	3861
水产品	843495		医药用品	535644

---

① 江西省档案馆存档资料《蔡孟坚江西灾情报告》（1946 年 8 月），卷宗号：J043-24-4497。
② 陈荣华《江西抗日战争史》，南昌：江西人民出版社，2005 年，第 395 页。
③ http://www.zgdsw.org.cn/n/2015/0310/c391267-26668560-2.html。
④ 江西省档案馆存档资料《蔡孟坚致国民政府行政院善后救济总署代电附件》（1947 年 8 月 8 日），卷宗号：J043-11-0080。

续表

品类		价值	品类	价值
器械设备	家具	52474417	衣物	53411271
	农具	5540340	矿坑	2881710
	渔具	447728	公路线设备	4522965
	运输工具	6541808	现款	14012146
	修理机械及工具	4480935	图书	3327806
	仪器	1551229	文卷	（350482）宗
	电讯设备	736247	其他	28051107
	码头及趸船设备	22535	间接损失	335213762
农产品	稻	17456449	减少生产额	196119432
	麦	2958948	减少纯利额	113947651
	植物油	5001409	迁移费	4463149
	杂粮	6409564	疏散费	930961
牧畜	猪	12486521	防空设备费	2427336
	牛	5868513	救济费	3955051
	鸡鸭	2051948	抚恤费	1222754
	其他	1747820	其他	8529697
林产品	木	3918439	医药埋葬费	3617731
	竹	555894		

［资料来源：江西省档案馆存档资料：江西省政府统计处编印《江西省抗战损失调查总报告》（1946年），卷宗号：J43-24-4334］

4. 湖南。从1937年11月日军开始对湖南进行轰炸，至1945年8月止，湖南先后有56个县城遭到日本飞机轰炸，造成大量人员、物质财富损失。长沙、衡阳等城市的工厂、学校、医院、车站码头等被炸毁，居民死亡数以万计。① 其中，长沙因"焦土抗战"的需要和操作的失误，致使长沙大火延烧两天两夜，全城被火面积达9/10，焚毁房屋5万余栋，人口死亡2万余人。② 常德"已经从地面上毁灭了。这里举目尽是烧焦的围墙，残留的砖瓦和积灰堆而已。城外两间西班牙修道院在中立的西班牙国旗掩护下而保存了。除此之外，要想在这个曾经有过16万人口的城里寻一件未经摧

---

① 刘国武《抗战时期衡阳直接损失述要》，《船山学刊》2004年第4期。
② 李新《中华民国大事记》（4），北京：中国文史出版社，1997年，第357页。

残的东西,实在是难乎其难"。① 岳阳、临湘、沅陵、辰溪、洪江、芷江等城市工业屡遭轰炸,各类厂矿和经济设施、城市事业破坏严重。② 机械工业在豫湘桂战役后,仅余百分之一二而已。③ 湖南交通、农业等损失亦十分沉重。据 1946 年 12 月湖南省政府统计室对战时湖南公私财产直接损失的初步统计,各项损失总计 11504 亿余元法币。(见表 6.14)

表 6.14 抗战时期湖南省财产直接损失总表　　　　单位:元(法币)

项别		直接损失	项别		直接损失
合计		11504405560497	各项事业损失	省营事业	106167023457
各机关损失	省级机关	7109840483		县(市)立事业	3120698501
	县级机关	56962826615		民营事业	8113901416855
各学校损失	省立学校	16420785000	各团体及合作社损失		459112117884
	县(市)立学校	19355237272	各机关学校及事业内员工损失		53786846331
	私立学校	39937260328	普通住民损失		2628631507771

(资料来源:中国历史第二档案馆藏,湖南省政府统计室 1946 年 12 月编印的《湖南省抗战损失统计》表 4)

(四)对华南城市的破坏与掠夺

抗战时期,日本帝国主义通过战争手段和经济掠夺的方式,彻底地摧毁了以广州为核心的华南城市战前的建设成果。

1. 广东。广东在抗战前就已建立起了电力、纺织等近代工业 2000 余家,以省营工业为主体的近代工业体系初具规模。④ 这些现代工矿业主要集中于以广州为核心的珠江三角洲地区。广州因之成为中国沿海重要的工业城市之一。但在日军攻占广州期间,"因搬迁不及,致遭摧残,损失惨重"。⑤ 自 1937 年 8 月至 1938 年 6 月,广州被毁房屋 3727 间,⑥ 1.3324 万家商店因空袭歇业者 1765 家,歇业损失达 160 多万元(毫券),营业额比平时剧减 65%。⑦ 粤北重镇曲江繁华的商业区楼房铺面被焚毁,损失严

---

① 李新《中华民国大事记》(4),北京:中国文史出版社,1997 年,第 1135 页。
② 刘国武《抗战时期湖南直接损失述要》,《湖南师范大学学报》(社会科学版) 2005 年第 3 期。
③ 陈真《中国近代工业史资料》第 4 辑,北京:生活·读书·新知三联书店,1961 年,第 838 页。
④ 黄菊艳《抗日战争时期广东经济损失初探》,《广东史志》1998 年第 2 期。
⑤ 国民政府工商部广州辅导处编纂委员会编《两广工商经济特辑》,1948 年,第 1 页。
⑥ 《沦陷时期的财产损失》,广州市档案馆藏,档案号:4-01-6-211。
⑦ 《广东经济年鉴》,1940 年,第 74、75 页。

重。粤东商埠汕头大量房屋被毁,民众死伤惨重。①江门沦陷时,商铺悉遭日寇洗劫。②其他沦陷城市损失亦极为严重。日寇占领广州等粤省城市后,为达到对沦陷区城市近代工业企业掠夺的目的,立即对广东省营企业采取强占、拆迁乃至劫夺之政策。如广东省营工业中投资最多,规模最大的广东造纸厂被日军劫夺后,成为日本海军军部军需制造厂。后又将该厂所有设备拆运至日本北海道重新设厂;协同机器总厂,被日军拨给日商福大公司经营,其原有机器设备与贵重工具、材料在日本投降时,均被洗劫一空。③日军还对昌江、崖县、陵水等地的铁矿实行掠夺性开采。仅田独铁矿在1939至1944年间,被劫运矿石就达268.7689万吨。④广东沿海钨矿储量比较丰富,日寇占领阳江南鹏岛后,日本三菱公司便于1939年起至1945年5月,共开采钨矿1350吨。为掠获更多的战略物资,日军在沦陷区极力推行统制政策,凡属物资之移动,均须向日军申请,"持有许可证方准移动,否则予以严厉制裁。所受统制之物质,计有铁路材料、五金、棉花、木材、麻制品、皮、树胶、香油、羊毛、石炭、药品、机械、米、麦、杂粮、面粉、煤油、罐头、纸料等,因是,沪、厦、汕、粤等沦陷区内,各种物质价复再一番狂涨"。⑤这给广东城市在战前经过近百年发展集聚的精华造成了极为惨重的损失。据初步统计,抗战期间,被日军炸毁、占据、劫夺的工厂高达2000余家,其中省营工矿业损失就达1亿元以上。⑥于是,广东城市发展的良好基础荡然无存,广东城市化进程因战争而被打断,并陷入衰落之中。

2. 广西。广西在抗战前初步形成了以桂林、柳州、南宁、梧州四大城市为核心的城市体系。城市近代工业"发展之速殆有一日千里之势"。⑦至1944年日军第二次入侵广西时,广西已拥有工厂234家,电力厂17家,自来水厂4家,职工总数1.4万余人,资本总额为1224.115万元(按1937年法币币值计)。⑧但这一良好的发展势头因1939年11月日寇入侵广西而被打断,城市工商业、人口等均遭到重大损失。桂林屡遭日机轰炸,房屋被毁4000多栋,市内机关、工厂、商店、学校,桂北路、桂南

---

① 黄菊艳《抗日战争时期广东经济损失初探》,《广东史志》1998年第2期。
② 《广东经济年鉴》,1940年,第1、2页。
③ 赖正维《抗战时期日本对华南地区经济掠夺与统制的特点》,《江海学刊》2004年第1期。
④ 李琳《日本占领海南及其对资源的开发和掠夺》,《海南大学学报》(社会科学版)1997年第2期。
⑤ 《日军统制占领区物质》,福建省档案馆藏:1-5-1763。
⑥ 梁荣《论广东150年》,广州:广东人民出版社,1990年,第56页。
⑦ 广西省政府十年建设编纂委员会《桂政纪实》(1932年至1941年)中册,1943年,第7页。
⑧ 广西省政府《广西省抗战损失概况及请求救济统计》,1945年11月印行,中国第二历史档案馆藏,卷宗号:11-2-63。

路为桂林最繁盛的街道,变成一片瓦砾场,并造成重大人员伤亡。①南宁市区德邻路、平等街、西关路、新华街、民生路、兴宁路、仁爱路、青云街、水街等主要街道被烧毁,造成南宁生命财产重大损失。②柳州、梧州、隆山、邕宁、灵川等城市亦因战争损失惨重,市政破坏严重。③"抗战八年,本省蒙难两次,尤以接近胜利前夕,全省精华所在之70余县市,仍遭日寇蹂躏,兽骑所至,田舍为墟,受灾之烈,损失之大,远非其他省份可比。致十余年来苦干、穷干,竭尽人力、物力、财力惨淡经营之建设成果,几已摧毁殆尽,幸获保存者,仅余贫瘠之西北角而已。"④时任广西省政府主席黄旭初对此亦有深刻的体认:"环顾全省,十余年来惨淡经营的建设事业,已因惨遭战祸破坏无余。"⑤"全省水陆交通,形同停滞。桂、柳、邕、梧各大城市,多已变为焦土。"⑥城市发展迅速衰落了下去。

在西南,云南腾冲、龙陵等城市亦因日本寇入侵、沦陷时期日伪暴行和战火持续不断而受损严重。战前原本经济较为繁荣的滇西南名城腾冲在战争中被破坏殆尽。"自事变演变以来,腾冲人民死于枪刺之下,暴露尸骨于荒野者,已逾2000人;房屋毁于兵火者,已逾5万栋;骡马损失达8000匹;谷物损失达百万石;财产被劫掠者近50亿",⑦以至于"城内不仅找不出几片好瓦,连青的树叶也一片无存"。⑧芒市则是"大火焚城"。⑨龙陵、松山等滇西沦陷城市亦在战争中遭到重大损失,滇西城市因此迅速衰败了。

不仅如此,日本侵略者还对大后方城市进行了疯狂的大轰炸,给重庆、成都、昆明、贵阳、西安、大理等造成了极大的人员丧亡和大量的财产损失。

总之,在日本侵略者占据华北、华东、华中、华南以及滇西地区期间,垄断和控制了这些沦陷区城镇的大部分工矿企业,中国民族资本的新式工业和手工业遭到了严重的摧残和打击。特别是集中了中国民族工业企业总数60%的上海、天津、武汉、广州、无锡五大工业城市,更是遭到了特别严重的破坏和摧残。据统计,从"七七事

---

① 《桂林被炸惨状》,桂林《循环日报》1938年12月2日。
② 《南宁抗战:日军空袭　南宁浩劫》,《南宁日报》2015年7月7日。
③ http://www.zgdsw.org.cn/n/2015/0312/c391267-26682935.html。
④ 广西省政府建设厅统计室《广西经济建设手册》,1947年,第1页。
⑤ 黄旭初《广西复兴建设问题》,广西省政府民政厅出版委员会,1946年,第67页。
⑥ 同上书,第3页。
⑦ 张问德《答田岛书》,《云南档案史料》1986年第11期。
⑧ 《云南近代史》编写组《云南近代史》,昆明:云南人民出版社,1993年,第487页。
⑨ 王正乾《滇西历难》,《中国铁路文艺》2015年第8期。

变"到 1938 年 10 月武汉失守，中国工业生产能力遭到重创，其中纱锭损失达 70%，面粉产量损失达 60%，火柴损失 53%，缫丝损失 50%，造纸、盐酸、制碱工业损失均在 80% 以上。[①] 为达到"以华制华""以战养战"的目的，日伪当局对沦陷区的各个产业采取各种强制手段加以统制和劫掠。如沦陷区内的 87% 的华商纱厂被日寇以委托经营的手段加以劫掠。这些工矿企业的大多数产品和利润则为日寇所占用，[②] 而成为奴役中国人民的资本，造成了中国中东部城市发展的严重衰退，给中国城市发展造成了巨大破坏性的影响。

三、沦陷区的城市控制与管理

抗战时期，日本占领中国东中部沦陷区城市后，推行以华制华的侵略方针，在各沦陷城市建立起各级伪市政管理机构，实行殖民统治，以达到全面控制沦陷区城市的目的。

（一）市（县）政控制

城市作为控制地方的政治、经济、文化、军事的战略据点，自古以来便是统治者刻意经营的地方。抗战时期，日本侵略者为达到"企图征服中国"的罪恶目的，不断强化沦陷区城市的殖民控制、管理。

1. 组建侵略者主导的伪市（县）政管控机构

早在抗战初期，毛泽东就一针见血地指出："中国沦陷区的问题，是日本帝国主义的生死问题"，其关键便是组织各级伪政权组织，"傀儡组织是倭寇用以打击自由的中央政府的武器……傀儡战一名词足以代表倭寇的单纯武力之外精神战斗、社会战斗及政治战斗"。[③] 正是傀儡伪政权能发挥日本侵略者在沦陷区城市无法发挥的殖民统治效能，日本侵略者自占领沦陷区城市始便积极招揽、培植汉奸，组建了在政治上与日寇侵略进程、方略保持高度一致的伪市（县）政机构，以图建立严密的城市殖民管控机制。

南京于 1937 年 12 月 13 日被日军攻陷，为全面控制南京市，日本特务机关网罗

---

① 许涤新《现代中国经济教程》，上海：光华书店，1948 年，第 32 页。
② 祝慈寿《中国近代工业史》，重庆出版社，1989 年，第 881—885 页。
③ 沈天冰《傀儡构成原理与反傀儡定则》，《东南日报》1941 年 1 月 13 日。

汉奸和亲日分子在1938年1月1日成立了以汉奸陈锡三为伪自治委员会会长的伪南京市自治委员会，其下设秘书处和总务、财务、工商、警务、交通、救济六课；管辖范围最初只限于城内除新街口以外地区，在新街口之东北、东南、西南、西北四片划分为第一区、第二区、第三区、第四区，各设区公所。1938年4月24日，汪伪维新政权成立督办南京市政公署，接替伪南京自治委员会各项工作。以伪政府绥靖部部长任援道兼任南京市市政督办，随后由高冠吾接任。市政督办公署下设参议、咨议二室和秘书、财政、警察、实业等八处。1939年3月，伪维新政府改南京为特别市，市政督办改称市长。其设置基本按照抗战前民国市政府体制设置。

上海，1937年12月5日汉奸苏锡文在日军特务部西村班扶植和控制下，在浦东成立了"大道市政府"，公署设于浦东东昌路，苏锡文任临时市长。随后，日伪公布了《上海市大道政府暂行组织法》，拟定设置秘书处、特区办事处、社会局、警察局、财政局、教育局、卫生局等12个部门。1938年3月28日伪"中华民国维新政府"在南京成立后，伪上海市大道政府随之改隶维新政府，并改设为督办上海市政公署。4月28日至10月16日，改组伪市政府，设秘书处、肃检处、教育科、财政局、警察局、社会局、交通局、地政局、塘工委员会、特区办事处。10月15日，公署从浦东东昌路迁到市中心区（江湾）办公，改由傅筱庵任市长，苏锡文为秘书长，日本人甲斐弥次郎为市政府顾问的伪"上海特别市政府"，设有秘书处、社会局、警察局、财政局、公用局、教育局、土地局、司法处、宣传委员会、卫生局、工务局、粮食管理局、教育委员会、总会计处、市金库、经济局、社会福利局、保甲委员会、清乡事务局、县政管理处、建设局等30个部门。①

北平，1937年日军占领北平后，扶持了以江朝宗为首的汉奸傀儡政权，先建立"北平地方维持会"，后改组为伪北平市政府，江朝宗任市长，1938年改称北平市公署。日本侵略者为控制伪北平市政府，在市政府派驻了日本人作为特别顾问。②

天津，1937年8月，日本侵略军驻津司令部和特务机关拼凑一批汉奸、反动政客，组建了伪组织"天津地方治安维持会"，由高凌霨任委员长，王竹林等人为委员，并上垣浚为高等顾问，另设日本顾问若干人。伪维持会设秘书室和一、二、三科，下辖总务、公安、财政、社会、工务、教育、卫生7个局和电政监理处、地方辅治会和特别一、二、三区公署等市政机关。伪"中华民国临时政府"成立后，伪天津地方治安

---
① 《上海通史》编委会《上海通史》第7卷，上海人民出版社，1999年，第356—371页。
② 王亚男《1900—1949年北京的城市规划与建设研究》，南京：东南大学出版社，2008年，第159—160页。

维持会于 1937 年 12 月 17 日改组为 "天津市特别公署"。原日伪天津地方治安维持会的机构基本保留。1943 年伪华北政务委员会依据《华北政务委员会组织条例》,将伪天津特别市公署改称为伪天津特别市政府。内部机关和下属机构未做大的调整,直至日寇投降。①

杭州,1937 年 12 月被日军占领后,便成立了以原杭州市商会会长谢虎臣和市救火会会长王五权为首的伪杭州市治安维持会,1938 年 3 月更名为伪杭州市自治委员会。5 月南京伪维新政府任命曾留学日本并出任国民政府驻日总领事的何瓒为伪杭州市市长,负责筹建伪杭州市政府。6 月 22 日伪市政府正式成立。②

武汉,于 1938 年 10 月 25 日沦陷后,在日军特务部的精心策划下,"武汉治安维持会"在汉口南京路成立,计国桢任会长。维持会各机关均由日军派出的"嘱托"控制,"总嘱托"为日人浅见敏彦。伪"武汉治安维持会"成立不久,日军特务部开始着手组织一个执行其殖民统治意志的所谓"正规"的伪市政府。1939 年 4 月 20 日,伪武汉特别市政府成立,张仁蠡充任市长,下辖秘书处、参事室和司法部、警察总监部两部以及财政、社会、宣传、建设、教育五局。③

1938 年 10 月 21 日,广州被日本侵略军占领。12 月 20 日,在日本侵略者扶持下,成立了由汉奸组成的伪广东治安维持委员会,其名义是维护广东省的行政事务,但实际上只管辖广州市及南海、东莞、番禺、增城和顺德 5 县,下设民政、治安、财政、司法、复兴、秘书 6 处,并各设参议、咨议、秘书数人。1939 年 11 月,为更好地控制广州市,日伪当局成立了伪广州市公署,负责广州市的行政事务,下设秘书处、财政处、复兴处、警务处等傀儡机构。1940 年汪伪南京政权成立后,伪广州市公署随之改组,组建了伪广州市政府。伪市政府下设伪市财政局、地政局、教育局、工务局、卫生局,内设参事室、秘书处,直辖机关则由伪市政府购料委员会、伪市自来水管理委员会、伪市自动电话管理委员会、伪市电力管理委员会、伪市图书馆、伪名声日报社、伪市政设计委员会组成。这样,日伪当局基本实现了对广州市进行殖民统治的全面管控。④

此外,日伪当局在沦陷区河北石门、唐山、保定,察哈尔张家口,河南开封、山西太原、山东济南、江苏苏州、安徽蚌埠、江西南昌等设市城市也成立了上述伪维持

---

① 郭凤岐《天津的城市发展》,天津古籍出版社,2004 年,第 210—212 页。
② 浙江省档案馆《日军侵略浙江实录(1937—1945)》,北京:中共党史出版社,1995 年,第 282 页。
③ 涂文学《武汉通史·中华民国卷》(上),武汉出版社,2006 年,第 298—302 页。
④ 广州市地方志编纂委员会编《广州市志》,广州出版社,2001 年,第 155 页。

会、伪市公署和伪市政府等城市管理机构，从而强化了这些地区中心城市的殖民统治。①

对于沦陷区数量众多的县城，日本侵略者亦通过利用汉奸走狗，设立伪县政府的方式，来实现其强化沦陷区县城及县域殖民控制与管理的目的。例如，在浙江沦陷过程中，日寇先后在嘉兴、平湖、崇德、湖州等地建立伪地方维持会。伪浙江省政府成立后，"即就沪杭路一带军事结束之区分别恢复县治，委派杭县、嘉兴、吴兴、嘉善、海宁、平湖、德清、武康、余杭、长兴、桐乡、崇德、海盐等十三县知事"，组建伪县政府。②

江苏南通，1938年3月，为尽快从日军侵略造成的混乱状态中恢复到有利于日本帝国主义统治的殖民社会秩序，日军利用曾留日汉奸薛郅生、徐宇春、保沄孙等人组建伪南通自治会，"旋自治会改县公署，薛氏任知事"。"洎国府还都，恢复行政组织，县公署改县政府"。③

安徽怀远，在侵略者的扶持下，"（汉奸）陈源抚等出而维持，（何）君侠亦参与。末议组设复业指导委员会……由复业委员会改组为自治委员会。……倪省长莅皖后，于十二月委（何）君侠试署怀远县知事"，④将伪怀远自治委员会改组为伪怀远县政府。

其他沦陷区省份县级城市亦按照日本侵略者的殖民控制规划组建了相应的伪县级政权，以强化沦陷区的治安、管控沦陷区人民的思想文化控制和大肆进行经济掠夺。

2. 伪市（县）政管理

日伪当局组建各级市（县）政管理机构，就是为了强化对沦陷区的控制，并图谋加以"日式"的改造方法，达到所谓"东亚共荣"侵略迷梦。为此，日伪各级市（县）政组织施行了严密治安组织、强化人口管理等管控手段。

（1）建立严密的城市管控机制

面对中国人民的反抗，如何管控沦陷区数量众多的城市，保证有效的殖民统治秩序等问题，日本侵略者围绕其在各沦陷区城市组建的伪维持会、伪市（县）政公署和伪市（县）政府，建立了一整套严密的城市殖民管控机制，以图尽快建立有利于其殖民统治的社会秩序。

---

① 庄建平、章伯锋等《抗日战争》第6卷《日伪政权与沦陷区》，成都：四川大学出版社，1997年，第307—749页。
② 《伪浙江省概况》，浙江省档案馆藏。
③ 顾宽《复兴中之南通政况》，《县政研究》1941年第5期。
④ 《怀远县县政状况》，《县政研究》1939年第10期。

首先是驻扎军警，实行特务统治。抗战时期，日伪当局为防止中国军队的攻击和沦陷区人民的反抗，在各大中小城市都驻扎了数量不等的军警。例如，武汉沦陷后，大批日军涌入武汉，并在武汉设立指挥机构，确立了在武汉三镇的军事殖民统治，并在武汉成立了军管机构——武汉警备司令部。驻汉日海陆军还根据其驻地划分了管辖范围，如海军统治特一区、特二区及其部分沿江市区；陆军则管辖其余大部分地区。此外日军还设立了特务机构和日本宪兵队以加强对武汉的控制。除日军外，日伪政权还在武汉及周边部署了一支8万余人的伪军，以确保武汉殖民统治的安全。① 在河南开封，日军设有河南省宪兵队和开封市宪兵队两处，驻扎宪兵100余人，另设日军特务组织一四八一部队110人。② 在上海、南京、广州、北京、天津等大城市亦如武汉、开封日伪当局，都驻守了大批军警和特务机关。不仅如此，日伪在沦陷区中小城市也采取相同的军事控制手段。滁县，"除驻有友军（日本侵略军队）及绥靖部队外，并设有警察所……前为安定农村起见，复经组织防共自卫团，编为五区团，分驻各地"。③ 在仪征，"自经事变，秩序荡然，匪共乘机而起，人民流离失所，当时即先行组织自警团，肃清城厢匪患，人民相率来归，迨后复又推行各区乡镇自卫团，以期逐渐推进"，各伪自卫团团丁人数共计706人。④ 在沦陷区城市广泛驻防军警，派驻特务机关，实质上是为了尽快建立有利于日寇在沦陷区城市进行殖民统治的社会秩序。

其次是派驻日本顾问，全面掌控沦陷区的城市政权。抗战时期，日寇在沦陷区各城市伪政权采取了派驻日本顾问，以指挥、幕后指导和联络调整等方式，直接指导日伪政权的城市掌控工作。⑤ 并为此专门制定了《关于配置顾问及辅佐官之协议事项》，规定：议政及行政委员会置行政顾问一名，其下设辅佐官约5人、法制顾问及辅佐官约5人、军事顾问及辅佐官约5人、地方顾问及辅佐官约5人，各顾问之下，置通译及事务员若干名。⑥ 于是，各伪政权各机关部门均聘用了日本顾问。例如日寇向伪蒙疆联盟自治政府派驻了主席最高顾问金井章二。⑦ 伪河南省公署各厅、处都设有日本顾问，各科室也派驻有日本专员或嘱托。⑧ 在其他地区和城市侵略者根据城市的重要

---

① 涂文学《沦陷时期武汉的政治与军事》，武汉出版社，2007年，第14—21页。
② 程子良、李清银《开封城市史》，北京：社会科学文献出版社，1993年，第263—264页。
③ 《滁县县政府施政概况》，《县政研究》1941年第4期。
④ 葛子英《仪征县政府民政概况》，《县政研究》1941年第4期。
⑤ 日本防卫厅战史室《华北治安战》（下），天津人民出版社，1982年，第39页。
⑥ 张同乐《华北沦陷区日伪政权研究》，北京：生活·读书·新知三联书店，2012年，第123—124页。
⑦ 庄建平、章伯锋等《抗日战争》第6卷《日伪政权与沦陷区》，成都：四川大学出版社，1997年，第252页。
⑧ 同上书，第323页。

与否派驻了数量不等的日本顾问（见表6.15）。

表6.15 日本派驻华北部分重要城市各伪政权日本顾问简表

伪政权名	日本顾问
北京特别市	町田万二郎
天津特别市	饭野稻城、村主正一、大城户享、夏目武夫、山田秀雄
青岛特别市	村地卓尔、安腾荣次郎、吉田辰秋、中村顺之助、森泽磊五郎
河北省政府	埜村次男
保定市政府	立石一雄
石门市政府	井上肇
山西省政府	甲斐政治
山东省政府	园田庆幸
河南省政府	多罗尾光道

（资料来源：张同乐：《华北沦陷区日伪政权研究》，生活·读书·新知三联书店，2012年，第125—126页）

为协调各沦陷区城市控制，日本帝国主义还在各地设立组织机构严密的兴亚院分部或联络部，以协调派驻于伪政权各部门的日本顾问职能（见下图），间接或直接领导各伪政权行政机关，从而达到管控沦陷区城市的目的。

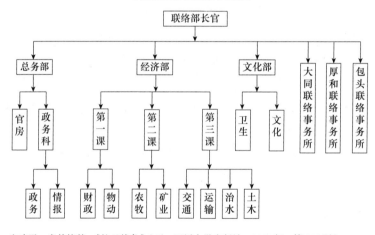

日寇蒙疆联络部组织结构图

（资料来源：庄建平、章伯锋等：《抗日战争》（6），四川大学出版社，1997年，第256页）

这些派驻的日本顾问完全是以统治者、控制者和决策者的身份，来主导各沦陷区城市的管理事务。例如，1938年3月1日日伪天津特别市例会记载："接警察局呈拟组织督察队计划书、预算书。经饬科审签注意见一并提请公决案"。当日本顾问赤穗津提出异议后，做出会议决议："事关增强警力，应先征求军部意见，俟征得同意后再行提会讨论。"① 从而揭示出了日本顾问是以"君临者"的身份控制了沦陷区城市事务的。

再次是建立伪政权司法制度。为更有效、全面地维护日寇在沦陷区城市的统治权威,满足其侵略利益,日本侵略者还在沦陷区扶持伪政权建立并实施一整套具有殖民性质的司法制度,以通过司法强制手段来实现对沦陷区经济、政治、教育、文化、卫生、军事等事务的管控。日伪当局不仅在伪政权中央设立了司法部,指导沦陷区各地司法机构组建、开展活动,而且各沦陷区亦根据伪中央司法部指令设立了相应的司法机构,为日伪当局服务。例如,伪蒙疆政府制定公布了《蒙古司法暂行条例》,其司法系统分为审判机关、检察机关和特别司法机关,确立了审检分离、三级管理的制度。②北平、南京、上海、天津、武汉、广州等城市也建立了与伪蒙疆政府相类似的司法体系或构架。例如,武汉伪市政权专设了"直隶于参议府,掌理司法行政事务"的司法部,下设秘书室、参事室、监察室和第一、二、三、四、五、六科。③设置地方法院、高等法院和最高法院等三级审判机构以及各级检察厅和看守所。④同时,为标榜伪司法权威所谓的"公正性",伪武汉市司法部还颁布了《武汉特别市律师章程》,并组建了为伪政权和司法执行服务的律师公会。⑤伪武汉市政权自其建立之日始,便充分利用其所建司法机构,迅速开展工作,力图恢复日占时期城市社会稳定。据统计,1940年伪武汉市"受理刑事预审案件有一千七百六十九见,刑事被告男女二千三百二十二人","违警案件六千一百九十二件,违警男女合计一万零八百七十七人","开办男监房二间、女监房一间、事务室一间,后因拘留人犯日渐增加,乃增设优待室一间,法警办公室一间,仓库一间",使"民众之逐知遵守法令"。⑥

不仅如此,数量更多沦陷区的县级城市亦如武汉等大城市组建了具有殖民性质的较为完备的基层司法系统。各沦陷区县城均将看守所、监狱、民刑事等司法审判列为沦陷区县政建设的重要内容。⑦例如,嘉兴日伪当局建立了由法院和检察处组成的地方法院系统。⑧沦陷区各大中小城市伪政权在伪司法实践过程中一般都采取从重从

---

① 《市政会议第一次例会记录》,伪天津特别市政府档案,全宗号:1-2-1-229。
② 蒙古联合自治政府总务处《蒙古法令辑览》第2卷,蒙疆行政学会,1941年,第14之1页。
③ 《武汉司法部工作报告》,1940年,湖北省档案馆藏,全宗号:LSB2-31-3。
④ 涂文学《沦陷时期武汉的政治与军事》,武汉出版社,2007年,第310—329页。
⑤ 《武汉特别市市政府公报》1939年,武汉市档案馆,全宗号:bB1122/17。
⑥ 《汉口特别市警察局业务汇刊》1942年9月,武汉档案馆,全宗号:bC16/35。
⑦ 《研究县政的基本范围表》,《县政研究》1940年第2卷第2期。
⑧ 《嘉兴县行政状况报告书》,《县政研究》1940年第2卷第10期。

严的方式,打击沦陷区民众的反抗意志。例如,凤阳县司法部仅在半年时间里,"以友邦日本先进国"司法原则,受理民刑事案件"计达一百十七起"。① 对此,以标榜日伪统治为宗旨的《县政研究》也不讳言:为了维持日伪统治秩序,结束所谓的"混乱状态",必须"随审随结,并求办理迅速……惟治乱世用重典……惩一儆百,势所难免"。② 从而揭露了日伪政权为控制、管理沦陷区城市所建立的伪政权司法制度为殖民统治服务的实质。

(2)管控民间社会组织,图谋沦陷城市治安稳定

日本帝国主义发动的侵华战争,给沦陷区城市带来了极为深重的灾难,不仅造成了城市人口、物资、文化教育等巨大损失,而且因战乱的扩大和深入,也给城市秩序造成极大的混乱。为"恢复秩序""巩固治安"③,日伪当局急需采取措施,强化对具有消弭社会动荡巨大影响力的善堂、会所、商会等城市民间特殊组织的管控。沦陷区城市的工商团体较多。为便于工商业活动,自 19 世纪末始沦陷区城市的工商业团体均组建了统一的商会组织。作为城市控制管理的主要的民间社团力量,日伪当局通过改组,成立了符合伪政权利益的商会团体。例如,1939 年 11 月,在日伪政权主持下,伪武汉市政府成立了"武汉特别市总商会筹备委员会",并拟设武昌、汉阳两分会。1940 年 7 月成立武汉特别市商会。1941 年 4 月,因武汉、汉阳划归湖北省商会管理,武汉特别市商会改称为汉口市特别市商会。④ 为控制城市工人团体,日伪政权普遍采取了劳工统制政策,强迫工人参加伪工会和进行劳工登记,由伪社会局管理。例如,1939 年 8 月,武汉成立了伪武汉特别市劳工协会,1941 年 1 月成立伪汉口市总工会筹备会,3 月改组为汉口市总工会整理委员会,1943 年成立伪汉口市总工会,李之秋等 9 人为理事,涂寿藩等 5 人为监事,郭君若为理事长,日军派驻井田为指导官。按照"凡已成立工会而未加入工会之工友,先予以劝导,如不服从,即送就近警察机关询办"的规定,对工人社团进行殖民整理。⑤ 经过日伪当局的强制整顿,残存的武汉市工人组织被改造成为替其服务的工具。⑥

其他沦陷区城市的民间社会组织亦如武汉接受了日伪当局的管控。例如山东济

---

① 《安徽凤阳县公署工作概况报告书》,1940 年第 2 卷第 2 期。
② 冯志成《无锡县恢复施政之回瞻》,《县政研究》1939 年第 8 期。
③ 姚蝶依《如何适应当前之县政?》,《县政研究》1938 年第 1 期。
④ 武汉地方志编纂委员会《武汉市志·社会团体志》,武汉大学出版社,1997 年,第 299—300 页。
⑤ 同上书,第 38—39 页。
⑥ 《江汉日报》1942 年 1 月 20 日。

南，1941年5月色纸业同业公会召开改选大会，照例请求日伪当局派员莅临指导："兹拟定于五月二十四日下午二钟，假城内富官街商会开会选举。除呈请新民会、济南市总会暨山东省会警察署届时派员指导监选外，理合呈请钧署鉴核派员监督。"① 江苏吴江商会"虽已各告成立，然关于职权统制及组织方面，容有未合定章者，县署业已着手整理，以扶助已成之工商业为原则，并于各该商会成立时，一一加以指示"。②

同时，为直接监管沦陷区城市社会团体，日伪当局还成立了由日本顾问指导的新民会、大民会及其支部和其他社会团体组织。例如，1939年9月日伪当局成立了嘉兴县青年团指导部，日籍顾问为小林中尉、内山班员。后又筹建了大民会嘉兴联合支部和妇女防共会，以"使明了中日两国有提携之必要，抗战之错误，共产之毒害，以及东亚和平之必需确保，新中央之必当拥护"，"共同建设和平新东亚"。③ 从而达到对沦陷区进行殖民统治的目的。

（3）实施严格的人口控制。为控制沦陷区城市人口，维护"稳固"的殖民统治秩序，日伪政权实施了严格的编查保甲和制发"良民证"的办法。

保甲制度是日伪政权首选的人口控制手段。为此，沦陷区各城市大都颁布了保甲实施办法，编印保甲训练教材，并进行了有计划的组织训练，进而形成了一套完整的具有殖民特征的伪保甲系统。例如，伪武汉政权按照编组保甲条例实行编组保甲：十门牌以上二十门牌以下为甲，甲设甲长；十甲以上二十甲以下为保，保设保长；十五保以上二十保以下组一联保办公处。以保为单位，在户口册注明其街路里巷名称，以便查考。④ 经过编组保甲，到1942年，"汉口设八区，辖十四联保，一百九十五保，二千七百四十五甲；汉阳设三区，辖七联保，四十保，四百零四甲；武昌设五区，辖五联保，五十三保，七百九十二甲；水上设九区，辖二十保，二百二十甲。统共武、阳、汉、水设区长二十五人，由各该管警察署长及派驻所长兼任，联保主任二十六人，保长三百零七人，甲长四千一百四十八人"。各保甲根据居民住房，制备正门牌、附属门牌、后门门牌、侧门门牌四种，由"户籍员警"分别监视安装。"凡编各地门牌号码，左右门面数目相等，一律左单右双。如系相差太远者，则改单双号为顺号，以免号畸形凌乱……以备清查便利"。⑤ 开封伪政权在实施保甲制度时，实行5家连坐

---

① 《呈为遵令改选呈请派员监督由》，1945年5月，济南市档案馆，全宗号：历临76-1-29。
② 《各县施政概况》，《县政研究》1940年第5期。
③ 《嘉兴县行政状况报告书》，《县政研究》1940年第2卷第10期。
④ 涂文学《沦陷时期武汉的政治与军事》，武汉出版社，2007年，第198页。
⑤ 《汉口特别市警察局业务汇刊》1942年9月，武汉市档案馆，全宗号：bC16/35。

法，规定：每5户为一小组，每10小组为一大组，设小组长和大组长，和保甲长一道共同对居民进行监督。① 其他沦陷城市亦采取了相类似的保甲实施办法。江苏海门县城"城区两坊四村，共计七十余保，人口数二万八千九百余人"。② 每户"依照表式，填注详尽，送交户籍主任，申请登记"，"户口有移动时，每年必须编查一次"，达到"有莠民潜入，亦不致鱼目混珠"的目的。③ 从而强化了沦陷区城市人口的控制。

发放市民（良民）证、通行证，则是另一项沦陷区城市日伪政权强化城市人口重要而直接的手段。伪武汉市政府以保甲编组为单位，年龄凡十岁以上之居民一律发给市民证。其具体办法：由居民以户主名义，向各该管分局请领申请书、户口表填写盖保后，每人附同二寸半相片两张。"为求整顿户口以免发生弊窦起见，仿照上海、南京两市先例，预定每年更换一次"。截至三十年（1941）九月十五日，总共向市民发放60余万张市民证。④ 这些市民证的发放是以联保连坐为前提的。"立联保连坐切结证人今愿负责担保本表（上海公共租界工部局警察部□□区保甲户口调查表）所载户长及其家族确系正当良民绝无通匪与反动非法之行为。嗣后如有违反编查保甲户口条例、保甲规约及当局所订各种取缔恐怖条例，立联保连坐切结人愿受连坐之处罚。"⑤

市民如果外出，必须办理通行证，下以安徽凤阳县通行证办理说明。"市民旅外之通行证申请书始，申请人依式填妥，觅具铺保盖章，各附相片三张，呈交（凤阳县公署）本署，饬差对保审核无讹，并经证明确系良民，始可代为蚌埠班申请领取正式通行证。"⑥ 武汉市民欲远行亦需申办通行证，其申领办法："外出者需用户口表一张，申请书两份，相片三张，依式填就，觅具妥保，送向该管分局押捺指纹，于申请书上捺齐。"由于"情形特殊，在万不得已时不许领取"。从而有效地控制了城市人口的流动，达到"匪徒不易使其伎俩"的效果。⑦ 这样，伪保甲制度的实施、市民（良民）证与通行证的发放，便成为日伪当局清查中共及抗日人士、切断广大城市民众与抗日组织联系的"极为恶毒的一招"。⑧

---

① 程子良、李清银《开封城市史》，北京：社会科学文献出版社，1993年，第263页。
② 《海门县复兴概况》，《县政研究》1940年第2期。
③ 《无锡县恢复施政之回瞻》，《县政研究》1939年第8期。
④ 《汉口特别市警察局业务汇刊》1942年9月，武汉市档案馆，全宗号：bC16/35。
⑤ 上海档案馆：档案号U1-14-490。
⑥ 《安徽凤阳县公署工作概况报告书》，《县政研究》1940年第2期。
⑦ 《汉口特别市警察局业务汇刊》1942年9月，武汉市档案馆，全宗号：bC16/35。
⑧ 史会来、夏潮《沦陷区保甲制之透视》，《世纪桥》1997年第2期。

（二）文教、思想奴化

为有效控制沦陷区城市，奴化民众心智，"领导……思想趋于正轨，而为建设东亚新秩序之始基"，"根绝容共思想，以亲仁善邻之旨，谋东亚及全世界之和平"，① 日伪当局采取了诸多奴化教育措施，以建立所谓"王道乐土"。

1. 组建伪文教机关

为贯彻奴化教育方针，侵略者在沦陷区各伪省公署、道公署、市公署、县公署重新组建教育机构，并设置了伪大学教育委员会、中小学训育实施委员会、义务教育委员会、社会教育实施委员会等13个委员会。除上述官方教育机构外，汪伪政权还组建了以贯彻"和平反共建国"方针为己任，由伪教育部常务次长戴英夫任会长的奴化教育机构——中国教育建设协会。它在沦陷区各城市设立分会，形成了一个奴化教育网络，渗透至各沦陷区各个角落。② 这些文教机构表面上由中国人负责，实权却掌握在日本督学手中。例如，上海大学校董事会11人中有3人为日本人，3名常务委员中有1名日本人。③ 又如伪汉口市政府委任了三浦义一、梅村好造、樱井潮、岩崎俊晴、佐佐木角士、长滨义纯、吉冈正秀、本多房子等日本人为市政府教育局、市教员训练所嘱托。④ 甚至在一些小学也由日人指导，例如滦县新民小学"聘渡边队长为顾问，木川田班长为指导"等。⑤

为配合伪教育机关，各沦陷区城市在日伪当局的指导下成立了新民会、青年团指导部等培训机构，以训练、指挥和监督青少年活动。例如，嘉兴青年团在县城安吴坊、湖光坊、东南坊、中穆坊、北平坊设置了5个分部，团员1173人，各分部每天下午四时至六时，"以一小时演讲"，纠正"青年之思想"，并充任宣传及抚辑工作。⑥ 新民会卢龙县指导部则积极开展"新民主义之深究，日本语之渐进"工作。⑦ 潍县新民会亦积极开展"灭共团体之主动者"的青训训练。⑧ 其他各沦陷区城市亦有类似的

---

① 《河南省公署教育厅训令：训字第71号》，转引自《开封城市史》，北京：社会科学文献出版社，1993年，第259页。
② 费正等：《抗战时期的伪政权》，郑州：河南人民出版社，1993年，第256—257页。
③ 同上书，第257页。
④ 《委任警察、社会、财政、教育、工务、卫生等六局嘱托》，《汉口市政府训令》（府事新字第460号），武汉市档案馆，档号：8-1-323，1940年9月28日。
⑤ 《滦县新民学校正式上课》，《北京教育月刊》1938年第4期。
⑥ 《嘉兴县行政状况报告书》，《县政研究》1940年第10期。
⑦ 《新民会卢龙县指导部》，《新民周刊》1939年第36—37期。
⑧ 《新民会潍县总会会务状况》，《新民月刊》1941年第4期。

组织，使日伪文化殖民遍及社会各个角落。

此外，为直接督导各沦陷区城市文教活动，日本文化侵华中枢——兴亚院，还在上海、北平、厦门、张家口等大中城市专设联络部，负责培养训练亲日教员、日语普及调查，指导监督学校日语教学，监管以一般民众和青少年为对象的新闻杂志等。①

这样，在沦陷区城市形成了网络严密的文教管理体系，从而便利了日本侵略者文教、思想奴役殖民政策的实施与执行。

2. 废除中国原有的教学秩序、内容和教材，代之以日伪的课程设置和教材，并竭力散布殖民主义的奴化教育思想

（1）实行"新学制"。为将沦陷区城市青少年培养成所谓"新民精神"，伪教育部根据日本侵略者旨意，制定颁布了"新学制"，强制奴化教育内容，即一是将日语列为必修课；二是规定将伪三民主义、大东亚主义、领袖言论等列为基本教育内容；三是对教科书按照奴化教育精神进行审查删改。②各沦陷区城市遂形成了具有殖民性质的"兴亚教育体系"。这一体系具体规定了教员的再教育、初等教育章程、中等教育章程、大学教育章程、儿童教育和日语教育等。各个学段学制虽有所不同，但其本质仍是体现日本侵略者"爱国亲邻理念"的奴化教育的核心理念。③例如，武汉初等教育按照所修学业年限等分为三种：小学（学习年限为6年，部分地方为4年。小学教育分两阶段，前4年为初等小学，后2年为高级小学）、易小学（主要招收适龄儿童，学习时间不得少于2800小时）和短期小学（主要招收10—16岁年龄段失学儿童，学习时间由各学校自定）。学校编制规定，每个年级招收人数应在25—50名以内，并规定了各科目及周授课时间和学年、学期等，尤其是强调普及日语教学。④

沦陷区其他城市亦将奴化的"新学制"推行到了各级学校。例如，山东潍县各级学校普及了日语教育，并在课堂上宣讲"新民会的使命""共产主义之不适宜于中国""如何建设东亚新秩序""日德意同盟与东亚""如何扑灭共党军""日德之青少年运动"等课程。⑤浙江杭州、杭县、嘉兴、海宁、嘉善、平湖、长乐、桐乡、崇德、武康、余杭、海盐等一市十三县也在中等教育、初等教育中引入"新学制"，强行实

---

① [日]兴亚院文化部第三课《普及日语方策要领（草案）》，转引自驹入武《日中战争时期文部省与兴亚院的日语教育政策构想》，《东京大学教育学部纪要》第29卷，1989年，第182页。
② 费正等《抗战时期的伪政权》，郑州：河南人民出版社，1993年，第257页。
③ 涂文学《沦陷时期武汉的社会与文化》，武汉出版社，2005年，第489页。
④ 伊藤猷典《东亚事情，昭和14年度海外视察报告》，《现时兴亚教育》，湖北省档案馆：档案号：LSJ4-40。
⑤ 《新民会潍县总会会务状况》，《新民月刊》1941年第4期。

行奴化教育。① 江苏如皋等县则按照日伪教育指针,"推广初等教育,并注重镇小学",厉行奴化教育。② 这样,以奴化为目的的"新学制"为日伪文教奴役提供了一个极佳的载体,便利了日伪将殖民文化向社会各个阶层传播,这在一定程度上削弱了沦陷区人民的抗日精神,强化了日伪政权对沦陷区城市的殖民管控。

（2）极力推行日语教学,推广日语教育。1939年6月,日本侵略者"对华中央机关"——兴亚院制定了在日占区普及日语教育的根本方针、要领、组织和事业的《普及日语方策要领》,将其作为"兴亚"的"必需""恒久""紧急"的"先决"条件,达到语言同化"大陆民族"的目的。③ 各沦陷区城市的中小学校和社会教育都必须使用由日本侵略者编订和伪政府教育部编审的《日本语会话读本》《小学日语读本》《初等日本语读本》《高等日本语读本》《简易日语读本》《青训日本语读本》等教材。④ 1940年7月,日本侵略者致函汪伪政权,要求在沦陷区各中小学将日语列为必修课,并将此标榜为对日亲善程度和真诚的重要标志。为此,汪伪教育部规定凡初中以上学校将日语列为必修课。⑤ 以至于沦陷区城市均出现了像开封"卖日语课本的小摊,充斥大街小巷,街头巷尾布满各种日文标语",盛行一时的畸形的城市殖民文化景观。⑥

在沦陷区城市学校将日语列为必修课的同时,还广设日语专科学校,兴办日语短期学校、日语讲习会和日语教员讲习班,培养日语师资,以强化沦陷区日语教育的普及。另外,还针对中国传统社会,妇女"无才便是德"的思想根深蒂固的实际情况,日伪当局、新民会也将妇女作为奴化教育的重要对象,积极开展妇女日语教育。例如,山东潍县新民会总会"为使新时代妇女明了日语,及推进手工技能起见,举办妇女日语讲习班"。⑦

（3）删改、更换教科书,抵御外侮、具有民族意识的内容全部删除,一律采用由日伪编印反映"中日亲善,共存共荣,建设东亚新秩序"内容的教材。汪伪政权秉承日本奴化教育政策,对沦陷区城市的各类教科书进行了全面审查和删改,将《论语》

---

① 沈少白《浙江教育概况》,《县政建设》1942年第9期。
② 《如皋县二十九年度扩充初等教育计划》,《县政研究》1942年第9期。
③ [日]兴亚院文化部第三课《普及日语方策要领（草案）》,转引自驹入武《日中战争时期文部省与兴亚院的日语教育政策构想》,《东京大学教育学部纪要》第29卷,1989年,第182页。
④ 王士花《华北沦陷区教育概述》,《抗日战争研究》2004年第3期。
⑤ 费正等《抗战时期的伪政权》,郑州:河南人民出版社,1993年,第257页。
⑥ 程子良、李清银《开封城市史》,北京:社会科学文献出版社,1993年,第262页。
⑦ 《新民会潍县总会会务状况》,《新民月刊》1941年第4期。

《孟子》《三字经》等作为教育内容。① 河北唐山，"凡伪组织辖境内的小学校教科书完全由伪组织自己编辑发售，原来所用教科书一律禁止出售"。②

另外，日伪政权还积极异化儒家思想以"教育"学生，"教导"学生知"仁"懂"礼"，老老实实做顺民。③ 例如，浙江省府为"倡导我国固有之道德文化，尊崇孔圣，以为万世师表，爰饬恢复春丁秋丁祀典"，并"通饬学校于朔望日举行谒圣礼，指派奉祀官分别赴各学校宣讲孔圣遗教"。④

上述奴化教育措施的施行，造成了沦陷区城市人民思想极大的混乱，在一定程度上削弱了沦陷区人民的抗日意志。

3. 控制新闻出版

为遏制一切不利于日伪殖民统治的思想和宣传"东亚共和"理论，肆意传播日本法西斯侵略是"解放东亚民族"所谓的正义性，蒙骗沦陷区人民，日伪当局强化了沦陷区新闻出版事业的统制。

首先建立欺骗宣传的宣传出版机构，制定严格管控法律。1940年5月，汪伪政权宣传部在南京设立以日本同盟社的吉野为名誉会长的"伪中央通讯社"，在上海、广州、武汉、杭州等地设有分社或通讯处。同年12月，日本侵略者将各地新闻检查机关移交给汪伪政权，对沦陷区报纸实行严格的新闻检查。⑤ 各沦陷区省市和各大中小城市也相继组建了宣传出版管理机构。如在河南省开封市设有伪省府宣教室。1940年改称宣传科，后又扩大为宣传处，和伪河南省政府各厅并列。在开封市，豫东、豫北两道设置宣传科，各伪县政府公署分别设立了宣传科或宣传室，从而组成了一道严密的文宣网络，极力为日本殖民统治进行宣传辩护。⑥ 伪河北省政府和各级伪机关则设立了宣传讲习所、出版物检阅室。⑦ 天津则组织了宣传会议，宣传会议由天津市新民总会、教育局、社会局、中华电讯社等伪机关共推代表组成，主管全市新闻出版、宣传计划和具体宣传工作等事项；强化文化团体的检查登记管理，新闻通讯底稿、图书刊物及唱片等统制事项则有宣传处第二科具体负责。⑧ 其他各城市亦设立了相应的伪

---

① 费正等《抗战时期的伪政权》，郑州：河南人民出版社，1993年，第257页。
② 及时《唐山见闻录》，《论语》1937年第110期。
③ 徐畅《奴化教育是日本侵占山东的"思想战"》，《齐鲁晚报》2015年4月27日。
④ 孙达闻《平湖县地方教育概况》，《县政研究》1942年第7期。
⑤ 费正等《抗战时期的伪政权》，郑州：河南人民出版社，1993年，第254—255页。
⑥ 程子良、李清银《开封城市史》，北京：社会科学文献出版社，1993年，第262页。
⑦ 《河北省政府宣传处组织系统表》，河北省档案馆藏。
⑧ 《天津特别市公署公报》，第127号。

新闻出版管理机关。

同时,为执行新闻出版统制,伪政府还颁布了一系列的法律法规。如1940年10月,伪行政院训令颁布了《全国重要都市新闻检查暂行办法》,对违反新闻检查规定的,由各地新闻检查所会同当地军警机关实施处罚。对于图书出版,1940年初,汪伪政府公布了《出版法》,强化了出版业的管控。① 此外,伪华北政务委员会于1941年颁布了《关于与抗日及共产有关之图书新闻杂志等处置办法》。② 1943年6月汪伪颁布了《战时文化宣传政策基本纲要》等具体新闻出版统制法律,从而严密了沦陷区城市新闻出版事业的统制。

其次是管控新闻出版机构。汪伪政权通过伪宣传部、书报检查机关等统制机构,控制着华中沦陷区报纸80余家、杂志100余种。③ 各伪政权以《中华日报》《平报》《国民新闻》《申报》《政治月刊》《中央导报》《中华月报》《县政研究》等文宣喉舌积极报道宣传日本军部言论消息,传播伪政权思想和日本侵略者的殖民政策。

再次是查禁抗日、进步刊物。对国人承办的抗日、进步刊物,日伪当局厉行查禁,以图隔绝沦陷区城市与外界的联系,限制抗日精神的影响。例如上海,"自从敌军势力侵入上海后,在社会上有地位的申报、大公报、时事新报、民报、立报都不顾日方的检查,而相继作光荣的停刊,仅有完全以生意着眼的□□报以及少数鸳鸯蝴蝶派的小报,和注重社会新闻的时报仍照常出版。新闻来源,须经过日方检查,故沪地人士对于前线战事消息,以及后方国际情形,颇难亲见"。④

南京经过日伪的报刊整顿,"汉奸新闻事业"取代了国人进步刊物。"根据可靠的统计,中央在十八年九月开始登记报纸起,到二十八年止,南京有报社通讯社各十七家,南京新闻业最盛的时候,要算二十四年,当时共计报社二十九家,通讯社四十八家,杂志社三十六家,各省市日报分销处十四家,中西派报社各一家。后来因为中央准备抗战,命令各报节用物质,最少存储半年之景,以备不时之需,故对报业稍加限制,根据二十六年六月的统计,数字显然下降,只剩了报社十八家,通讯社三十一家。及至抗战军兴,沪京相继失守,国府迁驻重庆,原来的首都遂在一团漆黑之下产

---

① 费正等《抗战时期的伪政权》,郑州:河南人民出版社,1993年,第254—255页。
② 中国第二历史档案馆《中华民国史档案资料汇编》第5辑第3编,附录(上),南京:江苏古籍出版社,1997年,第556页。
③ 费正等《抗战时期的伪政权》,郑州:河南人民出版社,1993年,第255页。
④ 《上海的文化现状》,《中华图书馆协会会报》1938年第1期。

生了汉奸的新闻事业。"①

武汉日伪当局根据《武汉特别市政府管理出版物条例》，对全市出版物、戏剧、影片、留声机、图书室等都进行了极为苛刻的"检阅"，并通过学校演讲、特种宣传、散发传单、出版报刊、编印小册子等文宣手段，极力向社会灌输"日中亲善""建设东亚新秩序""共存共荣"，以欺骗麻醉沦陷区人民。②

安徽蚌埠经新闻报刊查禁后，"除蚌埠新报外，其他出版物甚少，惟本局为预防反动宣传起见，特通知各印刷所遇有出版刊物，须经本局查验后始准出版，并派员随时赴各书店验查，如发见反动刊物或有关风化书籍，即予取缔禁止出售。"③

日伪政权在沦陷区城市通过严格的新闻出版控制手段，在一定程度上毒化了民众的思想，配合了日本侵略者殖民中国的反动策略，将广大民众置于"皇民化"文网之中，从而达到消弭中国沦陷区城市人民抗日精神的罪恶目的。

（三）伪警察制度的建立与实行

抗战时期，为了强化殖民统治，日伪当局在沦陷区城市实施了严密的伪警察制度。

1. 组建伪警察机构。为有效控制沦陷区城市，日本侵略者勾结伪政权或汉奸组织成立了伪警察机构。1937年12月5日，日伪上海市大道政府警察局成立，设浦东区分局，辖洋泾、东昌路、杨家渡三个分驻所。1938年4月28日，改为督办上海市政公署浦东区分局。其他沦陷城市亦设立了类似机构。1942年3月，汪伪国民政府颁布了《各级警察机关组织大纲》，规定沦陷区各省设"警务处"，隶属伪中央政府兼受伪内政部警政总署指导，各省会城市均设"省会警察局"，各县则设"县警察局"。县警察局可设"警察分局""警察分驻所"和"派出所"。④同年，汪伪政权又公布了《各县警察大队编组大纲》，作为"警察局"的机动骨干武装力量。⑤各沦陷城市遂按此纷纷组建了伪警察机构。

在南京，1940年汪伪国民政府成立后，原"维新政府"南京市警察厅改称伪首都警察厅，直属伪内政部。内设总务、保安、卫生、司法、督察五科，在南京城内设东、西、南、北、中五区警察署，城外设东、西、南、北郊及下关五区警察署。负责

---

① 程其恒《目前南京的报业》，《战地党政月刊》1941年第9期。
② 《汉口特别市政府秘书处宣传科1939年度工作报告》，武汉市档案馆，档案号：8-4-51。
③ 彭镇江《安徽省会监察局工作概况》，《县政研究》1942年第7期。
④ 汪伪国民政府《各级警察机关组织大纲》（1942年10月），汪伪《国民政府公报》第301号。
⑤ 汪伪国民政府内政部《各县警察大队编组大纲》（1942年3月7日），汪伪《国民政府公报》第398号。

汪伪"首都"南京地区的保安、正俗、消防、户口调查、交通秩序维持、卫生管理、违章建筑取缔；外侨居住管理；刑事案件侦查；人犯的收管、通令、查缉；违禁物品的管禁；侦查共产党；各交通要道稽查及其他特务工作。

在北平，"七七事变"后，日本侵略者接管北平市公安局，成立了由日本人角田、宫内为主导的伪警察局，下辖有一、二、三、四科及秘书室，直属单位有警察大队、车警大队、侦缉队、女警队、消防队及警察教练所，并在内城、外城、郊区设十五个分局。①

天津、广州、武汉、青岛、杭州、福州、济南等沦陷区大中城市都秉承日本侵略者殖民控制政策，组建了各级警察机构，从而编织了一道严密的社会控制暴力网。

日伪当局不仅在大中城市建立了庞大而严密的警察机构，而且还在广大沦陷区县级城市亦设置了"负一县治安之责任"的警察所。1938年4月，伪山东省公署设立警务厅，主管全省日占区警务。直属机关有警察队、伪山东省会警察局、鲁东民团、鲁西民团，山东甲种警察教练所。各地警察机构有青州、登州、莱潍、武定、东临、曹州、兖州、沂州、泰安、济南道公署警务科，各道公署警务科督导所辖县警察所。除济南外，其他青州等9道设乙种警察训练所。

江苏南通县警察所，"辖有城中分所，城东城南城西城北各分驻所及各派出所，乡区如唐闸、天生港、仁港、芦泾桥、白蒲、金沙、狼山等处，各设有分驻所，全县长警名额数六百名左右，实力相当雄厚"。②江阴，1938年"组织武装特务队……奉令改组为武装警察队……现佐队士一百一十人"；"江邑警察所，现有官佐三十三员，长警二百九十二人……并于城内外重要地点，分设分驻所十九处，每处派驻警士三四十人"。③

安徽滁县，"全县设警察局一所，次设城区分所，乌衣分所，沙河集分驻所、珠龙桥分驻所，在城区分所之下，附辖有东关分驻所、南关分驻所、北关分驻所，东门派出所、南门派出所、西门派出所、北门派出所，县政府派出所联络官派出所，综计局长一员，所长二员，巡官九员，职员十七人，警长二十六名，警士二百六十名，夫役二十五名"。④

其他沦陷区县级城市亦按日伪政权指令设置了数量、人数不等警察局（所），使

---

① 《中华文史资料文库·政治军事编》第五卷，北京：中国文史出版社，1996年，第27—31页。
② 顾宽《复兴中之南通》，《县政研究》1941年第5期。
③ 《江阴县政府施政状况报告》，《县政研究》1941年第4期。
④ 周钺《实习报告》，《县政研究》1941年第7期。

沦陷区城市人民生活在日伪控制的警察制度所制造的白色恐怖之中。

上述沦陷区城市基层警察机构一般由伪基层政权官员负责，组织机构虽简单却很严密，且具有军事化特征（见下图）：

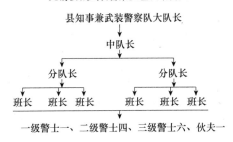

无锡县城武装警察队组织结构图

（资料来源：《无锡县行政状况调查报告书》，《县政研究》1939年第11、12期）

沦陷区城市伪警察组织的组建，为日伪当局的社会管控提供了组织保障，这在很大程度上迎合、配合了日伪当局在沦陷区城市殖民统治的需要。

2. 社会控制

随着伪警察制度的施行，伪政权以"治安"为核心强化了对沦陷区城市的社会控制。例如，句容，"于二十九年冬季，由全县自卫团、警察队，会同友军大事清剿，现在乡村治安渐见平静"。①江阴，"平时除维持地方秩序侦缉违警案件，办理冬防事务，协助友军，剿匪工作，遇有重要匪警，则会同武装警察队，同时出发，以厚实力"。②

为实现有效的社会控制，各级伪警察机关在沦陷区城市实行了严格的辖区网格化控制。③并以伪警察局为核心，打击、消灭沦陷区城市中的抗战力量，强化城市日常社会生活的管理与控制，对城市居民实行严格的管控。下以杭县警察所工作业务概况为例说明，其主要工作有：

户口清查："各分所对于户口清查抽查，人事登记等之精密统计"；

市容整理："店面审查合格，给登记营业，至沿街摊贩，凡有碍市容者，均分别取缔"；

治安管理："各公共娱乐场所，并派警随时严密检查，复于深夜清晨，不时抽查户口，凡无确保者，即予传究"；

---

① 《句容县政府施政概况》，《县政研究》1941年第7期。
② 《江阴县政府施政状况报告》，《县政研究》1941年第4期。
③ 《武汉特别市市政府公报》1939年第4期，武汉市档案馆藏，档号：bw1122/16。

卫生督办："各属所张贴卫生预防告示，派员随时宣讲"，"督饬夫役，随时扫除街道，及清捞河道水草，以洁水源，并饬令各饮食业及熟食摊贩，一律制备纱罩，每日分派员警，检查各铺户之用具"；

街巷巡逻："警长每三十分钟查勤一二次，以免疏懈，夜岗遇有必要时，随时配备加强岗位与巡逻，藉资防范，设置巡逻箱，指定或临时指定路线，日夜轮回巡逻"等。① 且每日每个时段均有警察执勤，极为严格（见表6.16）。

表6.16 武进县警察所巡守所警士勤务时间表

时间	勤务	午前	午后	时间	勤务	午前	午后
12—2时	守望	甲	丁	6—8时	守望	甲	丁
	巡逻	乙	戊		巡逻	乙	戊
	备差	丙	己		备差	丙	己
2—4时	守望	乙	戊	8—10时	守望	乙	戊
	巡逻	丙	己		巡逻	丙	己
	备差	甲	丁		备差	甲	丁
4—6时	守望	丙	己	10—12时	守望	丙	己
	巡逻	甲	丁		巡逻	甲	丁
	备差	乙	戊		备差	乙	戊

（资料来源：《武进县警察所各项设施纪要》，《县政研究》1942年第3期）

3. 镇压人民反抗

面对日伪当局在沦陷区城市暴虐的殖民统治，广大人民并没有被吓倒，反而开展了形式多样的反抗斗争。为此沦陷区城市伪警察机构为效忠日本主子积极镇压人民的反抗。

1941年6—7月，开封一位人力车夫因未购买月捐，被汉奸拉到伪劳工所捆吊毒打，激起了对日本侵略者残酷殖民统治强烈不满的2000余名人力车夫的反抗，他们愤怒地捣毁了伪劳工所，痛打伪职人员，并在龙虎街打死两名日本人。最后遭到了日本宪兵队和伪警察局的残酷镇压，7名工人被枪杀。②

在汉口，伪警察局"总计近三年来，破获较重要案件计一百三十一件，概可分为反动与刑事两大类别，属于反动类者，如组织反动机关，暗杀要人，抛掷炸弹，扰乱

---

① 《杭县警察所一年来工作概况》，《县政研究》1942年第3期。
② 程子良、李清银《开封城市史》，北京：社会科学文献出版社，1993年，第265页。

秩序，私藏军火，密谋不轨，以及携带手枪之类，计二十余案"。①

南京伪警察局，"自本年（1943）3月份至5月15日止"，共处置"中国市民如人力车夫、苦力及一部分警察'时于马路、公共汽车停留场及空地处向日本居留民有投石、恶骂等侮辱行为，计408起'"。②其他各沦陷区城市伪警察亦都曾积极配合日本侵略者镇压广大人民的反抗斗争，充当了日伪当局打击、破坏中国人民抗战的帮凶，并窒息了沦陷区城市的社会生气，致使人民"言语谨慎，始终不谈敌情，惟有农事等言语"。③

总之，在抗战时期，日伪当局通过其施行的市（县）政控制与管理、文教思想奴化以及伪警察制度等措施，强化了日本侵略者的殖民统治，并为其掠夺中国资源与社会财富提供暴力手段，使沦陷区城市陷入了持续的衰退模式。

四、沦陷区城市的衰落

抗战时期，中国中东部城市屡经战火洗礼和暴日掠夺，不仅使城市的物态本体遭到损毁，而且城市发展的内在机制、动力因素和外部腹地空间环境、条件等都发生了"异变"，④从而导致了沦陷区城市迅速走向衰落，其具体表现在城市人口的锐减、市政设施毁损极为严重、经济日益凋敝等层面。

（一）城市人口锐减

抗战时期，中国中东部沦陷城市因战争的持续进行而造成大量的人口丧亡和离散逃亡，致使沦陷地区及其城市人口数量迅速下降。

1. 华北地区

北平。北平作为千年古都，城市人口众多。据统计，1936年北京城近郊区人口为153.3083万人，10个远郊区人口为193.8476万人，共347.1559万人。沦陷期间的1942年，北京人口为179.2860万人，1943年到1945年连续下降，1944年只有163.909万人，人口骤然减少15.377万人。1945年抗战胜利时北京市域的人口仅为

---

① 《汉口特别市警察局业务汇刊》1942年9月，武汉市档案馆藏，档案号：bC16/35。
② 日本驻南京总领事馆总领事田中彦藏1943年7月3日照会，南京市档案馆藏，档案号：1007-100130。
③ 《密探员王慎武报告于七月二十五日上午八时》，武汉市档案馆藏，档案号：70-1-90。
④ 蔡云辉《战争对近代中国城市发展要素的影响》，《社会科学辑刊》2005年第5期。

165.0695 万人。①

天津。1936 年天津市区人口为 125.4696 万人，辖区郊县人口约 207 万，共计约 332 万，为当时中国第二大城市。② 抗战时期天津人口伤亡 6.3524 万人，约占人口总数的 2%。抗日战争时期除 1941 年市内出生人口超过死亡人口外，其余年份人口均为负增长。③

河北。平汉铁路沿线的河北省邯郸县城原有 1.6 万名居民，在战争阴霾下有 6000—7000 人逃亡，保定城 8.6 万名居民中，有半数以上的人逃往外地。④ 1937 年日军占领石家庄前后，"全市哗乱，人民逃散"，⑤ "石门市之逃亡难民离石者甚伙，残留未走者仅三千余人"。⑥ 直到 1938 年伪市政府成立，人口骤减态势得到初步遏制，逐渐回升，当年人口达到 5.799 万人。⑦ 到 1945 年日寇投降前夕全市人口为 16.753 万人，⑧ 比战前 6.3156 万人增加了近 2 倍，但这一数据是因日寇将石家庄作为华北六大都市之一加以重点规划建设，将正定、获鹿两县所属部分村庄划入，机械增加了近 12 万人口的结果。⑨ 而这些人口并不是真正意义上的城市人口，而是农业人口。这间接说明了石家庄市虽然是日伪当局重点建设的城市，并未恢复到战前的水平，而是处于衰落状态。

河南。从 1937 年 10 月到 1945 年 8 月，抗日战火遍及河南 109 个县，"全省一百一十县中几无一县未受敌寇侵扰"。⑩ 城市人口亦因死亡惨重和人民流离失所而大量减少。例如，郑州在 1936 年全市人口"有二十万左右"。后因抗战沦陷，人口数量持续下降，到 1943 年仅存三四万人。⑪ 到抗战结束时，也仅 10.145 万人。⑫ 开封于 1938 年 6 月被日军侵占后，居民大量西逃，城市人口急剧下降。据记载"日占时期，开封人口减少至二十万，其中还包括七千日本人"。另据《河南统计年刊》称："民国二十九年，开封人口为 19.1647 万人"。比战前 1937 年底 32.7949 万人减少了 13.6382

---

① 北京地方志编纂委员会编《北京志·综合卷·人口志》，北京出版社，2004 年，第 25 页。
② 李竞能：《天津人口史》，南开大学出版社，1990 年，第 77 页。
③ 《天津首次发布抗日战争时期人口伤亡和财产损失数据》，《每日新报》2015 年 4 月 15 日。
④ 《华北水灾战祸调查报告》，《满铁调查报告》1938 年 7 月，第 92、113 页。
⑤ 陈佩《石门市事情》，新民会中央总会，1940 年，第 67 页。
⑥ 同上书，第 28 页。
⑦ 同上书，第 13 页。
⑧ 《石家庄文史资料》（2），1984 年 8 月，第 129 页。
⑨ 李惠民《近代石家庄城市化研究 1901—1949》，北京：中华书局，2010 年，第 282—285 页。
⑩ 《重读抗战——抗战最伟大的省：河南》，《兰台说史》2015 年总第 26 期。
⑪ 《郑州市委政研室关于郑州市几个基本情况调查》，中共郑州市委档案，全宗号 1，卷 17。
⑫ 郑州地方史志办公室《郑州历史上的今天》（1840—2000），郑州：中州古籍出版社，2011 年，第 166 页。

万人,即便到战后 1946 年,大量人口回流,也未达到 1937 年的水平,仅为 28.1438 万人。① 卢氏县人口在 1935 年总人口为 13.1723 万人,经过 8 年抗日战争,到 1946 年减至 10.7137 万人,人口比 1935 年减少 2.4586 万人。② 济源人口由 1937 年的 33.4018 万人减至 1945 年底的 20.4235 万人,仅相当于战前的全县人口的 61.1%。③ 河南安阳、漯河、固始、光山、罗山、商城、信阳等沦陷城市人口亦因日寇的侵略深入,造成重大的人口损失。

山东。据侵华日军田坂旅团情报主任难南博供述:1943 年 8 月该旅团"决开正在暴涨的卫河大堤",致使馆陶、临清、曲周、邱县、威县、武城、清河 7 县 2 万多人被淹死,100 余万人沦为无家可归的难民。④ 临朐县在 1940 年时有人口 38 万,到 1942 年全县仅余 8 万人,人口减少了近 80%。⑤ 济南城市人口"在事变前,有四十余万人口,当事变时,仅有万余人,大多逃避一空……周围各县农村,则断壁残垣,田园荒芜,乡农生活困难实达极点"。⑥

2. 华东地区

华东地区在抗战前是中国城市化程度最高的地区,城市人口众多,但随着日寇侵略范围的扩大,引发了城市居民逃亡潮。1937 年 8 月 20 日至 26 日,"便有从省会杭州退出的难民三千七百人乘车、乘船先后返回宁波、天台、温州等地"。⑦ 又如京沪铁路沿线难民救济专员成静生致电江苏省府称:"京沪路及江北淮扬一带,近有大批难民扶老携幼纷纷由沪逃回者,已有数万人之多。"⑧ "截至九月底共约二十五万人,现均散居乡间,寄食邻里,其中失业工人占百分之七十,人力车夫占百分之三十。"⑨

上海。上海为近代中国第一大都市,自开埠后,人口迅速增长,到 19 世纪末人口超过了 100 万。1915 年达到 200 万人。1930 年则超过 300 万人,为 314.4805 万人。

---

① 开封市地方史志办公室《开封市志·综合》,北京燕山出版社,2004 年,第 374—375 页。
② 卢氏县志编纂委员会《卢氏县志》,第二篇,第一章"人口",郑州:中州古籍出版社,1998 年。
③ 济源市地方史志编纂委员会《济源市志》,郑州:河南人民出版社,1993 年,第 91 页。
④ 军事科学院外国历史研究部《日本侵略军在中国的暴行》,北京:解放军出版社,1986 年,第 91 页。
⑤ 路遇《民国年间山东移民东北三省初探》,《人口研究》1985 年第 6 期。
⑥ 华北伪中华民国临时政府内外部"山东庶政视察团"第五组《视察山东庶政密情》(1939 年 12 月),中国第二历史档案馆藏。
⑦ 《浙江省上虞救济分会工作报告》,中国第二历史档案馆藏档案,案号:116 全宗第 66 案卷。
⑧ 《成静生关于难民情形致江苏省府电》(1937 年 8 月 25 日),中国第二历史档案馆藏档案,案号:116 全宗第 65 案卷。
⑨ 《成静生关于视察江北难民情形致江苏省府电》(1937 年 10 月),中国第二历史档案馆藏档案,案号:116 全宗第 65 案卷。

到抗战爆发前的 1937 年人口总数更增至 385.1976 万人。从"八·一三"上海抗战开始至 9 月 30 日，从上海逃回苏北的难民共计约 30 万人，人口有所减少。① 随着上海和江浙地区的沦陷和上海租界的相对稳定，上海人口总数在 1942 年达到了沦陷时期的一个峰值，为 391.9779 万人。之后，因太平洋战争的爆发，上海人口日益减少，至 1945 年抗战胜利时，上海人口总数下降至 337.023 万人。②

江苏。抗战时期，在政治、经济和军事上有重要地位和作用的江苏铁路沿线大城市人员伤亡比较大，如苏州、无锡、常州、镇江、南京和徐州，这 6 座城市在抗战期间人员伤亡占全省人员伤亡总数的 71.96%。③ 其中南京因大屠杀，中国军民被日军惨杀者高达 30 余万人。南京人口也由 1937 年南京沦陷前的 101.87 万人锐减至 1938 年的 43.8 万人，到 1945 年日本投降时，南京人口也只有 47.49 万人。④ 不及战前 100 万人口的一半。⑤ 镇江县 1937 年全县 21.6803 万人，1945 年仅有 15.3613 万人，人口净减达 6.3190 万人；⑥ 无锡县 1937 年共有 112.4022 万人，至 1946 年为 109.3988 万人。8 年间净减达 3.0034 万人。⑦ 江阴县 1936 年总人口为 79.8343 万人，1945 年总人口数为 78.2981 万人，净减人口 1.5362 万人。⑧ 江苏其他城市人口亦大量减少。

浙江。抗战爆发后，浙江城市人口因日寇入侵大量逃亡后方或死于战乱而大量减少。1936 年省会杭州有人口 49 万余人，经过抗战劫难，到 1947 年减少到 43.4 万余人，这还包括 1945 年日寇投降后，返城居民和外来移民。宁波在抗战时期损失人口 3 万余人。⑨ 海宁县 1936 年有人口 34.8498 万人。1937 年 12 月海宁沦陷后，人口因大量逃亡剧减至 15.7709 万人，后有所恢复，到 1942 年仍只有 15.83 万人。⑩ 慈溪、嘉兴、台州、湖州等沦陷城市人口在抗战时期亦有较大的损失。

福建。抗战时期福建城市人口亦因大批民众因战乱或逃离或死于战火而锐减。据统计，1929 年厦门市区人口总数为 26.5631 万人。沦陷后，因日寇殖民统治到 1941

---

① 《成静生致江苏省府电》（1937 年 10 月 22 日），中国第二历史档案馆藏档案，案号：116 全宗第 65 案卷。
② 周源和、吴申元《上海历史人口研究》，《复旦学报》（社会科学版）1985 年第 4 期。
③ 江苏省委党史研究室《江苏省抗日战争时期人口伤亡和财产损失》，北京：中共党史出版社，2014 年，第 42—43 页。
④ 曹洪涛、刘金声《中国近代城市的发展》，北京：中国城市出版社，1998 年，第 72 页。
⑤ 南京市地方志编纂委员会《南京公安志》，深圳：海天出版社，1994 年，第 48 页。
⑥ 镇江市地方志编委会编《镇江市志》，上海社会科学院出版社，1993 年，第 193、204 页。
⑦ 无锡县志编委会编《无锡县志》，上海社会科学院出版社，1994 年，第 174 页。
⑧ 江阴市地方志编委会编《江阴市志》，上海人民出版社，1992 年，第 165 页。
⑨ 朝泽江《宁波市抗日战争时期人口伤亡和财产损失情况》，《宁波日报》2015 年 8 月 17 日。
⑩ http://hnnews.zjol.com.cn/hnnews/system/2015/08/25/019668020.shtml。

年全市人口仅余12.0098万人，人口比抗战前锐减了一半以上。①福州城市人口在沦陷时期则由1934年的41.5万人减少至战后的25.8万人，人口损失率高达37.9%。②泉州（含晋江）在抗战前人口有近67万，抗战爆发后，泉州虽不是沦陷区，但屡遭日寇侵扰，人口损失亦很惨重。到1945年泉州人口锐减10万人，降至59.9819万人。③金门、诏安、东山、福清、长乐、连江、闽侯、海澄、永安、霞浦、宁德、福安、漳浦和云霄等县城人口损失亦很大。

3. 华中地区

江西：在日本侵华期间，造成九江县人口死亡数高达23537人，昔日繁华的口岸城市，沦为荒凉残败之城。④省会南昌人口由沦陷前的26万人锐减至6万—7万人。⑤景德镇（含浮梁县）据民国五年（1916）统计，有居民40.9523万人，是有文字记录以来的人口最高纪录。1938年因抗战爆发，局势动荡所导致的灾荒、瘟疫的影响，人口减少到17.2533万人，平均每年递减38.53%。在1938—1944年的7年中，景德镇和浮梁县人口减少了13.8%，减至1944年的14.8581万人。⑥上饶、奉新、靖安、高安、湖口等城市人口在日寇发动侵赣战役和奴役期间亦因人口逃亡或死于战乱而大量减少。

湖北沦陷区城市人口数量在日伪残酷掠夺摧残下急剧下降。例如，武汉在1938年10月沦陷前夕"三天之内就有75万人撤离市区"。⑦1938年会战前全市人口为22.88万户，118.83万人，到1939年8月，减至仅余9.1万户，41.2518万人，比会战前减少了2/3以上。⑧三镇人口亦由从战前的120余万人骤减至40余万人。⑨后虽经伪政府招徕"复业"，到1940年8月，全市人口仍只有91万余人，大大低于战前水平。⑩潜江在日军侵占期间，房屋被拆200余间，外出避祸者100余户。抗战胜利后，

---

① 范寿春《厦门知多少》，厦门广播电视报，1999年，第46—47页。
② 福州市政协文史资料工作组《福州地方志简编》（上），1979年，第10页。
③ 许伙努、刘贤明《泉州文史资料1—10辑汇编》，1994年，第535页。
④ 政协九江市委员会文史资料研究会《九江文史选辑》第3辑，1985年，第164、194页。
⑤ 《江西民国日报》1939年4月9日。
⑥ 丁伟志《百县市经济社会调查·景德镇卷》，北京：中国大百科全书出版社，1996年，第38、39页。
⑦ 武汉市地方志编纂委员会《武汉市志·大事记》，武汉大学出版社，1990年，第131页。
⑧ 会战前武汉人口数见武汉地方志编纂委员会《武汉市志·总类志》，武汉大学出版社，1998年，第126页；会战后人口数见伪《武汉特别市政府公报》1939年第4期（1939年9月15日），武汉市档案馆藏，案号：Bb1122/9。
⑨ 《武汉最后一瞥》，《半月文摘》1939年第2期。
⑩ 伪汉口市政府《汉口市政公报》1940年第20期（1940年10月），武汉市档案馆藏，案号：Bb1122/16。

全城只有300余户，房屋不过1100间。①黄石、武穴、黄冈、荆门、天门、沔阳、监利等沦陷城市人口也大大低于战前的人口总数。

安徽。抗战时期，马鞍山、广德、当涂、安庆、合肥、蚌埠等城市先后沦陷，人民为躲避战乱纷纷向内地转移，其人口大量减少。据统计，战前1936年，安徽人口为2326.5368万人；1939年为2239.0554万人②，1943年为2197.8667万人，1944年为1444.2457万人③。鉴于安徽当时人口统计以县域为计量单位，没有对单个城市进行具体而详尽的统计，故以县为单位的人口数量变化对抗战时期安徽沦陷区城市人口变迁进行考察，虽不十分准确，但也可大致反映出真实情况。抗战时期各沦陷区县级城市人口变化如下：

表6.17 抗战时期安徽部分城市人口损失情况

单位：人口密度：人/平方公里；县域面积：平方公里；人口数：人

县名	1933年			1944年			人口增减值
	人口密度	县域面积	人口数	人口密度	县域面积	人口数	
太湖	213	1975	420675	154	2129	327866	-92809
宿松	195	1820	354900	160	2164	346240	-8660
合肥	265	4795	1270675	211	6034	1273174	2499
宿城	244	2000	488000	183	2672	488976	976
宣城	213	2257	480741	105	2774	291270	-189471
泾县	133	1640	218120	103	2008	206824	-11296
庐江	339	1615	547485	202	2534	511868	-35617
无为	320	2257	722240	246	2919	718074	-4166
巢县	245	1460	357700	236	1587	3745532	16832
至德	84	1307	109788	38	2171	82498	-27290
祁门	59	1537	90583	27	3488	74176	3493
贵池	115	2435	280025	51	2625	133875	-146150

（资料来源：本表数据据安徽省地方志编纂委员会《安徽省志·人口志》，安徽人民出版社，1995年，第65—67页，统计计算而得）

上表从总体上看，安徽大部分沦陷城市在县域面积增加的同时，人口却大量减少，虽然有数座城市人口有所增加，但都是在县域面积大幅度增加的情况下实现的，

---

① 潜江市地方志编纂委员会《潜江县志》，北京：中国文史出版社，1990年，第414页。
② 内政部统计处《全国选举区户口统计》，《内政统计季刊》创刊号，1936年10月。
③ 安徽省地方志编纂委员会编《安徽省志·人口志》，合肥：安徽人民出版社，1995年，第23页。

从人口增长规律看，实际上是减少的。因此，在抗战时期安徽城市人口较战前大幅度减少，则是毋庸置疑的事实。

湖南。长沙经过近代发展后，到1937年增长至54.4617万人。①后经日寇入侵和"长沙大火"等对城市的破坏，长沙人口锐减，1939年初全城仅存12.7529万人。后虽有所增长，到抗战胜利一年以后的1946年8月，全市人口才恢复至41.1260万人。比战前减少了13万余人。②常德位于湖南西部，为湘西重镇，是一座拥有10万人的古城，其人口在抗战初期一度因外省难民涌入而大增，1937年末至1938年初人口一度达到20万。③常德会战后，城市人口仅存6.251万人，军队4000人。④衡阳则从战前最高的10万人降至1945年的3万人。岳阳等沦陷城市也在战争中减少了大量人口。⑤

4. 华南地区

广东。抗战时期，广州、佛山等沦陷城市人口都因战争劫难而减少。广州于1938年10月沦陷后因日本帝国主义的殖民统治，其人口锐减。据统计，1937年广州人口为121.6万人，到1943年全市人口仅为64.3万人，几乎比战前减少了一半。⑥佛山在1937年时其城市人口已达20万。⑦经暴日的野蛮统治之后，城市经济残破，民不聊生，1946年人口锐减到7.7331万人。⑧顺德人口在日占时期由抗战前的87万人口减少至光复时的37万，锐减一半。⑨广东惠州、珠海等沦陷城市人口在抗战时期亦有相当损失。

广西。自1938年日寇入侵广西，南宁等城市先后沦入敌手。在日寇的殖民统治下，广西沦陷区城市人口大量减少。其中南宁城市人口由1937年的2.0853万户，10.8878万人，减少至1945年5月光复时的1.3312万户，6.6730万人。⑩桂林，1944年9月沦陷前夕有人口五六十万人，经人口疏散，"乃至竟无一人在城内"，沦陷期

---

① 《市民日报》1937年8月21日。
② 长沙市志编纂委员会《长沙市志》(1)，长沙：湖南人民出版社，2004年，第314页。
③ 中共湖南省委统战部、中共海南省委党史委《中国资本主义工商业的社会主义改造》(湖南卷)，1993年，第492页。
④ [日] 松村高夫《1941年湖南常德的细菌作战》，《浙江学刊》1997年第4期。
⑤ 郑佳明、陈宏主编《湖南城市史》，长沙：湖南人民出版社，2013年，第400—405页。
⑥ 冯静雯、李芳清《浅论民国时期广州百货业的发展》，《民国广州城市与社会研究》，广州经济出版社，2009年，第117页。
⑦ 佛山市地方志编纂委员会《佛山市志》(上册)，广州：广东人民出版社，2008年，第200页。
⑧ 《南海公报》1947年11月15日。
⑨ 江佐中《经济发展中的制度变迁：基于顺德的理论与实证研究》，北京：中共中央党校出版社，2000年，第191页。
⑩ 南宁市地方志编纂委员会：《南宁市志·综合卷》，南宁：广西人民出版社，1998年，第233页。

间，迁回者仅只有两三千人。① 柳州、梧州等城市在沦陷期间亦大量减少。②

此外，贵州独山、三都、丹寨、荔波和云南龙陵、保山、腾冲等沦陷城市也因日军的侵略与掠夺，损失了大量的人口。沦陷区城市人口的大量减少，进一步加剧了沦陷城市的衰落，并由此引发了沦陷区城市及其辐射区域的衰败的链式反应。

当然，在沦陷时期，一些中东部沦陷城市的人口数量变化并不是像大多数沦陷城市那样存在人口数量减少的情形，而出现了"逆向"增长的现象，如青岛、天津等城市。这主要是因为大量的难民因战乱和饥荒而流入，他们的流入不是城市发展吸引而来，而是战争与灾难将大批农村人口逆向推向城市，特别是日伪对华北、华中等沦陷区农村进行洗劫式扫荡、清剿、"治安强化运动"和进行野蛮的"三光政策"，使大量乡村人口因无法在农村维持生活，被迫背井离乡到天津等城市谋生。但是，在天津、青岛等沦陷城市本身生产能力因日寇掠夺而严重滞后的背景下，这些流落至此的难民生活极为困苦。例如天津，难民主要集聚于河东新开路、南开西营门、西火车站以西的窝棚区，③ "津中等以下之人民大部分不能维持生活"，④ 大多沦为乞丐或无业流民。据1943年4月天津一项不完全统计，全市乞丐有8832人，无业流民2971人，两者共计1.1803万人。⑤ 街上衣不蔽体、蓬头垢面的乞丐或无业流民随处可见，并成为沦陷区城市衰落的一个表征。

（二）城市残败

抗战时期，因日寇的侵略和经济掠夺，城市日益残败、腐朽，"集聚了人世间未曾有的污秽：鸦片、赌博、娼妓、劫杀，一切堕落罪恶，应有尽有"。⑥ 其残败最主要的标志是市政损毁严重和城市经济凋敝。

1. 市政毁坏严重

抗战时期，尤其是经过激烈的城市之战后，城市几为废墟。在南京城破时，日军在抢劫以后往往就是焚烧国民政府军政机关、商店、文化古迹与居民房屋，以恐吓威慑中国人民的抵抗意志和掩盖其战争罪行。拉贝曾在其日记中总结了日寇"先

---

① 易熙吾《桂林年鉴·特载（一）》，桂林市文献委员会，1949年，第4—5页。
② 宾长初《抗战时期广西城镇的发展变迁》，《民国档案》2013年第2期。
③ 张仲《天津房地产发展状况》，《天津文史丛刊》第4辑，1985年，第57页。
④ 罗澍伟《近代天津城市史》，北京：中国社会科学出版社，1993年，第701页。
⑤ 同上。
⑥ 郑杰民《厦门沦陷的两周年》，《力生旬刊》1942年第35、36合期。

抢劫，后纵火"的规律："现在我们已经了解这类火灾的前兆迹象了：只要有大批卡车出现，那么稍过一会儿，房子就会燃起熊熊大火，这就是说，先抢劫，然后纵火。"① 战争极大地损毁了近代以来中国人民历经磨难积累的城市市政建设成果，满目疮痍。

在战争中，南京、北平、天津、上海、杭州、苏州、武汉、广州等中国大城市的市政破坏最为严重。

1937年12月南京保卫战及沦陷之后，南京城市毁坏极为严重。战后远东国际军事法庭在判决书中指出："在日本兵抢劫了店铺和仓库以后，经常是放一把火烧掉它。最重要的商店街的太平路被火烧掉了，并且市内的商业区一块一块的、一个接一个的被烧掉了。日本兵毫无一点理由地就把平民的住宅也烧掉。这类的放火在数天以后，就像按照预定的计划似的继续了六个礼拜之久。因此，全市的三分之一都被毁了。"②"城外市集，亦半付劫灰"，"城郭依旧，而人事全非矣"。③

北平，在抗战期间市政遭到严重破坏。据1946年7月上旬北平市警察局统计（北京原辖区）：北平市民营事业财产直接损失为46.55037944亿元（法币），间接损失为27.52389044亿元（法币）。北京市营事业财产中，北平市电车公司直接损失为53.0391万元（法币）。市立及私立学校财产直接损失为589.5499万元（法币），间接损失为673.2012万元（法币）。市警察局及所属机关财产损失共计1.06706564亿元（法币）。④ 另外，城市排水沟渠在沦陷时期未得到有效修缮，到1947年城区暗沟140.3公里，明沟12公里，缸管沟28公里，水泥混凝土管沟3.8公里，旧式暗沟68.5公里，已坍塌淤塞。⑤

天津，在沦陷时期因战火和日本侵略者的掠夺，其市政建设停滞不前，且因维护不善而损坏严重。首先是交通的破坏。日军占领天津后，为控制铁路运输，强占北宁铁路管理局大楼、天津机务段及铁路员工宿舍500余间，掠夺、破坏通信设备327部（件），给铁路运输造成极大破坏。并强征火车、轮船为其运送部队和军需物资。天津沦陷前，北宁铁路就因被迫为日军运送部队、物资而蒙受严重损失。天津沦陷后，北

---

① [德] 约翰·拉贝《拉贝日记》，南京：江苏人民出版社，1997年，第235、236页。
② 张效林译《远东国际军事法庭判决书》，北京：群众出版社，1986年，第485页。
③ 《藕孔日记》1938年2月21日，《新命月刊》1939年第1卷第6期。
④ 北平市警察局《为奉令调查抗战损失经过情形分别列表填报的呈文》，1946年7月5日，北京市档案馆藏，档案号：J181-14-685。
⑤ 《北平市都市计划设计资料》第1辑，第22页；《北京市综合统计》第1辑，第49页。

宁铁路、津浦铁路以及天津及华北各地民营大小轮船公司为日军直接控制。在战争中，天津北方航业公司、政记轮船公司、直东轮船公司、亚细亚航运公司、通顺轮船公司、卫利韩公司等五十余艘轮船被日军征用而遭到严重损失，其中十余艘船只被炸沉，三十余艘遭空袭，数艘被拆毁。为了满足其侵略战争的需要，日本侵略者不择手段地掠夺钢铁等物资。在天津铁路系统，日军强行掠取钢轨、铁门窗及枕木等大量物资。据现有档案资料统计，抗战期间，日本侵略者给天津交通事业造成的财产直接损失（折算为1937年7月价值）为3564.8350万元（法币）。其次是城市公共建筑和公共事业。在抗战时期，天津市政府、警察局、法院、造币厂、电台、火车站等均遭到日军飞机轰炸。其中，市政府、市法院、财政局、警察局、国营招商局天津分局等机关房屋700余间及家具、自来水管道、下水管道等被日军炸毁。并将公园里的铁门、栏杆，马路上的电灯杆等公共设施因日本侵略者攫取钢铁等物资强行拆去。据统计，抗战时期，日本侵略者给天津公共事业造成的直接财产损失为358.7201万元（法币，折算为1937年7月价值）。这些市政设施因未得到有效维护和管理，市内下水道、交通经常性地发生严重损毁、阻塞。此外，天津其他事业的财产损失亦在战火中和日寇的殖民统治下十分巨大。①

上海，在抗战前市政建设已有较好的发展，城市道路柏油路面比例由原来的1%上升至16.9%。各类市政设施日渐完善。②但这些设施却在战火中遭到大量破坏。上海第一公共体育馆被炸为废墟，沦为日军养马场。上海市体育馆成为日寇军火库，后于场内修筑了机械修理厂和碉堡。市内交通破坏尤为巨大。如中山路桥和梵王渡铁桥被我军炸毁。翔殷路、西体育会路、其美路、军工路、三民路等因处于上海市政府所在地而成为日军轰炸的重点，破坏殆尽。海军桥、虬江桥、三号桥等桥梁都受到很大破坏。③上海煤气管道及其相关设施亦破坏严重。杨树浦煤气厂压送机房被炸坏。西藏中路的储气柜被枪弹击穿，修造工厂升降机被炸坏，杨树浦和北四川路地段的许多煤气管线及闸北区和上海市政府中心五角场的煤气表及附属物被损毁。④

杭州城外劫后断壁残垣，萧瑟不堪，"拱宸桥及吴市一带，以及南星桥至闸口一

---

① 天津市委党史研究室《天津市省抗日战争时期人口伤亡和财产损失》，北京：中共党史出版社，2014年，第15—19页。
② 上海市工务局《上海市工务局三十年》（1927—1937），第8月，转引自熊月之等《略论近代上海市政》，《学术月刊》1999年第6期。
③ 《汪伪上海特别市公用局三十年各区公用事业调查卷》，上海市档案馆藏，档案号：R52-1-76。
④ 吴景平《抗战时期的上海经济》，上海人民出版社，2001年，第183页。

段房屋亦全毁"。① "沿西湖的几条大路，都是马路正中，堆有二丈余高的垃圾。至小街小巷，更是臭气熏天，举步维艰。"② "所见一片破瓦颓垣，接连不断，全是倭寇纵火烧毁的。"③ "（笕桥机场）旧时建筑多被破毁"，"之江大学校舍破坏甚巨……（文理学院）前物理教室、大楼、礼堂剩一空壳；马坡巷觅法政学校旧址……知已夷为平地"。④

苏州，在1937年9月间先后遭到日机数十次的无差别轰炸。苏州城内火车站、凤凰街、道前街、西善长巷、朱家园、瓣莲巷、学士街、东支家巷、西支家巷、阊门、大马路、石路、葑门、洋关、齐门等街巷大部分被毁，东至大佛寺、小菜场路一线以北，西至小鸭黛桥河以东，南至老石路北侧的耶稣教堂以西至惠中旅社以东一线，北至饭店弄南侧一带的商店、茶馆、旅社、饭店、浴室等建筑尽被付之一炬，成为丘墟。苏常公路、苏昆公路也在战火中中断了。城内工厂、学校、车辆、船只被炸毁炸坏。⑤

广州，于1938年10月沦陷，在战争浩劫中，城市损失惨重。据广东省银行经济研究室的调查统计，广州省营市头、新造、顺德糖厂，各厂电机、锅炉、工场、宿舍均受损严重而停产。⑥ 加之，在日寇侵占广州前夕，八达电机棉纺织厂、大华铁工厂等数十家现代企业迁往香港、德庆及内地后方。而大部分未来得及迁移的省营工厂和民营工业随着广州的沦陷被日伪当局加以经济统制而遭到了严重的损失。其中，省营工厂和市营电力厂、自来水厂的关键设施均被炸毁，政府机关、重要建筑物、桥梁等也在"焦土抗战"中为我军炸毁或放火焚烧。对广州城市破坏最大者当属日寇和汉奸的焚烧和劫掠，广州大小商号、民营工厂被劫掠。"大火连续烧了整整三天，结果造成了本市空前的财产损失。"⑦ 即便市内劫后所存的新式省营、市营和民营工厂也几乎全被日军占据或劫迁。繁华的广州形同一座死城。

武汉，在1938年以前是中国内地最有影响的城市之一，市政建设比较完善。日军入侵占领武汉后，给武汉的市政造成了极大的破坏。自来水管网线因日寇对金属管件的掠夺而阻断，全市自来水售水量由1937年的1360万吨锐减至1946年的708万吨。城市全长30余公里的排水管道在抗战期间大部分被炸毁。城市中原有的警察指

---

① 竺可桢《竺可桢全集》第9卷（日记），上海科技教育出版社，2006年，第547页。
② 张根福、岳钦韬《抗战时期浙江省社会变迁研究》，上海人民出版社，2009年，第360页。
③ 易君左《战后江山》，镇江：江南印书馆，1948年，第145页。
④ 张根福、岳钦韬《抗战时期浙江省社会变迁研究》，上海人民出版社，2009年，第361页。
⑤ 樊泱《日本侵略军在苏州的罪行》，《苏州史志资料选辑》，1990年，第68—97页。
⑥ 杨万秀《广州通史·现代卷》（下），北京：中华书局，2010年，第482—483页。
⑦ 《各项事件传闻录》（英文），广东省档案馆藏，档案号：94-1-1591。

挥台、停车场、菜市场、摊贩露天交易场、各类标示牌等，在战后已荡然无存。沿江码头、城市防水墙，在沦陷期间多被破坏，闸板则全部损毁。市政被破坏最严重的是城市建筑。据调查，沦陷期7年间，武汉共毁坏各类房屋7500余栋，约20万间。①如果按1945年12月的价格估算，在武汉沦陷期间，各类公共和民用建筑价值损失为"三兆零七百六十余亿元"。②

济南"面粉厂计有七家，茂新公司厂屋完全被焚"。③台儿庄是"'天下最大的庄子'，房屋有2000间，可是炸毁在炮火下的是相同的数目。庄子里的住民有1.3万人，战争来到以前能逃跑的都逃跑了"。④

开封，"车站已给炸得一塌糊涂……被炸的面积约五六方里，沿途大小房舍车辆，都给炸得十分纷乱。车站的主要建筑物已塌圮大半，只余颓垣及空洞的窗格子"。⑤

不仅大中城市损坏严重，而且县级城市也因战火而遭到巨大的破坏。平湖县城"沿街房屋十之五六或被毁或被焚，参差不齐"。⑥

河北沧县在抗战中破坏严重，县城"今颓败不堪"，即便县署建筑也"残损不堪"。⑦

德清县，"自军兴以来所有道路桥梁大都均被破坏"。⑧

青浦县"城厢民房商铺，在事变时被炸殆尽，衙署学校公共场所无一完全，街道损坏，市河淤塞，破坏已达极点"。⑨"城市空虚，原有繁华市街，尽变为瓦砾之场。"⑩

河南沦陷各县镇亦在战争中损毁极为严重。根据1946年河南省善后救济分署秘书室的统计，全省各县城镇破坏程度平均达62.1%。⑪

其他沦陷区城市亦如上述城市一样市政设施的损毁，人口锐减，致使沦陷区城市经济发展基本丧失了其发展的市场，其经济日益凋敝。

---

① 涂文学、邓正兵《武汉抗战与民族复兴》，北京：中国社会科学出版社，2011年，第385—390页。
② 《汉口市抗战期间各种损失总计》，《汉口市政府公报工作报告》（1945年10—12月）第2编，第4页。
③ 《调查·济南》，《交通银行月刊》1939年第5月号。
④ 王西彦《被毁灭了的台儿庄》，《战地》1938年第5期。
⑤ 李桦《今天的郑州与开封》，《抗战文艺》1938年第8期。
⑥ 《平湖之县政概况》，《县政研究》1940年第1期。
⑦ 《河北省沧县地方实际情况调查报告》，《冀察调查统计丛刊》1937年第1期。
⑧ 《德清县县政状况报告书》，《县政研究》1940年第1期。
⑨ 《报告青浦县政》，《县政研究》1940年第1期。
⑩ 同上。
⑪ 《河南省各县城市破坏程度一览表》，《善后救济总署河南分署周报》第14期，1946年，河南省图书馆馆藏，档案号：F717。

2. 城市经济凋敝

抗战时期，因暴日的掠夺和"以战养战战略"的实施，致使中东部沦陷城市经济十分凋敝，民不聊生。

北平，日寇以多种形式吞并了门头沟煤矿、石景山炼铁厂和发电厂、长辛店机车修理厂、军政部制呢厂等重要工厂，实行"以战养战"政策，只有少数为军需加工或为社会急需的面粉等产业略有发展。在日寇的统制下，全北平市到1939年仅存工厂138家，①城市生产力严重下降。城市居民消费在日寇掠夺和超经济剥削下严重不足，货币购买力大幅度下降。以1937年1—6月为100，则1938年居民所持有的货币购买力指数为76.27，较1937年基数贬值23.73%，1939年货币购买力指数则进一步下降为42.93。到1944年货币购买力指数更下降至6.69。物价飞涨，既使城市居民生活苦不堪言，又体现出了沦陷时期北平经济的困顿。诚如时人所言："今年北方物价增至十倍，人人皆告穷困。家用从前没有费六百金，今乃至五千余金。而一切食用皆刻苦万状，往往当食而叹。"②

天津，日本侵略者占领天津初期，为达成"速战速决"的军事目的，实行了野蛮的直接掠夺的方针。抗战进入相持阶段后，日本侵略者秉承"以战养战"政策，加强对冶金、机械、化工等与军需品生产密切相关的行业的控制，进一步将天津经济纳入其侵华战争轨道，并不择手段掠夺、搜刮财富，给天津造成严重的财产损失。仅1937年至1938年一年内，日本侵略者就以"军管理"的名义从天津掠走了价值约64万英镑的物资。③在"治安强化运动""献纳运动"等一系列政治运动中，各企业被强迫拆卸机器，献纳钢铁，仅北洋纱厂、恒源纱厂、达生纱厂就拆卸布机80余台、纱锭1.6万个。全市民族棉纺企业约1/3的设备被拆毁，工矿企业陷于瘫痪状态。④日伪还颁布各种条例，禁止钢铁、食糖、食盐、丝织品、毛织品、茶叶等的流通，禁止华商经营布匹、火柴、纸张、煤油等物资，以至于天津对外贸易大幅度下降。⑤在金融上，日伪通过伪"蒙疆银行"、伪"联合准备银行天津分行"强制推行伪币，实施通货膨胀政策，大肆搜刮中国财富。1938年6月伪币发行额为5946万元，至1941年6月累计

---

① 蒋国瑞、何喜军《北京制造业发展史研究》，北京：中国财政经济出版社，2012年，第66、67页。
② 邓云乡《文化古城旧事》，北京：中华书局，2015年，第447页。
③ 李洛之、聂汤谷《天津的经济地位》，南开大学出版社，1994年，第231页。
④ ［日］广濑龟松、王大川《津门旧恨——侵华日军在天津市的暴行》，天津社会科学院出版社，1995年，第312页。
⑤ 天津市地方志编修委员会《天津通志·外贸志》，天津社会科学院出版社，2001年，第260页。

发行达 31.53243 亿元, 增加 53 倍, 致使金融业一片萧条。① 这极大地削弱了天津经济发展的基础, 城市经济陷入长达 8 年的衰退之中, 城市日益衰落。

太原, 自 1937 年 11 月沦陷后, "原来所有的巨大的现代化工厂: 炼钢厂、面粉厂、纸烟厂……现在都被敌人分别利用开工或把机器拆运走了", 工业日渐破产。② 即便幸存下来的西北火柴厂、面粉厂、洋灰厂、晋生纺织厂、女子职业工厂、晋华卷烟厂等近代工业也因殖民掠夺而较战前发生了严重的衰退。1943 年以太原为核心的全晋轻工业总产值为 579 万元, 仅为战前 1936 年 2040 万元的 28%。生产衰退极为显著。③ 商业 "在城陷后已完全停顿", 太原 "在战前共有各种行业 2851 户, 到 1944 年仅剩下 1454 户, 比战前减少了 49%。剩下的这些行业中, 很多是不准歇业, 而处于苟延残喘的境地"。④ 金融方面, "北平伪府'联合准备银行'发行之钞票, 已在太原流通, 伪国纸币及鲜币亦充斥市面, 但人民均无形拒绝使, 市面交易之媒介, 仍以中央及山西省行纸币为最多。最近敌方通令凡印有华南地名字样的法币, 限至六月底以后即停止流行, 同时以强力之贬低法币价格, 提高省币价格", 破坏中国在太原的金融体系, 掠夺人民财富。⑤ 导致太原金融业迅速衰退。1938 年太原市内钱庄、银号尚有 16 家, ⑥ 至 1940 年 12 月仅余 6 家。⑦

济南的 "大商铺里却留下了许多穿军服的日本商人, 他们是被征调入伍的商人, 到济南就霸占住商铺……紧跟在军队后面, 就运来无数的货物, 在这许多货物里, 最多的是鸦片、白面, 其次是白糖和布匹。一切商铺都被迫开门营业, 被迫销售这一切货物, 顾客除了冬天的西北风之外, 恐怕就再没有别人了……现在在济南的一切原有银行都倒闭或焚毁了。在中国银行旧地却树立起了朝鲜银行济南事务所。同时济南的大面粉厂成记和惠丰被接收而开工了;成大纱厂也被接收开工了"。⑧ 在日伪严格的社会经济统制下, 济南社会经济生活一片萧条。⑨ "济市, 无异一死城。"⑩

青岛, "在事变前, 共有纱厂十余家……事变后, 除华商工厂一家存留外, 其他

---

① 孙德常、周祖常《天津近代经济史》, 天津社会科学院出版社, 1990 年, 第 274 页。
② 力抗《太原沦陷一周年》,《民大半月刊》1938 年第 6—7 期。
③ 许一友、王振华《太原经济百年史》, 太原: 山西人民出版社, 1994 年, 第 93—94 页。
④ 《山西省经济资料》(4), 太原: 中共山西省委调查研究室, 1963 年, 第 48 页。
⑤ 《太原的魔舞》,《西北论衡》1938 年第 14 期。
⑥ 伪中国联合准备银行顾问室考察部调查资料:《华北中国金融机关一览表》, 太原市图书馆藏, 第 42—43 页。
⑦ 《山西统计年编》(1942 年), 伪山西省公署, 1943 年, 第 183 页。
⑧ 《陷落后的济南》,《华美》1938 年第 12 期。
⑨ 《济南实施生活品价格统制》,《商业统制汇刊》1944 年第 4 期。
⑩ 《济南放弃》,《边事研究》1938 年第 5 期。

纱厂完全破坏无余,以致事变前之一万七千三百五十四名女工及其关系之家族,共计四万余人,生活无着",后虽经伪政权竭力复产,但效果甚微。①

苏州,自日军侵占后,城市经济遭到野蛮掠夺和摧残。苏纶纱厂、华盛纸厂、苏州电器公司等骨干企业,尽被日军掠夺或军管。各厂库存成品和原料被洗劫一空。钱庄、银行一度全部停业,连城乡典当行的典当物品也被席卷而去。据伪维新政权记载:苏州"工人四散,工厂存货、机件均遭损毁,并有军人驻留,一时不易复业,即小手工艺,如浒墅关、唯亭等处,亦均地沿铁路,受灾甚重"。加之汪伪政权和日寇占领当局实行"以战养战"的经济统制政策,致使苏州经济迅速崩溃。以丝绸、棉纺为支柱的苏州工业,在惨淡经营中每况愈下。丝绸厂生产锐减以至倒闭,到抗战胜利前夕,苏州丝织厂全部停业。其他行业如小五金等工厂因铜、铁等原料管制、匮乏而同样遭到倒闭的厄运。苏州金融在日伪"金融管制"和"强化金融业纲要"运动中,因"中储券"滥发,物价飞涨,社会经济活动极度混乱,更加剧了苏州城市经济的衰落状况。与这一状况形成强烈反差的是,苏州赌场、鸦片烟馆、妓院等腐朽行业却因日伪毒化政策和汉奸、伪军警特、流氓、投机商人麇集而"繁荣"异常。②

广州,在日寇殖民统治下,经济每况愈下。"本市最繁荣的长堤一带的蔬菜、水果、盐鱼等商店,以及城内汉民北路、惠爱西路及下九路、文昌路、第十甫路、十七八甫路、十三行、六街马路、杉木栏、黄沙等地的商店已成灰烬,满目荒凉。本市空间的大火,使数千间房屋被焚毁,全市商业受重大打击。"③城市工业中的五仙门电力厂、西村发电厂、自来水厂、士敏土厂、硫酸苏打厂、肥田料厂、省营纺织厂、省营纸厂、饮料厂、糖厂等工业企业的机器设备或被炸毁或被日寇拆走,工业生产在沦陷时期一落千丈,凋敝零落。铸造业由29户下降至10户左右。机器制造业到战后不及40户。搪瓷行业全部停工。电镀业仅存2家小厂维持生产。玻璃行业、棉纺织行业、酿酒业、制革行业、印刷业等受日伪摧残而奄奄一息。④城市商业、对外贸易亦因日伪的控制和封锁而处于停顿状态。⑤

河南开封的商业市面,"和其他各地一样的萧条!衰落!一样感到经济情况的贫

---

① 《青岛市各纱厂相继开工》,《华北棉产汇报》1939年第2期。
② 苏州市地方志编纂委员会《苏州市志》(第二册),南京:江苏人民出版社,1995年,第2、3页。
③ 台湾拓殖会社广东支店《广东一年间回顾》,1941年;转引自杨万秀《广州通史·现代卷》(下),北京:中华书局,2010年,第486—487页。
④ 《广州工业十年》,广东省档案馆藏,档案号:219-2-242。
⑤ 杨万秀《广州通史·现代卷》(下),北京:中华书局,2010年,第495—498页。

困……我们走在街上看到每家店铺柜台上，都很凄凉！冷寞！没有多少顾客"。①

湖北沙市手工业自1940年沦陷后，各项指标下降，到1944年仅存879户，从业人员2605人，资金20万元，产值164万元，分较沦陷前下降了38%、46%、52%和55%。大冶县城在抗战前有金属制造业10户，从业人员31人；木器行业310户，436人。沦陷后，金属制造业仅余6户，木器业则全部停歇。②武汉因日军掠夺和经济统制社会再生产能力极度削弱，"整个金融陷入紊乱。各市场物价受此刺激……风波陡起，一时急剧狂跌"，"于一周内举凡棉纱、布头以及海味杂货、卷烟因买户寥落，莫不乍紧乍弛，而形极度动荡不定之象"。③"各大百货店之营业，较前十分衰颓"，整个市场"处于货少、价昂，而顾主寥寥之局势中"。④

广西各大小城镇在1944年日本帝国主义的侵略下，共损失工厂234家，价值250亿余元，现代工业基本损毁殆尽。到1946年，全省复工厂矿仅60家，资本额2.3亿余元。⑤

其他各沦陷区城市和市镇经济亦因日寇的殖民掠夺而陷入衰落。其凋敝状况还可从市民年节景象得到印证。新乡，"元月卅一是农历的'元旦节'……总是兴奋得爆竹连天彻夜不绝底迎此新岁。并且他们相信，一旦'一元更始百事俱新'，于是红男绿女，姹紫嫣红底争奇斗艳，络绎不绝地阗塞街巷高兴着嬉笑着。……今年（1938）的元旦节，他们却毫不注意地过着，男女老幼的面庞上，一个个都罩上一副愁容，不高兴，不呼喊，不放爆竹，默默地度着，大家涌到街上去，他们眼光里，没有一线希望，脸上也没有一点想象的光辉"。⑥

第四节　"发展"殊途：抗战时期港澳台地区城市的变迁

抗战时期，香港、澳门和台湾地区因在日寇战略格局中的地位不同，受战争影响的差异亦较大，从而造就了三地城市的差异化发展和变迁。

---

① 梁溪《漫天烽火忆开封》，《总汇旬刊》1939年第4期。
② 徐凯希《抗战时期湖北工业损失考论》，《民国档案》2013年第3期。
③ 《上周间蒙受钱业倒闭影响，市金融陷入紊乱状态，各市场呈现空前巨变》，《武汉报》1942年5月4日。
④ 《来源断绝存货稀少，市百货店营业衰颓》，《武汉报》1942年10月27日。
⑤ 《广西经济建设手册》，广西省建设厅统计室，1947年，第33页。
⑥ 何暄《新乡描写》，《弹花》1938年第2期。

一、抗战时期台湾地区的城市变迁

台湾自古以来就是中国的宝岛，在台湾少数民族和大陆移民的共同开发下，台湾社会经济获得了较快的发展，尤其是清代台湾设府、设省以来更是取得了长足的进步，特别是自清末刘铭传治台始，台湾因矿产的开采、铁路的修筑和经济的发展，城市日益近代化。但这一近代化历程因甲午战争中国的失败，台湾被迫割让给日本帝国主义，而中断了台湾与大陆共同近代化的联系。在日本统治下，台湾城市的殖民化日益发展深入，直至抗日战争的全面爆发。

抗战爆发后，台湾作为日本帝国主义侵略华东、华南的前哨基地，成为侵略者重点经营的地区。与军事有关的市政、经济等都获得了快速的发展。

（一）城市经济。自清末日本占据台湾后，本着"日本工业、台湾农业"，为宗主国"供给原料、推销产品"的政策，致使台湾在1907年以前除制糖外，几无工业可言。[①] 后在日本殖民政府"台湾总督府"奖励工业政策的推动下，台湾工业比以前有了一定的发展，但仍以制糖工业为主。1931年日本侵略者发动"九一八事变"侵略中国东北后，为掠夺宝岛富源，兴办了以农产品加工、电力和若干化学工业为主要对象的殖民地性质的近代工业。1937年的工业生产值为3.6亿日元，是1914年0.46亿日元的8倍，"进展甚速"。[②] 诚如后世评价："'九一八事变'以后，因军事上的需要，台湾的工业生产，始有突飞猛进之势。"1937年，台湾工矿业所占各种产业比重高达48.3%，略超过农业的47.2%。"其在经济上之地位，不亚于农业。"[③]

1937年日本帝国主义发动全面侵华战争后，为进一步动员台湾的资源支撑侵略战争，日本殖民者在台湾建立了诸如石油、造船、机械、炼铝等工业（见表）。到1941年，台湾共有工厂8895家，其中"半数（3720家）的历史，还都在五年以内（即建于1937年以后）"。[④] 这些现代工业主要分布于台北、新竹、台中、台南、高雄等大小城市（见表6.18、表6.19、表6.20）。

---

① 周宪文《台湾经济史》，上海：开明书店，1980年，第524页。
② 吴壮达《台湾地理》，北京：生活·读书·新知三联书店，1957年，第138页。
③ 王维屏《台湾地理》，南京：新中国出版社，1948年，第79页。
④ 周宪文《台湾经济史》，上海：开明书店，1980年，第525页。

表 6.18　日据时期台湾各主要工业产值（1942年）

工业类别	生产总值（日元）	所占百分比（%）	说明
食品工业	408510791	53.6	日据时期历年最高值
化学工业	89824974	11.8	日据时期历年最高值
采矿工业	62245521	8.2	最高值为1941年，65569131日元；不包括冶炼。
金属工业	48034889	6.3	最高值为1941年，59111289日元
机械工业	32411333	4.3	日据时期历年最高值
窑业、土石业	24773304	3.3	日据时期历年最高值；包括水泥工业
制材与木制品业	13727017	1.8	日据时期历年最高值
纺织工业	11670157	1.4	日据时期历年最高值
其他工业	71120010	9.3	日据时期历年最高值
总计	762317996	100	日据时期历年最高值

（资料来源：吴壮达：《台湾地理》，生活·读书·新知三联书店，1957年，第139页）

表 6.19　日据时期台湾各类工厂城市分布情形表（1942年）

区域	合计	纺织	金属	机械	窑业	化学	制材及木制品	印刷	食品	其他
台北县	366	11	14	40	64	41	53	1	123	19
台北市	367	11	34	102	12	41	20	36	75	36
基隆市	64	—	1	34	1	3	11	1	13	—
宜兰市	31	1	—	1	4	1	3	3	18	—
新竹县	925	10	1	74	120	94	36	7	572	11
新竹市	149	8	4	14	25	24	15	17	27	15
台中县	1003	15	4	40	104	121	76	19	605	19
台中市	278	6	3	47	15	17	26	30	95	37
彰化市	128	9	2	13	17	12	6	1	61	7
台南县	1279	14	17	80	209	157	35	18	712	37
台南市	331	8	2	61	35	36	22	12	115	40
嘉义市	152	3	3	32	21	16	26	4	40	7
高雄县	366	4	1	35	102	11	24	14	151	23
高雄市	224	6	20	45	34	24	21	5	58	11
屏东市	80	1	5	11	4	2	8	6	42	1
台东	50	1	—	6	1	2	8	1	31	—
花莲县	76	1	—	1	4	3	22	1	41	3
花莲市	88	—	2	18	—	6	13	5	35	9
澎湖	12	—	—	—	1	9	1	—	1	—
合计	5969	109	116	654	773	620	426	181	2815	275

（资料来源：《台湾统计年鉴》（1942），转引自周宪文：《台湾经济史》，开明书店，1980年，第530页）

表 6.20 日据时期台湾主要城市的重要工业产值（1942 年）单位：日元

城市	食品	化学	金属	机械	窑业及土石业	制材及木制品	纺织
台北	56941288	32879300	11298259	13504158	6484231	4732345	3098508
新竹	13967506	6160015	172123	642345	1981714	1218879	627347
台中	90690611	14220229	666277	1665727	2541025	2411891	2810439
台南	167866297	16832225	1425873	5598206	2912910	3168723	5042947
高雄	58147428	16362847	31659665	9775961	10291791	1496899	71231
台东	4445035	1184342	35986	139379	39954	89501	4303
花莲	15807514	1855246	2756107	973748	489019	530709	5237
澎湖	618112	330770	20599	111809	32660	78070	10145

（资料来源：吴壮达：《台湾地理》，生活·读书·新知三联书店，1957 年，第 140 页）

在战争背景下，台湾因成为日寇侵略中国大陆及东南亚国家的基地，其以军事为中心的工业在抗战时期获得了快速的"发展"。但这一发展是以牺牲台湾人民的社会福祉为代价的。在战时经济统制下，"台湾的一切金融、工业、商业全操在日本财阀的掌握中。中日战事发生后，台湾的一切物资与金钱，更受到历史上的空前的囊括与剥夺，单以加在台胞身上的公债负担，至前年（1942 年）止，已达 6 亿万日元以上"，同时，城市居民被普遍地组织成为青年团、壮丁团和军伕队，充当日寇的炮灰；并无偿地承担建造军港、飞机场、炮垒和军火生产，被日寇野蛮奴役。[1] 这都充分体现了台湾经济社会的殖民性特征。诚如 1942 年出版的一个资料上所言："如果有人问这个殖民地是否有利，日本的统治阶级自己会知道。他们能够在台湾维持三十万日人过着比本土日人更高水准的生活，每年还榨取到十万万元以上的利润。"[2]

在日本侵略政策的刺激下，台湾现代工业获得了比抗战前更大的进展，建立了以军事工业为核心，建立造船、机械、化学、食品加工、纺织等工业部门，城市工商业经济得到了较快的发展。但随着日本战局的不利，台湾这个作为日本帝国主义侵略中国大陆和东南亚的前哨，便成为盟军军事攻击的重要目标。美军为此制定了"横断太平洋防线"的计划，将"海上毒龙"日本永远锁在"太平洋樊笼里，不能再作祟于世界"，台湾即是计划中的一个重要节点。[3] 从 1944 年初冬开始，美军就已将台湾作为其主要的轰炸目标，先后轰炸了台北、基隆、新竹、淡水、嘉义、鹿港、花莲、高雄、

---

[1]《沦亡半世纪的台湾》，福建《中央日报》1944 年 6 月 17 日。
[2]《大公报》小丛书（第四辑）《台湾经济生活》，天津：大公报馆，1945 年，第 82 页。
[3]《盟国的空中攻击目标：台湾的军事设备》，福建南平《东南日报》1945 年 1 月 16 日。

冈山、宜兰、台南等城市,给这些城市造成了巨大的破坏。[①] 城市基础设施、工厂损毁严重。据战后国民政府收复台湾统计,"工业厂矿、港口、船坞毁坏过半,电力设施处于半瘫痪状态;交通运输体系也都受到了不同程度的破坏。有关民生的工农业生产基本上处于停顿状态……工业生产只能勉强维持,发电量以及肥料、水泥产量都只达以往的三分之一。台湾产品由于失去了日本市场,对外贸易陷于停顿,生产衰退,百业凋敝"。[②]

虽然在战时城市经济设施受到了很大的损失,但仍留下了相当的厂矿企业和大量的产业工人,这为台湾重回祖国怀抱后,城市经济的重建和发展奠定了基础。

(二)殖民文教

台湾作为日本的殖民地,为"归化"台湾人民的中华文化之根,日本殖民当局在文教事业上,大力推行日文教育,力图在思想文化上"皇民化"广大台湾民众。尤其是在抗战时期。1937年4月,日本占领军司令部提出,其殖民机关总督府应是彻底地普及国防思想及航空、交通、防卫、军事、卫生、海外等工作的舆论指导机关,强调"台湾防卫的根本,是岛民思想的皇民化",将皇民化渗透到社会生活的各个细节之中。[③] 为此,总督府在台北成立了精神总动员本部,地方各州、厅设分部,各市、郡设支会,负责教化、宣传等事项。具体措施主要有:培养皇民信仰、进行语言同化、开展改姓名运动等。

1. 培养皇民信仰。以武力为背景的"皇民化"文教运动的推行,使此期台湾城市文教事业殖民化程度日益加深。例如,在社会信仰上,为根除蕴藏于台湾人民对祖国故地的怀恋和对祖先神灵的敬畏之情,日本占领者将中华传统的春节、中秋节、婚冠丧祭习俗通通被斥为"弊风",予以打破,并厉行房屋正厅改造、烧毁祖先牌位、奉祀神宫大麻、寺庙整理等教化运动。经过房屋正厅改造、烧毁祖先牌位,改奉神宫大麻,[④] 民众奉祀"大麻"的数量迅速增加(见表6.22)。另据1942年的相关统计,台湾全省奉祀神宫大麻791272尊,占到全台总户数的80%。[⑤]

---

① 洪卜仁《台湾光复前后(1943—1946)》,厦门大学出版社,2010年,第34—41页。
② 陈孔立《台湾历史纲要》,北京:九州图书出版社,1996年,第424—425页。
③ 张海鹏、陶文钊《台湾简史》,南京:凤凰出版社,2010年,第88页。
④ 《台湾日日新报》1936年12月7日。
⑤ 张海鹏、陶文钊《台湾简史》,南京:凤凰出版社,2010年,第91页。

表 6.22　台湾总督府公布 1934—1942 年台湾各厅州"奉祀大麻户数"表

	1941年末现住户数	1934	1935	1936	1937	1938	1939	1940	1941	1942
台北	237641	17379	40146	55777	113585	123197	130177	132307	136573	146779
新竹	129725	4561	14540	18038	99375	102450	104463	104638	108424	112446
台中	221441	8865	9152	77848	119370	129572	131500	141373	149816	163087
台南	258482	8774	21254	49498	119217	145304	161256	177101	192995	206579
高雄	168765	8495	17354	25497	92042	95458	98192	105232	112126	118732
台东	16530	913	1182	1030	2858	4968	5360	5300	11300	13450
花莲	30857	4579	6077	7203	17405	17202	17490	19000	21390	22800
澎湖	12057	180	548	670	5713	7265	7650	6332	6754	7399

（资料来源：台湾总督府文教局社会科：《台湾的神社及宗教》，1943 年，第 96 页）

　　与此同时，日本殖民者通过"一街庄一神社"建造活动，力图将汉民族的祖先崇拜转化为日式的国家神道理念，进而成为效忠日本天皇的国家信仰，最终实现社会意识的教化目标。在社会和国家意识的改造过程中，日本占领者为改变汉民族的传统教化活动是以寺庙为中心展开的历史现实，决定在全台湾整顿寺庙。于是，台湾寺庙中的妈祖、关帝、开漳圣王、土地等中华神祇塑像，除部分送交相关研究机关研究典藏外，均予以拆毁；寺庙除部分保留者被改造成为日式风格外，亦将被拆除，却遭到台湾人民的抵制。但仍有较大数量的寺庙被捣毁。据统计，全台寺庙由 1936 年的 3403 座减少至 1942 年的 2327 座，减少了 31.6%。其保存者中又有 819 座寺庙被移供日本佛教或用于日语讲习所。[①]

　　与寺庙整顿同步的措施是大规模兴建"神社"。到 1942 年台湾神社数量达到了 98 座，其中台北 13 座、新竹 14 座、台中 20 座、台南 30 座、高雄 14 座、台东 1 座、花莲 5 座、澎湖 1 座。[②] 另据日本神奈川大学中岛三千男教授统计，有案可查的所谓"公认神社"高达 184 座；另一位日本学者金子展认为有三百多座，其中包括建于学校、公司和军营里的"私社"。[③]

　　随着各地神社修建，日本侵略者还强迫台湾社会各个阶层参拜祭祀神社。例如，1942 年 10 月 28 日"台湾总督府"举行神社大祭，参拜者高达 15 万余人，创造了一

---

① 张海鹏、陶文钊《台湾简史》，南京：凤凰出版社，2010 年，第 91—92 页。
② 《本岛神社营造的趋势》，《部报》12 号，转引自张海鹏、陶文钊《台湾史稿》（上），南京：凤凰出版社，2012 年，第 231 页。
③ 陈小法《在华神社：台湾地区的侵略神社（二）》，《世界知识》2015 年第 4 期。

个新纪录。① 这种"盛况"在其他城市亦有发生。据统计,仅在1942年台湾参拜团数达3.675万个,总人数1212.517万人。②

经过广泛的皇民信仰培养,台湾人民以汉民族祖先、中华诸神佛为中心的家庭、社会精神生活模式,逐渐被日本以"天照大神"为中心的国家神道精神生活方式所代替,这无论是在表面上,还是在实质上,都深刻地影响了当时的台湾社会,至少在一少部分人身上烙上"日本基因",并遗毒于现代台湾。

2. 语言同化。自晚清日寇占台始,殖民者便施行"台湾人学日语,日本人学台语"的政策,在各地广设日语传习所,并规定原台湾书房私塾需加授日语,每天不少于2小时。③ 但这些措施的效果不佳。直至1920年,"能解国语(日语)者"仅占全台人口的2.86%。到1937年也只增加至37.8%。④

抗战爆发后,作为"皇民化"的文化载体的语言成为日本殖民者"同化"台湾人民的重要指标。为此,日寇自1937年2月始便有计划有步骤地废止汉文栏目。6月,《台湾新闻》《台湾民报》《台湾新报》《台湾日本新报》等报刊汉文栏目全被废止。⑤

在学校教育层面,早在1922年日本殖民者公布《台湾教育令》,将汉文由必修改为选修,许多公立学校便自动废除汉语教学。同时各地大设日语练习所、日语讲习会以普及日语。到1930年全台共有1900余所日语普及会;1935年一年制以上的日语讲习所共计1600余所。⑥ 为了进一步普及日语,打造服务于日本帝国主义侵略战争的前哨基地,1937年日本殖民当局取消了公立学校的汉语课程,学生在校被要求讲日语,但成效似乎不太显著。据台湾学者的研究,1942年全台湾"国(日)语家庭"仅为总人口的1.3%,这说明"台湾人是否真正诚信拥护日语运动,实在令人怀疑"。⑦

此外,日本侵略者还开展强迫台湾人民改姓名运动。姓氏是族群血缘的延续,也是有别于其他族群的显性标志。为切断台湾人民与中华民族血缘一体的民族渊源,不断诱导台湾人按日式改名易姓,并以法律强制的方式加以施行。1940年2月19日,

---

① 《台湾警察时报》第325号,转引自周婉窈《海行兮的年代——日本殖民统治末期台湾史论集》,台北允晨文化,2003年,第44页。
② 台湾总督府文教局社会科《台湾的神社及宗教》,台湾总督府文教局社会科,1943年,第96、97页。
③ 台湾教育会《台湾教育沿革志》,东京青史社,1939年,第970页。
④ 台湾总督府《台湾事情》,台湾:成文出版社,1985年,第201—202页。
⑤ 张海鹏、陶文钊《台湾史稿》(上),南京:凤凰出版社,2012年,第232页。
⑥ 吴文星《日据时期台湾师范教育之研究》,台湾师范大学1983年硕士论文,第61页。
⑦ 周婉窈《海行兮的年代——日本殖民统治末期台湾史论集》,台北允晨文化,2003年,第95页。

台湾总督府以府令形式宣布为台湾人民改姓实施日,将中国姓氏改为日本姓氏,提升台湾人的社会地位,①使之成为所谓的"真正的日本人",达到"事变后""本岛人在各方面没有保留地发挥皇民意识"的要求。②但大多数台湾人并不热衷于此,改名易姓者并不多。到1941年底,台湾改换日本姓名者仅占总户数的1%,人口的1.2%。1944年虽有增加,但据学者研究,改姓名者估计未超过当时台湾人口的7%。③

虽然日本殖民者在抗战时期试图通过改名易姓的方式,达到切断台湾与大陆的民族血缘联系,根除中华文化,将台湾人民绑入其侵略战车的目的,尽管成效并不显著,但却为日本侵略者培养了一批"李登辉(其日本名字为いわさとまさお,即岩里政男)式"台湾败类。这对战后台湾政治、经济、文化的发展埋下了一颗颗分裂与大陆血脉联系的"地雷"。

(三)城市规划建设

在日本殖民者占据台湾期间,按照日本城市发展标准对台湾城市圳道、街郭划分等进行了规划建设,使台湾城市的市政建设逐渐改变了中国传统规制,开启了具有殖民性的现代化发展之路,许多市政建设仍保留至今,极大地影响了台湾城市建设的发展。

为控制掠夺台湾,从1895年始,日本殖民者便在台湾制定和推行了一系列市政改造计划。台湾"总督府"制定了《台北市区改正》;1899年先后颁布了《台北下水规则》《训令第三一一号》和《律令第三〇号》,赋予了台湾各城市殖民机构"改正"、管理市政的权力。1910年,"台湾总督府市区计划委员会"成立,职掌审议台湾各城市市区计划与卫生设施的规划、建设与管理。1936年又颁布了台湾都市计划与建设管理的指导性法令——《台湾都市计划令》及实施细则。按照这些具有殖民性的城市规划建设法令,到抗战胜利前,日本殖民当局在台湾规划了大小72座城镇,从而构建了台湾现代城市(镇)的规划雏形。④日本殖民者对台湾城市进行规划建设主要集中于"城市改造规划期(1900—1935年)"和"城市规划制度确立期(1921—1945年)"。⑤

---

① 林继文《日本据台末期(1930—1945)战争动员体系之研究》,台北稻香出版社,1996年,第10页。
② 《本岛人が改姓名するにはどすれぱよいか》,《部报》第114号,JACAR:A06032510800。
③ 周婉窈《海行兮的年代——日本殖民统治末期台湾史论集》,台北允晨文化,2003年,第58页。
④ 谢宁《台湾城市规划体系的演变及其启示》,《鹭江大学学报》1992年创刊号。
⑤ 李百浩《日本殖民时期台湾近代城市规划的发展过程与特点(1895—1945)》,《城市规划汇刊》1995年第6期。

在"城市改造规划时期",日占当局从城市卫生角度出发,针对台湾"领有当时的各街市,也就是所谓支那(日本在侵略中国时对中国的歧视称呼)式城市,道路窄且曲折又不通畅,无排水设施且潮湿,建筑亦未考虑通风采光……恶疾经常发生"的城市环境,力图将台湾城市改造为日本人理想的"殖民城市"。① 从1900年8月台北城市改造规划开始,到1911年相继完成了台北、新竹、台中、高雄、台南、基隆、彰化等城市的规划改造;1912—1934年又完成了大溪等18个城镇的规划改造。1935年对台湾中部地震后的竹东等19个城镇进行了规划改造。此期的台湾城镇规划改造的主要层面集中在街巷、道路的拓宽取直或新建;改善城市上下水道;拆除具有中华文化符号的城市地标建筑。例如台北,日寇进入台北后不久,便将清代修筑的城垣以及天后宫、城隍庙、孔庙等建筑物拆除,代之以"总督府"、台湾银行、新公园、台北州厅、日军司令部等新的殖民机构建筑。② 在殖民改造台湾城市过程中,台湾"总督府"在30年代初将日本"实质空间规划"理论移植到了台湾,并规划了台北及花莲两个城市。③ 城市逐渐向西方城市格状街道系统与圆形交通环岛相结合的"新式"的城市空间结构转变。④

在"城市规划制度确时期",为尽快将台湾城市打造成为向中国华南和东南亚侵略扩张的前哨基地,受日本国内制定的《城市规划地和市街地建筑物法》(1919年)的影响,台湾"总督府"于1921、1934年设置了法制调查委员会和城市规划法施行委员会,后于1936年8月、12月先后颁布了《台湾城市规划令》及"施行规则"。同时,日本占台当局还聘请日籍专家小野荣、早川透等人将日本"实质空间规划"概念和制度全面移植到台湾的城市规划与建设之中。在这一时期,日占当局在台湾城市规划、改造、建设都做了具体的范围规定;在城市内部划定住宅、商业、工业等使用区域,并视实际情况,划定其他使用区域或特定专用区域。在规划范围内的区域功能、街巷道路、建筑物建筑都做了明确的规定,如设置骑楼(台湾称"亭仔脚")⑤ 至1945年日本投降,日占当局按照《台湾城市规划令》对包括台北、高雄在内的50余个城镇进行了规划建设。⑥

---

① 早川透《台湾ニお1+3都市计画の过去及ひ将来》,《区画整理》1936年第2卷第10号,第31页。
② 郭明亮、叶俊麟《一九三〇年代的台湾》,台湾:博扬文化事业有限公司,2004年,第80页。
③ 谢宁《台湾城市规划体系的演变及其启示》,《鹭江大学学报》1992年创刊号。
④ 李乾朗《台湾建筑史》,台北雄狮图书股份有限公司,1980年,第272页。
⑤ 李百浩《日本殖民时期台湾近代城市规划的发展过程与特点(1895—1945)》,《城市规划汇刊》1995年第6期。
⑥ 李乾朗《台湾建筑史》,台北雄狮图书股份有限公司,1980年,第274—276页。

(四)城市规模

在抗战时期,因侵略战争的需要,日本殖民者在台北、台中、花莲、台南、高雄等城市兴办了大批与军事或军事活动有关的工业,吸引了大批农村人口进入城市。"自日本在台湾发展工业以后,人口集中都市之趋势,其数逐年有加……最近二十年间,台北市由十八万人增至三十五三千七百四十四人;台南由八万一千余人增至十九万四千九百六十九人;高雄由三万八千五百七十一人增至十六万一千四百十八人;嘉义由四万人增至九万六千五百五十九人。又自'七七事变'以来,十一市都(台北、台南、高雄、基隆、嘉义、台中、新竹、彰化、屏东、宜兰、花莲)之人口共增三十万人左右。"[1] 台湾农业人口比例遂由"七七事变"前的"百分之五十以上减至百分之四十七以下"。[2] 这样,在日据时期台湾的城市人口规模增加了不少(见表6.23)。

表6.23 日据时期台湾九大都市人口的变迁

城市	1935	1940	1943	1946
台北	287846	353744	397113	262106
基隆	87400	105084	107819	66629
新竹	53469	62467	96464	116654
台中	71742	87119	103386	80730
彰化	53633	60171	65034	55704
台南	112142	149969	162916	160351
嘉义	73180	96559	105224	79112
高雄	86848	161418	218700	132770
屏东	43997	58637	63498	

(资料来源:吴壮达《台湾地理》,生活·读书·新知三联书店,1957年,第60页)

台湾都市人口受台湾地理环境的影响,在城市人口规模不断增长的过程中,因受工业、农业的制约和影响,台湾的城市分布主要集中于本岛的西部和北部,呈现分布不均衡的特征。据1941年的统计,"台湾西部平原上,平均每千平方公里有人口五十万人,而五万人以上之大都市,平均每千平方公里则有一处,是人口之密集与都市人口之集中。具有相当关系也"。"而东部山多田少。面对太平洋,地形位置均不优

---

[1] 陈民耿、柯台山《台湾概览》,南京:正中书局,1945年,第63、64页。
[2] 同上书,第65页。

良，故人口不多，旧台东、花莲港二厅合计不过二十万人。"①

台湾各城市的用地规模也在日本侵略中国大陆和太平洋地区的过程中不断扩大。1930年以后，日本因"军需工业之扩展，在各重要城市增设工厂，高雄、嘉义、屏东诸地所设尤多"。②随着工业部门的增加，各城市在旧城外逐渐形成了新的工业区，从而使城市用地规模不断扩大。例如，在高雄工业区集中了制造铝板铝片的"日本制铝会社"，制造锰、盐酸及其他化学品的"南日本化学工业会社"，炼制锰矿的"旭电化工业会社"，制糖的"台湾制糖会社"和"新兴制糖会社"，榨油的"藤田豆糟工场"等。③其他城市亦在战争期间形成了规模较大的工业区（见表6.24）。

表6.24　日本殖民时期台湾各主要城市工业区及主要工厂建设情形

城市工业区	主要工厂（场）
花莲	东邦金属炼制会社（炼制亚砒酸、镍、钴）、东洋电化工业会社（制造人造硫酸碱、磷酸）、新兴窒素工业会社（制造尿素、石膏、碳化尿素等）、日本制铝会社（制铝）
新高	以大甲溪电厂为中心，形成了以新高为中心的工业区，涵盖制糖、酒精、造纸、榨蓖麻籽油以及麻织品等工业门类
基隆	台湾电气会社（制石灰窒素、硅素铁镁、钴）、台湾电气制铁试验工场（制银、钢铁）、台湾橡皮会社（生产橡胶）
台南	南日本盐业会社，生产酒精、盐酸、氯化镁
彰化	制糖工业区，为台中制糖中心
台北	昭和制糖会社（制糖）、台湾电气制铁试验工场（炼制铜铁）
嘉义	台拓嘉义化学工厂，为台南产糖及"台岛最大制材工厂要地"
苏澳	台湾化成工业会社（制造水泥）

（资料来源：王维屏：《台湾地理》，新中国出版社，1948年，第81、82页）

台湾城市在殖民地工业发展的推动下，其规模不断增长的同时，一些港口城市因日本侵略战争海运的需要，不断开发新的港区。例如，基隆港在战时为台湾第一大港、第四大城市。在战争期间，为扩大港区运输能力，日本殖民者自1929年始不断新修港区，至1944年完竣，港口吞吐能力亦由1929年的165万吨增加至280万吨。花莲港为台湾东海岸要港，1931年开始兴建港口，1939年完工。可同时停泊3000吨汽船三艘，及大型渔船50艘，年吞吐量为20万吨。④高雄则在"七七事变"后在港湾修筑防波堤，南边800米，北边230米，新筑码头160米，并在港区兴建了海上机

---

① 王维屏《台湾地理》，南京：新中国出版社，1948年，第37页。
② 陈民耿、柯台山《台湾概览》，南京：正中书局，1945年，第63页。
③ 王维屏《台湾地理》，南京：新中国出版社，1948年，第81页。
④ 同上书，第88、89页。

场和造船厂及相关设施，使之成为高雄重要的城区之一。①安平、新高等港口面积亦在此期扩大不少。这些新港区因运输的便利而成为理想的工厂兴办地，从而吸引了许多殖民工厂的入驻。②这进一步扩大了战时台湾城市的用地规模。

台湾在日据时期，因其地处日寇侵略中国华南和东南亚国家的战略节点上，为此，日寇在30年代初便开始大力经营台湾，直至1945年8月日本战败投降。在此期间，日本占领者加大了在台湾与军事有关的投资设厂活动，城市规模日益扩大；同时，按照"皇民化"步骤，为消除中国文化的影响，有计划地实施殖民性的文教措施；并对城市以日本城市规划建设理念为指导加以"改正"、规划建设，使台湾城市空间格局和内部结构日益由中国传统形式向日本殖民现代性转变。台湾人民不仅在经济上饱受日寇的压榨，而且在民族文化和民族人格上遭受到了历史性的屈辱，从而使台湾城市在日据时期的发展深深地烙上了殖民性的印记。

二、抗战时期香港的城市变迁

香港地处珠江入海口，是中国与世界联系的门户之一。其重要的地理位置，在殖民时代便为英帝国主义所看重，侵略者通过一系列不平等条约使之成为英帝国的殖民地。为保证英帝国在远东和中国的利益，殖民者自殖民之初便进行了大规模开发，使香港从一个小渔港迅速向近代都市转变。在这一历史变迁中，香港因其地理战略地位深受世界格局变化的影响，尤其是在抗日战争时期。

（一）香港沦陷前的城市发展状况

在二十世纪30年代以前，香港政局不稳，其经济也"谈不上繁荣"。③在这种情况下，港英殖民政府意识到必须积极发挥华人在香港社会中所具有的举足轻重的作用，才能促进香港经济的发展。为此，英国政府在省港大罢工结束后不久便决定贷款300万英镑，协助香港重新发展转口贸易。这样，香港经济得以重新发展，港英殖民政府的收入也于1930年达到历史上最高的3000万港元。④尽管随后受到世界经济萧条的影响，出现了工厂倒闭、外贸减少的困顿情况，但香港于1934年加入了英联邦

---

① 陈民耿、柯台山《台湾概览》，南京：正中书局，1945年，第59页。
② 王维屏《台湾地理》，南京：新中国出版社，1948年，第88、89页。
③ 刘蜀永《香港的历史》，北京：新华出版社，1996年，第75页。
④ 苏东斌、李沛然《台湾香港澳门经济史略》，广州：广东经济出版社，2002年，第526页。

特惠税协定，使香港经济得以喘息，并有所发展。自1931年始到1941年12月，日本不断入侵中国东北、华北、华东、华中、华南等地区，使大陆资金、劳动力和工厂不断流入、搬迁至香港，为香港城市发展注入了十分宝贵的血液。香港的城市发展遂蒸蒸日上，日渐繁荣。

首先是人口的急剧增加。在日军侵占香港前，在殖民经济发展的吸引下，使以珠三角地区为主的人口大量移居香港，人口数量不断增长。1915年香港人口为50.916万人，"其中中国人占49.584万人，非中国人仅有1.332万人。至1936年香港人口约及百万，视20年前几增加一倍"。[①]1937年"七七事变"后，日本帝国主义全面入侵中国，华北、华东、华中先后沦陷，1938年，日寇将侵略魔爪伸入华南，包括广州、佛山等在内的珠三角城市先后沦陷，大量人口流入香港避难，致使香港人口大增。到沦陷前的1941年达到了163.9337万人，比1936年增加了65.1147万人，成为香港人口发展史上的一个新高度。从而赋予了香港人口数量在沦陷前快速增长的特征（见表6.25）。

表6.25 香港沦陷前人口增长变化情形

年份	人口数	增加（+）或减少（-）	年增长率
1916	528010	—	—
1921	625166	+97156	3.1
1926	710000	+84834	2.3
1931	840437	+130473	3.1
1936	988190	+147717	2.9
1941	1639337	+651147	11.0

（资料来源：赵子能、苏泽霖：《香港地理》，广东科技出版社，1985年，第121页）

其次是经济日渐繁盛。20世纪30年代初，源于美国世界经济危机冲击到了香港。香港在1930年工厂倒闭了近三成，达到300多家；转口贸易急剧下降，直到1934年香港参加英联邦特惠协定才稍有舒缓，但经济发展的动能严重不足，影响了香港经济的复苏。正值此时期，日本帝国主义先后发动了"九一八事变""七七事变""八一三事变"，不断扩大对中国的侵略。在此情形下，内地工厂除大部分迁至大后方外，还有一部分转迁至香港。随着华资工厂的迁驻和资金的流入，使香港工业有了显著的发展。据《香港华资工业史》记载："适'八一三'沪战爆发，沪厂除大部分迁入大后方复业外，迁港者亦不少，而另行组织者，大小达七百余家，合前共达二千家之多，

---

① 苏子夏《香港地理》（上），香港商务印书馆，1930年，第12页。

其蓬勃情况，更较前发达"；"华人在港投资工业达千万元以上，握香港经济牛耳"。①其中仅纺织工业就达百余家。"数年来，国内工厂迁港复业者，及新增设者，大小不下百家，如泰盛染织厂、三星织布厂、中昌布厂、华艺丝织厂、美亚丝绸厂、西南布厂等，大有繁荣景象"。②除纺织业外，华资还广泛投资于食品、橡胶、五金、钢铁、机械制造、电气、印刷等部门（见表6.26），使香港在沦陷前建立了较齐全的工业门类。

表6.26 香港沦陷前香港华资所建立的主要工业门类及工厂

工业门类	工厂名称
橡胶工业	华强树胶厂（1936年）
食品工业	上海天厨味精厂（1938年）
五金制造	震亚金属制品厂、香港制钉厂、大华铁工厂（1938年）
钢铁机械	万国机器厂、捷和钢铁厂、六汉沟铁厂
电气工业	南洋电池厂（1933年）、普照电池厂（1934年）、盖一电池厂（1938年）、泰山电筒厂（1934）、长城电筒制造厂（1937年）、光华电灯泡厂（1939年）、南光灯泡厂（1939年）、中华无线电社（1938年）
印刷出版	商务印书馆（1933年）、中华书局等

（资料来源：苏东斌、李沛然：《台湾香港澳门经济史略》，广东经济出版社，2002年，第528—529页）

工业的发展带动了香港转口贸易的增长。1938年香港进出口贸易总值只有128990万港元，到1940年增长至137450万港元，1941年上半年就已达80960万港元。③另据汇丰银行所编《百年商业》统计，在1937—1940年间，香港国际贸易亦呈显著增长态势（见表6.27）。

表6.27 1937—1940年香港国际贸易表

年份	进口总值（亿元）	出口总值（亿元）	进出口总值（亿元）	比上年增长%
1937	6.17	4.67	10.84	+35
1938	6.18	5.12	11.30	+4
1939	5.94	5.33	11.27	-0.2
1940	7.53	6.22	13.75	+22

（资料来源：汇丰银行编《百年商业》，转引自张晓辉《香港与近代中国对外贸易》，中国华侨出版社，2000年，第228页）

---

① 刘家泉《香港沧桑与腾飞》，北京：中共中央党校出版社，1996年，第93页。
② 苏东斌、李沛然《台湾香港澳门经济史略》，广州：广东经济出版社，2002年，第528页。
③ 杨元华、鲍炳中、沈济时《香港：从被割占到回归》，福州：福建人民出版社，1997年，第137页。

再次是现代城市规划、建设的新进展。在1941年12月沦陷前十年间，香港的现代城市规划、建设在之前的基础上有了进一步的发展。1930年香港公布了《住宅法》，以改善香港的贫民窟问题。1935年，鉴于建筑材料与建筑技术的提高，港英殖民政府根据香港城市卫生环境状况，对城市规划建设提出了新要求：居住或公共建筑、拱门、桥梁、烟囱、厨房、牛棚、船坞、工厂、车库、飞机库、地窖、公共场所、芦席棚、办公室、外屋、堤岸、掩蔽体、商店、马厩、楼牌、墙体、仓库、码头或车间等建筑物的建设，要具有高标准的照明、通风和防火设施。[①]1939年6月港英殖民政府以英国《城乡规划法案》为蓝本制定并颁布了《城市规划条例》，规定：城市规划委员会拟定"分区计划大纲草图"，将市区划分为住宅区、商业区、工业区、行政区，以利于市区城市功能的协调发展，促进社区的便利、安全、卫生以及一般福利，使城市现代都市特征更加突出。[②]1941年，香港又对港口的规划与控制和广九铁路的延伸等问题，在1922年的基础上做了进一步修改。[③]这为20世纪三四十年代及"二战"后香港城市功能布局建设提供了规划性指导。

在城市规划的指导下，港英殖民政府开展了一些市政工程建设，城市基础设施日趋进步。例如码头，香港在轮船时代极重视码头的建设，自1841年便不断建造码头、修建船坞，尤其是充分利用20世纪初填海造陆进程，规划修建深水码头，到20世纪30年代码头建设已相当完善。"香港步（应为'埠'，下同）头约有数度，或皇家，或商家。如必打步头，则属皇家由必打步头而西，则德忌利士轮船公司步头，则属商家；再行数百码，则有太古行汉口轮船步头；百行百余码，则由香港省城澳门轮船公司步头。余数步头，则小轮船及渡船湾泊，以为起落货物及上落搭客之所"。[④]

为拓展香港城市发展空间，港英当局还积极填海造陆。1931年香港在海旁东部实施填海工程，共填海36.4公顷。[⑤]北角的填海工程亦在1934年完成，成为居住用地。[⑥]

在沦陷前十余年间的城市街道规划建设主要集中于新界、九龙区域。经过建设，新界环线、九龙至广东道路等街巷道路在1940年大体完工，形成了相当成熟的街区。同时，为改善城市卫生状况和城市形象，在1930年代初，港英殖民政府根据其颁布

---

① 邹涵《1945年前香港近代城市规划历史研究》，武汉理工大学2009年硕士学位论文。
② 卢惠明、陈立天《香港城市规划导论》，香港三联书店，1998年，第1471页。
③ 龙炳颐《香港的城市规划》，见王赓武《香港史新编》（上），香港三联书店，1997年，第211—279页。
④ 陈鏸勋《香港杂记》（外二种），广州：暨南大学出版社，1996年，第77页。
⑤ 邹涵《香港近代城市规划与建设的历史研究（1841—1997）》，武汉理工大学2011年博士学位论文。
⑥ Hong Kong Government Gazette, 7th Septembei. 1934. No.P 686.

的《住宅法》，建造了110万户住房，基本上完成了香港贫民窟的清除，城市面貌为之一新。

为满足香港交通需求，港英当局1932年开通了九龙佐敦道至维多利亚城中部租庇利街的固定航线。① 陆路交通上，经过发展，市区交通工具不断由马车、手车、轿子等传统形式向具有现代性特征的有轨电车、公共汽车等交通形式发展，数量日益增多。② 香港航空事业虽起步较晚，但在20世纪三四十年代却发展快速。1936年启德机场建成。1940年香港已经有英国海外航空公司（英国）、泛美航空公司（美国）、中国国家航空公司（中美）、法国航空公司（法）、欧亚航空公司（中德）5家大型航空公司，③ 开辟了与内地和欧、美、日等地区和国际航线。

综上所述，香港在1941年12月沦陷前，在特殊的时代背景下，城市发展从内地不断地得到了人力、物力和资金的支持，从而获得了战时的暂时繁荣。但这一繁荣境况随着日寇侵占香港，便在枪炮声中和日寇的残酷统治下而迅速归于沉寂，衰落下去了。

（二）香港沦陷后的城市衰落

1941年12月8日，日军入侵香港，25日港英殖民当局投降。从此，香港沦为日本帝国主义殖民地长达3年零8个月。在日军占领期间，香港城市发展一改沦陷前的繁荣状态，陷入到了衰落之中。

1. 人口锐减。在香港战役期间，炮火造成了大量平民伤亡。《香港外科医生》曾将战争初期的香港惨状做了写实性描述："在大轰炸中的香港，形同人间地狱，车经湾仔，亲见尸体堆积如山，由货车装运往葬……街道上尸骸纵横"，仅日机扫射，每日受到伤害的贫民的"死亡数目，可以百计"。④ 为躲避日军残酷的战争行为，居住在香港的人口不断逃离这"人间地狱"，香港人口遂大量减少。同时，日军为营造香港这个南侵的战略据点，不断逼迫香港人"疏散"到其他地方，其布告规定，"港九包括新界在内，居民估计一百九十余万人，要疏散百分之五十，指定广九路为陆路步行归乡线，水路绝对禁止通行"，"限三日内尽行迁出"。如"其不及离境者，则派宪兵

---

① T.N.Chiu：The Port of Hong Kong—A suvey of its development，Hong Kong：Hong Kong University Press，1973，P45.
② 兰静《近代香港外来移民与香港城市社会发展（1841—1941）》，暨南大学2011年博士学位论文。
③ S.G.Davis：Hong Kong in its geographical settings，London：Collins，1949. P. 132—133.
④ 李树芬《香港外科医生——六十年回忆录》，李树芬医学基金会，1965年，第99—100页。

在街上乱捉途人，捉得后先送集中营，派船强押出境"。① 这样，经过日军三年零八个月的占领和军事管制与"人口清查，迫使上百万居民离开香港，② 致使香港人口锐减，"仅有战前的一半"。③

2. 经济残破。日军占领香港后，即对香港进行了经济统制和广泛的物资掠夺。日寇以"保护华人财产"为借口，在其占领香港之初便在第一张布告中几乎将香港一切物资都列入了统制范围。于是，没有日军允许，任何物资不得自由搬运和买卖。同时封闭香港各座大小仓库，并对仓库物资大肆掠夺，概以"敌产没收"，其中九龙仓库是全港物资储存量最大的仓库，库房首尾相连达 2 公里，比日本东京—横滨间的仓库存量还多 5 倍。④ 又如，日军将香港所有汽车都集中没收；还把香港 95 万担粮食运走 80 万担以充"军米"。据粗略估计，日军在香港掠夺物资总额高达 10 亿日元。⑤ 在经济统制的名义下，日军将在港重要工厂、店铺、公司、银号冠以"大日本陆军管理""海军管理""军搜集部管理""金融班管理"等名目钉于门首，并控制了这些经济部门的经营活动。⑥

为建设所谓的"以日元为根干的大东亚金融圈"，日军在金融上确立了以日元为中心的汇兑行市，取代了香港历来以英美货币为基准的汇兑方式，从而全面控制了香港汇兑业务。⑦ 与此同时，日军对在香港的英、美、荷、比等盟国 13 家银行和中国 4 家银行进行清理，概作敌产劫收，银行存款概被冻结，这给香港银行业造成了极为惨重的损失。⑧ 日军通过银行业管制的方式，强行发行没有任何储备金的军票，以套取港币，其中仅强迫汇丰银行就签发了近 1.2 亿元的军票。⑨ 据统计，日本殖民者在香港所发行的军用票到其投降时，高达 20 亿元。⑩ 日本侵略者将这些"在法律上是不值一文的"军票所搜刮的巨额港币通过中立的澳门套取日寇所需的各类重要物资，并扰乱澳门、广州、汕头等地的金融秩序。⑪ 因为日寇的金融管制，香港一向发达的金融

---

① 唐海《香港沦陷记》，新新出版社，1942 年，第 105 页。
② 张晓辉《香港与近代中国对外贸易》，北京：中国华侨出版社，2000 年，第 251 页。
③ 《香港与中国——历史文献资料汇编》，香港广角镜出版社有限公司，1981 年，第 111 页。
④ 张晓辉《香港与近代中国对外贸易》，北京：中国华侨出版社，2000 年，第 251—252 页。
⑤ 徐舸《日本对香港统治方式评析》，《民国档案》1997 年第 4 期。
⑥ 萨空了《香港沦陷日记》，北京：生活·读书·新知三联书店，1985 年，第 109 页。
⑦ ［日］秀岛达雄《香港海南岛の建设》，东京松山房，昭和十七年，第 68—70 页。
⑧ 《中国经济年鉴》，太平洋经济研究社，1948 年，第 113 页。
⑨ ［英］毛里斯·柯立斯《汇丰——香港上海银行：汇丰银行百年史》，李周英译，北京：中华书局，1979 年，第 140 页。
⑩ 李宏《香港大事记》，北京：人民日报出版社，1988 年，第 84 页。
⑪ 张晓辉《香港与近代中国对外贸易》，北京：中国华侨出版社，2000 年，第 253 页。

业在沦陷期间迅速沉沦下去了。

香港在沦陷前以转口贸易著称于世。自日军占领后，伊藤商行、岩井产业等 94 家日商组成了"香港贸易组合"，垄断了香港与日本、东南亚以及中国沦陷区的东北、华北、台湾、华中等地区的商贸活动。① 在日军占领下，香港在很大程度上仅作为一个军港而存在，一切民间贸易除社会日常生活资料外，其余几乎因日商垄断而陷于停滞，"百业萧条"。②

3. 市政毁坏。在沦陷时期，香港饱受战火的摧残，造成大批市政设施的损毁，尤其是日军在发动的侵占香港战役期间。是时，启德机场、九龙水上飞机停泊处以及市区大批民用建筑物遭到了较大的破坏。③ 铜锣湾、佐顿道煤油库被炸毁，"两岸煤油焚烧，火光冲天，数日始熄"。④ 为免资敌，英军将九龙半岛的"各重工业工厂炸毁，如九龙船坞、电灯厂、青洲英坭等均被炸"。⑤ 盟军为了迟滞日军入侵东南亚的步伐，自 1942 年夏秋之际到 1943 年对香港重船厂、九龙船坞、太古船坞等军事目标进行了轰炸，并波及了红磡小学，其"楼宇损坏在三分之二以上"。⑥ 1942 年夏天，"象征着古老悠长文化传统的九龙城寨，因扩展机场工程而被拆毁"。这标志着香港重要的文化场所与基础文化设施在日据时期大多"泯泯而终"，⑦ 民房在战争中亦未能幸免于难，大量毁于战火。例如日军在扩建军用机场过程中，不仅拆毁了宋王台、九龙城寨等历史文化古迹，而且平毁了 2000 家民房，还造成 2 万余名香港居民无家可归。⑧ 据盟军接收香港时的统计，"四分之一的民房已遭炮火或空袭破坏……花了差不多一百年经营的香港，似乎已付诸一炬"。⑨

城市环境亦因战争期间各类市政设施被损毁而急剧恶化。"那时的香港街道，完全谈不上有公共卫生，垃圾因无人清理而堆积街头，沟渠阻塞，污水四溢"。⑩

4. 人民生活困苦。在沦陷时期，香港人民生活极度困苦。首先是食物极为短缺。在香港沦陷初期，居民每人每日可以获得六两四钱的粮食，这仅可供糊口之用。到

---

① 金应熙《香港史话》，广州：广东人民出版社，1988 年，第 217 页。
② 《香港与中国——历史文献资料汇编》，香港广角镜出版社有限公司，1981 年，第 111 页。
③ 苏东斌、李沛然《台湾香港澳门经济史略》，广州：广东经济出版社，2002 年，第 529 页。
④ 唐海《香港沦陷记》，新新出版社，1942 年，第 103 页。
⑤ 同上。
⑥ 同上书，第 103—104 页。
⑦ 《香港与中国——历史文献资料汇编》，香港广角镜出版社有限公司，1981 年，第 111 页。
⑧ ［日］原岛修一著，凌明译《日本战犯回忆录》，广州：四海出版社，1975 年，第 56 页。
⑨ 《香港与中国——历史文献资料汇编》，香港广角镜出版社有限公司，1981 年，第 111 页。
⑩ 李树芬《香港外科医生——六十年回忆录》，李树芬医学基金会，1965 年，第 100 页。

1943 年，因粮食供应更为短缺，日军遂进一步减少粮食配给限额，且市场上大米为军用统制物资而极少售卖，即便是大麦、玉米等杂粮也比平日贵了近 10 倍。① 港人生活因此异常"困苦悲惨"，致使很多港人"饿毙"。② 这种困苦状况一直延续到 40 年代末。据当时的社会观察，香港"粮食、燃料、日用品、交通工具极度缺乏……人民衣衫褴褛，面有菜色"，"香港居民仅能靠配给和黑市买卖，来维持生活"，"民不聊生，前景黯淡"。③

其次是毫无生命保障。在日寇侵占期间，港人在日军眼中连狗都不如。港人行走在大街小巷，或居家生活，都时不时遭到日军的野蛮对待：轻者用枪托毒打，重者则当场斩首；女性甚至还被迫脱光衣服，赤裸示众，有的女性因此而自杀。稍有价值的财物如被日本人发现亦被劫夺。④ 数以千计的青壮年则被抓夫或被欺骗至海南岛充当矿工，因受日军的折磨和高强度劳动的摧残，在日寇投降时，"能回到香港的，就是寥寥无几了"。⑤ 此外，港人更谈不上有什么医疗保障了。

总之，在日寇侵占三年零八个月的时间内，香港城市发展成果或被战火毁于一旦，或因日寇的军事管制和经济统制而失去应有的发展动力，从而全面衰落下去了。

三、抗战时期澳门城市的暂时繁荣

澳门为珠三角南海沿岸一个小半岛，在 16 世纪时为葡萄牙人东航移泊之所，是中葡贸易中转贸易港市，商业鼎盛。清末成为葡萄牙的殖民地，但受香港开埠和中国沿海门户相继开放的影响，澳门在远东的对外中转贸易逐渐被香港所取代。"惟以其地迩近粤省富庶之区，人口众多，商业尚可维持，仍不失为远东之一重要城市。"⑥ 但城市发展相对缓慢，与香港形成了鲜明的对比。

抗战时期，澳门在特殊的国际关系下而成为中国中东部沦陷区的一个孤岛，也成为沦陷区人民避难的城市，使其在战时获得了比战前更有利的条件，城市在经济、市政建设、文化等层面都获得了较大的进步，获得了暂时的繁荣。

---

① 叶德伟等《香港沦陷史》，香港广角镜出版社有限公司，1984 年，第 256 页。
② 同上书，第 119 页。
③ 《香港与中国——历史文献资料汇编》，香港广角镜出版社有限公司，1981 年，第 111 页。
④ 叶德伟等《香港沦陷史》，香港广角镜出版社有限公司，1984 年，第 119—127 页。
⑤ 同上书，第 128 页。
⑥ 何大章、缪鸿基《澳门地理》，广州：广东省立文理学院，1946 年，"绪言"，第 1 页。

（一）城市规模的扩大

澳门地域狭小，自葡萄牙殖民者盘踞澳门始，城市逐渐由一个小渔港发展成为联系中西方贸易的中转港口城市。后随着香港沦为英国殖民地后，凭借其优越的地理条件，香港迅速超越并取代澳门成为华南地区对外贸易的门户城市。澳门城市地位的沦落，使其发展受到限制，这在城市规模化的缓慢发展方面尤为突出，直至中国人民长达14年的艰苦卓绝的抗战时期，才有较大的改变。

1. 人口迅速增长。近代以降，澳门城市人口数量不多，增长缓慢。1839年澳门人口仅为1.2万—1.3万人，到1910年增长至7.4866万人，到抗战爆发前的1927年才增至15.7175万人（见表6.28）。

表6.28 近代以降澳门人口变化情形表

年份	人口（人）	年份	人口（人）
1839	12000—13000	1878	59959
1841	25000	1910	74866
1860	85471	1920	83894
1867	56252	1824	193175
1871	71780	1927	157175

（资料来源：邓开颂：《澳门历史（1840—1949）》，珠海出版社，1999年，第339页）

1931年抗战爆发后，澳门因远离战争，加之香港、广州及珠三角地区经济的复苏、发展，澳门人口一度减少，1936年澳门人口总数降至12万人，[①]比1927年减少了3.7万人。但随着抗战规模的扩大和日军入侵华南、香港，澳门因宗主国葡萄牙与日本帝国主义存在着特殊关系，而成为沦陷区人民避难的一座"孤岛"，大批难民和机构涌入澳门。1937年澳门共有人口16.4528万人，[②]比1936年增加了4.4万多人；1939年更增至24.5194万人。[③]到1941年香港沦陷后，原避难香港的难民又涌入澳门，使其人口猛增至40万人，达到历史的顶峰。[④]1945年抗战胜利后，澳门难民纷纷离澳重返故园，或迁港或移居海外，澳门人口遂不断减少，降到了15万人左右。[⑤]

---

① 何大章、缪鸿基《澳门地理》，广州：广东省立文理学院，1946年，第56页。
② 同上。
③ 黄汉强《澳门经济年鉴》（1983），澳门华侨报社，第Ⅳ章，第112页。
④ 同上书，第Ⅳ章，第3页。
⑤ 邓开颂《澳门历史（1840—1949）》，珠海出版社，1999年，第341页。

抗战时期，城市人口的迅速增多，使澳门市区在战前的基础上继续扩大，以满足外来人口的居住、生活、工作等日常需要。

2. 城区范围扩大。澳门从渔港到城市，其用地规模的扩大是一个缓慢而长期的过程。澳门城市面积扩大起始于19世纪后半期。葡萄牙殖民者乘着清政府在鸦片战争失败的交困之机，逐步将殖民管控的"澳门城"扩大到整个澳门半岛、氹仔和路环岛，城市建设也渐次发展到上述区域。1850年澳门在下环街和三巴仔横街之间填海造陆，城市面积进一步扩大。1863年澳葡殖民者正式下令填海造陆，当年即在烧灰炉炮台与南湾之间填海造地，后逐渐形成了海滨广场及马路。后屡次填海造地，使澳门城区面积不断扩大（见表6.29）。在1860—1920年，澳门城市面积由近10平方公里，增加到15.08平方公里，其中澳门半岛5平方公里、氹仔3.48平方公里、路环岛6.6平方公里。[①]

表6.29　19世纪晚期至20世纪20年代澳门填海造地形成街区大致情形

时间	填海地区	形成的街区
19世纪60、70年代	清平戏院一带	清平直街、福隆新街和白眼塘等街区
1866—1910年	北湾、浅湾	提督大马路、沙梨头、海边街、新马路西段、新埗头街、快艇头街、福隆新街、柴船尾街、宜安街、福德新街、下环正街等街区
20世纪20年代至30年代初	内港、妈祖阁至沙拦仔厂至莲峰庙沿海	河边新街、巴素打尔古街、火船头街、海边新街、罅些喇提督马路、沙梨头海边街，以及15个码头

（资料来源：邓开颂：《澳门历史（1840—1949）》，珠海出版社，1999年，第301—303页）

1931年抗战爆发后，澳门城市规模又进一步扩大。澳门殖民政府将政府大厦至嘉思栏炮台一带，相当于半个南湾填成陆地，经澳门置业公司等华商营造，至1937年宣告完成，建成了殷皇子马路、友谊大马路等街区，并与新口岸连接在一起，成为澳门重要的街区之一。[②]

（二）城市经济日渐发展

在1938年以前，澳门在香港以及中国沿海开埠口岸城市的竞争下，城市经济每况愈下。"置身其中，则见百业衰颓，社会混浊。下环鱼栅栉比，其中已有不少改售山货，仅见昔日繁荣之迹。青洲烟突悄立。士敏土厂早已停工。新马路为澳门商业中心之区，然类皆规模甚小，无成行成市之贸易，至其他街巷更为冷静，仅赌场烟馆妓寮

[①] 邓开颂、谢后和《澳门历史与社会发展》，珠海出版社，1999年，第145页。
[②] 邓开颂《澳门历史（1840—1949）》，珠海出版社，1999年，第304页。

所在之地，尚感热闹，澳门亦惟有藉此特种事业以维持城市之生命耳！"①但这一长期低迷的经济窘况，随着日本侵略者的铁蹄踏入华南而得到暂时而迅速的改观。1938年，广州市及粤省其他各地频遭日本飞机的空袭，居民多移居澳门。澳门商业遂"顿形改观"，"商场空前畅旺，旅店酒馆，熙攘往来，市面繁华热闹，俨然成一世外桃源。运输行金银店之增设，如雨后春笋"。②城市经济迅速发展，走上了暂时繁荣之路。

1. 工商业、金融业的发展

（1）工商业。澳门由于港湾窄浅，香港被开辟为通商口岸，沦为英国殖民地后，澳门便失去了中外中转贸易的优势地位。在与香港及广州等竞争中，澳门对外贸易日渐衰落直至1938年日寇侵略华南前。例如，1932年澳门商业贸易额为4913.6365万葡元，至1936年竟减至2098.7519万葡元，减少了57.2%，为澳门商贸不景气时期。③诚如时人所言："现当不景气时期，澳门市场不能称为繁荣，且发现困难之点甚多，商业又停止不前……澳门商业活动依目前情形而论，其力甚属薄弱，必需凭藉临近市场方能获其需要。所以澳门市场，事实上实为邻近市场之附庸，而贸易之平衡，近日相差益远也。"④其商业之衰落可见一斑。

但1938年以前的商业衰落因日军侵略华南地区，大量人口移居澳门，商业"骤见繁盛"。1937年贸易额已增至3593.1327万葡元；1938年贸易总值达4917.3489万葡元。⑤1939年更是增长至9334.8379万葡元。1945年则增长为34916万葡元，⑥是1932年的7.1倍。与香港、广州、中山、新会和中国沿海商埠城市，以及吕宋、泰国、新加坡、泰国、爪哇、南美等海外城市建立了商业联系。⑦城市各商业机构亦形成一定规模（见表6.30）。

表6.30 抗战时期澳门一般商业机构简表

行业	数量	分布
鱼鲜业	三十余家	集于西环下环海岸，塘鱼栏十余家；咸鱼栏二十余家
牲口业	二十余家	集中于沙梨头一带

---

① 何大章、缪鸿基《澳门地理》，广州：广东省立文理学院，1946年，第12页。
② 香港《大公报》，1939年4月27日。
③ 何大章、缪鸿基《澳门地理》，广州：广东省立文理学院，1946年，第75页。
④ 黄启臣等《澳门经济四百年》，澳门基金会，1994年，第167页。
⑤ 邓开颂、黄启臣《澳门港史资料汇编（1553—1986）》，广州：广东人民出版社，1991年，第250页。
⑥ 黄启臣等《澳门经济四百年》，澳门基金会，1994年，第168页。
⑦ 何大章、缪鸿基《澳门地理》，广州：广东省立文理学院，1946年，第76—77页。

续表

行业	数量	分布
蔬果业	三四十家	多集中于关前街、果栏街附近
米粮业	三十余家	集中于火船头、十月初五街一带
洋什业	四五十家	多集中于新马路、草堆街、落地街
匹头业	六七十家	
杉木业	大者五六家，小者十余家	集中在西部海岸提督马路一带
酒店业	大者约十家，小者约七八十家	分布于新马路及福隆新街一带
旅馆业	大者计十余家，小者约八九十间	多分布在码头附近及新马路等地

（资料来源：何大章、缪鸿基：《澳门地理》，广东省立文理学院，1946年，第77—79页）

此外，从事贩卖货物的小商店在1937—1941年期间增长了不少。据统计，1937年澳门贩卖小商品的店铺只有119间；到1938年因日寇入侵华南，大量人口避难澳门，使这类小商铺迅速增加至883间；1940—1941年则急剧增至1802间。① 这些小商铺的急剧增长，为澳门在抗战时期的商业繁荣提供了基本的物质基础。但这一基础在战争环境下是不牢固的，它只能在抗战时期为沦陷区所包围的"孤岛"制造一种暂时而畸形的"繁荣"。

（2）制造业亦有一定的发展。澳门工业因原材料短缺和市场狭小，工业基础"甚为脆弱"。在1937年以前澳门有工厂120家，多以小工业形态出现，② 有造船业、制木业、火柴业、香烟业、蚊（神）香业、酿酒业、酱油业、制砖烧灰业、棉纺织业以及树胶、玻璃制造、染料等部门。例如，澳门在1939年有神香店19家，年产值为1500万葡元。③

（3）金融业在此期也获得了较快的发展。1938年日寇入侵华南以前，澳门金融业受香港的制约发展一直比较缓慢。随着华南、香港渐次落入敌手，来自广州、香港及与澳门相邻的珠三角地区的人们蜂拥而至，他们人口众多，携带了巨额的黄金、白银和外币。与之相伴而来的是香港与内地的银号。这样，澳门的金融业便进入到了一个"繁荣期"，银号、钱台、银牌以及找换店激增到300多家。④ 银行也增至6家。于是，澳门金融市场日渐活跃、繁荣，尤其是黄金交易甚为兴旺。⑤ 为便利金融活动的开展，这些

---

① 邓开颂《澳门历史（1840—1949）》，珠海出版社，1999年，第262—264页。
② 邓开颂、谢后和《澳门历史与社会发展》，珠海出版社，1999年，第141页。
③ 何大章、缪鸿基《澳门地理》，广州：广东省立文理学院，1946年，第73页。
④ 黄汉强《澳门经济年鉴》，《华侨报》，1983年，第X21页。
⑤ 黄启臣等《澳门经济四百年》，澳门基金会，1994年，第172页。

金融机构集中分布于新马路、营地街和十月初五街一带，形成了澳门的金融服务区。同时，随着大量难民的涌入，为了能在澳门立足谋生，资财一般的难民在进入澳门不久，便将其有价值的财物进行典押，以换得日常生活用品，从而促进了澳门典当业的发展，尤其是澳门沦为华南沦陷区的"孤岛"之后。当时，澳门市内大街小巷均有押铺。大的叫大押或按，有14家；小的叫押，有20多家。此外，还有收买回料店50多家。这些典当、质押店多设于与赌场相邻的街道，其以富隆街、新马路等街巷为多。①

2. 特种行业的畸形繁荣。在抗战时期，以赌业、娼业和烟馆为代表的特种行业经济在葡澳殖民者的支持下，不断孳生，而成为澳门的经济支柱之一，出现了"畸形繁荣"。

（1）赌业。澳门赌业历史悠久，负有盛名，有"东方的蒙地卡罗"之称。② 早在清乾隆时期，澳门就被修道士约瑟（Jose de Jesus Maria）描写为一个充满着"纵欲、抢劫、背叛、赌博、酗酒、吵架、欺骗、谋杀及其他罪恶"的城市。③ 鸦片战争前后，澳门更是"赌馆林立"。④"妇女入赌馆最为风俗之喜。"⑤ 赌风遍及社会各阶层。到抗战时期，澳门赌业经历了第二次"大发展"。1934年澳葡殖民政府实行赌博业专利权制度，通过投标承办全澳门赌场业务。1937年又公布了将澳门、氹仔、路环开收铺票、白鸽票、山票生意立实合同章程31条，规定了承办票赌时间、方法、税收等细则。⑥ 是时，澳门市区最繁盛的清平直街、怡安街、福隆新街等开办泰兴、德成、荣生等赌博公司20多家。其中泰兴娱乐公司在1937年与澳门殖民政府签订专营合约，以每年缴纳赌税180万元承办全澳门的赌场业务，这也是殖民政府的主要财政来源。⑦ 自1937年泰兴公司获得专营权以来，澳门赌业极度繁荣，发展成为名副其实的"赌城"。

3. 娼业。澳门的娼业也在抗战时期不断孳生。娼业和赌业一样，也得到澳葡殖民当局的大力支持。早在1887年，殖民者就颁布了娼业合法化的"新订澳门娼寮章程"41条。⑧ 至此，澳门娼业便置于殖民政府的保护之下，得到迅速的发展，到20世纪30年代，达到了全盛时期。据相关学者粗略统计，在1938—1940年间，澳门共有

---

① 黄启臣等《澳门经济四百年》，澳门基金会，1994年，第172页。
② 邓开颂《澳门历史（1840—1949）》，珠海出版社，1999年，第233页。
③ A. Pinho: Gambling in Macau. Macau City of Commerce and Culture. edited by R.D.Cemer.p155.
④ 汪兆镛《澳门杂诗》，戊午（1918）冬，排印本，第12页。
⑤ 同上。
⑥ 邓开颂《澳门历史（1840—1949）》，珠海出版社，1999年，第223—224页。
⑦ 何大章、缪鸿基《澳门地理》，广州：广东省立文理学院，1946年，第65、66页。
⑧ 《澳门宪报》（ANNO DE 1898—BOLETIM OFFICIAL，SUPPLEMENTOAO NO.32）。

娼寮 120 余家，妓女 1500 多人。① 妓寮集中的福荣里、宜安街和福隆新街，号称澳门最著名的销金"火街"。此外，在福宁里、蓬莱新巷、清和里、白眼塘、通商新街、烂鬼楼等街区也是娼寨的集中之地。② 抗战时期澳门娼业已然成为当时严重的社会问题。它不但侵蚀了社会肌体的健康，造成了性病的流行，而且腐化了社会风尚，给澳门城市的发展烙上不健康的负面印记。

此外，在抗战时期，给近代国人身体带来巨大伤害的鸦片也因殖民者的支持在澳门大行其道，供瘾君子们吸食鸦片等毒品的"茶话室""谈话室"比比皆是。80 余家商店悬挂"公烟"小牌，公开售卖鸦片。各俱乐部、酒店均设有"烟局"。社会毒风大炽，以至于普通人家也在日常生活中设鸦片烟供客吸食，③ 毒化了澳门社会，成为澳门城市发展史上的一块罪恶的伤疤。

（三）城市基础设施的进一步完善

经过晚清时期"苦力贸易"时代的港口建设，到 20 世纪初，澳门的城市基础设施已取得了长足的进步。随着澳门城市规模的扩大，城市道路网络渐次形成，为满足城市发展的需要，澳门不断地完善城市的基础设施，在抗战的 14 年间亦是如此。

首先是在城市道路网建设上，澳门根据澳门半岛独特的地理条件，将城市街道规划为以东北—西南走向的街道为主长轴，西北—东南走向的为短轴，相互交错的方格棋盘式街道格局，经过 20 世纪 30 年代的建设，澳门基本建立起了较有规则的城市道路网，形成以高士德马路和新马路为中心的依山傍海的环状街道和放射状街道有机结合的市区道路网的格局。④

在完善街道和城市交通设施的同时，澳门殖民政府还对城市进行了功能规划建设。到 40 年代，澳门经过历代发展，已形成了显著的功能分区：行政中心主要在南环、议事厅前地及龙嵩街一带；住宅区中，望厦、沙梨头一带为华人居住街衢，葡萄牙人则集中居住于南环和荷兰园；工业区主要分布在半岛西北部的提督马路和青洲等地；商业金融区主要集中在十月初五街和新马路。澳门最大的商业、金融建筑如国际酒店、中央酒店、东亚酒店以及主要商行、银行和各类服务业大都集中于此。⑤

---

① 何大章、缪鸿基《澳门地理》，广州：广东省立文理学院，1946 年，第 66 页。
② 邓开颂《澳门历史（1840—1949）》，珠海出版社，1999 年，第 234 页。
③ 何大章、缪鸿基《澳门地理》，广州：广东省立文理学院，1946 年，第 67 页。
④ 邓开颂《澳门历史（1840—1949）》，珠海出版社，1999 年，第 305 页。
⑤ 黄汉强、吴志良《澳门地理》，澳门基金会、中国友谊出版公司，1993 年，第 105 页。

其次是城市公共服务设施的继续完善。澳门从20世纪30年代起开始自来水供应。在30年代以前，澳门居民主要食用井水。1932年澳门自来水公司成立。1935年公司与澳门议事局签订"专营合约"，修建水塘、铺设管道，为居民提供生活用水。[①]

邮电电讯业亦有进展。1933年澳门无线电台成立，每周播音三次。20世纪40年代，电话已在高阶官僚、富商和一般商行中日渐普及。

城市交通工具随着城市街道的完善，在抗战时期亦由传统的轿子和马车发展为经济实惠、大众化的人力车，成为20世纪30—40年代澳门城市交通的流行色。此期，全澳门人力车达到了1600多辆，可谓是盛极一时；汽车作为财富、地位和身份的象征，也不断出现在澳门街头。[②]对外交通主要是澳港之间的水上航运。抗战前期，澳港航运有7艘客轮往来两地，每日7个轮班。香港沦陷后，澳港仅剩3个轮班。[③]此外，澳门与广州、汕尾等城市间的内河航运因日寇侵占华南基本中断。在对外陆路交通繁忙，澳门随着岐关车路公司成立也得到了发展。1936年公司拥有大小客车、自由车等客运车辆135台，业务繁忙。但随着中山县沦陷，1940年3月岐关车路公司为坚持抗战，其车辆、器材尽行疏散，停止一切客货运输，直至抗战胜利。[④]民航也在抗战时期开通了港澳航线，"自1936年泛美航线成立，澳门成为泛美航线的终站"，[⑤]每周一班，但于1942年因太平洋战争爆发和香港沦陷而停航。

总之，澳门在抗战时期因大量人口的迁入，促进了澳门经济社会、城市基础设施的发展和完善，虽然在抗战后期为日寇阻断对外广泛联系，和在抗战末期遭到美国飞机的轰炸，但损失不大，在总体上澳门仍旧保持一种战时繁荣状态，澳门因此在东亚较早地步入到了都市社会，成为具有近代城市各项功能的国际性袖珍城市。

第五节 "分治"下的殖民命运：抗战时期中东部沦陷区城市变迁的差异化

在抗战的14年间，日本帝国主义先后侵占了中国东北、华北、华东、华中、华

---

① 邓开颂《澳门历史（1840—1949）》，珠海出版社，1999年，第311页。
② 邓开颂、谢后和《澳门历史与社会发展》，珠海出版社，1999年，第147—149页。
③ 《澳门港》，东洋海运株式会社，1942年，第118页。
④ 邓开颂《澳门历史（1840—1949）》，珠海出版社，1999年，第331页。
⑤ 广州《建国日报》，1946年6月25日。

南等大片领土，给中国城市发展造成了巨大的破坏和负面影响。但由于其所占中国东中部地区面积辽阔，日本贯彻执行"田中奏折"[①]侵略计划的过程中，根据各沦陷区域在地理、资源、人口、交通和社会经济发展水平等方面存在的较大差异，采取了"分而治之"的殖民统治策略。从而导致了中国中东部沦陷地区城市呈现出差异较大的变迁轨迹，造成中东部沦陷区城市在抗战时期的总体衰落。

1. 台湾自甲午战争后被迫割让给日本后，作为日本"领土内外地"，一直都是日本政治法律观念上的"异域"。[②]台湾因此长期仅被作为日本本土农产品、原材料的供应地和商品销售市场加以经营控制。但自1931年日本发动入侵中国东北的"九一八事变"始，开始积极经略台湾，以将其打造为侵略华南、华东和入侵东南亚国家的战略基地。故对台湾进行了大规模的开发建设。在台北、台中、台南、高雄、花莲、屏东等城市兴办工厂、进行城市（镇）规划建设、施行"皇民化"政策等，不断促进台湾城市向日式现代化发展。经过长达14年的战时经营，台湾城市的现代功能日益齐全，城市工业化和人口城市化也得到了较快的提升，城市依托铁路、港口且侧重于台湾西部平原的空间布局业已成形，并形成了具有台湾地理特色的城市体系。同时，其城市内部结构亦日益由中国传统形式向日本殖民现代性转变。总之，抗战时期台湾城市的殖民化发展不仅使台湾人民在经济上饱受日寇的压榨，而且在民族文化和民族人格上遭受到了历史性的屈辱。

2. 东北地区，日本将其定位为支撑日军全面侵略中国的战略后方，故自其侵占之日始便对东北进行了大规模的开发与建设，如修筑铁路、开发矿山、设立工厂、城市规划以及组织移民实施北边振兴计划等，从而推动了东北地区城市化的快速发展，但同时也加深了东北地区城市的殖民化程度。经过日本侵略者的殖民化经营，东北城市经济在抗战14年间获得了较大发展，据《满洲国商业实态调查书》的统计，1939年东北各主要城市商店林立、工矿企业数量众多，其中哈尔滨市有各类企业公司8270家，齐齐哈尔市为785家，长春市有2794家，吉林市2456家。[③]基本形成了钢铁、机械制造、化学、采矿、煤炭、水泥、人造石油、炼铝、制镁、纺织、造纸、木

---

① "田中奏折"原件称《帝国对满蒙之积极根本政策》，由时任日本首相田中义一于1927年7月25日呈给昭和天皇的秘密奏章。在这份密奏中明确提出了日本侵略方略："惟欲征服支那（日人对中国的蔑称），必先征服满蒙。如欲征服世界，必先征服支那。倘支那完全可被我国征服，则其他如小中亚细亚及印度南洋等，异属之民族必畏我敬我而降于我，是世界知东亚为我国之东亚，永不敢向我侵犯。"
② ［日］桧山幸夫《"大日本帝国"的台湾统治构造及统治原理》，中国社会科学院台湾史研究中心编《日据时期台湾殖民地史学术研讨会论文集》，北京：九州出版社，2010年，第467—470页。
③ 经济部商务司《满洲国商业实态调查书》，伪满洲国经济部，1942年，第27、53、69、233页。

材加工、制粉、酿造、榨油以及军事工业等工业门类较齐全的城市工业体系，①东北城市工业化水平得到了较快的提升。在东北城市工业化提升的同时，人口的城市化水平也有较大的提高。1945年日本投降前，沈阳已是一座人口超过百万的特大城市，伪满首府长春人口数接近百万，大连和哈尔滨则达到80万人左右。鞍山、抚顺、安东等城市人口规模已然发展至20万人左右，辽阳、阜新、锦州和本溪等城市的人口也达到了10万人的规模，新民、通辽、辽源、赤峰、铁岭、四平等城市人口也超过了5万人，另外，仅辽宁省人口超过3万的城镇大致有近20个，还有一些县城和集镇的人口超过了1万人。②随着抗战时期东北城市工业化和人口城市化水平的提升，其城市分布亦由传统沿水道分布向沿铁路分布演变，深刻地改变了近代东北城市的空间格局。从而形成了核心城市不很突出，却彼此之间形成了较明确的分工，具有较强的功能互补作用、联系紧密的以工业—铁路—城市体系为特征的城市体系。这在近代中国是极为少见的。③但需要特别指出的是，东北沦陷时期的区域城市发展是建立在日本对中国全面侵略的基础之上的，是以中国其他地区城市和东北广大农村的破坏和衰败为代价的，其城市的殖民性特征极为突出，广大东北民众更是生活在水深火热的人间炼狱之中。

3. 华北、华东、华中、华南等沦陷地区城市作为日军控制沦陷区的战略支点，日本侵略者采取了"以战养战""以华制华""经济掠夺"等政策，致使这些城市遭到了战火大规模的直接破坏，其城市经济、市政设施和文化命脉等都遭到了前所未有的毁坏。"一些城市被夷为平地，城市文明遭到了野蛮践踏。"④仅以抗战初期为例，上海"八一三"淞沪抗战期间，"被毁工厂为9998家，损失564535297元。全市工厂总数依照战前统计为5255家，损失估计南市区为31%，闸北区为100%，特一区为70%，四乡区为50%，特二区无。当呈复之时，南市我军尚未撤退，区内工厂大部分完整，今南市已沦为战区，工厂林立之日晖港、高昌庙等处，均已成焦土。按目前估计，应以100%计算，况该处有工厂2272家，占总额2/3以上。所以沪市工厂损失估计当在国币8万万元以上"。⑤南京则遭到日军野蛮大屠杀，造成30万南京市民死难，市区被焚毁。据国际救济委员会调查，南京"31%的建筑被摧毁，46%的建筑被洗劫一空，

---

① 何一民《从农业时代到工业时代：中国城市发展研究》，成都：巴蜀书社，2009年，第505页。
② 胡焕庸、张善余《中国人口地理》（下），上海：华东师范大学出版社，1986年，第336页。
③ 何一民《近代中国城市发展与社会变迁（1840—1949）》，北京：科学出版社，2004年，第240页。
④ 卞修跃《日本侵华战争破坏了多少中国城市》，《新华澳报》（澳门）2005年7月6日。
⑤ 《沪市工厂损失》，《申报》1937年11月22日。

23%的建筑遭到了轻微的抢掠"。① 伪南京市自治委员会在1938年3月清洁全市道路计划书中，亦描述过南京城劫后的情形："城厢内外商铺、店户房屋焚毁倾倒，比比皆是"，"全市大街小巷房屋焚毁之余烬，即残余木料、瓦屑、碎砖、破墙灰土、废坏钢铁，以及折断电杆、电线等物，七倒八斜，零零落落，途为之塞"。② 其他沦陷区中心城市，如北平、天津、青岛、济南、苏州、无锡、厦门、福州、合肥、郑州、武汉、长沙、广州、南昌等也遭到巨大破坏。沦陷区中小城市亦是如此。例如江西，在抗战时期，由于日军的轰炸、焚烧，全省较大城镇的房屋被毁在50%以上，其中有18个城镇被毁房屋超过90%。高安、奉新等县城几乎被夷为平地，以致"战后复归之难民惟有以树叶搭棚，暂时容身"。③ 以上城市的遭遇实为抗战期间中东部沦陷区每一座城市备受侵华日军残酷摧残破坏的写照。这些城市遂因日寇侵略、劫掠而丧失了发展的基本条件迅速衰落了。

4. 香港和澳门分别作为英国和葡萄牙在中国的殖民地，在抗战时期因日本帝国主义和英国、葡萄牙之间的国家关系，使香港和澳门的城市发展走向了不同的道路。香港因为日本发动太平洋战争而成为其攻占的重要战略目标，1941年12月经过香港战役而沦为日本的殖民城市。日寇在占领期间，为将香港打造成为侵略华南和东南亚国家的前进基地，在香港施行"以战养战"和"军事化"政策，统制了香港的工厂、港口、商业机构、银行等经济部门和经济设施，大肆劫掠香港社会财富；并强迫香港人"疏散"到港九地区之外，香港城市人口因此锐减。这直接导致香港丧失了城市发展的物资和人口基础，使香港城市发展在沦陷时期急剧衰落下去，丧失了沦陷前的发展势头。

澳门在抗战时期因为日葡特殊的国家关系，而成为华南沦陷区中的一座孤岛。这使澳门在日寇侵略和占领华南沦陷区期间成为战区和沦陷区人民避难的极重要的城市。为此，澳门在抗战时期人口迅速增长、来自中国内地的社会财富不断涌入，从而为澳门在抗战时期的城市发展提供人与物的基本条件。在这一背景下，澳门的市政建设、经济发展等都比战前有了显著的进步。但必须指出的是，尽管澳门是华南沦陷区仅存的一座"孤岛"，有着战时城市发展的有利条件，却因澳门四周为日本占领区环

---

① 《史迈士致贝克》，1938年4月17日，张生编《耶鲁文献》（下），张宪文主编《南京大屠杀史料集》第70册，南京：凤凰出版传媒集团、江苏人民出版社，2010年，第577页。
② 《日伪南京市自治委员会整理及清洁全市道路计划书》，1938年3月3日，中国第二历史档案馆、南京市档案馆编《侵华日军南京大屠杀档案》，南京：江苏古籍出版社，1997年，第485页。
③ 江西省档案馆藏《蔡孟坚江西灾情报告》（1946年8月），卷宗号：J043-24-4497。

绕，进出澳门的物资和人员受到日寇严苛的管制，使得澳门城市发展出现了一种畸形的战时繁荣，具体体现于黄、赌、毒、典当等特殊行业的兴盛上。这意味着澳门在抗战时期的城市发展是不正常的，是暂时的。随着1945年8月日本战败投降，大量人口和社会财富流出澳门，重归其故地，澳门的城市发展遂不可避免地陷入一种缓慢状态之中。

总之，在抗战时期，中国中东部沦陷区在日寇的侵略和控制下，各沦陷区因日本侵略者所采取的差异化侵略、控制策略而呈现出了不同的变迁路径。最终结果是日本的侵略不仅严重地破坏了中东部沦陷区城市长期发展所积累的文明成果，而且直接阻碍了中国现代化的发展与进步，使中国城市化和城市工业化出现了整体性的倒退，城市经济凋敝、社会文化功能减弱；也使战后中国城市重建和社会经济的恢复陷入重重困难之中，甚至不少城市无力恢复战争创伤而陷入发展困境，其消极影响长久且深远。[①]

[①] 何一民、刘杨《日本侵华战争对中国东中部城市的影响》，《武汉大学学报》(人文科学版) 2016年第3期。

第七章 "都市中国"发展的承东继西：
抗战时期大后方的城市发展

抗战时期的大后方是指以陪都重庆为中心的国民政府统治区域和以延安为中心的共产党管辖地。以重庆为中心的国统区，包括西南和西北广大区域；以延安为中心的共产党管辖地，主要指陕甘宁边区及部分抗日根据地。由于历史条件和发展基础的不同，抗战大后方城市的发展道路及发展模式也不相同。国统区城市的发展，特别是传统区域性中心城市的发展，虽然人口增加很快，经济实力很强，但外力的植入发挥了巨大的作用，尤其是大规模的交通建设、资源开发以及人口、工厂、学校、金融机构、科研院所等的内迁，成为推动国统区城市发展的直接动力。陕甘宁边区城镇的发展，虽然城市面积小，规模有限，经济整体实力较弱，但更多的是依靠自力更生谋求发展，通过城镇内生动力增长探索内涵式发展路径，形成政治清明、市场有序、商业繁荣、社会安定的若干中小城镇。

第一节 抗战建国：战时大后方城市发展的要素

抗战时期大后方主要指国统区城市的快速发展，深受抗日战争进程以及国民政府决策演变的影响，同时与抗战建国号召下迸发的西部建设热潮关系密切。战时大后方战略地位的确立以及国民政府迁都重庆，兴起了大规模建设西南和西北地区的开发热潮，特别是西部交通环境的极大改善和大规模的抗战西迁，为战时国统区建设和城市发展植入了强大外力。西部地区传统驿道的改造和水运能力的提升，新型公路、铁路、航空运输线的开辟，国际交通运输线的修建，打开了西部地区的封闭之门，加强了大后方各地之间的内部联系，强化了西南和西北地区的对外交往和运输往来。人口西迁、工厂内迁、科研院所和高校西迁等，不仅推动了西部地区城市人口的快速集聚，而且加速推进了西部各地的工业化进程，传播了先进的文化理念和科技知识，为抗战时期国统区城市发展注入了新的动力。

一、战争与政府决策

战争因素对城市发展具有重要影响，战争环境下政府的决策，更是影响区域城市发展的重要元素。"九一八事变"发生后，在日军侵华不断加剧的情况下，国民政府中的部分有识之士开始谋划大后方根据地建设事宜。在国民政府最初的建国构想框架中，以西安为中心的西北大后方具有重要地位。1934年，红军长征开始，蒋介石在追剿红军过程中，其势力迅速渗透到西南地区，从而逐步确立了以四川为中心的西南大后方。国民政府迁都重庆以后，西南大后方战略地位进一步巩固，推动了西南各地城市的快速发展。1941年太平洋战争爆发后，中国抗战成为世界反法西斯斗争的重要组成部分，蒋介石及国民政府再次将重心从西南转向西北，号召"开发西北"，助推了西北的开发和城市的发展。

（一）西北大后方的筹划及演变

抗战时期西北地区战略地位的演变，与抗战局势的变化密切相关。在特殊战争环境下，国民政府以西北地区为战略大后方的重心，是国民党中央早已有之的构想。由于历史上多方面的原因，中国的政治中心、经济中心多次发生转移，近代以来，随着沿海地区经济社会的快速发展，中国城市布局多集中于华北、华东等沿海地区。在这种城市布局体系下，一旦战事发生，沿海城市将最先受到威胁。20世纪30年代初，部分政治军事人物以及专家学者就曾构想，一旦华东地区战事扩大，政府将退守西北与中原，将西北的陕、甘、察、绥和西南的桂林、成都视为根据地。以西南和西北地区为大后方，可以有效抗拒外敌在东南沿海、沿江、沿铁路而至的侵略形势，造成中国大革命之决战场。1932年初，日军侵占上海，国民政府首都南京处境危险，国民党高层筹划迁都河南洛阳。3月，国民党四届二中全会通过了国民党元老们提出的《确定行都和陪都地点案》，决定：一、以西安为陪都，定名为西京；二、以洛阳为行都。① 这样，在国民政府政治中心西移势在必行的情况下，以西安为中心的西北地区被确定为长期抗战的大后方战略地的核心地带。

西北抗战大后方战略地位确立后，为了建设西北大后方，国民党中央很快成立了西京筹备委员会，组织专门力量对整个西北地区开展了一系列的调查，并且对陪都西京的建设进行了若干筹划，全国经济委员会还设立了西北办事处，侧重从事西北的交通水利等建设。为了将西北地区建设成为对外战争的后方基地，针对西北地区干旱少雨以及交通闭塞的问题，南京国民政府投资修建了渭北的灌溉系统，将陇海铁路向西延长至宝鸡，新修了西兰公路、西荆公路、川陕公路等，西兰公路连接西安至兰州，西荆公路由西安经紫荆关连接湖北宜昌，川陕公路从西安跨越秦岭，经汉中可以到达成都和重庆。为提高战争条件下西北地区的供给能力，国民政府考虑将经济建设与国防建设相结合，极力克服西北地区资源相对匮乏的局限，筹划东部沿海地区遭封锁以后，西部大后方的生存和供应问题。

1934年，长期处于军阀混战不休局面的四川出现了统一的趋势，军阀刘湘一举击败刘文辉，大有统一全川之势。12月，蒋介石派贺国光率"国民政府军事委员会委员长行营参谋团"入川，乘机将国民党势力渗透到四川。1935年初，中央红军长征转战到贵州，国民党中央势力借追剿红军之机进入贵州。上海和南京沦陷后，西南地区的战略地位更加凸显出来，随着蒋介石势力对西南地区控制力的加强，以及西南各省的统一问题渐趋解决，国民政府逐渐将国防重心由西北转向西南，西北地区刚刚出现的建设局面顿时缓慢下来。

1941年12月太平洋战争爆发，中国抗战与世界反侵略战争形势发生了新的变化，蒋介石和国民政府的内外政策均有调整，其大后方战略也在此背景下发生变化。1942年8月，蒋介石及国民政府再次号召"开发西北"，将建设的重心从西南重新转向西北，表明西南抗战大后方战略地位的下降和西北大后方战略地位的提升。8月17日，蒋介石到西北兰州出席兰州各界扩大纪念周时，发表了题为"开发西北的方针"的演讲，他在演讲中特别提道："要知道，现在的战争，已不是中日两国的战争，而是整个世界的战争；因为今日战争，不过是世界战争之一部分，所以中日战争之结束，亦不是中日两国单独可了，而是要随世界战争之总解决，始能获得真正的解决。因此，我们在这持久抗战，抗战胜利的基础已经大定之时，就格外宝贵目前这个千载难得的

---

① 蒋顺兴、孙宅巍《民国大迁都》，南京：江苏人民出版社，1997年，第172页。

时机，尽量利用，加倍努力，来促进各种建国事业的发展。"[①] 在蒋介石看来，抗战胜利的趋势已经大定，抗战胜利后建国的任务已经提上了议事日程，西北地区的战略地位再次引起了人们的关注。

在蒋介石的倡导和推动下，"开发西北"声势再次高涨了起来，"开发西北""建设西北"等口号风起云涌。蒋介石在重庆声称"西南是抗战的根据地"，"西北是建国的根据地"，这在当时引起的反响尤其强烈。从表面上看，蒋介石似乎是对大后方的西南和西北进行了重新的定位，而实质上表明，此时的蒋介石关心的重点已经由如何争取抗战的胜利，转向了如何在抗战中完成"建国"任务，只是由于抗日战争还没有取得最后胜利，蒋介石还不可能完全放弃西南大后方抗战根据地，事实上，随着抗日战争的最终胜利，虽然在抗战中确立的重庆的陪都地位还在，虽然蒋介石对四川、贵州等地建设也寄予很大的希望，但西南抗战大后方的战略地位正在弱化，西北地区的建设再次引起了人们的关注。

（二）确立以四川为中心的西南大后方

西南各省渐趋统一以及蒋介石和国民政府势力向西南地区的渗透，既是西南地区被确立为战时大后方的前提，也是建设西南大后方的必然要求。随着四川和西南局势的变化，蒋介石很快将目光转移到四川和西南地区。1935年前后，蒋介石在不同的场合发表了一系列演讲和训示，强调西南地区在民族复兴中的重要地位，要求高度重视西南地区的经济建设，提出了建立以四川为中心的西南大后方的设想，主张内线作战，"对日应以长江以南与平汉铁路以西地区为主要阵地，以洛阳、襄阳、荆州、宜昌、常德为最后阵线，而以四川、贵州、陕西三省为核心，甘肃、云南为后方"。[②] 在西南各城市中，蒋介石最看重的是重庆。从地理、政治、经济等方面分析，四川居中国西南的心腹地带，重庆则是控制四川的重镇，是扼制西南的门户，历来为四川和西南的工商业重镇和战略要地，成为兵家必争之地。

为达到控制四川和西南诸省的目的，蒋介石先是利用刘湘统一四川，再把刘湘置于中央控制之下，迫使川军各将领交出防区。1934年12月，蒋介石利用四川军阀刘湘与刘文辉之间的矛盾，派贺国光率"国民政府军事委员会委员长行营参谋团"入川，瓦解了四川以防区制为基础的割据局面，将国民党中央势力逐步渗透到四川。

---

① 蒋介石《开发西北的方针》，《中央周刊》1943年第27期。
② 薛光前《八年对日抗战中之国民政府》，台北商务印书馆，1978年，第59页。

1935年3月，蒋介石亲自到重庆督战，向各军发布命令："本委员长已进驻重庆，凡我驻川、黔各军，概由委员长统一指挥。"①强调四川政军社团，都要举行升国旗、唱国歌的仪式，养成统一的精神与意志，提倡见义勇为，对民众组织训练要有赏有罚。随后便以四川为基地，调动指挥云贵两广，并做改造四川工作。提出了整理川政的四大要务：禁绝鸦片、取消防区、实行征工、推进新生活运动；电令川军各将领厉禁五事：禁止以军力干涉行政诉讼，禁止现任军队官佐兼任县局长，禁止地方团队人员由驻军指派，禁止长官与民争利，禁止追收员丁之需索。②此外，蒋介石国民政府还通过系列举措，加强了对四川和西南诸省的控制。

1935年1月，蒋介石派薛岳率中央军进入贵阳。3月23日，蒋介石由重庆飞抵贵阳，不久致电粤桂两省，直接指挥驻川黔各军。根据贵州政局发展，免除王家烈贵州省主席职务及25军军权，任命吴忠信为贵州省主席，从而掌控贵州。蒋介石通过中央银行在贵州发行法币，进而控制了贵州金融，为政治统一打下基础。1935年10月，蒋介石将参谋团改为委员长重庆行营，由顾祝同任主任，杨永泰任秘书，贺国光任参谋长。至此，蒋介石掌握了川、康、黔三省的军政大权，通过设立委员长行营、组织军官训练团等措施，大力整顿四川的军事、财政和交通设施，有效加强了国民政府在四川的影响。对云南军阀龙云，则以多方手段来怀柔拉拢，鼓吹建设工业化的云南。经过一系列的措施，西南地区实现了统一，结束了以往各自为政的局面。此时，以贵州为中心的湘黔线、黔桂线、川黔线和滇黔线公路网初步形成，为将大西南作为抗战后方奠定了初步的基础。1937年7月，抗日战争全面爆发后，蒋介石公布入川决定，刘湘公开表示欢迎，同意让出重庆，迁移省政府至成都办公，并统率数十万军队参加抗日。至此，蒋介石以西南为抗战大后方核心区的想法完全确定下来。

（三）国民政府正式迁都重庆

民国定都南京以后，在国家危难时刻，蒋介石国民政府组织过两次迁都，分别迁都洛阳和重庆，其中迁都洛阳的时间很短。1932年1月，日军侵占上海，南京处境非常危险。蒋介石发表谈话，指出："上海战争，已威胁南京的安全，日军舰炮、飞机随时可以轰炸南京，为使政府完全自由行使职权，不受暴力胁迫起见，我认为应立即

---

① 李勇、张仲田《蒋介石年谱》，北京：中共党史出版社，1995年，第226页。
② 斯夫、王磊、王雨霖《1937—1938南京政府大撤退》，北京：团结出版社，1998年，第74页。

迁都,望各位行政长官及军队长官,同心协力,各尽所职,以靖地方,以安人民。"①1月30日,国民政府主席林森、行政院院长汪精卫率国民党军政大员1000余人乘专车转赴洛阳,但蒋介石出于多种因素的考虑,始终没有迁都洛阳。11月,国民政府宣布迁回南京。1937年8月13日,淞沪会战开始,不久,上海沦陷。面对日军侵略的步步深入,国民政府首都南京的安全受到严重威胁,有鉴于此,国民政府决定再次迁都。10月29日,蒋介石在国防最高会议上作了《国民政府迁都重庆与抗战前途》讲话,分析了抗战以来的形势变化,迁都的必要性和重要性,明确宣布了国民政府为坚持长期抗战将迁都重庆,以西南为抗战大后方。11月20日,林森带领国民政府机构的行政人员1000余人整装出发,拉开了国民政府向西撤退的序幕,与此同时,南京国民政府其他机关的人员开始有组织地向重庆、汉口、长沙、西安等地进行战略撤退。为进一步统一思想,让人们明白国民政府迁都重庆的目的,行政院副院长孔祥熙在一次答记者问时发表了谈话,阐明国民政府移驻重庆的重要意义。

对于南京国民政府的迁都行动,社会各界反应非常强烈。刘湘以四川省政府名义致电林森,欢迎国民政府移都重庆。电文说:"顷读我政府宣言,知为适应战况,统筹全局,长期抗战起见,移驻重庆。有此坚决之表示,益昭抗敌之精神,复兴既得根据,胜算终自我操。不特可待国际之同情,抑且愈励川民之忠爱。欣涌之余,谨率七千万人,翘首欢迎,伏乞睿鉴。"②当时社会最有影响的报纸之一《大公报》,公开发表社评《恭读国府宣言》,对国民政府迁都重庆的举措大加称赞。1937年11月26日,国民政府主席林森率国民政府直属的文官、主计、参军三处的部分人员抵达重庆,四川政府官员、民众夹道迎接。同时,国民政府各长官自移驻重庆的宣言发出后,相继西迁,国民政府所属机关也开始陆续西迁。1938年12月8日,国民党总裁、国民政府军事委员会委员长、国防最高会议主席、海陆空军总司令蒋介石率军事大本营飞抵重庆,国民政府的西迁基本结束。

为尽量减少迁都对抗战造成的消极影响,稳定国民情绪,国民政府反复宣传移驻重庆的目的是出于持久抗战的需要。蒋介石致电各省市党部、各省市政府,阐明迁都重庆的重要意义。电文指出:"国民政府迁渝以后,不唯我前方抗战军事仍本既定方针,照常进行,绝无牵动;且中枢移驻内地,首脑既臻安固,则耳目手足更能充分发

---

① 斯夫、王磊、王雨霖《1937—1938南京政府大撤退》,北京:团结出版社,1998年,第60页。
② 同上书,第84页。

挥其效用；就整个抗战大计而言，实为进一步展开战略之起点。"[①]1937年11月26日，林森一行抵达重庆当日，参军吕超就国民政府迁都重庆发表谈话，指出："四川地大物博，甲于全国，今国府移驻此间，作持久抗战，其所负之责任，自必更大，而前途之希望，亦必无穷。期望川民在政府领导下，一致努力，为国家、为四川树立新基础。"[②]国民政府移驻重庆后，蒋介石通电全国各将领，训勉将士一心杀敌，更无顾虑，做更坚决、更勇敢的奋斗。

国民政府迁都重庆，标志着以西南地区为主的抗战大后方最终形成。大批的人员、物资以及政府机关、工业企业、文教单位向西南迁移，加速了战时西南地区城市的发展。在军事上，国民政府将大批部队集结在西南、西北地区，形成拱卫大西南的军事部署，以确保抗战后方的安全，使之成为真正的抗战堡垒。在思想上，西南大后方的最终确立坚定了国民政府的抗日决心，蒋介石在《告全国民众书》中指出："中国持久抗战，其最后决胜之中心，不但不在南京，抑且不在各大都市，而寄于全国之乡村，与广大强固之民心。"[③]抗战胜利充分证明，正是在西南大后方的支持与保证下，中华民族上下一心，才最终取得了这场战争的胜利。因此，重庆陪都地位的形成，不仅促进了重庆城市的快速发展，形成战时中国政治、经济、文化中心，同时也带动了西南地区其他城市的兴起和发展。

二、交通环境的改善

交通是人类文明发展的重要成果之一，是影响城市兴起和发展的重要因素。一方面，交通为城市的兴起和发展创造了条件，在交通枢纽地和运输线沿线，往往容易形成为一定规模的城市。便利的交通运输，有利于推动城市经济的发展，改善城市人口的生活环境；另一方面，以城市为核心的四通八达的交通线路的修建，不仅极大地增加城市的集聚力，而且能够有效增强城市的辐射力，扩充城市的功能，推动城市与乡村的互动发展。

（一）修建改善公路交通干线

西南的国际交通干线，在抗战初期主要有以香港为转运口岸的运输线和以越南的

[①] 蒋顺兴、孙宅巍《民国大迁都》，南京：江苏人民出版社，1997年，第190页。
[②] 斯夫、王磊、王雨霖《1937—1938南京政府大撤退》，北京：团结出版社，1998年，第87—88页。
[③] 苏智良等《去大后方：中国抗战内迁实录》，上海：上海人民出版社，2005年，第12页。

海防为转运口岸的运输线。其中经越南海防的运输线有两条：一条是湘桂路经衡阳至桂林，接桂越公路，另一条是由云南昆明经滇越铁路到越南。广州和武汉失陷后，湘桂路被切断，从重庆经贵阳至广西通越南的交通线和从重庆经贵阳至昆明通越南的两条中越交通线成为西南的主要国家交通干线，昆明成为国际交通的枢纽，贵阳成为西南交通的必经之地。为适应战时国际运输的需要，国民政府在努力提高中越交通线运输能力的同时，新建和改善了西南地区的国际公路运输线，衔接了通往越南、缅甸、印度三国的公路运输。

桂越新线以中越边境的小镇岳墟为起点，经过广西的靖西、东兰到车河与黔桂公路相接，再通过黔桂公路与湘桂公路相接，是接运由越南输进的大批军需民用物资的重要交通线。滇缅公路是从云南昆明经过楚雄至畹町再到达缅甸腊成的一条西南国际交通线，1937年11月，国民党行政院下令云南省政府主席龙云，由中央拨款200万元，要他负责限期修通滇缅公路，打通国际通道，以利抗日。[①]1940年日军切断滇越路以后，滇缅公路成为西南国际运输的唯一通道。中印公路又名史迪威公路，从印度的阿萨姆的列多，经缅甸再通达云南的保山与滇缅公路衔接。1940年冬，公路总管理处提出组织"中印公路"实地勘测的建议。中印公路的修建，先后经历三次。中印公路和输油管道的建成，对中国军队入缅作战以及保障西南国际交通线军需物资运输发挥了一定的作用，其影响曾经轰动全世界。

为适应抗战的需要，国民政府在四川安排了川黔、川陕、川湘、川滇四大公路的修建。其中连接四川和云南的公路有两条：一条是川滇公路，自成渝路的陇昌至黔滇路的沾益，为川滇黔三省联络干道，物资运至昆明；另一条是川滇西路，从四川的乐山至云南的祥云，连接滇缅公路。[②]川滇西路是抗战期间西南三条公路合并而成。第一条是川中公路，由成都至重庆的成渝公路上的内江出发，修至乐山。第二条是乐山至西昌。第三条是西祥公路，由西昌出发，修至滇缅路上的祥云。川滇西路的修通，对于连接昆明与成都、重庆之间的交通，发挥了重要作用。

在西北地区，主要是改善了西兰公路，修建甘新公路和迪伊公路，成为贯穿西北地区的国际交通线，对支援抗战和开发西北、建设西北发挥了重要作用。

甘新公路是指由甘肃兰州至新疆哈密星星峡的公路。甘肃至新疆，自古沿河西走廊便有驿运道路相通，抗战爆发后，为适应日益增多的援华物资运输的需要，国民政

[①] 中国人民政治协商会议西南地区文史资料协作会议《抗战时期的西南交通》，昆明：云南人民出版社，1992年，第76页。

[②] 段渝《抗战时期的四川》，成都：巴蜀书社，2005年，第133页。

府决定大修甘新公路，成立"甘新公路督办公署"，从1938年开始，分期分段整修路基、桥梁和涵洞，到1940年路面修整完工。为服务于长期抗战需要，国民政府专门设立西北公路运输局，负责进出口物资的运送和转接。同时，与甘新公路相接的国内多条干线如西兰公路、川陕公路、甘青公路等进行了改善，使西北各省的干线公路和内地相连接。

西兰公路即甘青公路，以甘新公路的东乐为起点，向南经民乐，进入青海走俄博，到达西宁。马步芳主政青海时，修整原有驿道，许多路段可以通行汽车。1938年，国民政府派出工兵前往抢修。1939年，根据技术人员的建议和实地考察分析，确认部分地段需改变传统驿道而另开新路。

迪伊公路是战时横贯西北的国际交通线。为加强西北交通运输建设，1935年开设修建迪化到伊犁的公路干线，随着运输需求的增加，迪伊公路向西延伸到中苏交界的霍尔果斯，向东延伸到哈密星星峡，从而修通了霍尔果斯至迪化再至兰州这条西北交通运输线。为加强运输管理，1937年10月成立了中苏运输委员会，负责星星峡以西的运输，星星峡以东由国民党军政部新生活运动委员会负责。委员会改进交通运输工具，推广汽车的使用，设立汽车修理厂，从苏联购买汽车和维修配件等，使汽车成为重要的交通运输工具。

表7.1 抗战时期大后方主要干线公路[①]

公路名称	起止地点	经过的主要城镇
湘桂公路	衡阳至柳州	零陵、桂林
甘川公路	兰州至昭化	临洮、岷县、白水
甘新公路	红城子至霍尔果斯	武威、酒泉、玉门、星星峡、哈密、迪化、乌苏
宁平公路	银川至和尚铺	青铜峡、固原
西汉公路	西安至汉中	武功、凤翔、宝鸡、凤城、褒城
汉宜公路	汉口至宜昌	应城、当阳
汉渝公路	汉中至重庆	大竹、达县
川黔公路	重庆至贵阳	綦江、桐梓、遵义、息烽
川湘公路	綦江至三角坪	涪陵、彭水、酉阳、茶洞
川中公路	内江至乐山	自贡、荣县
川鄂公路	简阳至恩施	遂宁、南充、岳池、广安、利川
西祥公路	西昌至祥云	益门、会理、永仁、大姚

[①] 李占才、张劲《超载——抗战与交通》，桂林：广西师范大学出版社，1996年，第157—158页。

续表

公路名称	起止地点	经过的主要城镇
黔桂公路	贵阳至柳州	都匀、独山、河池、宜山
桂穗公路	桂林至三穗	通道、靖县、锦屏
滇缅公路	昆明至畹町	楚雄、祥云、下关、保山、龙陵
保密公路	保山至密支那	腾冲、古永
康青公路	营官寨至歇武	道孚、甘孜、石渠
桂越公路	大塘至镇南关	宾阳、南宁、凭祥
秀玉公路	秀山至玉屏	松桃、铜仁
湘黔公路	常德至甘粑哨	沅陵、怀化、晃县、镇远
甘青公路	河口至西宁	享堂、乐都
宝平公路	宝鸡至平凉	千阳、陇县
西兰公路	西安至兰州	咸阳、乾县、泾川、平凉、定西
汉白公路	汉中至白河	西乡、石泉、安康
老白公路	老河口至白河	谷城、草店
川陕公路	成都至褒城	绵阳、剑阁、广元、沔县
成渝公路	成都至重庆	资阳、内江、永川
川康公路	雅安至康定	天全、二郎山、大渡河
川滇东公路	隆昌至天生桥	泸州、叙永、毕节、威宁、宣威
乐西公路	乐山至西昌	峨眉、富林、冕宁
黔滇公路	贵阳至昆明	黄果树、盘县、平彝、曲靖
黔桂西公路	晴隆至百色	兴仁、安龙、八渡、田林
滇越公路	呈贡至蒙自	宜良、路南、开远
华双公路	华家岭至双石铺	通渭、天水、徽县
河岳公路	车河至岳圩	东兰、田阳、田东
青藏公路	西宁至玉树	倒淌河、大河坝、歇武
贺连公路	莲塘至连县	鹰扬关、连山

修建连接西南和西北的交通网是战时交通建设的重点之一。川陕公路的西线，从重庆出发，经成都、广元到陕西省的褒城，这是四川至西北各省的必经之地。甘川公路是甘肃入川的直达线路，在抗战前已经基本完成了兰州至会川的一期工程，1939年1月起，开始了二期工程的修建。① 至1941年12月，完成部分路段修建任务后工程陷于停滞状态。

---

① 魏永理《中国西北近代开发史》，兰州：甘肃人民出版社，1993年，第375页。

（二）修建完善铁路交通干线

1931年前，由于诸多因素的制约，中国铁路建设长期未能得到充分发展。"九一八事变"发生时，全国铁路连同东三省计算在内，总共不过1.4万公里，[①] 大都分布在东北及长江以北及沿海各省，长江以南只有不成系统的局部铁路，福建、广西、贵州、四川、西康、甘肃、宁夏、新疆等八省处于无铁路状况。1938年广州、武汉沦陷以后，中国抗战重心转移到平汉、粤汉两路以西的广大地区。为持久抗战的需要，加快修筑西南西北新路，改善大后方交通条件显得更加迫切，因此，国民政府在加大公路建设力度的同时，也积极投资修建大后方铁路，增强大后方交通运输能力。

抗战时期，全国"各铁路领用建设专款共计一百四十七亿六千万元"。[②] 至1943年12月，新建通车铁路增至1585公里。[③] 新修建的铁路，主要集中在大后方，典型的有打通西北和苏联交通线的陇海铁路，以及打通西南国际通道的湘桂、滇越、滇缅、叙昆铁路干线和连接重庆与成都的成渝铁路，通过贵州境内的铁路主要有连接重庆与广西的黔桂铁路和连接湖南与贵州的湘黔铁路。大后方多条铁路的修建，形成连接西南西北的区域交通运输网络和多条国际交通干线。

陇海铁路的修建起始于清末，在抗战时期主要修建了宝鸡至天水段，目的在于延伸到甘肃兰州，接通兰新公路，形成西北国际交通线的重要组成部分。1939年5月，国民政府成立陇海铁路管理局宝（鸡）天（水）咸（阳）同（同官）工程处，负责修建宝天段铁路和咸同支线铁路。为赶修宝天段铁路，1942年，在天水成立宝天铁路工程局和测量总队，进行勘测设计。1945年宝天铁路通车运营。陇海铁路宝天段修建通车，对于开辟西北铁路网建设发挥了十分重要的作用。此外，1943年，国民政府派陇海铁路局副总工程师李俨、工程师宋梦渔等组成西北交通考察团，踏勘甘青、甘新两条铁路，[④] 计划在青海、新疆两省修筑铁路。

滇越铁路是指从越南海防至云南昆明的铁路，由越南段（即越段）和云南段（即滇段）组成。该铁路始建于1903年，由法国政府组织修建，1910年1月正式建成通车，滇越铁路跨越金沙江、珠江、红河三大水系。抗战初期，滇越铁路形成为西南两条国际交通运输线之一。1940年，日军切断滇越铁路运输线，国民政府被逼开辟新的

[①] 金士宣《铁路与抗战及建设》，北京：商务印书馆，1947年，第1页。
[②] 同上书，第113页。
[③] 同上书，第147页。
[④] 魏永理《中国西北近代开发史》，兰州：甘肃人民出版社，1993年，第400页。

国际交通线。

滇缅铁路东起昆明,西经楚雄至祥云段为东段,自祥云向西有南北两线之分,北线经保山、腾冲连接缅甸的密芝那或八莫,南线经弥渡、云县、蒙定,连接缅甸的腊戍。抗战爆发后,为取得国际援助,除修筑滇缅公路外,由国民政府主持修筑滇缅、川滇两路,沟通长江与缅甸、越南的交通。1938年12月起,开始分段修建。1942年,日军侵占了缅甸,随后又攻陷了滇西重镇腾冲、龙陵、畹町等地,直接威胁到整个滇省西部,以致全线停工。

叙昆铁路自叙府(宜宾)经威宁、宣威、曲靖至昆明,由川滇铁路公司负责经营,为接通滇越铁路至长江的干线。1938年9月开始测量,1941年4月铺轨到曲靖,1942年停工。为便于铁路运输与沾益机场空运衔接,1944年6月铺轨到沾益。此外,为使叙昆、滇缅两路与滇越铁路沟通,1938年12月,叙昆铁路工程局在昆明南站464.398公里处与北站间建成4.888公里的环城线。

湘桂铁路自衡阳经桂林、柳州、南宁至镇南关,由铁道部与湘、桂两省政府商定合作办法共同投资修建。1937年4月着手勘测衡阳至桂林段,经过抢修,于1938年9月全线通车,后随战争的需要不断扩充衡桂、桂柳、柳南、南镇四段,成为抗战后期连接东南亚的重要国际交通运输干线。

黔桂铁路起于贵阳附近的龙里站,止于广西的柳州站,由黔桂两省共同办理修建。该路线经贵阳向西可以与威宁相接,与川滇铁路接轨,向南经柳州可以与湘桂铁路相接。1939年4月开始勘测,1940年底,柳州至金城江路段建成通车。1944年3月,通车至都匀。黔南事变时,日军沿黔桂铁路、公路直扑麻尾、独山、都匀一线,国民党守军实行"焦土抗战",黔桂铁路的修建暂时停工。

(三)开辟航空运输线路

民国初期,飞机开始传入中国。至抗战前夕,中国航空事业已经有了一定的发展,拥有各类飞机数百架,开辟航线近2万公里,建立了相应的机场,配备了导航及通信设施。随着抗日战争局势的变化,战时中国航空运输线相继开辟,既开通了国际航空线,也开通了连接国内主要城市的航空线,还根据战争形势发展的需要,在部分偏远的城镇修建了系列小型军用机场。战时设有中国、欧亚、中苏三个航空公司,航运业务分地区设置航政局,直辖航政办事处和国营招商局。就开辟中国国外航空线而言,在西南地区,先后开辟了通达香港、缅甸和印度的航空线。香港沦陷以前,香港成为中国对欧美的航空交换转运站。香港失陷后,缅甸仰光成为航空交换站。缅甸失守后，开辟中印航空线，以印度作为中国对欧美的转运站。在西北地区，主要是开辟了中苏航空线。

抗战时期，西北航空运输以陕西西安为中心，1941年以前，西安与东南、西北、西南都开辟有航线，即西安与上海间航线，西安与兰州、宁夏、包头间航线，西安至成都、昆明之间的航线，西安至郑州、北平间的航线。[①]1941年以后，陕西的汉中、宝鸡，甘肃的平凉、天水、兰州、酒泉，青海的西宁，宁夏的银川等地都建有飞机场。

开辟中苏航空线。中苏航空线路的开辟是战时中苏物资运输的需要，抗战时期苏联援助中国的军用物资和技术人员，除通过陆路和海路交通运输外，还利用空运运输到中国。1938年11月，中苏两国政府签订了《中苏通航合约》，合约规定，中苏联合兴办"中苏航空公司"。同年12月，"重庆号"巨型机自重庆起飞，中苏重庆至莫斯科航线正式通航，直至1941年6月苏德战争爆发。在抗战前期我国缺乏外援的情况下，中苏航空公司对支援中国抗战做出了不可磨灭的贡献。

开辟中印航空线。太平洋战争爆发后，日军很快侵占了缅甸，中国西南重要的陆路国际交通运输线滇缅公路随即被日军切断，在这种情况下，中、美、英三国商定开辟飞越"驼峰"的中印航空线。该航线以印度的汀江为起点，越过世界屋脊喜马拉雅山，到达中国的昆明、宜宾、泸州等地，创造了当时世界空运史的奇迹。航线中国方面由中国航空公司负责营运，在印度加尔各答设立机组基地，于1942年4月试航成功，随即承担进出口物资的运输任务，其中进口物资主要是军用品、通信和工业器材，回程主要装运钨砂、桐油、猪鬃和生丝等。中印航空线开辟后，空运量很大，每月运输量由数百吨增加到数万吨，[②]对我国坚持长期抗战、突破日军封锁具有重要作用。

开辟大后方各主要城市间的航空线主要由中国航空公司、欧亚航空公司、中苏航空公司三家完成。中国航空公司开辟了重庆至贵阳、重庆至昆明、重庆经泸州和嘉定到成都等大后方中心城市的航线，国际运输航线开辟了南雄至香港、重庆经昆明和腊戌至仰光、重庆经昆明至河内等国际航线，确保了大量物资的及时运送。黔南独山机场修建完成后，"曾驻美空军一个大队，有40余架飞机，配合由黄平机场起飞的轰炸机，日夜出击轰炸柳州、南宁、广州等地的日寇，直到日本投降才撤走"。[③]由此可见，各主要城市间的航空线以及连接中小城市航空运输线的开辟，对于物资转运和货

---

① 魏永理《中国西北近代开发史》，兰州：甘肃人民出版社，1993年，第404—405页。
② 段渝《抗战时期的四川》，成都：巴蜀书社，2005年，第138页。
③ 罗瑾怀、邓善渠口述，何世君整理《独山飞机场修建始末》，《黔南文史资料选辑（第一辑）》，黔南州政协文史资料研究委员会，1983年，第164页。

物中转做出了应有的贡献。欧亚航空公司开辟了汉口经长沙和广州到香港、汉口到西安、西安到兰州、兰州到银川、西安经成都到昆明等地的航线。开通了重庆经桂林到香港、重庆经成都、兰州、肃州到哈密、兰州到凉州等航线。1939年11月,中苏航空公司成立,不久开辟了哈密至阿拉木图航线,加上之前开辟的重庆经由哈密、阿拉木图至莫斯科航线,加强了西北地区的联系。

（四）整治内河航道

为弥补战时大后方公路和铁路运输的不足,国民政府迁都重庆以后,在大力修建公路和铁路的同时,对大后方特别是西南地区的内河航运也越来越关注。1938年3月,国民党临时全国代表大会通过《非常时期经济方案》,1939年1月,国民党五届五中全会通过《对于财政经济交通报告之决议案》,都进一步强调利用西南各省水道,以补公路铁路运输之不足,从而确定了大后方整治内河航运、促进水运发展的基本方针。

为开辟大后方的水上运输通道,交通部饬命各轮船公司,或由交通部出面组织,对西南各主要河流进行勘察和试航。在1938年国民政府召开的交通会议上,对战时水陆交通运输,提出三条原则,要求各方面在发展交通时首先给予考虑:一是国际运输路线,二是满足军事运输需要的路线,三是各种资源的运输路线。① 在航道勘测方面,国民政府组织了对长江、嘉陵江、乌江、黔江、大渡河等河流的大规模勘测,对部分河段还进行了绞滩、疏浚、打滩、开辟纤道、兴修船闸等河道整治工程。在航道整治方面,1941年前后达到高潮,施工范围主要集中在长江航道及其各支流航道。

四川到湖南的水运航线,一般是从川江出三峡到宜昌,然后经岳阳到洞庭湖。岳阳、宜昌失守以后,川湘两省之间的运输受阻,经反复考察、论证,决定开辟新的航线,路线为从长江到涪陵,转入乌江逆流而行到达龚滩或者彭水,经过一段陆路运输后,从龙潭沿沅江支流经沅陵通达湖南常德。

重庆位于嘉陵江与长江交界处,而嘉陵江又是四川通往陕西的主要水路,因此,开发嘉陵江航运,对于发展战时重庆的交通运输,联结西南和西北交通,具有十分重要的作用。交通部及航运公司整治嘉陵江航道,1939年开始疏通了从合川到广元的一段水路,可以通航载重30吨的船只。

乌江是长江上游南岸最大支流,抗战时期组织力量开凿重庆涪陵至贵州思南两江口河段纤道94处,共2.8263万米,轰炸滩险73处,水上炸礁11.9254万立方米,水

---

① 李占才、张劲《超载——抗战与交通》,桂林:广西师范大学出版社,1996年,第224页。

下炸礁 2.8755 万立方米，完成绞关 19 座，[①] 提升了乌江连接长江的航运能力，进一步发挥了乌江航运的作用。

推广水陆联运是战时加强管理、提高运输效率的重要举措。武汉、宜昌失陷以后，为增强大后方交通运输能力，国民政府着力开辟沟通西南、西北的川湘、川陕水陆联运线。其中开辟的新的内河航线主要有沅江线、湘宜线、嘉陵江线、金沙江线等。

国民政府还采取水陆联运的办法，建设川陕东线联运，即自重庆利用嘉陵江水路运输，经合川至广元，再从广元换乘汽车，沿川陕公路至褒城、宝鸡，与西北国际交通运输线和西北交通网相联结。国民政府还组织民众，修通汉中至宁强公路，使其与四川的广元衔接，将汉白公路延修至湖北境内，这样，就使西北公路网与西南公路网同湖北省、河南省的公路连接起来，极大地改善了西北地区与西南、华中地区之间的公路运输。1940 年，为抢运兵工器材和原料，开辟川湘水陆联运新线，由重庆经过川江至涪陵进入乌江，再经陆运到达沅系水道的沅陵、常德。

（五）转型发展传统驿运

传统驿运的转型，对解决大后方战时运输需求不足的矛盾具有特殊的意义。1938 年 10 月，国民政府行政院召集公路水道交通会议，决定利用民间的舟车等运输工具和人力畜力开展驿运，并指示交通部拟具驿运计划，组织督导。1939 年初，交通部在重庆设立驮运管理所，随即开辟了叙昆线的驮运。1940 年 7 月，军事委员会召开全国驿运会议，9 月，交通部根据会议精神设立驿运总管理处，主持大后方驿运的指导、组织和管理工作。对于所需的管理人员，由交通部交通技术人员训练所负责，分别采取考试录用、选训荣军等办法加以解决，从而加强了驿运交通运输的管理工作。

昆叙驮运开办以后，其他路线也很快开辟。国内开辟的干线主要有川陕、川黔、甘新、新疆、陕甘、叙昆、泸昆、黔桂、川鄂、川康等陆路驿运线和川陕、川湘水陆联运驿运线。桂黔线是柳州到三合，川黔线是重庆到贵阳，川陕线是广元到宝鸡，泸昆线是泸州到昆明，川康滇线是指乐山到西昌以及康定经西昌到昆明。1940 年 7 月，国民政府军事委员会在重庆召开了全国驮运会议，决定成立专门的驮运管理机构，即交通部驮运总管理处。会议要求先打通国际驮运干线和军用物资的运输线，还具体规定了国际、省际的驮运路线，称之为"干线"，由中央机构直接负责筹办和主持管理，

[①] 思南县志编纂委员会《思南县志》，贵阳：贵州人民出版社，2002 年，第 555 页。

而各省境内的驮运路线称为"支线",由各个省自行筹备和管理。[1]会议还要求各省也成立驮运管理机构,管理省内驮运事务。支线和主线相结合,形成大后方交通运输网络。

驿运交通运输的营运工作,着重配置在国际运输干线和后方军事运输路线,主要国际干线:一是新苏线,自星星峡经新疆的迪化,到与苏联接壤的霍尔果斯,主要是接运苏联援华的汽油和军品;二是新印线,自新疆的叶城到印度边境的列城,从印度转运军品;三是康藏印线,由康藏联运公司开辟,自康定经拉萨到印度的噶伦堡。

众多交通线路的开辟,形成了以贵阳为中心的西南公路交通运输网。贵阳地处西南腹地,东连湖南,西通昆明,北达重庆四川,南接桂林和柳州。从1935年起,贵州开始重新整修连接周边省区的黔川、黔桂、黔滇、黔湘四大干线公路,"未完成者沟通之,已坍塌者修理之,其间有坡度过于险峻,弯转过于急逼,不合于工程标准者,则悉为根本之改造,于是公路运输四通八达,而贵阳一市昔仅为一省之中心者,今则绾毂西南五省之交通,地位日臻重要矣"。[2]新建的系列公路,以干线的辅助线和连接线为主,既沟通了陪都重庆与西南诸省的联系,也连接了西南腹地与国际交通线的联系。

驿运运输主要是发动民众,利用农闲,实行有偿征调其工具和畜力,按质论价付给运费的办法,充分调动了民众的积极性。同时,交通部门还采取改良示范及贷款、出租和奖励的办法,逐年自造车船,组织自行经营,或是贷款给农民制作车船进行营运,从而有效地保证了驿运的畅通。据不完全统计,驿运运送军粮、公粮、棉、盐和其他商品的运输量,折合汽车运输量为6.44亿吨公里。与全国铁路、公路、航运的货物总量相比较,驿运的货运量位居前列。若与汽车运输相比较,仅就汽油一项,驿运可以节省2570多万加仑,若以每辆汽车行驶3万公里计算,驿运可以节省汽车8600辆。[3]由于政策得当,群众支持,大后方的战时驿运得到了极大改善,运输力得到了很大提升,与铁路、公路、航运、水运等一起,共同构建了战时大后方的交通运输网络。

三、大规模的抗战西迁

抗战时期的大规模西迁,包括大量工厂、学校、科研机构、政府机关、金融机

---

[1] 李占才、张劲《超载——抗战与交通》,桂林:广西师范大学出版社,1996年,第275页。
[2] 中国航空建设协会贵州分会航建旬刊编辑部《贵阳指南》,贵阳文通书局,1938年,第5页。
[3] 交通部驿运总管理处《全国驿运概况》,1944年编印,第6—33页。

构、人口的西迁，由于这些基本上是西迁到西南和西北地区的各类大中城市或者交通运输线沿线，从而成为推动西部城市发展的重要动力。工厂的西迁以及先进科技的传播，不仅改变了西部地区传统的经济结构，提升了城市经济的整体实力，而且促进了城市经济内生力量的增长。大规模的人口西迁，增加了相关城市的人口集聚，改变了社会结构。高校内迁以及先进知识分子的涌入，提升了高校服务地方经济发展的能力，促进了当地教育的发展和文化的传承。

（一）工厂西迁

近代以来，广大西部地区由于地处边远，交通阻隔，总体上仍然处于经济发展相对滞后状况，既没有出现相对稳定繁荣的现代工业企业，也没有形成工业科技服务体系和工业科技成果转化市场。全面抗战爆发后，处于沿海沿江的大部分工厂遭到日军的极大打击和破坏，抗战的经济支持力量遭受削弱，不少民族资本家纷纷要求内迁。迫于军事和经济压力，国民政府决定在西部地区建立新的国防工业基础，1937年8月，国民政府行政院第324次会议正式决定工厂内迁，并组成以资源委员会为主办机关的工厂迁移监督委员会。国民政府经济部统计数据显示，到1940年，陆续内迁的厂矿共448家，有机器材料7.0991万吨，技术工人1.2164万人。[1]内迁工厂企业中，机械、纺织、化学等属于国防工业范围的工厂企业占大多数，由此，国民政府确立了以发展工业尤其是国防军事工业为中心的战时政策。

沿海沿江工矿企业的大规模内迁，从1937年8月至1940年7月基本结束，历时3年，大致可以分为三个阶段：第一阶段为1937年8月至12月，主要是动员和迁移上海和沿海的工厂到武汉。第二阶段为1938年7月至10月，由于武汉形势危急，由上海等地内迁的工厂再次西迁，包括武汉本地的一些工厂也相继西迁。第三阶段为1938年10月至1940年7月，武汉沦陷后，原有西迁的工厂企业继续西迁，突击进行物资的抢运和建厂复工。根据相关资料统计，第一阶段迁出的工厂123家，迁移的机器、材料等物资1.2万吨以上。第二阶段共迁出工厂304家，迁移机械设备等物资5万多吨。[2]内迁工厂的类型主要涉及军工、机械、化学、纺织、电器、矿冶、燃料、交通器材、食品、医药、钢铁等。

内迁工厂到达目的地后，经过选址、购地、建房、装机系列筹建过程，陆续复

---

[1] 陆仰渊、方庆秋《民国社会经济史》，北京：中国经济出版社，1991年，第581页。
[2] 段渝《抗战时期的四川》，成都：巴蜀书社，2005年，第112页。

工投产。到1940年底，完全复工者达308家，其地区分布：四川为184家，湖南为86家，陕西为17家，广西为14家，其他省区为7家。按照业别划分：机器工业155家，纺织工业58家，化学工业36家，教育用具工业24家，电器制造业11家，饮食业11家，杂项工业10家，矿业2家，钢铁工业1家。①沿海沿江大批工厂企业向西南和西北地区迁移，客观上推动了中国工业化的空间传动，对战时大后方工业基础的建立和工业科技的发展产生了巨大影响，建立了大后方的近代工业体系。大量工厂内迁以及当地新式工业的建立，使大后方形成了重庆、川中、广元、川东、桂林、昆明、贵阳、沅辰、西安、宝鸡、宁雅、甘青十余个工业区，从而涌现出一批新兴工业城市，增强了区域经济的整体实力和城市发展的内生动力。

工厂内迁增强了西南地区工业经济总量，改进了西南地区的产业结构，增加了西南地区的产业资本。西南地区的四川、贵州、云南、广西等地，原有工业主要集中在纺织、面粉和日用化工等，工业生产规模较小，生产技术相对落后。战前贵阳城市工业的发展，"只有泥守简陋之手工业，对于现代化之工业从未之见。以言矿业，更为一般人解决一时生活之需要而挖掘，不但未有大规模之组织开采，即小规模之组织开采亦甚罕见"。②在西南经济建设应以工业化为推行之唯一方策的呼吁下，以机器生产为特征的大量现代工业的出现，使大后方工业化进程得到了一定的推进和发展。根据《贵州省统计年鉴》显示，1943年贵州全省有工厂154家，其中化工厂有50家，占总数的33%强，资本额占各类工厂总资本额的44%强，机械工厂32家，占总数的20%，资本额占各类工厂总资本额的26%强。③可见，战时西部地区现代工业得到了很大发展。

工厂内迁促进了西北地区的工业开发。内迁西北的工厂企业，主要分布在陕西的西安、宝鸡、汉中和甘肃的天水、兰州等地。1936年至1942年，仅资源委员会在西北地区独资或合资创办的工厂企业有12家，即甘肃机器厂、甘肃华亭电瓷厂、陕西褒城酒精厂、咸阳酒精厂、甘肃水泥公司、甘肃矿业公司、甘肃油矿局、陕西西京电厂、兰州电厂、陕西汉中电厂、青海西宁电厂、甘肃天水电厂。以陕西为例，战时东部地区有42家工厂迁到陕西，共带来机器设备1.5万吨，技工760人。计有纺织业工厂19家、机器业工厂8家、食品业工厂8家、化工业工厂3家，另有印刷和卷烟等行业工厂4家。④由此可见，国民政府的工厂内迁，促进了西北地区经济社会和文化

---

① 陆仰渊、方庆秋《民国社会经济史》，北京：中国经济出版社，1991年，第582页。
② 贵阳市志编纂委员会办公室《民国贵阳经济》，贵阳：贵州教育出版社，1993年，第149页。
③ 同上书，第199页。
④ 李仲明《抗日战争时期的工业内迁与西部开发》，《北京观察》2005年第8期，第44页。

的发展,保证了抗战的军需民用,提高了西北地区工业近代化的程度,推动了西北地区商贸的发展和繁荣,既支持了抗战,又稳定了后方,一定程度上改变了全国的工业布局,加速了地区城市的发展。

(二)人口西迁

抗战时期大规模的人口西迁,不仅导致西南、西北大后方在战时的人口快速增长,更为重要的是,人口大规模迁居到西南、西北大后方以后,给广大西部地区经济社会的发展植入了活力。由于西迁人口大多聚集在大中城市和交通沿线地带,客观上增强了西部城市的人口集聚力和辐射力,从而有力地推动了大后方城市的发展和转型。抗战时期到底有多少人口迁移到西南和西北地区,目前虽然没有确切的统计数据,但从已有的相关研究成果以及各地的统计数据分析,战时内迁大后方的人口应该有数千万,如此规模巨大的人口流动必然对大后方经济社会发展产生巨大影响,而且内迁人口大多居住在城市和交通沿线地带,极大的生产能力和消费需求成为战时推动城市发展的重要动力。

表7.2 1936—1942年大后方各大城市户口的变动[①]

城市		1936年	1937年	1938年	1939年	1940年	1941年	1942年
桂林	户数		17329	18332	18713	30613	40470	48375
	口数		80916	90310	98567	143400	184746	275036
贵阳	户数	21321	21881	23708	23673	25906	28745	36675
	口数	115328	121284	127865	110133	114086	13142	199646
重庆	户数	86641	107682	114121	99037	89298	124597	143799
	口数	385888	459307	488628	415208	394114	629089	766617
成都	户数	81316	84370	82243	72079	77855	88088	97479
	口数	492200	499059	461704	351144	355326	377938	456536
昆明	户数		32140	36521	37700	38131	39570	41651
	口数		151081	173803	186665	189422	191097	203487
西安	户数	34395	35641	45875	44835	48066	52772	61970
	口数	189679	209519	248819	221613	223347	253161	277496
兰州	户数	22491	23104	23467	20504	19120	22521	34179
	口数	105724	108170	108037	90907	81745	92471	142956

[①] 张根福《抗战时期的人口迁移:兼论对西部开发的影响》,北京:光明日报出版社,2006年,第51页。

西南地区是战时人口内迁的主要安置地，其中以四川的成都、重庆，云南的昆明，贵州的贵阳，广西的桂林等大中城市最为集中。战时内迁四川的人口达数百万，其中集聚在重庆和成都的人口分别达到数十万之多。除传统区域性中心城市以外，中小城市和交通沿线各类城镇也成为人口内迁的主要接收地，形成区域性政治、经济和交通运输中心。1937年，广西南宁市人口总数为10.8828万人，桂林市人口总数为8.0916万人，柳州市人口总数为4.4133万人，梧州市人口总数为9.2358万人。抗战内迁开始以后，广西成为人口西迁的重要通道和目的地，人口总数迅速增加，1939年，桂林市人口总数增加到9.8567万人；柳州市1939年人口总数为5.1955万人，1940年增加到6.6847万人；梧州市在1939年人口总数为7.3997万人，1940年增加到8.5654万人。[1]根据相关统计数据显示，除桂林、南宁、柳州、梧州四大城市以外，广西其他主要城市以及交通沿线城市的人口总数整体上也有较大幅度增长，分析这一时期人口增加的主要原因，内迁人口的增加所占比例最大。

人口的内迁促进大后方城市的发展，不仅体现在人口数量的增加，而且还体现在人口质量的提升。内迁人口中，存在一定数量的政府官员、公务员、高校教授、科研工作者、技术人员和熟练工人，其中海外留学归国人员内迁也占有一定的比例。根据资料显示，战时中国知识分子中，"高级知识分子十分之九以上西迁，中级知识分子十分之五以上西迁，低级知识分子十分之三以上西迁"。[2]战时作为陪都的重庆，由于国民政府及国民党中央机关的大量迁入，先后接纳和安置各级官员和公务员万余人，这些人虽然在内迁人口中占的比例不大，但在国家政治生活以及经济社会发展中发挥着十分重要的作用。此外，大量高校教师、知识分子、企业家、管理人员、科技人员、技术工人、学生、文化工作者等内迁，不仅带来了大量资金、较先进的技术，也带来了大批科技人员和管理人员，加速了西部地区的开发和发展，加之内迁人口主要集聚在城市，从而完成了中国城市布局的西移以及西南、西北地区城市体系的重新构建，推动了西部城市的加快发展和转型。

（三）高校西迁

抗战时期，我国高等教育机关、高等院校遭受了极大摧残和破坏。为躲避战火，或免陷敌手，以保存力量，1937年8月11日，国民政府行政院签发了《总动员时督

---

[1] 常云平、黎程《抗战时期广西人口内迁及其对社会的影响》，《重庆师范大学学报》2007年第1期，第41页。
[2] 孙本文《现代中国社会问题（第2册）》，上海：商务印书馆，1943年，第261页。

导教育工作办法纲要》。9月29日，教育部下发了《战事发生前后教育部对各级学校之措置总说明》，之后，高校内迁工作实际上已经开始。抗战时期，中国内迁高校近100所，内迁高校主要分布在西南、西北大后方，但重心在西南地区，涉及的县、市160多个，核心区域为重庆、成都、昆明和贵阳等中心城市。

以川、滇、黔为主的西南地区是高校内迁最集中的地区，战时一共接收了内迁院校61所，其中有大学22所，独立学院17所，专科学校22所，占内迁高校总数的一半多。特别是四川的成都和重庆，成为内迁高等院校集中分布的地区，重庆接收内迁院校32所，包括大学9所，大学研究院1所，独立学院10所，专科学校12所。成都则接收了10所高校，其中大学9所，大学研究院1所。[①] 此外，昆明内迁的高校10所，尤其因接收了西南联大而为学界所瞻仰。贵阳接收安置高校5所，以大夏大学等较有代表性。西南三省接收的主要是平津、沪宁苏杭、湖北、广东的高校。豫湘桂大溃败后，广西、贵州的部分高校也曾迁往云南和四川，导致部分高校继续内迁，形成新的内迁高潮。

表7.3　抗日战争时期内迁西南的高等院校情况一览表[②]

院校名称	何时由何地内迁	内迁何地	备注
山东大学	1937年10月，青岛	四川万县	1946年返青岛复校
山东医学专科学校	1938年，青岛	四川万县	1946年返青岛复校
上海法商学院	1943年，上海	四川万县	后改名辅成学院
北平师范大学劳作科	北平	四川万县	
江苏省立教育学院	无锡	四川璧山县	后并入重庆国立社会教育学院，1945年返无锡复校
北平铁道管理学院	1945年1月，北平	四川璧山县	
杭州艺术专科学校	杭州	四川璧山县	两校迁至璧山后合并更名正则艺术专科学校。后分别迁返
北平艺术专科学校	北平	四川璧山县	
武汉大学	1938年4月，武昌	四川乐山	1946年迁返
江苏蚕丝专科学校		四川乐山	
东北大学	沈阳	四川三台	抗战胜利后迁返，部分迁川北大学
山西工农专科学校	1939年，太谷	四川金堂	迁川后更名铭贤学院，战后返山西
东亚体育专科学校	上海	四川泸县	
国立戏剧专科学校	1939年4月，南京	四川江安	

[①] 侯德础《抗日战争时期中国高校内迁史略》，成都：四川教育出版社，2001年，第72页。
[②] 惠世如《抗战时期内迁西南的高等院校》，贵阳：贵州民族出版社，1988年，第352—356页。

续表

院校名称	何时由何地内迁	内迁何地	备注
国立女子师范学校		四川江津	内迁师生新办
乡村建设学院		四川巴县	内迁师生新办
私立朝阳学院	1941年夏，北平	四川巴县兴隆场	1938年迁蓉，后迁渝
国立社会教育学院	南京	四川璧山县	
蒙藏学院	1938年6月，南京	四川巴县	后改为国立边疆学校
国立中央党校	1937年10月，南京	重庆沙坪坝	
中央政治学院	1937年7月，南京	重庆南温泉	
国立交通大学	1941年春，上海	重庆九龙山	
私立复旦大学	1938年春，上海	重庆北碚	后改为国立
私立武昌中华大学	1938年秋，武昌	重庆南岸	
国立上海医学院	1940年夏，上海	重庆歌乐山	
江苏省立医政学院	1939年1月，镇江	重庆北碚	该院与私立南通学院医科在湖南衡阳合并为国立江苏医学院
国立音乐学院	1939年冬，上海	重庆复兴关	后改为国立音乐学院分院
国立中央工业专科学校	1938年2月，南京	重庆沙坪坝	
私立东吴大学法学院	1938年2月，上海	重庆	三校先后合并
私立沪江大学	1942年2月，上海	重庆	
私立之江文理学院	1944年夏，杭州	重庆	
国立药学专科学校	1938年2月，南京	重庆歌乐山	
私立武昌艺术专科学校	1939年春，武昌	重庆江津	
中央国立体育专科学校	1940年冬，南京	重庆北碚	先迁昆明，后迁渝
私立武昌文华图书馆学专科学校	1938年7月，武昌	重庆江北	
吴淞商船学校	1939年夏，上海	重庆江北	
私立两江女子体育专科学校	1938年8月，上海	重庆南岸	
金陵大学	1937年11月，南京	成都华西坝	
金陵女子文理学院	1938年，武昌	成都华西坝	
中央大学医学院	1937年，南京	成都华西坝	
齐鲁大学	1937年，济南	成都华西坝	
燕京大学	1942年，北平	成都陕西街	
光华大学成都分校	1938年，上海	成都西郊	
私立华中大学	1938年，武汉	云南大理	
国立中山大学	1938年，广州	云南澄江	

续表

院校名称	何时由何地内迁	内迁何地	备注
国立西南联合大学	1938年4月，北平、天津	昆明	北大、清华、南开三大学联合
国立同济大学	1937年，上海	先迁昆明后迁四川	1940年由昆明转迁四川南溪，1946年返上海复校
私立中法大学	北平	昆明	
国立艺专	1937年，北平、杭州	昆明	由北平艺专和杭州艺专在湖南合并建立
唐山工程学院	1937年7月，唐山	贵州平越	
浙江大学	1939年冬，杭州	贵州遵义	
之江大学工学院	1938年1月，杭州	1944年迁重庆	
广西大学	1944年秋，桂林	贵州榕江	
桂林师范学院	1944年秋，桂林	贵州平越	
大夏大学	1937年冬，上海	先迁贵阳，后迁赤水	
湘雅医学院	1938年6月，长沙	贵阳	

西北地区内迁高等院校的数量相对较少，主要以西安、陕南的城固和汉中为中心。战时共有11所高等院校内迁落户，含大学5所，独立学院5所，专科学校1所。其中，西安和陕南的城镇是内迁学校的集中地。西安接收内迁院校6所，主要是接收平津和河南的部分高校，即北平大学、北平师范大学、天津北洋工学院和河北省立女子师范学院、东北大学、山西铭贤学院，西安成为战时中国高等教育的一个重镇。陕南城固、汉中一带，曾有西北工学院、西北大学、西北医学院、西北师范学院等高等院校，形成西北地区又一个内迁高校的集中地。甘肃的兰州，接收安置了内迁高等院校1所。

第二节 城市化进程加快：战时西南地区城市的发展

抗战时期，随着政治经济重心的西移，特别是西部地区交通环境的极大改善以及新经济要素的出现，极大地刺激了西南地区城市的发展。战时西南地区城市的发展，一方面是传统的封建城市开始向现代多功能综合性城市演变，城市体系加速重建，城市的政治、经济、军事功能进一步加强，城市内部空间极大调整，城市外部空间快速拓展，城市现代化加速转型；另一方面，由于新式交通的出现，资源开发力度的加大以及经济社会结构的调整，推动了交通沿线城镇的快速发展，逐步产生了经济、政治中心相分离的倾向，形成了一批新兴工业中心城镇、政治中心城镇以及各类特色城镇。

一、城市功能演变和城市布局变迁

抗日战争推动了西南地区城市功能的演变和城市布局的变迁，促进了西南地区各主要城市从传统的封闭型城市向现代的开放型城市演变。在城市功能上，传统的区域性中心城市加大了向现代综合性多功能中心城市的转型演变，还出现了若干特色鲜明的工业城市、文化城市、政治军事要塞和交通枢纽城市等；在城市布局上，形成了陪都重庆的核心城市和成都、昆明、贵阳等区域中心城市，以及若干中小城镇；在城市规模上，不仅城市人口急剧增加，而且城市空间极大拓展，城市面积快速扩大。

（一）不同类型城市功能的演变

抗日战争时期，东中部的政治、经济、社会和文化资源的大规模西迁，促进了西南地区城市的快速发展和城市体系的演变，对西南地区不同城市的发展产生了不同的影响，在西南地区，原有的区域性中心城市快速发展，重庆成为战时陪都，发展为大后方的核心特大城市，成都、昆明、贵阳等传统区域性中心城市由于强大的外力植入而得到了空前的发展，战略地位极大提升，形成多功能综合性城市。此外，在交通沿线、战略核心区，因为抗战内迁而形成了许多新兴城镇，因而使西南大后方城市的发展朝多类型、多功能的综合性方向发展，推动了城市布局的变迁和城市功能的演变。

国民政府大力建设西南促进了西南城市格局的变化，推动了西南城市功能的演变。1938年武汉会战以后，重庆成为国民政府抗战的军事指挥中心。1942年同盟国中国战区统帅部在重庆成立，负责指挥中国、越南、泰国、缅甸、马来西亚等国的抗日战争，重庆成为东亚各国联合抗日的指挥中心，城市政治和军事功能进一步加强。伴随着大规模的抗战西迁，重庆经济地位也迅速提升。国有四大银行和重要金融机构转移到重庆，极大地提升了重庆城市的金融辐射力，推动了重庆城市经济结构的调整，增强了重庆城市的经济功能。城市金融业的发展带动商业从业人员的增加，1941年，重庆全市商业从业人员达10.6083万人，超过工矿业从业人员，占全市从业人口的19.8%。至1945年，商业从业人员猛增至23.4278万人，占全市人口的18.6%，占全市从业人员的39%。①中国政治、军事中心的转移，从而带动了相关资源的转移，重庆不仅成为战时中国政治、军事中心，而且发展成为大后方的核心大城市，成为工业中心、商贸中心、金融中心和交通运输中心等，在政治、军事、经济、文化、金融等领域形成了巨大的辐射力和集聚力，城市功能发生了极大的演变。

大规模的抗战内迁以及西南地区资源的开发利用，增强了传统区域中心城市的经济实力，同时也形成了一批新的工业中心和城镇。抗战时期，西南地区的重庆、成都、昆明、贵阳、桂林等城市的工业得到了很大发展，工业成为这些城市战时经济发展的助推器。由于工业的发展，这些城市的经济功能显著提升，城市功能多元化趋势进一步显现。成都在战时的商业、工业、交通等方面的发展都大大超越了战前，对四川的影响明显提高。昆明因连接东南亚，特别是滇缅战场开辟以及国际交通线的建立，在战时实际上成为大后方的又一个重要军事指挥中心和交通运输枢纽。贵阳地处西南腹地，为陪都重庆的南部屏障，是战时川黔线、黔桂线、湘黔线、滇黔线四大干线的交会地，成为重庆南下和西出的必经之地，因而发展快速，成为西南地区重要的交通运输枢纽。桂林为战时广西省会，境内交通向南可以连接越南至东南亚半岛，向北可以经过贵州到达重庆，向东可以连接湖南、广东，战时成为内迁的重要通道，大量文化名人以及系列文化机构的内迁，使桂林发展成为抗战时期著名的文化之都。

表 7.4 1940 年西南大后方主要工业区工业统计表 ②

地区	机器	冶炼	电器	化学	纺织	其他行业	合计	百分比（%）
重庆	159	17	23	120	62	48	429	31.68
川中	16	23	3	100	31	14	187	13.81
广元	2	3	0	1	1	0	7	0.52
川东	3	20	0	4	4	2	38	2.81
桂林	17	4	8	8	23	7	67	4.95
昆明	11	6	7	25	18	13	80	5.91
贵阳	6	2	0	7	1	3	18	1.33
沅辰	49	3	3	7	5	2	69	5.10

除传统区域性中心城市外，部分中小城镇由于战时经济的快速发展或者地处交通沿线的便利，城市经济功能也得到了强化，从传统的政治功能向多功能城镇演变。受

---

① 韩渝辉《抗战时期重庆的经济》，重庆：重庆出版社，1995年，第118页。
② 隗瀛涛《中国近代不同类型城市综合研究》，成都：四川大学出版社，1998年，第368页，表格数据有节略。

重庆、成都、昆明、贵阳、桂林等中心城市辐射的影响，加上战时人口内迁、高校内迁、工商业重新布局、资源开发、新型交通和贸易线路的开辟以及国民政府建设西南的推进，以重庆为中心，在东南西北各方形成了一批新型城镇。在川东地区，万县发展成为重要的物资集散地和四川第二大商埠。黔南重镇独山，战时由于黔桂公路、黔桂铁路以及独山飞机场的修建，成为工厂、学校、人口内迁的重要中转地和物资转运站。宜宾为长江上游重要的交通枢纽，连接川滇的重要生命线。云南的大理则因其特殊的地理区位发展为商业荟萃的滇缅要冲。在川西地区，形成了广元等工业中心城市。此外，南宁、柳州、康定、遵义、安顺、自贡、南充、个旧、蒙自等大批城镇也在战时得到了快速发展，城市功能更加多元化。

（二）建置市增加以及行政区划调整

建置市的增加是战时西南地区城市结构和城市体系演变的重要方面。抗战前夕，西南地区云南、贵州、四川的建置市仅有三个，即重庆、成都和昆明。抗战时期新增了自贡、桂林和贵阳等多个建置市。战时沿海沦陷，川盐济楚，富顺县和荣县的盐场在保证军需民食和支援前沿抗战方面显得十分重要。为了克服两县长期分治盐场的弊端，加速盐业经济发展，1939年8月，经四川省政府批准，划出富顺县第五区、荣县第二区两者紧密相连的主要产盐区，成立新的市级行政，市名取自流井和贡井之合称，名自贡市，隶属四川省政府，为四川省最早的省辖市和工业重镇之一。1939年12月，广西省政府委员会第446次会议决议，在广西省会驻地设置桂林市，市政府直隶于省政府。1941年初，国民政府行政院经第517次会议决议，同意成立贵阳市。1941年7月1日，贵阳市政府正式成立。贵阳市制的创建，实为贵州建市之始，极大地推进了贵阳城市经济社会和文化教育的发展。

行政区划的调整影响着城市布局和城市数量的增减。城市数量的增加特别是少数民族地区城市数量的增加，在一定程度上优化了西南地区城市布局的空间结构。西康省的设置及康定省会城市地位的确立，是战时少数民族地区城市发展和城市体系变迁的重要事件。1935年7月，成立西康建省委员会，筹备建省事宜，并执行地方一切政务。[1] 1939年1月，西康省政府正式成立，1955年9月，西康省撤销。抗战时期设置西康省，不仅是行政区划的调整，同时也推动了川西地区城市布局的调整。抗战前康定全县有居民4万，1938年，人口有2.2112万户，国民政府迁都重庆后，人口增

---

[1] 郑宝恒《民国时期政区沿革》，武汉：湖北教育出版社，2000年，第214页。

到3.9008万户。① 除人口有增加外，康定作为省会城市，其政治功能极大提升，无论在交通建设、矿产开采，还是商业贸易、城市建设方面，都取得了一定的成绩，成为战时物资运输的重要转运站，城市发展较快。

表7.5 1935年四川省行政区划表②

市、督察区名称	辖县名
成都市、重庆市	
第1行政督察区	温江县、成都县、华阳县、双流县、新繁县、郫县、新津县、崇庆县、新都县、崇宁县、灌县、彭县
第2行政督察区	资中县、资阳县、内江县、荣县、仁寿县、简阳县、威远县、井研县
第3行政督察区	永川县、江津县、江北县、巴县、合川县、綦江县、璧山县、铜梁县、大足县、荣昌县
第4行政督察区	眉山县、彭山县、夹江县、青神县、蒲江县、丹棱县、洪雅县、邛崃县、大邑县、名山县
第5行政督察区	乐山县、峨眉县、犍为县、马边县、屏山县、峨边县、雷波县
第6行政督察区	宜宾县、南溪县、庆符县、江安县、兴文县、珙县、高县、筠连县、长宁县
第7行政督察区	泸县、隆昌县、富顺县、合江县、纳溪县、古宋县、叙永县、古蔺县
第8行政督察区	酉阳县、涪陵县、丰都县、南川县、石柱县、彭水县、黔江县、秀山县
第9行政督察区	万县、奉节县、开县、忠县、云阳县、巫山县、巫溪县、城口县
第10行政督察区	大竹县、渠县、广安县、邻水县、垫江县、梁山县、长寿县
第11行政督察区	南充县、岳池县、蓬安县、营山县、南部县、武胜县、西充县、仪陇县
第12行政督察区	遂宁县、安岳县、中江县、三台县、射洪县、盐亭县、蓬溪县、潼南县、乐至县
第13行政督察区	绵阳县、罗江县、德阳县、广汉县、绵竹县、什邡县、安县、梓潼县、金堂县
第14行政督察区	剑阁县、昭化县、广元县、苍溪县、阆中县、平武县、江油县、彰明县、北川县
第15行政督察区	巴中县、宣汉县、开江县、通江县、南江县、万源县、达县
第16行政督察区	茂县、汶川县、理番县、懋功县、绥靖屯、崇化屯、松潘县
第17行政督察区	雅安县、芦山县、宝兴县、天全县、荥经县、汉源县、金汤设治局
第18行政督察区	西昌县、冕宁县、会理县、越嶲县、盐源县、盐边县、昭觉县、宁南县、宁东设治局
西康行政督察区	康定县、泸定县、炉霍县、甘孜县、瞻化县、白玉县、德格县、邓柯县、石渠县、丹巴县、道孚县、九龙县、雅江县、理化县、义敦县、定乡县、巴安县、得荣县

1935年，国民政府将四川全省划分为18个行政督察区，西康行政督察区由四川省代管，四川省共辖成都、重庆2市和19个行政督察区。1939年1月，国民政府将西康行政督察区和第17、18行政督察区合并建置西康省，又于1939年8月建置自贡

---

① 何一民、刘扬《抗战时期西南大后方城市发展与空间分布的变化》，《西南民族大学学报》（人文社会科学版）2015年第6期，第220页。
② 贾大泉、陈世松《四川通史》（民国时期），成都：四川人民出版社，2010年，第242—243页。

市，为省辖市，11月，重庆市改为中央直辖市。这样，除西康省和重庆中央直辖市外，四川省共有成都、自贡两个省辖市，16个行政督察区，135个县，这种区划建置基本维持到抗战结束。

表7.6 1938年云南省政务视察区划表[①]

政务视察区	管辖市、区、县名称
第1区	昆明市 昆明县 嵩明 寻甸 会泽 马龙 曲靖 沾益 平彝 宣威 巧家 鲁甸
第2区	昭通 永善 大关 盐津 绥江 彝良 镇雄 威信
第3区	呈贡 宜良 路南 陆良 弥勒 丘北 泸西 师宗 罗平
第4区	澄江 华宁 开远 蒙自 个旧 建水 石屏 金平 龙武
第5区	文山 砚山 马关 广南 西畴 富宁 屏边 河口 麻栗坡
第6区	晋宁 昆明 玉溪 江川 河西 峨山 通海 曲溪
第7区	富民 禄劝 武定 罗次 元谋 盐兴 牟定 姚安 大姚 盐丰 永仁
第8区	安宁 禄丰 易门 新平 元江 墨江 宁洱 思茅 江城
第9区	车里 镇越 佛海 南峤 六顺 澜沧 宁江
第10区	景东 镇沅 景谷 缅宁 镇康 双江 沧源
第11区	广通 楚雄 双柏 镇南 祥云 弥度 凤仪 宾川 大理 漾濞
第12区	蒙化 云县 顺宁 昌宁 永平 云龙 泸水
第13区	保山 腾冲 龙陵 梁河 盈江 莲山 陇川 瑞丽 潞西
第14区	邓川 洱源 鹤庆 剑川 丽江 永胜 华坪 宁蒗
第15区	兰坪 维西 中甸 德钦 福贡 贡山 碧江

1935年，云南全省划分为6个政务视察区，1938年，划分为15个政务视察区。此后，政务视察区逐渐演变为行政督察区，共辖有1市112县，其中由清代设置而无变更的县有92个，1912年后建立的县有20个，1935年行政区划调整时设置有昌宁和砚山两县。抗战时期，云南省行政区划虽然在不断地进行调整，但整体上变化幅度不是很大。

表7.7 1935年贵州省行政督察区划表[②]

督察区名称	辖 县 名
第1行政督察区	定番、贵阳、龙里、修文、息烽、清镇、开阳、罗甸、长寨、广顺
第2行政督察区	安顺、郎岱、织金、关岭、普定、镇宁、平坝、紫云

---

① 云南省地方志编纂委员会《云南省志·民政志》，昆明：云南人民出版社，1996年，第86页。
② 贵州省地方志编纂委员会《贵州省志·地理志》（上），贵阳：贵州人民出版社，1985年，第86—87页。

续表

督察区名称	辖县名
第3行政督察区	兴仁、兴义、盘县、安龙、贞丰、普安、安南、册亨
第4行政督察区	毕节、黔西、大定、威宁、水城
第5行政督察区	桐梓、遵义、正安、赤水、仁怀、绥阳、鳛水（今习水）
第6行政督察区	思南、德江、婺川（今务川）、湄潭、凤冈、后坪、沿河、印江
第7行政督察区	平越、贵定、麻江、余庆、瓮安、炉山
第8行政督察区	镇远、黄平、施秉、青溪、三穗、岑巩、台拱
第9行政督察区	铜仁、江口、松桃、玉屏、石阡、省溪
第10行政督察区	黎平、榕江、锦屏、天柱、剑河、永从、下江
第11行政督察区	独山、都匀、平舟、荔波、八寨、丹江、大塘、三合、都江

1935年6月，经国民党军事委员会委员长行营核准，在贵州建立11个行政督察区，共辖81个县。1936年3月，仿江西省并区先例，扩大区域，增加辖县，将11个行政督察区缩编为8个行政督察区。1937年11月，为适应抗战形势的需要，再次调整行政督察区。1938年，贵州省政府决定成立整顿各县行政区域委员会，拟定了"调整、筹商、改革"三方案。1941年，贵州全省行政区划再次进行大调整，推行新县制，以贵阳市及贵筑、惠水、龙里、贵定、平越、瓮安、麻江、炉山、修文、开阳、息烽、清镇、平坝、长顺14县直属于贵州省政府，其余64县划分为5个行政督察区。1943年，将第1行政督察区划分为第1、第6两个行政督察区。1946年3月贵州行政区划再次调整。

表7.8　1936年广西行政区划表[①]

各县等次	辖县名
一等县	贵县、桂平、邕宁、苍梧、藤县、平南、博白、全县、桂林、北流、郁林、宜山、怀集、柳州
二等县	武鸣、横县、容县、宾阳、贺县、靖西、陆川、都安、百色、龙州
三等县	融县、上林、兴安、岑溪、昭平、灵川、永淳、平乐、钟山、象县、田东、罗城、三江、天保
四等县	河池、荔浦、灌阳、来宾、武宣、柳城、恭城、阳朔、田阳、迁江、兴业、隆山、西林、蒙山、凌云、平治、隆安、东兰、富川、忻城、思恩、龙胜、上思、镇边、西隆、南丹、乐业、凤山、百寿、万冈、雷平、向都、信都、田西、天河、思乐、扶南、修仁、龙茗、镇结、资源、崇善
五等县	那马、天峨、敬德、永福、果德、义宁、榴江、宜北、万承、上金、雒容、同正、绥渌、中渡、养利、明江、宁明、凭祥、左县

1936年2月，广西省政府委员会第209次会议决议通过《广西各县等次表》，其

[①] 邓敏杰《广西历史地理通考》，南宁：广西民族出版社，1994年，第47—48页。

中一等县14个，二等县10个，三等县14个，四等县42个，五等县19个。抗战时期，广西行政区划不断地进行调整，1937年3月，广西省政府委员会第272次会议决议通过《二十六年度广西施政计划纲要》，重申继续整理各县行政区划。1939年10月，广西省政府委员会会议决议将全省一至五等县均分为甲乙两级，12月，省政府委员会第446次会议决议，在省会驻地设置桂林市，市政府直隶于省政府。1940年3月，省政府委员会第463次全会决议通过《广西省战时行政监督专员公署暨区保安司令部合并组织暂行办法》，广西各行政监督区相继改为行政监督察区。此后，各行政监督区及各县区划也在不断进行调整。

（三）城市布局演变和城市体系重构

城市与区域的关系是城市体系研究的实质内容。城市体系是按特定含义确定的整个区域中的城镇总和，城市布局演变与城市体系变迁关系密切，城市布局的演变必然导致城市体系的变迁，各城市（镇）的职能与规模不同，在一定的空间布局中相互关联。抗战时期，西南地区传统区域性中心城市重庆、成都、贵阳、昆明等得到了快速发展，城市空间极大扩展，城市用地规模、经济规模、人口规模不断扩大，分别成为各个区域的政治、经济、交通、文化中心。在这些区域性中心城市的带动下，西南地区的各层级城市加快发展，并从传统向现代转型，促进了战时西南大后方城市布局演变和城市体系变迁。

从人口规模视角分析城市体系可知，抗战以前，我国50万人口以上的城市主要集中在东部沿海地区，西南地区尚未形成一个50万人口以上并具有广泛聚集力和辐射力的超大核心城市。战时由于大规模的人口内迁，重庆人口曾一度超过100万，成为全国性的政治、军事中心和多功能综合性中心城市。成都城市人口也快速集聚，成为西南地区战时又一个人口数超过50万接近100万人口的大城市。此外，昆明、贵阳、桂林、康定等西南省会城市人口也迅速增加，部分城市人口数已经接近50万。交通沿线部分城市人口迅速增长，形成了一批10万人口左右的中小城镇。

除人口规模极大增加外，战时西南地区城市面积也得到了较大扩展。由于重庆成为战时首都，形成了巨大的集聚效应，城市规模迅速扩张。国民政府内迁重庆前，重庆的市区主要限于今天的渝中半岛之一部分，而到1938年底，重庆城市建成区面积已经扩大到近30平方公里。1939年12月，国民政府行政院通过了勘定重庆市新市区地界的提案，划定市区面积为300平方公里。重庆附近一些较为发达的市镇，成为战时工厂、学校、政府机构的集聚点，相继发展成为人口密集、商业繁荣的新城区，从而使重庆城市建成区的规模空前扩大。1940年10月，行政院成立重庆陪都建设计划委员会，详细规划重庆建设事宜。通过这些规划和建设，重庆城市功能分区基本形成。重庆市区为商业区，近郊为住宅区，沙坪坝为文化区，南岸为工业区，南北温泉为风景区，重庆城市面积迅速扩大，城市规模得到了极大扩充。

西南地区是战时大后方城市发展最快的地区，也是城市布局演变和城市体系变迁最明显的地区，由于划分的标准不同，城市的类型也就各异。除前所述按照城市人口、城市功能和城市规模等划分外，战时西南地区的城市，若按照日军侵占程度划分，总体上可以划分为沦陷的城市和没有沦陷的城市两种类型。抗战时期，西南地区的城市，有的属于遭受到日军侵占并且沦陷的城市，有的属于虽然多次遭受到日军的轰炸但始终没有沦陷的城市，有的属于没有遭受到日军侵占的城市。战时西南地区，除西康省没有遭到日军的轰炸和侵占外，其余省份都不同程度地受到日军的侵略或者轰炸。四川省所属各县虽然没有遭到日军的侵占，但是一些城市却遭到日军的轰炸，部分城市破坏严重。重庆陪都和贵阳等城市曾经多次遭到日军的狂轰滥炸，对城市发展影响较大。云南、贵州、广西部分县遭受日军入侵而沦陷。云南省有3个县先后沦陷，即龙陵县、保山县和腾冲县。贵州省有4个县先后沦陷，即三都县、独山县、丹寨县和荔波县。广西有67个县先后沦陷。在日军侵略破坏下，沦陷的城市发展遭受了极大破坏，人口大量外迁，城市经济极为凋敝，严重影响了城市的发展。

城市数量的增加是抗战时期西南地区城市发展的重要体现，也是城市布局和城市体系演变的重要内容。战时西南地区城市数量的增多，首先表现为各类城市总体数量的增加，一方面，作为战时首都的重庆集聚了丰富的资源，城市实现了跨越式发展；另一方面，西南地区各区域中心城市发展较快，城市规模迅速扩张。同时，交通沿线的部分中小城镇也得到了快速发展，受交通或经贸影响较大的局部地方还形成了新的城镇，城市数量明显增加。其次表现为不同层级城市数量的变化，战时西南地区城市的发展，除陪都重庆和成都、昆明、贵阳等传统省会城市外，还形成了西康省省会城市康定以及数百个县城等区域性中心城镇，形成了一核心、多中心、多类型的城市体系，推动了中国城市格局的大变动，演绎了近代以来中国城市布局的西移和城市体系的重构。

战时西南地区城市体系变迁，若按照战时城市功能的演变划分，主要体现在形成了一核心、多中心、多层次的城市体系。一核心是指重庆形成战时陪都的地位，由区域性中心城市演变为具有全国性影响的多功能核心城市；多中心是指成都、昆明、贵阳、桂林等传统区域性城市得到跨越式发展，从传统封闭的内陆城市逐步向早期现代化城市转型发展，城市人口大幅增加，城市工业大量建立，城市经济快速发展，城市公共设施极大改善，城市面积加倍扩大，城市功能更加完善，城市的区域辐射力和集聚力进一步增强；多层次是指形成了陪都、省会城市、县城各个层次的城市，以及在交通要道形成了各具功能的新型城镇。

二、传统中心城市的快速发展

抗战时期西南地区城市的发展，主要体现在传统中心城市的快速发展。抗战以前，西南地区的城市发展，呈现出极端不平衡现象。重庆开埠较早，据长江之便利，现代城市经济有了一定的发展，但影响力仍然有限，无法辐射西南全境。成都、昆明、贵阳虽然是传统的区域中心城市，但现代工业发展滞后，城市经济实力不强。以四川为中心的大后方战略地位确立后，西南开发力度加大，工业发展快速，城市转型加速，城市发展加快。

（一）陪都重庆城市的跨越发展

1. 城市人口的急剧增长

人口的急剧增加是抗战时期重庆城市发展的重要体现。1937年全面抗战爆发后，重庆因其特殊的战略地位和城市功能成为大量人口内迁的聚集地，根据《近代重庆城市史》的统计，1937年，重庆人口总数为47.5968万人，户数为10.7682万户；1938年重庆人口增加至48.8662万人；1939年人口总数有所下降，总人口数为41.5208万人；1940年人口数继续下降，为39.4092万人；1941年人口数重新急增，为70.2387万人；至1942年底，重庆城市人口上升到83.0918万人；到1943年增加到92.3403万人；1944年突破100万，为103.7630万人；1945年为104.945万人；1946年重庆城市人口数达到了124.5万人。

表7.9 1937—1946年重庆人口统计表[①]

年数	户		人 口					
			男		女		共计	
	户数	指数	人数	指数	人数	指数	人数	指数
1937	107682	100.00	277808	100.00	198160	100.00	475968	100.00
1938	114116	105.9	283259	101.9	205403	103.6	488662	102.6

---

① 隗瀛涛《近代重庆城市史》，成都：四川大学出版社，1991年，第399页。

续表

年数	户		人口					
			男		女		共计	
	户数	指数	人数	指数	人数	指数	人数	指数
1939	99203	92.1	247203	88.9	168005	84.7	415208	87.2
1940	89300	82.9	245122	88.2	148870	78.1	394092	82.7
1941	134183	124.6	436636	157.1	265751	134.1	702387	147.5
1942	165293	153.5	530096	190.8	300822	151.8	830918	174.5
1943	158231	146.9	571533	205.7	351870	177.5	923403	194.0
1944	185505	172.2	626701	225.5	410929	207.8	1037630	218.0
1945	186098	172.8	638218	229.3	412232	208.0	1049450	220.4
1946							1245645	261.7

这一时期重庆城市人口的增加，其主要影响因素不是由于城市经济社会发展引起城市人口的正常集聚，而是由于外力作用下促进人口的非常态增加。虽然有城市固有人口的再生产因素，但更主要的则是依靠大量的内迁人口的集聚和从农村流入城市人口数量的急剧增加。从具体年份看，除1939年和1940年人口总数有所下降外，其余都呈现出大幅增加的趋势。

重庆人口的快速增加，必然对城市管理提出了新的任务和要求，从而加速推进了重庆城市管理的近代化。1938年9月，行政院同意重庆市准照直辖市组织。10月，国民参议会参政员20多人提出了改重庆市为直辖市的建议。1939年，行政院院长孔祥熙向国防最高委员会提议，拟即将该市改为直隶于行政院之市。1939年4月，国防最高委员会第五次常务会议通过了该提议。5月5日，国民政府发布命令，改重庆市为直隶于行政院之市。15日，成都行辕主任贺国光就任重庆市市长。抗战时期，在重庆集中了国民政府、国民党中央委员会、军事委员会等一大批中央级党政军单位，这些单位直接对重庆的行政管理施加影响，例如重庆市政府的主要官员由国民政府任命，中央政府的经济部直接管理在重庆的国营大企业，交通部直接管理重庆所有对外交通事业，国民政府指导重庆城市规划等，在一定程度上促进了重庆城市的发展，加速了重庆城市近代化的转型和演变。

2. 城市空间结构的调整

重庆城市内部空间具有近代因素的演变在民国初期已经出现，抗战时期其发展演变的速度进一步加快。全面抗战爆发后，重庆市政当局提出了改善和发展重庆城市道路的"道路网计划"，计划的重点：一是发展市郊道路，二是完善城区和新市区的道路，三是提高道路质量。①通过系列举措，重庆上下半城成为一个整体，城区中部迅速发展为重庆市最繁华的中心区域，该区域的公路大体按照经纬线布局，形成网络，与传统城市中心区域南城相连接，从而为重庆城市道路系统的形成奠定了基础。

抗战时期，重庆城市结构有了巨大变化和发展。1939年3月底，国民党中央、国民政府各机关组成迁建委员会，决定各机关迁散至重庆附近100公里范围内，同时，将成渝、川黔公路两侧重庆周围80公里范围划归重庆市区。②江北与南岸地区，由于地处两江沿岸，交通便利，成为内迁工矿企业安置的重要地区，逐步成为重庆的主要工业区。在重庆西郊北部地区，战时安置了近20所大专院校和几十家医疗单位，以沙坪坝、磁器口、歌乐山为中心，形成了一个新的文化小区和工业小区。在西郊南部地区，随着四川钢铁厂、汉阳兵工厂等的建立和复工，以及九龙坡机场、两浮公路、浮九公路、浮新公路的先后建成使用，逐步发展成为重庆的重要工业区域和水路交通运输枢纽之一。

北碚新卫星城的形成，是抗战时期重庆城市外部空间拓展的又一重要体现。北碚原是嘉陵江小三峡中的一个普通的乡场，1936年北碚成立了乡村建设实验区，1937年北碚至青木关公路与成渝公路连接，1939年北碚划为重庆市的迁建区，一些重要的国家机关、大专院校、文化团体陆续迁入北碚。北碚还进行了大规模的填沟防洪、修建改建下水道、开辟新村、扩大市区的建设。至1949年前夕，北碚城区面积已有4平方公里，房屋建筑面积82万平方米，拥有博物馆、图书馆、医院、戏院、卫生院、民众会堂、汽车站、自来水、电灯、邮政局、电信局等公用设施。建有面积10公顷的公园1座，街心花坛8个，总面积2000平方米。③通过抗战时期的大发展，北碚已经发展成为一个具有一定市政基础和公共设施较好、城市环境较为优美的新型卫星城镇，成为战时重庆卫星城镇发展的典范。

3．重庆城市功能的转型演变

抗日战争给包括重庆在内的西南大后方城市的发展提供了难得的机遇，同时也给大后方城市的发展植入了外来力量元素。重庆陪都地位的确立以及战时经济的发展，使重庆从区域性中心城市演变为全国性的多功能中心城市。1937年11月20日，国民政府发表宣言计划移驻重庆，随后，国民政府的党、政、军机构陆续迁移到重庆。

---

① 隗瀛涛《近代重庆城市史》，成都：四川大学出版社，1991年，第467页。
② 陶维全《重庆大事记》，重庆：科学技术文献出版社重庆分社，1989年，第175页。
③ 隗瀛涛《近代重庆城市史》，成都：四川大学出版社，1991年，第470页。

1939年5月，重庆列为直辖市，直接隶属于国民政府行政院管辖。1940年9月，重庆正式确定为中华民国陪都，一跃而成为全国的政治、军事中心。重庆城市的突变性发展是战时西南城市发展的典型，抗日战争时期，作为国民政府的陪都，重庆城市功能发生了根本性的演变，从偏处川东南的区域性商业中心城市突变为全国的政治、经济和文化中心，在短短几年内登上了全中国乃至全世界瞩目的舞台。

全国政治军事中心地位形成和政治功能的增强助推了重庆城市经济地位的跟进，推动了重庆城市经济的跨越发展。随着战时大批工厂内迁重庆以及为适应抗战需要系列工厂的新建，形成了战时最为重要的重庆工业区，改变了重庆城市工业的传统结构。重庆工业区是抗战时期我国的经济命脉，"沿长江东起唐家沱，西至大渡口；沿嘉陵江北至磁器口、童家桥；沿川黔公路南至綦江"，[1]是当时后方唯一的综合性工业区，计有兵工、炼钢、炼铜、机械、电器、制酸、水泥、玻璃、陶瓷、造纸、化工、烟草、面粉、炼油等工业，成为安置内迁工厂最多的西部城市。商业方面，1945年，重庆城内各类商家达4.9346万户，从业人员23.4278万人，平均全市每25人即有一户商家，每5.3个居民中即有一人从事商业活动。1939年11月，中中交农四大银行的总行或总管理处相继迁到重庆，战时重庆金融业得到了快速发展，1944年底，重庆已入公会的银行共75家，从业人员4000人，已登记的资本为法币7亿元、港币5000万元、英镑300万元。[2]工业、商业和城市金融业的发展，使重庆成为战时全国的工业中心、对外贸易中心和大后方的金融中心。

（二）传统省会城市的快速发展

1. 成都城市的发展

成都位于川西平原，城市形成较早，历来就是川西地区政治、经济、文化中心。但是在步入近代以后，随着中国沿海、沿江地带经济的快速发展，中国传统城市布局发生了变化，沿海、沿江、沿路地带城市迅速发展起来。地处四川盆地的成都，由于受到诸多传统因素的制约束缚，城市早期现代化起步晚、发展慢。关于阻碍近代成都城市早期现代化的主要因素，四川大学何一民教授在《成都学概论》一书中进行了深入全面的分析，概括为五个方面：一是交通地理环境的制约。成都位于西南群山环抱

---

[1] 中国人民政治协商会议四川省重庆市委员会文史资料研究委员会《重庆抗战纪事1937—1945》，重庆：重庆出版社，1985年，第13页。
[2] 曹洪涛、刘金声《中国近现代城市的发展》，北京：中国城市出版社，1998年，第166页。

之中，在农业时代，成都依靠自身优越的自然地理条件可以得到较好的发展，但在全球化浪潮的冲击下，封闭的自然地理条件成为发展现代经济的重要障碍。二是自然经济的影响。都江堰水利工程的修建，使成都平原农业经济得到了高度发展，小农业与家庭手工业相结合的自然经济高度发达，但近代以来，这种自给自足的自然经济成为发展现代经济和推动城市化的障碍。三是守旧意识的影响。受地理环境封闭和经济落后的影响，成都城市的守旧势力相当强大。四是军阀政治的影响。辛亥革命后，四川政权为军阀和官僚掌控，为争夺政治权力而不断进行军事斗争和政治斗争，错失了城市早期现代化的大好时机。五是战争的破坏。西方列强的侵华战争、太平天国和义和团运动以及军阀之间的长期混战等，严重迟滞了成都城市的发展。①

抗日战争给成都城市的早期现代化植入了强大的外力。凭借川西平原发达农业经济的支撑，成都城市不仅是川西平原的政治中心，同时也是文化中心和经济中心。抗战时期，大量人口西迁形成了成都城市人口的集聚，1937年，成都城市人口数为46.3154万人，至1945年达到74.2118万人。②人口的集聚不仅提供了大量劳动力，而且为工业生产带来了先进技术，推动了成都城市近代工业的快速发展，1942年，成都共有各类新式企业105家，其中化工工厂35家，食品工厂4家，卷烟工厂32家，五金工厂8家，印刷工厂13家，纺织工厂12家，电气工厂1家。③至1945年3月，成都大机器工业中，有电气工业1家，机械工业20家，五金工业3家，矿冶工业2家，建材工业3家。④需要指出的是，尽管战时成都城市工业有巨大发展，但是仍然未能改变成都工业的基本面貌，成都工业结构中机器工业比重小，占主导地位的还是手工业和日用轻化工业。抗战胜利后，由于政治、经济、文化中心东移，战时迁移四川的工商企业、学校、机关相继回迁，成都人口锐减至60万左右，成都城市发展出现了衰退局面。

2. 昆明城市的发展

昆明是联系东南亚和南亚的交通枢纽城市，是加强西南边疆地区统治的重要战略要地。与贵阳城市相比较，昆明城市在元代云南设省成为省会城市以前，昆明已经走过了漫长的发展历程，城市集聚力和辐射力不仅包括滇池地区，而且影响到滇池以外的广大地区。昆明城市三面环山，南濒滇池，地理位置特殊，凭借滇池淡水湖及其自然环境的便利，昆明城市形成较早。公元前3世纪的战国初期，楚国大将庄蹻率领军

---

① 何一民《成都学概论》，成都：巴蜀书社，2010年，第105—107页。
② 曹洪涛、刘金声《中国近现代城市的发展》，北京：中国城市出版社，1998年，第247页。
③ 何一民《成都学概论》，成都：巴蜀书社，2010年，第119页。
④ 曹洪涛、刘金声《中国近现代城市的发展》，北京：中国城市出版社，1998年，第246页。

队进入云南，在滇池北部筑城置都，并作为滇国国都。三国蜀汉时期，诸葛亮率领军队南征，平定南中四郡，不仅巩固了蜀汉政权，同时也促进了滇池地区经济社会的发展。唐宋时期，云南出现了"南诏""大理"等地方政权，两个地方政权都从滇西起家，势力发展到一定程度后以昆明为东部政治中心，南诏称今天的昆明为拓东城，以为"东京""上都"，大理称今天的昆明为鄯阐城，以为"东京""别都"。元代云南行省建立后，以昆明为省会城市。明清时期，昆明城内商业有了一定的发展，传统的以衙署官邸为主的城市布局逐渐发生改变，逐步发展成为云南的政治、经济和文化中心。近代以后，昆明城市近代经济因素开始出现，城市早期现代化起步发展，但直至抗战以前，城市早期现代化发展的步伐仍然相对缓慢。

抗战时期，东中部地区工厂、学校、人口大量内迁，促进了昆明城市的快速发展。"云南变成了抗战的大后方，平、津、宁、沪的许多高等院校和沿海各地的工商企业纷纷迁往昆明，几十万沦陷区的同胞逃到云南来。其中许多工商业资本家挟巨资来昆明开办工厂和商店。昆明一时百业俱兴，空前繁荣起来。"[①]战时的昆明，已经发展成为西南地区重要的交通转运枢纽和新的工业中心，有四条重要国际通道与东南亚、南亚国家相连，从而奠定了昆明城市在西南大后方的重要交通运输地位和战略地位，昆明成为这四条国际通道的交会点，传统城市功能发生了演变，有力地促进了昆明城市的发展。1938年4月，北京大学、清华大学和南开大学在昆明组成了国立西南联合大学，加之内迁昆明的其他系列高等院校，昆明城市集聚了大批的专家、学者、教授以及知名人士，使昆明成为抗战时期大后方的重要文化中心。随着大量人口的内迁，昆明城市人口也迅速增加，1940年，昆明城市人口由1937年的10万人增加到30万人。[②]昆明已经发展成为与重庆、川中、广元、川东等并称的西南大后方八个工业中心区之一，主要的工厂企业达到80个，其中机械工业11个，冶炼工业6个，电器工业7个，化学工业25个，纺织工业18个，其他工业13个。[③]抗战时期的昆明，工业生产、商业、金融等盛极一时，门类齐全，是战时大后方重要的经济支柱和工业支柱。城市规模快速扩大，城市结构发生变化，城市功能得到加强。

3. 贵阳城市的发展

贵阳为高原山地之城，城邑形成较晚，在古代生产力相对落后的条件下，碍于

---

① 孔庆福《滇越铁路在抗战中》，中国人民政治协商会议西南地区文史资料协作会议《抗战时期西南的交通》，昆明：云南人民出版社，1992年，第384页。
② 曹洪涛、刘金声《中国近现代城市的发展》，北京：中国城市出版社，1998年，第321页。
③ 谢本书、李江《近代昆明城市史》，昆明：云南大学出版社，1997年，第203页。

高原山地自然环境的局限，黔中地区战略地位的重要性长期被人们忽视。步入近代以后，贵阳城市经济虽然有了一定的发展，但与其他内陆传统型中心城市一样，现代经济特别是工业经济相对落后，城市早期现代化起步晚，直至清末民初，贵阳城市早期现代化才开始启动，而且发展极为艰难曲折。考察贵阳城市早期现代化历程，大体可以分为三个阶段：一是清末新政时期，从1901年至1911年，为城市早期现代化的启动阶段。二是辛亥革命后的军阀统治时期，从1912年至1935年，为城市早期现代化的艰难发展阶段。三是抗战时期，从1937年至1945年，为城市早期现代化快速发展阶段。贵阳城市早期现代化的启动不是城市经济发展到一定程度后的自然结果，而是统治阶级面对内忧外患的困局，通过自上而下的方式出台的应急举措，清廷统治者和民国时期的军阀官僚都不是着力推进城市现代化发展的政治统治集团，一方面，清末新政推动了贵阳这类内陆传统封闭城市的早期现代化；另一方面，由于这些城市的近代经济发展水平和程度有限，特别是近代工业的发展滞后，推动城市发展的内生动力严重不足，在没有强大外力植入的情况下，城市早期现代化发展进程必然十分艰难。

抗战时期，贵阳城市战略地位空前提升，成为全国抗战的"民族复兴的一个基础"、[1]大后方的重要交通枢纽和陪都重庆的南方屏障。1938年，交通部在贵阳设置了西南公路运输管理局，管理黔川、黔桂、黔滇、黔湘、川滇东、川湘等公路的工程和运输业务。1944年，西南进出口物资督运委员会在贵阳成立，负责加强对公私车辆的控制和西南路线国外援华物资的督运。系列公路的修建以及部分重要交通运输机关在贵阳设置，进一步加强了贵阳与外界的联系，同时也密切了贵阳与省内各地的往来，打破了贵阳城市长期封闭保守的状态，促进了贵阳城市对外开放的步伐，加速了贵阳城市结构和功能的现代化演变。在吴鼎昌"按部就班走"以稳定贵州政治局势的治黔理念指导下，贵阳城市虽然获得了空前的发展，在某些方面取得了显著的成就，但与周边城市重庆、成都、昆明等相比较，贵阳城市建设、城市经济发展、城市市民生活环境的改善以及生活质量的提升等仍然存在一定的差距。

4. 桂林城市的发展

桂林历史悠久，曾经长期是广西政治、文化中心和军事重镇，是抗日战争时期最后一座沦陷的省会城市，又是中国最早收复的省会城市。1944年11月10日，由于守城的中国军队寡不敌众，桂林城沦陷，是我国抗战中最后沦陷的一座省会城市。1945年7月28日，桂林在沦陷200多天后得以光复，成为中国最早光复的省会城市，并

---

[1] 高素兰：《蒋中正总统档案·事略稿本》（卷31），台北"国史馆"，2008年印行，第29页。

且是唯一一座在日本投降前由中国军队主动收复的省会城市。

抗战时期桂林城市的发展，除前面所述的人口变迁以外，较为突出的是桂林形成为大后方抗战文化的重镇。1938年广州、武汉等地沦陷后，广西成为西南大后方，桂林成为连接西南、华东、华南的交通枢纽，军事战略的地位日益凸显。1938年11月中旬到12月上旬，国民政府军事委员会委员长桂林行营成立，白崇禧任主任，桂林成为国统区南方军事、政治中心。1940年4月，国民政府军事委员会桂林办公厅成立，李济深为主任，林蔚为副主任，辖4个战区8个省。桂林城成为沦陷区人员疏散的主要地区之一，文化资源的大量内迁激发了桂林城市发展的动力，大批文化人和文化团体云集，城区人口由原来的7万人猛增到高峰时期的50万人。在抗日救国和抗日民主思想影响下，在中共南方局的影响和领导下，桂林成为抗战时期著名的文化之都，成为全国文化抗战的传播辐射中心之一，成为国统区文化抗战的重镇，成为抗战先进文化的一面光辉旗帜。

三、新型城镇的兴起和发展

随着战时东部城市布局的西移和抗战大后方城市的快速发展，西南地区除传统中心城市获得极大发展外，还出现了许多新兴中小城镇。传统驿运、航运的改造，新式交通线路的开辟，形成了许多新的交通运输枢纽和物资运输中转站，在河道、公路、铁路沿线的重要地点，逐步形成了系列新型城镇和集贸市场。此外，在传统的战略要地和新的资源开发地，形成了具有鲜明特色的战略性城市和新型工业城镇。

（一）交通沿线城市的发展

为服务抗战需要，国民政府在西南大后方进行了规模空前的交通建设。在大力建设新式交通如航空、铁路、公路的同时，也极力改善传统驿道运输和内河运输，形成了传统与现代相结合的交通运输网络布局。公路建设方面，改善了川滇、黔桂、湘黔、滇黔等交通干线，修建了滇缅、滇越、中印等多条连接境外的交通要道，铁路运输方面，交通部修建了湘桂、滇缅、叙昆、黔桂等多条铁路，使铁路里程快速增长。航空运输建设方面，主要是开辟了系列新的航线，中国航空公司和欧亚航空公司总部设置在重庆和昆明，形成以重庆为中心的航空运输网络。中国航空公司开辟有渝港线、渝哈线、渝兰线、蓉兰线、昆桂线、南港线，欧亚航空公司开辟有渝仰线、南港线、渝加线。内河航运建设力度空前，进一步整治长江中上游、嘉陵江、乌江等河流的航道,极大提升了大后方河流的航运能力。大规模的交通建设,西南大后方形成了以大城市为中心,以交通沿线新发展城市为连接点的城市布局新体系。

表 7.10 抗战时期西南地区铁路变迁一览表(1942—1944)[①]

铁路名称	1942 年通车地段及公里	1943 年通车地段及公里	1944 年通车地段及公里
湘黔线 杨梅山支线	株洲至湘潭,30	株洲至湘潭,30 白石渡至杨梅山,14	株洲至湘潭,30 白石渡至杨梅山,14
湘桂线 零陵支线 大滩支线	衡阳至来宾,605 冷水滩至零陵,22	衡阳至来宾,605 冷水滩至零陵,22 凤凰至大湾,20	衡阳至来宾,605 冷水滩至零陵,22 凤凰至大湾,20
黔桂线	柳州至金城江,167	柳州至都匀,473	柳州至都匀,473
川滇线	昆明至曲靖,160	昆明至沾益,172	
滇缅线	昆明至安宁,36	昆明至长坡,24	
滇越线	昆明至碧色寨,288	昆明至碧色寨,288	
个碧石	碧色寨至石屏,144 维街至个旧,34	碧色寨至石屏,144	

交通建设力度的加大推动了城市的快速发展,除传统中心城市重庆、成都、昆明、贵阳以外,部分地处交通沿线的中小城镇也得到了快速发展。四川的自贡、宜宾、广元、绵阳等城市由于地处公路沿线,在大量人口内迁和工业安置背景下快速繁荣起来。抗战时期,为适应战时军需以及支援抗战,国民政府决定设自贡市。由于战时工业的发展,自贡市发展成为川内最早的省辖市之一和工业重镇,为四川经济最发达,人口最稠密的地区之一。

随着滇缅公路的修建,沿线的禄丰、楚雄、镇南、永平、保山、芒市、畹町等城镇得到了迅速发展。例如,云南的畹町在以前只是一个仅有数间农民临时居住的草房的小地方,抗战时期滇缅公路通车后,这里很快发展成为人烟稠密的热闹城镇,设有工务段、汽车修理所、海关、税局、警察局等机构,此外旅馆、饭店、商店也相当多,畹町演变成为一个新兴城镇和云南边境重要的商品聚散地。

黔桂铁路是重庆经过贵州和广西,连接东南亚的重要战时交通线,交通沿线的贵阳、独山、麻尾、南丹、柳州等城镇由于人口的快速增加而变得十分繁荣。麻尾位于贵州省独山县南端,地处黔桂两省交界处,与广西南丹县接壤。黔桂铁路、黔桂公路修建以后,麻尾成为贵州、广西两省边界贸易的重镇,素有"贵州南大门"的美称,

---

[①] 金士宣《铁路与抗战及建设》,上海:商务印书馆,1947年,第148页。

是大西南通往两广及沿海地区捷径的必经地，是贵州省南下通道经济带的前沿和重要桥头堡，是独山县南部经济、社会、文化发展的中心城镇。

万州、涪陵等城市由于长江航运开发也得到了空前的发展，成为重庆东部重要的交通枢纽和区域性经济中心城镇。涪陵历为川东繁荣商埠，抗日战争中，涪陵发展演变成为重庆至湖南常德水陆联运的重要中转口岸。

表 7.11　1943 年中美混合飞行联队驻防空军基地表[①]

中美联队番号	驻防空军基地
第 1 大队 1 中队	汉中空军基地
第 1 大队 2 中队	桂林空军基地，梁山空军基地
第 1 大队 3 中队	桂林空军基地，梁山空军基地
第 1 大队 4 中队	重庆白市驿空军基地
第 3 大队 7 中队	广西桂林秧塘、李家村，四川梁山，湖北老河口空军基地
第 3 大队 8 中队	广西桂林二塘，汉中，安康空军基地
第 3 大队 28 中队	广西桂林二塘，零陵，恩施，安康空军基地
第 3 大队 32 中队	广西桂林，梁山，汉中，西安空军基地
第 5 大队 17 中队	湖南芷江空军基地
第 5 大队 26 中队	湖南零陵、芷江空军基地
第 5 大队 27 中队	湖南芷江空军基地
第 5 大队 29 中队	湖南芷江空军基地

战时大量空军机场以及民用机场的修建促进了新型城镇的出现。1939 年 9 月，根据空军第 1 路司令部的要求，在新辟机场方面，在重庆先后修建了秀山、大中坝和铜梁三个机场，成都先后修建了邛崃、彭山、简阳、崇庆四个机场；在急待扩修机场方面，重庆确定为白市驿、宜宾、梁山、遂宁、兔儿坪五个机场，成都则是温江、太平寺、双流、新津四个机场。1940 年，航空委员会确定开建户县、中县、黄平、玉屏、都匀、南充、万安、石泉、陇西、简阳灯机场，并在梓潼、盐亭、中江、德阳、罗江、嘉定、丹棱、犍为、青神、雅安等县内选择新建机场，还动工兴建或者扩建广安、安岳、富顺、屏山、内江、合江、松坎、黔西、榕江、毕节、康定、沔县、赣县、铜仁、合川、夹江、铜梁、泸县、潼南、广元、宜宾、西昌等机场。[②] 通过新建和改建机场，西南大后方形成了昆明地区机场群、成都地区机场群、重庆地区机场群

---

① 欧阳杰《中国近代机场建设史（1910—1949）》，北京：航空工业出版社，2008 年，第 101 页。
② 同上书，第 114 页。

以及川东鄂西机场群等,从而推动部分新型城镇的兴起和发展。

(二)战略要地城镇的兴起和发展

抗战时期大规模的工业内迁、人口内迁以及空前的交通建设,在西南大后方出现了系列新型城镇。贵州的独山作为贵州的南大门,凭借黔桂公路和黔桂铁路的优势,很快发展成为由黔入桂的重要中转城镇。著名文学家巴金于1942年3月途经独山县城,见证了该城镇在战争环境下的变化,他在《旅途杂记》中记录了独山县城当时的繁荣,"独山城相当大,街道窄小而整洁,店铺多,大都是平房。……夜带来更多的车,车又带来更多的人。卡车、客车、军用车、邮政车、商车,它们线似地停在车站那条街的两旁。各种各样的人带着尘土立在车的四周,行李凌乱地堆在地上。北方口音、江浙口音、两湖口音、四川口音、广东口音、福建口音,它们像一支神奇的乐曲在这里奏起来"。①除独山外,贵州的遵义、安顺、黄平、晴隆等系列城镇也在战时得到了快速发展。

安顺位于黔中腹地,开发较早,清代以后随着纺织业的兴起,逐步形成棉花、土布的交易中心,商业远胜贵阳,有"甲于黔疆"美誉。抗战时期,国内教育界大批名人进入,安顺教育得到较大发展,城市人口快速增加。1942年,安顺计有4.1191万户,人口26.2429万人。1944年人口数有所下降,共有3.7566万户,人口22.3377万人。②安顺城市绸布业发展快速,业务往来于江南、华南各省的大中城市,1940年,出现了有名的"四大号",即恒兴益、恒丰裕、公合长、天福公四大商业集团,其中恒兴益、恒丰裕资金超过银元百万元。

镇远是由湖南进入贵州的战略要地,是扼控内地进入边疆的咽喉之地,自古就是兵家必争之地。抗战时期,镇远为贵州行政督察区专员公署,人口快速增加,1936年,全县人口有6983户,3.7130万人;1937年,全县人口有7092户,3.9139万人;1938年,全县人口有6796户,3.2816万人;1939年,全县人口有6653户,3.8342万人;1941年,青溪县合并镇远,全县人口有1.3539万户,7.4545万人;1943年,全县人口有1.3471万户,7.4547万人;1944年,全县人口有1.3556万户,7.5656万人;1945年,全县人口有1.4761万户,7.6925万人。③随着人口的增加,城市人居环境改

---

① 巴金《旅途杂记》,《巴金全集》(第13卷),北京:人民文学出版社,1990年,第448页。
② 安顺市地方志编纂委员会《安顺市志》(上),贵阳:贵州人民出版社,1990年,第26—27页。
③ 贵州省镇远县志编纂委员会《镇远县志》,贵阳:贵州人民出版社,1992年,第57页。

善逐步被重视,1941年,镇远县城部分公共场所设置靠椅,植冬青和月季等园艺作物,还开辟建设风景区,形成了城市公园的雏形。

楚雄位于云贵高原金沙江水系与元江水系分水岭地带,在南诏后期逐渐形成为区域性政治军事中心。抗战时期,楚雄人口有所下降,1938年,共计1.8125万户,12.2470万人;1939年,共计2.0495万户,12.1960万人;1943年,共计1.8485万户,10.3578万人;1945年,共计1.9338万户,10.3758万人。[①]抗战时期,西南大动脉滇缅公路由楚雄经过,楚雄一度成为大西南军事重镇,车辆客商云集,经济文化一度繁荣,城市建设成效明显。但抗战后迅速回落,经济萧条。

乐山作为川西、川南的物资集散中心和水陆交通枢纽,抗战时期担任起国民政府陪都重庆和成都大量供应粮食和战时必需品的重任,从而推进了城市的发展。1942年6月,国民政府在乐山增设海关,进一步突现了乐山城市的重要地位。1944年,乐山有7万余户,人口"40万有奇",若再算上迁入者,"实有50万人以上"。工业方面,抗战时期新开办工厂多家,其中嘉乐纸厂发展迅速,在1938年前资本仅有7万元,1940年增至60万元,其产品行销西南、西北各省。

有"川东门户"之称的万县,在抗战时期凭借其有利的地理位置等因素获得了较大的发展,在航运、工业、交通等方面发展明显,人口增加很快,城镇得到了快速发展。抗日战争爆发后,随着中国东部地区被日军相继占领,国民政府组织了大量的物资入川,武汉沦陷以后,万县成为抗战内迁途中长江上游重要的中转站,大规模的内迁不仅直接刺激了万县航运经济的发展,也推动了万县城镇的新发展。万县外来厂矿的迁入以及大量的资本流入万县加之国民政府对西南经济开发等诸多的因素使得万县在这一时期的工业水平较之以前有了很大提高,工业初具规模。随着战时的大规模内迁,万县人口迅速增加。根据资料显示,1939年1月8日,万县警察局调查县城人口总数为12.7万人,已经演变为川东重要的港口城市。高校内迁方面,国立山东大学等高校曾内迁四川万县。正是在抗战的特殊背景下,万县逐渐发展成为抗战时期重庆东部地区新的经济中心和交通运输枢纽,演变成为区域性十分重要的对外贸易港口城市,其周边许多的贸易物资多集中于此,对外贸易或转运各地。

(三)抗战内迁和资源开发兴起的城镇

工业内迁推动了大后方中心城市的发展,同时也促进了新兴功能城市的兴起。

---

① 云南省楚雄市地方志编纂委员会《楚雄市志》,天津:天津人民出版社,1993年,第138页。

1937年，西南四川、云南、贵州、广西四省合计工厂总数为163家，占全国4.16%，资本额合计7418千元，占全国1.93%，工人数1.9775万人，占全国4.43%。抗战时期，"从战区搬到后方的厂矿已达四百五十个单位，新建设的较有规模的厂矿，亦有百几十个单位，此外，设备较简单但合于新式工厂定义的亦有七百单位左右"。① 由于抗战内迁，西南地区工业有了快速发展，1942年，工厂总数为2176家，占全国67.90%，资本额合计15.42203亿元，占全国73.54%，工人数14.7257万人，占全国60.89%，动力设备9.0509万马力匹，占全国62.89%。内迁的工厂大多集中在大后方的中心城市和交通沿线，在进一步促进重庆、成都、昆明、贵阳、桂林等城市工业发展的同时，部分中小城市如四川万县、广元、南充、泸州等也得到了快速发展，城市经济实力进一步增强，形成了一批新的工业中心城镇和大后方工业中心。

表7.12 1937年和1942年西南地区工业统计 ②

（资本额：千元，动力设备：马力匹）

省别	厂数	百分比	资本额	百分比	工人数	百分比	动力设备	百分比	备注
全国	3935	100	377938	100	457063	100			
四川	115	2.93	2145	0.58	13019	2.85			
云南	42	1.07	4216	1.17	6353	1.49			1937年
贵州	3	0.08	144	0.04	229	0.05			
广西	3	0.08	913	0.14	174	0.04			
西南合计	163	4.16	7418	1.93	19775	4.43			
四川	1654	44.01	1130012	52.28	108205	44.70	62208	43.22	
西康	12	0.32	3298	0.17	393	0.16	426	0.30	
贵州	112	2.98	46264	2.39	4578	1.89	1634	1.13	
云南	106	2.82	209499	10.80	18094	7.49	14848	10.32	1942年
广西	292	7.77	153130	7.90	15987	6.63	11393	7.92	
西南合计	2176	57.90	1542203	73.54	147257	60.87	90509	62.89	
国统区	3758	100	1939026	100	241662	100	143916	100	

文化内迁促进了大后方城市的发展，文化内迁包括文化机构、学校、文化名人和科研人才的内迁。抗战时期的西南大后方是国民政府文化内迁的重要安置地，不仅有西南联大、大夏大学等知名高校内迁昆明和贵阳等省会城市，也有浙江大学、同济大

---

① 翁文灏《中国经济建设论丛》，资源委员会秘书处，1943年，第4页。
② 隗瀛涛《中国近代不同类型城市综合研究》，成都：四川大学出版社，1998年，第662—663页。

学等高校分别内迁贵州湄潭和四川宜宾的李庄镇办学，促进当地小城镇的文化发展。在战时抗日救国与抗日民主的思想旋律下，部分城市由于文化资源内迁，文化机构和团体、文化名人集聚等，发展成为大后方的文化阵地。战时一些文化组织如中央研究院地质研究所、中华职业教育社、《救亡日报》社、中国记者协会等集聚桂林，加之大批文化名人迁入，使桂林发展成为战时的重要文化高地。来自全国各地的社会科学家和自然科学家，包括李四光、胡愈之、田汉、巴金、茅盾、陈翰笙、范长江、张友渔、柳亚子、何香凝、丰子恺、郭沫若等在全国有很高知名度和广泛影响的文化人士，相继来到桂林。四川宜宾的李庄镇，成为多所知名高校和科研院所内迁安置地，主要有同济大学和中央研究院等机构内迁，集聚了梁思成、童第周、李济等著名科学家和知名人士，他们在从事科学研究的同时还产生了许多十分重要的文化成果，使李庄镇影响日增。浙江大学在贵州湄潭办学期间，竺可桢校长克服重重困难，带领全校师生结合地方经济发展进行改革创新，其中的农学院、理学院、师范学院理科系等集聚了一大批著名教授和知识分子，对湄潭农业、茶树、土壤、水稻等开展深入研究，影响深远。

大规模的抗战内迁以及西南建设，加速推进了相关区域经贸的发展，由此而形成了一批新兴的商业贸易城镇。在云南，由于面向东南亚的交通运输通道开辟，蒙自在对外贸易中快速发展起来，由昆明集中出口的各类产品和货物，基本都经蒙自再进行转运。四川的宜宾，位于金沙江与川江的交汇处，战时川滇公路修通以后，宜宾发展成为连接川滇公路和长江航运的重要枢纽。随着商业贸易的日益繁荣，宜宾城市人口迅速增加，各类商店、金融机构等得到了快速发展，城市经济功能极大提升，影响遍及川西、西康、云南、贵州等地。贵州的思南，地处乌江中游和下游的临界处，自古为乌江航运的重要码头和货物集散地，抗战时期由于乌江航运的大力开发，思南古城获得了新的发展，商业繁荣、船舶运输业兴旺，成为川盐入黔和当地桐油、矿石等输出的重要转运站和交通枢纽城镇，影响范围不仅辐射到整个黔东北，甚至波及到湖南西部、重庆涪陵等广大地区，为乌江中下游重要城镇。

资源开发是促进城市和地区发展的重要因素。为满足抗战的需要，国民政府对大后方进行了一定程度的开发和利用，从而推动了部分城市的发展。除前文所述的四川自贡在抗战时期有了很大发展外，四川的綦江、云南的的个旧等也较为典型。綦江县由于铁矿资源丰富，资源委员会在此设立炼铁厂和炼钢厂等，还于1938年10月成立綦江水道工程局，提升航运能力，促进区域内的物资运输和贸易。云南个旧，锡矿资源丰富，销路很广，远达欧美，为战时云南进出口物资的大宗，可见其发展繁荣情况。

(四)区域城市发展的不平衡

抗战时期西南地区城市发展形成了一批新的区域性的经济中心城市。总体来看,在传统区域性中心城市和新兴区域性中心城市,其发展是不平衡的,除重庆、成都、昆明、桂林等传统区域性中心城市发展不平衡外,还表现在交通沿线城镇发展与其他城镇发展的不平衡,区域中心城市与中小城镇之间发展的不平衡。重庆成为大后方政治、军事、经济、文化中心,获得了国内外的广泛关注,快速发展成为全国性多功能综合城市。成都战时在工业、交通、商业等方面获得了新的较大发展,在川西的影响力和辐射力进一步增强。昆明因其特殊的地理区位而发展成为重要边疆城市和军事交通枢纽。贵阳地处西南腹地,西南交通枢纽地位突现,成为重庆陪都的南部屏障。桂林因集聚了大量的文化机构、团体以及文化名人而发展成为国统区的抗战文化中心。此外,一些中小城市也得到了快速发展,但其发展也呈现出不平衡状况。如云南的蒙自、四川的宜宾、贵州的独山等,也在战时得到了不同程度的发展,而远离交通线和工业区的城镇,其发展则相对缓慢。

城市内部各经济要素的发展也呈现出不平衡状况,主要体现在农业、工业、商业、金融业之间发展的不协调,成为战时西南地区城市经济发展不平衡的重要体现。抗战以前,贵阳城市经济以传统农业为主,城市工商业发展十分滞后,"在民国初年,若要找两百人以上聚集一处工作的同业工人,或找矗立着的工厂烟囱,爽快的说,简直没有"。[①] 抗战时期,由于先进的农业科技的传入,贵阳传统农业经济在某些领域开始转型,农业经济得到了快速发展,同时,由于大量内迁工厂企业和金融机构得到安置并快速发展,以及贵州企业股份公司等本土企业的经营,商业市场的扩大,使新兴经济因素迅速兴起并发展起来,极大地壮大了贵阳城市经济的综合实力,增强了非农业经济的总量,改变了城市经济的结构。但是,战时贵阳城市经济的发展,呈现出极端的不平衡现象,与抗战建设相关的行业发展快速,其他行业则发展缓慢,与军事需求和城市居民消费相关的行业发展快速,其他行业发展缓慢,在农业、工业、服务业之间,其发展不平衡现象也十分突出。

考察战时西南各省城市发展状况,同样可以看出其发展的不平衡性,主要表现为四川的城市发展相对较快,其中心城市、次中心城市以及一般城市的数量都高于其他省份,以工业发展为例,从1938年至1940年由工矿调整处协助内迁的工矿和技术工

[①] 贵阳市地方志编纂委员会《民国贵阳经济》,贵阳:贵州教育出版社,1993年,第50页。

人主要迁往四川，所占比例明显高于西南地区其他省份。此外，若以人口数量和人口增加的比例分析，四川省各大中小城市在战时新增加的人口数和人口总量都远远高于其他省份，根据内政部1947年的统计，四川省超过30万人口的城市高达69个，而广西有11个，贵州有2个。而在四川的诸多城市中，尤其以重庆城市发展最为快速，就城市经济发展情况分析，根据当时学者的调查统计数据显示，战时大后方的工厂有1300余家，而重庆占约为450家，占比接近总数的三分之一。[①] 此外，重庆商业和金融业的发展也独树一帜，在战时的1942年，总部设在重庆的银行竟达到30家之多。城市发展不平衡现象在西南其他省份也同样存在，在云南、贵州和广西等省，昆明、贵阳、桂林、南宁等传统中心城市的发展明显快于其他城市。

  城市的发展有其自身的特殊规律，不同的城市有着不同的发展轨迹。抗战时期西南地区城市的发展及其转型演变，绝大多数城市并非是由于城市经济社会发展到一定水平后所引起的常态性的质变，也不是清末新政时启动的城市早期现代化的正常延续，而是战争刺激下的发展回应，是服务抗战需要的非常态发展。西南地区城市的快速发展是在抗战建设的特殊环境下完成的，城市发展受战争进程和战争形势的影响较大，随战争形势的变化而变化，与抗日战争的进程、战争形势的变化和西南大后方战略地位演变密切相关。1941年太平洋战争爆发后，中美英三国之间的军事合作日益重要和迫切，中国和英国、美国盟军形成了联合对日作战的新局面。随着战争局势的变化，国民政府调整了战时经济建设的基本方针，明确规定："对国民经济之活动，应树立全盘计划，加强管制，并使生产部门之相互间及生产与消费间趋于平衡，以消除战时经济之畸形现象。"对于非战时必需之工业建设，规定："未办者暂时一律停止举办，已办者应设法将其资金与设备转移到国防及民生必需生产之用途。"[②] 由此可见，在服务抗战的特殊历史条件下，西南各省城市都有了很大发展，尤其是传统区域中心城市发展最快，但由于各省的发展基础不同，战时发展条件也存在着差异，因此，各省之间，甚至是同一省内，城市的发展很不平衡，区域发展和城乡发展差距较大。

---

① 袁梅因《战时后方工业建设概况》，《经济汇报》1944年第5期，第87页。
② 章伯锋、庄建平主编《抗日战争》（第5卷），成都：四川大学出版社，1997年，第16页。

第三节 由边而内：战时西北地区城市的发展

抗战时期西北地区的城市主要分为两种类型，一种是以延安为代表的中国共产党领导的陕甘宁边区所辖城镇，地处边远之地和多省交接地，经济发展水平较低，整体经济实力很弱，城镇面积小，城镇规模有限，但由于中国共产党结合实际采取了一系列有效的举措，取得了政治、军事、经济、文化诸方面建设的成就，使陕甘宁边区城镇建设得到了很大发展，经济活跃、市场日益繁荣，城镇建设有序推进。另一种是西北国统区辖地的城市，在国民政府"开发西北"的号召下，随着西北建设力度的加大，各类城市得到了前所未有的发展，其中以传统中心城市和交通沿线城市发展最为典型。在部分资源富集地带，随着交通环境的改善和各类资源的大规模开发，形成了系列新型城镇和特色城镇。

一、西北国统区城市的发展演变

西北国统区主要是指国民党统治的陕西、宁夏、甘肃、青海、新疆等广大地区。"九一八事变"发生后，国民政府曾经一度兴起了开发西北的热潮，特别是数条主要公路和铁路的修建和航空线路的开辟，加速了西北地区各主要城市之间的联系和往来，构建了西北国统区的交通运输网络和城镇发展空间结构，促进了区域城市的发展。国民政府迁都重庆以后，西南地区的建设置于优先地位，西北地区的建设步伐有所放缓，但太平洋战争爆发以后，国民政府根据国际形势的变化逐步调整了大后方建设战略，再次加大了西北开发和建设的力度。在服务抗战以及战后建国战略的推动下，蒋介石国民政府强力推动了西北建设，西北地区各级各类城市得到了不同程度的发展，传统区域性中心城市加速转型，新型城镇大量兴起，城市功能和城市体系发生了很大的改变。

（一）城市经济发展和城市功能演变

抗战时期，随着西北地区开发力度的加强以及大规模的抗战内迁，西北地区不同类型的城市得到了快速发展。除西安、兰州等传统区域性中心城市得到较快发展外，在交通要道和多省交会地带，传统中小城镇进一步发展，逐步形成了新的区域性中心城市。抗战爆发后，由陕西的汉中经汉水至华中方向的商贸往来逐渐受阻，但通过水陆联运,汉中至重庆的商业联系进一步加强,汉中很快发展成为连接川、陕、甘的枢纽、川陕甘贸易的重要节点和陕南重要城市。除汉中外,天水的发展也引人注目,由于天水的战略地位日益重要,公路交通的改善使其逐步发展成为甘陕、甘川的交通枢纽,形成为陇南政治、经济、文化和交通中心,由于人口日增和工商勃兴,天水的发展可以说日新月异,在战时仅仅人口总数就呈现出数倍增加的态势,城市经济获得了空前发展。在关中平原西部地区,宝鸡逐步发展成为区域性中心城市,城市功能发生了根本性演变,凭借陇海铁路的优势以及人口、工商业的大规模内迁,举凡商业教育等之发展,突飞猛进,呈现出前所未有的良好发展势头。地处四川、甘肃、青海交会处的松潘,虽然地处边陲,但在抗战时期军需民用的刺激下,由边缘地带逆转为枢纽地位,在多重因素的刺激下,城镇经济和辐射力获得了较大发展,"甘青商贾,云集于此,市场繁荣",[1] 逐步成为四川、甘肃、青海三省交会处的区域性中心城市。

表7.13　1940年西北大后方主要工业区工业统计表[2]

地区	机器	冶炼	电器	化学	纺织	其他行业	合计	百分比
西安宝鸡	12	0	1	19	15	10	57	4.21
宁雅	6	1	0	9	3	0	20	1.47
甘肃	3	1	0	1	8	7	20	1.47

传统城市的转型和新兴城市的兴起,重新建构了西北地区城市发展的结构和体系,改变了西北地区城市发展的布局。城市经济的快速发展导致了城市空间的拓展和城市功能的演变,西安、兰州等区域性中心城市从传统封闭的内陆政治军事中心向多功能中心城市演变,现代城市经济因素快速增长。宝鸡等城市逐步向西北交通运输枢纽发展,成为十分重要的物资集散地和新的区域中心城市。此外,新疆的乌鲁木齐、塔城、阿克苏,青海的西宁,宁夏的银川等城市经济也得到了快速发展,城市规模进一步扩大,城市基础建设极大改善,城市人口明显增加,城市管理进一步加强。

城市内部结构和功能的演变主要以传统中心城市最具代表,突出体现在城市经济和城市建设方面,由于服务于抗战的需要,战时西北地区传统中心城市的经济得到了较大发展,城市建设力度空前加大。1932年,国民党四届二中全会曾决定以西安为陪都,定名为"西京",并且组成以张继为委员长的"西京筹备委员会"。为加快推

---

[1] 曾克宣《松潘经济概况》,《西南实业通讯》1942年第5卷第6期,第7页。
[2] 隗瀛涛《中国近代不同类型城市综合研究》,成都:四川大学出版社,1998年,第368页。

进陪都"西京"的建设,国民党中央政治会议第337次会议讨论了西京城市的地位及规划建设问题,形成了相关决议:"(一)西京应设直隶于行政院之市。(二)西京市之区域,东至灞桥,南至终南山,西至沣水,北至渭水。(三)西京市之经费,暂由国库拨发,每月三万元。(四)西京市设市长,其下先设测量处,办理全市地形测量事项,次设土地处,办理土地估价等事项,次设工程处,办理筑路、水利等事项。俟办理具有规模时,再将长安县并入。(五)西京筹备委员会为设计机关,西京市委执行机构。"[1]1934年8月,西京筹备委员会与陕西省政府、全国经济委员会西北办事处联合,成立了西京市政建设委员会,对西安的市政工程进行规划和建设,改变了长久以来西安城区道路的路貌。1939年2月,成立的西京市政建设委员会工程处"直属于西京市政建设委员会,办理全市一切市政工程事宜",从而在人员组织上保证了西安城区道路工程建设的顺利进行。1941年,西京市政建设委员会完成了《西京规划》的制定,将西安城市进行功能分区建设,包括行政区、农业实验区、风景区、古迹文化区、工业区、商业区等,同时加大城市基础设施建设力度,在道路建设和植树绿化等方面取得了成就。在城市经济发展方面,西安城内的化学工业、轻工业等有了较大发展。

兰州是战时西北地区发展较快的又一区域性中心城市,因其特殊的地理区位在战时获得了快速发展,城市经济中的近代化元素逐步增强,出现了具备一定影响力的城市资本集团,具有代表性的资本集团之一雍兴实业公司,业务涉及纺织、面粉、机器、化工、皮革、印刷、酒、煤、火柴等10多个行业,在兰州城市经济发展中的影响很大。兰州虽然在清末产生了近代工业,但由于僻居西北,缺乏城市经济发展的强大内生动力和外力助推条件,因此,直到全面抗战前夕,兰州的近代工业发展仍然十分落后。抗战内迁促进了兰州工业的跨越式发展,根据王树基的《甘肃之工业》统计数据显示,1944年,兰州的制革、纺织、制药、玻璃、机器冶炼、面粉、造纸、化学等工业资本增加数为8379.61万元,占总资本的96.25%,工业结构以轻工业为主体,在96家工业中,纺织27家,机器冶炼23家,制革业14家,造纸6家,化学4家,制药业3家,玻璃业和面粉业各2家,印刷业12家。城市工业的发展必然推动城市经济功能的增强,促进城市结构和城市功能的转型和演变。

---

[1] 西安市档案局、西安市档案馆《筹建西京陪都档案史料选辑》,西安:西北大学出版社,1994年,第74页。

表 7.14　兰州工业资本的增长及其结构（1944 年）资本单位：千元[①]

	资本增加数	折 1942 年币值	占总资本 %	工厂数	工厂数占比 %
制革	379.5	34.5	2.94	14	14.5
纺织	4958.3	450.8	7.81	27	28.1
制药	10200	927.3	10.22	3	3.1
玻璃	30	2.7	0.06	2	2.0
机器冶炼	37605	3418.6	38.27	23	23.9
面粉			6.00	2	2.0
造纸	8458.3	768.9	8.60	6	6.2
化学	22165	2015.0	22.35	4	4.1
总计	83796.1	7617.8	96.25	96	100

宝鸡是战时西北地区交通环境改善而快速发展起来的城市，现代交通干线的修筑推动了宝鸡城市经济的发展，加速了宝鸡城市功能的演变。陇海铁路修建并路经宝鸡，极大地改善了宝鸡城市的发展环境，宝鸡很快成为铁路和公路的连接点和交会处。西安至宝鸡南北两线，宝鸡至汉中、宝鸡至平凉四条公路修建，使宝鸡演变为西北地区的交通运输中心和重要的物资集散地。全面抗战爆发后，国民政府为沟通后方物资运输，决定拨款修建宝鸡至双石铺的铁路。经过多方努力，1937 年修建完工。这条铁路沿宝——汉公路南行，经益门镇、观音堂，越秦岭，再经黄牛铺、草凉驿、凤州而达双石铺。交通干线的开辟促进了城市工业的发展，1930 年，宝鸡有厂商 18 户，1933 年增加至 268 户，1937 年后快速增加，至 1944 年厂商数增加至 1030 户。[②] 在新增加的厂商中，有相当部分是战时内迁而来，也有部分是新办企业，各类工厂企业的创办和大量物资运输，加快了物资交流，增强了城市经济实力，保障了抗战军事需要，使宝鸡发展成为名符其实的西北地区的交通枢纽城市。

（二）传统区域性中心城市的发展

抗战以前西北地区的城市发展总体上是属于中国传统的内陆封闭型城市，城市政治、军事功能突出，而城市经济发展相对缓慢，经济功能明显不足。抗战时期，西北地区的一批传统中心城市，如西安、兰州、迪化、西宁、银川等城市经济得到了快速的发展，经济结构得到调整，近代经济形成且实力快速增强，城市经济功能不断强

[①] 王树基《甘肃之工业》，甘肃省银行印刷厂，1944 年，第 209—210 页。
[②] 《宝鸡城市史》编纂组《宝鸡城市史》，北京：社会科学文献出版社，1994 年，第 47 页。

化，城市内生发展动力增强，城市人口快速增加，城市规模空前扩大，文化教育事业极大繁荣，交通枢纽地位凸显，城市的性质、结构、功能和建制规模发生了明显的变化，逐步从传统的区域性政治军事中心城市向近代多功能综合性区域性中心城市转型演变。

1. 西安城市发展演变

抗战时期的西安具有十分重要的战略地位，其城市发展状况与延安和重庆等城市密切联系。西安作为陕西省会和西北地区的经济、文化和人口中心，以及西北地区重要的交通运输枢纽，其战略地位十分重要。抗战时期，日本曾制订"西安作战计划"并且多次修改该计划，虽然内容时有变化，但总体上是以控制西安为重点，企图通过控制西安，以北上可进占共产党的红色首都延安，以南下可威逼国民政府陪都重庆。这一计划虽未能实现，但从中反映出西安城市在抗日战争中的重要战略地位。1938年1月，蒋介石鉴于西安城市战略地位的重要性，特设了西安行营，派遣胡宗南、孙蔚如等率领部队防守关中。1939年1月，蒋介石重新调整作战部署，除以河南及安徽一部为第一战区、山西为第二战区、甘宁青及绥远一部为第八战区外，又以陕西为第十战区，加强防卫，并要求"第二战区继续展开广大之游击战，其重点指向正太、同浦各要线。以有力部队配合中条山地区与黄河右岸河防部队协力阻止敌军渡河"。"第十战区应与第二战区协力巩固河防设备，分别控制有力部队于潼关、大荔、韩城及西安各地区，策应第一、二、八战区之作战。"①1940年5月，又将第十战区并入第八战区，使陕甘宁青等连成一片，胡宗南为第八战区副司令长官常驻西安。八路军主力出师抗日后，陕西北部黄河防线就成为陕甘宁边区与华北各根据地的联系通道。从1938年3月到1941年10月，日本华北方面军和驻蒙军等多次从晋西北侵犯陕甘宁边区，均被八路军边区河防部队和晋西北一二〇师击退，日军的"西安作战计划"始终未能如愿。

1937年以前，西安的近代工业寥若晨星，数量有限，全面抗战爆发后，新型近代工厂企业、机器设备和大量技术工人纷纷内迁西安，改变着西安城市经济的结构和发展模式，提升了推动西安城市发展的动力，加速了西安城市功能的现代化转型。需要说明的是，受地理环境和交通条件的制约，内迁工厂主要安置在包括西安城市在内的交通沿线，从而在一定程度上促进了西安城市经济的发展和城市功能的转型演变。而且，内迁工厂还带来了资金和技术人员，尤其是掌握现代生产技术和管理经验的技术人员和管理人员内迁西安，加速推进了现代科技的传播和应用。与此同时，国

---

① 张宪文《中国抗日战争史》，南京：南京大学出版社，2001年，第753页。

民政府的部分党政机关、学校和大量难民也纷纷内迁，增强了西安城市的人口集聚能力。根据相关资料统计，1931年，西安人口总数为11.8135万人，1937年快速增加到19.7257万人，1945年增加到48.9779万人。[①] 内迁西安的人口，有的来自相对发达的东部地区，有掌握熟练技术的劳动者，人口的增加，既为西安城市的发展带来了技术和劳动力，也刺激了城市消费能力的提升，为西安城市工商业的发展提供了广阔的市场，促进了西安城市工商业的发展和城市经济的繁荣。

抗战时期的西安，既是陕西省的省会城市和商业贸易中心，也是西北地区重要的交通枢纽和最大的贸易中心，还是抗战大后方重要的工业城市。抗战时期，西安的商业更加繁荣，至1940年，西安商号总数达到了6509家，其中资本在15万元以上者4家，10万元以上者6家，5万元以上者24家，3万元以上者53家，1万元以上者78家。此外，战时西安的近代工业的发展也十分迅速，1942年2月，西安有近代工厂共67家，资本总额达1465.1万元，其中机器工业15家，纺织工业7家，面粉碾米业8家，制革业6家，酒精业2家，造纸业2家，火柴业1家，液体燃料业1家，印刷业3家，化学工业6家，制皂业2家，玻璃业4家，烟草业1家，电气工业2家，砖瓦业1家，制油业1家，漂染业1家，猪鬃业2家，颜料业1家。[②] 在这些工厂企业中，绝大多数是在抗战背景下建立并且发展起来的。战时西安城市的工业，不仅数量多，而且门类齐全，包括纺织业、机器业、制革、造纸、化工、电气、烟草、玻璃等10多个门类，由此可见战时西安城市工业发展的景象。

2. 兰州城市发展演变

兰州为甘肃省会城市，是西北地区十分重要的交通运输枢纽，黄河穿城而过，区位优势明显，战略地位特殊，具有拱卫关中、翼护青宁、襟带新疆、北控朔漠、南应巴蜀的重要战略地位。特殊的地缘政治，使兰州成为西北的地理中心、政治中心和国防中心，是我国东中部地区联系西部地区的桥梁和纽带。1934年，全国经济委员会委员宋子文考察兰州，指出"沿海沿江各省在侵略者的炮火之下，我们应当在中国发源地的西北赶快注重建设"，强调"建设西北是我们中华民族的生命线，西北人民所负之责任，不仅是充实本身利益"，[③] 将西北建设提高到国防建设的高度进行筹划，要求从国防建设的高度，把甘肃开发与国防建设的重要性结合起来。1935年底，随着全国

[①] 西安市志编纂委员会《西安市志（第1卷）》，西安：西安出版社，1996年，第446页。
[②] 西安市档案局、西安市档案馆《陕西经济十年（1931—1941）》，西安：西安出版社，1997年，第161—174页。
[③] 宋子文《西北建设问题》，《中央周报》1934年第310期。

币制的统一和国民党中央势力对川、滇、黔控制的加强，国民政府逐渐将西南与西北的开发统筹考虑。1937年全面抗战开始后，国民政府实行了"抗战建国，同时并进"的战时政策，对大后方进行了总体定位。太平洋战争爆发后，国民政府在"西南是抗战根据地，西北是建国根据地"布局中，进一步加大了开发西北的力度，从而给兰州城市的发展注入了新的活力。

抗战建国的背景以及特殊的地理区位使兰州必然成为战时的重要交通运输枢纽和区域性多功能中心城市。抗战时期，国民政府加大了甘肃的交通、水利、农业建设的力度，新修甘新公路，整修或扩修了西兰公路、甘青公路以及其他多条重要公路干线。在工业建设上，从1938年开始，国民政府所属的资源委员会、中国银行、交通部、军政部、卫生署等机构采取独资或者与甘肃省政府合资的方式，对甘肃近代工矿企业进行了大规模的开发与建设，陆续新建、扩建了27家公司和企业。[①] 在政治与军事建设上，国民政府在兰州先后设置有第八战区司令长官部、西北行营、西北行辕、西北军政长官公署的驻地，成为蒋介石和国民政府统治西北的军事政治中心。此外，战时的兰州还是苏联援华国际交通线的重要枢纽和中转站。为了建立广泛的国际反法西斯统一战线，进一步取得国际援助，在苏联和共产国际的帮助下，中苏两国在西北腹地建立了一条以新疆迪化、甘肃兰州、陕西西安为连接点，包括空中航行、陆路运输和通信联系等功能的西北国际交通线，兰州正是这条西北国际交通线的枢纽和重要中转站。途经兰州的西北国际交通线的开辟，加强了中国和苏联及世界其他反法西斯力量的联系，在中国抗日战争及世界反法西斯战争中发挥了重要的历史作用。

全面抗战开始以后，国民政府经济部资源委员会通过与甘肃省政府、中国银行、交通部等开展合资经营，在兰州兴办了一批官办工业企业。中央政府资金的注入、官办企业的开办以及沿海人口的大规模内迁安置，加速推动了兰州城市的发展转型。战时兰州城市的工业企业，由资源委员会参与经营或主办的有兰州电厂、甘肃机器厂、甘肃矿业公司、甘肃化工材料厂、甘肃煤矿局、兰州电池厂等企业，由中国银行、国民政府军政部等部门经营或联合主办的有甘肃水泥公司、雍兴公司兰州实用化工厂、兰州织呢厂、西北制药厂等企业。在资金投入方面，至1943年12月，四联总处在兰州核定放款案件总额达到2250万元，其中甘肃水泥公司放款500万元，西北机器局100万元，甘肃机器厂800万元，兰州电厂350万元。[②] 从企业数量增加情况看，1935

[①] 王一林《试论甘肃在抗战时期的战略地位和作用》，《党的建设》2005年第8期。
[②] 重庆市档案馆、重庆市人民银行金融研究所《四联总处核定放款案件数额及余额分类明细表（工矿事业放款类）》，《四联总处史料（中）》，北京：档案出版社，1993年，第514页。

年，兰州工业企业共有 26 家，1943 年增加到 493 家，其中机器工厂有 106 家，1944 年机器工厂数量进一步增加，为 236 家。[①] 从工厂企业种类分析，除形成大量新式机器工业外，还有棉毛纺织厂、印刷厂、制革业、制药业、玻璃业、冶金业、面粉业、造纸业、化学业、火柴业、纸烟业等各种工业的发展。由此可见，在外来力量的推动和城市自身发展诉求下，战时兰州城市经济得到了前所未有的发展。

3. 乌鲁木齐、西宁、银川城市发展

乌鲁木齐位于天山山脉的山前地带，其地为山间谷地，南与柴窝堡盆地相通，成为"繁华富庶，甲于关外"的地方。抗战时期，乌鲁木齐城市经济有了进一步发展，形成为西北交通运输线上的重要物资集散中心。城市工业发展方面，1938 年设立了乌鲁木齐新光电灯公司，1941 年开办了头屯河铁工厂，还通过银行贷款，积极扶植肥皂、酿酒、造纸、皮革、印刷等工业发展，1942 年 5 月，乌鲁木齐举办了全疆手工业展览会，把全疆近 800 种手工业产品汇聚进行观摩交流和总结推广。[②] 为援助抗战时期的物资运输，1938 年成立了中苏运输委员会，大量军火物资通过迪化（乌鲁木齐）再转运到内地，促进了乌鲁木齐城市功能的演变。由于城市经济的发展和各地人口的汇聚，提升了人口集聚能力和城市规划的发展，1941 年，制定了第一份乌鲁木齐城市规划图"迪化市分区计划图"，对解决交通和推动城市建设发展提供了良好的参考。1949 年，新疆和平解放后，迪化市人民政府成立。1954 年 2 月 1 日，迪化正式恢复使用原名乌鲁木齐。

抗战期间西宁城市发展步伐加快，1936 年，政府把修筑公路列为青海施政政纲六大中心工作之一，动员全省军政人员、民众及学生修筑甘青公路、西宁环城公路，拆除东门瓮城，拓修城内东西南北大街，铺筑砂石路面，砖砌直线阳沟。[③] 1939 年，兰州与西宁开通汽车客运业务。通过系列举措，西宁城市内部建设得到明显改善，城市与外界的联系更加密切，城市空间结构发生演变。在工业发展方面，机器工业从无到有，很快成为青海工业的中心，城市的集聚效应使生产原料、劳动者、资金等生产要素迅速向城市集中，仅义源工厂工人就多达上千人。城市化发展加速，城市人口有所增长，各种公共设施等逐步改善。1946 年，西宁设市，就城市发展整体水平而言，西宁城市建设相对较为落后，城市经济和城市功能有限。

---

① 王树基《甘肃之工业》，甘肃省银行印刷厂，1944 年，第 208 页。
② 昝玉林《乌鲁木齐史话》，乌鲁木齐：新疆人民出版社，1983 年，第 52 页。
③ 西宁市志编纂委员会《西宁市志·交通志》，西安：陕西人民出版社，1997 年，第 3 页。

银川地处黄河中上游的河套地区,东濒黄河,西临贺兰山,有"塞上江南"美誉。1928年10月10日,南京国民政府正式行文,设置宁夏省,省会设在宁夏府城。抗战时期,银川城市发展中的新兴元素不断增强,近代工业出现并且有所发展,1943年,成立了官商合办的面粉公司,1944年,积极推进宁夏府城改名为银川市的相关筹备工作,有力推动了银川城市管理进入新的模式。但就整体而言,战时银川城市虽然有所发展但发展十分缓慢,近代城市经济虽有发展但整体较为落后,近代工业虽有建立但数量有限,已有的宁夏电灯公司,仅有旧式发电机一台,主要供军政要员、公私宅邸照明所用。城市空间虽然有所拓展但城区面积仍然狭小,城市人口少,城市工矿企业基本上为手工作坊,街巷基本为土路,排水设施和自来水工程缺乏,居民大多住在土坯房内,城市近代化因素不明显。

(三)新型城镇的出现和发展

1. 交通沿线城市的兴起发展

抗战时期,西北各省的传统交通和新式交通都得到了快速发展,尤其是公路、铁路等交通事业发展极快。战时西北地区随着陇海铁路以及大量公路的建设和通车,除传统的区域性中心城市如西安和兰州等城市得到快速发展外,在铁路和公路等交通沿线形成了一批新型中小城镇,原有城镇如华阴县城、渭南县城、三原县城、耀县县城、白水县城等得到了进一步发展。宝鸡县城因铁路建设改变原有货物流向而成为新兴的城市。陕西的双石铺、甘肃的天水等,随着西北公路建设的开展而成为新兴的城镇。

宝鸡城镇的发展是战时西北地区交通沿线城市发展的典型。1936年,川陕公路以及陇海铁路修建通车以后,宝鸡战略地位更加突出,宝鸡县城与周边地区的联系进一步加强,随着战时内迁工业的安置以及内迁人口的增加,宝鸡县城日益发展繁荣起来,逐步发展为区域性政治、经济和文化中心。在人口集聚方面,1936年,宝鸡城区人口为6700人,而至1946年,城区共有人口2.6279万户,人口数为9.1872万人。[①]随着人口的增长以及城市的发展,宝鸡的城市规划建设加速推进。从地域空间看,原本1平方公里的城区,经过几年不断地增扩,范围增加数倍,县城城区建设沿陇海铁路北侧向东拓展至十里铺,沿川陕公路向南拓展至益门镇,至此,宝鸡市区的新旧市区、十里铺工业区、益门镇物资集散区基本连成一片,形成以新老市区为交汇区,向

---

① 《宝鸡县志》编纂委员会《宝鸡县志》,西安:陕西人民出版社,1996年,第283页。

东向南延伸，全部建区涉及面积达 6.7 平方公里，城市规模空前扩展，城市结构和城市功能发生了演变。

玉门是战时西北地区因交通环境改善以及资源开发而快速发展的典型城市。交通条件的改善促进了沿线资源的开发，随着交通沿线的资源开发力度增大，围绕着资源开发从而形成了部分工矿型中小城镇。为服务抗战的需要，从 1938 年起，国民政府加大了西北矿产开发力度，开始开发玉门油矿和陕甘煤田，随着以煤、石油为主的工矿业的开发，从而形成了一批新的工矿型城市，例如石油新兴城玉门，煤炭新兴城同官，以及地处渭北的白水、韩城、澄城、陇县娘娘庙矿区等。1939 年，陕西省政府与陇海铁路局共同集资修建咸同铁路，1942 年，铁路修至同官煤矿，促进了同官煤矿的开发，使同官煤矿发展成为一个大型的具有现代化元素的煤矿。1939 年，老君庙第 1 号油井出油，揭开了玉门油矿开采的序幕，随着玉门油矿的开采，玉门逐步由荒漠戈壁滩发展成为初具规模的矿区，1945 年，玉门油矿共有矿工 6492 人。[①] 为加大矿产开采和便于运输，矿区附近修建了公路，建筑了房屋，形成钻探、炼制、储运的油田开发体系，从而推动着新型城镇的兴起。

陕西汉中地处宝汉公路和川陕公路的连接地带，加之多条连接县城通往乡镇的公路的修建，使汉中发展成为西北抗战大后方的重要城镇。抗战时期，汉中商业门类齐全，百业兴旺。有粮食集 3 处，蔬菜集 9 处，薪炭集 4 处，猪肉架、牛羊肉架 50 余处，鸡鸭鱼蛋集 1 处，牲畜集、猪集 2 处，水果摊 30 余处，此外还有 11 个大的乡镇集市。[②] 手工业、商业、金融业的快速发展，进一步巩固了汉中所具有的鄂、川、陕、甘集贸地的地位。

甘肃张掖位于河西走廊中段，是连接东亚和中亚的要冲地带，地理位置非常显要，历来是兵家必争之地。在抗日战争时期，作为大后方的张掖，充分发挥了东连兰州、襟带新疆的作用，成为西北大后方的军事战略重镇。为了适应抗战的需要，国民政府对张掖的工业、农田水利等进行了不同程度的开发，为抗战前线提供了大量的物力、财力支援。1942 年开始，国民党政府每年拨专款用于建设河西水利。同时，一些技术人员开始在张掖推广农业技术。1942 年，张掖出现了农业推广所、农业试验场、张掖中心苗圃、张掖农校等农业科技机构，开始进行品种改良、防治病虫害和农业生产技术试验推广。

[①] 陈舜卿《陕甘近代经济研究》，西安：西北大学出版社，1994 年，第 211 页。
[②] 汉中市史志办公室《抗战后方重镇汉中》，西安：西北大学出版社，1995 年，第 55 页。

伊犁地处新疆西部天山北部的伊犁河谷内，长期处于新疆境内政治军事中心地位，有祖国的西大门之称，是通往西亚、中亚的重要交通中转站，是古代丝绸之路穿越的重要地带，国防地位十分重要。抗战时期，为了解决抗日前方作战将士及后方难民过冬棉衣问题，伊犁与全国一样，展开征募寒衣运动，取得了显著成效。在国难当头的严峻时刻，新疆各族同胞爱国热情空前高涨，天山南北掀起了轰轰烈烈的抗日救国运动，有力地支援了全国人民的抗日斗争和英勇顽强的前方将士，为夺取这场民族解放战争的胜利建立了丰功伟绩，在我国近代民族解放斗争史上，书写了光辉灿烂的一页。

2. 农村集镇的繁荣发展

抗日战争时期，随着一批传统城市的转型发展和新兴城市的出现，再加上国民政府对西北地区农业投资力度的加大，水利工程的兴修，矿产资源的开发，经济作物的推广，交通运输的改善，西北地区的农业、农村也得到了较大发展，农民和手工业者与市场的联系增强，一部分衣食所需和日常杂用开始依赖于市场，商品经济的日益活跃，促进了农村集镇的蓬勃发展。比较典型的有陕西的蔡家坡、虢镇、双石铺，甘肃的华家岭等。

战时西北地区农村经济的发展推动了农村集镇的繁荣，其中以虢镇、蔡家坡、双石铺等较为典型。战时先后在虢镇、双石铺、蔡家坡等地建立了利华纺织传习所、利民实业社、众益实业社以及和兴纺织厂、济生纺织厂、民生纺织厂等大批手工织布厂（作坊）。柳林、黄堡等地商贸活动频繁，商号众多，集镇繁荣。双石铺为川陕公路必经之地，又有双华（双石铺至甘肃华家岭）、白凤（太白至凤翔）公路在此交汇，交通便利，区位优势明显，为通蜀达甘的交通要道，集镇发展十分迅速。虢镇作为轻工业城镇，战时汇聚了五六个省级政府机关，人口大增，政治地位突出。陕西耀县的柳林镇，地处陕甘宁边区与国统区之交界处，发展成为一个繁忙的贸易集镇，有杂货、理发、医药、酿造、饮食、骡马等各类市场，市场繁荣，购销两旺，逢三、六、九赶集，商贸活动兴旺。此外，黄堡镇、陈炉镇、五里镇、十里铺、红土镇等都各有商号数十家。各集市之货物皆日常用品及牲畜等，遇农则有农器，遇冬则有帽衣类，根据农民的需求和季节的变化不断更换商品和货物。

城市工商业的发展也有力地推动了战时农村集镇的兴起和发展。城市工商业的发展把广大农村纳入到市场经济的体系之中，农村成为城市工厂的原料供应地同时又是工厂产品的主要消费市场，在这个交换过程中，农村小集镇在城乡之间发挥了重要的桥梁和集散作用。一方面，将农村的土特产如羊皮、羊毛、棉花、猪鬃、茶叶、桃仁、杏仁、花生、核桃及中药材收集起来，由商贩统一购走；另一方面，它又向农村广大市场提供生活之必需品，如火柴、盐、洋布、洋纱、肥皂、袜子、西药、面粉等。例如陕南安康等地，在桐油外销、粗细紫阳茶和粗细药材输出等方面有了一定的发展，逐步繁荣起来。自20世纪20年代京包线通车后，宁夏成为西北地区与京津地区商品交流的重要集散地，京津及国外的日用百货和工业品通过宁夏，运往甘、青、新等地。又通过小集镇分散到广大农村市场。而甘、青、新的皮毛、药材等土特产品由农村小集镇收购集中，再由大商贩经宁夏运往京、津加工。由此可见，战时甘、宁、青、新广大农村小集镇的发展，已经达到了相当的程度。

3. 文化城镇的形成发展

抗战时期的文化内迁以及在抗战特殊的背景下西北地区文化教育的发展，形成了具有一定知名度的文化城镇。在西北地区，陕西是内迁高校的主要接收地。战时迁往陕西的高等院校主要有：由北平大学、北平师范大学、北洋工学院合组西安临时大学（含河北女子师范学院），后合组西北联合大学，东北大学，山西工农专科学校，焦作工学院，山西大学，河南大学等9所。[①] 其中的西北联合大学先后迁西安、汉中和南郑，东北大学先后迁北平、开封、西安、川北，山西工农专科学校迁到西安，焦作工学院先后迁陕西西安和甘肃天水，山西大学迁宜川，河南大学迁宝鸡。大规模的高校内迁以及许多著名知识分子、社会名流、科学研究人员内迁后，结合地方经济社会发展需求开展调查研究，不仅启迪了当地的社会风气，而且推动了地方教育文化的发展。

陕南城固县城的发展及其文化功能的凸显是战时西北地区形成的文化重镇的典型代表。城固县城是战时多所大学和中学内迁安置地，加之大批知名专家学者的到来，提升了城固县城的文化功能。战时为保护学校师生，并保障学校正常的教学和科研，国民政府决定将内迁陕西的几所高校迁入城固县办学，北平师范大学、北平大学、北洋工学院三校合并组成西北联合大学，河南焦作工学院、苏南工业专科学校等也迁往城固。在中等教育方面，北平私立文治中学、上海私立上大中学、西安私立东育中学等也相继迁入城固。对于一个原本偏僻的山村小县城而言，一下子汇聚了诸多高等院校以及中等教育学校，还汇聚了大量的青年学生以及大批著名的专家、教授，不仅推动了当地文化教育的发展，同时也极大地提升了城固县城的知名度，使其成为远近闻名的文化城。

---

① 唐正芒《中国西部抗战文化史》，北京：中共党史出版社，2004年，第15页。

二、陕甘宁边区城镇的发展

中国共产党领导的陕甘宁边区城镇的发展是抗战时期大后方城市发展的重要组成，也是抗战大后方城镇发展路径的积极探索。由于受诸多因素的制约和影响，陕甘宁边区所辖城镇面积不大，规模较小，但政治清明，市场繁荣，商业和金融业发达，经济发展迅速，城市建设有序推进，成效明显，人民生活安定团结，特别是中共中央驻地延安，发展成为中国共产党领导中国人民进行抗日战争的指导中心和总后方，是广大知识分子和各界进步人士的"革命圣地"，是陕甘宁边区的政治、经济和文化中心。

（一）陕甘宁边区建设与区划调整

1. 陕甘宁边区的创建及建设

陕甘宁边区的前身是陕甘边和陕北根据地，1937年9月改名为陕甘宁边区，管辖地包括陕西、甘肃、宁夏三省交界的各一部分地区。北起陕西北部的府谷、横山，南达陕西中部的淳化、旬邑，西至甘肃的固原、宁夏的豫旺堡，东临黄河。与国民党统治下的西北地区相比较，中国共产党领导下的陕甘宁边区，"虽然面积不大，也几乎没有什么大中城市，但区域内的小城市、城镇或集镇，却都政治清明，经济和市场繁荣，不仅成为积极抗日的政治中心，而且是人民积极活动中心"。[1] 由于政治、军事、经济、文化诸方面建设的成就，陕甘宁边区城镇建设得到了很大发展，经济活跃、市场日益繁荣，城镇建设有序推进。边区首府延安，是抗战时期中共中央所在地，成为中国共产党领导中国人民进行抗日战争的指导中心和总后方，是陕甘宁边区的政治、经济和文化中心。

抗战时期陕甘宁边区的民主政治建设是各抗日根据地的示范。1938年，边区政府开始实行直接、平等、不记名投票的普选，即不分阶级党派、不分宗教信仰，男女平等、民族平等。1939年初，陕甘宁边区首届参议会召开，会议做出了《陕甘宁边区第一届参议会对陕甘宁边区政府工作报告的决议》，制定并通过了《陕甘宁边区抗战时期施政纲领》。1940年，根据抗日民族统一战线政权的原则，边区政权机构实行三三制，所有的人都经过人民选举产生，在政权机构中按照民主集中制的原则进行工作，党员与党外人士在工作中实行民主合作，倾听党外人士的意见。1941年冬，边区二届参议会召开，通过《五一施政纲领》，大会根据"三三制"原则，选举议长和常驻

---

[1] 赵永革、王亚男《百年城市变迁》，北京：中国经济出版社，2000年，第45页。

议员，选举边区政府主席和委员。与此同时，边区政府实施了"精兵简政"和"减租减息"政策。1942 年 12 月，公布了《陕甘宁边区土地租佃条例草案》，1943 年 3 月，公布了《陕甘宁边区简政实施纲要》。通过系列举措，充分调动了广大军民的积极性，边区民主政治建设取得了明显的成就。

陕甘宁边区是中共中央驻地，为保卫陕甘宁边区安全，边区政府在军事上采取了系列举措。根据 1937 年 8 月洛川会议决议，八路军主力开赴抗日前线以后，要留下一支部队巩固陕甘宁根据地，使陕甘宁边区成为全国人民军队抗日的大本营。1937 年 9 月，中共中央军委从八路军各师抽出部分兵力，组成八路军留守总处，后改为留守兵团。主要任务是保卫边区，肃清土匪，安定人民生活，保卫河防，保卫党中央。① 1939 年 1 月，蒋介石命令胡宗南部对陕甘宁边区发动大规模进攻，形成三面包围之势，不断制造摩擦事件，较大的有陇东事件、旬邑事件、瓦窑堡事件、杨家园事件、清润事件、鄜县事件、龙州事件等。面对国民党兴起的反共高潮，根据中共中央军委决定，1942 年 6 月，成立陕甘宁晋绥联防军，留守兵团并入联防军，对国民党的反共行动进行针锋相对的斗争。此外，为加强地方武装建设，将未曾改编的边区红军地方部队和游击队统编为边区保安队，同时还建立自卫军，将边区内的群众抗日武装组织起来，经过一定的训练后，从事军事工作，保卫边区安全。

为恢复发展陕甘宁边区的经济，争取边区财政的逐步好转，1939 年 1 月，毛泽东同志在边区第一届参议会上提出了"发展生产、自力更生"的号召，开展军民大生产运动，成立了生产委员会，制定了《陕甘宁边区人民生产奖励条例》和《督导民众生产勉励条例》等。1943 年，边区政府提出了"发展经济、保障供给"繁荣财政经济总方针，制定了以农业为第一位，工业、手工业、运输业、畜牧业为第二位，商业则放在第三位和"集中领导、分散经营""公私兼顾""军民兼顾"等一系列具体政策，要求广大党员和干部，转变思想作风，积极参加生产，努力学会做经济工作，以适应加强建设工作的需要。② 通过军民的共同努力，当地先后办起了利民毛纺厂、新华化工厂、丰足火柴厂、振华造纸厂、新华陶瓷厂等工业，建立了市场、银行、合作社等，边区经济建设取得了喜人成就。

---

① 张建儒、杨健《陕甘宁边区的创建与发展》，西安：陕西人民出版社，2008 年，第 108 页。
② 同上书，第 67 页。

表 7.15　陕甘宁边区农牧业发展统计表①

年代	开荒数（亩）	兴修水利（亩）	粮食产量（市斤）	棉花产量（市斤）	牛（头）	驴（头）	羊（头）
1937	195000	801	1116381				
1938	358481	1716.5	1211192	102676	70810	761464	
1939	1002774	7293.2	1754285		150892	124935	1171366
1940	698984	23558	1526471		193238	125054	1723037
1941	481262	25615	1455860	508131	202914	137001	1724203
1942	354768	27572	1483683	1403646	209684	169966	1873120
1943	763276.8	41109	1812215	2096995	214683	169404	1923163
1944	1054720	1817221	3044865.2	223058	180862		1954756
1945			1600000				
1946			1800000	2000000			

文化建设与政治、军事、经济建设密切关联，陕甘宁边区高度重视文化教育的建设和发展。1938年成立延安中学，1940年成立陇东中学，接着成立三边中学。边区教育坚持为抗日战争和边区人民服务，其教育方针：（一）负有提高现任干部与培养未来干部的双重任务。（二）不论现任区乡干部的提高或未来干部的培养，均以维护教育为主，文化教育中又以国文为中心。（三）各科教育与方法，必须从边区需要和学生现有程度出发。（四）在各科教育活动中均应注意启发和培养学生热爱边区、服务人民的观点，并设政治课，给予学生必要的政治知识。（五）通过各种实践活动，培养和锻炼学生实事求是、负责认真、埋头苦干、虚心学习、自动自治、遵守纪律的作风。（六）发扬民主作风，提高调查研究、自由争论与服从真理的态度。②边区教育坚持课题教学、社会实践和生产实践相结合，利用课外活动和业余时间从事社会活动，锻炼实际工作能力。为抓好干部教育，边区政府把延安师范等中等学校改为中级干部学校，设师范班、中学班、地方干部班等，新开办了妇女职业学校、西北医药专门学校、南区合作职业学校、警政学校、荣誉军人学校等。此外，边区政府还十分重视新闻出版业的发展，先后创办的各类报纸有20多种，创办的杂志有10多种，成立了解放出版社和边区出版社，出版发行大量马、恩、列、斯和毛泽东著作，建立了新华广播电台和英语广播部，及时介绍党的统一战线方针和对知识分子的团结、教育、改造政策，充实和加强了边区党、政、军、群的工作，为干部教育和边区建设发挥了应有

---

① 张建儒、杨健《陕甘宁边区的创建与发展》，西安：陕西人民出版社，2008年，第70页。
② 陕西省教育厅《陕甘宁边区的普通教育》，西安：陕西人民出版社，1959年，第24页。

的作用。

2. 陕甘宁边区行政区划调整

抗战时期，陕甘宁边区行政区划进行过多次调整。1937年7月17日，国共两党在庐山举行会议，国民党以蒋介石、张冲、邵力子为代表，中国共产党以周恩来、博古、林伯渠为代表。会上，国民党承认陕甘宁边区，后经国民政府行政院1937年10月12日第333次会议通过，当时确认陕甘宁边区管辖18个县，即陕西的肤施、甘泉、富县、延川、延长、安塞、安定、保安、定边、靖边、淳化、旬邑、神府；甘肃的庆阳、合水、宁县、正宁；宁夏的盐池。①1937年12月，陕甘宁边区管辖地增加了5个县，即增加陕西的清涧、米脂、绥德、吴堡、佳县，总计共23个县。同时，国民党军委划给八路军募补区3个县，即甘肃的镇原、环县和宁夏的豫旺。这样，陕甘宁边区政府管辖区及八路军募补区共计26个县。

八路军主力开赴华北前线抗日后，国民党政府不履行诺言，派遣军队重重包围边区，相继攻占了淳化、旬邑、正宁、宁县、镇原、豫旺6座县城和村镇数百处。1941年11月，根据形势的变化，为适应形势的发展，陕甘宁边区进行行政区划调整，边区所辖地域重新划分为29个县（市），266个区，1549个乡。

表7.16　1941年陕甘宁边区行政区划调整②

	所辖县（市）名称
直属县（市）	延安市（延安县）、鄜县、甘泉、固临、延川、安塞、安定、延长、志丹、靖边、神府
三边分区	盐池、定边
绥德分区	绥德、米脂、佳县、吴堡、清涧
关中分区	新正、新宁、赤水、淳耀、同宜耀（关中东行政区）
陇东分区	庆阳、合水、镇原、曲子、环县、华池

在29个县市中，直属县（市）11个，其中固临县由原来宜川的4个区和甘泉的1个区组成。关中分区中的新正由原甘肃正宁1个区和陕西旬邑4个区组成，新宁由原来甘肃宁县与正宁的一部分组成，赤水由原来陕西旬邑与淳化的一部分组成，淳耀由陕西淳化3个区和耀县2个区组成，同宜耀由陕西同官、宜君和耀县组成。陇东分区中的镇原是指原甘肃镇原一部分，曲子由甘肃庆阳马岭区、固原三岔区、环县5个区组成，华池由甘肃庆阳大部和陕西定边、靖边各一部分组成。

---

① 中共盐池县党史办公室《陕甘宁边区概述》，银川：宁夏人民出版社，1988年，第39页。
② 同上书，第41页。

表 7.17　陕甘宁边区各县区划人口统计表（1941 年 2 月 20 日）[①]

分区	县别	区数	乡数	村数	户数	人口数	备考
直属县（市）	延安市	4		11	1345	5029	原为延安县城，1937 年底划市
	延安县	10	49	184	9453	28301	
	鄜县	10	58	172	7073	31781	1936 年仅留 1 区，1940 年 4 月恢复
	甘泉	4	18	90	2559	11511	
	固临	6	24	74	3696	17303	包括宜川县 4 个区，1937 年 4 月改红宜
	延长	6	30	107	7332	30958	
	延川	8	50	165	13144	63807	
	安定	11	81	297	11810	65157	
	安塞	7	41	173	6951	38828	是中心地区
	志丹	8	47	191	5310	34260	原名保安，是中心地区
	靖边	9	52	186	7155	47215	
小计		11	82	450	1624	75792	364150
绥德分区	绥德	13	91	2012	27913	148950	
	清涧	8	58	431	17782	85142	
	吴堡	6	36	733	7111	34690	
	米脂					146211	
	佳县					129564	
小计		5	27	185	3185	52806	544552
关中分区	新正	5	28	80	5592	34840	原属旬邑
	新宁	2	12	36	3266	26470	宁县正宁各一部分
	赤水	4	22	54	3752	32345	
	淳耀	5	33	121	3563	21436	
小计		4	16	95	311	16173	115091
三边分区	定边	9	53	210	11200	56400	曾划安边定边 2 县，1937 年 9 月归并
	盐池	5	27	108	3336	11287	
小计		2	14	80	318	14536	67287
陇东分区	庆阳	6	43	164	9336	47456	
	合水	5	38	400	3000	12654	
	镇原	4	33	108	6000	30000	
	曲子	6	28	117	6505	47521	三岔原属固原，马岭原属庆阳
	环县	6	39	149	5707	39375	1938 年，2 个区划归定边
	华池	7	56	140	5379	27762	原属庆阳，吴起区有定边靖边各一部分

[①] 张建儒、杨健《陕甘宁边区的创建与发展》，西安：陕西人民出版社，2008 年，第 46—48 页。

续表

分区	县别	区数	乡数	村数	户数	人口数	备考
小计		6	34	217	1078	35927	204768	
	神府	6	38	187	7059	36318	1936年成立特区时有5个县4个区，1937年取消特区改称神府，含神木5个区府谷1个区
总计		29	179	1063	6703	202293	1352175	

至1943年底，陕甘宁边区的区域面积为9.9万平方公里，人口约150万，共辖1市30县，划分5个分区。① 即延属分区，辖延安、甘泉、富县、志丹、安塞、子长、延川、延长、固临9县和延安市，人口约40万。绥德分区，辖绥德、米脂、清润、吴堡、佳县、子洲、神府7县，人口约56万。陇东分区，辖庆阳、合水、环县、镇原、曲子、华池6县，人口约26万。关中分区，辖淳耀、赤水、新正、新宁4县，人口约12万。三边分区，辖定边、盐池、靖边、吴旗4县，人口约15.5万。陕甘宁边区，以延安市为首府。

陕甘宁边区各分区发展很不平衡，就人口分布看，边区人口密度每平方公里约为15.2人，其中，绥德分区约为47.4人，关中分区约为16.5人，延属分区约为16人，陇东分区约为10.3人，三边分区约为5.4人。② 根据1941年10月边区建设厅统计，陕甘宁边区可耕地面积约为4000万亩，已耕土地面积约1238.0613万亩，尚有广大土地可供开发。边区的东北部地区，耕地少，人口多，接近沙漠地区，土地多而贫瘠，雨水少，灾害多。就农牧业生产而言，边区以农牧业为主，延属东部沿黄河一带，气候较温暖，雨量较多，有黄河水流的便利，适宜棉、麦、谷等种植；三边分区地势较高，受沙漠影响，适宜畜牧；延属分区西部和绥德分区的西北部，适宜谷子种植。由于气候环境的影响，边区城镇发展存在不平衡。

（二）中共中央驻地延安的发展

1. 中共中央入驻延安及延安设市

中共中央与毛泽东移驻延安是延安成为革命中心的重要前提，是中国战争时局转换发展的形势需要。延安地处陕北黄土高原，城市发展历史悠久，地理位置十分重要。1935年10月，中共中央和毛泽东率领的中央红军经过长征，胜利到达陕北吴起

---

① 王寅城《陕甘宁边区》，北京：新华出版社，1990年，第6—7页。
② 阎树声《陕甘宁边区史》，西安：西安地图出版社，1994年，第18页。

镇。11月，中共中央决定设立中华苏维埃共和国中央政府驻西北办事处，作为陕甘宁苏区的最高政权机构，办事处设主席团。随着形势发展的变化，陕甘宁边区的政权由苏维埃制转变为民主共和制。1936年设立中央军委西北办事处。12月，"西安事变"和平解决以后，根据国共双方协商，国民党东北军撤出延安，中共中央派代表团接管了延安。1937年1月10日，中共中央离开保安并迁驻延安。1937年7月，改为陕甘宁特区。1937年9月，改为陕甘宁边区政府，以延安为首府。

中共中央入驻延安，开启了延安城市发展的新篇章。1935年5月，陕北工农红军在梁村一带设延安县，7月在龙儿寺设肤甘县，9月分肤甘县设肤施县。1937年1月13日，中共中央进驻肤施县城，随即以城区设立延安市，直属于陕甘宁边区政府领导，将肤施县并入延安县，亦直属于陕甘宁边区政府领导。延安市下设：东区辖3个乡，南区辖4个乡，西北区辖6个乡。1942年12月，陕甘宁边区政府设置延属分区行政督察专员公署，延安市直属于陕甘宁边区政府，延安县归延属分区。中共中央在延安期间，实行民主建设，进行城市规划，扩大延安市区，解决居住等问题，推进城市发展，使延安城市人口不断增加。1937年，延安城市人口大约为3000人（不包括机关、部队、学校等）。1941年，延安市人口增加到1845户，人口5029人，延安县人口有9453户，2.8301万人。1946年，延安市人口2675户，1.2371万人，其中男6539人，女5832人；延安县人口1.6051万户，6.4165万人，其中男3.469万人，女2.9475万人。① 由于边区政府实行移民招募政策，对移来边区的移民解决居住、用具等各种问题，大量人口迁移到边区，延安城市对人口的集聚力和辐射力极大增强。

1937年后，延安城市建设有了新的发展。1942年，陕甘宁边区政府制定了延安城市建设计划，提出了城市建设工作各项发展指标。建设移民新村，增加公园、剧院等文化设施，开辟市场，绿化城市，兴建公共卫生设施，改善城市环境卫生，美化市容，并加强城市建筑的管理。② 在城市布局上充分利用地形，就地取材，机关、学校、工厂及住房成批沿山沟建设，各种类型的新建筑如银行、公园、纪念建筑等不断出现，修筑道路、桥梁，扩建机场，还设置了建设厅等机构，加强对城市各项建设活动的领导。随着边区经济、文化的发展，边区政府制定出台了系列建筑规程与决定，内容涉及城市工作发展指标、建筑质量标准、建筑设置规范、卫生要求以及使用、管理、维修等领域。为加强边区政府内部联系，改善交通条件，进行了咸榆、延

---

① 延安市志编纂委员会《延安市志》，西安：陕西人民出版社，1994年，第91页。
② 赵永革、王亚男《百年城市变迁》，北京：中国经济出版社，2000年，第46页。

延（长）公路和地方道路建设，由边区建设厅、延安市等部门管理。1943年，建立了东市场，兴建了大众戏院、大众合作社等。开设整饬市容市貌，拓宽并平整南北市场的干道，修整排水沟和种植行道树等，以及礼堂、办公室、医务室、浴室、图书馆等，沿河地带建设有休养场所。

2. 中共领导抗日的指挥中枢和总后方

在中共中央进驻延安以前，延安为县治所在地，城市功能单一，城市面积较小，城市人口不多，城市辐射力和影响力有限。中共中央进驻延安以后，延安作为抗战时期中共中央所在地，是中共中央和人民解放军总部、中央军委所在地，是中国共产党领导抗日战争和全国解放战争的指挥中枢。战时中央驻延安的机关主要有：中央政治局、书记处、组织部、宣传部、常务委员会、审查委员会、保卫部、联络局、出版局、白区工作委员会、东北军工作委员会、职工运动委员会、《新中华报》社、总西北执行局，全总驻赤色职工国际代表，中央秘书长等。抗日战争时期，党中央制定的指导抗日的基本政策，中央军委制定的无数作战指示和命令，都是从延安发出，传到全国各根据地，乃至全国和全世界。因此，当时的延安被誉为"抗日的灯塔"和"革命圣地"，[①] 在中国革命战争中有着极为重要的战略地位，成为中共领导抗日的指挥中枢和战略总后方。

陕甘宁边区是中国共产党领导抗日的指挥中心。中国共产党高举"抗日救国"大旗，坚持全面抗战、全民抗战，呼吁团结一切可以团结的力量进行联合抗日。1936年12月，"西安事变"的和平解决，推动了中国抗日民族统一战线的形成。1937年7月8日，"卢沟桥事变"爆发的第二天，中共中央立即发出通电："平津危急！华北危急！中华民族危急！只有全民族实行抗战，才是我们的出路！"9月23日，蒋介石发表谈话，承认了共产党在全国的合法地位，标志着中共倡导的抗日民族统一战线正式形成。抗战时期，毛泽东在延安完成了《论持久战》《实践论》《矛盾论》等系列著作，将马克思主义与中国革命实践相结合，辩证地分析了抗战中敌我双方的特点，揭示了抗战态势的变化规律，为中国抗日战争确立了军事指导思想，并制定了基本的战略战术原则。许多重大举措从延安发出，对于指导全国抗日战争，维护抗日民族统一战线，增强中华民族的凝聚力，发挥了重要作用。

陕甘宁边区不仅是抗战的指挥中心，而且也是中国革命的战略总后方。许多重大的方针政策，如精兵简政、生产建设等，不仅在陕甘宁边区实施，而且还经过经验总

---

① 中共盐池县党史办公室《陕甘宁边区概述》，银川：宁夏人民出版社，1988年，第3页。

结后推行到其他抗日根据地。陕甘宁边区对于全国而言,其指导和模范作用主要表现在三个方面:一是培养革命干部;二是保证供给,支援前方;三是传播革命思想,发展革命文化。① 陕甘宁边区是中国共产党为全国培养革命干部的主要基地,党中央和边区曾经先后创办了抗大、陕公、鲁艺、中央党校、延大等数十所干部学校,培养了数十万革命干部,为争取抗日战争的胜利乃至解放战争的胜利和建国后的建设做了干部上的准备。抗战时期,边区有哲学研究会、抗日问题研究会等学术团体30多个,出版发行马恩列斯著作50余种,在边区,人们经常进行学术交流,探讨中国革命的各种理论与实践问题。边区的先进思想和理论,通过各种方式传播到各地,使延安成为传播革命思想、发展革命文化和培养革命进步人才的重镇。

3. 知识分子和进步人士的"革命圣地"

抗战初期,中国共产党就确定了大量吸收知识分子的系列政策,号召陕甘宁边区要尽可能地吸收城市知识分子和全国青年学生,并给予必要的教育以影响全国。1938年3月15日,中共中央做出《关于大量发展党员的决议》。1939年12月1日,中共中央发出《大量吸收知识分子》的决议。12月21日,中共陕甘宁边区委员会发出《关于吸收知识分子的指示》,要求重视知识分子的作用。

随着陕甘宁边区建设的深入推进,在各项政策的感召下,各地知识分子,包括国民党统治区的千百万革命青年,民主、进步人士,纷纷涌向延安,把延安称之为抗日进步民主,塑造人类纯洁心灵的革命圣地,使延安迅速发展为爱国人士和广大知识分子的聚集地,尤其是抗日军政大学、陕北公学、鲁迅艺术学院、中国女子大学、陕甘宁边区第一师范学校、延安大学、延安自然科学院等院校开办,使延安集中了中华民族之精英,培育了抗战的骨干力量。战时的延安,已经不再是偏居陕北黄土高原的小镇,而是全国知识分子的"革命圣地"。一些爱国民主人士,梁漱溟、陈嘉庚、李公朴等,纷纷冲破国民党的封锁,来到延安,亲眼目睹在中共领导下延安和陕甘宁边区革命与建设所取得的成功实践,切实感受到了延安的民主氛围和自由的政治空气,增加了对延安和陕甘宁边区的真实了解,对凝聚全国人民的抗战必胜之信心、巩固并扩大中共领导下的抗日民族统一战线起到了重要作用。

国民党考察团、部分华侨和外国记者怀着不同的目的,从不同的方向进入延安。1937年5月底,南京国民党政府中央考察团到达延安,延安各机关、团体、武装部队举行纪念"五卅运动"与欢迎国民党中央考察团大会,毛泽东、朱德、林伯渠先后致

---

① 中共盐池县党史办公室《陕甘宁边区概述》,银川:宁夏人民出版社,1988年,第3—5页。

欢迎词。①1938年5至8月，边区政府接待了广东通讯社送来延安的华侨78人，同时接待了周扬、艾思奇、陈宇、陈嘉庚和科学家高士其，还有来自贵州的开明绅士周素园、被俘的国民党军官张振汉等。②此外，到延安参观的还有卫立煌、邓宝珊等国民党高级将领。外国记者、作家、教师去边区采访，除了个人访问外，还有两次较大规模的团队访问。一次是1944年6月至7月的中外记者参观团，另一次是1944年7月22日到达延安的美国军事观察组。1936年6月，美国记者埃德加·斯诺，冒着危险进入陕甘宁边区采访，访问了毛泽东、周恩来等中共高层领导人，以及部分红军指战员和根据地群众，著有《红星照耀中国》，记录和介绍了中共领导的中国革命情况。之后，艾格妮丝·史沫特莱、尼姆·韦尔斯等先后到达延安采访。外国人在延安，完成了许多调查报告，发表了很多讲话，进一步感知了陕甘宁边区和其他抗日根据地的政治、经济、军事等方面的情况以及中共的方针、政策，有利于外界对延安的了解。

4. 陕甘宁边区政府的经济中心

抗战时期的延安，在中国共产党的领导下呈现出生机勃勃的发展势头，城市经济极大发展，城市人口快速增加，城市商业和金融业发展快速，延安成为陕甘宁边区的经济中心。在国民党对边区大力封锁的情况下，延安发扬自力更生、艰苦奋斗精神，实行发展经济、保障供给的政策，陆续建立了许多工厂、生产合作社和商店，以及边区银行。

1939年1月，边区第一届参议会召开，提出了关于边区工业的建设问题。1940年，边区党委和政府在《关于二十九年经济建设的决定》中指出了发展工业生产的具体方针。在边区政府的鼓励下，各类工业纷纷建立，主要有：军工局炼铁厂，生产灰铸铁，供制造各种机具和迫击炮弹、手榴弹用。农具厂，生产犁、铧、锄、镰、锹等农具，并修理印刷机等。难民工厂，是边区一个主要的棉纺织厂，附设纺织机件制造部。陕甘宁边区纺织厂，1943年并入新华纺织厂。交通丝织厂，生产纺绸、生丝、丝线、手帕等。新华化学厂，生产肥皂、牙粉、精盐、墨水、粉笔等。八路军制药厂，生产注射剂、中药、脱脂棉等。延安无线电器材厂，主要是修配、装置无线电收报机，1942年后能够生产小型发电机。西北火柴厂等，1944年试制成功氯酸钾，使边区火柴实现了自给。

---

① 张俊南等《陕甘宁边区大事记》，西安：三秦出版社，1986年，第21页。
② 张建儒、杨健《陕甘宁边区的创建与发展》，西安：陕西人民出版社，2008年，第105页。

表 7.18　延安市个体手工业统计表（1938—1940）[①]

年份	铁匠	钉匠	锡匠	钉秤	木匠	银匠	土匠	缝纫	流动人口	店员	合计
1938	7家	2家	3家	1家	6家	2家	32人	7家	200人	35人	28家
1939	19家	3家	5家	1家	8家	2家	32人	9家	500人	75人	47家
1940	20家	4家	8家	1家	10家	2家	32人	11家	2600人	83人	56家

陕甘宁边区工业发展的起步推动了生产合作社的发展。边区的生产合作社发轫于1937年秋，1939年，被服、制鞋两个部门发展为延安鞋袜生产合作社。由于延安市生产合作社起步早，因而其规模比较其他县要大一些，合作社有鞋厂、被服厂、木工厂、瓷窑等，主要涉及鞋袜、被服、木器、食品等13个生产部门，生产已经具备了一定的规模，当时出名的有柳林合作社，综合经营消费、生产、运输、信用等业务。

表 7.19　1938年边区生产合作社统计表[②]

县别	社数	社员人数	已交股金	扩大股金	年总产值
延长	1	不详	1000	1000	不详
安塞	1	不详	1049.30	1049.30	不详
延安	1	不详	761	761	300
延安市	1	800	1778.30	178.30	116640
合计	4		4588.60	2988.60	

陕甘宁边区银行是抗日战争时期革命根据地建立的第一家银行。1937年10月，陕甘宁边区银行成立，总行设在延安，至1940年底，边区银行已经建立了多家分支机构，主要有：西安办事处、三边分行、绥德分行、陇东分行、重庆办事处等。边区银行成立之初，拨给银行的资本只有原苏维埃共和国国家银行西北分行的结存现款3万多元，到1940年10月，边区银行的经营资本达200多万元。[③]1941年1月开始发行自己的货币代替法币在边区市场流通，12月公布了《破坏金融法令惩罚条例》《陕甘宁边区货币交换章程》《战时法币管理办法》，为稳定金融，根据边区实际，边区政府正式授权各地银行和贸易局组织货币交换所，承办法币交汇业务。1942年10月，边区银行制定了《陕甘宁边区银行条例》（草案），对边区银行的性质、任务、业务范

[①] 黄正林《陕甘宁边区社会经济史（1937—1945）》，北京：人民出版社，2006年，第164页。
[②] 同上书，第158页。
[③] 中国人民银行陕西省分行、陕甘宁边区金融史编辑委员会《陕甘宁边区金融史》，北京：中国金融出版社，1992年，第46页。

围、权限、组织机构等做了详细规定。

工业和金融业的发展带动了商业贸易的兴起和发展。1938年4月，边区设立了光华商店，既是边区银行直属的商业机构，也是边区政府所属的唯一商业机构。经营商业、储筹物资，供给军需民用。发行农业贷款，支持大生产运动。1944年发行陕甘宁边区贸易公司商业流通券，后与晋绥边区的西北农民银行合并，组成西北农民银行。

5. 陕甘宁边区政府的文化重镇

抗战时期延安城市文化的发展，特别是大批各级各类学校的举办，新闻出版机构的建立和各种进步报纸、杂志的发行，极大地提升了延安城市的文化功能。中共中央克服各种困难，在延安出版发行《解放日报》《边区群众报》《抗战报》等报纸20多种，出版发行《共产党人》《学习导报》《中国工人》等杂志10多种，建立新华通讯社和新华广播电台，成立出版社和延安电影团和延安平剧院等，架起了延安与各根据地文化传播的桥梁。

抗战时期的延安是中共文化政策和文化举措的形成地。1942年5月2日至23日，延安文艺工作者座谈会召开，毛泽东作了《在延安文艺座谈会上的讲话》，深刻阐明了革命文艺为工农兵服务的根本方向。5月29日，陕甘宁边区召集音协、美协、剧协等文艺团体会议，决定成立临时委员会，实行战时文化动员、号召文艺工作者到部队去、到地方去，文武结合，进行对敌斗争，于是，下乡、下厂、下部队，同工农兵结合，为工农兵服务，成为延安广大文艺工作者的一致行动。[①] 在延安决议的各项文化举措，迅速得到了贯彻和推行。

干部培养是延安城市发展成为文化重镇的又一重要体现。陕甘宁边区政府特别重视兴办学校教育。1937年1月，抗日军政大学由瓦窑堡迁到延安，7月，创办中国女子大学，是专门培养妇女干部的学校，9月，成立陕北公学。1938年4月，成立鲁迅艺术学院。1939年，边区中学与鲁迅师范学校合并为陕甘宁边区第一师范学校。1940年5月，成立泽东青年干部学校，是专门培养青年干部的学校。1941年9月，成立延安自然科学院，为边区经济建设培养了一支业务骨干队伍。1941年成立延安民族学院，是专门培养少数民族干部的学校，按照民族和文化程度分班。1941年9月，由陕北公学、中国女子大学、泽东青年干部学校合并成立延安大学。1943年，鲁迅艺术学院、延安自然科学院、新文字干部学校、民族学院并入延安大学。各级各类学校的举办，为青年人才文化素质的提高发挥了积极作用，为抗日战争和中国革命培养了大批骨干

---

① 张建儒、杨健《陕甘宁边区的创建与发展》，西安：陕西人民出版社，2008年，第100页。

人才。

  图书馆事业的发展是陕甘宁边区文化建设的重要举措。抗战时期，延安图书馆事业从无到有，从小到大，先后建立了包括公共图书馆、机关图书馆、干部院校图书馆以及工厂、农村、军队、中小学、医院等开办的基层图书室等，据资料显示，边区成立的各类图书馆、图书室、阅览室、材料室、民教馆等先后有 90 多个，[①] 其中多数设置在延安。1936 年 10 月，鲁迅图书馆成立，1937 年 9 月，改为陕甘宁边区教育厅内部的机关图书馆。1937 年 5 月，中山图书馆在延安建立，是战时延安最大的公共图书馆。此外，中央研究院图书馆、中共中央图书馆、《新中华报》和《解放日报》社资料室等的建立，促进了延安图书馆事业的发展，在传播党的路线，保存珍贵文献，培养优秀骨干人才等方面发挥了重要作用。

---

① 赖伯年：《陕甘宁边区的图书馆事业》，西安：西安出版社，1998 年，第 7 页。

第八章　战乱后的衰退：抗战结束后（1946—1949）中国城市化概况

抗日战争结束以后，许多主要城市陷入了衰退中，许多因战争机遇而获得意外发展的城市随着战争结束而走向败落。由于国民党政治的腐败和挑起内战，城市不仅没有时机恢复元气，反而受到进一步的破坏。这段时期成为中国城市的一个衰退期。

第一节　困顿与停滞：抗日战争后城市的衰退

自有城市以来，战争就不断冲击着这种文明的发展，多少城市文明毁于战火，多少伟大的城市因战争一蹶不振。第二次世界大战是人类有史以来规模最为浩大、破坏性最为严重的战争，它对世界许多城市的打击都是毁灭性的。中国，作为东方战场的主战场，无数城市直接暴露在了侵略者的火力之下。20世纪初缓慢起步的中国城市化运动的正常进程，为日军的战火所中断，全国大多数城市遭到了毁灭性的打击。这种状况又导致战后许多主要城市长期陷于衰退萎靡之中，惨遭日军疯狂屠杀的南京市是最典型代表。南京1934年已达70多万人，[①]1937年便突破了百万大关，达到101.5万人。[②]然而，到了1945年却只有47.4968万人。[③]可见日军的血腥掠杀对于该城的破

[①]《南京市人口已达八十一万余人》,《统计月报》1935年第3卷第1期，第71页。
[②] 杜闻贞主编《中国人口：江苏分册》，北京：中国财经出版社，1987年，第56页。
[③]《南京市历年人口调查表》，见曹洪涛、刘金声《中国近代城市的发展》，北京：中国城市出版社，1998年，第72页。

坏历经8年仍未平复，而且持续衰退。日军在沦陷区进行了疯狂掠夺，徐州、长沙、衡阳、金华等城市也破坏惨重，上海、武汉、天津、广州、长沙等大城市都处于不同程度的停滞或倒退状态。据广东省分署长凌道扬介绍，海南在抗战前有250万人口，死于战争的达50多万人，市镇乡村满目尽是瓦砾。在最富庶的长江三角洲，劫后余生的人口不过原有的一半多一点。"广东省的整个经济已脱节到了失去机能的可悲地步。"①

上海、汉口、广州这等沿海沿江的先锋大城市尚且如此，内地中小城市就更不堪言。一批在抗战期间因意外机遇而获得发展的城市此时随着战争结束这些条件的丧失而衰落了下来。抗战期间，为了打破日军对国民党统治区的经济封锁，国民政府开辟了双沟、十字河、亳县和河溜、怀远、蚌埠两条自沦陷区至界首集的陆运路线。界首集万商云集，货积如山，形成界首、皂庙、刘兴三镇鼎立，合称界首三镇，人口达20余万，誉为"小上海"。1945年，日本侵略者投降后，国民党的党、政、军机关忙着到沦陷区的大、中城市接管"胜利果实"，富商大贾及流离8年的难胞也都纷纷返回故里。至10月，一个常住人口四五万，流动人口20万的商业城市迅速败落下来，人口降至7万余人。②界首从一个农村集市，短短的几年内，畸形发展为名噪全国的"小上海"，一夜之间又陡然败落下来，其兴衰极具戏剧色彩。

据日本东亚同文会所编的《安徽省志》载：1921年前后，屯溪镇人口1.5万人。抗日战争期间，人口骤增，5个乡镇的人口总数近20万，市区人口增至8万。抗日战争胜利后，人口锐减，5个乡镇的人口总数到1948年10月只有3.5591万人，市区人口不足万人。③

西南大后方地区由于原内迁的机关、企业、工厂、学校及大量人口的相继复员，城市人口骤然减少，城市经济立显萧条。作为抗战时期陪都的重庆，随着抗战的结束，陡然"瘦"了下来。其庞大的市区，例如南岸、江北、沙磁区和迁建区，多已人去楼空，中小工厂也相继倒闭，工人失业成为一个重要社会问题，1/3的工人被迫遣返回乡。抗战胜利的狂欢之日竟成重庆的衰退之日，有人形容它是一个"被人遗弃的女郎"。不过，我们不可笼统说这些大后方城市就在抗战结束后走向衰落，我们若是具体考察一下大后方城市人口的发展情况，就会发现其仍然大致呈发展趋势。

---

① 凌道扬著《凄惨的广东——译自五月廿四日自由论坛报》，丁志进译，《经济周报》1946年第2卷第21期，第14页。
② 界首市地方志编纂委员会《界首县志》，合肥：黄山书社，1995年，第44页。
③ 屯溪市地方志编纂委员会编《屯溪市志》，合肥：安徽教育出版社，1990年，第36页。

成都，1941 年以前日本估计有 53.1078 万人，①1945 年便已达到 71 万。②抗战后锐减至 60 万左右。③可也仍然高于战前的水平。

重庆，八年抗战期间人口在高峰时期达到了 120 余万人。④战后虽然人口有所减少，可减少幅度并不算很大，1947 年尚有 100 万人。⑤1949 年解放时又达到了 120 万人，⑥仍然要远远高于 1937 年时的人口总额。

昆明，1932 年调查只有 14.539 万人。⑦1940 年达到 30 余万。⑧1946 年仍维持 30 余万人。⑨1949 年人口尚为 26.7 万人。⑩也高于战前水平。

贵阳 30 年代初 8.8 万人。⑪1947 年 26.274 万人，⑫1949 年中华人民共和国成立时已达 45.1892 万人。⑬远远超出了战前。

南宁，1935 年 7 月调查为 8.701 万人。⑭1939 年 11 月调查有 8.0161 万人。⑮战后 1947 年调查达到了 20.272 万人。⑯1949 年虽只有 9.2 万，⑰可是也超过了战前和战争期间的人口数。

梧州无论战前还是战争期间都未有超过 10 万，战后 1947 年则达到了 20.6986 万人。⑱1949 年人口有所减少，也有 10.7895 万人。⑲

---

① 东亚同文会《新修支那省别全志》第 1 卷《四川省》（上），1941 年 8 月 20 日，第 632 页。
② 胡焕庸《中国人口地理》（上），上海：华东师大出版社，1985 年，第 261 页。
③ 曹洪涛、刘金声《中国近代城市的发展》，北京：中国城市出版社，1998 年，第 247 页。
④ 隗瀛涛主编《近代重庆城市史》，成都：四川大学出版社，1991 年，第 399 页。
⑤ 李竞能主编《中国人口：天津分册》，北京：中国财经出版社，1987 年，第 53 页。
⑥ 曹洪涛、刘金声《中国近代城市的发展》，北京：中国城市出版社，1998 年，第 170 页。
⑦ 《各大城市人口一览》，《申报年鉴》，1936 年，第 176 页。
⑧ 曹洪涛、刘金声《中国近代城市的发展》，北京：中国城市出版社，1998 年，第 321 页。
⑨ 谢自佳《滇缅、中印国际公路交通线》，见孔庆福《抗战时期西南的交通》，昆明：云南人民出版社，1992 年，第 105 页。
⑩ 邹启宇、苗文俊主编《中国人口：云南分册》，北京：中国财经出版社，1989 年，第 272 页。
⑪ 赵永革、王亚男《百年城市变迁》，北京：中国经济出版社，2000 年，第 28 页。
⑫ 《中华民国行政区域简表》（1 版），《地方乡土志》，《地方统计月报》，见何一民《中国城市史》，武汉大学出版社，2012 年，第 610 页。
⑬ 曹洪涛、刘金声《中国近代城市的发展》，北京：中国城市出版社，1998 年，第 255 页。
⑭ 《各大城市人口一览》，《申报年鉴》，1936 年，第 176 页。
⑮ 《四大城市户口变动统计（二八年十二月底止）》，《广西统计季报》1930 年第 13 期，第 60 页。
⑯ 《中华民国行政区域简表》（1 版），《地方乡土志》，《地方统计月报》，见何一民《中国城市史》，武汉大学出版社，2012 年，第 610 页。
⑰ 曹洪涛、刘金声《中国近代城市的发展》，北京：中国城市出版社，1998 年，第 312 页。
⑱ 《中华民国行政区域简表》（1 版），《地方乡土志》，《地方统计月报》，见何一民《中国城市史》，武汉大学出版社，2012 年，第 610 页。
⑲ 何一民《中国城市史》，武汉大学出版社，2012 年，第 595 页。

桂林 1937 年只有 8.0916 万人。[1] 战争期间的最高值是 1943 年 30.6036 万人。[2] 战后人口确实锐减，1947 年只剩下 14.2202 万人。[3] 1949 年更是减少至 9.0796 万人。[4] 但还是高于战前平均水平。

因此，我们根据这些城市的发展态势似乎可以得出一个估计，大后方城市虽然在抗战结束后出现了衰退趋势，但由于其经过了抗战时期一个较长时间的发展，其城市人口水平仍然较战前上了一个台阶，部分内迁企业、机关和人口仍留在当地，因此其衰退程度并不是很高。而一些内陆中小城镇则衰退得更为明显一些。通过对这些事实的考察，我们似乎又可以发现战争与城市的辩证关系。从整体上说，战争毁灭了城市发展进程，但是它可以对部分地区产生客观的推动作用。中国 20 世纪前半叶的城市发展就呈现出这么一个特点，一些战前发展较为迅速的大城市在战火的摧毁下衰退下来，而长期滞后的西南地区却因战争而意外获得了一个城市人口发展的动力，缩短了与大城市的差距。

不过，全国城市整体在战后的人口整体复员能力如何？有无可能尽管遭到战争的沉重打击，但到 1949 年人口仍然能高于战前？笔者选取了一批在全国具有代表性的大城市考察了一下它们的变化情况：

主要大城市人口变化表[5]

城市	1936 年	1947 年	1949 年
上海	3700000	4300000	5500000
北京	1400000	1630000	2031000
天津	1300000	1710000	3994834
重庆	600000	1000000	1200000
广州	950000	1403000	1000000 以上
汉口	1200000	750000	700000 以上
沈阳	400000	1121000	1170000 左右

---

[1]《四大城市户口变动统计》，《广西统计季报》1940 年第 14 期，第 50 页。
[2] 黄贤林、莫大同《中国人口·广西分册》，北京：中国财经出版社，1988 年，第 55 页。
[3]《中华民国行政区域简表》(1 版)，《地方乡土志》，《地方统计月报》，见何一民《中国城市史》，武汉大学出版社，2012 年，第 610 页。
[4] 何一民《中国城市史》，武汉大学出版社，2012 年 2 月，第 595 页。
[5] 根据《市政评论》；《中国人口》，北京：中国财经出版社，1987 年；何一民《从农业时代到工业时代：中国城市发展研究》，成都：四川出版集团巴蜀书社，2009 年；曹洪涛、刘金声《中国近代城市的发展》，北京：中国城市出版社，1998 年等整理。

续表

城市	1936 年	1947 年	1949 年
大连	400000	544000	540000 左右
青岛	400000	780000	750000 以上
南京	650000	1085000	1000000 左右

不难发现,这些大城市经过抗战之后,城市人口并未减少,都要高于抗战以前,到1949年刚解放之时有的城市略有减少,但减少幅度不大。由此我们可以断定,虽然中国在20世纪前半叶经历了无数战火摧残,尤其是日本侵华这样大规模战争的破坏,但由于中国在战后的人口复原速度并不低,城市人口并未出现大幅度锐减。行龙估计,1893年城市化比率只有7.9%,1920年上升为10.6%,1936年11.4%,1949年10.6%。[①]李蓓蓓估计近代城市化率大致范围在4.0%—16.7%之间,取平均值得到的10.35%更接近真实程度,10%为近代中国城市化率的正常水平。[②]1820年6.5%,到1949年间的城市人口年增长率为6.75%,[③]可见,20世纪城市人口率比19世纪末要高出3个百分点左右。

经过了抗日战争的洗礼,城市数量在战后自然也是有变化的。抗战结束后,据国民党政府内政部方域司1947年统计,5万人口以上的城市177个。[④]还有政府文件介绍,抗战后,"全国一万到十万人口的都市,约有四千五百二十八个,而全国的农村,苟以中型省广可二万四千'村'类推,则全国三十五省,应有农村八十万以上,将来每一县辖市的经济单位,约为一百八十个农村。"[⑤]他所说的这4528个都市,明显是包括了小城镇在内的城市,不能反映出当时"都市化"的实际水平。当然,还有更加准确的统计:1949年50万—600万人的大城市有14个,10万—50万人的98个,5万—10万人的648个,1万—5万人的3880个,所以1万人以上的城镇共4640个。[⑥]城镇数量之多,堪称世界之冠。如果我们以5万人口作为城市人口的下限,战后城市数量当在200个以下,相比战前数量还是有所增加。

---

① 行龙《也论中国近代的城市化》,见杨念群、黄兴涛、毛丹主编《新史学:多学科对话的图景》(下),北京:中国人民大学出版社,2003年,第541页。
② 李蓓蓓、徐峰《中国近代城市化率及分期研究》,上海:《华东师范大学学报》(哲学社会科学版),2008年第3期,第37页。
③ 同上书,第38页。
④ 何一民《中国城市史》,武汉大学出版社,2012年,第613页。
⑤ 邱致中《论设置"县辖市"在建国过程中的重要性》,《市政评论》1947年第9卷第7期,第13页。
⑥ 《论设立"市政部"和"计划建市"》,《市政建设》1949年第1卷第3期,第4页。

但是这就和我们从当时报纸上看到的诸多报道似乎不尽相符,从统计数值上看,城市人口和数量未出现大幅衰退,可是各种调查统计和新闻报道都显示大批城市的经济和社会百业确在衰退之中。这种矛盾现象只能进一步说明,近代中国城市发展的真实状况是不能完全以城市人口的增减来说明的,城市人口的增加未必就反映着城市化和现代化水平的提高。近代中国城市人口大多是在民国时期急剧增加的,当时的中国城市发展的因素很复杂,导致城市人口增加的因素并非都是由于现代工商业的发展,还有战争灾荒导致的流亡人口、传统行业的发展等因素,几乎所有这些增长的人口都来源于因乡村社会毁坏而来的移民,所以城市人口的增长反而是反映着社会秩序的崩溃,不能反映城市现代化水平的进步。事实上,在抗战结束后三年,中国城市尚无暇去真正恢复元气,城市人口率的增长都不足以说明城市化水平在继续提高。城市化是现代化和工业化运动的空间表现形式,所以我们至少要考察现代工商行业在城市发展中发挥了多大的作用,才能更加接近当时中国城市化的真实水平。据学者统计,1948年全国城镇人口中,资产阶级和独立工商业者共828.7378万人,只占整个城镇人口的14.38%。[1] 我们若根据1948年1月统计的全国人口数46279.8093万人[2]推算,工商业人口率最多就只有2%。我们也可以说,截至1949年,中国真正已经进入现代城市生产方式的人口只有这么大的比率。中国近代的城市人口发展速度事实上大大超过了现代生产方式的发展速度,这种城市人口的发展就表现不出现代化的真正水平,也必然导致城市工商业无法吸收容纳日益膨胀的城市人口。

而且,尽管中国战后城市人口相比战前未有大幅下降,但和世界水平相比,是非常之低的。战后全国的都市人口,根据民国有的专家估计,约占总人口的20%。[3] 这个估计数值近似于30年代2.5万人以上的城市人口比率。据市政研究会介绍,到1949年新中国成立后,我国城镇人口总数达到5765万人,比1893年增长1.45倍,年平均递增率为16.1%,速度仍是缓慢的。但由于同期内总人口增长更为缓慢(年平均递增率仅5.7%),因此城镇人口比重由6.0%上升至10.6%,可是此时全世界城镇人口比重已达到28.8%。[4] 即使1万人以上的城市人口,也只占全国人口的25%左右,较之同时期英国1万人以上城市人口率80%,美国73%,德国71%,日本70%,[5] 仍

---

[1] 路遇、滕泽之《中国人口通史》(下),济南:山东人民出版社,2000年,第1096页。
[2] 《中华民国统计年鉴》,主计部统计局,1948年6月,第45页。
[3] 《我国战后都市建设问题》,《市政评论》1947年第9卷第7期,第30页。
[4] 胡焕庸、张善余《中国人口地理》(上册),上海:华东师范大学出版社,1984年,第261页。
[5] 根据邱致中《城市政策的研究》,《市政建设》1949年第1卷第3期,第6页。

然相差很大。美国社会学家英格尔斯将自己提出的社会现代化的指标加以量化时，关于都市化标准的一条是："城市占总人口的比重50%以上。"民国时期的城市化水平离这个标准还相当远，直到2012年，中国城市人口比重才首次超过50%。

第二节　雪上加霜：抗战结束后国民党的政治腐败和发动内战对于城市的破坏

抗战胜利后，中国一度出现了对于经济复兴和城市发展的较大期待，饱经忧患的人们重返家园，满怀期望重建城市。侵华战争虽然使全国遭到了巨大破坏，但在许多市政学家眼里，战争并非全是破坏。战争给城市带来了巨大的摧残，却也提供了机遇。"市政当局，对于旧市区之改造，往往引为难事。此次敌人将我城市尽量烧毁，不啻为我除去建设上之一切障碍，未来复兴都市之工作，譬如在白纸上设计，由空地上兴建，反觉轻而易举。"[①]战后城市曾一度出现过建设与投资风潮，市政界也出现了各种城市建设计划。但很快又由于蒋介石发动内战，导致刚刚准备恢复的国家经济遭到巨大破坏。1949年的生产量与历史上最高年产量比，农业生产大约下降了25%，轻工业生产大约下降了30%，重工业生产损失尤其严重，大约下降了70%。[②]而且战争期间和国民政府军队撤退台湾时，还破坏了许多重要的工厂和矿区，被战火波及的不少城市人口数量减少，城市生产部门遭到毁灭性打击，这些都使城市的发展陷于停滞甚至倒退。

许多城市都为战火所摧折。开封当时虽未设市，其实已经具有设市的资格和基础，在三年国内战争中，全市精华于短短数天内几乎为炮火毁于一旦。热心城市建设者除了哀叹战争的残酷外，只有呼吁"深望专家们，协助开封市民重建新的市区，至少要在破坏的废墟上，计划一个雄壮合理的新都市，进一步希望河南省同胞和开封市民，要拿出勇气，要求开封设市，全力复兴开封市，以建设来答复敌人的破坏"。[③]这种呼吁，在当时只能是一种无力的乞求。许多国民党官僚对于战后的市政建设漠不关

[①] 周钟岳《战时都市建设计划》，《市政评论》1941年第6卷第7期，第2页。
[②] 中国国际贸易促进会编《三年来新中国经济建设的成就》，北京：人民出版社，1953年，第119页。
[③] 孟威《灾祸声中话市政》，《市政评论》1948年第10卷7期，第1页。

心,甚至干扰破坏。抗战结束后,湖南省建设厅长曾说:"长沙的繁荣,三百年后也无办法。"此话引起舆论一片哗然,而衡阳市长也公开表示自己对于重建城市房屋的不支持,认为不利于"整饬市容",表示自己将来会将重建的那些建筑拆掉。政府不仅无心于城市建设,而且使当地人民的生活雪上加霜。据外国记者报道,1946年里衡阳城每天的死亡人数比当年日军围城的47天里的每天死亡人数还要多。他形容衡阳已成中国的纳粹集中营。① 造成这种局面的原因固然有日军破坏作用的持续影响这一客观因素,但是抗战结束后大量的国民党军队开拔往湖南,加剧了当地人民的负担,引发空前的饥荒,是一个更加重要的原因。

湖南城市里受灾最为惨重的一是滨湖地区,如益阳、沅江、常德、桃源等地,一是沿湘桂线的城市,如衡阳、零陵等。衡阳在抗战时期有商店1万多家,经过了47天的保卫战后,1947年底只剩下1000多家,仅及抗战时期的1/7;祁阳抗战前有2500家商店,到1948年仅存500多家;湘潭本是湖南受抗战破坏最轻的一个城市,但抗战结束后,绸布等18个行业,倒闭与停业的就有274家,占30%。② 这些事实说明,战后许多城市的长期衰竭除了有日本侵华战争的破坏力之持续作用外,更有国民党政治的破坏因素。

南方城市也因战火波及和国民党政治的腐败而日趋困苦不堪。1946年有一位靖江观察员报告,苏北饥荒情形十分严重,淮阴、淮安、涟水与宿迁等地,人民都以树皮草根充饥。徐州一带则是难民充斥,估计有28万之多的流民聚集于徐州城四周,另有2万人聚集于本城。南昌、南丰、黎川等地已是蓬蒿满目,鼠疫流行。赣北的湖口城中建筑70%已经成为废墟。另据江西统计局的报告,战争导致全省城市村庄有76%已处于"可怕的情形"之中。③

掌握统治权的国民党政府倒行逆施,是导致战后城市走向衰退的最主要原因。武汉自日寇投降后,国民党对敌伪物资的接收就是一场"大劫收"。开始是袁雍、谢士炎、徐恕宇、唐新"四大金刚"的第一轮"劫收",之后国民党军政显要接踵而至、前仆后继,导致武汉城市官僚资本恶性膨胀,从抗战胜利到1949年解放,国民党政府所设的"工商督(辅)导处""汉口输出入管委会""湖北民生企业股份有限公司"及花布统制机构等官办和私立的官僚资本经营机构集中于汉口的不下20个。④ 官僚资

---

① 科特雷(A.Cottreii)《湖南饥荒的惨象》,《经济周报》1946年第3卷第4期,第12页。
② 许涤新《论城市经济的改造》,《群众》1948年第2卷第10期,第7页。
③ 根据丁志进《惨绝人寰的苏赣湘桂灾区实况》,《经济周报》1946年第2卷第24期。
④ 皮明庥《近代武汉城市史》,北京:中国社会科学出版社,1993年,第533页。

本大肆投机，在此局面下，民族工商业一蹶不振，城市经济难以恢复。日本投降后的四年里武汉都未得到良性发展，其经济和社会发展及人民生活质量都始终未恢复到战前水平。至1949年，武汉三镇34.7平方公里城区布局零乱，基础设施有限，人口较战前减少了20多万。[①] 潍城在抗战胜利后两年之内，其民族工业便遭到了国民党绞杀。一部分被以"日资"为借口没收，一部分被强行并入官股，实行官办。铁工厂被政府强制经营起了军火生意，常被限时完成各种军火生产任务，工资却极其微薄，甚至分文不给。许多被统制经营的厂家纷纷停产歇业。

抗日战争胜利后，国民党政府以受降为名，进攻河南各解放区。在占领许昌时，许昌老百姓多藏于防空洞中，本已形同空城。国民党军队却仍旧在离城市二三里的地方向城内外接连发射榴弹炮，然后又用轻机枪和重机枪在附近村庄大肆扫射，无数房屋毁于战火，无数百姓死于非命。进城后又在全城大肆搜捕"八路"，但见有人穿粗布大衣，便怀疑其为"八路"，全城尽为一片恐怖气氛所笼罩，许多人忍无可忍，均偷偷逃离城市，前往乡下亲戚和朋友家中躲藏。许昌更显萧条死寂，被人形容为像一座古墓。国民党的这些行径，更加为不断紧张的城市发展局势火上浇油。

国民党统治区内在三年战争期间则是百业凋敝、民不聊生。1947年7月，物价上涨了6万倍，到年底上涨至14.5万倍。1948年8月上海的物价和上年1—6月平均物价比较，则上涨了500万倍到1100万倍。急剧上升的通货膨胀导致国统区财政走向崩溃的边缘。从1945年下半年到1947年底，上海、天津、重庆、汉口、广州等20多个城市，倒闭的工商企业达2.7万多家。[②] 1948年内，北平和天津工厂倒闭者达十之七八，青岛700余家民营工厂几乎全部停产，沈阳3000余家商号有2000余家倒闭；上海万余家工厂只剩下3000余家较大的工厂，开工率仅有平时的20%，重庆、成都等四川城市的工厂倒闭者也达80%。1949年，全国轻工业生产量比1936年下降30%，重工业则下降70%，国统区经济总崩溃日益加快，城市发展陷于停滞、倒退。[③] 不少城市人口减少，如上海在抗战后本来增至600万多人，[④] 1949年5月后减少至545万左右。[⑤] 广州1946年达到115.2423万人，[⑥] 1948年减少至96.0712万人。[⑦] 成

---

① 根据皮明庥《近代武汉城市史》，北京：中国社会科学出版社，1993年，第534页。
② 《东北日报》，1948年6月13日。
③ 何一民《中国城市史纲》，成都：四川大学出版社，1994年，第336页。
④ 浮生《城市生活》，《时兆月报》第44卷第10期，1949年，第7页。
⑤ 曹洪涛、刘金声《中国近代城市的发展》，北京：中国城市出版社，1998年，第105页。
⑥ 《本省各县市局户口数》，《广东统计月报》1947年第1卷第1期，第2页。
⑦ 曹洪涛、刘金声《中国近代城市的发展》，北京：中国城市出版社，1998年，第112页。

都1946年有76.6062万人，1949年降至65.692万人。①长沙根据1946年10月调查，有42.1616万人，②1949年降至34万人。③长春虽然在1945年后减到17万人。④但在1946年又增至60万人，⑤1948年后却降至了30万人。⑥作为辽沈战役的主战场，战争对长春的打击至为明显。

战争和政治的腐败，使得中国城市没有随着抗日战争的结束上升到一个新的阶段，反而出现了大幅度的停滞、倒退，这段时期成为中国城市发展的一个衰退时期。但是，我们不可以将城市衰退的责任归咎于中国人民的革命战争。革命不应当看成外在于城市化运动的一个干扰因素，它就是城市化运动长期畸形发展的一个内生结果。表面看，是革命战争中断了城市化运动的正常发展，实质上是畸形的城市化运动已经无以为继，自食其果。自近代城市化运动起步以来，城市的产业就主要是为满足达官贵人的奢侈消费而发展。根据白吉尔的考察，上海在20世纪初有一半或一半以上的商店，坐落在公共租界的中区。这种地理分布状况表明了：城市商业的发展首先是为了满足有钱的外国消费者，或已很快适应西方消费方式的中国资产阶级的需要。⑦高楼大厦、摩登舞厅、赌场影院的勃兴背后却是中下层人民生活的日益困苦不堪。畸形城市化运动中内含着两种两极分化：城市内部的贫富分化，城市与农村的贫富分化。这两种两极分化都成为革命爆发的催化剂。早在抗日战争爆发以前，城市内部的贫富分化就已经令人不可容忍，而这种贫富分化又是和城市里极其不平等的政治经济秩序联系在一起。早有人愤怒地谴责："在次殖民地点的中国，少数人的高楼大厦、酒馔盛肴，正是多数人的血枯骨瘦，饥饿倒闭所形成的……现今都市中雕楼画阁，星罗棋布，我们偶过其地，如入仙境，有这般侈丽的生活，难怪不奋斗了。然而，经济病态膨胀，财富集中于少数人，贫民呻吟于苛捐杂税。"⑧抗战结束后，这种情形并没有得到改变，反而继续发展，直到国民政府政权在大陆覆亡。在经济最发达最繁荣的城市——上海，这种矛盾就表现得最为激烈、显著。伦敦《每日前锋报》曾有评论题目为"中国饥饿，上海跳舞"。当时有论者认为太过偏颇，说

---

① 何一民《变革与发展——中国内陆城市成都现代化研究》，四川大学出版社，2002年，第583页。
② 内政部人口局编印《全国户口统计》，1947年，第18页。
③ 曹洪涛、刘金声《中国近代城市的发展》，北京：中国城市出版社，1998年，第238页。
④ 同上书，第367页。
⑤ 狄超白主编《中国经济年鉴》，太平洋经济研究社，1947年，第175页。
⑥ 曹洪涛、刘金声《中国近代城市的发展》，北京：中国城市出版社，1998年，第367页。
⑦ ［美］白吉尔《中国资产阶级的黄金时代（1911—1937）》，上海人民出版社，1994年，第131页。
⑧ 刘梓成《两个先决问题》，《平汉新生活》1934年第3期，第4页。

道："即使是上海,大部分人不也还是在饥饿线上挣扎吗?否则,工潮何至于像现在的这样弥漫严重?"①蒋经国于1948年到上海主持金圆券改革时,为在风雨飘摇中挽救国民政府覆亡在即的颓势,对上海以掠夺普通老百姓血汗来满足上层权贵需求的虚假繁荣进行了严厉谴责:"他们的财富,他们的洋房建筑在老百姓的尸骨之上。他们的行为举止和持枪的土匪有何两样?"②"有钱阶级的汽车、冰箱、香水、尼龙丝袜就像有毒的病菌,是靠寄生在骨瘦如柴的国家之上繁衍滋长的,或像鸦片,破坏国民经济。"③官僚资产阶级掌握着城市经济命脉,在市场上兴风作浪,除了四大家族所控制的国家资本以外,还有许多名为私人企业实则有深厚政治背景的公司,如孔祥熙的扬子公司和长江公司、宋子文的中孚公司和金山公司、CC系的齐鲁公司中茶公司和丝织品产销公司等等,共同把城市搅得乱七八糟。许涤新尖锐地指出:"都市的膨胀,在本质上,就是大官僚资本的膨胀。"④少数人纸醉金迷、夜夜笙歌,多数人啼饥号寒、四处流亡,上海、北平、南京、天津等大城市莫不如此。平津地区发生的学生大规模"反饥饿"游行、各城市此起彼伏的工潮、学潮,都足证城市乃是为自己的畸形发展而破坏。

畸形的城市化也导致城市与乡村无法配合,消费与生产无法配合,矛盾对立日益加深,农村遭到都市的榨取掠夺,青壮年纷纷离开乡土,都市却人口膨胀,形成农村的偏枯与城市膨胀的畸形现象。农民的血汗,一滴滴流入城市,城市却失去了它的广大市场和原材料农产品的供给地。失业者纷纷涌入城市,城市不成熟的工业却难以吸纳消化如此庞大的人口,许多人沦为盗匪,早有人感叹:"国家不打仗也会乱得一塌糊涂!"⑤

其实,无论是革命还是战争,如果从城市史的角度去看待,都可以看作是社会为城市畸形化发展而寻找的一种出路。战争代表着都市的竞争,革命则是小市镇与乡村联合起来反抗大都市的压迫。战争为消极的出路,革命才是主动、积极的解决之道,从短期看,革命似乎也会对城市造成很多破坏,但是只有经历这个过程,才能除旧布新,一扫城市畸形发展之积弊。若前文所说的金融紊乱、通货膨胀、贪污腐败等毒瘤,都是革命政权接管城市后得以治愈的,当时从国统区到解放区访问的人,莫不

---

① 吉《中国饥饿上海跳舞》,《经济周报》1946年第2卷第14期。
② 蔡真云《蒋经国在上海》,引自美. 易劳逸《毁灭的种子》,南京:江苏人民出版社,2009年,第165页。
③ 同上。
④ 许涤新《论城市经济的改造》,《群众》1948年第2卷第10期,第7页。
⑤ 堡《中国市政前途的危机》,《市政建设》1948年第1卷第2期,第1页。

惊叹解放区城市的物价稳定、政治清明、秩序井然，生产也在得到恢复。当革命政权接管城市之初，城市的商业多出现过一个萧条时期，这是因为原先城市的商业繁荣是建立在为官僚、资本家、买办和地主等权贵阶级的消费服务基础上的，当革命大军来到，这些阶级的生活方式得到有效遏制，而共产党的军队纪律严明、清明廉洁，这种建立在剥削关系之上的商业自然会随之萎缩，这恰恰有利于物价的稳定，对于广大工人农民乃至普通市民是有利的。当然，这种消费商业的衰落也会带来一部分老百姓的失业，但这批剩余的劳动力正好就可以将之引入工业和农业的生产部门中，为未来城市工业的发展和城市经济的全面恢复提供必要的准备，革命战争后城市经济的表面衰退正是为日后的健康发展而奠基。

第三节　地域差距的固化：城市格局的总体不平衡

尽管经历了抗日战争的打击后，中国城市格局出现了较大变动，但整体的不平衡分布格局并未改变。到1949年全国136个设市城市有69个在东部沿海地区，占城市总数的50.7%，有54个在中部地区，占城市总数的39.7%，只有13个在西部地区，占城市总数的9.6%。[①] 前文说过，据抗战后统计，至1949年，1万人以上的城镇共4640个。城镇数量之多，堪称世界之冠。但数量虽多，现代产业水平却不高。而且，这仅占全国人口25%的万人以上的城镇，也主要集中于兰州以东，兰州以西几乎没有城市。

而且，处于大陆的58个设市城市，人口在百万以上的6个，除重庆处于西部地区，其他5个都集中于东部沿海地区，其中上海城市人口430多万人，比整个西部地区设市城市人口（3284761人）多101万余人。西部地区面积占全国土地面积56.7%，设市人口仅占13.8%；东部地区面积仅占全国的14%，设市城市人口却占67.4%。[②] 截至1949年的统计，全国工业总产值的77%以上集中在占国土总面积不到12%的东部沿海狭长地带，而占国土总面积88%以上的广大内地，工业总产值仅占全国的

---

① 王放《论中国城市规模分布的区域差异》，《人口与经济》2001年3月，第50—54页。
② 曹洪涛、刘金声《中国近代城市的发展》，北京：中国城市出版社，1998年，第399页。

22.4%。① 所以，城市发展的不平衡现象仍然十分严重。近代国民经济过分集中于沿海大中城市和通商口岸，内陆腹地城市只是在抗战这种特殊时期才会获得有限的发展，双方仍然差距很大，畸形的城市化必然难以为继。

我们仅考察辛亥革命前的一批口岸城市的发展态势，也可以看出这种特点。笔者根据《时事月报》《地政月刊》《中国历代人口统计资料研究》、多地的统计月报和地方志，以及曹洪涛与刘金声所著的《中国近代城市的发展》等研究专著，拟了一个口岸城市人口变化表如下：

	1911 年	1937 年	1945 年	1949 年
上海	1000000 左右	2150000	3760000 以上	5450000 左右
杭州	350000	500000 以上	400000 左右	620000 左右
宁波	400000 以上	250000	180000 以上	250000 左右
温州	100000	450000		150000 以上
福州	250000 左右	40000 以上	300000 左右	362985
厦门	110000 以上	250000 左右	130000 左右	130000 左右
汕头	60000 以上	约 200000	160000 以上	140000 以上
广州	900000	90 万—100 万	1000000 以上	1320000
青岛	50000 以上	400000	210000 以上	750000 以上
威海	180000 左右	200000		200000 人以上
烟台	60000 以上	100000 以上		140000 左右
天津	800000	1226000 余人	1700000	1900000 以上
营口	50000 以上	90000 以上	90000 左右	150000 以上
旅顺				140000 以上
南京	266974	1015450	474968	991842
苏州	170000	350000 余	360000 余	458000
镇江	70000 左右	193672	153613	213693
芜湖	150000	150411	334498	140157
安庆	100000（1919）	110000 以上		
九江	44309	86631	70000 多人	60636
汉口	826000	1200000	150000（1940）	749952
武昌	300000	419809	93793（1940）	174367
沙市	90000	88489	72316	79808

---

① 汪海波主编《新中国工业经济史》，北京：经济管理出版社，1986 年，第 20 页。

续表

	1911 年	1937 年	1945 年	1949 年
宜昌	35000	110000 左右	20000 余人	78026
万县	6 万—7 万	803001	70000 余人	60000
重庆	598000	600000	100 万—120 万	1200000
梧州	53000	75205	80000 以上	95477
江门	70000 余	2 万—3 万人	16290	28324
南宁	600000 以上	87010	66730	121572
昆明	不到 100000 人	140000 人左右	300000 余	267000
呼和浩特	20000 人以下	83722	100000 人以上	427842
乌鲁木齐	30000 人左右	40000 人以上	6 万—7 万人	107710
长沙	250000	384180 人	420000 左右	340000
济南	200000 左右	435136	610000 人以上	650000 人左右
郑州	10000 左右			164000
潍县	80000 左右			80000 人以上
徐州	40000 左右	140000 以上	320000 左右	约 300000
沈阳		40000	1580000	110000 左右
周村	25000 多	50000 多		141268
长春		300000 左右	800000	10 余万
哈尔滨	35000	500000 以上	560000 以上	640000 以上
齐齐哈尔（鹤城）		约 80000	150000	170000 以上

从上表我们大概可以看出一个发展态势，沿海口岸城市总体在发展，有少数衰退，但程度不大；沿江城市除重庆这样的大后方城市以外，多在抗战期间人口出现剧减，在抗战后开始有所回升，但少有到 1949 年仍然能够达到抗战前人口水平的；边境和内陆城市则大多明显一直呈递增趋势。这个表显示口岸城市在 1949 年以前总体上一直呈发展态势。

通过对于中国 20 世纪前半期几个主要阶段城市发展状况的分析，我们可以得知，虽然近代以来全国各区域城市均得到不同程度发展，但就城市空间分布来看，主要集中在东部沿海沿江地带，且大中小城市相继开花，产业结构全面。而内陆广大地区城市分布数量少，大城市特别缺乏，产业结构搭配极不合理，主要依靠小城市带动当地城市化进程。当东南沿海沿江地区已经进入"都市化"阶段，甚至形成区域城市群的时候，中西部内陆地区仍然还在"城镇化"阶段上徘徊，其城市体系难以带动当地经济结构的整体提升。缺乏近代城市对经济发展的促动和引领，是西部地区社会经济落后于东部的具体表现，也是这种落后长期延续的原因之一。城市数量在地理区域上的不平衡，以及城市经济结构的不平衡，就极可能引发动乱、战争，以这种破坏性的方式来达成平衡，但这将是一种各地都陷入普遍贫困、城市遭到毁灭性后果的平衡。所以，对于当时中国的现状而言，最佳出路是有意识地采取某种"反城市化"的政策来构建平衡发展的城市格局，即出现一个强有力的中央政府对于城市化进程进行有目的的计划调控，适当压缩畸形膨胀的城市，将人口和资源导向落后地区；控制过分发达的城市商业和消费活动，大力投入资本发展现代工业，建立地理和经济上的合理结构，实现城市化良性、健康的发展。

下编

20世纪前半叶
中国城市的现代化

第九章 "乡土中国"的嬗变：20 世纪前半叶中国城市的现代转型

中国城市起源很早，在父系社会解体时期，就出现了城市的雏形，当时主要是作为一种防御工事城堡出现的。"城为保民为之也。"(《穀梁传·隐公七年》)"城郭沟池以为固。"(《礼记·礼运》)这正如恩格斯所说："在新的设防城市的周围屹立着高峻的墙壁并非无故：它们的壕沟深陷为氏族制度的墓穴，而它们的城楼已经耸入文明时代了。"① "市"，则是随着人们经济活动的频繁而自然形成的。"市，买卖之所也。"(《说文》)传统的中国城市多以防御和行政管理为出发点，重视的是"城"。近代随着热兵器时代的来临，城墙的保护作用日渐消失，经济、文化因素在人们的社会生活中占有了越来越重要的地位，"市"的作用日渐取代"城"占据主要位置。"城市"逐渐成为人们对于一些经济文化比较发达的人口聚集区的统称，近现代又开始以"市"来划分行政区域。从这一"城"与"市"的重心的转换，可以发现我国近代城市由行政职能向经济文教职能的转变趋势和特点。

城市与农村的差别在于其是非农业人口的聚居之地，这种特点导致其功能主要表现在政治、军事、宗教、经济方面。传统的城市其功能主要在于政治、军事、宗教方面，工业革命后的城市由于其奠基于大工业生产的基础之上，其城市功能是为发展现代工商业文明创造合理的空间。我们现在研究的"城市化"运动主要就这种意义上的城市而言，研究内容不是泛指人口由农村向非农业的城市转移，而是指乡村经济向现代工商业经济的转变，以及传统政治、军事、宗教型城市向现代工商业城市的功能转型。这种城市——"都市"包含着几种含义，一是达到规定人数的城市，二是达到一定

---

① 恩格斯《家庭、私有制和国家的起源》，《马克思恩格斯全集》第 21 卷，北京：人民出版社，2006 年，第 186 页。

人口密度的城市,三是该地居民大部分从事工商业的城市。中国在农业文明时代,城市虽然比较发达,但是百万人口以上的城市数量却极少。进入近代以来,中国城市发生分化,部分城市衰落,而另一部分城市则脱颖而出,如上海、天津、武汉、广州、重庆等中等城市相继发展成为百万人口以上的特大城市。近代城市化就是城市功能的现代转型,根据隗瀛涛先生的观点,近代城市转型包括封建行政中心型和传统工商业城市到近代新型工商业城市的转换。

第一节 城变:现代城市功能的发展

一、城市工商业功能的发展

中国传统城市服务于中央集权制下的大一统国家需要,以政治职能为主,城市是国家统治机器的一个重要组成部分,多是省会、县城等政治中心,在边疆戍守之地,往往还会建造一座座军事堡垒。繁华的城市多是因商而兴,且是消费性的商业,如金陵、扬州、汉口,手工业中奢侈品生产占很大比重。而这些消费性商业又多是为城市统治阶级服务,为他们的利益追求所带动。自开埠通商后,中国城市开始发生了变化,变化体现在两个方面,一方面是一批新兴的工商业城市诞生,另一方面是既有城市的内涵发生了转变,即向着现代工商文教城市的类型转化。这种转化是和现代工商业的发展直接相联的。

这段时期工业的发展主要体现为轻工业的发展。清末民初,随着城乡商品经济的发展,民族资产阶级意识的勃兴,出现了一个兴办实业的热潮,尤其是第一次世界大战期间,中国民族工业得到迅速发展,进入发展史上的黄金期。中国城市工业以前所未有之速度获得发展,它在繁荣城市经济的同时也极大地推动了城市生产力的进步。城市已经成为工业化的空间,工业加速着城市向现代都市的转型。都市随工业而兴,自身又成为容纳、推动工业发展的基地。"工业与都市,在今日已有不可分离之趋势。因都市之工业化,工业即因之而都市化,又工业之都市化,都市往往亦随之工业化焉。故凡重要之工业,殆无不集中于都市,而重要都市,亦即工业发展之中心也。例如上海、天津、武汉、青岛、无锡、大连、济南、广州、哈尔滨等处,为工业发达之地,中国今日之重要工业,亦以此等都市为集中点也。"[1]

沿海沿江城市的租界城市是城市化运动中的火车头,其余城市也有着劳动力价格相对较低、靠近消费市场、有识之士在此发展新式企业等优势,因此,沿海沿江地区既是全国新式工商业最发达的地区,也是城市转型最为明显、迅速的地区。

1933年沿海六大城市工业分布情况[2]

地区	厂数	百分比	资本数(万元)	百分比	生产总值(万元)	百分比
全国	18676	100	48468	100	138662	100
上海	3485	19	19087	40	72773	46
天津	1224	7	2420	5	7450	5
武汉三镇	787	4	2086	4	7330	5
无锡	345	2	1407	3	7726	5
广州	1104	6	1302	3	10157	6
青岛	140	1	1765	4	2710	2
上述6个城市	7055	39	28067	59	108146	69

中国最初的现代化因素是欧风美雨挟带而来,通商口岸在中间扮演了重要角色。它们既是沟通中国与世界的纽带,也是向内地城市传播现代化的政治、经济、文化的辐射中心,尤其是上海、广州、天津、青岛、大连、重庆等城市,它们都是十分重要的区域交通中心和政治经济文化中心,上海对全国的辐射作用尤其强烈。

长江下游地区工商业原本就比较发达,通商口岸也多开辟在此,率先开始了向现代工商业城市的转型,一批以轻工业为主导经济功能的专业性城市在长江下游地区崛起。长江下游区域范围内的近代城市除了上海以外,还包括江苏的南京、苏州、无锡、南通、常州、扬州、镇江,安徽的芜湖、安庆,浙江的杭州、宁波、湖州、嘉兴等。近代以前,除了南京、常州、苏州、安庆为州、府级的行政中心城市以外,其他城市,大多是长江下游地区地理位置较为重要的商品货物集散地。自通商口岸开放后,在进出口贸易的刺激下,长江下游区域内各城市发生了巨大的变化。上海自是当地的中心枢纽城市,而其他各城市,不论是开埠通商的南京、苏州、镇江、芜湖、安庆、宁波、杭州,还是非条约口岸的南通、无锡、常州、扬州、湖州、嘉兴,都成了上海通向江、浙、皖地区广阔腹地的门户,成为长江下游近代区域市场体系中第二

---

[1] 龚骏《中国都市工业化程度之统计分析》,第314页,见张研、孙燕京《民国史料丛刊》第568册,郑州:大象出版社,2009年,第225页。
[2] 翁文灏《中国工商经济的回顾与前瞻》,《新工商》1943年第1卷第1期。

级市场。依靠长江下游这些城市间的商业贸易、金融沟通、科技信息交流等关系，长江下游以上海为龙头的经济格局最终形成。这样，围绕着这一经济格局，长江下游城市经济功能也发生了一定程度上的改变。到20世纪30年代，中国长江下游城市产业化进程已经缓慢开始，城市工业发展已取得了一定的成绩，城市经济功能结构变化与其他区域已经形成了明显的差距。在区域范围内形成了上海、南京、苏州、无锡、南通、常州、镇江、芜湖等工业中心城市，非条约口岸无锡、南通、常州等工商业城市的崛起也十分引人注目。首先，工业化促成了长江下游以轻工业为主导经济功能的专业性城市的崛起。1911年前，南通、无锡、常州仅拥有十几家近代工业企业，主要是纺织业、食品工业、日用工业等，基本上属于轻工业部门。而且工厂数量极为有限，尚未形成相当的规模。到了1936年，三地近代民族工业已获得初步发展，工厂总数已是1900年前的五六倍。原先已有一定规模的行业，其工厂数成倍增加，如棉纺业由原先的4家工厂发展为35家，缫丝业由原先的6家工厂发展到40家。原来仅有一两个工厂的行业，发展更为迅速，如机器制造业由原来的1家工厂发展到8家，食品业由2家工厂增长到11家，与此同时，还新增了机器面粉厂、电厂、玻璃厂、印刷厂、造纸厂、皂烛厂、罐头食品厂、酿造厂等新行业。[①]到1937年长江下游区域近代经济发展到最高峰时，无锡、南通、常州已成为以纺织、缫丝、面粉三大行业为主轻工业较为发展的三个城市。这些新型的工商业城市成为近代城市发展的主导力量，它们不仅取代了传统行政中心城市，成为中国最大的城市，而且其城市规模都远超传统大城市。

  这些区域经济中心伴随着现代产业的发展而实现了自身的城市功能转型。现代化的核心是工业化，近代工业的发展必然会促使工业功能在许多城市里出现，有的城市直接转型成为现代工业城市，这些城市或是由传统村庄、城镇转化而来，或由商业市镇转化而来。上海初开埠之时，当地人民多以农业渔业以及手工业为生，它很快以其独特的区位地理优势取代了广州成为中国对外贸易中心，也成为长江下游区域各城市经济发展的龙头。20世纪初年，"上海的特征有了相当大的变化。以前它几乎只是一个贸易场所，现在它成为一个大的制造中心。……主要的工业可包括机器和造船工业、棉纺业和缫丝业。"[②] 1927年以后，上海的工业经济功能发展更为迅猛。1912年以前，

[①] 茅家琦《横看成岭侧成峰——长江下游城市近代化轨迹》，南京：江苏人民出版社，1993年，第31—34页。
[②] 徐雪筠《上海近代社会经济发展概况（1882—1931）——海关十年报告》，上海社会科学院出版社，1985年，第33页。

上海仅有工厂101家,至1929年,上海共有大小工厂1781家,18年间,工厂增加了十余倍,几乎每年增加1倍。1928年上海工业已形成以纺织、化学、日用品、机器、食品等8大类行业,各类工厂1781家。① 至1937年全国登记的工厂3935家,资本总额37793.8万元,而上海一地就占有工厂总数的31.4%、资本总额的39.7%,成为全国最大的工业中心。② 工业的发展逐步使上海由原先的一个流通型城市成为生产与流通并重的现代化工商业城市。"回想当年荒凉的情况,所有灯火,尚不及浦江中渔火之多,一切设备,当然极其简陋,谁能料到五十年后之上海,繁荣至如此地步。"③ 上海不仅是中国的商贸中心、金融中心,也成为世界上最主要的工业中心之一。

无锡、南通是靠民族工业发展起来的两座城市典型。无锡在清初以棉布、粮食为主的商业活动就相当繁荣,素有"布码头""米码头"之称。其近代工业肇端于1895年,进入20世纪以后,先后有荣宗敬荣德生兄弟、匡仲谋、周舜卿等民族资本家开办了一系列民族企业,无锡成为民族工业发祥地之一。第一次世界大战期间,西方列强无暇东顾,令无锡民族工商业获得了一次千载难逢的发展良机,"五四运动"后又有所发展,到1927年无锡成为以纺织、面粉、缫丝工业为三大支柱的全国五大工业都市之一。在1913年以前,仅有丝厂6家,至1929年,则增加到45家,17年间增加了38家,每年增加两倍以上。④ 无锡也成为长江三角洲地带的"小上海"。南通的发展与"状元商人"张謇的功劳密不可分,张謇于1898年便受张之洞委托,于南通开始兴办大生纱厂,1900年正式投产,以后又成立了通海垦牧公司、广生榨油厂、阜生蚕桑染织公司、资生铁工厂、复新面粉厂一系列民族企业,从而形成了独立的唐闸工业区。"一战"期间,张謇又趁机建成通明电气股份有限公司、通燧火柴厂等民族企业,至20年代,已经形成以大生纱厂为主,由资生铁厂、广生油厂、复新面粉厂、大达碾米厂、通燧火柴厂、大达轮船厂、通海垦牧公司等企业组成的大生资本集团。在南通,大生企业系统的兴衰几乎完全等同于南通地区工业化的成败。从1895年大生企业系统诞生到1922年达到鼎盛,它已拥有资本2483万两白银,各种企业40家。企业种类涉及棉纺织、垦牧、机器制造、食品、火柴、印刷、公用、交通、金融、房地产、海外航贸等十几个领域。通过这些企业的建立,南通城市的经济结构和人民生活发生了很大变化。张謇在创办企业的同时,也积极在南通创办文化教育事业和市政

---

① 张忠民《近代上海经济中心地位形成和确立》,《上海经济研究》1996年,第10页。
② 杜恂诚《中国传统伦理与近代资本主义》,上海社会科学院出版社,1993年,第174页。
③ 吴铁城《上海市中心区建设》,《市政评论》1934年第2卷第12期,第10—11页。
④ 张忠民《近代上海经济中心地位形成和确立》,《上海经济研究》1996年,第10页。

建设，使得南通成为一个集工商文教各种功能于一体的复合型都市。

常州城市工业化是从抗战前期常州民族资产阶级建立起棉纺织工业开始初步形成的。它自古便是"三吴襟带之邦，百越舟车之会"，它位于苏南东部水陆交通的交接点上，不仅毗陵驿自古就是水陆兼备的驿站，而且陆路交通也十分方便，因此常州往往聚集了大量出入长江的船只和物资，成为江南商业的中心城市。但是，近百年来一因北运河淤塞漕运改道，二因 1908 年沪宁铁路通车，常州的转运功能逐渐丧失，经济地位逐步下降。不过由于当地民族资产阶级兴办工业的努力，却在 20 世纪 30 年代再次推动了常州的发展。1930 年刘国钧集资 50 万元，盘下了大伦布厂，改组为大成纺织染公司，从 1930 年到 1937 年，七年中股本红利及职工分红共 100 万元；大成拥有的设备，纱锭从 1 万增加到 9 万枚，布机从 260 台增加到 3000 台，漂染设备从零发展到 5000 匹布。① 常州城市现代化的动力由商业资本变为了工业资本，纺织染"一枝独秀"，成为常州近代经济的轴心。同时带动了机器制造、面粉、碾米、榨油等行业的发展，实现了城市初步工业化，形成了纺织工厂主为中坚的民族工商业资本家群体，对于常州城市现代化做出重要贡献的民族资本家除刘国钧以外还有江湛、刘靖基等人。常州城市由传统的商业城市而成为近代工商业城市，完成了城市功能的转型。

武汉在这一时期创立民族企业约 490 家，这些工厂分布在 20 多个行业中，主要集中在纺织业（包括针织业——主要为织袜业及织布业），约 290 家；碾米业 90 多家，新创立的 80 多家；印刷业 71 家，新创立有 34 家；机器业 58 家。② 在此期间，武汉民族工业有较充分的发展，逐步发展成为以面粉和纺织工业为主体的近代工业基地。

宁波的机器工业也在 19 世纪末从棉纺织业发轫，代表为严信厚创立的通久源机器轧花厂，后演化为通久源纱厂。英国领事斯考特在贸易报告中称赞该厂"将是中国为工业制造而使用动力机器第一次成功的尝试"。③《海关十年报告》曾如是报道："整个工厂在距宁波约 2 海里的地方，沿着甬河北岔的河岸上，伸延达 2000 英尺之长。自厂屋完工以来，该厂便全年日夜开工，雇用工人达 300 至 400 人，并聘了几个日本工程师和技师。1891 年该厂售出轧成之花 3 万担。"④ 机器大工业发展最快的时期也往往是手工工场发展很快的时期，宁波的工场手工业此时也在同步发展，甲午战争

---

① 《大成公司沿革》，《常州纺织史料》第 11 辑，见茅家琦《长江下游城市近代化的轨迹》，《湖北大学学报》（哲学社会科学版）1994 年第 31 期，第 39 页。
② 皮明庥《近代武汉城市史》，北京：中国社会科学出版社，1993 年，第 413 页。
③ 《捷报》1888 年 8 月 14 日。
④ 陈真、姚洛合编《中国近代工业史资料》第一辑，下册，北京：生活·读书·新知三联书店，1957 年，第 977 页。

以后，工场手工业的发展早已扩展至皂烛、丝绸、针织、铁业等部门，特别是织布部门。1900年开办了纬成布局，1912年改名为复成布厂，工场手工业的发展大大提高了宁波的社会生产力，推动了宁波城市的现代化进程。

华北地区也在此时由于开埠和铁路开通等因素，近代工商业有所发展，当地的工业功能也得到显著提高。"1927年之前的北京政府统治时期，中国城市变化趋势中最引人注目的是华北工商业城市的兴起。"[1] 从1928年南京国民政府成立到1937年抗日战争全面爆发前，华北各城市已经初步建立了各自的工业体系，开始形成以城市工业为主体，在一定程度上代表华北经济现代化水平的近代工业框架。中小城镇，尤其是以矿山和集散中心等为主要功能的城镇，也通过商业、发电等增强了自身优势和经济实力。[2] 所以，这一阶段华北区域城镇数量增多，城镇人口剧增，逐渐形成了由铁路相连的以沿海、边境、新兴工矿业和交通枢纽城市为主干的近代华北区域城镇系统，表明其正在迈入近代城市化的轨道。

在此背景下，部分城市也发生了功能性的变化，比如天津在开埠通商后虽然进入了世界贸易体系，商品贸易在城市里的作用大大加强，但城市的主要功能仍然并未完全转型到以商业、工业等经济功能为主，因为其多是通过上海和香港的转口贸易，直接与国外的贸易极少。[3] 但进入20世纪初以后，它在这段时期共新设工厂1018家，[4] 且广建大型工厂，这些工厂资本雄厚、规模庞大，拥有近代机械设备和较高的生产能力，是天津近代工业的主体，逐渐形成了天津工业体系。如潍城的华丰铁工厂、裕鲁颜料公司、信丰机器漂染厂，皆闻名华北，使该市享有"十万铁机"之誉。

1906—1908年，京汉、汴洛铁路先后贯通并在郑州交会，带动了郑州附近铁路沿线地区煤矿、机械工厂的兴建，促使郑州新式工商业的出现和发展。第一次世界大战爆发后，世界列强忙于欧战，暂时放松了对华的侵略和压迫，这就为中国民族资本主义工业提供了发展的空间和良机。在此背景下，民族资本经营的轻工业和小型工业都逐渐发展起来，其中主要是蛋品加工、打包、面粉、制革、肥皂、机铁等行业。1914年，开封普临电厂资本家魏子青招股集资20万元，来郑州办起了明远电灯股份两合公司。它是近代郑州最早出现的比较严格意义上的民族资本企业。规模最大的民族资本企业是豫丰纱厂，《大公报》记者报道，称该厂"规模宏大，布置周详，机器系最

---

[1] 江沛等《中华民国专题史：城市化进程研究》，南京大学出版社，2015年，第321页。
[2] 根据张利民《华北城市经济近代化研究》，天津社会科学院出版社，2004年。
[3] 同上。
[4] 根据宋美云《北洋时期官僚私人投资与天津近代工业》，《历史研究》1989年第2期。

新式美国名厂所造。此外，复有发动电机，每日出纱之数有二十余包，就近售于许州、临颍一带"。"该厂之外观与内容不特为郑州唯一之新实业，亦全豫所绝无仅有者也。尤难得者，非但数百万资本全属华商，不收外股，即工程司亦完全华人，此在他省虽不足为奇，惟在老大之河南，堪称伟业。"① 当时，郑州还先后建成了豫中、协和、大中三家打包厂，以及德丰面粉厂、郑县面粉公司、西北制革厂、豫康制革厂、豫中制革厂、华兴造胰工厂、福茂顺记烛皂厂、德胜造胰公司、华兴厚铁工厂、大东机器厂等。郑州逐步崛起成为中原地区重要的工商业城市，初步实现了由传统城市向现代城市的转型。但这些新式工商业不仅出现较晚，发展较慢，大部分规模不大，这种缺陷限制了郑州的转型过程。

济南在胶济、津浦两铁路通车后，凭借长期形成的政治经济优势，充分利用开埠通商的有利时机，努力发展煤炭、杂粮、棉花等各行商业，积极创办面粉、纺织、造纸等近代工厂。近代工商业的繁荣及市政府等机构的建立，使其政治经济中心先后由城内向商埠地区转移。济南1914年有大小工商业2300余家，据1927年的统计，增加到9100余家；1924年商品输出入总额为18618万元，1927年增加到21295万元。② "济南遂不独为山东政治之中枢，更为山东工商业之要埠"③，城市性质和职能发生了显著变化。到1937年时，济南已经成长为一个拥有面粉、纺织、榨油等多种近代工业，集政治中心、商业中心、工业中心于一体的近代化城市。

太原是一个重工业比较集中的城市，晚清时就创办了山西机器局，当地机械工业一直是山西工业中的重要支柱。进入民国后，太原政局一直相比其他地区较为稳定，新式企业的发展没有受到干扰，一直持续进步。阎锡山两度主政山西时，将山西机器局先后改组为山西陆军机械所、山西军人工艺实习厂、太原兵工厂，最后并入西北实业公司。西北实业公司虽然存在时间不长，太原的钢铁工业、燃料工业、电力工业、机械工业、化学工业、建材工业、纺织工业以及造纸、卷烟、火柴、皮革、面粉等许多新的工业门类，都是在这一时期成长起来的。太原成为华北重要的工业城市。

东北自开商埠开放后，从事经济活动的人也越来越多，城市的经济功能不断提高。1909年，吉林省城内人口为8.1179万人，其中从事农业者为386人，学生319人，无职业者7643人，苦力1.0635万人，官吏2722人，兵卒453人，警察1014人，

---

① 《旱灾中之郑州实业》，《大公报》1920年10月29日。
② 济南市市志编纂委员会《济南市志资料》第3辑，济南市志委员会，1982年，第35—36页。
③ 民国实业部国际贸易局编《中国实业志（山东省）》，第1页。

役人 3451 人，其余从事各种工商业人数大约为 5.4556 万人。从事工商业的人数，占城市人口的 67%。1907 年，新民实业者共有 12.6824 万人，其中城中有士 79 人，农 961 人，工 6875 人，商 2.1963 万人，共计 2.9878 万人，职业分配比例商占多数，大约占城市总人口 72%，工次之，占 23%，农又次之，士最少；在乡村，务农最多为 7.6132 万人，工次之为 1.4522 万人，商又次之为 5228 人，士最少为 1064 人。① 从上述人口职业人数来看，工商业者已经成为城市中的中坚力量，城市的经济功能逐渐上升为主体，从而进一步促进城市的现代化。

近代中国城市在逐渐发展自己的工业功能的同时，近代商业功能也在许多地区迅速发展，一批城市以发展成为近代商业城市，现代商品经济成为这批城市经济结构的主要支撑因素，这些城市开始承担区域性的商品贸易功能。

早在 19 世纪末，上海的天然有利条件使它很快成为全国最大的内外贸易中心，从而取代了广州的外贸中心地位。19 世纪末，有外国人评论说："每年中国商人愈来愈倾向于想使上海成为北华贸易的中心城市，把北方沿海和沿江的口岸仅仅当作供给本地即时需要必不可少的货物的卸货地。规模最大的华商号都在这里设立代理机构。……大量中国的股本不但投资在纯粹中国商行……而且也投资在外商设立的、在国外管理控制下的洋行。……某些洋行的股份，至少有百分之四十系中国人所有……上海的未来，要以中国和中国人，连同中国人的权益为转移；外国人唯有跟中国跑，才是明智的。"② 上海城市飞速发展的制造业也直接推动了城市商业的进一步发展，使商业、金融业及其他各种服务业和文化娱乐业变得活跃，上海成为中国和远东的商品集散地和金融中心。

芜湖早在明清时代便已不再是纯粹的行政中心，成为长江下游的重要商品贸易中心。近代芜湖辟为商埠后，经济功能显著增强，主要表现在外贸功能的扩大。从 1882 年到 1918 年，进口值增长了 577%，出口值在 1919 年前后达到顶峰。根本原因是，芜湖是安徽唯一的通商口岸，进出安徽的洋货、土货都经过芜湖再分运全省或全国各地，故而基本能保持较为平稳的发展。据有关资料统计，1905 年芜湖输出稻米 844 万石，为近代芜湖年输出稻米较高的数字，是年芜湖关输出货值即高达 2000 万两；1907 年，芜湖输出稻米仅 245 万石，是年芜关输出货值则不到 1000 万两。③

---

① 李莉娟《近代东北自开商埠与社会变迁》，辽宁师范大学硕士学位论文，2012 年 5 月，第 31—32 页。
② 上海英文《文汇报》(Shanghai Mercuey)，1893 年，第 95 页，见何一民《试析近代中国大城市崛起的主要条件》，《西南民族学院学报（哲学社会科学版）》1998 年第 6 期。
③ 王鹤鸣、施立业《安徽近代经济轨迹》，合肥：安徽人民出版社，1991 年，第 258 页。

居于江西腹地的南昌由于其交通条件较好，商业一直较为繁荣，进入 20 世纪后，轮船的出现和南浔铁路通车，进一步刺激了当地商业贸易的繁荣。到 30 年代，其城市经济主要以商业和手工业为主。其现代工业一直未能起步，依靠手工业提供着当地日用品生产和市场必需品。由于南昌成为蒋介石政权"剿匪"指挥中心，中央政府对当地的市政建设进行了相当大的投入，如拆城改建环城路，修建跨赣江的中正桥、飞机场，浙赣铁路通车，等等。这些建设对于南昌城市商业的发展很有帮助。到 1936 年，南昌商业已经开始摆脱之前旅馆、饮食店等服务行业店铺不断倒闭的局面，新的商业机构正逐渐扩张其营业领域。① 城市转型进程加剧，在时人看来，如果抗战没有爆发，南昌是可以成为东部地区的又一座新起的重要商业城市的。②

汉口开埠后，由于对外贸易的发展，城市经济则日趋繁荣。到 20 世纪初年，汉口对外贸易额已达到 1.7 亿海关两左右，始终占全国对外贸易总额的 10% 以上，由一个区域性的经济贸易中心向全国性的，甚至国际性的贸易中心发展。1895—1931 年，进出汉口港的国际货轮每年平均在 2300—2400 艘之间，年进口总吨位最高时超过 800 万吨。时人认为汉口"夙超天津、广东，今直位中国要港之第二，将进而摩上海之垒，使外人艳称之为东方芝加哥"。③

重庆在开埠以后，城市的商贸功能增强，成为长江上游的物资集散地，商人大量集聚，商业空间发展迅速，成为与上海、汉口、天津、烟台、广州、厦门齐名的七大商业中心城市之一，1904 年设立商务总会，商会 1914 年买下原重庆府署，改建为商业场，包括中大街、西大街等 5 个街区，成为重庆最繁华的商业中心区，1927 年创办了夜市，原来以行政功能为主的市中心已彻底为商业取代。

在珠江流域，广州的贸易中心地位虽然自晚清起就一直受到香港的影响，但是其商业仍然十分发达，进入 20 世纪，有光商公司、真光公司、先施公司、大新公司等大型公司的开设。1918 年前，全市百货业约 500 户，1920 年增至 605 户，从业人员 3644 人，资本额近 338.9 万元（不包括大公司）。④ 它成为香港的下一级商业中心。

华北地区的商业功能此时也发展得十分迅速。随着外贸在近代中国经济结构中的重要性日益提升，华北诸港进出口物资数量持续增长，天津、青岛等港出口物资激

---

① 江沛等《中华民国专题史》第九卷《城市化进程研究》，南京大学出版社，2015 年，第 326 页。
② 黄大绥《南昌巡礼》，《申报周刊》1937 年第 2 卷 9 期。
③ 《夏口县志》卷 12《商务志》，见穆和德等《近代武汉经济与社会——海关十年报告·汉口江汉关（1882—1931）》，香港天马图书有限公司，1993 年。
④ 许涤新、吴承明主编《中国资本主义发展史》第 2 卷，北京：人民出版社，1990 年，第 1010 页。

增，进口货物成倍涌入。天津开埠通商后，进出口贸易十分繁荣，工商业、金融业都极为兴旺，大量农副土特产品从这里出口，天津的城市经济辐射范围日渐扩大，成为北方最大的经济中心。每年都有大批洋货通过天津输往华北各地，除一部分分销直隶各地外，山西的太原、太谷、平阳、蒲州、潞安、汾州、大同、朔平，陕西的西安、同州、兴安，河南的彰德、怀庆、卫辉，山东的济南、临清、东昌等中级市场或初级市场的进口商品都是通过天津转运过去的。进入20世纪以后，随着天津对外水陆交通运输网络的变革，天津对外贸易有很大的发展。1912年，从天津运往腹地的商品总额为6209万关平两，1916年突破1亿万海关两，1928年又翻一倍，达2.037亿关平两。[①] 从腹地运往天津的商品1914年价值总额为5652万关平两，1917年增到7589万关平两，1919年超过1亿关平两，1921年达到1.31亿关平两。[②] 1914年后的7年内，天津运往腹地商品总值增长了91.07%，而腹地运入天津商品的总值增长了131.78%，说明腹地商品经济在逐步发展。[③] 这一切说明天津在成为一个商业贸易集散中心的同时，其辐射能力又将其腹地地区的商业功能迅速提升，其腹地运往天津的商品总值虽不及天津运入腹地的多，增长速度却超过了天津，腹地地区的商业功能发展之快，大有后起直追之势。天津的经济腹地从河北省扩展到山西、内蒙古等西北地区，山东省运河和津浦铁路沿线济南以北的鲁中、鲁西北地区，甚至河南、陕西、甘肃、新疆省的一部分也成为天津中心市场的次生腹地。天津1850年有商户万余家，1925年商店总数增加到1.5456万户，1928年有中外商店和公司2.5448万家，到1936年前后商店数量增加到3.16万户。[④] 现代市场机制已经基本在天津建立了起来。尤其是20世纪初年，以天津为中心的水陆交通运输网络的形成则使天津在经济上逐渐摆脱了对上海的依附。随着天津对外贸易特别是直接贸易的增长，天津市场与世界市场的经济联系日益密切，天津市场的商品也成为世界性的商品，参加世界市场的流通。天津对外贸易的增长为其后天津成为中国北方第一大城市和全国第二大城市奠定了基础。[⑤]

随着京汉、汴洛铁路在郑交会以及郑州的两次开埠，郑州商业渐趋繁荣，很快成

[①] 历年天津海关、钞关贸易报告，见张利民《华北城市经济近代化研究》，天津社会科学出版社，2004年，第169页。
[②] 张利民《华北城市经济近代化研究》，天津社会科学出版社，2004年，第170页。
[③] 罗澍伟《近代天津城市史》，北京：中国社会科学出版社，1993年，第387页。
[④] 孙德常等主编《天津近代经济史》，引自张利民《华北城市经济近代化研究》，天津社会科学出版社，2004年，第174页。
[⑤] 何一民《试析近代中国大城市崛起的主要条件》，《西南民族学院学报》（哲学社会科学版）1998年第6期，第119页。

为中国内陆地区农副土特产品和京广杂货的重要集散地。20世纪30年代以后，郑州集中了大小商店约1000家，其经营门类繁多，品种齐全。其中，1934年在大同路上建起的中国国货公司，不仅是当时郑州最大的一家综合商店，也是国内相继建立的几家较大的国货公司之一。这一时期，郑州还是国内农副土特产品的重要集散地，大宗贸易除棉花外，还有粮油、药材等。郑州借助铁路交会、两次开埠等历史机遇，逐步崛起成为中原地区重要的交通枢纽和工商业城市，并初步实现了由传统城市向现代城市的转型。

哈尔滨不仅是东北地区"货物分布之总汇"，而且是"金融调转之中枢"。据1919年出版的《东三省经济调查录》载，1918年哈尔滨就有外资银行16家，华资银行18家，中外保险公司14家，信托行、票据交换所若干，至于当铺、钱庄则比比皆是。第一次世界大战前在东北地区流通的俄国卢布为6000万，哈尔滨一地就达4000万。至20年代，哈尔滨已成为东北地区最大的金融中心。这里的诸多中外银行不仅与长春、沈阳、大连等东北重要商埠口岸保持密切的关系，而且与京津沪浙粤以及莫斯科、彼得堡、东京、大阪、巴黎、纽约、伦敦等国内外金融中心有直接的业务往来。哈尔滨这时期的商贸资金流通总额最多时竟占东北地区资金流通总额的40%。哈尔滨的金融动态不仅对东北地区金融形势有着决定性作用，而且对整个远东地区的金融形势亦有着举足轻重的直接影响。① 由于商贸金融业的发达和交通便利，哈尔滨出现了万商云集的盛况，国内外各种各样的产销、供需信息都在这里汇集、传递。到1931年，哈尔滨的经济和城区建设迅猛发展，由一个落后的小渔村发展成为近代化的国际大都市。

在西南地区，滇越铁路的通车大大提高了昆明作为中心城市的辐射功能，商业贸易范围扩展，经营商品种类增加，昆明城区范围扩大，城市人口急增，全市人口由开埠前4万人增至1910年时的13.7万余人，市区人口增至7万余人，到1922年时增至11万余人，12年内增加了360%，其中尤以工商业人口增加为速，由1922年前的1.6577万人增至3.0037万人②。

在西北地区，从19世纪90年代开始，新疆地区与俄国的双边贸易额大幅度增长，1907年双方贸易额达到2000万卢布，1914年又创下2525万卢布的新纪录。③ 同时双方商品交易的种类也从过去粮食、茶叶、丝绸等生活资料为主发展到以工业原

---

① 段光达《哈尔滨早期城市特点刍议》，《北方文物》1994年第2期，第95—96页。
② 何玉菲《昆明开埠和滇越铁路通车对云南的影响》，《云南文史丛刊》1993年4月，第1—9页。
③ ［苏］斯拉德科夫斯基《苏中经济关系概要》，莫斯科1957年，第122页。

料、工业品为主。1903年，仅乌鲁木齐一地的贸易额就已经超过195万卢布。这些开埠城镇亦成为俄国商品在新疆的商品销售市场与原材料的集散地，其城市转型在这样一种经济关系中展开便具有双重性质。一方面，新疆变成了俄国工业原材料掠夺地和销售市场，俄国占据了大部分新疆市场，攫取了高额的利润，这不仅压制了新疆民族工商业的发展，阻碍了新疆城市化的进步；另一方面，新疆的对外开放和经济功能又得到了增强。19世纪末20世纪初，沙俄先后在伊犁、喀什噶尔、塔尔巴哈台、迪化等设立华俄道胜银行分行，在这四处开埠城镇出现了近代金融业，新疆的开埠城镇改变了过去长期的封闭半封闭状况，逐渐融入国际市场。在迪化，居民们除使用一些传统的生活用品外，一些新的日用品缝纫机、自行车也开始走进人们的生活。俄国通过开埠城镇大量收购棉花、皮革等工业原材料，市场销售的旺盛也刺激了生产技术的改良。据记载，喀什噶尔"现在已开始使用机器轧花了"，"在吐鲁番有六个轧花厂，其中两个属于俄国人，有近千台手摇机"。① 新疆的维吾尔族人口由1887年的115万发展到1908年157万人。② 新疆一些城镇的工商业重新兴盛起来，各级各类市场的经济聚集功能得到加强。一些传统市镇这时得以进一步发展，如迪化出现了津商八大家，各有股本数十万，驮运贸易此时也开始兴盛起来。"缠商近岁贩牛羊皮贾伊犁塔城，多至五六千皮，有日进之势。"③ "（伊犁）近岁俄国缠民来占籍者多至千余户，而业工商者各三百家。"④ 奇台成为天山北路的商业重镇，城关居民1.1万余家，集市长约三四里，有津晋大商30余家，大小商店600家，各种手工业户300家。⑤

工商业的发展推动城市由传统的政治军事文教向经济功能转变，是20世纪前半叶中国城市转型里的主要内容，这些城市也成为带动全国城市化运动的火车头。实业部1927年进行过一次专项调查表明，中国已经形成了一批工商业中心城市。"工业与商业中心之兴起，亦为经济蜕变中一重要现象。上海、无锡、通崇海、武汉、天津、唐山、青岛、济南、大连、广州，近来均变为工商业中心城镇。中国人民之城市生活，因之亦日进千里。城市化已成为重要问题，各城之工业，均渐行地方化，如上海、无锡、通崇海、武汉、天津、青岛之为棉纺织业中心；上海、无锡、天津之为面粉业中心；缫丝业则集中于上海、无锡与广州；大连则榨油业独盛；唐山为产煤要地，武汉则以

---

① ［苏］尼·维·鲍戈亚夫连斯基《长城外的中国西部地区》，北京：商务印书馆，1982年，第136页。
② 齐清顺《清代新疆维吾尔族地区农业生产的发展》，载《历史地理论丛》1996年第3期。
③ 《新疆图志·建置一》，第53页。
④ 同上书，第93页。
⑤ 戴良佐《晚清民国时期昌吉的商业发展》，载《中国边疆史地研究》1994年第2期。

钢铁著称；余如天津、北平之地毯；上海、天津之提花布；天津、北平、武汉、平湖等处之针织业；以及杭州、绍兴之锡箔。均渐成该地方之重要工业。工业中心若在沿海或处陆地交通便利之地位，亦往往同时为商业上之中心，如上海为中国工业之中心，同时亦为中国商业中心，其余如天津、大连、广州、武汉等埠，亦莫不然。"① 这些城市的发展，不仅带动着所在区域的城市化或城镇化水平提升，并且通过其庞大的交通网络和城市网络，将现代文明输向农村，推动着许多狭隘封闭的农村地区也逐渐接触到现代文明的洗礼，开始了自身的蜕变。山东的滦口镇据日本人调查，20世纪初有1.5万人左右。②一半从事商业，还有许多从事运输业。职业人口的结构也同样反映着城市功能的特点。它们或是融入外部市场，采取现代生产技术，或是在与现代文化习俗的接触中开始移风易俗。这些变化体现着农村地区逐渐向着城市文明方向的进步。

二、工矿城市的兴起

资源型城市是近代中国城市发展中的一个重要类型。在明清之际，不少传统矿业已经得到开发，形成许多矿产开发区，进入晚清特别是民国后，由于机械采矿技术的推广，中国矿业有了新的发展，对矿工的需求也猛增，矿业工人群体迅速增长，服务于矿业开采运输和矿工需求的各类产业也迅速兴起。矿业开发带动了周边城乡发展，以矿业为中心的经济体系造成了工矿城市的兴起。"一战"后，各地资源型城镇的规模有了一定发展。

秦皇岛港地处直隶滨海平原的东北侧，与辽西走廊西端接壤，是华北、东北两大行政区的咽喉要道，素有"两京锁钥"之称，腹地唐山开平煤矿的创办与津榆铁路的修建，促成了秦皇岛港口的开辟和秦皇岛市的兴起。唐胥铁路通车，使开平煤炭经水陆联运直抵天津港，秦皇岛成为开平煤炭出口的专用港。有人评论："该码头左右亦可停泊吃水甚深之轮船，亦可起落由火车运来之货色，日后该岛于煤务一节及直隶全省土产最为紧要之区云，该岛在冬日为一运载之埠，则天津可称全备耳。"③ 在秦皇岛

---

① 工商部访问局编《中国工业化之程度及其影响》，工商部访问局，1930年，第16—17页，引自江沛等《中华民国专题史》第九卷《城市化进程研究》，南京大学出版社，2015年，第379页。
② 东亚同文会《支那省别全志》第4卷《山东省》，1917年9月30日，第216页。
③ 《光绪二十六年天津口华洋贸易情形论略》，茅家琦主编《中国旧海关史料（1859—1948）》，北京：京华出版社，2001年，引自武杏杏《秦皇岛：煤港带动下城市兴起的典型（1898—1933）》，石家庄：河北师范大学硕士学位论文，2008年5月，第16页。

港对外贸易中，煤炭出口占80%以上。①秦皇岛港以北20公里的石门寨于1913年和1919年先后建成柳江煤矿和长城煤矿，两地的煤矿皆由秦皇岛运至上海、日本等地。在秦皇岛开埠之前，开平煤通过天津出口，已经建立了较为完善的运销系统，但随着煤炭需求的加大，产量的提高，天津港缺陷的日益明显，开平矿务局为寻找煤炭出口通道，将目光锁定在秦皇岛。

铁路的开通是为满足工矿区人口的需求，带来了与其相关的商业和服务业的繁盛。山西阳泉在1907年正太铁路通车后，阳泉近代煤矿业得到了迅速发展，在阳泉车站附近，有大小煤矿40余家，300余座矿井。各煤矿产煤多从阳泉车站东运，石家庄年售10万吨，大部分转销平汉铁路沿线各地，小部分运至北平、天津销售。②矿业的发展从而带动了当地工商业的增长，至20世纪30年代，阳泉已完成了由车站到工矿业城镇的转型，此后一直是山西重要的工矿业基地，并于1947年设市。而平定县原本是全晋咽喉，清代曾经十分繁荣，由于铁路通车导致其驿站地位丧失，商业繁荣景象不再，经济上反而要依托于阳泉。

唐山从开平煤矿区逐渐扩展，开始有了唐山市的雏形。清同治年间，唐山只是一个只有十几家人口的小村落，随着开平煤矿创办，矿工人数不断增加，至20世纪20年代末，唐山居民约25万人，"强半属于工界"。③随着唐山工商业的发展，城镇人口激增，1926年秋，城镇人口约4.7623万人。④1935年底，开滦煤矿的劳动者约5万人，占全市人口大半。⑤近代以前，唐山地区没有大的城镇，随着开平煤矿和唐胥铁路的创办、开通，大量的企业和产品云集此地，各行各业呈云蒸霞蔚之势蓬勃而起。20世纪20年代末，唐山初步形成了以开滦煤矿、京奉铁路唐山制造厂、启新洋灰公司及华新纺织厂为骨干的工业体系，成为初具规模的工业城镇，对周边农村经济的辐射力量也日益强大。1938年正式设市。

1909年，以产盐为主的自贡及周边乡镇，共有18万余人，民国初年发展到30万人。⑥湖北大冶到民初已在煤矿周边积累起40余万人。⑦1898年，萍乡安源煤矿正

---

① 武杏杏《秦皇岛：煤港带动下城市兴起的典型（1898—1933）》，石家庄：河北师范大学硕士学位论文，2008年5月，第16页。
② 江沛、李丽娜《铁路与山西城镇的变动：1907—1937》，《民国档案》2007年第12期。
③ 柴森林《唐山的过去、现在、将来》，《河北省立第四中学校刊·唐山号》，天津义利印刷局，1930年，第53页。
④ 《唐山之经济近况》，《中外经济周刊》第213号，1927年5月28日。
⑤ 江沛等《中华民国专题史：城市化进程研究》，南京大学出版社，2015年，第186页。
⑥ 刘吕红《清代资源型城市研究》，成都：巴蜀书社，2009年，第122—123页。
⑦ 王清彬、王树勋、林颂河、樊弘编《中国劳动年鉴》第一编，北平社会调查部，1928年，第206页。

式设立。随着其大规模开采,萍乡人口有了较大幅度增加,到1906年达到59万余人。①1908年,汉阳铁厂、大冶铁矿与萍乡煤矿合并为汉冶萍公司,是中国近代第一代新式钢铁联合企业。煤矿公司等近代企业的发展,吸纳了大量工人和商业人员的到来,1917年,萍乡仅煤矿工人就有1.7万人之多。煤炭开采及冶炼是萍乡的主要产业,在此中心下,市政也逐步发展起来,萍乡成为一个典型的工矿业城市。

黑龙江双鸭山也是"因煤而兴"的典型城市。20世纪初,当地只是一片人迹罕至的旷野,1914年,由于当地农民在岭东白皮营附近烧炭发现了露头煤,以后前来挖煤的人越来越多,逐渐形成了人口聚居地。1929年,兴建富安煤矿;1930年,兴建富桦煤矿;1940年,日本人建立了富锦炭田开发事务所。1947年,中国共产党在此成立双鸭山矿务局。煤炭工业持续得到发展,终于在1956年由双鸭山矿区变成双鸭山市。

1922年个旧全县约6.9万人,1932年增至9.4万人。其中采锡者约占30%、炼锡者占5%,买卖矿砂、大锡及开店铺者占30%,锡矿工人占30%。②个旧人口结构是以锡业为主,可知其为锡矿业城市。其锡矿开采,带动了当地商业和金融业发展。

20世纪前半叶,中国的矿业城市已经为数不少,据沈汝生统计,1933—1936年间,10万—20万人口的煤矿城市有徐州、太原、抚顺,5万—10万人口的煤矿城市有耒阳、唐山、大同等。当然,应该还有焦作、淄博、枣庄、萍乡等。根据何一民统计,1947年,人口5万以上的煤矿城市有:徐州16万人,唐山14.9万人,大同8万人,阜新16.6万人,本溪9.8万人,抚顺27.9万人。③

第二节 老城之困:传统城市的发展与衰败

与近代开放的新兴城市发展较快相反,中西部内陆地区大多数历史悠久的城市,甚至东部地区部分没有位于现代交通线上的城市,由于长期处于封闭状态,未能与世界经济和国内市场发生密切的联系,随着外国商品的倾销,新的工业技术的采用,交通路线和运输手段的改变,这些城市过去的发展优势逐渐失去,晚清的封建统治者和

---

① 萍乡市编纂委员会《萍乡市志》,北京:方志出版社,1996年,第110页。
② 江沛等《中华民国专题史:城市化进程研究》,南京大学出版社,2015年,第178页。
③ 何一民《近代中国城市发展与社会变迁》,北京:科学出版社,2004年,第158—164页。

其后的北洋军阀政权对这些内地城市并不采取积极的发展措施，而这些城市所在省市的统治者也不采取主动的开放政策，创造更好的内部和外部环境，以求振兴内地经济，反而为了争权夺利不断发动战争，并设置种种障碍，使内地的自然封闭性进一步加强，现代化经济发展十分艰难，这样做的后果就是加大了内陆地区与沿海地区的发展差距，使本来在经济方面就落伍的内陆城市，在整个现代化进程中，落后得更远，这些城市由于缺乏发展的内在动力处于衰落状态之中。即使是过去有影响的城市，如果没有近代工业的发展，又不是物资集散地的交通枢纽或者是作为政治中心的省会城市，则毫无例外地免不了衰落的命运。如著名古都西安由于在对外开放和发展现代经济的过程中不断落伍，虽然仍保持着区域性的政治中心地位，但其衰落的状况也是十分引人注目的，据统计，1937年西安城市人口为15.5万人，与1843年时相比，城市人口减少了几乎近一半，只是一个经济活力非常小的中等城市。1937年，太原城市人口为13.9万人，兰州为10.6万人，贵阳11.7万人，都与1843年相差不多。至于西部少数民族地区的城市，则基本上没有什么发展，据1937年的统计，西宁人口为16.4万人，拉萨12.6万人，迪化（今乌鲁木齐）为9.0万人，归绥（今呼和浩特）为8.4万人，这些城市在近代百余年间城市人口变化不大。[①] 另外，在明朝和清中前期曾经很兴盛的大运河沿岸城市如临清、淮阴等，由于津浦铁路通车和大运河功能降低而迅速衰落。

在许多新兴现代城市兴起或传统城市向现代城市功能转型的同时，一部分未能在转型过程中抓住机遇、享有优势的传统城市，无法适应现代化、工业化大形势下的竞争环境而走向衰败，包括一部分实现了城市功能转型的城市，尽管仍在发展，但以前的中心地位却被新兴城市所超越。

1913年直隶省会由保定迁往天津，作为直隶省会之城的保定其地方政治中心地位丧失，保定城发生了政治意义上的质的改变。保定不再是都城的"南大门"，亦失去了其"京畿重地"的地位。其周边城镇却在悄然崛起，如保定城南面新兴了"铁路产儿"石家庄，代替了保定城以往的交通枢纽地位；保定城东面的天津代替了保定城的地方政治中心地位；保定城北面的北京因国家政治中心的南移被改为北平特别市。而且，随着铁路交通日益顺畅，原本依靠船运而兴盛的商业也逐渐衰退。而地处铁路枢纽的石家庄，可以节省原料及成品的运输成本和时间，比仅有京汉铁路通过的保定更具有发展潜力。大量工商业者南移石家庄，保定因此失去冀中工商业的中心地位。1933年，由石家庄经铁路运出近62万吨煤，仅有约17万吨运至保定改船运，由铁路

---

① 见沈汝生《中国都市之地理分布》，《地理学报》1937年第4卷。

直运丰台23万吨。1934年，天津所消费的井陉、正丰、阳泉煤，多由石家庄经正太、京汉、北宁铁路运输；1931年后，山西棉花运津时也多以铁路代替船运。①自1913年到抗日前夕，保定城市衰退得十分严重，据杜恂诚《历年所设本国民用工矿、航运及新式金融企业一览表（1840—1927年）》统计，到1927年，保定共设立5家工厂，均为商办，规模都很小，总资本只有850万元。这两个数字在有统计的44座城市中十分落后，分别居于倒数第10位和倒数第8位，仅占44城市总数的0.3%和0.2%；在有统计的华北区域城市中，不仅远远落后于北京、天津、济南、青岛，而且也明显落后于石家庄、烟台、唐山、太原等城市。②

古都西安由于不具备现代交通地理条件的优势，与外界一直呈相对封闭状态，导致其在20世纪不断衰落。1911年时尚有248284人，③30年代初却只有12.5万人，不及1843年的一半。④

民国时期，华北地区较大规模的城市多半是原先的政治中心和商业市镇。"只要在交通工具近代化过程中，原有商业路线不出现重大改变，原先的行政中心城市或商业市镇就可以转化为新型工商业城市，转型过程的时间虽然长短有差异，方向却不会完全逆转。"⑤华北铁路网形成以后，除了济南以外，许多较重要的行政中心城市由于地处交通枢纽之上而转型为新型工商业城市，如徐州在1911年津浦铁路通车和1915年陇海路开徐段通车后，城市人口数量猛增，社会风尚亦为之大变，到20年代末，徐州已成为津浦沿线重要的商业中心。

在近代的城市转型中，不同地区发展是不平衡的，沿江地区特别是通商口岸城市因为种种优越条件比较迅速地实现了向现代化城市的转型，而内地的许多城市则步履维艰，甚至出现倒退情况。即使沿江流域的城市，也存在许多因新型城市出现导致传统城市衰败的情形。

明清之际，苏州已经是长江三角洲的经济中心，近代以来，随着上海成为航运中心，苏州的经济中心地位受到严重动摇，其区域经济中心地位被上海取代，在商业贸易上还要附属于上海。当无锡工业超过苏州后，其衰落就更加厉害。1908年，苏州人

---

① 雨初《国有铁路各站民国二十三年商煤运输之研究》，《铁道半月刊》1936年第6期；李洛之、聂汤谷《天津的经济地位》，南开大学出版社，1994年，第172、192页。
② 何一民《近代中国衰落城市研究》，成都：巴蜀书社，2007年，第326—327页。
③ 西安市地方志编纂委员会《西安市志》第1册，西安出版社，1996年（电子版）。
④ 赵永革、王亚男《百年城市变迁》，北京：中国经济出版社，2000年，第28页。
⑤ 江沛等《中华民国专题史：城市化进程研究》，南京大学出版社，2015年，第320页。

口约 17 万人，到 20 世纪 30 年代，人口始终在二十五六万人徘徊。①

地理条件的恶化，使城市发展停滞或衰落，也有许多事例。镇江是大运河和长江的交汇口，长期以来是江南贸易的中心。1858 年开辟为通商口岸，据 1906 年海关统计，镇江贸易总额高达 35949 万海关两。由于沪宁、津浦两铁路通车，山东境内和苏北北段大运河淤塞，地理条件逐步对镇江不利，此路货物大宗由铁路经徐州、南京转向上海，到 1931 年进出口贸易总额减少到 20926 万海关两，仅及 1906 年的 58%。②

有的旧商业中心城市因为现代交通方式的出现和交通线路的改变，被新的商业中心和交通中心所取代。湘潭长期都是广州与长江流域中部间的重要商业集散地，外国货物至广东上岸，也都是由湘潭分运内地，内地货物也是经此运往广东至外国。1904 年长沙开埠后，迅速成为湖南最重要的商业中心，从此"进口货该归长沙直接分散，出口货亦直运长沙汉口而至沪"。③到 20 世纪 30 年代湘潭商务已日益衰落，其在湖南已不占重要地位。由于长沙已经包括了衡州和湘潭的商务，湘潭在商业上沦为长沙的附庸。

江西，"沿赣江各都市，以前因系由广东达北平之应试大道，陆路都市甚发达。后以海道便利，改由水路，各陆路都市自不免因此而受影响。惟各地均各有其因有之出产，故除为重要交通政治商业中心如赣县、吉安、樟树镇、南昌、九江等市，及由矿业工业而发达之景德镇、萍乡、余干、万载等处外，其他各处尚成地方都市存留发展。仅旧浮梁县城因与景德镇接近，居民被其吸收，作极端之衰退，有成历史遗物之概。工业国家，人口向都市集中之烈，此乃其最良之证明"。④

福州在开埠前的地位远胜于上海，开埠之后其对外贸易却被上海远远甩在了后面。第二次鸦片战争以后，长江航线和北洋航线相继开辟，汉口、九江、天津、营口等港口城市陆续开放，福州的贸易口岸地位进一步下降，之后由于中法战争的影响，城市更加衰落。20 世纪初，虽然对外贸易有所增长，但发展仍然十分缓慢。1919 年时还有 62.5 万人，⑤1935 年 6 月调查时已经下降到了 4.3988 万人。⑥厦门原本是福建与日本、东南亚及荷兰东印度公司贸易的重要港口。1844 年开埠后对外贸易落在了上海后

---

① 隗瀛涛主编《中国近代不同类型城市综合研究》，成都：四川大学出版社，1998 年，第 609—610 页。
② 茅家琦《长江下游城市近代化的轨迹》，《湖北大学学报》（哲学社会科学版），1994 年第 3 期，第 39 页。
③ 汉行调查《湖南湘潭之经济概况》，《交行通信》1934 年第 6 号。
④ 蔡源明《江西之住民与都市》，《地学杂志》1931 年第 3 期。
⑤ 中华续行委员会《中华归主——中国基督教事业统计（1901—1920）》下，北京：中国社会科学出版社，1987 年。
⑥ 《各大城市人口一览》，《申报年鉴》，1936 年，第 176 页。

面，19世纪60年代以后，由于海上航线变迁，对外贸易更加衰落，上海、天津、汉口等都远远超过了它。20世纪初叶，厦门的外贸功能几乎丧失，城市的发展也颇受影响，最终沦为了东南沿海城市中一个典型的消费型商业城市。① 宁波也是在开埠后远远落在了上海、天津、重庆、汉口等城市后面，城市人口在20世纪初尚有40余万，到1936年降至25万人。② 到1947年时内政部方域司的统计更是还略少于此数。1914年全市企业不到20家，1949年工厂仅484家。③ 厦门、宁波、福州都是和上海一样的开埠城市，开埠一方面帮助它们实现了自身向现代城市功能的转型，远远超过了中西部城市。可是相对于它们在开埠通商以前的重要贸易中心地位，却大大落后了，尤其是远远落在了上海后面。这其中既有海上交通线变化的原因，也有三个城市自身地理条件的因素。

广州也在近代开埠后失去了中国对外贸易的垄断地位，上海以其优越的地理位置和便捷的交通运输，取代了广州以前的对外贸易中心位置。广州相对衰落的重要原因就在于自身的地理条件和交通运输条件不能适应近代交通地理变迁的大形势。当然，相对于广大内陆城市而言，它仍然是一个极其发达的城市。对于全国而言，它也还是一个重要的口岸城市。

东北一些驿道中枢或政治、军事重镇，由于交通运输路线的变更，以及政府政治、军事目标的改变而渐趋衰败。如吉林宁安（即宁古塔，今属黑龙江省）在清末以前，一直是东北北部军事重镇。清末由于政局变动以及铁路的兴起，宁古塔的发展呈停滞状态，风光不再。营口长时期以来与华北保持密切联系，还与上海交往，使长江中下游和福州以北沿海各地物产得以与东北的物产交流，它在1861年被辟为商埠，1872年实际开埠，日益发展成为本地区的一个商业中心，但自东北铁路网日渐完善后，它的贸易量也急剧下跌。

西部地区衰败的城市就更多，昆明和梧州因为滇越铁路和滇缅公路的开通、西江内河航运的发展等因素而得到发展，贵阳、太原也有所发展，兰州、西宁则发展缓慢或停滞。兰州在近代以前是西北政治军事和商业重镇，在晚清的回民和捻军起义中便受到沉重打击，1926年，刘镇华的镇嵩军又围城8个月，守城军民因此而死者达5万人以上。④ 1928—1929年又发生了严重的旱灾，由此更加衰败。直到20世纪30年代

---

① 何一民《近代中国衰落城市研究》，成都：巴蜀书社，2007年，第302页。
② 隗瀛涛《中国近代不同类型城市综合研究》，成都：四川大学出版社，1998年，第409页。
③ 何一民《近代中国衰落城市研究》，成都：巴蜀书社，2007年，第305页。
④ 李振民《陕西通史·民国卷》，西安：陕西师范大学出版社，1997年，第137页。

随着政局逐渐稳定和交通状况的改善，城市经济才重新走上正轨。抗战前城市人口一直保持在9万多人。西宁1933年调查时达到了16.3599万人，①可抗战后设市时只有5.5564万人，②到1949年也只有7.08万人。③

西南地区有许多身处内陆，不占水路、陆路交通便利的城市发展相对缓慢，例如成都平原，尽管有都江堰水利灌溉之利，物产富饶，但因身处封闭的四川盆地，近代缺乏便利的对外交通运输条件，故仍局限于自给自足的自然经济状态，近代资本主义经济对其的影响非常缓慢，经济地位明显地跌落下来，经济发展大大落后于沿海城市，也较沿江地区的重庆要落后。成都没有外国人开办的洋行和工厂，最早的近代民族工业是1877年在洋务运动中创办的四川机器局，直到20世纪初，近代资本主义经济才缓慢地渗透进来，出现了书局、造纸公司、电灯公司、织布厂、肥皂厂等民间商办近代工业和造币厂、劝业总局以及火药厂、兵工厂、火柴官厂、肥皂官厂、官报印刷厂、学务公所印刷厂等官办工业，但不论官办、商办或官商合办，均以手工操作为主，规模都不大，实际水平并未超过手工作坊。贵阳至民国初年，城市仍然保持着明清两代的大致形态，只是在城市中心区出现了一些新兴的商业设施和工业设施，如官办企业警务工厂、官办银行、书局等近代工业企业。④

大西北的甘肃、宁夏在20世纪20年代城镇数量只有三十来个，属于地广城稀的典型地区。其城镇规模很小，城镇城周都在20里以内，且人口过万数的不到一半，5万人以上的仅3个，没有一个超过10万人。到1949年中华人民共和国成立时，甘宁青三省区仅有3座小城市，没有一座大中城市。⑤

新疆地区一些地处相对边远、交通不便或是由于政治军事功能转移的城镇因缺少近代转型的商业动力，出现了衰落的征兆。如巴里坤，"不久以前巴里坤城还被认为是一个重要的县城，而在更早些时候它的重要作用甚至还很大。但现在巴里坤是一个被人遗忘、人口稀少的荒凉县城"。⑥属于同一因素衰落的还有原来南疆八大城的乌什县、温宿县（原阿克苏旧城）。

喀什噶尔是南疆中心城市，在19世纪就多次遭到战乱破坏，如张格尔在浩罕国

---

① 《各大城市人口一览》，《申报年鉴》，1936年，第176页。
② 曹洪涛、刘金声《中国近代城市的发展》，北京：中国城市出版社，1998年，第302页。
③ 翟松天主编《中国人口·青海分册》，北京：中国财经出版社，1989年，第224页。
④ 根据李旭《西南地区城市发展历史研究》，重庆大学博士论文，2010年9月，第177页。
⑤ 根据何一民《近代中国衰落城市研究》，成都：巴蜀书社，2007年，第291页。
⑥ ［苏］尼·维·鲍戈亚夫连斯基《长城外的中国西部地区》，北京：商务印书馆，1982年，第94页。

支持下的叛乱、阿古柏的军事独裁统治，都几乎令当地社会经济走向崩溃。新疆建省以后，喀什噶尔其地位一直受到叶尔羌的威胁。由于叶尔羌具有优越的交通地位，很快成为与印度贸易的商业枢纽城市，分散了喀什噶尔作为中心城市的集聚功能。同时，自19世纪末到20世纪初，沙俄一直向新疆渗透，为控制新疆市场，在喀什噶尔伊犁、塔城等地设立了华俄道胜银行分行，令它们都成为俄国商业资本的附庸。沙俄政府垮台后，道胜银行所发行的纸币停止，其在各地开设的分行也倒闭，对喀什噶尔和伊犁的经济又造成了沉重打击。

1884年新疆建省以后，新疆的政治中心从伊犁转移到迪化，迪化成为全疆最大的军事政治经济文化中心，城市人口也居于新疆各城市首位，[①]伊犁惠远城的全疆中心城镇地位随之被取代。伊犁的政治、军事地位都急剧下降，辛亥革命后伊犁将军一职要被取消，行政地位对于城市的驱动优势已不复存在。"自革命以来，将军副都统裁撤，只派镇守使一员，行政机关缩小，满人口粮及内地协款皆已停辍，军队又已减少，于是金融奇紧，生计困难，商工亏蹶，市面萧条。"[②]

许多在近代以前非常繁荣的资源型市镇，却在此时由于传统产业遭遇近代技术的冲击，传统产业部门无法适应近代工矿产业体系的需要而逐步衰落，比较有典型意义的就是佛山和景德镇。

佛山早在北宋时期便成为佛山镇，一直手工业较为发达，明代以后成为有"南国陶都"的资源型城市。然而随着清末外国商品和生产、陶冶技术的传入，佛山传统铸造业受到强烈冲击，持续衰落。进入20世纪后，佛山又遭遇了日商在上海、天津、东北开设的陶瓷厂竞争，传统的冶铁业和陶瓷业风光不再，向工商业城市转型的过程中又始终受到广州贸易的羁绊。在民国时期，佛山是一个衰落的城市。1913年日本估计人口约22万到23万人。[③]战后1946年却只有7.7331万人；1948年也只有9.5529万人。[④]

景德镇在宋代已是以陶瓷业名扬海外的"瓷都"，至清代，成为与汉口、佛山、朱仙镇并列的天下"四大名镇"。在近代，它和佛山一样，遭到了外国机器大生产的猛烈挑战，单一的手工生产为基础的陶瓷业完全无法招架。到1931年，景德镇各类工厂有5000所，开工者有3500余所，瓷窑139座，开烧者80余座，绘制彩瓷的红

[①] 《新疆图志·民政三》，第1588页。
[②] 王应榆《伊犁视察记》，《西部文献丛书》第139册，兰州古籍书店，第120—121页。
[③] 东亚同文会《支那省别全志》第1卷《广东省》，1918年1月21日，第157页。
[④] 佛山市地方志编纂委员会《佛山市志》上册，广州：广东人民出版社，1994年（电子版）。

店仅千家。① 抗战期间再遭日军轰炸，至 1940 年春仅有瓷窑 33 座。② 1923 年，景德镇尚有工人 20 万，至 1949 年总人口已降至 9 万多。③

事物的进步是新陈代谢，城市的发展也是如此，当新兴城市展露其蓬勃朝气磅礴前行之际，总会有一批旧的先锋城市随着历史条件的变化而活力衰竭逐渐枯萎。城市就在这种新旧交替中进行着现代的转型。

第三节 痼疾难破：城市转型的缺陷

一、抗战以前城市转型的不彻底

这场城市转型的大幕已经开启，然而不得不提的是，这时期全国兴起的城市虽然初具规模，但许多都是徒具其形，并无城市的真正内涵。有许多城市一方面只见人口增加，可是经济生产方式并无根本变革，工业生产仍在极其幼稚阶段，尤其缺乏大工业，一切城市设备也十分落后原始，比诸外国乡村都有很大距离，很难称作城市。山西大同虽在京绥铁路修建以后工商业有了一定发展，城市面貌有了一些变化，但到 20 世纪 20 年代仍然是穷荒之壤，传教士卫礼贤描述其"除了个别又丑又怪和欧洲式的建筑之外，中国式的房屋矮矮地低伏在一片宁静平和之中。这里居住着照相师、牙医以及贩卖日本和欧洲垃圾的小贩"。④ 辛亥革命后不久，财政部在对中国与日本进行比较时说道："日本行市制者仅东京、大阪、横滨及其他大埠……非如我国若城若镇概称之曰市者可比。故我国省城商埠略与日本之市相等，若城若镇略与日本之町村相等。"⑤ 可见，中国官方机构很早就知道中国城市内在核心的脆弱。这种特点不仅只存在于一些城镇，即使在一些较为发达的大城市，其城市现代文明仍属农业文明汪洋大海中的一座孤岛。南京成为全国首都后，有人如是描述："它名义上虽是都市，可是

---

① 张泽垚《十年来之江西工业》，引自江沛等《中华民国专题史：城市化进程研究》，南京大学出版社，2015 年，第 197 页。
② 江沛等《中华民国专题史：城市化进程研究》，南京大学出版社，2015 年，第 197 页。
③ 钟建安《近代江西城市发展研究：1840-1949》，成都：巴蜀书社，2011 年，第 260—261 页。
④ ［德］卫礼贤《中国心灵》，王宇洁译，北京：国际文化出版公司，1998 年，第 114 页。
⑤ 《财政部调查会为移送江苏省岁入岁出简明总表致泉币司付 附视察报告及简明总表（1912 年 12 月 13 日）》，中国第二历史档案馆编《北洋政府档案》第 60 卷，北京：中国档案出版社，2010 年 10 月，第 98—99 页。

完全没有脱离乡村社会的状态，不仅有整千整万的农民，而且有阡陌相连的耕地。"①
就连上海，也有人评价它："虽然拥有众多之人口，实未具备近代都市之重要设施。"②

从城市人口的职业结构分析，也能发现许多城市问题。笔者认为，在沈汝生和中华续行委员会所统计的城市表里，以今天眼光观之，许多地方是否能属于现代城市是值得怀疑的。比如在他们的统计中，将贵阳、遵义、涪陵、金华等包括入内。其实根据20世纪30年代民国相关部门对铁路沿线城镇的考察，川黔两省，除重庆与贵阳两市以外，其余地方农民都达到了70%以上。③即使贵阳一地，共人口11.4558万人，农民也占了人口60%以上，商人只占了约15%，矿工、手工业者只占约13%，无业者为32%。④其农业人口占有了绝大多数比例，非农人口比例如此之少，很难将这样的城市划入现代城市之列。从工业发展的角度看，川渝之地，"工商矿业均未萌芽"，⑤若涪陵的现代工业仅有一家火柴厂、一家制革厂、一家水力磨面厂、手工铁机织手工木机织布厂若干家，工业尚处于极幼稚时代，⑥因此，无论从非农业人口和农业人口的比例，还是从工业发展水平来看，云贵川三省，当时和现代城市最接近的只能是昆明、重庆、成都。此外，这些统计还将老河口、万县、阆中、亳州等地均列为城市，笔者对此皆难以完全认同。金华的农业人口占了80%以上，⑦更是不能算成一座现代城市。即使若青岛这样的城市，自接收改市后，乡村面积仍大过于都市，约占70%，市区面积占30%。农民人口共20.1005万口，占全市人口50%。⑧到1937年，其乡区较市区大七八倍，50余万人口中有30多万农民，市区人口仅占1/4。⑨

再如据1934—1936年调查，成都总人口共计47.5808万人。其中工业职工4.1986万人，使用机器的工人只有3978人；商业人员12.7576万人，农业2707人。党政军警人员1.6523万人，自由职业1.2523万人，各类服务人员3.3029万人，矿业486人，其他职业包括伶人、稳婆、星相、娼妓等8.3505万人。无业者1.5490万人。可见抗

---

① 梁克西《京市自治问题》，《南京社会特刊》1931年第1卷第1期。
② 褚承献《上海医事之现况及瞻望》，《市政评论》1947年第9卷第9、10期合刊。
③ 殷梦霞、李强《民国铁路沿线经济调查报告汇编》第14册，北京：国家图书馆出版社，2009年，第244页。
④ 同上书，第241—242页。
⑤ 同上书，第244页。
⑥ 殷梦霞、李强《民国铁路沿线经济调查报告汇编》第13册，北京：国家图书馆出版社，2009年，第13页。
⑦ 殷梦霞、李强《民国铁路沿线经济调查报告汇编》第10册，北京：国家图书馆出版社，2009年，第72页。
⑧ 李宗黄《考察江宁、邹平、青岛、定县纪实》，第150页，张研、孙燕京《民国史料丛刊》第748卷，郑州：大象出版社，2009年，第190页。
⑨ 《手工艺品预展及本市手工业之将来——都市与农村之经济交流》，《都市与农村》1937年第23期。

战以前，成都是以商业消费为主的城市。①1934年《市政评论》统计："成都市完全是个消费者和供给消费者的组合，无职业的户口，占着全市户口八分之一，这种比例，不足为奇，在中国任何城市，差不多都是这个现象。手工和小贸户口之多，可以证明成都的工商业还没有现代化。"②这种城市化即使发展速度再迅猛，也只是一种缺乏内涵的虚假城市化。

西部大多数城镇都处于刚刚起步的阶段，许多甚至不能称为城市。1939年，据国民政府交通部对滇缅公路沿线部分地区的经济调查："祥云为滇西二等县，旧为大理七属之一。位于红河上游，东与姚安、镇南交界，南与弥渡为邻，西接凤仪，北连宾川、盐丰。全县人口约有12万，面积约有7400余方里，而拥有五大平坝即城川、菠川、米甸、禾甸、荞甸，为滇省著名平原之一。"这里，"商人皆系流动者，且为乡民兼任。至城内固定商店则极少，现仅有洋货铺一家，纸烟铺二家，杂货铺七家，小布店二家，且规模均较小，资本无超过国币伍千元者"。大理附近的漾濞，"商皆小贸，城内及平坡脉地每四日或六日赶街一次，早集晚散，一切交易不过米粮、盐、茶、烟、酒、土杂、棉织物等类。经济：查漾属地僻人稀，人民悉皆从事农业，缺乏殷实之户，又无兑换之所，经济常感困难"。龙陵县，"城厢偏小，居民稀少，市靡冷淡……附近居民日中为市，当地出产既不丰富，地方财源自亦随之不景，纵有较大资本营业，亦苦销路不畅"。保山县，"其经济状况仍为自给自足，其需输入者仅洋纱与棉花"。腊勐，"货物运输量极微，依目前情形计，除输入极少量之洋货及盐巴、土布外，别无他项货运可言"。1942年云南巧家县，"县属商业不甚发达，向无公司之组织，即正式开设商店者亦为数不多，盖以本县土产货物多行销境外，其输入货物仅洋广杂货，且销数甚少，故专营商店者只十余户而已"。③

昆明地处西南边陲，由于通往内地的道路极其困难，又缺乏现代交通工具，直至30年代，仍然是一个被旧式城墙环绕的小城，来到这里的外国人形容它"依然保留着三百多年前吴三桂修建这座城市时的原貌……除了主要街道的路面上已经铺上柏油以外，完全没有现代化的痕迹"。④贵阳则是"一座没有任何变化的明代城市……没有一点点二十世纪的色彩"。⑤整个西南地区，除少数中心城市出现近代工业萌芽以外，其

---

① 曹洪涛、刘金声《中国近代城市的发展》，北京：中国城市出版社，1998年，第246页。
② 《成都户口统计分析》，《市政评论》1934年第2卷第2期。
③ 戴鞍钢《晚清至民国西部工商业和城市困顿探析》，《中国延安干部学院学报》2008年第6期。
④ ［澳］C.P.菲茨杰拉尔德《为什么去中国》，济南：山东画报出版社，2004年，第117页。
⑤ 同上书，第137页。

他城市都还停留在以自给自足的封建农业经济为主体的经济形态水平上，即使有的城市出现薄弱的近代工业，其又总是和大量的前现代的生产方式和文化习惯缠绕在一起，使得现代化的生产关系无法挣脱前现代习惯力量的重重束缚得到自由的发展。现代化生产方式的发展的每一步，落后的生产技术、经营管理中的家族宗法制度、生产者的狭隘、保守的特征共同强化着的封建生产关系，就愈加增强着自己对于现代生产方式的制约，由是也制约着城市功能的现代转型。尤其川西、云南、贵州的一些边远山区，仍是封建领主经济、奴隶制经济和氏族、部落等原始经济并存的社会，与现代化水平相去甚远。

西藏、新疆等地情况也大抵如此。1940年，国民政府蒙藏委员会委员长吴忠信在西藏所见："西藏产业落后，金融枯滞，九十余万平方公里之面积不但无一现代化之银行，即旧式钱庄、银号等亦付阙如。金融组织完全操之寺庙之头人、豪富、巨贾之手。金融势力可分藏、康、汉、尼（泊尔）等四帮……以上各帮商号例兼汇兑、存放等业务，且帮与帮间轸域分明，甚少合作，因此各地'钱业公所'一类机构无法组成，垄断独占固所难免，盈虚调节亦欠灵活，遂至利率之高内地罕有，都市年利有达三四分者，乡村更有高至一本一利者。乡村利贷原多实物，如播种时贷予籽粮一克（二十升），收获时即须偿还二克。"①1906年8月，英国人斯坦因一行来到新疆和田，"喀拉喀什镇每周一次的集市，这里是和田繁荣的中心市镇。在通往喀拉喀什的路上人流滚滚，有骑马的商人，有带着商品和农产品的乡下人"。②直到1949年前，除中心城市及其周围地区以外，僻远山村仍然处于以物易物阶段，商品交换长期停留在原始落后状态。③

1932年11月，旅居新加坡的华侨林鹏侠从上海动身，去西北陕、甘、青、宁各省考察。她在青海所见："境内实业极幼稚，一切需用均仰给于省外。……蒙番各地概无商店，只就上等蒙包番帐内为之，多以货物交易，银钱媒介物不多见也。"④1945年刊印的《青海志略》称："青海商业除西宁各县外，其余均为蒙番游牧之民，故其交易极为简单，以物易物，货币不甚适用，因其不辨银色之真伪及银两之轻重。汉人至其地采办货物，无物不收，即旅行之人，其饮食之料，驼运之价，亦须以货物为

---

① 中国第二历史档案馆《黄慕松、吴忠信、赵守钰、戴传贤奉使办理藏事报告书》，北京：中国藏学出版社，1993年，第184—185页。
② ［英］奥里尔·斯坦因《斯坦因中国探险手记》，巫新华等译，沈阳：春风文艺出版社，2004年，第167—168页。
③ 纪大椿《新疆近世史论稿》，哈尔滨：黑龙江教育出版社，2002年，第296页。
④ 林鹏侠《西北行》，兰州：甘肃人民出版社，2002年，第26页。

抵，予以银两，虽多给之，亦不收易。"①

不在新式交通线上的多数城市，到抗战前虽然不少城市面貌有所变化，但其内外交通依然以人力和畜力工具为主，工商业发展程度很低，没有成为当地经济结构的支撑部门，这些城市仍然和传统城市一样主要依靠农业经济供养。有人形容当时都市与乡村的界限，"并不能画然分明。乡村之外，有市镇，有小城市，有较大的城市，最后始有文明集中的新式都市。内地许多城市，到了麦收的时候，差不多十分之七八的店铺，都要停业好几天，其缘故，就是因为店铺中的商人和手艺工人，一起下乡去收麦。这种城市其农业的色彩还是很重，简直很难说定这样的城市应该算作都市，还是应该算作农村。……一切内地的市镇、小城市和大城市，统是现代都市和农村中间的过渡阶段，也就是现代都市侵略农村的媒介物"②。这段话生动描述了中国城市在转型期的过渡特点，尽管现代城市的雏形在基本确立，但是被广大的乡村文明所环绕，城市与乡村、市镇往往难以区分。

城市功能转型的缓慢，归根结底是由于现代工业化水平的低下，限制了城市现代工商业功能的发展。现代城市，本质上是现代工商业的发展空间，这是其与农业社会城市的根本区别，而现代工业又是一座城市的根基，无此根基，则城市建设得无论多么光鲜华丽，都是虚有其表。城市人口的多寡往往并不能反映当地已经成为一座现代工商业城市，因为近代人口集中于一座城市，常常并非为当地的现代工商业发展所吸引，而是由于其他原因导致乡村人口向城市的迁徙。许多城市执政者也缺乏"都市意识"，他们的自我定位往往和传统的县长省长一样，只视自己是在一个行政区划代表国家推行大政，却无在城市发展工商业的意识。这反映了许多城市官员仍然还停留在传统城镇下的行政长官的素质水平，他们采取农业社会下封建政治中的行政手段来管理城市事务，必然会延缓城市向现代都市文明的转型。

现代工业的基础是煤铁工业，时人称钢铁业为工业之父，煤业为工业之母。据1930年调查，我国钢铁产量只有30万吨，还在印度之下，产量最高的美国则达到4亿多吨。我国每年都要大量进口钢铁，1919年、1920年，每年钢铁进口数额为30余万吨，1929年则增加到64万吨，10年间数量增加了1倍。进口钢铁在全国钢铁消费量上约占50%以上。我国自身产钢能力在30年代只有11.5万吨，且其中许多是用土法锻炼，每年土法锻炼出的生铁都在12万吨左右，居然超过采用现代冶炼方式

---

① 《青海志略第5章·青海之经济概况》第9节《商业》。
② 谷春帆《中国都市金融的现状》，《中学生杂志》1934年第41号。

产生的生铁数倍。至于煤业，中国原本煤矿丰富，在世界位居第三，煤之生产也每年在增加，然而煤的消费多用之于城市市民的日常消费，达43.30%，用于工业的只占32.6%。当然，后来随着新式工业的增加，新式工业所占比例有所上升。然而，由于天灾、交通、成本、外煤倾销等原因，每年还是需要大量外煤进口，特别是华南等口岸城市和工业中心，若上海每年360余万吨煤，日煤就占了90余万吨，仅次于最大煤矿供给者——开滦煤矿。① 由此可见，近代中国城市现代工业的基础是极其薄弱的。据统计，到抗战前夕，中国产业资本共计38.078亿元，而外国资本达到28.205亿元，本国资本只有9.873亿元，仅占26.2%。而在这些资本里，机械工业资本又只占1%，且均为极小的机器工场，主要是修理零件，而不是制造机器。② 工业化水平的幼稚薄弱必然限制着城市化水平的提升。

根据陈真、姚洛统计，在中国共产党成立以前，中国近代工厂里的工人总数为55.7622万人。③ 根据邮政局统计，1920年全国人口43609.4953万人，④ 我们可知中国20年代左右，工业人口比率约为0.001。那么，无论是计算几万人口的城市比率，还是2000人或2500人的城市比率，工业人口比重都远远小于城市人口比重。这鲜明地体现着中国近代城市化领先发展，工业化水平则大大滞后的特征。由于中国以农业立国，工商业多是辅助性质。中国的都市，大多是交换及消费的中心，不是生产的中心点。所以中国普通城市与近代工业化都市有重大区别，前者偏重消费，后者偏重生产。在向近代都市的转型中，这一传统特点在许多大都市里延续了下来，阻碍着城市转型的进程。中国的都市如上海、天津、汉口、广州、厦门，可说是租界的扩展，既是外国人进行商品倾销的市场，又是外国人借以对中国内地进行经济侵略的根据地。由于列强在当地的经营，大批富商、豪强、社会名流都被吸引至此享乐消费，这些都市日益热闹繁华，而内地城市和广大农村却日益衰败。但是这些租界城市的繁华只是表面现象，因为这些城市主要是靠奢侈品的消费产业发达起来，其中又主要是以推销外货为主的买办商业，所以尽管市场极其繁荣，建筑极尽壮丽，城市生产事业却极其幼稚，尤其是工业生产水平很低，这证明了城市生产功能远远小于消费功能的传统特

---

① 以上数据根据王振铎《经济建设与煤铁工业问题》，《工商学志》1935年第2期整理。
② 谷春帆《中国工业化通论》，载陈真、姚洛《中国近代工业史资料》第二辑，北京：生活·读书·新知三联书店，1958年，第957—959页。
③ 陈真、姚洛《中国近代工业史资料》第一辑，北京：生活·读书·新知三联书店，1957年，第56页。
④ 实业部中国经济年鉴编纂委员会《中国经济年鉴》第1—3章《第三章、人口》，上海：商务印书馆，1934年，第C23页。

点。这种城市化模式是畸形的、头足颠倒的发展模式,因为现代都市原本就是工业革命的产物,是现代大机器工业发展到一定阶段必然出现的空间结晶,而中国都市却在工业化水平尚未发展就由于外资的介入而率先勃发,这种城市化领先于工业化的发展模式必然主要是适应外国资本主义殖民侵略需要的,这种城市必然是以消费业和商业支撑而不利于工业生产的,也必然难以持续、健康地发展。1949年以前,上海诸地,常常人口过剩,游资充斥,盗匪猖獗,投机盛行,皆与此不无关系。

  由此也造成了另一种事实,整个近代中国资本经济中,商业资本始终大于工业资本。据估计,1933年全国商业人员约1171万人,是当时工厂职工人数的24倍,商业资本约为工业资本的10倍。[①]1936年全国民族资本中工业净产值为11.7亿元,同年商业营业额达30亿元,高出工业产值近3倍。抗战前中国的商业资本约占工商业全部资本的70%。[②]有人估计,1933年全国小商贩有311万多人,商业从业人员多达1171万多人,是当时工业人员的24倍,占当时全国城市人口的四分之一左右。[③]这说明中国城市经济的功能还是多以商业贸易为主。在一个发达的现代化国家,商业是为工业化服务的,商业利润是由工业利润决定的。中国近代城市的商业资本却并未充分有效地向工业资本转化,或主要服务于外来的产业资本,结果对于本国产业资本不仅未能起到充分的带动作用,反而还腐蚀、扼杀了民族工业的发展。经济结构的畸形导致了城市化运动的畸形发展。

  陶希圣说过,当时中国多数的都市还只是商业的都市。在这种都市里,主要的事业是农村出产物与外来的商品的交换。这种都市,在农业繁荣的时候,固然繁荣;但是他们的繁荣,并不一定使农村富庶。他们的繁荣并不促进生产的进步。最显著的是外国商品深入内地之后,社会的生产是吃亏了,但是商业都市反而大为繁盛起来。不过,等到乡村血干髓竭,这种都市也就衰落下去了。[④]而且,这种商业主要是和外国资本主义势力进行的一种不平等贸易,许多兴起的商业都市实际上成为外国资本主义渗透中国门户,打开中国市场的一个据点。不仅上海、广州、厦门、福州如此,北方的天津、青岛都充当着外国资本主义控制中国经济命脉的据点,这些城市也主要因此而兴,其城市功能必然主要是以为帝国主义贩运货物和输出原料为主的商业贸易功

[①] 张寿彭《试论中国近代资本主义商业的产生与特点》,《贵州大学学报》1986年第3期,第35页。
[②] 隗瀛涛《中国近代不同类型城市综合研究》,成都:四川大学出版社,1998年,第10页。
[③] 《试论中国近代资本主义商业的产生与特点》,载章开沅、罗福惠《比较中的审视:中国早期现代化研究》,杭州:浙江人民出版社,1993年,第431页。
[④] 陶希圣《都市与乡村》,《独立评论》1935年第6卷第137号。

能，工业生产则遭到压制。当城市成为帝国主义推行殖民政策的工具以后，它对于国家和人民的害处就必然大于它所带来的利益，其最大的害处就是扼杀了整个国家生产力的发展。在抗战结束后，湖北政府在反思武汉建设的成败时就坦陈武汉发展奠基于商业基础上的脆弱性："武汉本为商业重镇，第以随时受国内外市场波动影响，盛衰无常，且自陇海浙赣两铁路筑成后，长江两岸各省货运，一部改道，商务寝衰，于是向日之商业资本，动荡不定，乃多转而投机于房地产等类不生产之事业。今欲挽救此种危机，还须奖励剩余的商业资本，转投于各种轻重工业，使尽量发展华中经济，而维持大武汉市之长期繁荣。"①

工业的不发达造成城市里失业现象十分严重，上海、南京、北平、天津、北平、杭州、广州等地，失业者皆逐年递增，成为一大社会问题。仅以1934年为例，上海除公共租界和法租界外，全市人口为166.9575万人，失业人口达3.1117万人；南京失业和无业人口达30.0306万人，占全市人口几乎50%；汉口失业人口达10.0792万人，北平失业人口达23万人，广州失业者达5.365万人，杭州失业者约10万人。②中国城市的失业问题完全是中国现代工业薄弱的结果，是城市文明不发达的表现，"西方失业问题之总因，为生产过剩。而我国失业问题之总因，则为生产不足"。③当时各大城市人力车夫盛行，并成为一个重要的社会问题，就是由于现代工业基础薄弱导致现代职业萎缩的结果。社会学家陶孟和曾对北平的人力车夫现象分析道："北平之工业，尚未发达，几无工厂可言，彼等欲在工业界寻找工作，实不可能。于是最易谋得之职业惟有拉车，既不需资本，复无庸练习。多数劳工之操此职业，亦自然之趋势也。故北平之拉车业，有似劳工之逋逃薮，各种失业之人，无论有无技能，莫不暂以之为栖身之所。"④城市化包括人口城市化和产业城市化，"城市人口的增加需要吸收和转化的渠道，势必要求产业结构的演化升级，以创造更多的就业机会，产生更加多样化的职业，从而不断减少第一产业人口，增加第二、三产业人口……没有产业城市化支撑，人口城市化过程将难以为继"。⑤城市里现代职业不发达，无业现象严重的问题又反映出城市功能停留在消费层次，生产功能低下的顽疾。

从城市化的真实水平我们不难判断，近代中国社会其实仍旧徘徊在农业社会的阶

---

① 湖北省政府编《大武汉市建设计划大纲草案》，1945年，第7页。
② 《京沪杭粤平汉六大城市失业总计》，《劳动季报》1934年第1期。
③ 赖琏《失业与无业》，《南京社会特刊》1931年第2期。
④ 陶孟和《北平生活费之分析》，北京：商务印书馆，2011年，第30页。
⑤ 赵峥《中国城市化与金融支持》，北京：商务印书馆，2011年，第124—125页。

段，社会的经济重心，仍旧在农村。但又由于开埠通商以后，中国已被纳入世界工业经济体系之中，都市成为工业文明酝酿、传播的基地。农村经济基础受到来自都市的工业经济的打击，失所凭借，日见动摇。同时，中国社会因为外国的殖民侵略、工业资本的缺乏、旧传统社会组织的束缚，新式工业经济基础很难树立。结果，农业社会的衰败残破和工业社会的隐约漂浮，形成都市经济的混乱，并由此导致都市社会本身的混乱。

根据民国时期实业部的统计，20世纪30年代前期，各省乡村迁徙的人口中，以在乡村地区间相互迁徙的比例为最大，城市与乡村的相互迁徙中，由城市回迁乡村的比例要更高一些。这种"逆城市化"现象阻碍了城市化的进程，决定着传统的人口城乡结构始终难以有大的突破，由是也证明着中国农业社会的超常稳定，建构于此土壤上的"都市中国"只能是缓慢生长。抗战初期，海口被封，沿海城市竞相陷落，若在别的国家，可能因此而举国经济崩溃被迫投降。而我国非但国家经济基础未至毁灭殆尽，并且仍有坚强的作战能力。无疑，这是因为我国是以农立国的国家，经济基础不在少数沿海的都市，而在广大的内地农村。都市里的工业处于次要的地位，其损失亦仅是国家局部的次要的损失，而农村的安定与否，才关系着整个抗战的前途，这正是中国能够坚持长期抗战终不妥协的秘密所在。这个原因也从侧面反映出中国在抗战前城市化和工业化水平之低，现代都市并未成为国家政治经济文化生活中心的这一事实。

二、抗战结束以后城市生产功能的衰退

在近代中国，城市发展的不平衡的问题始终存在，这个问题并不仅仅体现在城市人口和数量上，更体现在发展程度上。纵观20世纪前半叶，直到抗战结束后，再到1949年，中国兴起的城市里，只有少数城市进入了资本主义性质的现代工商业城市——"都市"阶段，大多数城市还处于以自然经济为基础的封建城镇阶段，像青海省的西宁市1948年从事工商交通等职业的人数只占20.39%。[①] 湟源1948年从事工商交通等职业的人数只有6.13%。[②] 大通1948年从事工商交通等职业的人数只有3.44%，农业人口就达87.61%。[③] 有的地区如西藏城市，还近似于农奴社会的集聚点。而即使

---

① 翟松天《中国人口：青海分册》，北京：中国财经出版社，1989年，第68页。
② 同上。
③ 同上。

已经可称作"都市"的城市，也常常是商业贸易比重大于工业生产比重，消费功能大于生产功能。像广东城市内部就经济结构很不合理，各地城市都是商贸较为发达而工业基础较弱的消费城市。新中国成立之初，叶剑英指出："广东的城市一般工业基础都比较薄弱，又比其他城市更带有半殖民地的特性。"[1]而北平这种特点尤其突出。北平1912年内外城经商人数12.1806万人，占总人口16.8%；1948年6月统计，全市商业人口29.3085万人，占总人口的15.3%。工业人口所占比重一直较小，后期有所发展。1912年内外城工业人数2.8276万人，占总人口的3.3%，1946年达14.8951万人，占8.8%。无业人口民国元年内外城占50.6%，1946年占46.2%。[2]由此，可以推算出农业人口比例在1946年至1948年不会高于29.7%。因此，农业人口的比重应该不会超过工商业人口。北平30多年来，工商业人口总体呈发展趋势，农业人口维持原状，证明其确实在向一个现代工商业都市演变。但从其工商业人口所占比重仍然很小，失业人口比例如此之巨的状况来看，又可知其是一个现代产业部门发展水平极低，主要依靠行政文教行业支撑的政治城市。有人指出："北平为历代之国都，居住之市民，其生活多直接间接，仰给于政治，而不能直接从事生产，且政治上生活，较诸生产事业为安逸，于是好安善逸，恶劳畏苦，遂成平市市民一种习惯。"[3]当时许多市政学家竞相分析北平的"城市病"，一个共识就是生产事业尤其是工商业的不发达，是其病根。再如近代郑州，虽然现代工商业也有了相当程度的发展，但这些新式工商业不仅出现较晚，发展较慢，而且除了豫丰纱厂等个别企业外，整体规模不大。同时，由于政治腐败、军阀混战、日寇入侵等因素，郑州近代工商业的发展十分坎坷。据统计，到1948年人民政府接管郑州前夕，全市仅有几家不像样的工厂，职工总数不到1000人，年产值约300万元。[4]近代郑州作为一个因铁路交会和开辟商埠而兴起的工商业城市，并未最终完成城市的现代转型。

抗战打乱了中国近代城市发展的进程和发展格局，抗战结束后诸多城市发展格局又发生了大的变化。一些具有代表性的大城市，工业呈明显衰退之状，这导致了其城市功能也日益衰退。据记载，汉口在抗战期间，人口伤亡1.212万人，工商业损失8203亿元，金融业损失678亿元，工业企业减少75%。[5]抗战后，上海460万市民每

---

[1] 叶剑英《叶剑英选集》，北京：人民出版社，1996年，第222页。
[2] 李慕真《中国人口：北京分册》，北京：中国财经出版社，1987年，第57页。
[3] 子先《北平治安问题》，《市政评论》1934年第2卷第4期。
[4] 中共郑州市委政策研究室《郑州市情》，郑州：河南人民出版社，1986年，第18页。
[5] 《汉市在抗战时各种损失简表》1945年12月。

日消耗肉类39.4万斤,平均每14个市民食猪肉一斤,每46个市民食牛肉一斤,每1050个市民食羊肉一斤,真正能食肉食的,只是极少数。① 上海在战后由于伪币盛行导致物价飞涨,投机市场繁荣,资金竞相注入其内,工业资本反而稀少,工厂多数都陷入停顿状态,长期难以复工,而战后成立的一批中小型厂又先天不足,整个工业界便是一片颓废之势。上海城市其实并无生产能力,主要以金融投机而兴,犹如一虚胖之人,外强中干。据战后1946年9月广州市政府统计室公布,全市直接及间接损失共计达1926.51727955亿元国币。② 佛山、南海、顺德、汕头、潮州、四邑三埠、曲江等城市,均曾遭到过日军抢劫或焚毁,以及土匪的烧杀抢掠,城市经济遭到了极大摧残。广东民营工业在战前有2000余家,抗战后仅仅剩下400家。③ 广东的工业体系遭到毁灭性打击。主要城市战前战后工业状况对比的大致情况可见表9.2:

表9.2 上海等12个城市的工业 ④

城市	厂数				工人数				资本				生产净值			
	1933		1947		1933		1947		1933				1947			
	实数	%	实数	%	实数	%	实数	%	实数(千元)	%			实数(千元)	%		
合计	9679	100	12899	100	464693	100	604297	100	320569	100			1094852	100		
上海	3485	36	7738	60	245948	53	367433	61	190870	60			727726	66		
天津	1224	13	1211	9	34769	8	57658	10	24201	8			74501	7		
青岛	140	1	185	1	9457	2	28778	5	17650	6			27098	2		
北平	1171	12	272	2	17928	4	7833	1	13029	4			14181	1		
南京	687	7	888	7	9853	2	9148	2	7486	2			23438	2		
汉口	497	5	459	4	24992	5	21048	3	8816	3			26309	2		
广州	1104	11	473	4	32131	7	25085	4	32131	10			101569	9		
重庆	415	4	661	5	12938	3	34367	6	7345	2			10496	1		
西安	100	1	69	1	1505	*	5913	1	161	*			413	*		
福州	366	4	176	1	3853	1	3067	1	2642	1			7773	1		
汕头	175	2	121	1	4555	1	5233	1	2198	1			4084	*		
无锡	315	3	646	5	63764	14	38764	6	14070	4			77264	7		

---

① 《都市之窗、市民和肉类》,《市政评论》1947年第9卷第7期。
② 黄菊艳《抗日战争时期广东损失调查述略》,《抗日战争研究》2001年第1期。
③ 陈真、姚洛《中国近代工业史资料》第1辑,北京:生活·读书·新知三联书店,1957年,第194页。
④ 《中国工业调查报告》下册,1933年;《全国主要都市工业调查初步报告提要》,1947年,载严中平等《中国近代经济史统计资料选辑》,北京:中国社会科学出版社,2012年,第106页。

从上表看来，在抗战后工业水平处于衰退状态的有北平、汉口、广州、西安、福州、汕头，其中北平衰退尤其明显。

工业城市才是最具现代特色的都市类型，近代中国通商口岸城市的经济主干，始终是商业而非工业，直到1949年，近代工业在中国工农业总产值中所占比重只有17%，连同工场手工业在内也仅占23.1%。① 通商口岸城市首先是贸易、金融和服务业中心，不算真正的工业城市。最接近工业城市的是矿业城市，如唐山，但在民国，这种城市仍然十分少见。据1947年国民党政府的调查，全国（包括台湾）有20个较大的加工工业城市。另有若干个以矿业为主的城市，其中一些城市的商业资本大大超过工业资本。② 工业城市在民国时期是最少见的，这正是中国现代化运动发展缓慢和畸形的根本原因。这个症结直到1949年以后才得以医治。

由于中国城市大都工业基础薄弱，中国的城市经济，就只剩下低级的商业资本，和依附于商业的高利贷资本，此外，还有那几千年来支持和构成城市经济主体的封建地主经济。由此，就决定了中国城市经济的几个特点：（一）封建经济成分大于资本主义经济的成分，占主要经济地位的是几千年来支持和构成城市经济主体的封建地主经济和官僚资本主义经济，如北平、苏州。（二）商业经济大大超过工业经济。到1948年，中国商业资本所占比重已达90%，工业资本仅占10%左右。③（三）消费活动大于生产活动，城市经济的消耗多于生产。而消费的来源是依靠封建势力对农村的榨取、官僚豪门对民间的搜刮，以及商业资本对农民与一般小市民的剥削而得，还有一部分消费是以农产品和金银外汇流向国外而换得。中国城市正是在这几个特点中发展而来的，这几个特点造成了中国城市的表面发展，又成为城市现代转型的瓶颈。改变这种特点，打破这个转型的瓶颈，正是摆在以后的国家执政党和城市执政者面前的任务。

---

① 吴承明《中国资本主义的发展述略》，《中华学术论文集》，北京：中华书局，1981年。
② 国民政府经济部《1947年全国主要都市工业调查初步报告提要》，转引自宁越敏、张务栋、钱今昔《中国城市发展史》，合肥：安徽科技出版社，1994年，第470页。
③ 隗瀛涛《中国近代不同类型城市综合研究》，成都：四川大学出版社，1998年，第10页。

第十章　传统中的现代：20世纪中国城市社会转型与城市社会的现代化

伴随中国近代社会经济和文化的变迁，20世纪中国城市开始由过去单纯的政治、文化中心向现代交通、文教、工业和商业中心转型，由消费型城市向生产型城市转型，城市功能日益复合化。随着城市化和城市现代化进程的加快，大量农村人口涌向城市，城市聚集的人口越来越多，城市规模日益扩大，城市社会阶层日益复杂化和多元化，城市社会生活与传统城市相比有了明显变化。

第一节　中国早期城市的功能与城市居民结构

城市化与城市现代化是一个综合发展的过程，在这个历史发展的过程中城市社会系统在其结构和功能方面均发生全面、深刻和持续的变化。城市社会结构及其功能的变化受多种因素影响，包括生产力的进步、思想观念与思维方式的更新，社会生产组织和生活方式的转变，以及外来文化和政治权力的影响等。在这个变迁的过程中，尽管表现出的面相与过去迥然不同，但其演进道路和发展模式与过去并不是隔绝和孤立的。从传统城市向现代城市的转型不是从"传统到现代性的一场简单转变，而应将其看成从远古时代到不尽未来的无限连续体的一部分"。① 因此我们在研究和讨论近代中国城市社会结构和社会生活的变化时要结合中国城市的早期发展历史，从城市生活的

---

① [美] C.E.布莱克《现代化的动力：一个比较史的研究》，段小光译，成都：四川人民出版社，1988年，第75页。

传承和内在同质等方面进行思考。

一、城市功能与早期城市居民的职业构成

中国早期城市的起源一直可以追溯到新石器时代，从目前已经掌握的我国早期人类活动遗址考古发现可以看到，早在龙山文化时期的山东城子崖遗址、河南郾城郝家台遗址、河南安阳后冈遗址，均发现具有城市建筑和设施特征的土墙、道路、房屋、手工作坊，甚至排水设施。通常考古工作者在这些早期城市遗址中可以发现具有防御性质的城墙，此外还时常发现祭坛或可能是祭坛的夯土基址。从考古发现的成果看，早期的城市除了具有防御的功能外，多具备祭祀的功能，这与世界其他文明区早期城市的基本特征是一致的。

夏商是中华文明形态初步确立的时期。这一时期也是我国奴隶制确立发展时期，以"王"为代表的统治者所管辖的广阔地域不断扩张。《淮南子·泰族训》记载："纣之地，左东海，右流沙，前交趾，后幽都"[①]，所辖地域广阔。夏商历代统治者在新征伐的土地上不断构建军事据点，形成早期城市的雏形。随着宗法制度和分封体制的日益成熟，夏商时期，以王畿为首位城市，各诸侯国都城为区域中心城市的城市体系建立起来，这些城市的建造多与军事征伐有关。以江汉地区的商代盘龙城为例，作为迄今为止在长江流域发现的唯一一座三千年前的商代古城，盘龙城规模宏大，从已经发掘的遗址看，该遗址有夯土筑成的城垣和宫殿，周边有大规模的贵族墓葬，墓葬中有大量的殉葬奴隶遗骨及成组的青铜器。古城东北部的宫殿台基，东西长达39.8米，规模宏大。过去考古工作者在殷墟小屯村北发现的商代宫殿基址，最大的也不过长46.7米，从体量上看，盘龙城显然是商代南方的一个重要中心城邑。作为商王朝在南方的统治中心，盘龙城具备军事要塞所具备的一切条件。高大厚实的城垣、深沟阻隔的城壕、完备的防御体系，无不反映出其作为军事堡垒的功能和特征。在盘龙城遗址出土的青铜器中，戈、矛、钺、镞、刀、斧等兵器所占的比例最大。大量青铜武器的出土，说明盘龙城拥有一支用先进武器武装起来的强大军队。遗址中出土的长达41厘米的青铜大钺和长达94厘米的大型玉戈更说明了这支军队的规模和军队统帅的权威地位。可以想见，当时的盘龙城驻扎着大量的军人，这也体现了它的城市功能。

从世界城市起源来看，很多著名城市本来起源于战争。对此，著名城市学者芒福

---

① [西汉]刘安《淮南子全鉴》，东篱子解译，北京：中国纺织出版社，2016年，第298页。

德在其《城市发展史》中说:炫耀武力是王权制度的最重要特征之一,"城市则以其坚固的城墙、壁垒、壕堑,成了空前恐怖的侵略势力的突出表现,它把猜疑、复仇情绪和国王文告中的不合作态度高度集中起来"① 作为堡垒存在的城市,长期支撑着统治集团的敌意、封闭和逞强心理,这些又有利于新的战争的继续。夏商之际,除了盘龙城之外,其他知名城市遗址,如二里头、西亳(偃师)、大辛庄、垣曲等均有大量武器发现。与青铜武器一起被发现的还有大量的礼器和祭祀场所,如殷墟中发现的 4000 余件青铜器和 1400 余个祭祀坑以及大量用于占卜的甲骨。这说明,除了军事功能外,城市开始越来越多地具备政治、礼祭等功能。

到西周时期,"封建"制度更加完备和复杂,"礼"成为一种普遍的行为规范,礼乐教化等功能在城市中日益凸显,城市功能比夏商时期更加复合化。从周武王到周康王,西周三代王朝共消灭了 99 个商朝方国,制服了一大批诸侯,在征伐而来的土地上,周王朝新分封 71 个诸侯国和领地、食邑,并在这些新的诸侯国和封邑内,建立了一批定位为军事和政治中心的城市。随着西周时期"封建诸侯"日渐成熟,礼制也发展到一个高峰,城市作为"封土建国"的重要节点以及"敬天法祖"的宗教活动中心,在城市规划和建设上无处不体现出"礼"的思想。中国早期的城市大多按照《考工记》"营国制度"进行规划和建设。《考工记》载:"匠人营国,方九里,旁三门,国中九经九纬,经涂九轨,左祖右社,前朝后市,市朝一夫。"②《考工记》所规定的城市格局和城市建设模式影响深远,成为中国传统城市营造的基本原则。它所表现的不仅包括城市等级原则,同时也将城市社会的等级观念,敬天法祖的思想,以及向天地、祖先祭祀的作用和功能展示得一清二楚。按照《考工记》记载,王宫位于城市中央,宗庙和社坛紧挨着王宫左右,而"市井"(市场)则居于城市最不吉利的北方。这一布局说明西周时期的城市主要体现了一个农业社会的思想,城市就是一个农业地区的中心,"在具体分布王城的主门、宫殿、宗庙和市场时,都涉及农业社会中人与天地关系上的代表性方位和象征意义,……将城市定义为一个为农业经济服务的行政——宗教中心"。③ 在这样的城市里,主要的城市居民为贵族、祭司、行政官员和军人,城市虽然也有工商业存在,但在"工商食官"的制度下,工商业从业人员的地位低下。手工业者主要是"官工",商人也多为"官贾",并不是现代意义上的自由职

---

① [美]刘易斯·芒福德《城市发展史》,北京:中国建筑工业出版社,2005 年,第 48 页。
② 《周礼·考工记》,见阮元《十三经注疏》(上),北京:中华书局,1979 年影印版,第 289 页。
③ 薛凤旋《中国城市及其文明的演变》,北京:世界图书出版公司,2010 年,第 105 页。

业者，更不是城市居民的主体。此外，在地理空间上他们的生活和居住多在城外。

早期中国城市化大发展的历史时期是东周。公元前770年，因王朝的都城镐京被西部游牧民族犬戎攻破，周平王被迫将都城由渭水流域的镐京迁到了黄河南岸的洛邑，历史进入东周。东周是一个革新的时代，由于生产力的发展和技术的进步，导致铁器大量应用于农业生产中，大量新的土地被开垦，畜耕的推广和大型灌溉工程的修建，极大地促进了农业新发展。在新的生产力条件下，农业生产可以支持更多的城市人口。这一时期不仅城市数量迅速增加，而且涌现了一大批在历史上有影响的城市，如齐国的临淄、赵国的邯郸等。

与西周时期的城市相比，东周的城市除了数量增加了不少外，城市的规模也明显扩大。从历史记载和考古发掘的成果看，"七雄的首都面积都在20—30平方公里之间"[①]。这一时期因为城市功能的复合化，城市建设普遍出现了"廓"（即有城墙的外城）这一形制。"廓"的修建最初出于战争目的，主要是为了城市攻防的需要。但在实现政治和安全功能的同时，"廓"的出现大大拓展了城市的空间，进而推动城市功能进一步多元化。"廓"作为内城与外部乡村之间的过渡空间，聚集了大量从属于城市，但又不是城市主体居民的人。它的出现使得各类手工作坊和商业场所——"市"能够在城市中广泛存在。东周时期由于手工业和商业的发达，一些中心城市集聚了大量从事手工业和商业的专职人员。与此同时，由于频繁的兼并战争导致大量的诸侯国灭亡，不少贵族以及大小官吏失去过去的封地，这一阶层日渐衰落，人数也日益减少，城市居民结构也因此发生变化。东周时期"士、农、工、商"的阶层划分已经形成，其中士、工、商三个社会阶层的人主要居住在城市，与传统贵族、官僚及驻守在城市内的广大士兵一起成为城市的主要居民。特别是"士"这一新兴群体，他们掌握知识，利用其学识和技能奔走于诸侯之间，在这个风云际会的时代极力展示自己的学说和治国理念，形成百家争鸣的局面，也由此产生一个庞大的新的城市社会阶层。

东周时期，士与城市里的手工业者和商人以及驻守城市的士兵，连同居住在城市中的行政官员一起，成为城市重要居民。《战国策·齐策》记载了当年临淄的盛况："临淄之中七万户……甚富而实，其民无不吹竽、鼓瑟、击筑、弹琴、斗鸡、走犬、六博、蹋鞠者；临淄之途，车毂击，人肩摩，连衽成帷，举袂成幕，挥汗成雨。"[②] 这则记载生动地表现出东周时期由于生产力的进步和工商业的发展，城市人口结构呈现出

---

① 薛凤旋《中国城市及其文明的演变》，北京：世界图书出版公司，2010年，第115页。
② 《战国策》，上海古籍出版社，1985年，第145页。

多元化和复合化的发展趋向。由于在城市中出现大量新的城市居民，这些新的居民给城市文明带来了新景象。然而从总体上看，这一时期的城市特别是都城，均以宫殿区（或行政官署）为中心，虽然有各色人等围绕在宫殿或官署等构成的城市中心周围生产、生活，但城市的主体居民依然是统治集团成员以及与他们关系密切的士人阶层。

秦统一六国以后，建立了一个大一统的封建专制主义国家，中国城市发展也出现新的变化。与东周时期城市快速发展、城市功能日益复合化不同，秦王朝极力强化中央集权，构建了一个从基层县一级政权到中央的完整的行政管理体系，城市成了这个金字塔型权力结构的重要组成部分，它既是一级行政权力和官僚政治的载体，同时也是王朝实现其高效率行政管理的工具。在这样的体制下，支持城市发展的主要动力不是城市自身工商业发展的需要，而是来自王朝对广袤乡村地区进行严格行政管理的要求。在封建专制主义的政治体制下，最大的城市就是全国性的统治中心，在不同区域，按照不同层级管辖权，城市成为一个个大大小小的行政节点。从形态上看城市虽然与广大的乡村迥然不同，但在本质上与乡村是一致的，是乡村社会的另一个面相。

自秦代以来，中国传统城市的主要功能是服务于中央政府对广大乡村实施有效的管理，在组织上为农业经济的发展和农村社会的稳定提供条件和支持，包括发布和实施中央政令，推动国家法令的执行，组织和开展大规模农田水利建设，收取税赋，以及救灾、赈济和推行教化等。出于对农业社会的保护和对工商业的提防，历代统治者继承了秦朝重农抑商的基本国策，工商业发展长期受到抑制，东周时期曾经在城市中居于重要地位的工商业地位大幅度下降。汉高祖建立西汉后，继续沿用秦重农抑商的政策，在法律上对商人严格限制，《史记》记："天下已平，（汉）高祖乃令贾人不得衣丝乘车，重租税以困辱之。孝惠、高后时……市井之子孙，亦不得仕宦为吏。"汉王朝严格实施"市肆"制度。一方面为促进商品流通"开市肆以通之"，市肆用土墙围合，开设二门，每日根据晨钟暮鼓，对市民开放，另一方面将商业活动严格限定在官设的"市肆"中，并设"市长"进行监督和管辖。秦汉之际中国虽然国力强大，但城市化进程较慢。在城市中各级行政官员、贵族及其僚属，以及为他们服务的人员，成为城市主要居民。

隋唐之际，中国社会发展出现一个大转型，自两晋南北朝时候开始的中国经济中心南移使得南方经济有了极大发展。南方经济的开发和河运交通的发展促使长江流域一批城市脱颖而出，如江陵、武昌、益州、建康、广陵和润州，这些城市的早期功能往往偏重于政治和军事，随着国家的统一和社会的安定，它们的经济和文化功能开始凸显出来。为了缓解南北之间人口和农业发展的不协调，隋朝修建了贯通南北的大运河。自此，大运河成为中国封建社会时代一条重要的经济带，并产生一连串知名的运河城市，包括广陵（扬州）、苏州、杭州和楚州（淮安），以及依托运河经济发展起来的城市，如汴州（开封）、宋州（商丘）、陕州（陕县）、润州（镇江）、泗州（盱眙）、常州等，这些城市也往往是地区重要的经济中心。王朝的扩展和稳定使得对外交往日益频繁，在汉代丝绸之路的基础上，西北地区武威、张掖、酒泉、敦煌进一步发展，此外中唐时期，由于吐蕃与突厥军事力量的兴起，他们一度阻断了丝绸之路，迫使印度及中亚地区的商人从海路进入中国，由此开辟了海上丝绸之路。通过海上对外贸易，东南沿海城市如广州、泉州、潮州、福州、明州（宁波）等发展为海港城市。

这些依托商业转输的城市，其工商业城市的特点十分明显，城市居民中也有大量从事工商业活动的人。以运河城市扬州为例，自隋代大运河开通以后，扬州居于大运河与长江相通之处，"广陵当南北大冲，百货所集"[1]，地理位置的重要性一下凸显出来，成为连接长江流域与运河南北地区的重要交通城市和沟通东西、南北两大经济动脉的商业中心，大量漕米、瓷器、丝绸、铁器和茶叶等产品在此集散。唐朝赵璘撰《因话录》，记载范阳人卢仲元"持金鬻于扬州"，"复市南货入洛"的故事，生动地说明了这座城市的商业功能。此外，扬州临近东海，不仅是海盐的集散地，也是唐代对外沟通和进行海外贸易的重要港口。唐代，周边国家如日本以及东南亚各国欲到唐朝辖地，一般是先乘船到扬州，然后再沿长江或运河到洛阳、长安等地。在扬州，不仅聚集了大量的中国商人，还有不少外国商人在这里侨居，包括日本、阿拉伯和波斯的商人等。中国出使他国的使者和到海外经商的商人，也多从扬州东渡出海。唐代，扬州是中国最富庶的城市，唐朝诗人杜牧在其著名的《扬州三首》中描写扬州"街垂千步柳，霞映两重城。天碧台阁丽，风凉歌管清"，张祜的诗《纵游淮南》更描述扬州："十里长街市井连，明月桥上看神仙。"一直到宋朝，扬州依然保持其独特的经济中心地位，《资治通鉴》称："扬州富庶甲天下。"[2] 作为一个重要的商业城市，扬州全城总面积大约在20平方公里左右，居住人口达10万。[3] 在这10万居民中从事商业和服务业的显然占据大多数。王建《夜看扬州市》一诗记扬州："夜市千灯照碧云，高楼红袖客纷纷。"说明当时的娱乐业非常繁荣，娱乐业、服务业的从业人员众多。商业的发达和商人群体的壮大，无疑会提升商人在城市中的影响。唐代，扬州发生了一

---

[1] 王钦若等撰《册府元龟》第504卷，《关市》。
[2] 《资治通鉴》第259卷，唐昭宗景福元年七月。
[3] 薛凤旋《中国城市及其文明的演变》，北京：世界图书出版公司，2010年，第171页。

件由商人维护其利益而引发的抗议事件。事件的起因是扬州商业发达，引来各地节度使派人到扬州牟利，这些具有官府背景的人"多以军储贸贩别置邸肆，名托军用，实私其利焉"，与商人争利。为保护自身的利益，扬州商人团结起来，"置邸肆贸易者罢之"，造成商业的停顿。为维护市场稳定，大历十四年（779）七月唐中央政府"令王公百官及天下长吏无得与人争利"，[①]至此事件才告一段落。

除了扬州外，在经济发展的驱动下，唐朝出现了一批类似扬州这样的城市。如在南方珠江流域的广州，因海上丝绸之路的开拓，对外贸易的发达，每年有1000多艘船舶出入港口，侨居外商逾万。尽管开展商业活动成为城市发展的重要动能，但从总体上看，唐朝对商业的发展是严格控制的。唐中宗景龙元年（707）十一月，朝廷发布敕令："诸非州县之所，不得置市。"[②]同时唐朝还在政治上对商业予以限制。贞观元年（627）十月，唐太宗发布敕令："五品以上，不得入市"，[③]"禁五品以上过市"[④]。虽然商业有长足发展，但城市的主要功能并未发生根本性变化，推动和维护城市发展的还是政治与文化功能。最能体现这个特点的当然还是唐朝代表性的城市长安。

作为当时世界上规模最大、城市人口最多的城市，唐代长安城面积大约有83平方公里，城内居住的人口约10万人，另外有100万人居住在城外。在长安城市居民中约有10万为域外人士，包括来自波斯、大食、日本、朝鲜、吐蕃和越南的客商、僧侣以及留学生等。长安城的空间结构分为宫城、皇城和郭城，城内街道南北方向有11条，东西方向有14条，纵横交错的街道把城市分隔为110个街区（坊），不同的街区（坊）具备不同的功能。城市居民按照规定居住在不同街区（坊）内，街区（坊）之间有坊墙分隔，傍晚时击街鼓关闭坊门，五更二点时击鼓打开坊门，形成一个规整的城市居住管理系统。长安城内，用东西、南北方向的大道予以分隔，共分成九区，其中东市和西市是商业中心，各占两坊，约1平方公里大小。为对市场进行管理，唐政府在长安设有市局及平准局，规定市场每天有半天时间开展交易活动，即从每天日中至日落。根据《长安志》记载，东市有"货财二百二十行"，包括铁器行、笔行、肉行、酒肆、乐器行等。西市虽然与东市相比，位置相对偏远，然而商业比东市更加繁荣，店铺和行商也比东市多。特别西市聚集了大批外商，是印度（天竺）商人和波斯（大食）商人进行交易的地方。《资治通鉴》记唐代宗时，"回纥留京师者常千人，

---

① 王钦若等撰《册府元龟》，第504卷，《关市》。
② 王溥撰《唐会要》，第86卷，《市》。
③ 同上。
④ 《新唐书·太宗本纪》，北京：中华书局，1975年。

商胡伪服而杂居者又倍之"。① 唐宪宗时，有波斯等国来的摩尼僧人也在西市居住生活。"摩尼至京师，岁往来西市，商贾颇与囊橐为奸。"② 由于胡商、胡人众多，因此在附近坊里中还有很多酒楼及胡女。长安的繁荣、自由和开放，使得来自世界各地的不同民族、文化和宗教得到包容。不过尽管如此，长安的里坊制以及唐朝对里坊的严格管理，特别是长安城市网格化建设模式，仍说明长安并不是依靠工商业的力量发展起来的城市，工商业在城市中依然处于边缘地位。长安城市的"工整"和"有序"，所表现出来的依然是严格的等级观念和礼教思想，依然是一座行政型城市。在城市中，工商业以及其他服务业的从业人士人数众多且占有重要地位，但从居住场所看，他们不是城市居民的主体，主要居住在城郭区域或城郊，城市的主体居民依然是贵族官僚和军人。工商业者及其他服务业人员的社会活动主要在城市外郭区域展开，不能从根本上改变城市的基本社会风貌。

二、城市功能演进与早期市民阶层的出现

在古代中国，城市居民结构明显出现较大变化的是宋代。早在唐朝中后期，随着城市的发展由内城持续向城郭区域推进，以及外来人口日益增加，官僚阶层、士人在城市中所占的比例不断下降，城郭坊市区日益成为城市重要组成部分，在坊市区开展的文化与社会活动如上元灯节等影响越来越大，城市社会重心日益下移，城市居民结构也逐渐发生变化。至宋代，随着社会经济的一系列变革，中国传统社会结构发生很大变化，城市功能和城市居民构成也发生相应的改变。

两宋时期中国经济中心继续从中原地区向东南地区转移，南方的岭南和沿海地区也得到充分的开发，社会经济快速发展。在土地制度方面，隋唐之际确立的均田制、租庸调制在宋代已经逐步崩溃瓦解。自唐朝中期开始确立的"两税法"强调"有田则有租，有身则有庸，有户则有调"，③改变了上古以来我国历来以人丁为主要对象的赋税制度，"以资产为宗，不以丁身为本"，使传统人身依附关系有所减轻，国家对土地的干预和控制有所减轻。宋代进一步完善"两税法"制度，在此基础上的土地制度"不务科敛，不抑兼并"，承认土地私有。同时宋代还制定了一系列维护土地私有的法

---

① 《资治通鉴》第 225 卷，唐纪四十一。
② 《资治通鉴》第 240 卷，唐纪五十六。
③ 《资治通鉴》第 226 卷，唐纪四十二。

律，促进了小农经济的发展。与"不立田制"的土地政策相适应，宋代租佃制度迅速发展，主客之间不再是靠人身依附关系，而是靠契约维系，这样一来，劳动者受到的束缚较过去要小，获得了比前代农民更多的人身自由。在宋代，法律规定农民可以自由迁徙。土地私有，租佃制度的发展，迁徙自由，再加上农业生产技术的进步，使得宋代小农经济发展程度较高，为商品经济的发展创造了条件。这一时期中国科学和技术发展也达到一个新高度，在最能代表中国古代科技发展成就的四大发明中，包括火药、指南针和活字印刷的实际应用都是在宋代完成的。科学技术的发展使得宋代社会文化也出现了一系列新的变化，无论是政治风气、士人精神，还是社会阶层关系都与以前有很大不同。除了日益增加的工商业者外，重文抑武的倾向以及科举制度的发展还使得宋代儒士成为当时影响力极大的一个社会阶层。在这种情况下，宋代的城市人口构成和社会风貌都发生了显著变化，以至于很多学者认为宋代是中国近世社会的开始。[①]

由于社会经济的深刻转型，宋代的城市也与唐代有很大的区别。唐朝时期封闭的坊市制度到宋代已经崩溃和解体，手工业和商业的经营模式与分布格局发生了很大变化，变得更加开放和自由。一方面从城市分布和城市规模看，由于江南经济和边关贸易的新发展，宋代的城市主要集中在这些经济贸易比较繁荣的地区，如长江流域和沿海地区扬州、杭州等，另外重要的陆路通道和边贸地区也产生了一批知名城市如天水、雄州等，城市规模和数量都超过唐朝。在城市规模方面，宋代城市规模普遍比唐朝大。据统计，北宋时期人口超过10万人的城市超过40座，远远超过唐朝时期的10座。[②] 另外从城市的作用与功能来看，宋代城市的功能较之唐朝城市有了较大变化。与唐朝城市主要是行政中心不同，宋朝城市在手工制造、商业贸易、社会娱乐与服务业等方面表现出更多和更复杂的功能，在传统城市功能的性质、内容等方面增加了不少新内容，城市格局也因此发生变化。

如果说汉唐之际的城市主要是服务城市周边地区的广袤农村，是一个农村的中心的话，那么宋朝的城市则与乡村开始出现新的分野，城市社会的生活节奏、内涵和生活方式与农村均具有较大区别。以宋代城市开封为例，通过文献记载和"清明上河

[①] 日本中国学京都学派创始人史学家内藤湖南（1866—1934）提出"宋代近世说"，认为"唐代是中国中世纪的结束，宋代则是中国近代的开始。"法国学者、著名汉学家、国际宋史研究的开创者白乐日（EtienneBalazs，1905—1963）称宋朝为"现代的拂晓时辰"，明确指出："中国封建社会的特征，到宋代已发育成熟；而近代中国的新因素，到宋代已显著呈现。因此，研究宋史，将有助于解决中国近代开端的一系列重大问题。"

[②] 薛凤旋《中国城市及其文明的演变》，北京：世界图书出版公司，2010年，第187页。

图"的记载与描述,我们看到开封与过去的唐代的长安已经有很大的不同。根据《东京梦华录》,北宋时期的开封与以往的城市相比更加繁荣:"太平日久,人物繁阜,垂髫之童,但习鼓舞,班白之老,不识干戈,时节相次,各有观赏……新声巧笑于柳陌花衢,按管调弦于茶坊酒肆。"① 为"八荒争凑,万国咸通"的知名城市,同时代的扬州、洛阳、鄂州(今武昌,后略)及成都等也有类似规模和景象,人口均在10万以上,从事的职业类型较以往更加丰富。以长江流域的鄂州为例,宋代在鄂州江岸与鹦鹉洲之间有一条狭长带状水域,宛如一条内河,并延伸到巡司河河口一带。这条"内河"与外江涌动的惊涛骇浪不同,江面相对平静,而且江面港湾与江岸街市连为一体,具有港市合一的特点,时称"南市",又称"南浦"。既叫"南市",又称"南浦",说明这个地方既是商船停泊之所,又是商品交易之地,是大宗货物交易和转运的地方。对于"南市"的繁华,我们可以从当时两位大诗人陆游和范成大的诗作中看到具体情形。1170年,陆游到夔州赴任途经鄂州,所乘坐的船只停泊在南市。陆游深深地被这个城市的繁华所震撼,后来他在《入蜀记》中写道,鄂州城"列肆繁错""市邑雄富","城外南市亦数里。虽钱塘(今杭州)、建康(今南京)不能过,隐然一大都会也"。七年之后,另一位诗人、政治家范成大也行经武汉,发出了与陆游一样的感慨。范成大记载:"南市在城外,沿江数万家,廛闬甚盛,列肆如栉。酒垆楼栏尤壮丽,外郡未见其比。盖川、广、荆、襄、淮、浙贸迁之会,货物之至者无不售,且不问多少,一日可尽,其盛壮如此。"② 南宋时期商品经济进一步发展,城市中工商业人口比重进一步增大,如杭州"万物所聚,诸行百市,自和宁门杈子外至观桥下,无一家不买卖者,行分最多……每日街市,不知货几何也"。"(城外)市井坊陌,铺席骈盛,数日经行不尽。"③ 工商业的发展促使大批商贾、文人、儒士和手工业者涌入这些城市形成新的市民阶层。

新市民阶层的形成以及城市人口的增加促进了城市新空间的形成。在北宋开封,为市民服务的城市空间成为"瓦子",共有六个。"其中大小勾栏五十余座。内中瓦子莲花棚、牡丹棚、里瓦子、夜叉棚、象棚最大,可容数千人。"④ "瓦子"既是娱乐和表演的中心,同时也是开展商品贸易的地方,在这里各色人等聚集,包括说话人、傀儡

---

① 孟元老《东京梦华录》(外四种),序,北京:文化艺术出版社,1998年,第3页。
② 范成大《吴船录》卷下,见《范成大笔记六种》,北京:中华书局,2002年。
③ 吴自牧《梦粱录》卷十九,见孟元老《东京梦华录》(外四种),北京:文化艺术出版社,1998年,第229、292页。
④ 孟元老《东京梦华录》(外四种),卷三,北京:文化艺术出版社,1998年,第14页。

戏师、面相师、棋艺师、杂技师等,还有酒楼、茶馆、妓院、酒肆的跑堂和伙计,形成一个新的城市社会景观。

伴随新的城市景观和城市文化,宋代新的市民群体已经形成,城市与乡村的分离也渐显端倪。由于非农业经济的发展,宋代城市聚集了大批手工业者和商人,大的如富商巨贾,小的如贩夫走卒,形成城市新的社会阶层。在西方研究城市起源和发展的诸多学说中有一种"剩余论"观点,认为当农业技术水平发展到一定阶段,乡村经济发展到足以离开单一的、自给自足的模式之后,城市便开始形成了,并形成不同于传统农业社会的城市职业人群。"当生产超过该社区人们的基本需求之后,一部分人从土地中解放出来,于是便产生了专门性工作的机会和从事这些工作的人群,他们分别是抄写员、工匠、牧师和士兵。……"①在宋代城市中新出现的"市井之徒",已经与传统意义上的农民在生活方式与行为和思想模式上有明显差异,并日益成长为一个庞大的社会群体。针对这种新变化,宋代在户籍制度上对城市人口有专门的管理制度,居住在城市(城镇)的居民成为"坊廓户"。他们需要向官府缴纳房产税和地基税,并且承担各种劳役,承担赋税的方式与一般农民明显不同。随着法律地位的明确,传统的"四民"观念也发生了微妙的变化。南宋名儒黄震曾对"四民"有这样的表述:"国家四民,士、农、工、商……各有一业,无不相干……同是一等齐民。"②这一论述说明传统"四民"之间的等级贵贱观念已经发生改变,工商业者的社会地位有所上升。这种观念的转变不是简单的"惟有读书高"和"以农为本"思想的变化,从根本上讲是宋代城市工商业兴起后市民阶层日渐形成和壮大的具体反映。

宋亡以后,尽管有元大都以及泉州等发展程度较高,影响较大的城市,但由于统治的野蛮和落后,元朝在总体上依然是中国古代城市发展的低谷,直到明清之际情况才有所改变。明清时期因为区域性贸易的繁荣促使一批区域贸易中心城市崛起,中国古代城市发展有了一些新的亮色。

明代初期,明太祖朱元璋严格实行户籍制度和官营手工业制度,编制赋役黄册,将老百姓分为民户、军户和匠户三种,不许擅自更改户籍和迁徙,这种政策对城市的发展极为不利。直到明代中期户籍制度开始瓦解,私营手工业日益发展,家庭手工业规模日益扩大,并逐步向专门的手工业作坊转化,这一局面才开始好转。明中期以后

---

① [美]斯皮罗·科斯托夫《城市的形成——历史进程中的城市模式和城市意义》,单皓译,北京:中国建筑工业出版社,2005年,第31页。
② 黄震《黄氏日钞》卷七八,影印文渊阁四库全书本,第63页。

长江流域进一步得到开发,长江中游成为中国重要的粮食产区,加上粮食贸易与运输事业的发展,使得更多农民从粮食农业生产中分离出来。这些从事商贸的农民与其他因各种原因失地的农民涌入城市,为城市工商业发展提供了源源不断的劳动力,并带来新一轮城市发展。以手工业发展和区域贸易为动力,这一时期出现了一批区域性工商业城市,如苏杭地区出现南京、苏州、杭州等纺织业中心城市,开封、济南、荆州、武昌、扬州等粮食转运中心城市,还有以景德镇、宜兴和德化为代表的瓷器手工业城镇等。社会经济的转型与发展导致城市的功能发生变化,比如明代南京在传统行政型城市功能之外,纺织、造船、印刷等工商业的发展带来许多新的城市功能。在秦淮河两岸工商业极其发达,商贾云集。同时南京也是江南地区重要的文教中心,城内有官办的太学、府学、县学及大大小小的各类书院,聚集了大量的士人和青年学子,构成独特的城市社会阶层和城市社会景观。

继承明代经济发展趋势,清代区域性农业生产和区域间的商品贸易和转输进一步发展,并促使一系列具有区域贸易中心功能城市的崛起。根据薛凤旋先生统计:清代农产品中的20%—30%最后成为商品,被远途运输到其他地区,甚至出口到海外。其中每年大约有1000万石大米从湖南和四川沿长江输入到浙江,安徽和江西每年也有大约500万石粮食运往浙江。而江浙地区的苏州和松岗作为知名的棉纺织手工业区,每年向全国输送布匹多达3000余万匹,其中1500余万匹被转运到北京和东北地区,还有1000余万匹被转运到广东,其中部分通过海外贸易出口到外国。①

区域经济、长途转输贸易和手工业中心的发展,使得明清之际三个新的社会阶层迅速成长。首先长途转输贸易促进了具有地域特征的商业团体的兴起。自明代起,以山西晋商、安徽徽商以及浙江宁波商人为代表的商帮发展起来。明万历时期谢肇淛所著笔记《五杂组》记载:当时"富室之称雄者,江南则推新安安徽徽州,江北则推山右山西。新安大贾,鱼盐为业,藏钱有至百万者,其他二三十万,则中贾耳。山右或盐或丝或转贩或窖粟,其富甚于新安"。②在农业经济时代,最大的商品当然是粮食。长江流域上游的四川盆地在很早就是我国的主要产粮区,元明以后随着南方持续开发,特别是洞庭湖流域和江汉平原的大开发,两湖地区成为中国最重要的粮食生产地,以至有"湖广熟,天下足"的说法,四川和两湖地区粮食成为维持王朝正常运转和维护国计民生的重要资源,这些地区所产的粮食成为漕粮最重要的来源。另

---

① 薛凤旋《中国城市及其文明的演变》,北京:世界图书出版公司,2010年,第236页。
② 谢肇淛《五杂组》卷四,上海中央书店,1935年印行。

外,从明朝中叶开始,随着商品经济的发展和经济结构的变化,我国江南地区如江浙一带工商业城镇发展较快,农业生产向经济作物的种植转化,粮食种植面积减少,与此同时,江南的人口数量不断增长,江南地区出现粮食不能自给的状况。即使是丰收之年,江南地区的粮食也不能完全自给,需要从四川地区调运粮食,以至"湖广之米日至苏州者不可胜数"。此外,我国东南部的福建、两广地区多山地丘陵,粮食出产量也不大,也需要四川、湖广的粮食周济。无论是漕粮的转运,还是商品粮的行销都要经过汉口,汉口粮食贸易量巨大。乾隆、嘉庆年间,四川大米沿长江水运出川的数量每年约在30万—40万石。而在嘉庆、道光年间,每年沿长江干流从汉口东运的粮食每年更达300万—400万石之多。除了粮食外,食盐是汉口市场交易的另一个大宗商品。历史上,湖广、江西等地的食盐主要来自于东南沿海产盐区,部分来自四川自贡产盐区。由于产盐区与食盐消费区的分离,使食盐成为跨地区转运的大宗商品。据史书记载:清末,每年由两淮盐场沿长江运输到汉口的食盐就达8800万斤左右。当代学者研究成果也表明,在清代道光、同治时期,由四川沿江东运供应两湖地区的食盐,每年高达8640万斤左右。比较有意思的是,民以食为天,作为百姓最基本的生活必需品,食盐和粮食的贸易有很大的关联度。在往来武汉盐商的船队中,很多商人从淮扬运盐至汉口,卸货分销以后,再购买粮食装到船上,随船运回江浙地区,一来一往,船只都是满载,获利颇丰。大码头、大市场、大流通使武汉的商业呈现出盛大的气象。"四方商贾辐辏于此",各行各业、不同商帮各呈风流,把汉口市场搞得风生水起、波澜壮阔。为了联络乡谊,保护自己的利益,加强竞争实力,并对行业和市场进行必要的调节,各地旅汉商贾纷纷结成以地域为纽带的商帮,俗称"帮口",于是就有了湖南帮、宁波帮、安徽帮、四川帮、山陕帮,还有药帮、钱帮等。各帮活动和议事的地方称为会馆或公所。清代中期,汉口的会馆、公所众多,达200多处。这些会馆、公所绝大多数集中在汉正街一带,其中比较著名的有宝庆会馆、广东会馆、山陕会馆、新安书院(徽州会馆)、宁波会馆等。乾隆时代的著名历史学者章学诚赞叹当时汉口的繁华情形,评价说:"上自碎口,下自接官厅,计一十五里,五方之人杂居,灶突重沓,嘈杂喧呶之声,夜分未靖。"会馆与公所的大量成立与发展实际上是新的市民阶层壮大的标志,通过会所和公馆,他们能够集中表达自己的意愿,并采取一致行动。从历史看,在明朝以前,发生在城市的民变十分罕见,到了明朝以后,发生在城市中的民变或市民运动此起彼伏,史书记载仅在万历年间就多达五十余次。这些民变与过去农民起义不同,不是简单的农民和封建统治者之间的矛盾,反映了当时城市市民的社会与经济需求,"尤明显地反映明代后期商品经济的发达所给予当时社会经济的冲击作用"。①

其次,手工业从家庭分离后形成专门的手工作坊,生产规模越来越大。《景德镇陶录》载:明代,景德镇"列市受廛,延袤十三里许,烟火逾十万家,陶户与市肆当十之七八"②。专业化的作坊生产必定需专门的劳动者,进而形成雇佣工人这一社会阶层。明清时期,新的雇佣关系不仅在传统的丝织业和棉纺织行业广泛存在,而且在采煤、冶炼、火器、瓷器等行业中也越来越多。明万历年间《政和县志》记载了当时福建政和县铁矿冶炼作坊的生产情形,县志记载当时冶铁作坊"每炉一座,做工者必须数十百人,有凿矿者,有烧炭者,有煽炉者,其余巡炉、运炭、运矿、贩米、贩酒等役,亦各数十人,是以一炉常聚数百人"③。这些雇佣工人各司其职,具有专门的技能,不仅所从事的劳动生产与过去的农活完全不同,而且在人身关系上与雇主也是单纯的雇佣关系,没有人身依附或依附关系相对较小。雇佣工人依靠出卖劳动力养家糊口,其生产和生活方式也与传统农民完全不同。

三、中国古代城市社会结构的变与不变

一般西方学者认为,一个中心地要成为"城市",就必须具备超出行政首府的功能。城市里的居民不能主要是骑士和牧师构成,其主体应该是商人和手工业者。④ 如果按照这样的基本定义和概念,中国古代几乎没有一个城市可以称得上是完整意义上的城市。传统时代的中国城市,城市功能大多比较单一,建设城市的目的除了战争防御外,主要是对广大农村地区进行管理和统治。同时,中国早期城市发展的进程也是一个王朝不断开疆辟土,管理广袤的农村和土地的过程,与社会经济的发展并不完全同步。尽管自唐宋以后中国传统社会内部结构发生很多变化,各地区城市的社会构成和城市功能也有不同程度的发展,但在根本上中国依然是一个建立在农业基础上,以宗法关系维系的社会,城市的基本功能为这个封建的宗法社会服务。

纵观中国早期城市发展,城市一直是广大农村的中心,是中央政府(王朝)实施统治的据点。中国城市在发展过程中并没有像西方城市一样形成大规模的宗教场所,

---

① 傅衣凌《明代江南市民经济初探》,上海人民出版社,1992年。
② 蓝浦、郑廷桂《景德镇陶录校注》,欧阳琛校注,南昌:江西人民出版社,1996年,第97页。
③ 明万历朝续修《政和县志》卷九《赋税志》。
④ [美]罗威廉《汉口:一个中国城市的商业和社会(1796—1889)》,江溶、鲁西奇译,北京:中国人民大学出版社,2005年,"绪论"。

而是儒家思想的传播中心。在城市，各级官员按照上级的规定贯彻中央王权的基本意志，并通过儒家思想对臣民进行教化。孟子说："以力服人者，非心服也，力不赡也；以德服人者，中心悦而诚服也。"[1] 在深厚的城墙内，通过法律与行政手段，王权不断地巩固和发展，并以此为中心，向周边农村辐射，对周边区域的广大农村进行统治与教化。教化的内容既包括对皇权的膜拜，也包括对儒家伦理价值的传播与维护。在城市里，既有气势威严的衙署，也有书声朗朗的学宫。在城市中，各级官吏运用军事、政治的力量在地方上推进和实施中央的各种政策和命令，同时通过礼教端正民风，维持地方社会的稳定与和谐。正统的封建文化观念在这里集中展示，站在高大的城墙上俯视广大农村的封建官员也从这里走出。可以说城墙既是物质的防御堡垒，更是封建时代的精神世界。城市的功能主要表现在两个方面。第一，作为中央在地方上的代表维系王朝的统治；第二，推行礼乐教化，实现儒家思想的一统。在这样情况下，中国早期的城市发展与行政中心的发展是一致的，城市体系与国家行政管理体系是重叠的。

城市的性质决定了城市居民的基本属性。由于中国古代城市基本上是行政性城市，受城市属性的影响，在中国早期城市中，城市居民的身份在政治、法律以及行政区划和行政管理上与普通乡村的居民并没有什么不同。从国家人口管理的制度和法律看，中国早期也没有明确区分城市和乡村人口的管理制度。

从文献记载看，对于城市居民有一种称呼为"民"。前文记述的齐国国都临淄的盛况时用了"民"这个概念。《战国策》和《史记》都记载过："临淄之中七万户……甚富而实，其民无不吹竽、鼓瑟、击筑、弹琴、斗鸡、走犬、六博、蹋鞠者；临淄之途，车毂击，人肩摩，连衽成帷，举袂成幕，挥汗成雨。"[2] 从上述表述中我们可以感受到此时的临淄城市人口结构具有明显的多样性和复合性，然而对于这个"民"是否具有特别的属性，无论是《战国策》，还是《史记》等都并没有专门的说明和记载，而是与其他民众的记载和表述方式是一致的，没有任何区别，因此这个"民"只是一种泛称，并非一种特定的城市居民身份。

对城市居民的另一种记载为"市人"，或"市井人""市井之徒"等。类似"市人""市井人"这样的记载在文献中经常出现，从战国时期的《左传》到明清时期的地方史志均有记载。在中国古代的城市建设史中，"市"与"城"是一个相对的概念，所谓"城"，究其原意，本是指盛民、自守而言。《墨子·七患》云："城者，所以自

---

[1] 《孟子·公孙丑上》。
[2] 《战国策》，上海古籍出版社，1985年，第337页。

守也。"《说文》亦云:"城,以盛民也,从土成,成亦声。"段玉裁注:"言盛者,如黍稷之在器中也。"从这些解释来看,"城"最初的含义主要是指自卫和自保的军事城堡。其功能主要属于军事和政治方面的。与"城"的军事与政治功能相比,"市"则更偏重于经济范畴。古史传说中有:"祝融作市"的记载。《说文》也云:"市者,买卖之所也。"《易·系辞下》曰:"日中为市,致天下之民,聚天下之货,交易而退,各得其所。"《孟子·公孙丑下》亦曰:"古之为市也,以其所有,易其所无者。"这说明早期的"市"是聚集货物,进行买卖交易的场所。与"市"密切相关的一个概念为"郭",《吴氏春秋》载:"筑城以卫君,造郭以居民。""城"与"郭"的功能是不同的。《逸周书·作雒解》描述周公:"及将致政,乃作大邑成周于土中。城方千七百二十丈,郭方七百里。南系于洛水,地因于郏山,以为天下之大凑。"[1] 从这个表述来看,"郭"在城外,是依据山川地貌而建立的一种屏障,"郭"的形制并不确定,也没有明确的地理区划。在中国早期城市发展中,"城"的主要功能则是地区政治与文化的中心,"城"的建设严格依据《考工志》的形制,没有大的变化。城市发展的变化主要表现在"郭"上。从城市人口结构来看,从先秦开始到汉唐,在"城"内的居民主要是皇室成员、贵族、官僚行政人员和军人,而在郭城地区则是"市"所在的地方,聚集了大量从事工商业的居民。两晋南北朝时期,里坊制逐渐发展起来,在"城"外的郭城也成为坊市发展的重要区域。从唐朝长安、洛阳和其他几座知名城市来看,主要的商业区都建在郭城。在长江流域的武汉我们也看到类似的城市发展规律。东汉之际武汉开始有了"城"的建设,包括却月城、鲁山城和夏口城等。我们看到,尽管在这些城内也有商业的繁荣与发展,但大规模的商业交易场所往往在高耸的城墙以外,水路交通便利之处。无论是早期的灵泉古市、南市,还是那些没有被称为"市"的交易场所,如古鹦鹉洲等,都具有自发产生和发展的特点,其发展不是有计划地规划与建设,而是商业发展推动的结果。工商业的繁荣是经济自身发展的结果,并不是官府有计划的规划。相反,由于城市的人口的增加,人口结构突破了官府的户籍控制和管理体系,城市管理者似乎无所适从。《长安志》在谈到长安府的户籍人口时,谈到当时的城中"浮寄流寓不可胜计"。[2] "浮寄流寓"这一表述说明,封建官僚显然没有把这些外来的人口算作真正的城市人口,仅仅定位为流民,也就是说他们并

---

[1] 黄怀信等《逸周书汇校集注》(修订本)卷五《作雒解》,上海古籍出版社,2007年,第525—529页。
[2] 宋敏求、李好文《长安志·长安志图》卷十"唐京城四",辛德勇等点校,西安:三秦出版社,2013年,第337页。

未取得城市的认可。

唐中期以后随着均田制、租庸调制日渐崩溃，伴随两税法等新的制度的建立，国家对私有土地的控制和干预有所放缓，土地买卖和兼并加快，一方面促进了小农经济的发展，为商品经济的发展创造了条件；另一方面也使得许多农民失去土地成为佃农或流民，为工商业的发展提供了大量的劳动力。工商业的发展推动失地农民进入城市，在城市中"市井之徒"迅速增加。与汉唐时期相比，宋朝城市中工商业人口比例明显增加，工商业行业组织也日益增多，内部结构更加紧密，更加复合化。从春秋战国时期临淄的城市人口构成来看，城市居民的构成就具有多元性和复合性。随着时间的推移和城市发展的变化，这种居民构成的多元性和复合性也发生变化，特别是宋代以后这种变化更加明显，随着坊市制度的崩溃，城市也突破过去的"城""郭"结构，与之伴随的是城市社会的重心也日益发生变化，城市居民的构成也随之变化。

城市格局变化的内在动因是城市功能的变化，并进而导致城市居民结构的变化。以武汉为例，早期的武汉是一个以武昌和汉阳为主体的"双城"结构。虽然在城外有古鹦鹉洲、灵泉古市、南市等商业贸易场所，但从东汉末年建城到明中期，武昌和汉阳一直是作为长江流域政治、军事和文化中心而存在的，城市居民也以官僚、士子和军人为主。明中期以后因汉水改道，新水口两岸地盘开阔，港湾水域条件良好，再辅以坚固的堤防，很快便成为"占水道之便，擅舟楫之利"的天然良港，商业迅速发展，导致城市人口数量和人口结构发生显著变化。明嘉靖时汉口居民有近7000人，至万历年间，水口两岸居民跃升至5万。虽经明末战乱武汉地区人口大减。经过清朝初年的恢复，到乾隆时期，汉口商贸繁盛，人口呈快速增长之势，达到创纪录的10万人。到嘉庆十八年（1813），汉口人口已达13万之众。光绪十四年（1888），达到18.1万。从明嘉靖年间到清嘉庆年间，大约200年的时间，汉口镇人口数增加了17倍。汉口镇人口增长之快超乎寻常，除了人口的自然增长外，主要是外地人口的大量迁入所致。汉口成镇以来，经济快速发展，商业异常繁荣，这里经济发展的活力与魅力吸引了大批外来人口投资兴业、置产安家。各色人等来此落籍定居，一代又一代的移民充实着汉口的人口，创造着汉口的商业繁荣。使汉口成为一座"五方杂处"的移民城市。就像时人所说的，"此地从来无土著，九分商贾一分民"。

伴随工商业的发展和城市功能的变化，明清之际部分城市的居民主体和居民结构也逐渐发生变化。在城市人口结构上，新兴的工商业者和相关人员人数日益增加，以他们为主体的社会阶层日益壮大。从职业构成和社会阶层看，这些城市的新居民，除了拥有巨资的大商人外，更多的是小商贩、手工业者，以及各色流民、从事水上运输的船户、码头工人、各种力役、落第的文人、失意的官吏，乃至优伶、道士、娼妓、乞丐等三教九流之辈。他们来到城市要么出卖劳动力，要么靠手艺支棚设摊从事手工业或餐饮茶食，要么肩挑手提沿街贩卖。从这些居民所从事的职业来看，主要分为几类。第一，为城市其他居民基本生活提供服务。以明朝万历年间的北京为例，在各铺行为城市居民提供基本生活服务有一百三十余行，包括典当行、裁缝行、笔行、抄报行、砂锅行、杂菜行、豆腐行、碾子行、泥罐行等。此外还有诸如挑夫、贩易杂货、卖菜、缝补等行业。第二，与所在城市的主要经济活动有密切的内在联系。比如清代汉口纺织品贸易兴隆，当时武汉地区的街居女子"多事针业，或为冠，为履，或成衣，成袜，皆晓夜为之"，而周边地区也"勤于纺织，虽老妪、处女，寒暑无间"，"夜成匹，朝咸来贸"，"转贩汉口"。[1] 第三，为商贾和达官贵人提供消费娱乐服务。如明清时期的苏州"商贾云集，宴会无时，戏馆数十处，每日演剧，养活小民，不下数万人"。[2] 这些新的城市居民人数如此之多，而且来到城市之后很快融入新的城市生活中，成为城市社会阶层的新成员，并进而形成新的社会结构，不能轻易改变。正如"苏郡五方杂处，如寺院、戏馆、游船、赌博、青楼、蟋蟀、鹌鹑等局，皆穷人之大养济院。一旦令其改业，则必至流为游棍、为乞丐、为盗贼，害无底止矣，不如听之"。[3]

城市社会结构的变化导致城市社会生活和城市社会建设的重心相应发生改变，世俗化、市民化的社会生活日益丰富。在社会文化和娱乐方面也表现出世俗化的倾向。以武汉的发展为例，在过去，武汉城作为传统的政治和文化教育中心，在民风习俗方面也表现出极为相似的特征。对此《湖广总志》和《江夏县志》都有记载。比如在论及武昌地区习俗时，《江夏县志》称："武昌隶会省，四方轮蹄辐辏之处，民俗视列郡口靡，缙绅服习教化，尚不改其淳愿之习。非公事不轻入公门，士乐弦诵，少纨绮之好，故科第不乏。其小民畏梃甚于慑刃，其愚如此，可念也。"[4] 服教化，畏梃杖，读书做官被视为最高标准，各地区基本相同，这里不再赘述。值得我们注意的是，明清商品经济发展后汉口和汉阳的情况。同是一本《湖广总志》在谈到汉阳（包括汉口）时这样说："顷年士大夫尤学古高蹈，居乡不事请谒。虽贫乏之家，亦急儒

---

[1] 乾隆朝《汉阳府志》卷十六《汉阳县》。
[2] 钱泳《履园丛话》，北京：中华书局，1979 年，第 26 页。
[3] 同上。
[4] 《江夏县志》，风俗志。

业，而耻他途；孱弱之民，亦力耕渔，而薄商贩。暴发而鸱张者，群非笑之。"①字里行间流露出作者对过去淳朴之风的留恋和对现实的无奈。现实情况是什么，作者没有明说。不过我们查看同时代秦聚奎编纂的《汉阳府志》便可知晓。府志记载："汉镇士民，不事田业，惟贸易是视。商船四集，货物纷华，风景颇称繁庶。"经商之风的盛行，使人们的道德观念发生了根本性的变化。这种情况发展到开埠前更为明显。《汉口丛谈》曾记载："居斯地者，半多商贾致富，书奇风雅勿尚。故会馆公所之名，野墅琳宫之号，楹帖榜额之文，悉皆从俗，未能雅驯。至于金石碑碣，明以前无考，后亦寥寥无可录者。"②显然，传统耕读传家的观念和社会风气在商业功利主义的冲击下日益衰微，社会价值观念发生了根本变化。对此叶调元感慨道："夫逐末者多，则泉刀易聚；逸获者众，则风俗易隤。富家大贾拥巨资，享厚利……中户、平民耳濡目染，始则羡慕，既而则效。"③与此同时，汉口的世俗文化与观念出现两个特征。首先由于商业的发展，交流频繁，汉口呈现一种文化多元化趋向。《汉口竹枝词》记开埠前汉口"商贾辐辏，杂有吴越川广风"④的社会景观。各地商贾齐集汉口，南北文化汇于一处，不仅在饮食、娱乐方面丰富了武汉人的生活，而且这种商业性习俗对审美观念和道德观念也产生了深远的影响。拿妇女来说，其服饰受多元文化影响，"蜀锦吴绫买上头，阔边花样爱苏州。寻常一领细衫子，只见花边不见绸"。⑤与传统衣着有很大差别。另外与其他地区相比，封建观念对妇女的束缚较小，叶调元描述当时汉口女子"烧香也，看会也，龙船也，下湖也，看戏与看花也，地方稍有胜举，逐队成群，出头露面，谈笑无忌，饮啖自如，一任轻浮子弟评肥量瘦，眉语目眺，恬不为怪"。⑥对女子在观念上的宽松，反映出明清之际汉口由于资本主义萌芽，市民阶层逐渐形成规模并开始有了自己独特的道德观念。另外，由于商业的发展，人与人的交往密切，在社会中产生了一种虚靡尚奢的风气。康熙朝《汉阳府志》记："汉镇旧来繁华，今侨居仕宦、商贾富家，多以服饰炫耀，逮下走亦穿绸缎，侈靡极矣。"《汉口小志》也说："汉镇水陆珍奇，舟车捆载，靡不备至。每一宴会穷极丰腆，不独侨宦、富商为然，虽中产之家，亦勉强徇俗。然惟务外饰而内实鲜积藏，至有典春衣以为之

---

① 万历年《湖广总志》卷三五《风俗志》。
② 范锴《汉口丛谈》卷二。
③ 叶调元《汉口竹枝词·序》。
④ 同治朝《汉阳县志·序》。
⑤ 叶调元《汉口竹枝词》。
⑥ 同上。

者，盖亦习俗使然也。"① 从官僚到商贾，无不以奢靡为能事，中产之家也不得勉力从"俗"。奢靡之风在封建社会也是司空见惯的现象，但影响如此之大，阶层如此之广还是少有的。这反映出在汉口地区封建礼教的束缚作用已明显弱化，一种新的道德观念和生活方式正在形成。

在新的城市社会结构变化和发展的过程中，过去处在边缘地位的城市居民获得了新的社会发展空间，并以地缘和业缘关系组织包括"公馆"和"会所"等在内的社团组织，通过这些组织表达群体的意愿。如清代汉口就成为为数众多的会馆、公所等同乡或同业性的商业组织的所在地，"一镇商人各省通，各帮会馆竞豪雄"②。这些会馆、公所参与到汉口的城市管理中来，它们与善堂、善会、水龙会一起，开展社会救济，参与救火，修理街道，维持治安，等等。而主持会馆、公所、善堂、善会、水龙会的绝大多数是商人或绅商。随着他们对城市影响的日益扩大，以及对城市事务参与意识和参与度的提高，开始具备某些被西方学者称之为"市民"这种具有特定意义的称谓。有学者认为明中叶以后复杂的城市人口结构中就包含新兴的市民阶层，"新兴市民阶层即城市的下层，这是由自由的雇佣工人，同时包括小手工业者、小商人和城市贫民在内的人民群众所组成"。③

就城市的起源与发展历史看，在城市的早期发展过程中东西方有很多的一致性，推动城市形成与发展的多为宗教和王权等原因，但发展到中世纪后西方城市发展走出了一条新的道路，商业与市民社会的形成成为推动城市发展的重要动力，而在东方的中国，在宗法体制、中央集权和儒家思想的共同作用下，传统城市发展的动力机制一直没有根本性的变化。从城市规划和建设的格局中我们可以看到城市的功能。早在商周时期，中国城市已经有明确的建设格局，并在春秋时期通过《考工记》等文献记载固定下来。按照《考工记》的规制，中国的城市分区和建设格局体现的是城市的政治和文化功能，后期随着社会经济的发展，城市的经济功能日益突出，但经济功能区并不在城市的主要或核心位置。历朝历代中国的都城一般都以皇室宫廷区为主，结合宗庙、社稷、各级官署、军营，以及皇室、贵族、官员的宅第等，辅以少量官营作坊构成核心政治、文化活动区。同时在主城区以外，以市场为中心，结合官营或民营手工业作坊、酒肆、客栈、花楼以及民居、闾里等构成城市的经济活动区。城市等级色彩

---

① 康熙朝《汉阳府志》卷一《舆地志·风俗》，《汉口小志》风俗志。
② 徐明庭辑校《武汉竹枝词》，武汉：湖北人民出版社，1999年，第35页。
③ 许大龄《试论明后期的东林党人》，载《明清史论集》，北京大学出版，2000年，第292页。

森严,不同的居民根据自己的身份等级或者行业属性在不同的区域居住,所谓"仕者近宫,工商近市"。① 这种格局以及相应的城市功能从战国时期临淄一直延续到清代的北京。与此相适应,城市的居民结构也大体保持一致。

在城市功能和城市社会结构数千年来保持一贯特色,基本没有大的改变的基础上,我们也看到在不同朝代,城市功能和城市社会还是在不断演进的,比如形成于商周时期的里坊制,到汉唐之际达到极盛,成为一般城市建城的基本模式,但是随着社会经济的发展,到了宋代,这个模式和格局就发生了很大的变化,取而代之为开放式的街道,相对自由的商业区设置,以及城市人口的相对杂居。特别是明清之际江南商品经济的发展,工商业者超越过去的规模和影响,作为一个独特城市社会群体开始在城市社会生活中展现出更多的影响力,导致江南和沿海地区城市中出现了部分西方学者认为的"市民阶层"的形成,特别是明代以后各大城市出现了一批地域观念浓厚、专业属性明显,而且手握重金的商人集团,比如徽商、晋商、鄂商、甬商、闽商等,极大地改变了城市旧有的格局和城市居民的社会构成。比如,明代中期以来,汉口由于客商众多并不断地城居化,汉口居民长期以来是"本乡人少异乡多"②,并且"汉口之商,外省人多,本省人少"③,极大地改变武汉这座城市的居民结构。此外,在某些特定的时期和特定的地方,城市因为灾荒、战争或其他原因,城市的功能及城市人口的构成会有特别的地方,如边贸城市或战争时期的边镇城市等,当这些城市作为个体成为研究对象时,其独特的城市功能和城市社会结构会被强调或夸大,但在总体上这些功能和特性只是中国城市整体体系中一些附属性的因素。在古代中国,推进城市发展的动力主要来自封建王权而不是工商业者,与城市发展密切相关的手工业和区域间的商业贸易,只是一种附属的、次要的原因和机制。尽管在城市居民结构方面出现了一些新的变化,并且这些新的变化被一些学者予以特别的重视,如美国学者罗威廉在研究清代汉口的商业贸易、地方政府与商人的关系,以及商会和行业公会的功能变化时,便认为19世纪的汉口商业和社会已经发生了一个重大转变,即汉口商人们积极主动地参与市政活动并使汉口实现了"实质层面上的自治"④。罗威廉等西方学者的研

---

① 贺业钜《中国古代城市规划史》,北京:中国建筑工业出版社,2003年,第486页。
② 徐明庭辑校《武汉竹枝词》,武汉:湖北人民出版社,1999年,第30页。
③ 张之洞:《汉口试办商务局酌拟办法折》(光绪二十四年八月初八日),见赵德馨、吴剑杰、冯天瑜编《张之洞全集》第3册"奏议",武汉出版社,2008年,第507页。
④ [美]罗威廉《汉口:一个中国城市的商业和社会(1796—1889)》,江溶、鲁西奇译,北京:中国人民大学出版社,2005年,第414页。

究发现了中国传统城市社会中的变化,并比照西方城市发展的道路和模式对这种变化予以积极的评价,但这种变化到底有多大,是否具有普遍的代表性,在学术界是有争论的,如果从一般城市管理的角度看,"市民自治"这种现象在中国古代城市中从来没有出现过,包括"市民"这一概念在中国古代社会也一直没有出现。

通过对中国传统城市功能和城市社会结构的梳理,我们看到在中国近代城市化和城市现代化运动以前,中国传统城乡关系十分简单,无论是王朝都城还是区域性中心城市,城市功能主要体现为行政功能,城市的发展也往往因军事而起,城市居民以行政官吏和军卒及其相应的服务人员为主,虽然有许多知名的商业城市,但在总体上经济并非城市的主要功能,经济只是军事和政治功能之外的附属品。中国传统城市立足于广袤的乡村中心,建立在自给自足的自然经济基础上。城市从农村获得生活资料和劳动力资源,虽然也有简单的生产工具和日用品生产,但城市并不对农村经济产生直接影响,城市既不为农村提供技术服务,也无需供应农民必需的生活用品。农民自给自足,除了食盐和铁农具等少数商品外,一般不需要从城市中获得生产和生活资料,亦无需与城市建立市场关系,城乡之间的关系是一个单向的统治关系。除了极少数人通过科举考试以及其他方式进入城市外,城市与农村之间的社会流动极其有限。从表面上看城市从政治上统治着农村,但实际上城市在经济上依赖于农村,在根本上是农村的附属物。城市与农村的内在一致性和互相依存性,形成了中国古代特有的"城乡一体化"模式。① 这是一种静态的、低水平的一体化模式。

在城市居民职业分布和城市社会结构方面,无论是早期的都城,还是后来的城市空间和城市格局都比较复杂的区域经济中心,中国古代城市社会居民构成一直都比较复杂。从居民身份和所处的社会阶层看,有皇室贵族和官僚,也有城市平民和奴婢,从所从事的职业来看,既有手工业者,也有商人、小贩、一级军人、歌姬、雇工、僧道宗教人士等,从城市人口和户籍管理来看,既有城市常住人口,也有暂住人口、外来人口和流动人口等。对于这些居民的社会阶层划分,最初是按照"士、农、工、商"四民社会的标准区分的,这一划分方式一直延续下去,影响深远。后来随着职业分野,社会阶层的划分进一步细化,但划分标准仍然按照职业来,如《明史·食货志》曰:"凡户三等,曰民,曰军,曰匠。民有儒,有医,有阴阳。军有校尉,有力士,弓,铺兵。匠有厨役、裁缝、马船之类。濒海有盐灶,寺有僧,观有道士。毕以其业著籍。"② 从中可见史

---

① 参见张利民《城市史视域中的城乡关系》,《学术月刊》2009 年 10 期。
② 《明史·食货志》,北京:中华书局,1974 年,第 1878 页。

书对户籍的划分依据是从事职业，而非其在乡在城的居住区别。历代户籍统计也是按照府、县进行的，也就是说，中国古代城市中从来就没有专门的城市居民这一人口分类，虽有类似"市民"的称谓，但与我们现代所说的城市居民相差甚远。真正的城市市民和城市社会阶层的出现是在近代中国城市化和城市现代化进程中产生和发展的。

第二节　功能转型与近代中国城市社会结构的变化

城市化和城市现代化是一个复杂的系统化过程。在这个不断演进的过程中因为城市功能的变化，在历史上发展而来的各种体制和社会结构也发生相应改变。从历史的角度看，肇始于近代中国的城市化与城市现代化的过程是中国自有城市以来所经历的最急剧的一场变革。这场变革以城市近代工商业的发展为推动力，以现代生产力和生产组织方式不断渗透到城市的经济、政治和思想文化各个领域为过程，逐渐引起城市社会的深刻变化。尽管在不同地区和不同类型的城市中，这个过程中有不同的发展道路和演进模式，但它们有着共同的传承和同质因素，遵循共同的发展规律。在城市化和城市现代化过程中，无论处于何种阶段，无论是何种发展道路，都伴随着城市功能的日益复杂化和城市职业的多元化，进而导致城市社会阶层的日益分化，形成新的城市社会结构。

一、"四民社会"解体与城市社会新结构的形成

城市社会结构是指城市社会各阶层在城市社会等级体系中所处的位置。从社会影响力来看，包括政治（权力）地位、经济（财富）地位和社会（声望）影响等。从社会分工看，则主要表现为职业构成和生产劳动的方式。不同的劳动方式形成不同的职业，同类职业从业者因为相同或相近的社会财富地位和社会声望构成一个社会属性高度一致的群体，并形成特定的社会阶层。在中国传统城市中，城市功能相对简单，社会分工也不复杂，所形成的社会结构也相对简单明了。在中国传统社会，"士、农、工、商"构成了最基本的社会阶层，尽管有科举考试等方式促进社会阶层流动，但总的来说，社会阶层之间的流动是很小的，所谓"士者恒士，农者恒农"。在城市中虽然没有农业人口，但由于城市与乡村的一体性，历代封建王朝对城市居民的职业划分仍是按照士、农、工、商的标准进行。自19世纪中叶起，特别是进入20世纪以后，

一部分中国传统行政型城市逐渐向近代工商业城市转型，城市的职业分化日益明显。经济的发展导致商人及近代民族资本家主体意识日益觉醒和社会地位日益提高，进而导致传统"士、农、工、商"的社会观念遭到前所未有的怀疑和动摇，进而推动社会结构的新变化。翻开20世纪中国城市社会历史的画卷，一幅活生生的社会各阶层上下流动的画面展现在我们面前。

受儒家思想影响，在中国传统社会里士（绅）地位甚高，为社会的领导阶层。在理论上，"士"这个阶层是向其他社会阶层开放的，联系的途径是封建科考，所谓"朝为田舍郎，暮登天子堂"，通过科举可实现由社会低层向社会高层的流动。不过，在实际中这种开放极其有限，且多属单向性流动。在封建社会，城市是封建统治者及其地方官僚（士绅）控制乡村的地方，也是"士"这个社会阶层最集中的地方。由于经济地位和文化方面的原因，与社会其他阶层相比，传统士绅是传统文化的继承者，是国家（王朝）统治理念的践行者，享有崇高的社会地位，有相当的社会凝聚力，高居四民之首。在统治集团与农民大众的对峙中，士总是保持仰势，形成对集权统治的向心运动。士绅制度和功能在以农业经济为主体的封建社会具有存在的合理性，它不仅使民间社会精英流入官僚阶层，保持统治集团的活力，而且在基层，士绅通过其影响维系社会秩序的稳定。20世纪以前，无论是在乡村还是在城市社会中，士绅都占有十分优越的地位，特别在各大城市中表现尤为明显。以清代武昌为例，尽管在仅一江之隔的汉口，由于资本主义萌芽的发展，商人的社会地位有所提高，但武昌依然不受影响，不仅城郊"民皆勤苦治生"，"乡民率以农为业"，而且城内"缙绅服习教化……士乐弦诵……科第不乏"。[①] 士绅作为传统社会的中坚力量，其兴衰与封建社会同步。嘉庆以后，清王朝日益衰弱，各种社会矛盾趋向尖锐。1851年爆发的太平天国农民起义更使得它摇摇欲坠。作为太平天国活动的主要区域之一，武汉及周边地区封建势力所受到的打击自然是沉重的。传统士绅集团的力量遭到严重削弱。湘军将领胡林翼任湖北巡抚时多次感叹人才难得，他说任官的多不贤明，而"楚中一二贤者，又多不好为官"[②]这句话正反映了封建士绅阶层的没落。具有象征意义的是，1861年，身为湖北巡抚的胡林翼率湘军围攻安庆，战事胜券在握。一日他登高观察战情，踌躇满志地说："此处俯视安庆，如在釜底，贼不足平也！"突然，长江面上有两艘外国军舰逆流驶向武汉方向，行动迅疾，很快消逝在远方。听着外国军舰尖锐的汽笛，胡林

---

① 同治朝《江夏县志》，风俗志。
② 胡林翼《胡文忠公遗集》卷八六，台北文星书店，1956年，第13页。

翼面色骤变，默然不语，在归途忽然大口吐血而坠马，此后一直郁郁寡欢。三个月之后，胡林翼在武昌呕血而死。同年，汉口开埠，英国在汉设立租界，这是中国中部地区城市化和城市现代化进程开始启动的一个重要标志。

开埠后，经过长期的社会动乱和外国侵略，以及社会经济的变迁，传统士绅的社会与经济基础遭到很大的削弱，其出路也日渐艰难。光绪二十一年（1895）夏，在两湖书院读书的唐才常看到了这种趋势，他说从各地来汉求取功名的人很多，"大半亏欠伙食，典尽衣服，不能言归者。其龌龊之状，廉耻之失，不可胜言"。面对旧式士人的落魄境地，有识之士在思想上开始转变观念，唐才常说："经解、词章、八股皆成赘瘤"，人才必出自学校，舆地格致之学必须提倡，否则都是无用之人。[①]对此，张之洞感受同样深刻，"尝谓中国不贫于财，而贫于人才"[②]，督鄂期间大力创办近代文教事业，先后建成江汉书院、算学方言学堂、自强学堂、两湖书院、湖北农务学堂、湖北工艺学堂等。如1893年开办的自强学堂，设具有现代城市新职业特性的方言（外语）、格致、算学、商务等四门功课。1898年，又分设日、英、法、德、俄五堂，聘西人为教习。这一时期办学宗旨，取张之洞"中学为体，西学为用"之说行之，"令守道之儒兼为识时之俊"[③]，内在的含义是传统社会的守望者，要成为适应现代社会发展的新式人才。新式学堂和新式教育的快速发展一方面反映出洋务运动对新式人才的急迫需要，从另一方面也说明城市功能转型后各种新职业的出现，以及新职业对人才的需要。

进入20世纪后，中国传统农业社会向近代化工业化社会转型的趋向开始初步显现。随着近代城市化的发展，社会商品经济不断增长，自给自足的自然经济开始瓦解，传统社会原有的士、农、工、商等各社会阶层在商品经济的冲击下开始分化。为适应新的城市经济的需要，带有新式职业导向的新式教育发展起来，并促使一批崭新的人才在武汉地区傲然而起。这些受过新的职业训练的学子，打破了传统的士人"经史之学"的局限，成为具有新型职业技能的人才。根据1908年《湖北全省各学堂职员一览表》的记载，在当时173所新式学堂中，"教职人员共2367人，其中具有进士出身者40人，约占1.68%，举人148人，占比6.29%，贡生244人，占比10.35%，

[①] 苏云峰《中国现代化的区域研究——湖北省1860—1916》，台北："中央研究院"近代史研究所，1983年印行，第460页。
[②] 张春霆编《张文襄公治鄂记》，湖北通志馆，1947年印行，第14页。
[③] 张之洞《自强学堂改课五国方言折》（光绪二十四年闰三月十五日）、《两湖、经心两书院改照学堂办法片》（光绪二十四年闰三月十五日），赵德馨、吴剑杰、冯天瑜编《张之洞全集》第3册"奏议"，武汉出版社，2008年，第479—480页。

生员 1079 人，占比 45.61%，监生 169 人，占比 7.18%"。[①] 作为传统城市社会的精英，士绅阶层是近代教育转型后的最大受益者，同时也反映出随着近代新的生产方式和经济关系的产生与发展，城市功能日益复合化，城市社会分工的日趋细密，以士绅为首的传统社会阶层开始分化。

"四民社会"结构动摇后，传统四民之首的"士"与四民之末的"商"之间的关系发生微妙而深刻的变化。甲午战争后，一大批士绅投身实业，从士绅向绅商转变。1895 年，曾经的科举状元张謇看到清王朝在中日甲午战争中一败涂地，"军国威丧削，乃知普及教育之不可已，……推原理端，乃不得不营实业"[②]，决定放弃仕途，投身实业。1898 年，张謇所创办的大生纱厂在两江总督刘坤一的帮助下开始出纱，从而走上了实业兴邦的道路，他个人亦成为近代中国知名的民族资本家，他的家乡——南通也走上了近代城市化的历史进程。随着 1905 年科举制度被废除，传统的士绅阶层的分化更加明显。为了寻找出路，许多士人开始流向工商业领域，要么举办公司，要么创办企业，投资铁路、矿山，开设报馆等，成功地跃入民族资产阶级行列。从早期中国民族资本发展的历史看，传统士大夫阶层与官僚和民间资本之间有着密切联系。1900 年广东知府朱仲甫在卸任后放下身段与人合办面粉厂，他说："我从政数十年，乏味得很，要做实业。"[③] 在湖南，知名的士人领袖，城南书院和岳麓书院山长王先谦在湘大力开办实业，创办宝善成制造公司，兴办和丰火柴公司等，并大力提倡开办现代职业教育，拟定《工艺学堂章程》12 条，提出了与生产劳动相结合的职业教育设想。王先谦的这种变化说明在近代城市化进程中，以往的士、农、工、商的四民社会结构和"世业恒为"的传统职业观念已经发生变化，城市新的职业为城市居民的社会流动提供了新的途径并促进新的城市结构的形成。

与中国传统城市与乡村低水平的"一体性"不同，近代中国城市化和城市现代化进程重新塑造了城市与乡村的关系，并对乡村产生了更加深刻的影响。伴随城市化进程的加速，城市经济更加深入地向乡村渗透，传统社会的农民也发生了变化，带来了传统农民身份、内涵的变化。文学家茅盾曾经以 30 年代初江浙一带的农村为背景，创作短篇小说《春蚕》，通过一位名叫"老通宝"的蚕农的命运，生动描述了当时在西方资本主义经济侵略和国内封建主义压迫的共同作用下，江南农村贫困和破产的情

---

① 王子藤《清末士绅阶层转型》，《湖北科技学院学报》2017 年 8 月。
② 张謇《教育录》，《张季子九录》，北京：中华书局，1931 年，第 15 页。
③ 王先明《中国近代社会文化史论》，北京：人民出版社，2000 年，第 72 页。

形。由于农产品商品化程度的提高,价格被市场操纵,农民即使在丰年也无法掌控自己的命运,如果遇到自然灾害或者战争等因素,农民连起码的温饱都顾不上。农村经济的萧条和农民的困苦使得大量农民离开土地,转而到城市寻找活路,从事苦力、车夫、工人、摊贩等职业。在远离江南的华北乡村我们也看到类似情形。近代以来华北地区一直受西方列强侵略和国内军阀混战之害,加上自然灾害频繁,华北农村生产和生存条件不断恶化,民不聊生。大批破产农民为了活命,背井离乡,进入城市寻找生计,"近来本埠贫民,日见增多,查其原因,系因频年战事,各县人民,多已无衣无食,故均纷纷来津谋生"①。

近代工业和商品经济的发展也使得以前散布在各地的小手工业者失去竞争优势,"小工小贩,因失业以坐失万万之资财"②,转而寻求新的职业。近代农民大量离开农村,或逃荒或去城市谋生,当产业工人、季节工等等。原手工业者在激烈的商品竞争下遭到淘汰或转行,破产失业的劳动者为生计所迫,进入城市,寻找新的职业,导致了城市社会职业结构的变动。

在农村破产的同时,城市因为工商业的发展和城市职能的复合化,对劳动力的需求比以往多很多,产生巨大的人口集聚力。比如在1895年以前,武汉尚无一家近代民族资本主义工业,较大的手工工场,也只有武昌的鼎升恒、谦益恒两家榨油厂,资金不过2万元,工人也只有59人。甲午战争后,清政府允许民间办厂,国人民族意识和爱国思想日盛。筹办民族工业以拯救民族危机,成为一股推动民族资本主义工商业发展的潮流。在这种背景下,武汉地区出现了由民族资本创办的,采用机械生产的两家近代工厂——兴商砖茶厂和美盛榨油厂。此后,武汉民族工业经过三个阶段的发展,至辛亥革命前,武汉地区规模较大的民族资本主义工厂有41家。有学者对其中三十多家进行过统计,共计有工人约8000人,资本额为1046.598万元。③同样的情况也发生在其他城市,如上海从1890年到1895年,由农民和传统手工业者等变成产业

---

① 《贫民增多之原因》,《大公报》1927年1月11日。
② 君朴《十九世纪后半期几种洋货和土货在国内市场上的竞争》,《经济研究》1956年第2期。
③ 涂文学《图说武汉城市史》,武汉出版社,2010年,第175页。武汉民族工业发展的第一阶段:1895—1904年。这一阶段是武汉民族工业的起步阶段。在这十年时间里,武汉地区的民族资本共创建了19家企业。其中规模最大的为宋炜臣于1897年创办的燮昌火柴厂,投资资本多达42万元。第二阶段:1905—1907年。这一时期是武汉民族资本主义工业发展的一个高潮。由于日俄战争的刺激和抵制美货运动的推动,大批工厂包括面粉、榨油、烟草、碾米、水泥、水电、机器制造等工厂建设起来,其中有据可查的企业达55家之多。这一时期创办的企业规模较大,投资较多。其中既济水电公司和全国第二大机械厂扬子机器公司都是这一时期建立的。第三阶段:1908—1911年。这一时期是武汉民族工业的持续发展时期。在这四年里共创设企业49家。

工人的人数有 10 万余人，其中大约有 6 万人在民族资本创办的企业里工作。①

新的职业结构也导致了新的社会结构。城市的新职能以及多元化的城市生活不仅造就了大量的就业机会，也带来了清末民初中国社会结构的深刻变化。到民国时期，城市人口调查中，居民的分类再不是按"士、农、工、商"进行，而是按照细分的职业类别，以工业、农业、矿业、商业、公务、交通运输业、自由职业、人事服务等分为大类，然后根据职业的细化再统计到具体的职业。

二、人口增长与城市职业的多元化

19世纪中叶以后，在西方列强的冲击与示范作用下，近代工商业在中国城市中逐步发展起来。在许多快速发展的城市中，工商业取代了传统的政治和行政功能，成为推动城市发展的主要动力，中国近代城市化和城市现代化由此起步。工商业的发展为城市居民提供了大量的发展机会，像上海这样的大城市更被称为"冒险家的乐园"。此外，随着城市现代化的发展，城市居住环境越来越漂亮，生活越来越便利，加上教育文化等因素，城市与乡村的距离越来越大，形成与乡村截然不同的两个世界。现代化的城市生活和巨大的城乡差距，扩大了城市对农村人口的吸引力，一方面吸引许多富商大贾来到城市享受更高质量的生活，另外一方面也吸引了大量贫苦农民来到城市谋生和发展。以天津为例，天津开埠后城市面貌迅速改善，城市建成区面积从 1840 年的 9.4 平方公里发展到 1928 年的 36.2 平方公里。街道数从 1860 年——1899 年共建道路 54 条发展到 1900 年——1909 年建成 122 条。② 近代工业也从无到有，开始应用机器生产，发展出规模较大的面粉和纺织等工业。商业方面也在商业模式和商品种类方面发生质的变化，从内陆腹地的河南到西北边陲的新疆，再到海外市场都是天津商业覆盖的范围，在文化娱乐业方面，跳舞、戏剧、电影等休闲娱乐方式应有尽有，吸引大批隐退官僚、巨贾在此生活。同时，在长期的战乱及灾荒影响下，华北农村处在破产的边缘。在平津地区，"乡村富户既多移寓平、津，而贫苦农民亦因农村破产，无以资生，群相麇集工业中心，谋求生路，因而津埠人口大见增加"③。根据 1928 年《天津市社会局统计汇刊》记载，天津共有 17.0686 万户，居民 86.9139 万人，而在 20 世

---

① 旧中国的资本主义生产关系编写组编《旧中国的资本主义生产关系》，北京：人民日报出版社，1976年，第24页。
② 高艳林《天津人口研究 1404—1949》，天津人民出版社，2002年，第89—90页。
③ 《天津海关十年报告（1922—1931年）》，见天津社会科学院历史研究所编《天津历史资料》，第5期，第86页。

纪初期，这一数据是户数6.4693万户，居民数为32.6552万人。①

在其他开放较早的城市我们也看到了天津这种人口迅猛增长的态势。如上海在19世纪四十年代开埠时人口大约在60余万，到1948年的时候已经发展到540万以上，同期开埠的宁波从10万余人增加到30余万，广州从60余万增长到113万。②厦门在1912年设思明县治时，市区人口为11.046万人。③根据《支那省别全志》记载，当时厦门岛全部人口号称30万，厦门港人口13万，1906年海关报关称有11.4万人。④发展到1920年，厦门日本领事馆报告厦门人口据称15万，厦门全岛人口达35万。在这种快速发展的势头下，1926年邮局调查表示厦门及附近地区人口超过47.3万。⑤青岛早期只是沿海的一个小渔村，居民仅几百人。1879年登州总兵在此驻扎才逐渐发展为一个小市镇。正式开埠后，在近代工商业的推动下，青岛迅速发展起来，城市人口从1902年的1.4905万人发展到1917年9.15万人。⑥内陆城市武汉虽然开埠时间晚于沿海城市，但人口增长的速度一样迅猛，开埠前武汉的人口大约在30万左右，发展到1948年的时候已经达到113万。

在早期城市化进程中，城市工商业的快速发展为胆大的冒险家们提供了发财致富的机会与活动空间，同时不断增长的职业和劳动力需求为城市人口提供了更多的就业渠道，吸引周边地区农村人口向城市流动，并成为新的城市居民。此外，由于中国近代农村经济的残破和农村社会的凋零，许多农民为了逃避战争或自然灾害逃到城市，成为城市人口增长的另一个重要原因。最初这些逃入城市的灾民和难民把城市作为他们的临时"避难所"，在饥荒过后很多人会选择返回家乡，重新务农。有的只是"季节工"，在农闲时到城市临时工作，农忙以及重大节令回到农村。在临时来到城市的农民中有很多人，特别是年轻的农民看到城市的繁华后不愿意回乡。此外随着近代农村生存环境的持续恶化，选择灾后回乡或农忙时回乡的农民越来越少，很多农民由最初在城市里的"暂住人口"逐渐发展成在城市的"永久居民"。

工商业的发展和城市人口的快速增加刺激了城市基础设施建设和工业、商业及民用建筑业的发展，以前分散在各处的各种社会资金大量流向城市，城市工业和服务

---

① 高艳林《天津人口研究（1404—1949）》，天津人民出版社，2002年，第92页。
② 陆兴龙《东南沿海五口的人口问题》，见张仲礼主编《东南沿海城市与中国近代化》，上海人民出版社，1996年，第690页。
③ 厦门市政府统计室编《厦门要览》，1946年11月，第9页。
④ 东亚同文会编《支那省别全志》第十四卷，福建省，东亚同文会发行，大正九年，第55页．
⑤ 林星《近代福建城市发展研究（1843—1949）——以福州、厦门为中心》，厦门大学博士论文，2004年，第212页。
⑥ 李明伟《清末民初城市社会阶层嬗变研究》，《社会科学辑刊》2002年第1期。

业产业获得较快发展。各种新的行当，各种新兴职业不断涌现，城市内部的社会分工也越来越细，形成一个复杂的多元化的城市职业和社会阶层结构。皮明庥先生曾根据1909年湖北警务公所的调查统计资料，对武汉三镇的职业分布情况进行了统计。根据他领导的团队的研究，当时武汉城市居民中按照职业划分可分为：官界2240户，军界3641户，警界1318户，学界1251户，绅界1067户，游界169户，报馆界47户，馆幕1493户，司事2301户，书办722户，代书138户，商贾1660户，美术196户，医业917户，堪舆69户，星卜226户，礼生168户，工乐180户，工匠10876户，航业界2581户，种植10690户，畜牧469户，粪夫1125户，小贸10503户，道士411户，僧人827户，巫觋60户，尼姑262户，道姑146户，仆役2379户，差役2461户，优伶（唱戏者）60户，催生142户，娼妓1304户，乞丐1368户，教民1347户，其他1172户。① 另外根据1915年出版的《汉口小志》所提供的数据，也可以对不同行业的从业人员进行初步的统计。根据记载，当时居住在汉口的市民按照行业可分为：军、政、警、法界652人，学、报、绅界2351人，商界3.099万人，律师、馆幕、司事类652人，矿师、儒士、美术、地理、星卜1513人，术士、教干148人，机匠、水泥工、窑工2594人，各实业工人2221人，小贸9464人，小艺4625人，水手、划夫1803人，车夫、轿夫、码头夫1.0742万人，医士401人，种植、畜牧761人，挑水人、佣工、使役、厨役1.3779万人，金工、木工、石工5692人，道士、僧侣415人，苦力3671人，废疾98人，船业251人，洋伙749人，渔业588人，乞丐494人，公差487人，优伶109人，无业4579人。②《汉口小志》的作者是徐焕斗，此人曾经做过汉口警察局长，他所记述的数据及相关材料也许与官方正式的统计数据不完全一致，但是基于他的身份，这个记述应该是可靠的，对城市职业分布的记录也是符合当时实际情况的。

从汉口的统计数据中可看出汉口城区的职业分布主要集中在商业、手工业、码头搬运和力夫、佣工等行业中。这种职业分工体现了汉口作为近代知名的水路码头工商业大埠的经济结构和城市功能特征。对于其他类型城市，相关数据会有所不同。以1935年福建省政府对福州人口统计为例，根据福建省政府秘书处统计室统计，1935年福州共有居民16.1789万人，其中男子14.1304万人，女子2.0485万人。职业分布为：农业4369人、工业4.0553万人、矿业45人、商业3.5751万人、交通运输1497人、党务236人、政务4953人、军人2674人、警务1355人、教育事业2755人、医

---

① 资料来源：皮明庥《近代武汉城市史》，北京：中国社会科学出版社，1993年，第668—669页。
② 同上书，第669页。

药 1813 人、律师 157 人、会计师 125 人、工程师 106 人、新闻 167 人、宗教事业 456 人、社团事业 1189 人、家庭管理 1765 人、侍从 1288 人、佣役 1.3559 万人、车夫 3995 人、苦力 1.3214 万人、稳婆 60 人、伶界 511 人、巫道 788 人、娼妓 403 人、小贩 1.3073 万人、讲书 197 人、其他 1.4735 万人。①尽管从数据看，福州的城市人口构成与职业分布的情况与武汉不完全相同，但基本布局和所反映的城市社会是一样的，主要人口也集中在工商业领域，其次分布在车夫、佣夫等人事服务行业。这种职业分布和社会结构在 20 世纪其他中国城市如上海、青岛、广州、南京、厦门等均有一致或相似的情况。当然，在不同的历史时期，因为社会政治或经济发展等原因相关的结构会有所变化，如 1925 年的南京，在市区 39 万人口中，从事商业和工业的居民最多，分别占人口总数的 15.07% 和 13.62%，其次人数较多的依次为学生、农业人口和政府官员，分别占 5.89%、4.76% 和 4.10%。随着国民政府定都南京、中日战争中南京沦陷以及南京光复等一系列社会经济和政局的变迁，南京市的人口职业构成在 1947 年发生了很大改变，其中政府公务人员在市民结构中占据重要地位，比例增加至 14.3%，具有良好教育背景的自由职业者也增加不少，占比达到 11.5%，而工业人口则在总人口比例中下降至 12.3%。②

通过这些统计数据我们首先发现，进入 20 世纪后无论是官方的统计口径还是民间的统计分类，与早期城市职业和人口统计的标准和方法都有明显的不同，这种按照城市新的职业结构统计城市居民的方法完全突破了过去"四民社会"的分类方法和观念。这种情况的出现表明，在 19 世纪中叶开启的中国城市化和城市现代化进程中，城市职业越来越多，结构越来越复杂，按照过去"四民社会"的统计方法已经无法说明城市社会的社会结构，同时在新生产力和生产生活方式下，现代城市职业分布与社会构成与传统城市有天壤之别。另外从城市功能的角度说，进入 20 世纪后中国城市因为城市功能的变化，特别是城市功能的多元化和复合化，导致城市职业的多样化，城市居民的职业分布和社会结构也因此呈现出复杂化和多元化的特征。

三、社会结构与主要社会阶层分布

根据前述几个城市居民从业情况的统计数据，我们可以对 20 世纪中国城市人口

---

① 福建省政府秘书处统计室编《福建省统计年鉴》（第一回），1938 年印行，第 116 页。
② 宋伟轩等《近代南京城市社会空间结构——基于 1936 年南京城市人口调查数据的分析》，《地理学报》2011 年 6 月。

的社会职业分布情况进行初步的分析。我们看到随着城市移民人口的进一步增多，城市工商业经济和贸易的进一步繁荣，以及城市市民职业构成的多元化，新型的城市社会结构逐渐取代传统的士、农、工、商四民社会结构。在新的社会经济和政治条件下，形成官绅、大企业主和商人、一般资本家、小业主、中产阶级、一般职员和产业工人、城市贫民等城市社会阶层。

在复杂的城市社会结构中，居于上层的是绅商阶层和大企业主、大商人等。绅商阶层早期往往是居住于城市中的大官僚、军界将领、商界领袖、金融巨头等，他们往往亦官亦商，不仅具有很大的权势，同时还拥有巨资。他们的早期代表人物包括张謇、经元善、盛宣怀、周学熙等。随着社会发展和城市现代化进程的推进，传统的官绅也适应社会变革，其身份发生嬗变，成为新的政治家、大资本家、金融家或新的行业领袖等。近代工商业的发展催生了一大批大企业主和商人，他们也属于城市社会结构中上层人物。比如在武汉近代城市发展过程中因为对外贸易的需要，培育了一批大买办，这些买办集聚资金后，也纷纷进行投资成为大资本家。如东方汇理银行买办刘歆生，开设阜昌钱庄，先后任德华、道胜银行的买办刘子敬开设广大钱庄，买办商人莫兰生开设了怡和、怡和永、怡和生三家钱庄。刘歆生在商业实践中较早认识到汉口市扩展的必然性，因此低价购买老城区及租界周围低洼荒芜之地并于1901年组织填土公司，用现代化的工具填土建房，成为武汉有名的"地皮大王"。武汉近代另一位知名商人宋炜臣早期携带资本来武汉开设燮昌火柴厂，后逐步发展武汉商界领袖，集资在汉口谌家矶建立"扬子机器厂"。这是武汉近代几个最大的民族工业企业之一。在武汉城市建设史上，宋炜臣还设立了既济水电公司。该公司的建成成为武汉城市现代化进程中的一个标志性事件。水电公司的"水塔"也长期作为武汉的地标性建筑。

处在城市社会中层的是一般资本家、小业主，军政机关和公司的高级职员以及自由职业者等。中国民族资本主要产生于甲午战争之后，特别是在1912—1919年的8年间迅速发展，其间新建厂矿企业470多家，新增资本多达1.3亿元。这个社会阶层的快速发展必然要求相应的社会结构与之相适应，必然导致旧社会结构的改变。处在城市社会中间阶层的另一个社会群体是自由职业者。自由职业者通常由受过现代教育的新式知识分子组成，从事的职业需要专门的知识和技能，包括律师、会计师、工程师、医师、新闻记者等，主要为脑力工作者。城市社会的中层的产生与成长同中国近代以来城市化及城市现代化的发展有密切关系，他们是城市现代化的受益者，同时又是城市现代化的有力推动者。这一阶层的市民一般拥有一定的资产或权利资源，或者掌握专门的技能和文化资源，生活稳定，是城市发展的中坚力量。

处在城市社会下层的主要是一般工薪阶层，包括产业工人、普通职员和下层军政人员。城市下层人员一般不拥有生产资料，部分人员虽然拥有一定的工作技能，但并不突出，多数从事的是简单的事务性工作或重复性劳动，还有很多靠出卖体力维持生活。处在这一阶层的城市居民经济收入较低，抗风险能力差，一旦城市发生变乱或城市经济萧条，他们就很容易失去工作或谋生手段。如果个人和家庭成员出现疾病等状况，也难以应对，容易跌入城市下层社会中。在这个社会阶层中，产业工人本来是新生产力的代表，也是促进城市现代化的重要力量，但由于近代中国工业生产水平低下，劳动保障制度落后，这部分城市居民长期处于劳动条件差、劳动时间长、工资收入低的状况。为了压缩成本，资本家还大量使用女工和童工，这些人的收入更低。女工和童工的大量使用，使得这个社会阶层的社会状况更加恶化。

在城市社会下层之下的为城市贫民阶层。这一阶层人员多数没有固定的职业，收入很低。人员包括从农村刚刚进入城市的破产农民、游商、摊贩、码头工人、人力车夫、学徒、佣人、菜民、仆人、乞丐和其他无业人员等。由于他们没有专门的工作技能，只能靠简单出卖劳动力谋生，获得的收入仅能维持个人的最低生活。以青岛为例，"市内贫民，大部麇居于台西镇之挪庄、西广场等处，矮屋一椽，仅能容膝，起卧炊涤胥在其中，甚者支板为棚，合居三四"①，生活十分困苦。从他们的来源来看，除了来自农村的破产农民外，还有部分是城市自身析离出来的失业、无业等贫困群体。在近代中国城市中，这一社会阶层的人数众多。据时人统计，1920 年的上海，仅码头搬运工就有五六万人，人力车夫有六七万人，此外还有大量无法准确统计的城市流民、乞丐等。②由于没有固定职业，这一部分城市居民经常处于无业、失业状态，常在社会上游荡，社会流动大，有的结成帮派势力，成为城市社会秩序的破坏者。在城市中，这部分人常受到其他社会阶层的歧视，在社会处于弱势地位。

总的来说，在近代中国城市化和城市现代化过程中，过去城市存在的士、农、工、商"四民"社会结构基本解体，形成新的社会结构。城市社会中逐渐形成了上层、中层、下层和城市贫民等四大社会阶层，构成社会的主结构。在各个阶层内部，由于职业分工的不同，又形成不同的社会群体，各群体之间又有不同的特性。社会群体往往与社会的主结构有一定对应关系，但不完全一致，如在社会中层中一般资本家与自由

---

① 沈云龙：《近代中国史料丛刊初编》，台北：文海出版社，1973 年。
② 唐海《中国劳工问题》，上海光华书局，1926 年，第 82—85 页。

职业者之间就有很大的区别。即便在自由职业群体中，律师群体的社会特性与医师群体的社会特性也有很大的不同，这些都是现代城市中社会劳动分工日益细化造成的。

第三节　影响城市化与城市现代化进程的社会次群体

社会群体指群体成员通过一定的社会活动和社会关系构建起来的具有共同社会职能和社会目标的群体，是构成社会的基本单位之一。一般来说，社会群体与构成社会主结构的社会阶层之间有相对趋同的对应关系，但并非完全一致。构成社会主结构的社会阶层一般由多个社会群体组成。同时在某一社会群体内的成员因社会地位的高低，拥有社会资源的多寡等因素，可能属于不同的社会阶层。比如军政人员这个社会群体，高层军政人员拥有大量的社会资源和权力，居于社会结构的顶端，但基础公务人员以及普通下层军警等，则仅属于社会的中下阶层。另外即使在总体上处于社会下层的工匠、游民、戏子、艺人，也不排除极少数拥有特别能力与权力的人能挤入社会上层。因此我们在讨论近代中国城市社会的构成时，除了研究社会阶层这个主结构外，还要注意考察社会次群体。

近代中国城市社会次群体，是伴随中国城市化和城市现代化历史进程不断发展变化而形成的。在近代城市化过程中，随着传统意义上的城市社会结构的瓦解以及新的社会结构的形成，城市社会结构中的次群体也逐步凸显出来，商人买办群体、军人群体、政党官僚群体、新知识群体等纷纷涌现。次群体主要与职业分布相联系，群体成员间的相同性和一致性十分明显，因此社会生活更多地在城市次群体内而不是在主结构中进行。研究城市中的城市群体，有助于我们更好地分析和理解城市社会的构成。

一、新式商人群体

商人是一个古老的概念，与中国上古时期的商王朝有一定的渊源，在春秋战国时期就有"郑商人弦高将市于周"这样的记载。[①] 虽然古代中国是一个重农抑商的社会，商人社会较低，但这个职业一直在发展，并形成一个个具有地域特点的商人集团。为

---

① 《左传·僖公三十三年》。

了自己的群体利益,不同的商人集团建立公所或会馆,以加强互相联络,并解决各种纠纷。在各大商埠,一般都有山西、安徽、宁波等会馆,体现了商人集团的集体意识。20世纪以前,由于中国商品经济发展还处在初级阶段,这些商人集团和组织虽然带有较明显的"自治"色彩,但总体上仍有很强的传统性,各种"义举"和慈善活动基本源于传统的风俗习惯和价值观念,地方观念和宗法色彩浓厚。既维护同乡、同行的利益,又限制它们发展。而且各组织之间相对封闭,对社会产生的影响有限。直到开埠通商,中国近代城市化和城市现代化进程启动后,现代意义上的商人群体才逐步形成。

近代中国城市中,最先发展起来的商人群体是买办资产阶级集团。随着近代西方列强与中国政府签订的一系列不平等条约,从沿海到内地,一大批城市对外开放。在这些开放的口岸城市,英、法、俄、日、德等列强纷纷建领事馆,开辟租界,进行通商,开设洋行、工厂。在中外贸易和通商过程中,买办资产阶级成长起来,并成为迅速富裕起来的一个群体。与传统商人比,买办从事近代工商业时,具有两项优势:其一,买办是最早接触西方资本主义经营方式的阶层,比较熟悉资本主义的经营方式,具备经营新式企业的技术、能力和社会联系;其二,买办手中握有数量可观的资金。上述条件的存在使他们纷纷转向投资创办近代企业。武汉地区几个大的民族企业如中国第二大机器厂——扬子机器厂的创办者便是买办刘歆生,承办汉阳铁厂的盛宣怀更是闻名全国的大买办。在城市化和城市现代化进程中,买办商人的作用和贡献是独特的,他们往往是最早的城市建设的开拓者。

除了买办外,进入20世纪后中国传统商人也因应时势不断发展变迁,在近代城市化和城市现代化进程中起了积极作用。比如在晚清的武汉,面对开埠后新的贸易格局,武汉传统商人迅速转型,组成了不同于旧式牙行的近代贸易组织——"八大行",即盐行、茶行、药材行、粮食行、棉花行、油行、广福什货行、牛皮及纸行。各行垄断一部分商品贸易,并为其他商人提供信用保证,代办运送及提供储存业务,另外还提供商业信息等服务。除了八大行外,按地域,众多商人还分为湖北帮、宁波帮、山西—陕西帮、徽州帮、广东帮等地域性组织,以地域和血亲关系组成纽带,按自己的优势和特色经营。据统计,清末武汉地区从事个体经营的商家多达七千余户,以中小资本家居多。各种其他行业组织如武汉菜面馆分会、汉帮理发公所、各省旅鄂商务团体也有二百多个。[①] 其中著名的有华商总会、汉口商会、武昌商会等。商会的出现,表明武

---

① 皮明庥《辛亥革命与近代思想》,西安:陕西师范大学出版社,1986年,第255页。

汉地区近代商人的主体性开始确立，这一现象体现了武汉地区民族资产阶级的日趋壮大和成熟。他们力量的膨胀要求相应的社会结构与之相适应，必然导致旧社会结构的变迁。在商会、会馆、公所的团结下武汉商人力量聚集起来，讲求商战、爱国御侮成为潮流。在现实斗争方面，1904年，汉口华商团结一致，与德国礼和、瑞记银行断绝贸易往来。1905年，汉口金融业拒用麦加利银行的票据。1909年，商人们成立商办铁路协会，更将矛头直指西方列强和封建王朝，反映了这一社会阶层的日趋壮大和成熟。

二、产业工人群体

城市产业工人是伴随近代城市化和城市现代化进程而生长、发展起来的一个社会群体。现代城市化源于工业化，城市现代化进程也往往与社会经济发展的工业化相伴随。在工业化过程中，城市社会快速发展，社会流动呈加速发展状态，并呈现明显的向广大农村开放的态势，吸引农村人口进入城市并将他们转化为产业工人。

中国的产业工人的形成时间早于中国资产家。19世纪中叶，随着上海、广州、青岛、天津、汉口等城市开埠，列强在中国开辟租界，开设工厂，建设码头，产生了中国第一批产业工人。如汉口开埠后，俄商率先在汉开设砖茶厂，雇工约2000人。辛亥革命前后，英、美、德、日、法、瑞士、荷兰等国商人，在武汉开办了砖茶、打包、蛋品加工、面粉、榨油、制冰、静酒、皮革、卷烟等工厂约40家，总共雇用产业工人1.4万人，民族资本企业达120余家，雇用工人八九千人。① 同一时期，天津开办的各类民族企业达107家。② "一战"期间，列强忙于战争，无暇东顾，中国的民族工业有了发展契机，一大批民族工业企业创办起来。1919年，武汉"有织布厂332处，化学厂16处，硝皮厂5处，新式打米厂19处，香烟厂12处，面粉厂37处，火柴厂3处，纱厂4处"。③ 在天津，民族工业也迅速发展，仅1915年天津就开设了219家工厂，到1924年又增设到297家。④ 随着一座座工厂的建立，现代化的社会化大生产逐渐取代了过去以手工业为主的生产，产业工人也取代过去的手工业者成为城市及周边农村日用品和工业用品的生产者。

与一般煤矿工人、码头搬运工人等不同，产业工人有组织、有纪律，操作着现代

---

① 皮明庥《近代武汉城市史》，北京：中国社会科学出版社，1993年，第649页。
② 宋美云《北洋军阀统治时期天津近代工业的发展》，《天津文史资料选辑》第41辑，第134页。
③ 上海《民国日报》，1920年1月29日。
④ 宋美云《北洋时期官僚私人投资与天津近代工业》，《历史研究》1989年第2期。

机器，是当时最先进生产力的代表。产业工人在城市总人口中所占的比例，也是判断这座城市现代化程度的一个重要指标。中国近代城市化和城市现代化水平不高这个特征在城市产业工人占城市总人口比例上也体现出来。比如根据中共福州市委在 1927 年的调查资料，当时福州有造船工人约 2000 名，有兵工厂工人约千余人，有电报工人共 165 人，另有运输和码头工人约 2000 人、船夫约 5 万人、人力车夫约 5000 人。[①] 从统计数据看，福州的人力车夫人数明显比产业工人人数多，由此我们可以判断福州城的工业不甚发达，福州的城市现代化发展水平还不高。另外根据 1934 年福州市公安局的调查，福州有工业人口 3.1379 万人，当年福州总人口为 41.4831 万人，工业人口比例仅 7.56%，远低于同一时期的青岛、上海和武汉等城市，也说明福州城市现代化水平不高。

三、新知识群体

在近代中国城市化与城市现代化进程启动以前，中国传统城市社会相对封闭，旧式学生每天除了面对一个"天地君亲师"的牌位诵读经书以外，便是想着如何"金榜题名"。从 19 世纪中叶开始至 20 世纪初，得益于近代新式教育的发展，武汉、青岛、上海等开埠城市成为中国近代新知识群体集中的地方。新知识群的来源有三：一是由旧式士人转化而来。近代社会变迁，旧式士人出路越来越窄。据《湖北通志》记载，嘉庆年间，湖北人口不到 500 万，而到光绪末年达到 2400 万，增加了近五倍。同期，湖北贡院的号舍由 5800 余间增到 1.22 万余间，仍不敷使用，然而全省学额却基本未变，偶尔增加，也极为有限。[②] 仕途竞争越来越激烈，即使取得科举功名，也难谋一官半职，在张之洞的奏稿中就有很多奏请停发候补人员的内容。1905 年科举制度废除更使旧式士人失去出路，只有转上新学。张之洞从其中体西用的宗旨出发，设仕学院对他们进行培养，力图从改变知识结构入手刷新"士"这个传统社会阶层的素质。新知识群的第二个来源则是由新学堂培养出来的新式学生。新知识群的第三个来源是留学欧美和日本的学生。

新式学堂是培养新知识群体的重要场所，一方面新学堂使他们有机会学习先进的

---

① 《中共福州市委关于福州工人生活状况的调查》(1927 年 12 月)，载《福建工人运动史要录（1927—1949），第 2—3 页。
② 《湖北通志》卷 43《政经志·户口》卷 58，《学校志》(四)《贡院》。

知识,另外一方面把这批社会中最富理念,最有活力的青年汇集在一起。当这些青年沐浴欧风美雨,感受声光化电的神奇时,其思想必然会产生突变,新的知识也必然与旧的文化发生冲突。同传统士人相比,新知识群头脑中装的是西方先进的思想文化,对社会发展有着深刻的理性认识。同时他们所处的环境和对中外大势的了解更使他们充满民族危机意识。"在他们的灵魂深处,浸润着一股饱满敏锐的时代感。"①

近代中国的城市化和城市现代化的发展一方面促进了新知识群体的产生,同时新知识群体也在促进城市现代化方面做出了重要贡献。首先,新知识群体是城市现代化中新式文化的传播者。新知识群体都受过良好的教育,要么毕业于新式学堂,要么从国外留学归来。一般来说,新知识群体的职业选择往往为城市的文化事业机构,如学校、杂志社、报馆、剧团、图书馆等,从事传播科学文化的职业,促进了城市现代文明的培育和城市现代文化建设。其次,新知识群体对社会具有洞察力,是现代城市文化和现代城市市民观念的启蒙者。第三,新知识群体还是推动城市变革,实现城市现代转型的革命者。以辛亥武昌首义为例,首义之前武汉的革命团体多以"研究学问"为名或为宗旨组织革命团体,如第一个革命团体叫科学补习所,后面有日知会、群治学社、益智社、数学研究会、文学社等。美国学者周锡瑞说革命党人"不是……士绅成员,而是新式学堂的学生"。他们"出版激进的小册子,举行群众集会和示威游行。他们人数更多,革命性更强",当他们"对现存的政治支持其反帝斗争的诚意和能力失去信任时,他们就转向革命的立场"。②张玉法在其《清季的革命团体》中明确表示辛亥首义的成功在于新知识分子的努力,正是武昌辛亥首义使武昌这座传统封建堡垒城市成为亚洲第一个建立民主共和政体的城市。是新的知识群体起草并颁布了《鄂州约法》这个亚洲第一部比较完全意义上民主共和宪法性文件,为整座城市的现代化做出了巨大贡献。

四、自由职业群体

随着西方近代知识文化传入中国,在造就一个新的知识群体的同时,知识的专门化还使得具有相同知识结构、价值观念和行为规则的新知识群体进一步形成专门的知识群体。晚清维新运动以后,一个突出的社会现象就是各种结社的兴起。一批具有现

---

① 苏云峰《中国现代化的区域研究——湖北省1860—1916》,台北:"中央研究院"近代史研究所1983年印行,第469页。
② [美]周锡瑞《改良与革命——辛亥革命在两湖》,北京:中华书局,1982年,第64页。

代科学和新知识、新技术的学会在各大城市纷纷成立,包括各种矿学会、农学会、工艺学会、地学会、教育学会、医学会、化学会、算学会、工程学会等等。在上海、北京、天津、武昌、南京、杭州、广州、成都这些中心城市,由新式知识分子结成社团,向社会表达自己的意愿,在很大程度上促进了城市的变革。新的专门的知识群体的产生,不仅是新知识传播的结果,更是随着社会近代化进程的不断深入,城市功能的日益现代化和复合化对新式人才需要的结果。专门知识群体的形成和社会对新式专门职业群体的需要相互促进,形成了新的以专业性知识和技能为特征的新的自由职业群体产生的基础和条件。

随着近代以来中国传统城市逐步向现代城市转型,城市功能发生根本性变化。大量新的产业以及新的社会需求导致了一大批新的职业的出现。其中特别引人注目的是利用新的现代知识开展专门职业活动的自由职业群体。在这批新出现的职业群体中,比较有代表性的是律师、会计师、医师、新闻记者和自由撰稿人等。

与传统社会群体不同,自由职业者很难简单地把它归属到某个具体的社会阶层。与包括官僚和资产阶级的剥削阶级相比,自由职业者并不占有生产资料,更不利用生产资料从事营利性活动,同时他们也不雇用他人,不靠剥削剩余价值获取利润和财富。与产业工人和一般雇用者相比,他们既不被他人雇用,也无需在他人的奴役下讨生活。他们的特点就是"自由",即自己雇用自己,依靠自己的知识和技术专长为社会提供专门性的服务,从而获得劳动报酬和社会地位。相较于其他社会群体,自由职业者一般都具有良好的现代知识和教育背景,有特定的专业技能和知识结构。对于同一自由职业社会群体,因为知识和技能的同一性,群体成员在职业道德观、社会价值观等方面往往一致,在物质生活、社会地位、政治态度和文化修养,以及话语体系等方面都有共同之处,形成一个相对独立的社会职业共同体。在不同的自由职业群体之间,由于其从事的职业不同,知识结构和社会价值观的差异,导致各群体内部结构和群体特征表现的多种多样。比如律师职业群体与医师职业群体和会计师职业群体在社会政治参与、职业自治等方面就有不同表现。不过,由于自由职业群体具有类似的社会来源,在社会上处于类似的地位,他们之间往往有很多相通之处,在大的社会运动和政治活动中往往具有一致的意向和表达。

自由职业的出现是伴随近代分工和城市功能复合化出现的,有其市场与知识、制度与社会的特殊时代背景。一般情况下,欲成为自由职业群体的成员,必须通过相关国家组织的考试,获得专门执业资格,同时从事专门的职业。获取专业资格是自由职业者的基本条件,因此职业的专门性和专业性也就成为自由职业群体区别于其他社会群体的最本质的特征。专门的知识和技能,以及专业性极强的社会服务,使得自由职业群体与社会其他劳动阶层相比,大多数有较丰厚的劳动报酬和较高的社会地位,成为城市的"精英阶层"。这也使得他们的职业自我认同感极强,维护自身权益的意识也特别突出。在同业公会的组织和管理下,自由职业群体通过自治的方式不断进行自我完善、自我发展,壮大自己的群体基础。

鉴于自由职业人员群体的社会影响和群体力量的不断壮大,1929年5月,国民党中央法制委员会就是否应对自由职业团体进行专门的立法进行讨论,首次将"自由职业"作为一个专门的问题对待。同年7月,国民党中央法制委员会决定,如果"自由职业团体"是指律师、医生或其他类似职业的组织,那么需制定专门法规予以规范。这在很大程度上说明,作为一个新的社会群体,自由职业者在社会上的影响越来越大,社会地位越来越高。

自20世纪初期开始,自由职业群体开始在中国各大城市出现,他们通过同业公会等与政府反复博弈,极力争取和拓展自己的生存空间。由于自由职业群体具有新的知识和技能,对社会的认识更加全面深入,他们不仅用自己的知识和能力不断推进相关专业领域的进步和发展,同时他们对近代中国社会政治也十分敏感,参与了一系列民主政治活动,推动了中国近代社会政治民主化进程,也使得城市社会政治和社会生活更加丰富和复杂。

五、新式军人群体

新式军人是近代中国城市化与城市现代化中的一个特殊城市社会群体,也是促进城市社会变革的重要力量。在中国传统文化观念中,军人群体是一个复杂的概念。一方面我们有尚武的精神与传统,对精忠报国的军人充满敬意。在先秦时期军人属于"士"这个四民之首的社会阶层。顾颉刚先生曾言:"吾国古代之士,皆武士也。士为低级之贵族,居于国中(即都城中),有统驭平民之权力,亦有执干戈以卫社稷之义务,故谓之'国士'以示其地位之高。"① 但是到宋代以后,随着重文轻武思想的深化和统治者以文制武策略的实施,普通军人不再包含在"士"这个阶层之中,这个群体更多地用"兵"来称呼。俗话说"好男不当兵,好铁不打钉",当兵的往往是被社会鄙视的游民。直到近代随着新式军队的崛起,社会观念才发生些许改变。同时新式的

---

① 顾颉刚《武士与文士之蜕化》,见《史林杂识初编》,北京:中华书局,1963年,第85—91页。

军队也造就了一个新的军人群体。

清代前期,清政府实行世业兵役制。至晚清,由于屡遭西方列强的欺凌,清政府在实施"新政"期间,通过北洋军的建立,尝试推行新的兵役制度。新的兵役制度有严格的募兵程序,对作为军人的条件进行了具体规定,使得军队能够从社会不断补充新的血液。这为新式军人集团的产生奠定了制度条件。加上清末废除科举,年轻的士子缺乏出路,"秀才当兵"成为一个新的选择和社会现象。

如果说,新式学堂造就了一个拿笔杆子的近代新知识群体,那么与其同时而生的新军则直接促进传统城市向现代城市变革。以晚清张之洞在武汉编练的新军为例,该新军招募的对象是能识字略通文理的青壮年,"命题考试,衡文以定去取"。为提高士兵素养并促进新军的现代化,张之洞与他的继任者还先后办了一批军事学堂,其中著名的有武备高等学堂(1896年)、湖北武普通中学堂(1902年)、湖北武师范学堂(1902年)、军医学堂(1906年)、陆军特别小学堂(1907年)等。近代军事学堂的兴办,提高了新军的文化素质,也带来更多的近代知识和先进思想,成为一支变革的力量。

"军队,作为进攻与防御力量的代表,能够精确地体现最新生产力的技术成果与社会生活的实质性变迁。从它的装备、编制、战斗力及其兴衰之中,往往能够觉察出一个时代最细微的呼吸与最强烈的震动。"[①] 与传统军队相比,新军不仅在装备与建制上不可同日而语。更重要的是,其思想亦十分近代化,由于士兵文化程度高,加之当时近代传媒的发展,各种进步书刊在兵营中流传。"士兵识字,读后自然增加对革命之认识,知道瓜分之祸迫于眉睫,人民生活悲惨万分,无一不是清朝统治之恶果,因而有志之士,亟欲组织团体,进行革命活动。"[②] 这支诞生在近代城市中的军队,这一城市社会变迁的历史产物,一经出现,就成为促进城市社会变革的批判性力量。

辛亥以后,新军这个特殊的城市社会群体也发生了分化。一部分继续保持其先进性,成为城市化和城市现代化的积极推动者,另一部分逐渐蜕变,成为军阀武装,变成城市化和城市现代化的绊脚石。新式军人群体在近代的不断嬗变也深刻地改变了中国近代社会。其中一部分人演变为军阀,割据地方,为了保护和发展自身利益不仅发动一系列战争,还开展了一系列政治活动。还有一部分人继续探寻社会发展的真理,不断接受新的思想,也开展了一系列政治运动,发起一系列反封建、反军阀的军事斗

---

① 陈钧、任放《世纪末的兴衰》,北京:中国文史出版社,1991年,第145页。
② 温楚珩《辛亥革命实践记》,见中国人民政治协商会议湖北省委员会编《辛亥首义回忆录》(第一辑),武汉:湖北人民出版社,1979年,第51页。

争。这一群体亦是最值得我们研究和关注的近代社会群体。

现代政治理论认为：在社会近代化过程中，由于经济、阶级、行业的变迁，"许多社会力量中所产生的觉悟、内聚力、组织和活动增强"激起各种新的集团意识。[①] 近代中国城市化和城市现代化进程启动后，伴随传统社会阶层的没落，新的阶级力量日益成长，形成新的社会结构。在新的社会结构下，城市次群体通过代表他们的各种社会组织，相互联络，发表自己阶层的社会意愿，在社会上产生了广泛的影响。随着新的城市社会群体的壮大，必然要求有新的社会结构来适应并满足他们的要求和愿望，这个新的社会结构形成过程同时也是城市现代化的过程。

第四节　社会生活变革的物质条件与精神要素

城市是一个社会的政治、经济和文化最集中表现的地方，也是体现社会生产力发展成就最集中的地方，在中国近代社会转型与社会发展现代化历史进程中，城市具有典型的引导和示范作用。20世纪的中国是一个城市化和城市现代化快速发展的时期，中国传统城市的政治结构、治理结构、社会结构和空间结构都发生了重大转型，作为城市现代化的一个重要表现和必然结果，近代中国城市社会生活也发生了一系列变化，并成为西方生活元素进入中国的桥头堡和现代社会生活的发生地。

社会生活包罗万象，包括衣食住行、休闲娱乐、婚丧嫁娶、礼俗规范、观念意识等，近代中国城市社会生活的基本内容和形式林林总总，很难一一赘述。同时在不同的城市之间，受地域文化、传统习俗和开放程度等因素影响，社会生活也有很大的不同。透过复杂的社会生活面相，我们认识到近代中国城市社会生活的变化，特别是社会生活的现代化，在根本上还是基于城市社会生产力的提升与变化，同时与城市社会结构、城市空间和城市社会意识等也有密切关系。

一、现代生产力与工商业模式：现代城市生活的物质基础与条件

生活是人类社会存在的基本方式，人活着就要生活，生活在不同的时间和空间，

---

① ［美］塞缪尔·亨廷顿《变动社会的政治秩序》，上海译文出版社，1989年，第41页。

就会有不同的社会生活。尽管社会生活具有鲜明的文化属性，与地域文化、传统习俗等有密切联系，是一种具有鲜明地域色彩和时代特色的特定社会群体的行为方式，但在根本上讲，它与特定时期的生产力发展条件密不可分。生产力是全部社会历史发展和社会生活方式的基础，是决定社会生活方式的最根本性因素。马克思曾明确指出："一定的生产方式或一定的工业阶段始终是与一定的共同生活方式或一定的社会阶段联系着的，而这种共同生活方式本身就是'生产力'；由此可见，人们所达到的生产力总和决定着社会状况。"[①] 近代中国城市社会生活的种种转变既是宏观社会变迁的一个结果，同时也是社会变迁的重要部分，是生产力及相应的生产方式和生产关系的一种表现形式。考察近代中国城市化和城市现代化进程中的城市社会生活，不仅要看到近代城市社会生活的基本内容，近代城市社会生活与古代城市社会生活的不同，城市社会生活与同时代乡村社会生活的不同，还要透过这些复杂变幻的表象，深刻揭示社会生活深处起决定性的力量和要素。

20世纪中国城市化和城市现代化的历史，实际上也是现代生产方式被引进中国并逐渐成长和发展的历史。无论是现代工矿企业取代过去旧式作坊，还是现代商业和金融业的萌生和发展，都是基于生产力进步而导致的社会生产方式和生产关系的转变，这些根本性的转变必然导致社会生活的变化。一切社会生活的改变都是基于生活与生产条件的改变，近代科技的发展和大生产的组织形式生产了大量工业消费品，给社会消费提供了新的物质基础，这些新的消费品如火柴、洋布、电影、留声机等，方便易用，不仅带来了生活的便利，而且提供了新的娱乐和休闲方式，必然会改变人的生活方式，进而促进新的社会生活形态的形成。物质文明的进步必定促进精神文明的发展，从衣食住行条件的改善，到婚丧嫁娶习俗的改良，再到娱乐休闲和语言习惯之变迁，新的社会生活逐渐形成。

自近代中国沿海城市，以及以后沿长江城市开埠后，首先有大量代表近代社会生产力的外国商品进入这些新开放的城市。紧接着随着中国民族工商业的启动与发展，以及现代轮轨交通的发展和西方列强对中国内地的侵入日深，近代工商业在中国近代城市迅速发展，并成为这一时期城市化和城市现代化的主要动力。近代工业生产、运输方式及金融、商业模式都是现代生产力发展和进步的成果和标志，它们在改变传统城市功能和社会结构的同时，必然会引起城市社会生活的转变。随着近代工商业和现代交通方式的发展，各种各样新的工业产品进入城市居民的生活之中。最初这些新的

---

① 《马克思恩格斯选集》第1卷，北京：人民出版社，1995年，第80页。

工业品由外国商人运来，纷纷被冠以"洋货"的名称，如洋火（火柴）、洋布、洋伞、洋钟、洋车、洋皂。这些带"洋"字的新奇物品，不仅引起城市居民极大的兴趣，同时在潜移默化中改变着人们的文化观念，成为高级和时尚的标志，导致社会上形成普遍存在的崇洋心理。1906年沈阳开埠后，洋货大量涌入，城市居民的消费观念发生改变，认为洋货好，高级。"普通人身上至少有一样是日货，所谓的高等人，更不用说了。除日俄外，近年来英美商品也充斥市场，一般时髦者皆趋之若鹜。"① 为迎合居民的消费心理，在各大小城市中"洋货店"纷纷开业，店面采用洋式风格，店内货品主要是从国外进口。早期的洋货价格较高，很多属于生活中的奢侈品，普通市民购买不起，购买洋货的居民以达官贵人居多，他们属于城市社会的上层人士。与此相对应，在生活方式上最先趋洋，最先学习西方生活方式的也主要是城市社会阶层中的中上层。

随着更多外国商品的输入，品种从早期的奢侈品更多地向日用品转变，加上本国民族工商业发展起来后，很多工业品能够自行制造，这些工业产品品种越来越多，价格越来越低廉，能够被普通居民购买使用。而这些凝聚现代科学技术和现代生产方式的工业产品与过去的土货相比，功能更多，带来更多的生活便利，一旦被更多的普通市民接受和使用，势必改变旧的生活方式。以夜间照明为例，最初中国人在晚上采用松脂火把照明，后来随着灯台的出现，中国人夜间照明多以烛台和旧式油灯为主。旧式油灯则以菜油、麻油和豆油等食用油为燃料，不仅亮度低，且产生大量烟雾，既不好用也不清洁，而且价格贵，一般人家用不起，天一黑就早早睡觉。形成"日出而作，日落而息"的生活习惯，进而影响了一系列社会生活方式。19世纪末，西方几大石油公司纷纷登陆中国推销煤油，其中美国美孚石油公司于1894年在上海开设煤油销售机构，为了让中国民众了解煤油的优点并应用到日常生活中，美孚石油公司根据中国人的消费心理设计了一套极具吸引力的促销活动方案。公司不仅以低于食用油的价格销售煤油，而且免费向购买煤油的顾客赠送新式煤油灯一盏。新式的煤油灯用玻璃制成，配有专门的灯罩，设计有旋钮可以随意调节火苗的大小，在玻璃灯罩的保护下，灯火不会被风吹灭。同时油灯的设计结合了现代科学理论和技术，煤油燃烧充分，烟尘少且亮度高，用起来方便省事，且十分安全。这种新的夜间照明工具很快得到市民的接受和认可，近一年工夫，美孚石油公司就送出了87万多盏煤油灯。煤油灯的使用，使人们在夜间也可以工作，延缓了睡眠时间，改变了传统的夜间生活模式。

---

① 刘广惠《沈阳回忆录》，《国风半月刊》1933年第3卷第4期。

与新式煤油灯相比，电灯这种照明方式则更好地诠释了生产力发展对城市社会生活的影响。与煤油灯相比，电灯所包含的现代生产力要素更多、更复杂。煤油灯依赖的是现代石油开采技术和石油冶炼技术，及现代制造业，煤油灯可以独立使用。电灯依赖的是现代发电、电力传输等电气技术，同时他不能分散、孤立地生产和使用，必须构成一个网络，在一个技术密集和设备构成复杂的电网中使用，在当时的条件下，只有在大中城市才可以做到。中国最早的电灯出现在清光绪五年四月初八日（1879年5月28日），当时上海公共租界工部局的英国电气工程师毕晓普（J. D. Bishop）在公共租界乍浦路的一幢仓库里，以蒸汽机为动力，带动自激式发电机发电，点燃了一盏碳极弧光灯，这是在中国城市中点亮的第一盏电灯。1882年，英国人利特（R. W. Little）在上海招集股份成立上海电气公司（又称上海电光公司），在大马路创办上海发电厂，当年7月26日下午7时电厂开始供电，提供持续电力，建立了中国最早的城市电力网络。上海电气公司最初从外滩到虹口码头架设电线，连接15盏路灯。1889年旅美华侨黄秉常在美国向华侨招集股金40万元，从美国威斯汀霍斯电气公司购买了两台100匹马力的引擎，以及两台1000伏特的交流发电机，于1890年创办了广州华商电灯公司。公司聘请美国工程师担任技术指导，雇用工人100余名，公司发电量可供1500盏电灯的照明之用。灯泡分16支光和10支光两种，每月分别收费1.6元和1元。当时广州城内约有40条街的店铺和公共场所安装了700余盏电灯，成为广州夜间的一道新景观。1902年，在北京有位旧式官僚——御史蒋式瑆在维新思想的影响下，与另外两名御史奏请朝廷在北京筹办"京师华商电灯股份有限公司"。公司成立后，蒋自任董事长，并任命从法国留学归来的长子任总工程师，在前门西大街和石景山两地建起发电厂。1903年天津成立了中外合资的电灯公司，同年江苏镇江大照电灯公司成立。除了这些大城市外，内地的城市如重庆、成都等也纷纷设立电灯公司，在夜晚亮起了路灯。以芜湖为例，1906年民族实业家吴兴周投资设立明远电气股份有限公司。公司在芜湖城外十五里铺购地四十余亩，购买两台200匹马力蒸汽引擎，以及两台125千瓦发电机，于1908年正式建成并并网发电，将芜湖市十里长街和各条大马路照得灯火通明。

与普通煤油灯相比，电灯所代表的现代生产力和科学技术对社会生活的改变更加深刻和典型。首先从生产力发展水平看，电灯的使用与煤油灯不同，尽管它们背后都有一套完整的工业和商业体系作支撑，但电灯更需要该体系持续不断地运作，技术更复杂，对生产组织和商业体系的要求更高。同时在电灯背后反映出电力工业是现代工业体系中的基础性行业，是城市现代化的基础。就像现在我们利用卫星图片，根据卫星夜间拍摄的地区亮度判断该地区的发达程度一样，夜间照明反映了城市的现代化发展水平。在20世纪中国城市化和城市现代化进程中，电力工业的兴衰也是城市兴衰的晴雨表，从电灯和电力工业的发展程度可以判断城市现代化的程度。以武汉为例，作为中国中部20世纪上半叶发展水平最高的城市，武汉电力工业不仅起步早，而且起点高，在全国同行业中位居前列。1861年汉口开埠后，英国领事官邸就开全武汉先河，最先有了电灯。后英国商人又集资兴办了"汉口电灯公司"，用火力发电，供英租界使用。此后法、俄、德等租界区均有电力供应和电灯使用。1906年，华商宋炜臣联络汉口十余名富商，在张之洞的鼓励下，创办"商办汉镇既济水电公司"，于1908年开始发电，发电设备容量达1500千瓦，规模居沪、京、穗、汉四大城市民营电厂之首，占全国民营电厂总容量的1/3。自1906年既济水电公司开办以后，中外商人相继组建股份有限公司，经营公用电气事业。"民国中期，武汉三镇已有电力公司（厂）6家，其中民营的有既济水电公司、武昌电灯公司、汉阳电气公司3家，外资经营的有英商电厂、德资美最时电厂、日资大正电厂3家。"①武汉在近代能够一度成为全国第二，华中地区最大的工商业城市，与电力工业的发展互为表里，相辅相成。城市的繁华必然导致大量人口涌入城市，社会生活更加丰富，一方面促进城市社会生活的总体转变，另一方面这样的发展状况同时也构成武汉现代城市生活的基础条件。

另外，与传统的蜡烛和旧式油灯相比，电灯改变了夜晚黑暗的本质，让人的社会生产和生活活动得以延续，这意味着人的一次大解放。在传统农业社会，在乡村，"万物生长靠太阳"是一个基本的常识。由于夜晚是黑暗的，农作物和牲畜都处于蛰伏状态，只有在白天才能活动与生长。按照道法自然的生活法则，人们在夜间也只能"日落而息"，等待太阳升起后才能开展新的生产和生活活动。所以在旧的观念中，夜晚是不能组织和开展社会活动。如果夜晚有灯光，一片通明，不仅是不可理解的，甚至是不能被接受的。在上海刚刚出现电灯的时候，上海地方官员曾为此深深忧虑，声称"电灯有患"，并照会驻上海的外国领事，希望外国侨民提防并停止使用电灯这种危险的东西。无独有偶，在内地的芜湖，当民族商人吴兴周投资设立芜湖明远电气股份有限公司时，当地居民认为电灯光会摄取人的魂魄，哪怕白送也没人敢用，电厂初期经营十分困难，一度到破产边缘。然而新的生产力一旦出现就绝不会倒退，由新的生产力所导致的新的社会生活也必然形成。在芜湖，经过一段时间的观望和疑惑后，人民认识到了电灯带来的生活便利，民间竹枝词唱道："徽州骆驼送电火，电火

---

① 涂文学主编《武汉通史·中华民国卷》（下），武汉出版社，2008年，第117页。

送来胜光月；从此夜色不昏暗，男女老少都欢悦。"芜湖关税务司英国人湛参也评论道，明远电气股份有限公司"开炉引电"，促成了本地区的风气大开。在上海，电灯（电力）事业迅速发展，到清光绪三十年（1904），上海的电灯数量已经多达8.82万盏，装电灯的地方不仅包括主要的商业街道和租界地区，而且在很多民宅中也安装了电灯。电灯改变了夜晚的属性，为城市夜生活的开展提供了条件。与农村寂静的黑夜相比，城市夜生活是城市与农村最根本的区别之一。有了灯光，工厂可以联轴运转，有了"夜班"这一生产模式。同时灯光照明照亮了城市街道，夜间出行变得安全。酒店、餐厅、舞厅和其他林林总总的娱乐休闲场所在灯光的照明下，可以通宵达旦营业，城市的时间也因此比农村足足翻了一番。灯光让人们拓展了自己活动的边界，能更自主地掌握自己，在此基础上形成一系列新的生活方式和生活习惯，并借此划定了与农村社会生活的界限。

除了煤油灯和电灯所代表的现代工业产品给城市社会生活带来的变化外，其他工业品也从不同方面深刻地改变着旧的生活方式。如京汉铁路通车后，河南安阳的城市现代化进程进入加速阶段，大量洋货进入到安阳市民的日常生活中，时人调查表明，西方商品进入安阳后，"就调查所见，计有两事，一为火柴，家庭之炊爨点灯则用火柴，若吸烟时则用苎麻秆作引火物。二为手纸，都市城镇之民，大便多用手纸"。[①] 在火柴（洋火）传入中国以前，点火的工具为火镰或火石，取火极为不便。在有手纸之前，农村居民便后多用竹片、瓦片和干草等清理，极不卫生。这些新式消费品，提高了居民的社会便利度和生活质量，很快成为居民的生活必需品。

伴随近代工商业进一步发展，西方工业文明在过去古朴的城市社会生活习俗里打开了缺口，社会消费品特别是奢侈品日益增多，更激发了市民追求新生活方式的心理，城市社会的崇洋、奢靡之风明显比农村更加突出。比如纺织贸易与生产的发展使得洋布价廉物美，弥补了土布不耐穿的弊病，人们多喜用之。在汉口，四乡之男女老幼日常穿土布，然祭祀和应酬则"皆穿洋布细密光泽者，以为外观美丽"，而洋纸烟由于味道佳美，水烟、旱烟也就弃而不用了。在上海这样的大都会，对于很多市民而言，即便是经济困难，囊中羞涩，为维持一个体面的社会形象，甚至可以忍饥受饿，也要有一身好行头。为更好地凸显自己，城市居民的衣着和打扮也发生了明显变化，

---

① 张厚昌《豫省农民生活之所见》，见陈伯庄编《平汉沿线农村经济调查》，上海交通大学研究所，1936年编印，第50页。

服装样式上"喜着西装,富者以狐貉、貂鼠,领用全獭,一衣之值或至数百金"。① 除了经济条件好的富人外,普通市民也以着西装、中山装等高级服饰为荣。"各衙理任差之职员尽西装而革履,即下至闲员、游民、贩夫、走卒,亦几莫不购西装一袭,以自炫于人。七八岁幼童,穿极整齐之西装,踟蹰于街头巷口者,亦司空见惯之事也。其穿便衣者,亦皆绸缎呢绒,蓝布大衫到处招人白眼。"②

二、观念革新与文化变迁:城市社会生活转型的精神动因

社会生活的方式与形态取决于相应的生产力发展条件,有其特定的物质基础,同时社会生活又是一种文化现象,与特定地域和特定时期思想文化和社会观念有着密切联系,具有明显的文化与精神属性。20世纪中国城市化与城市现代化的过程是与中国社会持续对外开放和现代工商业发展,以及社会化大生产组织形式等联系在一起的。城市是最先进文化和社会生产力最集中的地方,也是社会变革最先发生和发展的地方。中国近代社会的所有变革,几乎都是从城市发端的。同时这些变革又几乎都从思想文化和社会观念方面变起。

中国近代城市化与城市现代化历史进程从最初对外开埠的城市开始启动,这些城市也成为中国民众社会文化观念最先变革的地方。开埠以后,一批批新的西方文化观念的输入,逐渐改变了这些城市居民的价值观念、思维方式和行为模式。面对种种新的事物和现象,人们在观念认识和思想意识方面首先发生变化,对新事物的好奇和追求也演变成为一种时尚,并最终化为一股强大内在驱动力,推动城市社会生活的转变。

伴随城市化和城市现代化的历史进程,近代文教事业、新闻出版业等也逐步发展起来。在过去,城市是广袤农村的中心,也是传统文化的中心,社会相对封闭,旧式学生每天除了面对一个"天地君亲师"的牌位诵读经书以外,便是想着如何"金榜题名"。而在近代,城市则是一个现代思想和文化聚集的地方,是一个新生产力发生和发展的地方。随着科举制的废除,以及近代工商业的发展和社会政治不断革新,社会对拥有新知识的新式人才有迫切的需求,一系列新式学堂纷纷建立。这些新式学堂集中了社会中最有理想、最具活力的青年。在新式学堂里,他们不仅有机会在一起学习先进的思想和文化知识,同时他们还深刻感受到所处城市不同于乡村社会的种种新奇

---

① 金毓黻编《奉天通志》卷九九"礼俗三",沈阳:辽海出版社,2002年影印本,第2339页。
② 《沈阳民生日趋奢华,生活程度有增无已》,《兴华》1930年第27期33号。

和种种变化。当这批社会中最富理念,最有活力的青年汇集在一起,在近代城市这个特定的空间里沐浴欧风美雨的瑰丽,感受声光化电的神奇,其思想必然会产生突变,新的知识也必然与旧的文化发生冲突,《申报》曾刊载一首诗:"人间处处倡民主,天上谁人奉玉皇。一朵红云旗五色,惊传飞艇上天堂。"① 这首诗反映出在新的社会观念下,城市居民的政治思想和科学观念发生了很大转变。伴随这种改变,行为方式也会随之发生变化。

除了现代教育外,近代城市与传统城市在文教事业方面的另一个显著不同是现代大众传媒——报刊杂志的出现。中国近代最早的报纸是西方侵略者创办的,其中比较有名的有上海的《字林西报》(North China Daily News),该报由英国商人奚安门于1850年在上海创办,最初名为《华北捷报》(North China Herald)。该报影响较大,在华出版时间达一百余年,直到1951年3月才停刊。是在中国出版时间最长的一份外文报纸。在北京有日本人于1901年创办的《顺天时报》,在武汉有英文版 HANKOUTIME(《汉口时报》)(1866年)和英国传教士格非创办的《阐道新篇》(1872年)等。创刊于上海的《申报》最初由英国人美查创办,后来为中国人接办,持续出版了77年,也是中国近代出版时间最长、影响最大的报纸之一。在外国报纸的示范下,中国人自己也创办报刊。1858年在香港中国人自己创办的第一份近代报纸《中外新报》,包括伍廷芳在内的一批新式知识分子参与了它的创办和编辑发行工作。1873年艾小梅在汉口创办《昭文新报》,这是内地城市最早由中国人创办的报纸之一。甲午战争以后,"外患日亟,国人竞讲新学,津、汉、沪、广诸埠,报馆云兴"② 报业开始进入发展快车道。以武汉为例,1898年张之洞作《劝学篇》,其中有"阅报"论,对报纸的传播功能大加推崇。同年,张之洞赞襄汉口商务局创办《湖北商务报》,1902年又支持宋炜臣创办《汉口日报》。1905年4月《湖北官报》创刊,在张之洞的大力推行下,该报发行量曾高达2万余份,尽管官方色彩浓厚,但依然给武汉市民提供了丰富的社会信息。与官办报纸相比,民间报刊更显生机。辛亥革命前武汉地区的民间报纸多达数十种,其中开办较长,影响较大的有《楚报》(1904年)、《湖北学报》(1903年)、《新汉报》(1906年)、《汉口中西报》(1906年)、《通俗新报》(1907年)、《湖北女学报》(1908年)、《大江报》(1911年)等。③ 这些报纸创办者各有不同,办

---

① 《嘲旧神诗》,《申报》1912年2月3日。
② 秦理斋《中国报纸进化小史》,转引自《武汉市志(新闻志)》,武汉大学出版社,1997年,第22页。
③ 参见刘望龄《辛亥前后的武汉报纸》,《华中师范学院学报》(社科版)1981年第2期。

报目的也不一样。百说同在，良莠齐存，显示出一片繁荣的社会文化景观。与此同时1894年和1902年张之洞分别创办了湖北译书局和江楚编译局，聘王韬等人翻译外国书籍，同时在留学生的推动下大批西方社会科学书籍也以各种形式在社会传播，这些传播新文化的媒介无疑将对整个社会产生深远影响。

  发生于近代城市中的现代教育、传媒及图书出版业对城市的影响是显而易见的，使得整个城市社会思想文化领域更加活跃。大量民间报纸及资产阶级革命派所办刊物的出现，使得社会信息内容与来源民间化。文化传播具有更广泛的社会性，由此封建正统文化的垄断地位被打破，各种社会思潮公开竞争。这种局面有利于先进思想和革新力量从旧的社会观念中脱颖而出，并逐渐成为社会主流思潮。近代大众传媒的出现，使传统专制统治的神秘性再也没有了。通过报刊杂志，社会各阶层的人都可以发表自己的看法，可以对政府决策活动以及各级官吏的言行进行评论抨击。"国家大事再也不是民众无从知晓、无缘过问的家朝政事了。"由于政府阻止人民议政，包括上海、北京、武汉等城市多次发生"报案"，其中最有名的包括《苏报》案"《大江报》案"《益世报》被封案"等。尽管在新思想的传播过程中困难重重，但这并未阻止报纸对政事的评头论足，显示出关心政治、参与社会生活已经成为城市市民的一种需求。由于这种需求广泛存在于社会各个阶层，因此报纸也兼顾各个层次，用显浅近乎于白话的语言表达信息。在这种情况下，都市通俗文化迅速浮升，文化更贴近市民。如1905年创办于武汉的《不缠足画报》为让妇女了解新知，"每期共图八页，上系浅说，稍有识字皆能通晓，即不识字之妇女，见图亦知缠足之害，诚救济妇女之妙法也"。①1908年《江汉时报》开始登载胡石庵用文言文翻译的法国侦探小说《梅花秘密》，其他报纸也纷纷开辟诸如《妇婴医学》《杂志要件》《词曲小说》等副刊，"凡中西要闻、轶闻近事、名人词章诗曲，亦广为搜采登载，以为茶后酒余，消闲之助"，② 呈现出一片文化平民化的繁荣景象。这种景象有助于改变传统精英文化独占的局面，有力地推动了文化的普及，也使得城市社会文化更加多元化，与传统乡村由文化精神完全掌握社会文化主导权的情况形成鲜明对比。与此对应，城市的社会生活也是多元化和平民化的。

  现代都市文化的普及以及都市文化的多元化必然对社会生活产生影响，城市社会民风民俗也由此发生了一系列与乡村社会生活不一样的变化。人们的生活方式及社会

---

① 《武汉市志·新闻志》，武汉大学出版社，1997年，第24页。
② 同上书，第215页。

文化观念悄然地发生变化，并直接影响到行为方式和生活习惯。例如过去中国人习惯到茶馆喝茶，而现在变成去咖啡厅喝咖啡。过去在茶馆喝茶多为男子，目的只是为了解渴或者休闲聊天，而现在家庭庭院里喝英式下午茶，有很多妇女参加，喝茶本身也成了一种社交手段。现代城市物质文明和新的文化表达方式下也为新的社会生活方式提供了条件，比如在乡村，农民的农闲时的文化生活只能是看戏等有限的选择，而在城市中则可以每天都去看电影；在过去的乡村，农民要了解过去的故事只能听说书，而在城市中则有广播可以收听。如此等等。

现代文化观念和社会思想的传播还使不少旧的陋习遭到批判，进而革新社会方式。随着新文化的传播，不少人还成为移风易俗的积极分子。张之洞在武汉推行"新政"时，就曾倡导禁烟、禁娼、放足等改良社会风尚的活动，并亲撰《不缠足会叙》支持放足运动。而以新知识群为主体的革命党人也致力于批判旧观念、旧道德、提倡新生活。在晚清自治运动中，工商界人士把移风易俗、改良社会风尚作为自治的重要内容之一。辛亥革命后，为了体现现代民主共和精神，反对封建礼教，同时宣传资产阶级自由、平等、博爱思想，倡导人民打破封建枷锁，追求个性解放，南京临时政府公布了一系列改良社会风俗的法令，包括废除旧式"大人""老爷"等具有封建等级色彩的称谓等。自此，人们相见不再喊"老爷"，而是尊称"先生""同志"等。南京临时政府还公布了新的礼制，改变传统旧俗，简化礼节，比如废除跪拜揖让之礼，以脱帽鞠躬礼代替之。

社会观念的变化和新式礼节的施行，直接影响到婚丧嫁娶等具体的社会生活方式。以婚姻为例，过去婚姻的构成严格依据《周礼》中所规定的"父母之命""媒妁之言""同姓不婚"等基本规范。而在近代城市中，由于传统的宗族结构不复存在，加上追求婚姻自由，男女自由恋爱，自由结婚已经新的社会共识。有识之士大力提倡一夫一妻制，反对纳妾，自由恋爱，离婚自由，各种报刊杂志也刊发鼓吹婚姻自由的文章。《申报》就曾刊文称："无媒婚嫁始文明，奠雁牵羊礼早更。最爱万人齐着眼，看侬亲手挽郎行。"[①] 在结婚的程序上，过去缔结婚姻严格按照纳采、问名、纳吉、纳征、请期、亲迎等"六礼"进行，而现在流行文明婚礼。文明婚礼的仪式一般为"礼堂备证书，由证婚人宣读，介绍人（即旧时冰人）、证婚人、男女宾代表，皆有颂词，主婚人有训词，并由来宾唱文明结婚歌。至结婚程序，大约先由媒妁之言，重之以父

[①]《申报》1912年5月1日。

母之命。婚礼则务求节俭,以挽回奢靡之习俗焉"。① 此外,还出现了集体婚礼这种新的婚礼形式。这种婚礼形式以多对新人共同举行婚礼的形式进行。主持婚礼的往往是具有一定社会地位的领导或地方军政首长,新人不是向父母,而是向国旗及总理遗像行三鞠躬礼,体现的不是传统婚礼的宗法观念,带有浓厚的现代文化和政治气息。这种婚礼只可能在城市进行,在乡村是不可想象的。民初安阳地方志记载了这种城乡社会生活的区别:"近年城中间有文明结婚者,均崭新学界中人为之,乡间依然,率由旧章也。"②

在20世纪中国城市化与城市现代化进程中,城市社会风俗和生活方式的改变的根本动因是城市社会经济的发展和进步。同时城市社会文化和社会观念更新也是促进城市社会生活转型的重要力量。城市社会生活的变化,既是城市化和城市现代化的结果,也是这一进程的重要组成部分。同时也要看到,由于20世纪中国城市化和城市现代化的不完全和发展的不均衡,受传统城市文化和社会经济、政治的长期浸染与积淀,城市社会观念和风尚依然具有相当的稳定性,城市社会生活呈现明显的新旧杂糅的特点,与完全意义上的现代城市社会生活仍有很大距离。

---

① 刘景向总纂,河南省地方史志编纂委员会、河南省档案馆编《河南新志》(民国十八年)上册,郑州:中州古籍出版社,1990年,第138页。
② 《续安阳县志》,礼俗,《中国地方志资料汇编》中南卷(上),北京图书馆出版社,1991年,第100页。

参考文献

一 史料、文献

（一）志书

1. 周凯修纂：《厦门志》，道光十九年刻本。
2. 沈家本修，荣铨纂：《重修天津府志》，光绪二十五年刻本。
3. 王树枏等纂修：《新疆图志》，宣统三年刻本。
4. 龚嘉俊修、李榕纂：《杭州府志》，1922年铅印本。
5. 程廷恒：《呼伦贝尔志略》，1923年刊印，2012年影印本。
6. 毛承霖修纂：《续修历城县志》1924—1926年刊本。
7. 袁荣叟修纂：《胶澳志》（1928年刊印本），台湾文海出版社影印版。
8. 王玉科、高玉堂等修纂：《呼兰县志》，卷1，1930年刊本。
9. 毕星垣、张奉先等修纂：《邯郸县志》，1933年刊印。
10. 何炳贤：《中国实业志·山东省》，实业部国际贸易局，1934年。
11. 实业部国际贸易局：《中国实业志·山西省》第三编，实业部国际贸易局，1937年编印。
12. 许公武：《青海志略》，商务印书馆，1943年刊印。
13. 高自清：《昆明县政概况》，1945年石印本。
14. 陈金台纂辑：《郾城县记》，台北成文出版社，1976年。
15. 福州市政协文史资料工作组：《福州地方志简编》（上），1979年内部版。
16. 贵州省地方志编纂委员会：《贵州省志·地理志》（上），贵州人民出版社，1985年。
17. 鞍山市人民政府地方志办公室：《鞍山市志·综合》，沈阳出版社，1990年。
18. 安顺市地方志编纂委员会：《安顺市志》（上），贵州人民出版社，1990年。
19. 贵阳市志编纂委员会：《贵阳市志·城市建设志》，贵州人民出版社，1990年。
20. 宜兴市地方志编委会：《宜兴县志》，上海人民出版社，1990年。
21. 屯溪市地方志编纂委员会编：《屯溪市志》，安徽教育出版社，1990年。

22. 武汉市地方志编纂委员会:《武汉市志·大事记》,武汉大学出版社,1990年。
23. 潜江市地方志编纂委员会:《潜江县志》,中国文史出版社,1990年。
24. 莱芜市地方史志编纂委员会:《莱芜市志》,山东人民出版社,1991年。
25. 扬中县地方志编委会:《扬中县志》,文物出版社,1991年。
26. 丹阳县地方志办公室:《丹阳县志》,江苏人民出版社,1992年。
27. 江阴市地方志编委会:《江阴市志》卷四(人口),上海人民出版社,1992年。
28. 贵州省镇远县志编纂委员会:《镇远县志》,贵州人民出版社,1992年。
29. 湖北省地方志编纂委员会:《湖北省志·经济综述》,湖北人民出版社,1992年。
30. 沙市市地方志编纂委员会:《沙市市志》(第一卷),中国经济出版社,1992年。
31. 湖北省老河口市地方编纂委员会:《老河口市志》,新华出版社,1992年。
32. 牡丹江市志编审委员会:《牡丹江市志》,黑龙江人民出版社,1993年。
33. 云南省楚雄市地方志编纂委员会:《楚雄市志》,天津人民出版社,1993年。
34. 湖北省地方志编纂委员会:《湖北省志·教育》,湖北人民出版社,1993年。
35. 济源市地方史志编纂委员会:《济源市志》,河南人民出版社1993年。
36. 镇江市地方志编委会:《镇江市志》,上海社会科学院出版社,1993年。
37. 南京市公安局:《南京公安志》,海天出版社,1994年。
38. 无锡县志编委会:《无锡县志》,上海社会科学院出版社,1994年。
39. 句容县地方志编委会:《句容县志》,江苏人民出版社,1994年。
40. 红河哈尼族彝族自治州编纂委员会:《红河州志》,生活·读书·新知三联书店,1994年。
41. 延安市志编纂委员会:《延安市志》,陕西人民出版社,1994年。
42. 佛山市地方志编纂委员会:《佛山市志》,广东人民出版社,1994年。
43. 哈尔滨市地方志编纂委员会:《哈尔滨市志·总述》,黑龙江人民出版社,1995年。
44. 界首市地方志编纂委员会:《界首县志》,黄山书社,1995年。
45. 安徽省地方志编纂委员会:《安徽省志·人口志》,安徽人民出版社,1995年。
46. 苏州市地方志编纂委员会:《苏州市志》(第二册),江苏人民出版社,1995年。
47. 《宝鸡县志》编纂委员会:《宝鸡县志》,陕西人民出版社,1996年。
48. 地方志编纂委员会编:《当涂县志》,中华书局,1996年。
49. 萍乡市编纂委员会:《萍乡市志》,方志出版社,1996年。
50. 西安市志编纂委员会:《西安市志》(第1卷),西安出版社,1996年。
51. 云南省地方志编纂委员会:《云南省志·民政志》,云南人民出版社,1996年。
52. 西宁市志编纂委员会:《西宁市志·交通志》,陕西人民出版社,1997年。
53. 武汉地方志编纂委员会:《武汉市志·社会团体志》,武汉大学出版社,1997年。
54. 海拉尔市志编纂委员会:《海拉尔市志》,内蒙古人民出版社,1997年。
55. 武汉地方志编纂委员会:《武汉市志·社会团体志》,武汉大学出版社,1997年。
56. 个旧市志编纂委员会:《个旧市志》,云南人民出版社,1998年。
57. 卢氏县志编纂委员会:《卢氏县志》,中州古籍出版社,1998年。
58. 南宁市地方志编纂委员会:《南宁市志·综合卷》,广西人民出版社,1998年。
59. 武汉地方志编纂委员会:《武汉市志·总类志》,武汉大学出版社,1998年。
60. 哈尔滨市地方志编纂委员会:《哈尔滨市志·城市规划》,黑龙江人民出版社,1998年。

61. 宜昌市地方志编纂委员会：《宜昌市志》（上卷），黄山书社，1999年。
62. 广州市东山区地方志编纂委员会：《广州市东山区志》，广东人民出版社，2007年。
63. 驻马店市地方史志编纂委员会编：《驻马店地区志》，中州古籍出版社，2001年。
64. 广州市地方志编纂委员会：《广州市志》，广州出版社，2001年。
65. 思南县志编纂委员会：《思南县志》，贵州人民出版社，2002年。
66. 天津市地方志编修委员会：《天津通志·外贸志》，天津社会科学院出版社，2001年。
67. 开封市地方史志办公室：《开封市志·综合》，北京燕山出版社，2004年。
68. 北京地方志编纂委员会：《北京志·综合卷·人口志》，北京出版社，2004年。
69. 长沙市志编纂委员会：《长沙市志》，湖南人民出版社，2004年。

（二）史料汇编

1. 个旧县劝学所造报个旧县地志资料清册，1921年个旧劝学所图记钞本。
2. 云南通志馆征集云南省各县航空铁路汽车资料，1931年抄本。
3. 胶济铁路管理局车务处：《胶济铁路经济调查报告》（第3册、第4册、第5册），1934年铅印本。
4. 满铁总务部资料科：《昭和十五年度满铁调查机关要览》，1936年。
5. 《中国国民党历次会议宣言决议案汇编》第2分册，中国国民党中央执行委员会训练委员会，1941年编印。
6. 国民政府工商部广州辅导处编纂委员会编印：《两广工商经济特辑》，工商部广州工商辅导处，1948年印行。
7. 伪中国联合准备银行顾问室考察部调查资料：《华北中国金融机关一览表》，伪中国联合准备银行，1948年12月编印。
8. 陈真：《中国近代工业史料》第2辑（一），生活·读书·新知三联书店，1953年。
9. 严中平：《中国近代经济史统计资料选辑》，科学出版社，1955年。
10. 陈真：《中国近代工业史资料》，第1辑，科学出版社，1957年。
11. 陈真、姚洛：《中国近代工业史资料》第4辑，（北京）生活·读书·新知三联书店,1957年。
12. 孙毓棠：《中国近代工业史资料》第1辑，科学出版社，1957年。
13. 陈真：《中国近代工业史资料》，第4辑，生活·读书·新知三联书店，1961年。
14. 山东省历史学会：《山东近代史资料》，第3分册，山东人民出版社，1961年。
15. 中共山西省委调查研究室：《山西经济资料》（4），中共山西省委调查研究室，1963年编印。
16. 《天津历史资料》1964年第2期。
17. 秦孝仪：《中华民国重要史料初稿——对日抗战时期·续编（三）》，国民党中央委员会党史会，1981年。
18. 《香港与中国——历史文献资料汇编》，香港广角镜出版社有限公司，1981年。
19. 济南市市志编纂委员会：《济南市志资料》第3辑，济南市志委员会，1982年。
20. 《工商经济史料丛刊》第1辑，文史资料出版社，1983年。
21. 黔南州政协文史资料研究会：《黔南文史资料选辑》（第一辑），1983年。
22. 宓汝成：《中国近代铁路史资料》（第二册），中华书局，1984年。

23. 中国人民政治协商会议河北省石家庄市委员会文史资料研究委员会：《石家庄文史资料》（2），1984年8月。
24. 政协九江市委员会文史资料研究会：《九江文史资料选辑》，第3辑，1985年。
25. 交通部烟台港管理局：《近代山东沿海通商口岸贸易统计资料》，对外贸易教育出版社，1986年。
26. 张问德：《复田岛书》，《云南档案史料》1986年第11期。
27. 浙江中共党史学会：《中国国民党历次会议宣言决议案汇编（二）》，1988年编印。
28. 樊浈：《日本侵略军在苏州的罪行》，《苏州史志资料选辑》，1990年。
29. 邓开颂、黄启臣：《澳门港史资料汇编（1553—1986）》，广东人民出版社，1991年。
30. 重庆市北碚区政协文史资料委员会：《抗日战争时期的北碚》（北碚文史资料第4辑），1992年。
31. 《红河州文史资料选辑》（第11辑），1992年。
32. 重庆市档案馆、重庆市人民银行金融研究所：《四联总处史料》（中），档案出版社，1993年。
33. 伪满史料丛书：《伪满军事》，吉林人民出版社，1993年。
34. 伪满史料丛书：《经济掠夺》，吉林人民出版社，1993年。
35. 伪满史料丛书：《伪满社会》，吉林人民出版社，1993年。
36. 西安市档案局、西安市档案馆：《筹建西京陪都档案史料选辑》，西北大学出版社，1994年。
37. 许伙努、刘贤明：《泉州文史资料1—10辑汇编》，1994年内部版。
38. 中共安徽省委党史工作委员会编：《安徽现代革命史资料长编》第三卷，安徽人民出版社，1995年。
39. 《中华文史资料文库·政治军事编》，第五卷，中国文史出版社，1996年。
40. 中国第二历史档案馆编：《中华民国史档案资料汇编》第五辑第二编"财政经济"（六），江苏古籍出版社，1997年。
41. 中国人民政治协商会议长沙市委员会文史和学习委员会：《长沙文史》（15），1998年。
42. 政协本溪市委员会：《煤篇铁章：本溪老工业基地煤铁业史料资料汇编》，2007年。
43. 政协歙县委员会编：《歙县文史资料集萃》，2007年印行。
44. 梁方仲：《中国历代户口、田地、田赋统计》，中华书局，2008年。
45. 张研、孙燕京：《民国史料丛刊》第748卷，大象出版社，2009年。
46. 湖北省政协文史委员会：《湖北文史资料》（汉冶萍公司与黄石史料专辑），总第39辑，2009年。
47. 殷梦霞、李强：《民国铁路沿线经济调查报告汇编》第14册，国家图书馆出版社，2009年。
48. 张宪文：《南京大屠杀史料集》第70册，凤凰出版传媒集团、江苏人民出版社，2010年。

（三）杂志

1. 《东方杂志》（1905—1936年）。
2. 《民铎杂志》（1923年）。
3. 《国货月报》（1924年）。
4. 《中外经济周刊》（1927年）。

5.《新生命》(1928年)。
6.《汉市市政公报》(1929年)。
7.《河北省立第四中学校校刊·唐山号》(1930年)。
8.《道路月刊》(1930年)。
9.《钱业月报》(1930年)。
10.《安徽建设》(1930年)。
11.《广西统计季报》(1930—1940年)。
12.《读书杂志》(1931年)。
13.《南京社会特刊》(1931年)
14.《河南政治月刊》(1932年)
15.《新广州月刊》(1932年)。
16.《时事月报》(1932年)。
17.《河南省政府二二年年刊》(1933)。
18.《中央周报》(1933年)。
19.《市政评论》(1933—1948)。
20.《市政期刊》(1934年)。
21.《劳动季报》(1934年)。
22.《平汉新生活》(1934年)。
23.《地政月刊》(1934年)
24.《交行通信》(1934年)。
25.《汉口商业月刊》(1934年)。
26.《东北消息汇刊》(1934年)。
27.《南昌市政半月刊》(1934年)。
28.《平汉新生活》(1934年)。
29.《师大月刊》(1934年)。
30.《浙江省建设月刊》(1934年)。
31.《中学生杂志》(1934年)。
32.《中央周报》(1934年)。
33.《河南统计月报》(1935年)。
34.《外交部公报》(1935年)
35.《黑白》(1935年)。
36.《工商学志》(1935年)。
37.《东北通讯》(1935年)。
38.《中央银行月报》(1935年)。
39.《工商学志》(1935年)。
40.《独立评论》(1935年)。
41.《都市与农村》(1935—1937年)。
42.《统计月报》(1935—1948年)。
43.《星华》(1936年)。

参考文献

44.《铁道半月刊》(1936年)
45.《山西建设》(1936)。
46.《河南统计月报》(1936年)。
47.《内政统计季刊》(1936年)。
48.《兴华周刊》(1936年)。
49.《南风》(1936年)。
50.《进化周刊》(1937年)。
51.《申报周刊》(1937年)。
52.《国外情报选编》(1937年)。
53.《进化》(1937年)。
54.《今日评论》(1937年)
55.《冀察调查统计丛刊》(1937年)。
56.《论语》(1937年)。
57.《中华图书馆协会会报》(1938年)。
58.《西北论衡》(1938年)。
59.《北京教育月刊》(1938年)。
60.《华美》(1938年)。
61.《新中国》(1938年)。
62.《满铁调查报告》(1938年)。
63.《弹花》(1938年)。
63.《战地》(1938年)。
65.《抗战文艺》(1938年)。
66.《民大半月刊》(1938年)。
67.《抗战与交通》(1938年)。
68.《益世周报》,(1938年)。
69.《边事研究》(1938年)。
70.《华北棉产汇报》(1939年)。
71.《新民族》周刊(重庆)(1939年)。
72.《半月文摘》(1939年)。
73.《交通银行月刊》(1939年)。
74.《总汇旬刊》(1939年)。
75.《新民周刊》(1939年)。
76.《新民月刊》(1939年)。
77.《安徽政治》(1940年)
78.《县政研究》(1940—1942年)。
79.《满业资料汇报》(1941年)。
80.《资源委员会公报》(1941年)。
81.《新民月刊》(1941年)。
82.《战地党政月刊》(1941年)。

83.《贵阳市政》(1941年)。
84.《力生旬刊》(1942年)。
85.《西南实业通讯》(1942年)。
86.《建设研究》(1942年)。
87.《中央周刊》(1943年)。
88.《新工商》(1943年)。
89.《军事与政治杂志》(1943年)。
90.《经济汇报》(1944年)。
91.《商业统制汇刊》(1944年)。
92.《山东青年》(1945年)。
93.《经济周报》(1946年)。
94.《经济周报》(1946年)。
95.《广东统计月报》(1947年)。
96.《群众》(1948年)。
97.《市政建设》(1948—1949年)。
98.《时兆月报》(1949年)。

(四)报刊

1.《捷报》,1888年8月14日。
2.《澳门宪报》(ANNO DE 1898—BOLETIM OFFICIAL,SUPPLEMENTOAO NO.32)。
3.《振华日报》1913年9月11日。
4.《远东报》,1916—1917年。
5.《申报》1916年3月18日;1927年7月8日;1937年11月21日、11月22日、11月23日、1938年8月14日。
6.《字林西报》1918年12月17日。
7.《大公报》1920年10月29日;1937年11月6日、12月31日。
8.《盛京时报》1936年10月26日;1938年5月3日、5月4日、9月6日。
9.《台湾日日新报》1936年12月7日。
10.《市民日报》1937年8月21日。
11.《台湾警察时报》1937年第325号。
12.《澳门财政总局报告》,见 ANO DE 1937—BOLETIM OFICIAL DE MACAU NO3—16 DE JIANEIRO。
13.《新华日报》1938年2月15日、6月3日、1938年10月1日。
14.《循环日报》(桂林)1938年12月2日。
15.《江西民国日报》1939年4月9日。
16.《大公报》(香港)1939年4月27日。
17.《闽东日报》(宁德版)1941年9月3日。
18. 东南日报1941年1月11日。

19.《武汉报》1942 年 5 月 4 日。
20.《同安民报》1942 年 11 月 18 日。
21.《中央日报》(福建) 1944 年 6 月 17 日。
22.《东南日报》(福建南平) 1945 年 1 月 16 日。
23.《建国日报》(广州) 1946 年 6 月 25 日。
24.《南海公报》1947 年 11 月 15 日。
25.《东北日报》,1948 年 6 月 13 日。
26.《人民日报》1995 年 8 月 16 日。
27.《新华澳报》(澳门) 2005 年 7 月 6 日。
28.《北京现代商报》2005 年 9 月 2 日。
29.《每日新报》2015 年 4 月 15 日。
30.《齐鲁晚报》2015 年 4 月 27 日。
31.《南宁日报》2015 年 7 月 7 日。
32.《宁波日报》2015 年 8 月 17 日。

(五) 统计、年鉴

1. 内政部人口局:《全国户口统计》,1947 年 7 月。
2. 伪山西省公署:《山西统计年编》(1942 年),伪山西省公署,1943 年编印。
3. 北京市人民政府调查研究室:《北京市综合统计》,1949 年第 1 辑。
4.《中国年鉴》,1923 年。
5. 王清彬、王树勋、林颂河、樊弘:《中国劳动年鉴》第一编,北平社会调查部,1928 年。
6. 东北文化社年鉴编印处:《东北年鉴》,东北文化社,1931 年。
7.《申报年鉴》(1933 年、1936 年)。
8. 实业部中国经济年鉴编纂委员会:《中国经济年鉴》,商务印书馆,1934 年。
9.《广东经济年鉴》,1940 年。
10. 伪广东省政府:《广东省政府公报》1942 年第 24 期。
11. 满洲矿工技术员协会:《满洲矿工年鉴》,东亚文化图书会社,1944 年。
12. 狄超白:《中国经济年鉴》,太平洋经济研究社,1947 年 4 月。
13.《中国经济年鉴》,太平洋经济研究社,1948 年。
14.《中华民国统计年鉴》,主计部统计局,1948 年 6 月。
15. 黄汉强:《澳门经济年鉴》(1983),澳门华侨报社,1983 年。

(六) 其他

1. 李鸿章撰,吴汝纶编:《李文忠公全书》,光绪三十一年至三十四年 (1905—1908) 刻本。
2. 朱寿朋编:《光绪朝东华录》,中华书局,1958 年。
3.《海关十年报告》,李策中译本,香港天马图书有限公司,1993 年。
4. 王应榆:《伊犁视察记》,《西部文献丛书》第 139 册,兰州古籍书店影印本。
5. 张之洞:《张之洞全集》,武汉出版社,2008 年。

6. 《中国工业调查报告》下册，1933年。
7. 《北平市政府二十二年下半年行政纪要》北平市政府，1933年编印。
8. 《内政部二十四年报告》(1935年)。
9. 《九年来之重庆市政》(1936年10月)。
10. 《伪满洲国总务厅概况报告书》(1937年3月)上卷。
11. 《安徽凤阳县公署工作概况报告书》(1940年)。
12. 湖北省政府编：《大武汉市建设计划大纲草案》(1945年)。
13. 《汉口市政府公报工作报告》(1945年10—12月)。
14. 《全国主要都市工业调查初步报告提要》，1947年。
15. 劝业公所：《山东全省戊申己酉年报告书·商务科文牍》。
16. 《大冶铁矿盛公碑》(1924年刻)。
17. http://www.fjsen.com/zhuanti/2015-04/20/content_15973693_all.htm。
18. http://hnnews.zjol.com.cn/hnnews/system/2015/08/25/019668020.shtml。
19. http://www.zgdsw.org.cn/n/2015/0310/c391267-26668560-2.html。
20. http://www.zgdsw.org.cn/n/2015/0312/c391267-26682935.html。

二　档案

1. 俄罗斯国家历史档案馆：《财政部关于大连湾商港建设和允许东清铁路公司兴建大连湾城市情况》，卷宗号：560-28-104；《财政部关于大连湾商港建设和允许东清铁路公司兴建大连湾城市情况》，卷宗号：560-28-104。《关于达里尼市政厅建设的档案》，卷宗号：323-1-1203。
2. 山西省档案馆藏：山西旧政权档案，《山西全省公营事业概述》，卷宗号：B30-1-7-1；《日军搬出西北实业公司机械报告》，卷宗号：B31-2-347；《(西北实业公司)电长官阎将致行政院请通知日政府派员认领机器之电文录呈的电报》，卷宗号：B31-2-342；《山西全省公营事业概述》，卷宗号：B30-1-7-1；《山西省克复地区内损失实情清查审报表》(1946)，卷宗号：B13-1-75。
3. 上海档案馆藏，日本中国派遣军总司令部：《原法币价值稳定基金特别使用办法》，昭和17年(1942年)3月20日。
4. 福建省档案馆藏，《厦门等7市县沦陷损失调查》，卷宗号：11-10-7355。
5. 中国第二历史档案馆馆藏档案：《蚌埠支行及所属战事损失报告表》，1946年6月30日，档案号：2宗397目551卷；广西省政府编：《广西省抗战损失概况及请求救济统计》，1945年11月印行，卷宗号：11-2-63；华北伪中华民国临时政府内政部"山东庶政视察团"第五组：《视察山东庶政密情》(1939年12月)；《浙江省上虞救济分会工作报告》，案号：116全宗第66案卷；《成静生关于难民情形致江苏省府电》(1937年8月25日)，案号：116全宗第65案卷。《成静生关于视察江北难民情形致江苏省府电》(1937年10月)，案号：116全宗第65案卷；《成静生致江苏省府电》(1937年10月22日)，中国第二历史档案馆藏档案，案号：116全宗第65案卷。

6. 湖北省档案馆藏:《应城县政府应城县抗战史料》,案卷号:LS3-5-5485;《武汉司法部工作报告》,1940年,全宗号:LSB2-31-3;伊藤猷典:《东亚事情,昭和14年度海外视察报告》,《现时兴亚教育》,档号LSJ4-40。
7. 江西省档案馆:《蔡孟坚致国民政府行政院善后救济总署代电附件》(1947年8月8日),卷宗号:J043-11-0080;《蔡孟坚江西灾情报告》(1946年8月),卷宗号:J043-24-4497。
8. 淮南市档案馆馆藏档案:《发展中之淮南煤矿》,档案号:100宗1目50卷;《日本侵略淮南煤矿节略》,档案号:100宗1目89卷。
9. 广州市档案馆:《沦陷时期广州财产损失》,档案号:4-01-6-211。
10. 福建省档案馆:《日军统制占领区物质》,卷宗号:1-5-1763。
11. 中共郑州市委档案:《郑州市委政研室关于郑州市几个基本情况调查》,全宗号1,卷17。
12. 武汉市档案馆藏:伪《武汉特别市政府公报》1939年第4期(1939年9月15日),案号:Bb1122/9;《武汉特别市政府公报》1939年,武汉市档案馆,全宗号:bB1122/17;伪汉口市政府:《汉口市政公报》1940年第20期(1940年10月),案号:Bb1122/16;《汉口特别市警察局业务汇刊》1942年9月,武汉档案馆,全宗号:bC16/35;《委任警察、社会、财政、教育、工务、卫生等六局嘱托》,《汉口市政府训令》(府事新字第460号,1940年9月28日),武汉市档案馆,档号:8-1-323;《汉口特别市警察局业务汇刊》1942年9月,武汉市档案馆,全宗号:bC16/35;《密探员王慎武报告于七月二十五日上午八时》,档案号:70-1-90;《汉口特别市政府秘书处宣传科1939年度工作报告》,档案号:8-4-51。
13. 广东省档案馆藏:《各项事件传闻录》(英文),档案号:94-1-1591;《广州工业十年》,档案号:219-2-242。
14. 北京市档案馆藏:北平市警察局《为奉令调查抗战损失经过情形分别列表填报的呈文》,1946年7月5日,档号:J181-14-685。
15. 上海市档案馆藏:《汪伪上海特别市公用局三十年各区公用事业调查卷》,档案号:R52-1-76;《上海公共租界工部局警察部编组保甲清查户口及发给市民证暂行条例》,档案号:Q144-3-23。
16. 河南省图书馆藏:《河南省各县城市破坏程度一览表》,载《善后救济总署河南分署周报》1946年第14期,案号:F717。
17. 天津市档案馆藏:《市政会议第一次例会记录》,伪天津特别市政府档案,全宗号:1-2-1-229;《天津特别市公署公报》,第127号,档案号:401206800-J0001-3-010207。
18. 济南市档案馆:《呈为遵令改选呈请派员监督由》,1945年5月,全宗号:历临76-1-29。
19. 南京市档案馆藏:《日本驻南京总领事馆总领事田中彦藏1943年7月3日照会》,档案号:1007-100130。
20. 《本岛人が改姓名するにはどうすればよいか》,《部报》第114号,JACAR:A06032510800。

三 著作

(一)中文原著

1. 汪兆镛:《澳门杂诗》,戊午(1918)冬,排印本。

2. 漆树芬：《经济侵略下的中国》，光华书局，1925年。
3. 张慰慈：《市政制度》，亚东图书馆，1925年。
4. 东省铁路经济调查局：《北满与东省铁路》，哈尔滨中国印刷局，1927年。
5. 董修甲：《城市之发达》，《市政全书》第一编，上海中华全国道路建设协会，1928年。
6. 石荣廷、李奎安：《四川重庆各法团机关李石两代表请愿记录》，上海蜀报社，1928年。
7. 罗季常：《改良广州市政计划草案》，《市政全书》第四编，中华全国道路建设协会，1928年。
8. 东省铁路经济调查局：《呼伦贝尔》，哈尔滨东省铁路调查局，1929年印行。
9. 杨哲明：《现代市政通论》，上海民智书局，1929年。
10. 魏颂唐：《浙江经济纪要》，1929年。
11. 吴景超：《都市社会学》，世界书局，1929年。
12. 吴英华：《二十年来的南满洲铁道株式会社》，上海商务印书馆，1930年。
13. 苏子夏：《香港地理》（上），香港商务印书馆，1930年。
14. 何廉、方显廷：《中国工业化之程度及其影响》，工商部工商访问局，1930年。
15. 陈天表：《人口问题研究》，黎明书局，1930年。
16. 许仕廉：《中国人口问题》，商务印书馆，1930年。
17. 池泽汇、娄学熙、陈问咸：《北平市工商业概况》，北平市社会局，1932年发行。
18. 王金绂：《西北地理》，立达书局，1932年。
19. 龚骏：《中国都市化工业化程度之统计分析》，商务印书馆，1933年。
20. 梅心如：《西康》，正中书局1934年。
21. 维真：《九一八后东北与日本》，贞社，1935年刊行。
22. 陈达：《人口问题》，商务印书馆，1935年。
23. 台湾总督府：《台湾事情》，1936年。
24. 邓云特：《中国救荒史》，商务印书馆，1937年。
25. 伪满国都建设局：《国都建设纪念式典志》，伪满洲帝国国都建设局，1938年印行。
26. 中国航空建设协会贵州分会航建旬刊编辑部：《贵阳指南》，贵阳文通书局，1938年。
27. 台湾教育会：《台湾教育沿革志》，东京青史社，1939年。
28. 伪满洲行政学会：《满洲新六法》，奉天书局，1939年。
29. 南满洲铁道株式会社总裁室地方部财务整理委员会：《满洲附属地经营沿革全史》（上卷），1939年。
30. 陈佩：《石门市事情》，新民会中央总会，1940年。
31. 蒙古联合自治政府总务处：《蒙古法令辑览》第2卷，蒙疆行政学会，1941年刊行。
32. 台湾拓殖会社广东支店：《广东一年间回顾》，1941年。
33. 唐海：《香港沦陷记》，新新出版社，1942年。
34. 刘诚：《福建乡土史地》，福建省教育厅，1942年。
35. 张肖梅：《云南经济》，（重庆）中国国民经济研究所，1942年。
36. 经济部商务司：《满洲国商业实态调查书》，伪满洲国经济部，1942年。
37. 广西省政府十年建设编纂委员会：《桂政纪实》（1932—1941年）中册，1943年印行。
38. 台湾总督府文教局社会科：《台湾的神社及宗教》，台湾总督府文教局社会科，1943年。
39. 孙本文：《现代中国社会问题（第2册）》，商务印书馆，1943年。

40. 翁文灏：《中国经济建设论丛》，资源委员会秘书处，1943年。
41. 王树基：《甘肃之工业》，甘肃省银行印刷厂，1944年。
42. 交通部驿运总管理处：《全国驿运概况》，1944年编印。
43. 福建省赈济委员会秘书室：《福建赈济》，1944年5月。
44. 陈民耿、柯台山：《台湾概览》，正中书局，1945年。
45. 《大公报》小丛书（第四辑）：《台湾经济生活》，大公报馆，1945年。
46. 何大章、缪鸿基：《澳门地理》，广东省立文理学院，1946年印行。
47. 王惠民：《新东北指南》，商务印书馆1946年。
48. 陈彩章：《中国历史人口变迁之研究》，商务印书馆，1946年。
49. 黄旭初：《广西复兴建设问题》，广西省政府民政厅出版委员会，1946年。
50. 李耀东：《东北九省地理》，和昌印书馆，1947年。
51. 资源委员会鞍山钢铁有限公司：《资源委员会鞍山钢铁有限公司概况》，1947年鞍钢特刊号。
52. 广西省建设厅统计室：《广西经济建设手册》，广西省建设厅统计室，1947年编印。
53. 金士宣：《铁路与抗战及建设》，商务印书馆，1947年。
54. 王维屏：《台湾地理》，新中国出版社，1948年。
55. 台北市工务局：《台北市政概况》，1948年。
56. 许涤新：《现代中国经济教程》，光华书店，1948年。
57. 宋家泰：《东北九省》，中华书局，1948年。
58. 方德修：《东北地方沿革及其民族》，开明书店，1948年。
59. 东北物质调节委员会：《东北经济小丛书人文地理》，京华印书局，1948年。
60. 朱斯煌：《民国经济史》，银行周报社，1948年。
61. 易君左：《战后江山》，江南印书馆，1948年。
62. 易熙吾：《桂林年鉴·特载（一）》，桂林市文献委员会，1949年编印。
63. 中国国际贸易促进会：《三年来新中国经济建设的成就》，人民出版社，1953年。
64. 吴承明：《帝国主义在旧中国的投资》，人民出版社，1955年。
65. 吴壮达：《台湾地理》，生活·读书·新知三联书店，1957年。
66. 陕西省教育厅：《陕甘宁边区的普通教育》，陕西人民出版社，1959年。
67. 中国史学会主编《洋务运动》，上海人民出版社，1961年。
68. 李树芬：《香港外科医生》，李树芬医学基金会，1965年。
69. 《日本战犯回忆录》，四海出版社，1975年。
70. 薛光前：《八年对日抗战中之国民政府》，台北商务印书馆，1978年。
71. 周宪文：《台湾经济史》，开明书店，1980年。
72. 宓汝成：《帝国主义与中国铁路》，上海人民出版社，1980年。
73. 国史馆史料处：《长城战役》，台北国史馆史料处，1980年。
74. 茅盾：《茅盾散文速写集》（上卷），人民文学出版社，1980年。
75. 姜念东：《伪满洲国史》，吉林人民出版社，1981年。
76. 苏云峰：《中国现代化的区域研究：湖北省，1960—1916》，台北"中央研究院"近代史研究所，1981年。
77. 吴承明：《中国资本主义的发展述略》，中华书局，1981年。

78. 蔡锷：《蔡锷集》，中国文史出版社，1982 年。
79. 叶德伟：《香港沦陷史》，香港广角镜出版社有限公司，1982 年。
80. 薛光前：《蒋百里的晚年与军事思想》，传记文学出版社，1982 年。
81. 姚崧龄：《张公权先生年谱初稿》，传记文学出版社，1982 年。
82. 昝玉林：《乌鲁木齐史话》，新疆人民出版社，1983 年。
83. 胡焕庸、张善余：《中国人口地理》上册，华东师大出版社，1985 年。
84. 萨空了：《香港沦陷日记》，生活·读书·新知三联书店，1985 年。
85. 中国人民政治协商会议四川省重庆市委员会文史资料研究委员会：《重庆抗战纪事 1937—1945》，重庆出版社，1985 年。
86. 徐雪筠：《上海近代社会经济发展概况（1882—1931）——海关十年报告》，上海社会科学院出版社，1985 年。
87. 汪海波：《新中国工业经济史》，经济管理出版社，1986 年。
88. 李乾朗：《台湾建筑史》，台北雄狮图书股份有限公司，1986 年。
89. 张焘著，来新夏标点：《津门杂记》，天津古籍出版社，1986 年。
90. 胡焕庸、张善余：《中国人口地理》（下），华东师范大学出版社，1986 年。
91. 胡焕庸：《中国人口地理简编》，重庆出版社，1986 年。
92. 政协滁州市委员会办公室编：《滁州史话》第 3 辑，1986 年。
93. 军事科学院外国历史研究部：《日本侵略军在中国的暴行》，解放军出版社，1986 年。
94. 张俊南等：《陕甘宁边区大事记》，三秦出版社，1986 年。
95. 中共郑州市委政策研究室：《郑州市情》，河南人民出版社，1986 年。
96. 中华续行委办会调查特委会：《中华归主——中国基督教事业统计（1901—1920）》（上），中国社会科学出版社，1987 年。
97. 杜闻贞：《中国人口：江苏分册》，中国财经出版社，1987 年。
98. 李竞能：《中国人口：天津分册》，中国财经出版社，1987 年。
99. 李慕真：《中国人口：北京分册》，中国财经出版社，1987 年。
100. 李鸿文、张本政：《东北大事记（1840—1949）》（上），吉林文史出版社，1987 年。
101. 王森然：《近代二十家评传》，书目文献出版社，1987 年。
102. 四川省人民政府参事室、四川省文史研究馆：《抗日战争时期四川大事记》，华夏出版社，1987 年。
103. 郭克兴：《黑龙江乡土录》，黑龙江人民出版社，1987 年。
104. 李慕真：《中国人口：北京分册》，中国财经出版社，1987 年。
105. 刘连岗：《大连港口纪事》，大连海运学院出版社，1988 年。
106. 柳诒徵：《中国文化史》（下），中国大百科全书出版社，1988 年。
107. 李宏：《香港大事记》，人民日报出版社，1988 年。
108. 金应熙：《香港史话》，广东人民出版社，1988 年。
109. 刘子扬：《清代地方官制考》，紫禁城出版社，1988 年。
110. 当代长春城市建设编辑部：《当代长春城市建设》，1988 年内部版。
111. 惠世如：《抗战时期内迁西南的高等院校》，贵州民族出版社，1988 年。
112. 中共盐池县党史办公室：《陕甘宁边区概述》，宁夏人民出版社，1988 年。

113. 黄贤林、莫大同：《中国人口：广西分册》，中国财经出版社，1988 年。
114. 邹启宇、苗文俊：《中国人口：云南分册》，中国财经出版社，1989 年。
115. 陶维全：《重庆大事记》，科学技术文献出版社，1989 年。
116. 武强：《东北沦陷十四年教育史料》，吉林教育出版社，1989 年。
117. 祝慈寿：《中国近代工业史》，重庆出版社，1989 年。
118. 翟松天：《中国人口：青海分册》，中国财经出版社，1989 年。
119. 许涤新、吴承明：《中国资本主义发展史》第 2 卷，人民出版社，1990 年。
120. 魏永理：《中国近代经济史纲》（下），甘肃人民出版社，1990 年。
121. 梁荣：《论广东 150 年》，广东人民出版社，1990 年。
122. 李竞能：《天津人口史》，南开大学出版社，1990 年。
123. 孙德常、周祖常：《天津近代经济史》，天津社会科学院出版社，1990 年。
124. 巴金：《巴金全集》（第 13 卷），人民文学出版社，1990 年。
125. 王寅城：《陕甘宁边区》，新华出版社，1990 年。
126. 王鹤鸣、施立业：《安徽近代经济轨迹》，安徽人民出版社，1991 年。
127. 隗瀛涛：《近代重庆城市史》，四川大学出版社，1991 年。
128. 费成康：《中国租界史》，上海社会科学院出版社，1991 年。
129. 中央档案馆等编：《东北经济掠夺》，中华书局，1991 年。
130. 徐纯性：《河北城市发展史》，华北教育出版社，1991 年。
131. 陆仰渊、方庆秋：《民国社会经济史》，中国经济出版社，1991 年。
132. 孔庆福：《抗战时期西南的交通》，云南人民出版社，1992 年。
133. 康有为：《康南海自编年谱》，中华书局，1992 年。
134. 顾朝林：《中国城镇体系——历史、现状、展望》，商务印书馆，1992 年。
135. 戴均良：《中国城市发展史》，黑龙江人民出版社，1992 年。
136. 《中国近现代史大典》，上册，中共党史出版社，1992 年。
137. 重庆开埠 100 周年学术讨论会组织委员会：《一个世纪的历程——重庆开埠 100 周年》，重庆出版社，1992 年。
138. 中国人民政治协商会议西南地区文史资料协作会议：《抗战时期的西南交通》，云南人民出版社，1992 年。
139. 中国人民银行陕西省分行、陕甘宁边区金融史编辑委员会：《陕甘宁边区金融史》，中国金融出版社，1992 年。
140. 魏永理：《中国西北近代开发史》，甘肃人民出版社，1993 年。
141. 贵阳市志编纂委员会办公室：《民国贵阳经济》，贵州教育出版社，1993 年。
142. 罗荣渠：《现代化新论》，北京大学出版社，1993 年。
143. 许涤新：《中国资本主义发展史》第 3 卷，人民出版社，1993 年。
144. 罗澍伟：《近代天津城市史》，中国社会科学出版社，1993 年。
145. 皮明庥：《近代武汉城市史》，中国社会科学出版社，1993 年。
146. 《云南近代史》编写组：《云南近代史》，云南人民出版社，1993 年。
147. 中共湖南省委统战部、中共海南省委党史委：《中国资本主义工商业的社会主义改造》（湖南卷），中共党史出版社，1993 年。

148. 程子良、李清银：《开封城市史》，社会科学文献出版社，1993年。
149. 章开沅、罗福惠：《比较中的审视：中国早期现代化研究》，浙江人民出版社，1993年。
150. 中国第二历史档案馆：《黄慕松、吴忠信、赵守钰、戴传贤奉使办理藏事报告书》，中国藏学出版社，1993年。
151. 费正：《抗战时期的伪政权》，河南人民出版社，1993年。
152. 黄汉强、吴志良：《澳门地理》，澳门基金会、中国友谊出版公司，1993年。
153. 茅家琦：《横看成岭侧成峰——长江下游城市近代化轨迹》，江苏人民出版社1993年。
154. 杜恂诚：《中国传统伦理与近代资本主义》，上海社会科学院出版社，1993年。
155. 李洛之、聂汤谷：《天津的经济地位》，南开大学出版社，1994年。
156. 孙中山：《建国方略》，辽宁人民出版社，1994年。
157. 《宝鸡城市史》编纂组：《宝鸡城市史》，社会科学文献出版社，1994年。
158. 陈舜卿：《陕甘近代经济研究》，西北大学出版社，1994年。
159. 阎树声：《陕甘宁边区史》，西安地图出版社，1994年。
160. 何一民：《中国城市史纲》，四川大学出版社，1994年。
161. 黄启臣：《澳门经济四百年》，澳门基金会，1994年
162. 宁越敏、张务栋、钱今昔：《中国城市发展史》，安徽科学技术出版社，1994年。
163. 许一友、王振华：《太原经济百年史》，山西人民出版社，1994年。
164. 邓敏杰：《广西历史地理通考》，广西民族出版社，1994年。
165. 韩渝辉：《抗战时期重庆的经济》，重庆出版社，1995年。
166. 浙江省档案馆、中共浙江省委党史研究室：《日军侵略浙江实录（1937—1945）》，中共党史出版社，1995年。
167. 史明正：《走向近代化的北京城——城市建设与社会变革》，北京大学出版社，1995年。
168. 沈玉成：《本溪城市史》，社会科学文献出版社，1995年。
169. 洪补仁：《抗战时期的厦门》，鹭江出版社，1995年。
170. 李勇、张仲田：《蒋介石年谱》，中共党史出版社，1995年。
171. 汉中市史志办公室：《抗战后方重镇汉中》，西北大学出版社，1995年。
172. 丁伟志：《百县市经济社会调查·景德镇卷》，中国大百科全书出版社，1996年。
173. 杨万秀、钟卓安：《广州简史》，广东人民出版社，1996年。
174. 胡平：《近代市场与沿江发展战略》，中国财政经济出版社1996年。
175. 陈孔立：《台湾历史纲要》，九州图书出版社，1996年。
176. 林继文：《日本据台末期战争动员体系之研究》，台北稻香出版社，1996年。
177. 刘蜀永：《香港的历史》，新华出版社，1996年。
178. 李占才、张劲：《超载——抗战与交通》，广西师范大学出版社，1996年。
179. 张仲礼：《东南沿海城市与中国近代化》，上海人民出版社，1996年。
180. 忻平：《从上海发现历史——现代化进程中的上海人及其社会生活（1927—1937）》，上海人民出版社，1996年。
181. 叶剑英：《叶剑英选集》，人民出版社，1996年。
182. 刘家泉：《香港沧桑与腾飞》，中共中央党校出版社，1996年。
183. 陈穗勋：《香港杂记》(外二种)，暨南大学出版社，1996年。

184. 杨元华、鲍炳中、沈济时:《香港:从被割占到回归》,福建人民出版社,1997年。
185. 王赓武《香港史新编》(上),香港三联书店,1997年。
186. 居之芬、张利民:《日本在华北经济统制掠夺史》,天津古籍出版社,1997年。
187. 李振民:《陕西通史·民国卷》,陕西师范大学出版社,1997年。
188. 章伯锋、庄建平:《抗日战争》(第2卷),四川大学出版社,1997年。
189. 章伯锋、庄建平:《抗日战争》(第6卷),四川大学出版社,1997年。
190. 李新:《中华民国大事记》(4),中国文史出版社,1997年。
191. 中国第二历史档案馆、南京市档案馆编:《侵华日军南京大屠杀档案》,江苏古籍出版社,1997年。
192. 谢本书、李江:《近代昆明城市史》,云南大学出版社,1997年。
193. 蒋顺兴、孙宅巍:《民国大迁都》,江苏人民出版社,1997年。
194. 西安市档案局、西安市档案馆:《陕西经济十年(1931—1941)》,西安出版社,1997年。
195. 斯夫、王磊、王雨霖著:《1937—1938南京政府大撤退》,团结出版社,1998年。
196. 曹洪涛、刘金声:《中国近代城市的发展》,中国城市出版社,1998年。
197. 胡适:《胡适全集》第3册,北京大学出版社,1998年。
198. 隗瀛涛:《中国近代不同类型城市综合研究》,四川大学出版社,1998年。
199. 卢惠明、陈立天:《香港城市规划导论》,香港三联书店,1998年。
200. 赖伯年:《陕甘宁边区的图书馆事业》,西安出版社,1998年。
201. 顾朝林:《中国城市地理》,商务印书馆,1999年。
202. 涂文学:《涂文学自选集》,华中理工大学出版社,1999年。
203. 范寿春:《厦门知多少》,厦门广播电视报,1999年内部版。
204. 《上海通史》编委会:《上海通史》第7卷,上海人民出版社,1999年。
205. 邓开颂:《澳门历史(1840—1949)》,珠海出版社,1999年。
206. 邓开颂、谢后和:《澳门历史与社会发展》,珠海出版社,1999年。
207. 路遇、滕泽之:《中国人口通史》(下),山东人民出版社,2000年。
208. 金士宣、徐文述:《中国铁路发展史》,中国铁道出版社,2000年。
209. 张晓辉《香港与近代中国对外贸易》,中国华侨出版社,2000年。
210. 郑宝恒:《民国时期政区沿革》,湖北教育出版社,2000年。
211. 江佐中:《经济发展中的制度变迁:基于顺德的理论与实证研究》,中共中央党校出版社,2000年。
212. 赵永革、王亚男:《百年城市变迁》,中国经济出版社,2000年。
213. 张宪文:《中国抗日战争史》,南京大学出版社,2001年。
214. 侯德础:《抗日战争时期中国高校内迁史略》,四川教育出版社,2001年。
215. 曲晓范:《近代东北城市的历史变迁》,东北师范大学出版社,2001年。
216. 吴景平:《抗战时期的上海经济》,上海人民出版社,2001年。
217. 茅家琦:《中国旧海关史料(1859—1948)》,京华出版社,2001年。
218. 纪大椿:《新疆近世史论稿》,黑龙江教育出版社,2002年。
219. 林鹏侠:《西北行》,甘肃人民出版社,2002年。
220. 吴景平等:《近代中国的经济与社会》,上海古籍出版社,2002年。

221. 苏东斌、李沛然：《台湾香港澳门经济史略》，广东经济出版社，2002年。
222. 赵德馨、王方中主编《中国经济通史》第九卷，湖南人民出版社，2002年。
223. 张仲礼、熊月之、沈祖炜：《长江沿江城市与中国近代化》，上海人民出版社，2002年。
224. 杨天宏：《口岸开放与社会变革：近代中国自开商埠研究》，中华书局，2002年。
225. 杨天宏：《中国近代自开商埠研究》，中华书局，2002年。
226. 庄林德、张京祥：《中国城市建设发展史》，东南大学出版社，2002年。
227. 纪晓岚：《论城市本质》，中国社会科学出版社，2002年。
228. 王国华：《外债与社会经济发展》，经济科学出版，2003年。
229. 杨念群、黄兴涛、毛丹：《新史学：多学科对话的图景》，中国人民大学出版社，2003年。
230. 周婉窈：《海行兮的年代——日本殖民统治末期台湾史论集》，台北允晨文化公司，2003年。
231. 国防大学：《中国人民解放军战史简编》，解放军出版社，2003年。
232. 唐正芒：《中国西部抗战文化史》，中共党史出版社，2004年。
233. 郭明亮、叶俊麟：《一九三零年代的台湾》，博扬文化事业有限公司，2004年。
234. 党明德、林吉玲：《济南百年城市发展史——开埠以来的济南》，齐鲁书社，2004年。
235. 王玉茹：《增长、发展与变迁——中国近代经济发展研究》，中国物资出版社，2004年。
236. 何一民：《近代中国城市发展与社会变迁》（1840—1949），科学出版社，2004年。
237. 张利民：《华北城市经济近代化研究》，天津社会科学院出版社，2004年。
238. 大连城市建设档案馆：《解读大连市区道路名称》，大连出版社，2004年。
238. 郭凤岐：《天津的城市发展》，天津古籍出版社，2004年。
239. 涂文学：《沦陷时期武汉的社会与文化》，武汉出版社，2005年。
240. 杨乃坤、曹延泗：《近代东北经济问题研究（1916—1945）》，辽宁大学出版社，2005年。
241. 王宏斌：《鸦片——日本侵华毒品政策五十年（1895—1945）》，河北人民出版社，2005年。
242. 徐则浩：《安徽抗日战争史》，安徽人民出版社，2005年。
243. 陈荣华：《江西抗日战争史》，江西人民出版社，2005年。
244. 段渝：《抗战时期的四川》，巴蜀书社，2005年。
245. 苏智良等：《去大后方：中国抗战内迁实录》，上海人民出版社，2005年。
246. 张根福：《抗战时期的人口迁移：兼论对西部开发的影响》，光明日报出版社，2006年。
247. 恩格斯：《家庭、私有制和国家的起源》，《马克思恩格斯全集》第21卷，人民出版社，2006年。
248. 皮明庥：《武汉通史·晚清卷》（下），武汉出版社，2006年。
249. 皮明庥：《武汉通史·民国卷》（上），武汉出版社，2006年。
250. 李长莉、左玉河：《近代中国城市与乡村》，社会科学文献出版社，2006年。
251. 赵冈：《中国城市发展史论集》，新星出版社，2006年。
252. 竺可桢：《竺可桢全集》第9卷（日记），上海科技教育出版社，2006年。
253. 涂文学：《武汉通史·中华民国卷》（上），武汉出版社，2006年。
254. 黄正林：《陕甘宁边区社会经济史（1937—1945）》，人民出版社，2006年。
255. 任银睦：《青岛早期城市现代化研究》，生活·读书·新知三联书店，2007年。
256. 傅林祥、郑宝恒：《中国行政区划通史》，复旦大学出版社，2007年。
257. 徐旭阳：《湖北国统区和沦陷区社会研究》，社会科学文献出版社，2007年。

258. 何一民:《近代中国衰落城市研究》,巴蜀书社,2007年。
259. 涂文学:《沦陷时期武汉的政治与军事》,武汉出版社,2007年。
260. 林拓、[日]水内俊雄:《现代城市更新与社会空间变迁:住宅、生态、治理》,上海古籍出版社,2007年。
261. 高素兰:《蒋中正总统档案·事略稿本(卷31)》,台北"国史馆",2008年印行。
262. 王亚男:《1900—1949年北京的城市规划与建设研究》,东南大学出版社,2008年。
263. 欧阳杰:《中国近代机场建设史(1910—1949)》,航空工业出版社,2008年。
264. 张建儒、杨健:《陕甘宁边区的创建与发展》,陕西人民出版社,2008年。
265. 吴剑杰:《张之洞年谱长编》(下卷),上海交通大学出版社,2009年。
266. 何一民:《从农业时代到工业时代:中国城市发展研究》,四川出版集团巴蜀书社,2009年。
267. 《本溪满族自治县概况》编写组:《辽宁本溪满族自治县概况》,民族出版社,2009年。
268. 广州市地方志办公室:《民国广州城市与社会研究》,广州经济出版社,2009年。
269. 臧运祜:《近代日本亚太政策的演变》,北京大学出版社,2009年。
270. 张根福、岳钦韬:《抗战时期浙江省社会变迁研究》,上海人民出版社,2009年。
271. 刘吕红:《清代资源型城市研究》,巴蜀书社,2009年。
272. 杨万秀:《广州通史·现代卷》(下),中华书局,2010年。
273. 吴景超:《第四种国家的出路》,商务印书馆,2010年。
274. 华文贵、王珍仁著《大连近代城市发展史研究(1880—1945)》,辽宁民族出版社,2010年。
275. 李惠民:《近代石家庄城市化研究1901—1949》,中华书局,2010年。
276. 张海鹏、陶文钊:《台湾简史》,凤凰出版社,2010年。
277. 洪卜仁:《台湾光复前后(1943—1946)》,厦门大学出版社,2010年。
278. 贾大泉、陈世松:《四川通史》(民国时期),四川人民出版社,2010年。
279. 何一民:《成都学概论》,巴蜀书社,2010年。
280. 中国第二历史档案馆编:《北洋政府档案》第60卷,中国档案出版社,2010年。
281. 王先明:《中国近代史(1840—1949)》,中国人民大学出版社,2011年。
282. 涂文学、邓正兵:《武汉抗战与民族复兴》,中国社会科学出版社,2011年。
283. 钟建安:《近代江西城市发展研究:1840—1949》,巴蜀书社,2011年。
284. 陶孟和:《北平生活费之分析》,商务印书馆,2011年。
285. 赵峥:《中国城市化与金融支持》,商务印书馆,2011年。
286. 郑州地方史志办公室:《郑州历史上的今天》(1840—2000),中州古籍出版社,2011年。
287. 张海鹏、陶文钊:《台湾史稿》(上),凤凰出版社,2012年。
288. 张同乐:《华北沦陷区日伪政权研究》,生活·读书·新知三联书店,2012年。
289. 蒋国瑞、何喜军:《北京制造业发展史研究》,中国财政经济出版社,2012年。
290. 何一民:《中国城市史》,武汉大学出版社,2012年。
291. 郑佳明、陈宏主:《湖南城市史》,湖南人民出版社,2013年。
292. 蒋耀辉:《大连开埠建市》,大连出版社,2013年。
293. 张仲礼:《近代上海城市研究(1840—1949年)》,上海人民出版社,2014年。
294. 江苏省委党史研究室:《江苏省抗日战争时期人口伤亡和财产损失》,中共党史出版社,2014年。

295. 天津市委党史研究室：《天津市抗日战争时期人口伤亡和财产损失》，中共党史出版社，2014年。
296. 戴亮：《历史银川》，宁夏人民出版社，2014年。
297. 邓云乡：《文化古城旧事》，中华书局，2015年。
298. 江沛等：《中华民国专题史：城市化进程研究》，南京大学出版社，2015年。

（二）外文译著

1. ［日］水野幸吉：《汉口——中央支那事情》，刘鸿枢译，上海昌明公司，1908年。
2. ［美］卜舫济：《上海租界略史》，岑德彰译，上海大东书局，1937年。
3. ［英］琼斯：《1931年以后的中国东北》，胡继瑗译，商务印书馆，1959年。
4. 满洲国史编撰刊行会：《满洲国史》（总论），黑龙江社会科学院历史所译，东京谦光社，1970年。
5. ［英］毛里斯·柯立斯：《汇丰银行百年史》，李周英译，中华书局，1979年。
6. ［苏］阿瓦林：《帝国主义在满洲》，北京对外贸易学院俄语教研室译，商务印书馆，1980年。
7. ［苏］尼·维·鲍戈亚夫连斯基：《长城外的中国西部地区》，新疆大学外语系俄语教研室译，商务印书馆，1982年。
8. 日本防卫厅战史室：《华北治安战》（下），天津市政协编译组译，天津人民出版社，1982年。
9. ［日］关宽治、岛田俊彦：《满洲事变》，王振锁、王家骅译，上海译文出版社，1983年。
10. ［美］德·希·珀金斯：《中国农业的发展（1368—1968）》，宋海文等译，上海译文出版社，1984年。
11. 远东国际军事法庭：《远东国际军事法庭判决书》，张效林译，群众出版社，1984年。
12. ［英］裴式楷（R. E. Bredon）等：《上海近代社会经济发展概况（1882—1931）》，徐雪筠等译，上海社会科学院出版社，1985年。
13. ［美］罗兹·墨菲：《上海——现代中国的钥匙》，上海社会科学院历史研究所编译，上海人民出版社，1986年。
14. ［美］小科布尔：《上海资本家与国民政府》，杨希孟、武莲珍译，中国社会科学出版社，1986年。
15. ［美］吉尔伯特·罗兹曼：《中国的现代化》，国家社会科学基金"比较现代化"课题组译，江苏人民出版社，1988年。
16. ［美］费维恺：《中国早期工业化——盛宣怀（1844—1916）和官督商办企业》，虞和平译，中国社会科学出版社，1990年。
17. ［美］施坚雅：《中国封建社会晚期城市研究——施坚雅模式》，王旭等译，吉林教育出版社，1991年。
18. ［法］白吉尔：《中国资产阶级的黄金时代（1911—1937）》，张富强、许世芬译，上海人民出版社，1994年。
19. ［日］广濑龟松：《津门旧恨——侵华日军在天津市的暴行》，王大川译，天津社会科学院出版社，1995年。
20. ［英］H. C. 达比：《论地理与历史的关系》，姜道章译，上海人民出版社，1996年。

21. ［日］浅田乔二：《1937—1945年日本在中国沦陷区的经济掠夺》，袁俞佺译，复旦大学出版社，1997年。
22. ［德］约翰·拉贝：《拉贝日记》，《拉贝日记》翻译组译，江苏人民出版社，1997年。
23. ［德］卫礼贤：《中国心灵》，王宇洁译，国际文化出版公司，1998年。
24. ［美］施坚雅：《中华帝国晚期的城市》，叶光庭等译，中华书局，2000年。
25. ［美］费正清：《美国与中国》，张理京译，世界知识出版社2000年。
26. ［美］芮玛丽：《同治中兴——中国保守主义的最后抵抗（1862—1874）》，房德邻译，中国社会科学出版社2002年。
27. ［德］韦伯：《韦伯作品集》Ⅱ，顾忠华译，广西师范大学出版社，2004年。
28. ［美］罗斯：《罗斯眼中的中国》，晓凯译，重庆出版社，2004年。
29. ［澳］C. P. 菲茨杰拉尔德《为什么去中国：1923—1950年在中国的回忆》，郇中、李尧译，山东画报出版社，2004年。
30. ［英］奥里尔·斯坦因：《斯坦因中国探险手记》，巫新华等译，春风文艺出版社，2004年。
31. ［美］柯文：《在中国发现历史》，林同奇译，中华书局出版，2005年。
32. ［美］费正清：《剑桥中华民国史（1912—1949年）》上卷，杨品泉译，中国社会科学出版社，2006年。
33. ［美］乔尔·科特金著，王旭等译：《全球城市史》，社会科学文献出版社，2006年。
34. ［英］施美夫：《五口通商城市游记》，温时幸译，北京图书馆出版社，2007年。
35. ［美］威廉·埃德加·盖洛：《扬子江上的美国人——从上海经华中到缅甸的旅行记录（1903）》，晏奎等译校，山东画报出版社，2008年。
36. ［美］易劳逸：《毁灭的种子》，王贤知等译，江苏人民出版社，2009年。
37. ［美］保罗·诺克斯、琳达·迈克卡西：《城市化》，顾朝林等译，科学出版社，2009年。
38. ［日］城山智子：《大萧条时期的中国：市场、国家与世界经济》，孟凡礼、尚国敏译，江苏人民出版社，2010年。
39. ［日］桧山幸夫：《"大日本帝国"的台湾统治构造及统治原理》，中国社会科学院台湾史研究中心编译《日据时期台湾殖民地史学术研讨会论文集》，九州出版社，2010年。
40. ［日］越泽明：《伪满洲国首都规划》，欧硕译，社会科学文献出版社，2011年。
41. ［法］孔多塞：《人类精神进步史表纲要》，何兆武、何冰译，北京大学出版社，2013年。

（三）外文资料与论著

1. ［日］《经济报》，1898年5月14日。
2. ［日］东亚同文会：《支那省别全志》第4卷《山东省》，1917年9月30日。
3. ［日］东亚同文会：《支那省别全志》第1卷《广东省》，1918年1月21日。
4. ［日］东亚同文会：《支那省别全志》第5卷《四川省》，1918年1月21日。
5. ［日］东亚同文会：《支那省别全志》第9卷《湖北省》，1918年6月27日。
6. ［日］东亚同文会：《支那省别全志》第11卷《江西省》，1918年12月30日。
7. ［日］东亚同文会：《支那省别全志》第15卷《江苏省》，1920年8月25日。
8. ［日］东亚同文会：《支那省别全志》第18卷《直隶省》，1920年9月30日。

9. ［日］东亚同文会：《支那省别全志》第1卷《四川省》（上），1941年8月20日。
10. Hong Kong Government Gazette，7th Septembei. 1934. No.P 686.
11. ［日］早川透：《台湾ニぉ1＋3都市计画の过去及ひ将来》，《区画整理》1936年第2卷第10号。
12. ［日］《日本经济年报》，第33辑，东洋经济新报社，1938年。
13. ［日］兴亚院政务部：《兴亚院政务提要》，1940年。
14. ［日］秀岛达雄：《香港海南岛の建设》，东京松山房，昭和十七年（1942年）。
15. 《澳门港》，东洋海运株式会社，1942年。
16. ［日］福富八郎：《满洲年鉴》，满洲日日新闻社，1944年印行。
17. ［日］日本东亚研究所：《中国占领地经济的发展》，1944年。
18. S.G.Davis：Hong Kong in its geographical settings，London：Collins，1949. P132～133.
19. JOHN K. FAIRBANK（费正清）.China' Response to the West：A Documentary Survey，HUP，1954.Resarch Guide for China's Response to the West：A Documentary Survey，1839-1923，HUP，1954。
20. ［日］堀场一雄：《中国事变战争指导史》，时事通讯社，1962年。
21. ［日］《现代史资料·中日战争》（一），みすず書房，1964年。
22. 赫德（Johann Gottfried von Herder）. Reflections on the Philosophy of the History of Mankind，abridged by Frank E. Manuel，Chicago and London：University of Chicago Press，1968。
23. ［日］满洲国史纪纂刊行会：《满洲国史》总论，东京潇光社，1970年。
24. T.N.Chiu：The Port of Hong Kong—A suvey of its development，Hong Kong：Hong Kong University Press，1973，P45.
25. ［日］《现代史资料·统制》，みすず書房，1974年。
26. ［日］日本东亚研究所：《日本对华投资》（上），原书房，1974年。
27. ［日］依田熹家：《日中战争史资料（占领区支配上）》，山川出版社，1975年。
28. ［日］防卫厅防卫研修所战史室：《中国事变陆军作战》（二），朝云新闻社，1976年。
29. ［日］矢部贞治：《近卫文麿》，读卖新闻社，1976年。
30. ［日］依田熹家：《日本帝国主义与中国》，龙溪书舍，1988年。
31. 托马斯·罗斯基（Thomas G. Rawski）：《战前中国经济增长》（Economic growth in Prewar China），伯克利：加利福尼亚大学出版社，1989年。
32. ［日］兴亚院文化部第三课：《普及日语方策要领（草案）》，载驹入武《日中战争时期文部省与兴亚院的日语教育政策构想》，《东京大学教育学部纪要》第29卷，1989年。
33. A. Pinho：Gambling in Macau. Macau City of Commerce and Culture. edited by R.D.Cemer. p155.

三 论文

1. 杨成志：《云南民族调查报告》，《国立中山大学语言历史学研究所周刊》，1930年第11期。
2. 梁克西：《京市自治问题》，《南京社会特刊》，1931年第1卷第1期。

3. 蔡源明：《江西之住民与都市》，《地学杂志》，1931 年第 3 期。
4. 谷源田：《中国新工业之回顾与前瞻》，《中国经济研究》，1936 年第 4 期。
5. 沈汝生：《中国都市之分布》，《地理学报》，1937 年第 4 卷第 1 期。
6. 乐静：《人民的城市——潍市》，《新华文摘》，1948 年第 3 卷第 6 期。
7. 苏崇民：《满铁史概述》，《历史研究》，1982 年第 5 期。
8. 黄永华：《日军侵占武汉罪行一斑》，《武汉春秋》，1982 年第 5 期。
9. 胡莲孙：《三镇房地丛谈之三》，《武汉春秋》，1983 年第 5 期。
10. 刘庭华：《日本帝国主义在我国东北设置殖民统治伪政权机构简况》，《历史教学》，1983 年第 10 期。
11. 陆民仁：《抗战时期的经济与财政》，《近代中国杂志》(台北)，1983 年。
12. 巫澄志：《解放前的广州人口——1932 年广州人口调查评介》，《广州研究》，1984 年 6 月 29 日。
13. 张仲：《天津房地产发展概况》，《天津文史丛刊》，1985 年第 4 辑。
14. 周元和、吴申元：《上海历史人口研究》，《复旦学报》(社会科学版)，1985 年第 4 期。
15. 路遇：《民国时期山东移民东北三省初探》，《人口学刊》，1985 年第 6 期。
16. 张寿彭：《试论中国近代资本主义商业的产生与特点》，《贵州大学学报》，1986 年第 3 期。
17. 张小雁、朱琪：《抗战时期工厂内迁史料选辑》(1)，《民国档案》，1987 年第 2 期。
18. 丁长清：《中国近代沿海城市经济的发展及其原因》，《南开学报》，1988 年第 2 期。
19. 宋美云：《北洋时期官僚私人投资与天津近代工业》，《历史研究》，1989 年第 2 期。
20. 毛湘宁：《解放前阳泉百货业概述》，《阳泉今古》，1989 年第 3 期。
21. 吕敬之：《河南省战时损失调查报告》(1945 年 12 月)，《民国档案》，1990 年第 4 期。
22. 谢宁：《台湾城市规划体系的演变及其启示》，《鹭江大学学报》，1992 年创刊号。
23. 何玉菲：《昆明开埠和滇越铁路通车对云南的影响》，《云南文史丛刊》，1993 年 4 月。
24. 陈梅龙：《试论宁波的近代化》，《浙江社会科学》，1994 年第 1 期。
25. 戴良佐：《晚清民国时期昌吉的商业发展》，《中国边疆史地研究》，1994 年第 2 期。
26. 段光达：《哈尔滨早期城市特点刍议》，《北方文物》，1994 年第 2 期。
27. 茅家琦：《长江下游城市近代化的轨迹》，《湖北大学学报》(哲学社会科学版)，1994 年第 3 期。
28. 孙施文：《近代上海城市规划史论》，《城市规划汇刊》，1995 年第 2 期。
29. 李百浩：《日本殖民时期台湾近代城市规划的发展过程与特点（1895—1945）》，《城市规划汇刊》，1995 年第 6 期。
30. 慈鸿飞：《近代中国镇、集发展的数量分析》，《中国社会科学》，1996 年第 2 期。
31. 何一民：《抗战时期人口"西进运动"与西南城市的发展》，《社会科学研究》，1996 年第 3 期。
32. 齐清顺：《清代新疆维吾尔族地区农业生产的发展》，《历史地理论丛》，1996 年第 3 期。
33. 魏宏远：《抗战时期高等学校的内迁》，《档案史料与研究》，1996 年第 4 期。
34. 李占才：《铁路与近代中国城镇变迁》，《铁道师院学报》，1996 年第 13 卷第 5 期。
35. 张忠民：《近代上海经济中心地位形成和确立》，《上海经济研究》，1996 年第 10 期。
36. 李百浩：《满铁附属地的城市规划历程及其特征分析》，《同济大学学报》(人文社会科学版)，1997 年第 8 卷第 1 期。
37. 李琳：《日本占领海南及其对资源的开发和掠夺》，《海南大学学报》(社会科学版)，1997

年第 2 期。

38. 史会来、夏潮：《沦陷区保甲制之透视》，《世纪桥》，1997 年第 2 期。
39. ［日］松村高夫：《1941 年湖南常德的细菌作战》，《浙江学刊》，1997 年第 4 期。
40. 徐舸：《日本对香港统治方式评析》，《民国档案》，1997 年第 4 期。
41. 张利民：《近代华北城市人口发展及其不平衡性》，《近代史研究》，1998 年第 1 期。
42. 黄菊艳：《抗日战争时期广东经济损失初探》，《广东史志》，1998 年第 2 期。
43. 何一民：《试析近代中国大城市崛起的主要条件》，《西南民族学院学报》（哲学社会科学版），1998 年第 3 期。
44. 《武阳人口疏散》，《武汉文史资料》，1998 年第 3 辑。
45. 何一民：《试析近代中国大城市崛起的主要条件》，《西南民族学院学报》（哲学社会科学版），1998 年第 6 期。
46. 侯峻、曲晓璠：《近代辽河航运与沿岸城镇的兴起》，《社会科学战线》，1998 年第 6 期。
47. 赵津：《大上海计划与近代中国的城市规划》，《城市》，1999 年 2 月 15 日。
48. 熊月之：《略论近代上海市政》，《学术月刊》，1999 年第 6 期。
49. 张笃勤：《试论近代交通变迁对华中城镇发展的影响》，《求索》，2000 年第 6 期。
50. 黄菊燕：《抗日战争时期广东损失调查述略》，《抗日战争研究》，2001 年第 1 期。
51. 王杉：《简析近代东北城市的兴起》，《辽宁大学学报》，2001 年第 29 卷第 4 期。
52. 诸葛达：《抗日战争时期工厂内迁及其对大后方工业的影响》，《复旦学报》（社会科学版），2001 年第 4 期。
53. 王放：《论中国城市规模分布的区域差异》，《人口与经济》，2001 年第 4 期。
54. 何一民、易善连：《近代东北区域城市发展述论》，《史学集刊》，2002 年第 3 期。
55. 付启元：《抗战时期汉奸形成原因探析》，《民国档案》，2002 年第 4 期。
56. 唐正芒：《抗战时期的高校西迁述论》，《云梦学刊》，2002 年第 5 期。
57. 曲晓范：《满铁附属地与近代东北城市空间及社会结构的演变》，《社会科学战线》，2003 年第 1 期。
58. 郑生勇：《清代、民国时期杭州人口发展探略》，《中共杭州市委党校学报》，2003 年第 3 期。
59. 郭贵儒、陶琴《日伪在华北新闻统制述略》，《民国档案》，2003 年第 4 期。
60. 赖正雄：《抗战时期日本对华南地区经济掠夺与统制的特点》，《江海学刊》，2004 年第 1 期。
61. 王士花：《华北沦陷区教育概述》，《抗日战争研究》，2004 年第 3 期。
62. 刘国武：《抗战时期衡阳直接损失述要》，《船山学刊》，2004 年第 4 期。
63. 刘国武：《抗战时期湖南直接损失述要》，《湖南师范大学学报》（社会科学版），2005 年第 3 期。
64. 陈炜、李映涛：《略论近代中国区域城市发展的不平衡》，《重庆师范大学学报》（哲学社会科学版），2005 年第 3 期。
65. 蔡云辉：《战争对近代中国城市发展要素的影响》，《社会科学辑刊》，2005 年第 5 期。
66. 王春南：《钩沉：九一八事变后 饱受日军摧毁的中国教育》，《人民论坛》，2005 年第 6 期。
67. 李仲明：《抗日战争时期的工业内迁与西部开发》，《北京观察》，2005 年第 8 期。
68. 王一林：《试论甘肃在抗战时期的战略地位和作用》，《党的建设》，2005 年第 8 期。
69. 常云平、黎程：《抗战时期广西人口内迁及其对社会的影响》，《重庆师范大学学报》，2007

年第 1 期。

70. 车辚:《滇越铁路与近代云南社会观念变迁》,《云南师范大学学报》(哲学社会科学版),2007 年第 3 期。
71. 郭钦:《近代百年中国城市聚集化趋势及其原因考察》,《求索》,2007 年第 7 期。
72. 江沛、李丽娜:《铁路与山西城镇的变动:1907—1937》,《民国档案》,2007 年第 12 期。
73. 谭刚:《陇海铁路与陕西城镇的兴衰(1932—1945)》,《中国经济史研究》,2008 年第 1 期。
74. 袁成毅:《抗战时期浙江经济损失初探》,《杭州研究》,2008 年第 1 期。
75. 李蓓蓓、徐峰:《中国近代城市化率及分期研究》,《华东师范大学学报》(哲学社会科学版),2008 年第 3 期。
76. 车霁虹:《东北边境日本关东军要塞的历史与现状考察》,《北方文物》,2008 年第 3 期。
77. 戴鞍钢:《晚清至民国西部工商业和城市困顿探析》,《中国延安干部学院学报》,2008 年第 6 期。
78. 童乔慧等:《近代青岛城市与建筑的现代转型初探:1929—1937 年》,《华中建筑》,2009 年第 10 期。
79. 邵甬、辜元:《近代胶济铁路沿线小城镇特征解析——以坊子镇为例》,《城市规划学刊》,2010 年第 2 期。
80. 何云玲等:《滇越铁路与云南近代主要城镇人口的变化》,《地域研究与开发》,2010 年第 29 卷第 3 期。
81. 沈海涛:《东亚近代文化与城市空间——伪满国都建设及其历史评价》,《社会科学战线》,2010 年第 5 期。
82. 徐旭阳:《抗日战争时期日本对湖北沦陷区经济掠夺述论》,《湖北第二师范学院学报》,2010 年第 7 期。
83. 车辚:《民国时期滇越铁路沿线城市劳动力转移分析》,《阿坝师范高等专科学校学报》,2011 年第 28 卷第 4 期。
84. 宾长初:《抗战时期广西城镇的发展变迁》,《民国档案》,2013 年第 2 期。
85. 徐凯希:《抗战时期湖北工业损失考论》,《民国档案》,2013 年第 3 期。
86. 车辚:《滇越铁路与民国昆明城市形态变迁》,《广西师范学院学报》,2013 年第 34 卷第 3 期。
87. 辽宁省抚顺市博物馆金辉:《满铁与抚顺早期殖民化城市》,《兰台世界》,2013 年 12 月上旬刊。
88. 荆蕙兰等:《铁路交通视角下近代东北城市化特征及其影响》,《佳木斯大学社会科学学报》,2014 年第 32 卷第 2 期。
89. 周敏:《东北沦陷时期的伪满警察》,《北方文物》,2015 年第 2 期。
90. 陈小法:《在华神社:台湾地区的侵略神社(二)》,《世界知识》,2015 年第 4 期。
91. 何一民、刘扬:《抗战时期西南大后方城市发展与空间分布的变化》,《西南民族大学学报》(人文社会科学版),2015 年第 6 期。
92. 王肇磊:《抗战时期东北城市数量、规模、布局与体系的变迁》,《大连海事大学学报》(社会科学版),2015 年第 6 期。
93. 迟晓静、熊亚平:《铁路沿线城市的成长与周边市镇的发展——以济南为例(1904—1937)》,《兰州学刊》,2015 年第 6 期。

94. 王正乾：《滇西历难》，《中国铁路文艺》，2015 年第 8 期。
95. 《重读抗战——抗战最伟大的省：河南》，《兰台说史》，2015 年总第 26 期。
96. 何一民、刘杨：《日本侵华战争对中国东中部城市的影响》，《武汉大学学报》（人文科学版），2016 年第 3 期。
97. 李旭：《西南地区城市发展历史研究》，重庆大学博士学位论文，2010 年 9 月。
98. 兰静：《近代香港外来移民与香港城市社会发展（1841—1941）》，暨南大学博士学位论文，2011 年。
99. 邹涵：《香港近代城市规划与建设的历史研究（1841—1997）》，武汉理工大学博士学位论文，2011 年。
100. 吴文星：《日据时期台湾师范教育之研究》，台湾师范大学硕士学位论文，1983 年。
101. 邱红梅：《董修甲的市政思想及其在汉口的实践》，华中师范大学硕士学位论文，2002 年。
102. 武杏杏：《秦皇岛：煤港带动下城市兴起的典型（1898—1933）》，河北师范大学硕士学位论文，2008 年。
103. 邹涵：《1945 年前香港近代城市规划历史研究》，武汉理工大学硕士学位论文，2009 年。
104. 李莉娟：《近代东北自开商埠与社会变迁》，辽宁师范大学硕士学位论文。2012 年。

后 记

奉献给读者诸君的这部著作是笔者主持承担的国家社会科学基金一般项目《20世纪前半叶中国城市化研究》（批准号：13BZS075）的终端成果，项目2013年启动，2018年完成并获全国哲学社会科学工作办公室优秀结题（证书号20183586）。参加研究者除江汉大学城市研究中心全体同仁外，还特邀我的博士生、原贵州理工学院教授、现贵州省委党校教育长敖以深教授加盟参与，其中，我确定项目主题和研究思路，拟定编纂纲目，各章分工：导论王肇磊、涂文学，上编第一、二、三章涂文学，中编第四、五、八章高路，第六章王肇磊，第七章敖以深，下编第九章高路，第十章李卫东，参考文献高路，项目结题时统稿涂文学、王肇磊，书稿出版时文献校阅高路，组织协调王耀，成果、文献整理归档雷丽。项目研究过程中得到中国社会科学院近代史研究所虞和平教授、上海社会科学院历史研究所熊月之教授、四川大学城市研究所何一民教授和天津社会科学院历史研究所张利民教授、任吉东教授的悉心指导，江汉大学科研处领导和工作人员在项目申报、研究、送审工作中多有帮助，成果出版得到生活·读书·新知三联书店的大力支持，在此一并深致谢忱！

涂文学

2021年6月30日中共百年华诞前夕于汉阳后官湖畔之自在心舍